中文版《克尔凯郭尔文集》由哥本哈根大学克尔凯郭尔研究中心和中国社会科学院哲学研究所合作完成。

本卷由奥古斯丁基金会资助。

The Chinese edition of *Kierkegaard Anthology* is a Cooperation between the Institute of Philosophy at the Chinese Academy of Social Sciences and the Søren Kierkegaard Research Center at Copenhagen University.

This volume has been funded by Augustinus Fonden.

克尔凯郭尔文集

6

SØREN KIERKEGAARDS SKRIFTER

Frygt og Bæven
Begrebet Angest
Sygdommen til Døden

畏惧与颤栗
恐惧的概念
致死的疾病

[丹] 克尔凯郭尔 著
京不特 译

中国社会科学出版社

图书在版编目(CIP)数据

畏惧与颤栗　恐惧的概念　致死的疾病 / (丹) 克尔凯郭尔著；京不特译．—北京：中国社会科学出版社，2013.4 (2023.5 重印)

(克尔凯郭尔文集;6)

ISBN 978-7-5161-2451-2

Ⅰ.①畏…　Ⅱ.①克…②京…　Ⅲ.①克尔凯郭尔,S.(1813~1855)—哲学思想—文集　Ⅳ.①B534.53

中国版本图书馆 CIP 数据核字(2013)第 071660 号

出 版 人　赵剑英
责任编辑　冯春风
责任校对　邓晓春
责任印制　张雪娇

出　　版　中国社会科学出版社
社　　址　北京鼓楼西大街甲 158 号
邮　　编　100720
网　　址　http://www.csspw.cn
发 行 部　010-84083685
门 市 部　010-84029450
经　　销　新华书店及其他书店

印　　刷　北京君升印刷有限公司
装　　订　廊坊市广阳区广增装订厂
版　　次　2013 年 4 月第 1 版
印　　次　2023 年 5 月第 5 次印刷

开　　本　710×1000　1/16
印　　张　39.75
插　　页　2
字　　数　730 千字
定　　价　96.00 元

凡购买中国社会科学出版社图书，如有质量问题请与本社营销中心联系调换
电话：010-84083683

《克尔凯郭尔文集》中文版序

汝　信

《克尔凯郭尔文集》（10 卷本）中文版即将与读者见面了。这部选集是由中国社会科学院哲学研究所和丹麦哥本哈根大学克尔凯郭尔研究中心共同合作编选和组织翻译的，由中国社会科学出版社负责出版。选集收入克尔凯郭尔的主要著作，并直接译自近年来出版的经过精心校勘的丹麦文《克尔凯郭尔全集》，内容准确可靠，尽可能保持原汁原味，这对于中国读者正确理解这位丹麦哲学家的思想将会有所裨益。

在西方哲学史上，克尔凯郭尔可以说是一个特殊的人物。他生前默默无闻，其著作也很少有人问津，但过了半个世纪，人们又“重新发现了”他，特别是在第一次世界大战以后，随着存在主义哲学的兴起和发展，他对西方国家思想界的影响越来越大。雅斯贝尔斯曾经这样说：“目前哲学状况是以下面这个事实为特征的，即克尔凯郭尔和尼采这两位哲学家在他们生前受到忽视，以后长时期内一直在哲学史上受人轻视，而现在他们的重要性则越来越不断地增长。黑格尔以后的其他一切哲学家正越来越失势而引退，而今天这两个人则不容争辩地作为他们时代的真正伟大思想家而站了出来。”（《理性与存在》）他甚至说，是克尔凯郭尔和尼采“使我们睁开了眼睛”。雅斯贝尔斯的这些话不仅是他个人的看法，而且是反映了当时人们一般的意见。克尔凯郭尔和尼采确实代表了在黑格尔之后兴起的另一种以突出个人为特征的西方社会思潮，而与强调精神的普遍性的黑格尔主义相对立。如果说，在黑格尔那里，“存在”只不过是绝对精神自身发展过程中的一个抽象的环节，那么从个人的角度去深入地探索和反思“存在”（“生存”）的意义则是从克尔凯郭尔开始的。

克尔凯郭尔哲学是极其个性化的，他个人的生活经历、性格、情感、心理、理想和追求都深深地渗透在他的哲学思想里，因此我们在阅读他的著作时需要用一种与通常不同的诠释方式。黑格尔曾在《哲学史讲演录》导言中说，“哲学史上的事实和活动有这样的特点，即：人格和个人的性格并不十分渗入它的内容和实质。”这种看法可以适用于像康德那样的哲学家，我们几乎可以完全不去了解他的个人生活经历而照样能够读懂他的著作，因为机械般的有秩序的书斋生活似乎没有给他的思想增添什么个性色彩，正如海涅所说，“康德的生活是难于叙述的。因为他既没有生活，又没有历史”（《论德国宗教和哲学的历史》）。但是，对于克尔凯郭尔来说，黑格尔的看法则是完全不适用的。克尔凯郭尔的全部思想都和他的个人生活和体验紧密相连，他的许多著作实际上都在不同程度上带有精神自传的性质，从中我们可以聆听到他在各种生活境况下的内心的独白和生命的呼唤。他自己曾坦率地承认，“我所写的一切，其论题都仅仅是而且完全是我自己”。因此，要理解他的哲学，首先需要弄清楚他究竟是个什么样的人，在他的短暂的生命中究竟发生过一些什么样的事，对他的思想和性格的形成和发展又产生了什么样的影响。

关于克尔凯郭尔个人生活的传记材料，应该说是相当丰富的。西方学者们在这方面已经写过不少著作，而且至今仍然是研究的热门题目。克尔凯郭尔本人仿佛早已预见到这一点，他在《日记》中说过，不仅他的著作，而且连同他的生活，都将成为许多研究者的主题。在他生前出版的大量著作中有不少是以个人生活经历和体验为背景的，此外他还留下了篇幅浩瀚的日记和札记，这些资料不仅是他生活的真实记录，而且是他心灵的展示。他虽然生活在拿破仑后欧洲发生剧变的时代，却一直藏身于自己的小天地里，很少参与社会活动，不过用他自己的话来说，“在别人看来也许是区区小事，对我来说却是具有重要意义的大事”。他孤独地生活，却不断地和周围的人们和环境发生尖锐的矛盾，在他的生活中激起一阵阵的波涛。对他的思想发展和著述活动影响最大的有四件事：作为儿子与父亲的紧张关系，从猜疑到最后和解；作为恋人与未婚妻关系的破裂；作为作家与报刊的论争以及作为反叛的基督徒与教会的冲突。

1813 年克尔凯郭尔生于哥本哈根的一个富商之家，他从小娇生惯养，过着优裕的生活，却从来没有感到童年的欢乐，他是作为一个不幸的儿童而成长起来的。这一方面是由于他生来就有生理上的缺陷，使他自己不能像别人一样参加各种活动而深感痛苦，用他自己的话来说，痛苦的原因就在于“我的灵魂和我的肉体之间的不平衡”。但另一方面更重要的是由于他从父亲那里所受的家庭教育。他的父亲马可·克尔凯郭尔出身贫寒，没有受过多少教育，依靠个人奋斗和机遇，由一名羊倌而经商致富，成为首都颇有名气的暴发户。这位老人以旧式家长的方式治家甚严，他笃信宗教，对子女们从小进行严格的宗教教育，教他们要敬畏上帝，向他们灌输人生来有罪，而耶稣的慈悲就在于为人们承担罪恶，被钉上十字架来人为赎罪这一套基督教思想。这在未来哲学家的幼小的心灵上打下了不可磨灭的深刻烙痕，既使他终身成为虔信的基督徒，又在他的内心深处播下了叛逆的种子。克尔凯郭尔后来批评他父亲的这种宗教教育方式是"疯狂的"、"残酷的"，他常说，他是没有真正的童年的，当他生下来的时候就已经是一个老人了。他回忆说，"从孩子的时候起，我就处于一种巨大的忧郁的威力之下……没有一个人能够知道我感到自己多么不幸"。"作为一个孩子，我是严格地按基督教精神受教育的：以人来说，这是疯狂地进行教育……一个孩子疯狂地扮演一个忧郁的老头。真可怕啊！"问题还不在于严格的宗教灌输，而在于他这个早熟的儿童以特有的敏感觉察到在他父亲表面的宗教虔诚底下掩盖着什么见不得人的秘密，一种有罪的负疚感在折磨着父亲，使之长期处于某种不可名状的忧郁之中。他说，他父亲是他见过的世上"最忧郁的人"，又把这全部巨大的忧郁作为遗产传给了他这个儿子。他曾在《日记》中写道，有一次父亲站在儿子面前，瞧着他，感到他处于很大的苦恼之中，就说："可怜的孩子，你是生活在无言的绝望中啊。"父亲的隐私究竟是什么，克尔凯郭尔始终没有明说，但有一次从他父亲醉酒后吐露的真言中多少知道了事情的真相，他对父亲的道德行为和宗教信仰之间的矛盾深感困惑和痛苦，这种对父亲的猜疑和不信任造成了他的沉重的精神负担，给他的一生蒙上了阴影。他自己这样说过，"我的出生是犯罪的产物，我是违反上帝的意志而出现于世的。"

克尔凯郭尔一家从1832年起接二连三地发生不幸事件，在两年多的时间内家庭主妇和三个儿女陆续去世，只剩下年迈的父亲和两个儿子。这对这位老人来说自然是莫大的精神打击，过去他一直认为自己是幸运儿，上帝保佑他发财致富并有一个舒适的幸福家庭，现在则认为无论财富、名望或自己的高龄，都是上帝借以惩罚他的有意安排，要他眼看着妻子儿女一个个地先他而死去，落得孤零零地一个人留在世上受折磨。他觉得自己是盛怒的上帝手心里的一个罪人，成天生活在恐惧中，并预感到他的还活着的两个儿子也将遭到不幸。家庭的变故和父亲的悲伤心情也同样使克尔凯郭尔受到了严重的精神创伤，他把这称为“大地震”。在他的《日记》中记述说，那里发生了大地震，“于是我怀疑我父亲的高龄并非上帝的恩赐，倒像是上帝的诅咒”，“我感到死的寂静正在我周围逼近，我在父亲身上看到一个死在我们所有女子之后的不幸者，看到埋藏他的全部希望的坟墓上的十字架墓碑。整个家庭必定是犯了什么罪，而上帝的惩罚必定降临全家；上帝的强有力的手必然会把全家作为一次不成功的试验而扫除掉”。他相信父亲的预言，就是所有的女子都至多活三十三岁，他自己也不例外。实际上他虽然照样享受着愉快的生活，内心里的痛苦和折磨却使他甚至起过自杀的念头。在《日记》里有这样一段话：“我刚从一个晚会回家，在那里我是晚会的生命和灵魂；我妙语连珠，脱口而出，每个人都哈哈大笑并称赞我，可是我却跑掉了……我真想开枪自杀。”克尔凯郭尔父子之间的紧张关系曾导致父子分居，但父亲作了很大努力去改善关系，向儿子作了坦诚的忏悔，儿子深受感动，与父亲重新和解，并更加坚信上帝确实存在。双方和解后不久，父亲就去世了。克尔凯郭尔在《日记》中写道：“我的父亲在星期三（9 日）凌晨 2 时去世。我多么希望他能再多活几年呀，我把他的死看做他为了爱我而作出的最后牺牲；因为他不是离我而死去，而是为我而死的，为的是如果可能的话使我能成为一个重要的人。”

他说，从父亲那里继承得来的所有东西中，对父亲的追忆是最可珍爱的，他一定要把它秘密保存在自己的心里。我们在他的许多著作中都能发现这种特殊的父子关系所留下的深深的印痕，这是解读他的哲学思想时必须密切注意的。

除了父亲以外，对克尔凯郭尔的一生发生重大影响的是一位姑娘雷吉娜·奥尔森，他们之间的短暂而不幸的恋爱，在哲学家脆弱的心灵上造成了永远不能愈合的创伤。他初次邂逅雷吉娜是在 1837 年，当时他正处于自我负罪感的精神痛苦中，结识这位少女给了他重新获得幸福的希望。据他自己说，他一开始就感到“我和她有无限大的区别”，然而在结识她之后的半年内，“我在自己心里充满着的诗情比世界上所有小说中的诗情加在一起还多”。父亲死后，他下定决心向她求婚并得到同意，他感到自己无比幸福，后来他写道：“生活中再没有比恋爱初期更美好的时光了，那时每一次会面、每看一眼都把某种新东西带回家去而感到快乐。”但这种幸福感很快就消逝了，他说，在订婚后的第二天，“我内心里就感到我犯了一个错误”，悔恨不已，“在那个时期内，我的痛苦是笔墨难以形容的”。

克尔凯郭尔究竟为什么刚订婚后就反悔，他自己并没有说得很清楚，看来这主要是由于心理上的原因。经过短暂的幸福，他又陷于不可克服的忧郁之中。雷吉娜对此也有所察觉，常对他说：“你从来没有快乐过，不管我是否同你在一起，你总是这个样子”。但她确实爱上了他，甚至几乎是“崇拜”他，这使他深为感动。他认为，如果他不是一个忏悔者，不是这样忧郁，那么同她结合就是梦寐以求的无比幸福的事了。可是这样就必须对她隐瞒许多事情，把婚姻建立在虚伪的基础上，这不可能使他心爱的人幸福。因此他竭力设法解除婚约，雷吉娜却不愿与他分手，再三恳求他不要离开她。他却克制内心的痛苦，不为所动，坚决退回了订婚戒指，并写信请求她“宽恕这样一个男人，他虽然也许能做某些事，却不可能使一个姑娘获得幸福”。后来他自己说，“这真是一个可怕的痛苦时期：不得不表现得如此残酷，同时又像我那样去爱”。据他在《日记》里的记述，在分手后他哭了整整一夜，但第二天却又装得若无其事和往常一样。他时刻想念雷吉娜，每天为她祈祷。后来雷吉娜另嫁别人，而克尔凯郭尔始终保持独身，对她一直不能忘怀。他说：“我爱她，我从来没有爱过别人，我也永远不会再爱别人”，“对我来说，只有两个人有如此重要的意义，那就是我已故的父亲和我们亲爱的小雷吉娜，在某种意义上，她对我来说也已经死了”。直到他们解除婚约五年后，他还在《日记》中写道：“没有一天我不是从早到晚思念着她”。三年后他又说：“是的，你是我的爱，我唯一的爱，当我不得不离开你时，我爱你超过一切”。其间他也曾试图与雷古娜恢复关系，但未能成功，终于他意识到他已永远失去了她。他说：“我失去了什么？我失去了唯一的爱。”于是他才倾全力于著作活动，他在《日记》中明确指出自己写作的目的就是为雷吉娜：“我的存在将绝对地为她的生活加上重音符号，我作为一个作家的工作也可以被看作是为了尊敬和赞美她而树立的纪念碑。我把她和我一起带进了历史。”他说，抛弃了雷吉娜，他不仅选择了“死亡”，而且选择了文学生涯，“是她使我成为一个诗人”，他的遗愿就是死后把他的著作献给雷吉娜以及他已故的父亲。他抱着这样的心情拼命写作，有的著作实际上是为了向雷古娜倾诉衷肠，是给她的“暗码通信”，如果不了解其背景，别人是难以充分理解的。

前面我们着重叙述了克尔凯郭尔和父亲的关系以及他的爱情悲剧，因为这对于理解这位哲学家其人及其著作是至关重要的，也正是因为他有了这样的生活经历和生存体验才使他成为黑格尔所说的“这一个”，而具有与众不同的独特的个性。他说：“如果有人问我，我是怎样被教育成一个作家的，且不说我和上帝的关系，我就应该回答说，这要归功于我最感激的一位老人和我欠情最多的一位年轻姑娘……前者以他的高尚智慧来教育我，后者则以她那种缺乏理解的爱来教育我。”他还特别强调，他之所以能成为一个作家，正因为他失去了雷吉娜，如果他和她结了婚，他就永远不会成为他自己了。他注定不能享受家庭幸福，他是一个正如他自己所说的“最不幸的人”。

在克尔凯郭尔失恋以后，他的创作活动达到了高潮，在短短的几年内完成并出版了十几部著作。由于他继承了巨额遗产，可以自费出版自己的著作，使他的思想成果得以留传于世。但是，当时他的著作却没有多少读者，有的重要代表作仅销售数十册，社会影响也微不足道。克尔凯郭尔自己曾提到，《哲学片断》一书出版后，始终无人注意，没有一处发表评论或提到它。他为得不到人们的理解而深感痛苦，他说，“本来我写这些东西似乎应该使顽石哭泣，但它们却只是使我的同时代人发笑”。但他一向自视甚高，认为自己富有天才，曾这样写道，“我作为一个作家，当然使丹麦增光，这是确定无疑的”，“虽然在我的时代无人理解我，我终将属于历史”。

克尔凯郭尔原以为自己只能活到三十三岁，因此他把出版于1846年的《〈哲学片断〉一书的最后的非学术性附言》当作自己“最后的”著作而倾注了全部心血。他感谢上帝让他说出了自己需要说的话，觉得在哲学方面已经不需要再写什么别的了。他本打算就此搁笔，隐退到乡村里当一个牧师了此一生。结果却出乎他自己的预料多活了九年，而且又重新拿起了笔，原因是他同报刊发生冲突，进行了一场论战，即所谓“《海盗报》事件”，这对他的晚年生活起了相当大的影响。

在当时的丹麦，《海盗报》是由青年诗人哥尔德施米特创办的一家周刊。就其政治倾向来说，《海盗报》站在自由主义立场上用嘲笑和讽刺的方法抨击专制保守和落后的社会现象，但刊物的格调不高，经常利用社会上的流言飞语，揭发个人隐私，进行人身攻击。这份周刊在一般公众中很受欢迎，发行量相当大。哥尔德施米特在该刊上发表了一篇赞扬克尔凯郭尔的文章，却引起后者极度不满。克尔凯郭尔认为《海盗报》是专门迎合低级趣味的刊物，受到它的赞扬实无异于对他的莫大侮辱，于是他公开在报上发表文章尖锐地批评和揭露《海盗报》，由此引发了该报的全面反击。差不多在1846年整整一年内，《海盗报》连篇累牍地发表攻击克尔凯郭尔的文字，对他的为人竭尽揶揄讥讽之能事，甚至就他的生理缺陷、服饰、家产、生活习惯等大做文章，并配以漫画。那时漫画还是颇为新鲜的东西，上了漫画也就成为公众的笑料。这深深地伤害了克尔凯郭尔的自尊心，甚至他在街上也成为顽童们奚落嘲弄的对象。他原先以为在笔战中会得到一些人的支持，但无情的现实却使他极度失望。他不仅没有获得人们的同情，反而感到人们因他受嘲弄而幸灾乐祸。他在《日记》中说，"我是受嘲笑的牺牲者"。他觉得自己处于极端孤立的境地，面对着广大的情有敌意的公众，他说，"如果哥本哈根曾有过关于某人的一致意见，那么我必须说对我是意见一致的，即认为我是一个寄生虫、一个懒汉、一个游手好闲之徒、一个零"。又说："对于全体居民来说，我实际上是作为一种半疯癫的人而存在的。"在这种情况下，他不愿与人来往，性情也更孤僻了，当他每天上街作例行的散步时，唯一"忠实的朋友"就是他随身携带的一把雨伞。

《海盗报》事件使克尔凯郭尔得出结论，认为一般人都没有独立的主见，在所谓舆论、报刊的影响下，人人就完全被淹没在"公众"之中了。在他看来，多数人总是错的，真理只是在少数人手里。因此，他因自己的孤独而感到骄傲。正如他自己所描写的那样，"我就像一株孤独的松树，自私地与世隔绝，向上成长，站在那里，甚至没有一个投影，只有孤单的野鸽在我的树枝上筑巢。"不过这一事件也使他改变了想隐退去当乡村牧师的想法。"一个人让自己被群鹅活活地踩死是一种缓慢的死亡方式"，他不愿意这样地去死，他觉得他的任务还没有完成，还得"留在岗位上"继续写作。不过从1847年起，他的著作的性质发生了很大变化，由前一时期主要探讨美学的、伦理的和哲学的问题完全转向了宗教的领域。

1847年5月5日，克尔凯郭尔过了三十四岁生日，当天他写信给哥哥，对自己居然还活着表示惊讶，甚至怀疑自己的出生日期是否登记错了。过去他从未认真考虑过三十三岁以后应该做什么，现在他活了下来，怎么办？这是他面临的新问题。他感到上帝可能有意赋予他特殊使命，让他为了真理而蒙受痛苦，同时作为真理的见证人而向他的同时代人阐明什么是基督教信仰的真义。怀着这样的使命感，他写了一系列“宗教著作”。他在说明自己作为一个作家的观点时说，他“从来也没有放弃过基督教”。这确实是真的，不过他对基督教和怎样做一个基督徒有他自己独特的理解，不仅和官方教会的正统观点不同，有时甚至公开唱反调。随着他的“宗教著作”的陆续出版，他和教会的分歧和矛盾就越来越尖锐化，终于爆发为公开的冲突。他激烈地批评丹麦教会，要求教会当局公开承认自己违背了基督教的崇高理想并进行忏悔。他指责教会已不再能代表《新约》中的基督教，认为他们的讲道不符合真正的基督教精神。他觉得对这种情况再也不能保持沉默，必须予以无情的揭露，同时要向公众阐明怎样才能做一个真正的，而不是口头上的基督徒。这就导致他和教会的关系彻底破裂。

克尔凯郭尔生命的最后一年是在同教会的激烈对抗中度过的。过去他写的大部头宗教著作，很少有人认真阅读，因此一般公众并不十分了解他在思想上与教会的严重分歧。于是他改变方式，在短短几个月内接连在报刊上发表了二十一篇文章，还出版了一系列小册子，并一反以往喜欢用笔名的习惯做法，都署自己的真名发表。这些文章和小册子短小精悍，通俗易懂，没有多少高深的理论，但批判性和揭露性很强。他公然向教会的权威挑战，指名批判自己过去的老师、新任丹麦大主教马腾森，对教会进行的宗教活动以及教士们的生活、家庭和宗教职务都极尽讽刺挖苦之能事，甚至公开号召人们停止参加官方的公共礼拜，退出教会。但是，克尔凯郭尔并未达到预期的目的，他全力发动攻击，马腾森和教会当局却始终保持沉默，轻蔑地置之不理，他企图唤起人们反对教会也徒劳无功，除了得到少数年轻人同情外，遇到的只是公众的冷漠和敌意。他大失所望，再次陷于孤立的困境，在这个时期内他拒不见客，与外界断绝往来。他的唯一在世的哥哥彼得那时在教会中已身居要职，他们之间的最后一点兄弟情谊也就此终结了。

1855 年 10 月 2 日，克尔凯郭尔在外出散步时发病被送往医院救治，他自己意识到末日将临，说“我是到这里来死的”。在医院里，他拒绝了哥哥彼得的探视，拒绝从神职人员那里领受圣餐。他同意童年时期的朋友波森来探望，波森问他还有什么话想说，他起初说“没有”，后来又说：“请替我向每一个人致意，我爱他们所有的人。请告诉他们，我的一生是一个巨大的痛苦，这种痛苦是别人不知道和不能理解的。看起来我的一生像是骄傲自大和虚荣的，实际上却并非如此。我不比别人好。我过去这样说，而且总是这样说的。我在肉中扎了刺，因此我没有结婚，也不能担任公职。”在去世前，他还向人表示，他对自己所完成的工作感到幸福和满足，唯一感到悲哀的是他不能和任何人分享他的幸福。他就这样离开了人世，终年四十二岁。这个反叛的基督徒的葬礼还为教会制造了最后一次麻烦，他的外甥带领一批青年学生抗议教会违背死者的意愿，擅自决定由牧师主持葬礼。葬礼只得草草结束，他被安葬于家庭墓地，但却没有设立墓碑。过去他在《日记》里曾写道，在英国某地，有一块墓碑上只刻着“最不幸的人”这几个字，可以想象并没有人埋藏在那里，“因为这墓穴是注定为我而准备的”。结果却是他死后墓地上连这样的一块墓碑也没有。他的遗嘱指定他把所剩无几的遗产赠给他念念不忘的雷吉娜，也遭到她的拒绝。直到半个世纪以后，年迈的雷古娜才说出了真心话：“他把我作为牺牲献给了上帝”。

综观克尔凯郭尔短促的一生，他的生活经历虽然没有戏剧性的情节，其内在的精神发展却充满矛盾、冲突、痛苦，有着无比丰富复杂的刻骨铭心的人生体验，迫使他深入地思考和探索在这个世界上生存的意义和个人的价值，这些都体现在他的哲学和宗教思想里。他虽然总是从他个人的视角和以他个人的独特方式去对待这些问题，而这些问题是现代社会里的人普遍关心和感兴趣的，因此具有现代的意义。这也就是我们今天仍然需要认真研究克尔凯郭尔的原因。

本选集的出版得到了丹麦克尔凯郭尔研究中心的资助，特此致谢。

天才释放出的尖利的闪电
——克尔凯郭尔简介

尼尔斯·扬·凯普伦

“天才犹如暴风雨：他们顶风而行；令人生畏；使空气清洁。”这是索伦·克尔凯郭尔在1849年的一则日记中所写下的句子。他自视为天才，而且将自己的天才运用到“做少数派”的事业之上。他总是顶风而行，与社会的统治力量及其教育体制相对抗，因为他认为“真理只在少数人的掌握之中”。为了与抽象的“公众”概念相对，他提出了具体的“单一者”（den Enkelte）的概念。

索伦·克尔凯郭尔是丹麦神学家、哲学家和作家，他出生于1813年5月5日，是家中7个孩子当中最小的一个。他在位于哥本哈根市新广场的家中度过的特殊的青少年时期受到了其父浓厚的虔敬主义和忧郁心理的影响。1830年他完成了中等教育，旋即被哥本哈根大学神学系录取。很快地，神学学习就让位给文学、戏剧、政治和哲学，让位给一种放荡的生活，而后者部分的是出于他对家中严苛而阴暗的基督教观念的反抗。但是，1838年5月他经历过一次宗教觉醒之后，加之他的父亲于同年8月辞世，克尔凯郭尔返归神学学习之中，并于1840年7月以最佳成绩完成了他的神学课程考试。

两个月之后，克尔凯郭尔与一位小他9岁的女孩雷吉娜·奥尔森订婚。但是，随后“从宗教的角度出发，他早在孩提时起就已经与上帝订婚”，因此他无法与雷吉娜完婚。经过了激烈的暴风雨式的13个月之后，1841年10月，他解除了婚约。这次不幸的爱情在克尔凯郭尔日后的生活道路中留下了深刻的痕迹，同时它也促使克尔凯郭尔以1843年《非此即彼》和《两则陶冶性讲演》两本书的出版而成为一名作家。

其实，早在1838年，克尔凯郭尔就出版了自己的第一本书《尚存者手记》。这是针对安徒生的小说《仅仅是个提琴手》的文学评论。丹麦作家安徒生（1805—1875）曾创作了少量的几部小说、一些游记作品、歌剧脚本、舞台剧本以及大量的诗歌，但他最终以童话作家的身份享誉世界。克尔凯郭尔认为，《仅仅是个提琴手》在艺术上是失败的，因为它缺乏了某种“生活观”（Livs-Anskuelse）。在其处女作发表几年之后，1841年，克尔凯郭尔以题为“论反讽概念”的论文获得了哲学博士学位（magistergrad）①，论文对“反讽”进行了概念化的分析，其中“反讽”既得到了描述，又得到了应用。

克尔凯郭尔就哲学、心理学、宗教学以及基督教所发表的作品大致由40本书以及数量可观的报刊文章组成，这些作品可以被划分为两大阶段：1843—1846年和1847—1851年。除《非此即彼》以及合计共18则陶冶性讲演之外，第一阶段写作出版的作品还有《重复》、《畏惧与颤栗》、《哲学片断》、《恐惧的概念》、《人生道路诸阶段》和《对〈哲学片断〉所做的最后的、非学术性的附言》；其中出版于1846年的《附言》一书成为区分两阶段的分水岭。所有的陶冶性讲演是克尔凯郭尔用真名发表的，其余作品则以笔名发表，如Constantin Constantius，Johannes de silentio，Vigilius Haufniensis，Johannes Climacus。克尔凯郭尔写作的第二阶段即基督教时期发表有如下作品：《爱的作为》、《不同情境下的陶冶性讲演》、《基督教讲演》、《致死的疾病》、《基督教的训练》。这一阶段的作品除了后两部以Johannes Climacus的反对者Anti-Climacus发表之外，其余作品均以克尔凯郭尔的真名发表。

此外，克尔凯郭尔还写有大约充满60个笔记本和活页夹的日记。这些写于1833—1855年的日记带有一种与日俱增的意识，即它们终将被公之于众，而这些日记使我们得以窥见克尔凯郭尔所演练的“在幕后练习台词”的试验。与其发表的作品一样，克尔凯郭尔的日记在1846年前后也出现了一个变化。写于1846年之前的日记表现的是在其发表作品背后的一种文学暗流。这些日记无所拘束、坦白、充满试验性，折射出那个年轻且充满活力的作家的洞察力。那些简短的描述和纲要、观察笔记、释义段落，它们充斥着前后彼此的不一致，它们相互之间以及与作者的生活之

① 在现代丹麦的学位制度当中，magister对应于Master's Degree（硕士学位），但是在历史上，magistergrad却是哥本哈根大学哲学系的最高学位，自1824年以来它对应于其他系科的doktorgrad（博士学位），1854年该学位被废除。（译者注）

间存在着或合或离的关系。而写于1846年之后的日记——它们由36个同样的笔记本、共计5700个手写页组成，其内容则成为内向性的自我萦绕和一种自我申辩。其间，克尔凯郭尔一直在诠释着和讨论着他已发表的作品，反思这些作品及其作者在现时代的命运。

在克尔凯郭尔的写作当中，在很大范围内也在其日记当中，他描述了生存的诸种可能性，尤其是三种主要阶段，对此他称为“生存的诸境界”(Existents-Sphærer)，即审美的、伦理的和宗教的境界。他的基本观点在于说，每个人首先必须或者说应该——因为并非每个人都能做到这一点——使自身从被给定的环境当中、从其父母和家庭当中、从其所出生和成长的社会环境当中分离出来。然后，他必须开始历经生存的各个阶段(Eksistensstadier)，在此进程之中他将获得其永恒的有效性，成为一个独立的个体（individ）。这个个体将成为其自身行动的主体，进而将成长为一个独特的、负有伦理责任的人。直到最终，在负罪感的驱使之下，伦理的人将步入宗教境界。克尔凯郭尔年仅22岁的时候就已经对此主题发表了自己的看法，首先是涉及他自己，同时也关涉所有的人。他试图明白，生活对他而言意味着什么。在1835年的一则日记中他这样写道：

“一个孩子要花些时间才能学会把自己与周围的对象区分开，在很长一段时间内他都无法把自己与其身处的环境区别开来，因此，他会强调其被动的一面而说出，例如，‘马打我’（mig slaaer Hesten）这样的句子来。同样，这种现象将在更高的精神境界当中重现。为此我相信，通过掌握另一个专业，通过把我的力量对准另外一个目标，我很可能会获得更多的心灵安宁。在一段时间内这样做可能会起作用，我可能会成功地将不安驱赶出去，但是毫无疑问，这不安仍将卷土重来，甚至更为强烈，如同在享受了一通冷水之后迎来的是高烧一样。我真正缺乏的是要让我自己明白，我应该做些什么，而非我应该知道些什么，尽管知识显然应该先于行动。重要的是寻找到我的目标，明确神意真正希望我所做的；关键在于找到一种真理，一种为我的真理，找到那种我将为之生、为之死的观念。”（日记AA：12）而当一个人找到了这样的真理的时候，这真理只为那个具体的人而存在，这人也就获得了内在的经验。“但是”，克尔凯郭尔提醒说，“对于多少人而言，生活中诸种不同的印迹不是像那些图像，大海在沙滩上把它们画出就是为了旋即将它们冲刷得无影无踪”。

这个真理，这个我作为一个独特的人应该寻找并且使之成为为我的真理，它在这个意义上来说是主观的，即我是作为主体的我在选择它。再进一步说，它还在这个意义上来说是主观的，即我应该以它为根据改造我的主体性和我的人格，应该根据它去行动。根据克尔凯郭尔，真理永远是处于行动中的，因此他还强调我应该做什么。在上述背景之下，很多年之后，克尔凯郭尔在他的主要哲学著作《附言》当中提出了“主观性即真理”的命题。这个命题不应该被理解成在独断的或者相对的意义上说真理是主观的，似乎此真理能够与彼真理同样好。恰恰相反在克尔凯郭尔看来，生存中存在着一种绝对的真理，一种永恒有效的真理，正是这种真理才是作为主体的我、作为个体的我要去参与的；当我选择的时候，它就应该成为为我而存在的真理。不仅如此，当我选择那个永恒有效的真理的时候，我要占有这真理，根据它改造作为主体的我，把它作为我的所有行动的绝对准则。

假如这一切并未发生，假如我的生活纠缠在诸多独断的真理之中并且远离了我的规定性的话，那么只有一种可能性，就是沿着我曾经向前走过的同一条路倒着走回去。克尔凯郭尔曾运用了一个取自古老传说中的意象。传说中有一个人着了一支乐曲的魅惑，为了摆脱音乐的魔力，他必须将整支曲子倒着演奏一遍。“一个人必须沿着他所由来的同一条道路倒行，犹如当把乐曲准确地倒着演奏的时候魔力就被破除了的情形一样（倒退的）。”（日记 AA：51）

假如我并未返回出发点以便找到那条通往真理的正确道路，而是使我的生活纠缠在那些独断的真理之中的话，那么我将陷入沮丧之中。有这样一种情形：我有一种强烈的愿望，但我并不知道我所希望的到底是什么，也没有准备好调动我的力量去发现之，因为那将意味着我必须使自己从那种我曾经纠缠其中的生活当中挣脱出来，于是我便无法去希望。克尔凯郭尔把这样的一种情形称为“忧郁”（tungsind）。

“什么是忧郁？忧郁就是精神的歇斯底里。在一个人的生活中会出现一个瞬间，当此之时，直接性成熟了，精神要求一种更高的形式，其中精神将把自身视为精神。作为直接性的精神而存在的人是与整个世俗生活联系在一起的，但是现在，精神将使自身从那种疏离状态中走出来，精神将在自身当中明白自己；他的人格将会在其永恒有效性内对自身有所意识。假如这一切并未发生，运动就会终止，它将被阻止，而忧郁也由此介入。人们可以做很多事情以试图忘掉它，人们可以工作……但是，忧郁仍然在那里。

“在忧郁当中有着某种无可解说的东西。一个悲伤或者担忧的人是知道他为什么悲伤或者担忧的。但是倘若你询问一个忧郁的人，问他为什么会忧郁，是什么压在他的身上，他将会回答你说，我不知道，我无法解释。忧郁的无限性就在这里。这个问答是完全正确的，因为他一旦知道他因何而忧郁，忧郁就被驱除了；可是那个悲伤者的悲伤绝不会因为他知道自己因何悲伤而被驱除。但是，忧郁是罪（Synd）……它是那种没有深刻地、内在性地去希望的罪，因此它是众罪之母……可是一旦运动开始了，忧郁就会被彻底驱除，同时就同一个个体而言，他的生活仍然可能带给他悲伤和担忧。”

在《非此即彼》当中，克尔凯郭尔曾这样写道：“很多医生认为忧郁存在于肉体之中，这一点真够奇怪的，因为医生们无法将忧郁驱除。只有精神才能驱除忧郁，因为忧郁存在于精神当中。当精神找寻到自身的时候，所有微不足道的悲伤都消失了，据很多人说产生忧郁的根源也消失了——这根源在于说，他无法在这个世界上立足，他来到这个世界太早或者太晚了，他无法在生活中找到自己的位置。那个永恒地拥有自身的人，他来到这个世界既不太早也不太晚；那个居于其永恒当中的人，他将会在生活当中发现自己的意义。”（SKS 3，pp. 183—184）

有了对忧郁的如是理解，克尔凯郭尔提出了另一个重要的概念：恐惧（angst），在其心理学著作《恐惧的概念》当中他对这个概念做出了阐发。在书中，假名作者 Vigilius Haufniensis 描述了恐惧的诸种现象并且发问道，恐惧或者毋宁说一个人会变得恐惧的事实会揭示出人是什么呢？对此他回答说：人是一个与成为他自己这一任务密不可分的自我。这位假名作者还描述了这项任务失败的原因，因为个体不仅仅在因善而且也在因恶的恐惧当中受到了束缚，最终，他陷入了妖魔式的内敛当中。

而恐惧又引发出了另一个新的概念：绝望（Fortvivlelse），对此克尔凯郭尔让其身为基督徒的假名作者 Anti-Climacus 在《致死的疾病》一书中做出了分析，该书与《恐惧的概念》相呼应。正是 Anti-Climacus 表达了克尔凯郭尔关于人的最终的观念：人是一个综合体，是一个在诸多不同种的尺度（Størrelse；对应于德文 Grösse）之间的关系，例如时间性与永恒性、必然性与可能性，但是它却是一种与自身发生关联的关系。在书的第一部分中，Anti-Climacus 通过对绝望的不同形式的描述展开了这一观念，在此绝望被理解为人不愿成为自我。在书的第二部分中，作者深入阐明了他对绝望的理解，他认为绝望是罪，以此，他与《恐惧的概念》一书中关于罪的理论相呼应。于是，绝望成了经强化的沮丧，或者是以上帝为背景而思想时的沮丧，也就是说，一个人不愿意成为如上帝所创造的那样的自我，不愿去意愿着或者执行上帝的意志。“心的纯洁性在于意愿一（件事）”，而这个“一”最终就是上帝。

那个意愿着上帝并且因此也意愿着成为如上帝所创造的自我一样的人；那个不再与上帝和其自身相疏离的人——处于这种疏离状态的人或者处于在罪过（Skyld）的封闭的禁锢当中，或者处于关于自我的梦想的非现实的理想图景当中；那个人将真正地走向自我，他将与自我和自我同一性共在，因此，他将在场于生活的实在的场中。克尔凯郭尔在其成文于1849年的三则审美性的、关于上帝的讲演《田野的百合与空中的飞鸟》中这样写道：“什么是快乐，或者说快乐是什么？快乐也就是真正地与自我同在，而真正地与自我同在指的就是那个‘今天’；在（være）今天，其实就是指在今天。它与说‘你在今天’，与说‘你与你自身就在今天同在’，说‘不幸的明天不会降临到你的头上’同样正确。快乐指的就是同在的时间，它所着力强调的是同在的时间（den nærværende Tid）。因此上帝是幸福的，作为永恒的存在他这样说：今天；作为永恒的和无限的存在，他自身与今天同在。”（SV14，160）

克尔凯郭尔在第一阶段的写作中完成了对三种人性的“生存境界”的描述之后，在第二阶段中他指出了在与基督教的关系之下这三种境界的不足之处。一个人要成为一个真实的自我，首先要通过作为上帝所创造的产物而与上帝建立关联。一个人要成为真正的自我，他首先要认识基督并且使他的罪过得到宽恕。但是，在认识之前同样需要行动。因此，真理总是在行动中的真理，正如信仰总是在作为（Gjerninger）中的信仰一样。

在第二阶段的写作当中，对人性的和基督性的理解同时得到了强化。克尔凯郭尔进一步强调，那个决定性的范畴即在于单个的人，即“那个单一者”（hiin Enkelte）；但是与此同时，他也越来越强调一种以宗教为根基的对于人与人之间的平等关系的把握。这一点与他对于所处时代的不断成熟的批评是并行的。1846年，克尔凯郭尔发表了题名为“文学评论”的作品，对一位年长于他的同时代丹麦作家托马西娜·伦堡夫人（1773—1856）的小说《两个时代》做出了评论。其间，克尔凯郭尔赋有洞见地总结了那个日益进步的现代社会的特征，表达了他的政治和社会思想，指出当今时代呈现出一种平均化和缺乏激情的倾向。

克尔凯郭尔自视自己是一位以“诠释基督教”为己任的宗教作家。他将“清洁空气”，他将把所有的幻象和所有的虚伪都剥除净尽，并且返回“新约的基督教”。在此背景之下，他在自己生命的最后几年当中对丹麦的官方所宣称的基督教以及基督教权威机构展开了攻击。1854 年年底，克尔凯郭尔以在名为“祖国”的报纸上所发表的一系列文章开始了他针对教会的战斗。继而，这场战斗又继续在更强烈、更激进的新闻性小册子《瞬间》（共计 9 册）当中进行。

1855 年 10 月，克尔凯郭尔在街头摔倒了，他病入膏肓，精力耗尽。他被送往了弗里德里克医院（地址即今天的哥本哈根市工艺美术博物馆），11 月 11 日，他在那里告别了人世。

克尔凯郭尔在 19 世纪末 20 世纪初之际被重新发现，并且在第一次世界大战之后获得了广泛的国际声誉。他成为辩证神学、存在哲学以及存在神学的巨大的灵感源泉。自 20 世纪 60 年代至 80 年代中期这段时间里，克尔凯郭尔（研究）一度处于低潮。自那以后，克尔凯郭尔获得了巨大的复兴，不仅在学者和研究者中间，而且还在一个更为广泛的公众当中；这种复兴不仅发生在丹麦国内，而且还发生在国际上，包括很多东欧社会主义国家。

这种重新焕发的对于克尔凯郭尔的兴趣反映了一种崭新的对生存进行全面理解的愿望，人们希望在当今众多相对的、划时代的，以及由文化决定的真理之外寻求到一种可能的永恒真理。这种探求不仅仅在知识—哲学的层面之上，而且还应落实到伦理—生存的层面之上。这种寻求还与寻找对个体的意义、伦理学的基础以及宗教与社会的关系这些根本性问题的新的解答联系在一起。

“有两种类型的天才。第一种类型以雷声见长，但却稀有闪电。而另一种类型的天才则具有一种反思的规定性，借此他们向前推进……雷鸣声回来了，闪电也非常强烈。以闪电的速度和准确性，他们将击中那些可见的每一个点，而且是致命的一击。”毫无疑问，克尔凯郭尔属于后一种类型的天才。

（王　齐译）

译者短语

本卷索伦·克尔凯郭尔著作汉语翻译包括了《畏惧与颤栗》、《恐惧的概念》和《致死的疾病》。其中《畏惧与颤栗》、《恐惧的概念》是出自索伦·克尔凯郭尔研究中心的《索伦·克尔凯郭尔文集》第四卷（1997 年版），而《致死的疾病》则是出自中心的《索伦·克尔凯郭尔文集》第十一卷（2006 年版）。在翻译过程中使用的对照版本首先是 Howard V. Hong 主编的英文版 *Kierkegaard's Writings*，其中包括由 E. H. Hong 和 H. V. Hong 翻译、在 1983 年出版的第六卷（*Fear and Trembling*），由 Reidar Thomte 和 Albert B. Anderson 翻译、在 1980 年出版的第八卷（*Concept of Anxiety*）和由 E. H. Hong 和 H. V. Hong 翻译、在 1980 年出版的第十九卷（*Sickness Unto Death*）。然后有法语 Gallimard 版由 Knud Ferlov 和 Jean J. Gateau 翻译的 *Le concept de l' angoisse*（1935 年版）和 *Traité du désespoir* / La maladie mortelle（1949 年版），Aubier 版由 P. —H. Tisseau 翻译的 Crainte et Tremblement。

译者曾在 2002 年翻译出版过本卷之中的后两部著作，所依据的丹麦文版本是丹麦金色山谷出版社二十卷本《索伦·克尔凯郭尔著作集》中的卷六和卷十五。当年译者的哲学学业是在丹麦，所读的哲学书籍大都是丹麦语、英语和德语版的，因而在 2002 年毕业时，译者对汉语哲学学术界的情况也不是很清楚。但译者在毕业后马上就开始了对这两部著作的翻译。它们在 2004 年初出版。在今天看来，当年的这个版本是不理想的。一方面译者当时没有得到哥本哈根大学索伦·克尔凯郭尔研究中心出版的带有注释的《文集》，在对两部著作的理解上还存在不少问题，并且译者对哲学翻译有着一种认识上的执著；另一方面当时在上海存在着某些人为的阻力使得译者在校对阶段与出版社编辑部无法进行正常沟通，这就使得许多本应被更醒目准确地呈现出来的概念反而变得模糊不确定了。

这一次，两部著作在本卷中的翻译版本是译者在 2010 年重新翻译出的文本。在翻译临近结束的时候，我获得研究中心 Niels Jørgen Cappelørn 先生的帮助，他对一些疑难文字段落所作的说明使得我解开了诸多困惑的节点。而在译稿完成了之后，我与中国社会科学院王齐女士作了沟通，我从地那里获得了不少帮助建议。

在这里我说明一下。书中出现的脚注，都是作者本来书中的注脚。尾注中带有方括号的都是丹麦文版的注释集里提供的注释（注脚中的文字出处的原文说明都已被删除）。尾注中不带方括号的是译者给出的注释。在正文中，除了作者拿外来语单词做文章的，外来语的词句都被移入脚注，由外来语翻译成的中文一律是仿宋体。所有楷体都对应于丹麦文原文中的斜体字。

顺便在这里也提一下译者在本书中对一些概念的翻译上的考虑。

首先，关于“恐惧”这个概念。有朋友问译者，为什么使用“恐惧”一词来译 Angst/Angest，而不是用别的诸如“不安”、“焦虑”等词。这是因为译者根据自己在丹麦六年的哲学学业（其中包括了一些心理学的课程），认为“恐惧”一词是最恰当的。“不安”一词的在汉语中的口语特性不适合于在这里作为反复出现并且常常被形容词化和动词化地使用的概念词，而那个在心理学诊断中被频繁地用到的“焦虑”一词，是心理学上的症状描述词，它是不同于“恐惧”这个概念的。在丹麦的高中哲学教学中，为避免对这个概念造成外行想当然的误读，人们常常会特地强调：绝不可混淆心理学临床讨论的 Angst〈焦虑〉和哲学中所讨论的概念 Angst〈恐惧〉，这是两种完全不同的东西。社科院王齐女士称建议使用“忧惧”，我觉得挺好。但我坚持使用“恐惧”，因为我觉得在我的译文中，我应当把“恐惧”归于 Angest，而用“畏惧”来翻译“frygt〈英文是 fear〉”，尤其因为《畏惧与颤栗》之中的“畏惧”是指向对上帝的“敬畏”之畏。为此，我在《畏惧与颤栗》的题解中也作出了说明：“畏惧”是一种有对象的惧怕，而不是那不具对象的“恐惧”。所以，Frygt 一词被翻译为“畏惧”或“敬畏”。也因此我将这部著作的书名译作《畏惧与颤栗》。

名词“定性”的丹麦文是 Bestemmelse，有“定立性质”的意思。“确定性”的丹麦文是 Vished、Bestemthed 等，表示确定。

形容词“正定的”的丹麦文是 positiv，为避免“肯定”这个词所引起的误解和误导，在哲学关联上常常特选此词而避用“肯定的”，意为

“正面设定的”。

名词“辜”，我在文中给出了脚注。辜的丹麦文是Skylden，英文中相近的对应词为guilt。Skyld为“罪的责任”，而在字义中有着“亏欠”、“归罪于、归功于”的成分——因行“罪”而得“辜”。因为在中文没有相应的“原罪”文化背景，而同时我又不想让译文有曲解，斟酌了很久，最后决定使用“辜”。中文“辜”，原有因罪而受刑的意义，并且有“亏欠”的延伸意义。而且对“辜”的使用导致出对“无辜的”、“无辜性”等的使用，非常谐和于丹麦文Skyld、uskyldig、Uskyldighed，甚至比起英文的guilt、innocent、innocence更到位。

动词“设定”的丹麦文是sætte，对应于德语中的setzen。德国唯心主义从费希特起一直使用的设立原则的概念。可参看费希特和谢林的体系演绎，比如说王玖兴的中译本费希特的《全部知识学基础》。

作为克尔凯郭尔时代审美理论的特定概念，“那喜剧的”这个词对立于“那悲剧的”。如果不强调这一对立，那么有的地方我也将之译作比如说“可笑的东西”。

形容词名词化后的名词“那现世的”的丹麦文是det Timelige。与“那永恒的”相对立。意为“属于时间的而不属于永恒的、属于此岸而不属于彼岸的”。时间的、人间世界的。派生名词为“现世性”Timelighed。

丹麦语名词Anfægtelse是用来标示“一种内心剧烈冲突的感情”的概念。这个词在本卷三部著作中常常出现，在Hong的英译本中，它一般是被译作a spiritual trial。但中文译者则根据上下文关系有时将之译作“对信心的冲击”，有时译作“在宗教意义上的内心冲突”或者“内心冲突”，有时候译作“信心的犹疑”，也有时候译作“试探”。译者的依据是丹麦大百科全书对这个概念的解释：

Anfægtelse是在一个人获得一种颠覆其人生观或者其对信仰的确定感的经验时袭向他的深刻的怀疑的感情；因此anfægtelse常常是属于宗教性的类型。这个概念也被用于个人情感，如果一个人对自己的生命意义或者说生活意义会感到怀疑。在基督教的意义上，anfægtelse的出现是随着一个来自上帝的令人无法理解的行为而出现的后果，人因此认为“上帝离弃了自己”或者上帝不见了、发怒了或死了。诱惑/试探是anfægtelse又一个表述，比如说在，在“在天之父”的第六祈祷词中“不叫我们遇见试探”（《马太福音》6：13）。《圣经》中的关于“anfægtelse只能够借助于信仰来克服”的例子是《创世记》（22：1—19）中的亚伯拉罕和《马太福音》（26：36—46；27：46）中的耶稣。对于比如说路德和克尔凯郭尔，anfægtelse 是中心的神学概念之一。

当然，在这里译者只是对这些概念作出很有限的说明。因为在文本中，对文字的阅读具体落实到各个概念上的时候，读者们可以在尾注中找到许多详尽的说明。

最后我说明一下，本卷中这三部著作，看上去似乎各有作者，又是约翰纳斯·德·希伦提欧，又是维吉利乌斯·豪夫尼恩希斯，又是安提—克利马库斯，等等。这其实也是作者所坚持的助产式表达形式之一。除博士论文《论反讽概念》和诸多基督教讲演文本是署有真名之外，作者的重要哲学著作都使用笔名出版。这里也不例外，约翰纳斯·德·希伦提欧、维吉利乌斯·豪夫尼恩希斯和安提—克利马库斯是假名，其渊源在题解中都有说明。

现在，这三部著作的中文版本出版了。我在此向 Niels Jørgen Cappelørn 先生、王齐女士、Anne Wedell – Wedellsborg 女士、Niels Thomassen 先生和 Jørgen Hass 先生表示感谢，在我对诸多著作的理解过程、翻译过程和校读过程中，我曾得到过他们的帮助。

京不特
2012 年 5 月

总目录

畏惧与颤栗

辩证的抒情诗

约翰纳斯·德·希伦提欧

哥本哈根 1843年

塔克文·苏佩布在其花园中借助于罂粟花果所说的东西，他儿子是明白的，但信使却不明白。

——哈曼

目　录

前言

我们的时代不仅仅是在商业的世界里，并且也是在理念的世界里推行着一种真正的清仓大甩卖[1]。一切都能以这样一种低廉得可笑的价格来获得，以至于到最后“会不会有人愿意还价”都成为一个问题。每一个认真仔细地为“现代哲学的意义重大的行进步伐”算点数的思辨记分员[2]，每一个私人讲学博士[3]、助教[4]、学生，每一个哲学中的外出者和居守者都不是就“怀疑一切”而停留着不动，而是继续向前[5]。也许，去问一下他们“他们到底要到什么地方去”，这做法是不恰当而且不合时宜的，但是，将“他们对一切都作了怀疑”看成是确定的事实，这做法则无疑是礼貌而谦恭的，因为否则的话，这所谓的“他们继续向前”就会是一个古怪的说法了。这样，他们全都已作出了这一暂时的运动，并且，估计是那么轻而易举地作出的，以至于他们觉得，在“怎样作出这运动”的问题上，他们根本无须丢出任何言辞来做解说；因为，甚至即使你焦虑而忐忑不安地寻求着哪怕一小点解释说明，你也无法找到这样的解说，关于“一个人面临这规模庞大的工作时怎么办”，你找不到任何引导性的小小暗示，也找不到任何饮食保健上的小小秘方。“但笛卡儿不是做过这事了吗?”笛卡尔，一个值得尊敬的、谦恭的、正直的思想者，无疑，任何人读了他的文字都无法不被深深的情感打动，他做了他所说的事情，并且说了他所做的事情。啊！啊！啊！在我们的时代这是一种极大的稀罕事件！笛卡儿，正如他自己所经常反复说的，不曾在相对于信仰的关系中怀疑过。(“正如之前所述，我们还是必须记住，只有在上帝自己不开示出任何与之相悖的东西时，一个人才可以去信任这道自然的光，……但是，一切之上最首要的是，我们必须将这一点作为最重要的规则来铭记于心：我们必须把上帝的启示作为最确定的东西来信仰。哪怕理性的光在向我们显示别的东西时看来是那么地明了而显然，我们也必须只相信上帝的权威，而不是去相信我们自己的判断。”引自笛卡尔的《哲学原理》第一部分[6]，

§ 28 和 § 76)。他没有大喊“着火”，并且也没有将“去怀疑”弄成所有人的义务，因为笛卡尔是一个沉默而孤独的思想者，而不是一个大吼大叫的巡街人[7]；他谦恭地承认，他的方法只对他自己有意义并且部分的是基于他早年错乱的知识。因此，我并不打算在这里教给大家一种方法，以为人人都必须遵循它才能正确运用自己的理性；我只打算告诉大家我自己是怎样运用我的理性的。……可是等到学完全部课程（就是说，青年时代的课程），按例毕业，取得学者资格的时候，我的看法就完全改变了。因为我发现自己陷于疑惑和谬误的重重包围，觉得努力求学并没有得到别的好处，只不过越来越发现自己无知。——引自笛卡尔《谈谈方法》第二页和第三页。[8]

正是这个，那些古希腊人们（他们多多少少也是知道一点哲学的）将之视作是一生的任务，因为这种怀疑的技能不是在几天几个星期里获得的，那个退役的老辩论家[9]所达到的就是这个，他穿过所有陷阱保存了怀疑之平衡，无所畏惧地拒绝了感觉的确定性和思想的确定性，毫不妥协地抵制了自爱心的恐惧和同情心各种讨好的暗示。而在我们的时代，则每一个人都以这个作为开始。

在我们的时代，每一个人都不在“信仰”这里停留着，而是继续向前走。一个关于“他们到底要到什么地方去”的问题也许会是鲁莽无礼的，相反，如果我假设每一个人都有信仰，那么这无疑就会是一种有文化有教养的标志，因为否则的话，这所谓的“继续向前”就会是一个古怪的说法了。在那些古老的日子里则完全不同，那时信仰是一生的任务，因为人们设想，那信仰的技能既不是在几天里也不是在几星期里获得的。这样，饱经沧桑的老人走近了自己的终结，打过了漂亮仗[10]，保存了信仰，这时，他的心灵很年轻，年轻得足以不曾忘却那种恐惧和颤抖，那种训责少年人的恐惧和颤抖，成年男人固然控制住这恐惧颤抖，但没有人成长得到能够完全脱离它程度——除非是借助于“尽可能早地继续向前”而得以成功脱离。这个值得尊敬的形象所达到的地方，却是我们时代里每个人“开始继续向前”的地方。

本书作者绝不是什么哲学家，他没弄明白过体系，关于它是否存在、关于它是否完成，他都不明白，对于他虚弱的头脑，这样的一种想法就已经让他够受了：既然我们时代的每一个人都有着一种如此宏大的思想，那么每一个人必定是有着怎样的巨大头脑啊。尽管一个人能够将整个信仰的内容转译成概念的形式，但由此却并不就能够推断出一个人具备“信仰”这概念，“一个人怎样进入这信仰”或者“这信仰怎样进入一个人”的概念。本书作者绝不是什么哲学家，他是，以诗意和精美的方式[11]，一个既不写体系也不写关于体系的许诺[12]，既不去作体系的客户也不将自己典当给体系[13]的编外写作者[14]。他写作是因为这对于他是一种奢侈，购买和阅读他所写东西的人越少，这奢侈就越令人欣悦并且理所当然。他很容易地预见到自己在一个时代里的命运；在这样的一个时代里，人们为了要为科学服务而删除激情，在这样的一个时代里，一个作家如果想要获得读者，他就必须小心地这样写作，他写出来的书必须能够让人在午睡时刻舒适地翻阅，并且要小心地摆弄出一种外在表象，完全就像《地址报》上的那个彬彬有礼的年轻园丁[15]，手里拿着帽子和以前的工作场所为他写的推荐信，向一批极受尊敬的观众作自荐；就是说，他很容易地预见到自己在这样的时代里的命运。他预见到自己的命运就是“完全彻底地被忽略”，他隐约地感觉到可怕的事实：苛刻猜忌的批评界会让他多次得到严厉的教训；他惧怕更可怕的事实：某个雄心勃勃的档案文书，一个段落的吞咽者（这样的人，为了拯救科学，总是有心去对别人的文字做出一些特罗普为了“挽救口味”而大度地对《人类毁灭》所做的事情）会把他切割开，切割成各个“§§”[16]，并且，就像那个为了符合标点符号科学[17]而分割自己的讲演的人那样（那人数着单词，以五十个词一个句号、三十五个词一个分号来为自己的讲演分出句段）以同样的不可通融性来这样做。

我以最深刻的诚惶诚恐跪拜每一个体系的包袋检查者[18]：“这不是体系，这和体系彻底没有关系。我呼求一切对体系和对在此全体[19]中的丹麦兴趣所在的祝福；因为，这估计是成不了一座塔[20]的。对于他们全部和每一个，我都祝他们好运气和至福[21]。”

最大的恭敬
约翰纳斯·德·希伦提欧

题解

书名“畏惧与颤栗”

前人有翻译此书的，包括90年代时的我自己，都把书名中的Frygt翻译成“恐惧”。如果我们参看圣经中《腓利比书》（2∶12）保罗的信中所写的文字，“于是，亲爱的，你们这些一贯顺从的人：为你们的拯救而心怀着敬畏与颤栗去努力吧，不仅仅是我在场时如此，而现在我不在场时更当如此”。在中文版的圣经中也是用“恐惧”一词的：“这样看来，我亲爱的弟兄你们既是常顺服的，不但我在你们那里，就是我如今不在你们那里，更是顺服的，就当恐惧战兢，作成你们得救的工夫”。

然而，这里的惧是对上帝的敬畏之惧，是一种有对象的惧怕，而不是那不具对象的恐惧。所以，Frygt 一词在我这里被翻译为“畏惧”或“敬畏”。

作者名“约翰纳斯·德·希伦提欧”或译作“沉默之约翰纳斯”。拉丁语 de silentio，音译为“德·希伦提欧”，意译为“出自沉默”或“关于沉默”。

所引哈曼的话原为德语：“Was Tarquinius Superbus in seinem Garten mit den Mohnköpfen sprach, verstand der Sohn, aber nicht der Bote.”

引自《哈曼文集》（*Hamann's Schriften*, F. Roth 出版, bd. 1—8, Berlin 1821—43, ktl. 536—544; bd. 3, 1822, s. 190.）

塔克文·苏佩布（Tarquinius Superbus）的儿子，塞克图斯·塔克文（Sextus Tarquinius），努力将盖比伊（Gabii）城推进自己的父亲的统治，通过使用诡计，他在城里获得了一个重要位置，于是，他派遣一个信使去罗马他父亲那里询问下一步该怎么办。塔克文·苏佩布信不过信使，一句话不说，而是把信使带进花园。在花园里，他用拐杖敲打掉那些最高大的罂粟花的花冠。信使向儿子描述了父亲的举动，这样儿子就明白了：他必须把城里最有头面的那些人清除掉。

哈曼：Johann Georg Hamann（1730—88），德国哲学家和作家。在哈曼的一封在1763年3月29日写给 J. G. Lindner 信中，他说及关于塔克文的故事。

注释：

1　仿宋体处在丹麦文版中是德语：ein wirklicher Ausverkauf（一种真正的清仓大甩卖）。

2　这里所说的记分员（Marqueur）是指在那种有着台球桌的饭店酒馆或者台球俱乐部里为台球游戏记分算分的人，他们常常同时也是侍者。也可以是别的游戏的记分员。所谓算点数，包括了在游戏中记分、记分和算分。

3　［私人授课博士（Privatdocent）］尤其是在德国，人们在大学里任用私人授课博士，就是说作为博士但没有被正式聘用的授课者。

4　助教（Repetent）大学里聘用的助教，开解说课，帮助学生理解领会已经讲授过的大课的内容。

5　不是就“怀疑一切”而停留着不动，而是继续向前法国哲学家、数学家和自然科学家勒内·笛卡尔（1596—1650）强调，为了确定“认识”的有效性，有必要怀疑一切（拉丁语“de omnibus dubitandum est”）。克尔凯郭尔对这说法进行了分析（参看 Pap. Ⅳ B 1。Johannes Climacus eller De omnibus dubitandum est)。借助于这一工具性的怀疑，笛卡儿发觉，唯一让人无法有意义地怀疑的事实是：正进行怀疑的人必定是作为思者而存在的，所谓“我思故我在”。这里的句子，以及后面的句子都是在讥嘲地影射马滕森（H. L. Martensen）和海贝尔（J. L. Heiberg），正如黑格尔自己努力继续向前超越自己的哲学先人而不“停留”在“怀疑一切”这一点上，马滕森和海贝尔想要继续向前超过黑格尔本人。

6　仿宋体处在丹麦文版中是拉丁语：Memores tamen, ut jam dictum est, huic lumini naturali tamdiu tantum esse credendum, quamdiu nihil contrarium a Deo ipso revelatur.... Præter cætera autem, memoriæ nostræ pro summa regula est infigendum, ea quæ nobis a Deo revelata sunt, ut omnium certissima esse credenda; et quamvis forte lumen rationis, quam maxime clarum et evidens, aliud quid nobis suggerere videretur, soli tamen auctoritati divinæ potius quam proprio nostro judicio fidem esse adhibendam. Cfr. Principia philosophiæ, pars prima § 28 og § 76。

7　大喊“着火”……巡街人大喊着火，就是说大惊小怪拿鸡毛当令箭。根据丹麦在1761年的法令，巡街人（看守大街的人）的工作职责包括“在看见失火的时候发出警报”，渎职者将受到严重的处罚。

8　仿宋体处在丹麦文版中是拉丁语：Ne quis igitur putet, me hĭc traditurum aliquam methodum, quam unusquisque sequi debeat ad recte regendam rationem; illam enim tantum, quam ipsemet secutus sum, exponere decrevi ... Sed simul ac illud studiorum curriculum absolvi (sc. juventutis), quo decurso mos est in eruditorum numerum cooptari, plane aliud coepi cogitare. Tot enim me dubiis totque erroribus implicatum esse animadverti, ut omnes discendi conatus nihil aliud mihi profuisse judicarem, quam quod ignorantiam meam magis magisque detexissem. Cfr. Dissertatio de methodo p. 2 og 3。

这里的《谈谈方法》我引用了商务印书局2000年王太庆的译本中的文字，正文第5页，但有改动，因为拉丁文中括号部分可能是加出来，因此我也在译文的引用中加了“（就是说，青年时代的课程）”。

9　可能是指苏格拉底。

10　打过了漂亮仗参看《提摩太后书》(4:7)：“那美好的仗我已经打过了。当跑的路我已经跑尽了。所信的道我已经守住了。”

11　仿宋体处在丹麦文版中是拉丁语：poetice et eleganter。

12　既不写体系也不写关于体系的许诺针对的是丹麦哲学家拉斯穆斯·尼尔森(Rasmus Nielsen)。尼尔森是作为黑格尔的追随者而开始走上自己的道路的。他以这样的方式出版了《思辨哲学其基本特征》(*Den speculative Logik i dens Grundtræk*)一至四册（哥本哈根1841–44)，但一共也就只是出版了这四册，并且在一个句子的一半中终结了。克尔凯郭尔也曾在写给《祖国》（*Fædrelandet*）904期（1842年6月20

日）的文章《明了的忏悔》（*Aabenbart Skriftemaal*）讽刺了拉斯穆斯·尼尔森的哲学大业："这就是这体系，我们的时代所努力想要达到的目标就是这体系。尼尔森教授已经出版了二十一个逻辑'§§'，这些'§§'构成了一种逻辑第一部分，这种逻辑又构成了包容一切的百科全书的第一部分——封面上就是这样暗示的，但这暗示却没有给出这百科全书的篇幅量，想来是为了不使人受惊，因为人们无疑可以得出这样的结论：它的篇幅将是大得无穷无尽。"

13 ［既不去作体系的客户也不将自己典当给体系］暗示了拉斯穆斯·尼尔森所许诺的工作，亦即对黑格尔的逻辑学的丹麦文介绍说明。"自己典当给体系"，这里的"典当"说法是当时欧洲人们喜欢用来做比喻的"把自己典当给魔鬼（拿自己的灵魂来和魔鬼立交换契约）"中的"典当"。

14 编外写作者在组织机构中非固定聘用的秘书，其工作任务是在工作量超常的时候誊写各种文件。就其本身地位是很卑微的。克尔凯郭尔曾在海贝尔发表了对《非此即彼》的评论之后描述《非此即彼》的笔名作者是一个"宁可希望自己在文学中作为一个编外写作者而绝不想要获得教授职位"的人。

15 《地址报》上的那个彬彬有礼的年轻园丁 Adresse - Avisen，最老的丹麦广告报纸，全称 Kjøbenhavns Adresse - Comptoirs Efterretninger，由印书商威兰德（J. Wielandt）在 1725 年从欧斯顿（F. v. d. Osten）那里从接手了后者得天独厚的地址办公室（1706 年成立）之后出版。1759 年之后又被霍尔克（H. Holck）接手，并刊登新闻材料，但在 19 世纪初这份报纸又重新成为广告报纸。《地址报》是哥本哈根的广告器官。在 1843 年，正式名称为 Kjøbenhavns kongelig alene privilegerede Adressecomptoirs Efterretninger。从 1800 年起，每周出版六天，1841 年的印数达七千。该报纸垄断哥本哈根的广告和公告，一直到 1854 年。

所谓"年轻园丁"可能是指一幅小插图。但这小插图并不是《地址报》上的，而是《柏林政治广告时报》上为园艺业常刊登的广告。有时图上是一个年轻人弯着腰拿着水壶浇灌几株灌木。

16 特罗普为了……切割成各个"§§"在海贝尔的杂耍剧《批评家和动物》（Recensenten og Dyret）（1826）的第七场中，六十岁未毕业的法学学生特罗普因为考虑到当时的主流审美品位而把自己的悲剧《人类毁灭》等分成两卷。台词是："既然挽救品味无须花更大代价，我们何乐不为呢?"

17 文献学中的标点符号使用法。

18 包袋检查者对公职税务人员的鄙称。他们的工作就是比如说在城门口检查进城的必须付税的货物。

19 ［Omnibus］克尔凯郭尔在这里是针对那些在时代风雅哲学生意中入股的黑格尔主义者们。

20 ［塔］也许是指《路加福音》（14∶28—30），耶稣说："你们那一个要盖一座楼，不先坐下算计花费，能盖成不能呢？恐怕安了地基，不能成功，看见的人都笑话他，说，这个人开了工，却不能完工。”

21　［祝他们好运气和至福］对到过圣殿的人们的普通问候语。

心　境[1]

从前有一个人，他从小就听说了这个美丽的故事[2]，关于上帝是怎样诱惑亚伯拉罕而亚伯拉罕是怎样经受了这诱惑的考验[3]而保持了信仰并且与预料相反地再次得到一个儿子的故事。在他长大成人之后，他带着更大的敬佩阅读这同一个故事；因为生活把那些在孩子的虔诚单纯中原本是一体的东西分解开了。他的年龄增长得越多，他就越多地会想到这个故事，他的热情也变得越来越强烈，然而他却越来越难以理解这故事。最后他忘记了除这故事之外的一切；他的灵魂只有一个愿望——“见到亚伯拉罕”，只有一种渴慕——“为这一事件作见证”。他的欲求不是东方的美丽地域，不是神所应许的国土[4]的世俗繁华，不是这对敬畏神明的（神佑其晚年的）夫妇[5]，不是这历尽沧桑的族父的可敬形象，也不是那神所赋予的、以撒的繁荣青春，——如果这同样的事情发生在一片贫瘠的荒地[6]上的话，他不会觉得有什么不对。他的欲求是，他能够在那时跟着一起参与这三天的旅行，在这三天里，亚伯拉罕带着自己所将面临的悲哀骑着毛驴向前，而以撒就在亚伯拉罕的身边。他的愿望是，能够在那一刻里在场，在那一刻，亚伯拉罕抬眼看着远方的摩利亚山，那一刻他让毛驴留在下面而独自带着以撒走上山；因为，他所专注的不是幻想力编织出的奇妙网络，而是思维的悚栗。

这个人不是一个思想家，他没有想要出离信仰的愿望；在他看来，“像信仰之父一样地被记住”必定就是最为荣耀的事情，“拥有信仰”是一种令人羡慕的命运，哪怕没有人知道他拥有这信仰。

这个人不是博学的圣经注释家，他不会希伯来语；如果他会希伯来语的话，那么，他也许就很容易地理解了这故事和亚伯拉罕。

I

“神要试验亚伯拉罕，就对他说，带着以撒，你独生的儿子，你所爱的，往摩利亚地去，在我所要指示你的山上，把他献为燔祭。”[7]

那是一个清晨，亚伯拉罕清早起来，给毛驴戴上鞍座，离开自己的帐篷，以撒跟着他[8]，但是撒拉从窗户里望出去目送他们向下走过谷地[9]，直到她无法再看得见他们。他们沉默地骑着驴旅行了三天，在第四天的早晨，亚伯拉罕一声不吭，但抬眼看着远方的摩利亚山。他让那些男孩子们留在下面而独自拉着以撒的手走上山。但是亚伯拉罕对自己说：“我倒是不会对以撒隐瞒这段路将会把他带往何方。”他沉默地站着，他把自己的手放在以撒的头上作为祝福，以撒躬身接受这祝福。亚伯拉罕的脸是父慈之容，他的目光是温柔的，他的话语是谆谆的训诫。但是以撒无法明白他，他的灵魂无法进入崇高；他抱着亚伯拉罕的膝盖[10]，他在他的脚前祈求，他为自己年轻的生命而祈求，为自己美丽的生命蓝图而祈求，他回想起亚伯拉罕家中的喜悦，他回想起悲伤和孤独。这时，亚伯拉罕拉起这孩子，并和他并排走着，他的话语中满是安慰和训诫。但是以撒无法明白他。他登上摩利亚山，但是以撒不明白他。这时，他把自己的目光从他身上移开一小瞬间，但是在以撒再次看到亚伯拉罕的脸时，所看见的就变掉了，他的目光是狂野的，他的形象是恐怖。他抓住以撒的胸，把他扔在地上，并且说：“愚蠢的孩子，你以为我是你父亲？我是一个偶像崇拜者。你以为这是上帝的命令吗？不，这是我自己想要做的事情。”于是以撒颤抖着，在自己的恐惧中喊着：“天上的主啊，请给我慈悲，亚伯拉罕的神啊，请给我慈悲，既然我在大地上没有父亲，那么你就是我的父亲！”但是亚伯拉罕低声自语：“天上的主啊，我感谢你；他以为我是一个非人，但这还是好过他丧失对你的信仰。”

* * * * * *

在小孩子要断奶的时候，母亲弄黑自己的乳房，当然，如果在孩子无法得到奶的时候，这乳房仍然看上去可口，这无疑也是遗憾的事情。这样一来，小孩子就会以为，乳房变了，但母亲，她仍是同一个人，她的目光就像往常一样地温柔亲切。那无须以更可怕的方式来为孩子断奶的人真是幸运啊！

II

那是一个清晨，亚伯拉罕清早起来，他拥抱撒拉，他的老年的新娘，撒拉亲吻以撒，他消除掉了她的羞辱[11]，他是她的骄傲、她在所有族类中的希望。然后他们沉默地骑着驴上路了，亚伯拉罕的目光被钉在地上，直到第四天，这时，他抬眼远远地看向摩利亚山，然而，他的目光又转向地上。他沉默地把木柴放整齐，把以撒绑起。他沉默地拔出刀；这时他看见上帝所选的公羊。他献祭这公羊然后回家。……从这天起，亚伯拉罕变老了，他忘记不了，上帝向他要求了这个。以撒一如既往地蓬勃成长；但是亚伯拉罕的眼目昏浊了，他不再看见喜悦。

* * * * * *

在小孩长大了要断奶的时候，这时，母亲处女般地隐藏起自己的胸脯，这样，孩子就不再有母亲。那没有以别的方式失去母亲的孩子真是幸运啊！

III

那是一个清晨，亚伯拉罕清早起来；他亲吻撒拉，年轻的母亲，撒拉亲吻以撒，他是她的乐趣、她在所有时刻中的喜悦。然后亚伯拉罕沉思地骑着驴上路了，他想着那被他驱逐进了沙漠的夏甲和儿子[12]。他登上摩利亚山，他拔出刀。

这是一个宁静的夜晚，这时亚伯拉罕一个人骑驴出去，他到了摩利亚山；他面孔朝地匍匐下来，他祈求上帝原谅他的罪，这罪就是：他曾想要牺牲以撒为祭品，父亲忘却了对儿子的义务。他更加频繁地一个人骑驴出行，但他得不到安宁。他无法领会这是一种罪，“他曾想要把他所拥有的最好的东西献祭给上帝”是一种罪，他所拥有的最好的东西，为了这东西他可以许多次以自己的生命去交换；如果这是罪的话，如果他不是如此地爱以撒的话，那么，他就无法明白，这罪是可以被原谅的；因为，又有什么罪会比这更可怕的？

* * * * * *

在小孩子要断奶的时候，这时，母亲也不是没有悲哀的，她和孩子在越来越大的程度上相互分离开；这孩子，先曾是躺在她的心脏之下，然后又休憩在她的乳旁，将不再如此紧贴地靠近自己。于是他们一同在悲哀中度过这短暂的悲哀。那如此亲近地拥有过自己的孩子而无须悲哀更久的人真是幸运啊！

IV

那是一个清晨，在亚伯拉罕家里，旅行准备就绪。他与撒拉告别，忠实的仆人以利以谢[13]陪送他上路，直到他重返。他们和谐默契地一起骑着驴旅行，亚伯拉罕和以撒，直到他们到达摩利亚山。但是亚伯拉罕为献祭准备好了一切，平静而温和，但是在他转过身去拔出刀的时候，这时，以撒看见了亚伯拉罕的左手绝望地紧紧握住，一阵颤动闪遍他的整个身体，——但是亚伯拉罕拔出了刀。

在他们重新回到家的时候，撒拉急忙地奔向他们，但是，以撒失去了信仰。世上不曾有任何对此的讨论，以撒从不曾对任何人说过他所见到的东西，而亚伯拉罕也丝毫想不到有人看见了这个。

* * * * * *

在小孩子要断奶的时候，这时，母亲手头有着更强劲的食物，这样，这孩子就不会死去。那手头有着更强劲的食物的人真是幸运啊！

于是，以这样的方式，以及以许多类似的方式，我们所谈论的这个人想着这一事件。每一次在他漫步去摩利亚山之后回家的时候，这时，他因

疲劳而瘫坐下来，他握合起自己的手并且说："亚伯拉罕伟大无与伦比，又有谁能够理解他呢?"

注释：

1　Stemning 在丹麦语中有多重意义。在这里我们也可以说是用到了这个词的多义性。一方面这个词的意思是"心境"，另一方面是演奏曲子为乐器"定音"（在这里也有为本书"定调"的意思），再另一方面是"决定心情"的"心情定性"。

2　［这个美丽的故事］在这里以及后面的章节中，克尔凯郭尔引用和阐释（有时是很随意地）《创世记》（22∶1—19）："这些事以后，神要试验亚伯拉罕，就呼叫他说，亚伯拉罕，他说，我在这里。神说，你带着你的儿子，就是你独生的儿子，你所爱的以撒，往摩利亚地去，在我所要指示你的山上，把他献为燔祭。亚伯拉罕清早起来，备上驴，带着两个仆人和他儿子以撒，也劈好了燔祭的柴，就起身往神所指示他的地方去了。到了第三日，亚伯拉罕举目远远地看见那地方。亚伯拉罕对他的仆人说，你们和驴在此等候，我与童子往那里去拜一拜，就回到你们这里来。亚伯拉罕把燔祭的柴放在他儿子以撒身上，自己手里拿着火与刀。于是二人同行。以撒对他父亲亚伯拉罕说，父亲哪，亚伯拉罕说，我儿，我在这里。以撒说，请看，火与柴都有了，但燔祭的羊羔在哪里呢。亚伯拉罕说，我儿，神必自己预备作燔祭的羊羔。于是二人同行。他们到了神所指示的地方，亚伯拉罕在那里筑坛，把柴摆好，捆绑他的儿子以撒，放在坛的柴上。亚伯拉罕就伸手拿刀，要杀他的儿子。耶和华的使者从天上呼叫他说，亚伯拉罕，亚伯拉罕，他说，我在这里。天使说，你不可在这童子身上下手。一点不可害他。现在我知道你是敬畏神的了。因为你没有将你的儿子，就是你独生的儿子，留下不给我。亚伯拉罕举目观看，不料，有一只公羊，两角扣在稠密的小树中，亚伯拉罕就取了那只公羊来，献为燔祭，代替他的儿子。亚伯拉罕给那地方起名叫耶和华以勒（就是耶和华必预备），直到今日人还说，在耶和华的山上必有预备。耶和华的使者第二次从天上呼叫亚伯拉罕说，耶和华说，你既行了这事，不留下你的儿子，就是你独生的儿子，我便指着自己起誓说，论福，我必赐大福给你。论子孙，我必叫你的子孙多起来，如同天上的星，海边的沙。你子孙必得着仇敌的城门，并且地上万国都必因你的后裔得福，因为你听从了我的话。于是亚伯拉罕回到他仆人那里，他们一同起身往别是巴去，亚伯拉罕就住在别是巴。"

3　这个词我在里翻译作"考验"，而在《圣经》里一般被译作"试探"。在下文中出现的诸多"考验"都是如此。

4　［神所应许的国土］也许可参看《创世记》（12∶1—2）和（17∶8）。

5　［这对敬畏神明的（神佑其晚年的）夫妇］指《创世记》（18∶1—15）中所讲述的，上帝向亚伯拉罕和撒拉显现自身，并且应许绝经了的撒拉生出一个儿子，尽管她和亚伯拉罕都已达高龄。也参看《创世记》（21∶1—3），之中说及上帝按自己的许诺眷顾撒拉，她为亚伯拉罕在其高寿之年生出一个儿子。

6 在丹麦的日德兰半岛上有很多贫瘠的荒地，沙土上长着一些灌木。

7 ［神要试验亚伯拉罕……为燔祭］参看《创世记》(22∶1—2)。

8 ［那是一个清晨……以撒跟着他］参看《创世记》(22∶1—2)。

9 ［走过谷地］《创世记》22 中的故事没有包括撒拉。克尔凯郭尔的叙述是基于《友第德记》(或译《猶滴傳》或《茱迪斯》)，在他的 1842 年 5 月的日记中，他引用了《友第德记》第十章中的文字来指出旧约中的罗曼蒂克："猶滴和女奴走出了这座城，这些人眼睛注视著她，看她走下山坡，进入谷地，直至看不见为止……"

10 ［他抱着亚伯拉罕的膝盖］在古希腊的世界里，跪下抱住一个人的膝盖是对于自身谦卑和尊重相应者的表达。以撒没有乞求亚伯拉罕的慈悲，相反，伊菲革涅亚倒是向自己的父亲阿伽门农作出这样的乞求。

11 就是说，"无法生育"的羞辱。

12 ［被他驱逐进了沙漠的夏甲和儿子］撒拉无法生孩子，因此她让亚伯拉罕与埃及女奴夏甲同房；她为他生下儿子以实玛利。于是夏甲开始得意，因此，在后来撒拉生下以撒后，她就让亚伯拉罕把夏甲和以实玛利赶进沙漠。参看《创世记》(21∶1—21)。

13 ［以利以谢］在亚伯拉罕生以撒之前，他把以利以谢看作是自己的继承人。参看《创世记》(15∶2)。

对亚伯拉罕的颂词

如果在一个人身上没有永恒意识，如果在一切的根本之下只藏着一种狂野地骚动发酵的力量[1]辗转反侧地在昏暗朦胧的激情之中生产出一切伟大的东西和一切无足轻重的东西，如果一种无底的空虚永不知足地隐藏在一切的背后，那么，生活除了是绝望之外又能是什么？如果事情就是如此，如果不存在任何神圣的纽带联系着人类，如果一代人在另一代人出现如同林中的树叶[2]，如果一代人取代另一代人如同林中的鸟鸣声，如果一代人穿过世界如同船只穿过大海、如同风暴穿过沙漠，只是一种没有思想的贫瘠作为，如果一种永恒的遗忘总是在饥饿地伺机扑向自己的猎物，并且没有什么力量强大得足以将猎物从它口中拉扯出来，——那么生活会是多么的空虚而无告无慰啊！但是，因此而事情并非如此，正如上帝创造了男人和女人，他也构建出英雄和诗人或者雄辩家。后者无法做出任何前者所做的事，他只能够敬叹、爱慕和喜欢英雄。而他也是幸福的，不比前者少一些幸福；因为英雄仿佛就是他的更佳本质，他所爱上的就是他自己的这更佳本质，同时为这样的一个事实而欣喜：这更佳本质却又不是他自己，他的爱可以是敬慕。他是回忆的守护神[3]，除了回忆那英雄已经做下的事情之外他什么也做不了，除了赞叹那英雄已经做下的事情之外他什么也做不了；他不关心自己的东西，但却看守着别人托付给他的东西。他追随自己心灵的选择，但是在他找到了他所找的东西之后，他则带着自己的歌和自己的演说在每个人的门前徘徊，以便让所有人都像他那样地去赞叹英雄，像他那样地去为英雄骄傲。这是他的功业，他的谦卑作为，这是他在英雄家里的忠实服务。这样，如果他忠实于自己的爱，他就日日夜夜地与遗忘的狡诡作斗争，不让它从自己这里骗取夺走这英雄，这时，他就完成了自己的作为，这时，他就与英雄团聚了，这英雄也一直同样忠诚地爱着他，因为诗人仿佛就是英雄的更佳本质，固然它就像一段回忆那样无力，但却也像一段回忆那样地获得了理想的光辉。因此，任何曾经伟大的人都不应当被忘却，尽管时光流逝已久，尽管误解误读的云雾[4]消隐掉了英雄的形象，他的热爱者依旧来临，并且，时光走得越远，他就越是忠实地守在他身边。

不！任何曾经伟大的人都不应当被忘却；但是每一个都曾是以自己的方式伟大，并且每一个都是相对于“其所爱之物的伟大”而伟大。因为，那爱自己的人因其自身而伟大，而那爱别人的人因其奉献而伟大，但是，那爱上帝的人则比所有人更伟大。每一个都应当被记得，但是每一个都是相对于自己的期待而变得伟大。一个人因为期待“那可能的”而变得伟大；另一个人因为期待“那永恒的”而变得伟大；但是，那期待“那不可能的”的人则比所有人更伟大。每一个都应当被记得，但是每一个都是完全相对于“其斗争对象的大小”而伟大。因为，那与世界斗争的人因战胜世界而变得伟大，而那与自己斗争的人因战胜自己而变得伟大[5]；但是，那与上帝斗争的人则比所有人更伟大[6]。世上的斗争就是如此，人对人斗争，一个人对几千人斗争，但是，那与上帝斗争的人则比所有人更伟大。大地之上的斗争就是如此：有的人借助于自己的力量而战胜一切，而有的人借助于自己的无力而战胜上帝。有的人信靠自己并且赢得一切，有的人信得过自己的力量而牺牲奉献一切，但是，那信仰上帝的人则比所有人更伟大。有的人因自己的力而伟大，有的人因自己的智慧而伟大，有的人因自己的希望而伟大，有的人因自己的爱而伟大，但是，亚伯拉罕比所有人更伟大，因那种“其力量是无力”的力[7]而伟大，因那种“其秘密是痴愚”的智慧[8]而伟大，因那种“其形式是疯狂”的希望而伟大，因那种“作为对自身的恨[9]”的爱而伟大。

因这信仰亚伯拉罕走出祖先们的国土而在神所应许的国土上成为一个异乡人[10]。他留下了一样东西，带上了一样东西；他留下了自己尘世间的理智，他带上了自己的信仰；否则的话，他无疑不会走出去，而是会想着：这无疑是没有道理的。因这信仰，他是一个在神所应许的国土上的异乡人，并且没有什么东西能够让他感受到往日的温馨，相反一切借助于自己的新异来将他的灵魂引诱进忧伤的思念[11]。然而他却依旧是上帝所拣选的[12]，他是主心中所喜悦的[13]！是啊，如果他是一个为上帝的恩典所弃绝的被废者，那么他还能够更容易理解这一点，而现在这简直就好像是对他和他的信仰的一种嘲弄。世上也有那生活在放逐之中被赶出了自己所爱的祖先国土的人。在他在忧伤中寻找并且找到了那丢失的东西时，他没有被遗忘，他的哀歌也没有被遗忘。亚伯拉罕没有作出哀歌。哀鸣是人之常情，与哭泣者同泣是人之常情[14]。但是“去信仰”是更伟大的作为，“去观察那信仰者”是更大的至福。

因这信仰亚伯拉罕接受了这应许：并且地上万国都将因他的后裔而得到祝福[15]。时光流逝，可能性在那里，亚伯拉罕信仰着；时光流逝，事情变得不合情理，亚伯拉罕信仰着。世上也有那心怀一种期待的人。时光流逝，暮色向晚，他不至于糟糕到忘记自己的期待的程度，因此他也不应当被遗忘。这时，他哀伤着，并且这悲哀不会欺骗他，不像生活曾欺骗了他，这悲哀尽自己的全力来为他做出一切，在这悲哀之甜蜜中，他拥有着他那虚妄的期待。哀伤是人之常情，与悲哀者同哀是人之常情[16]，但是“去信仰”是更伟大的作为，“去观察那信仰者”是更大的至福。我们没有从亚伯拉罕那里听见哀歌。他没有在时光流逝的同时忧伤地数着日子，他没有以怀疑的目光观察着撒拉是否变老，他没有去刹住日出日落的进程[17]来让撒拉免于衰老并进而让自己的期待免于同她一起衰老，他不在撒拉面前催眠般地吟唱自己的忧伤诗曲。亚伯拉罕变老了，撒拉成了这国家里的笑柄，然而他却依旧是上帝所拣选的，是那应许的继承者：地上万国都将因他的后裔而得到祝福。那么，如果他不是上帝所拣选的话，那是不是更好？什么是“作为上帝所拣选的”？是不是这个：“青春的愿望在青年时代中被拒绝，只为了让它经历更大的艰难在老年时代得以实现”？但是，亚伯拉罕信仰着，并且坚信神所应许的一切。如果亚伯拉罕有所动摇的话，那么，他就已经放弃了这信仰。如果他这样对上帝说：“那么，也许这‘这一切将要发生’并非是你的意志[18]，那么我将放弃我的愿望；它曾是我唯一的，它是我的至福。我的灵魂是真诚的，我不因为你拒绝这一切而藏有任何秘密的怨恨。”如果是这样的话，他不会被忘记，他会因他的榜样而拯救许多人，但他却不会成为信仰之父；因为，“放弃自己的愿望”是伟大的，但更伟大的是“在放弃了自己的愿望之后仍然坚信这愿望会实现”；“去抓住‘那永恒的’”是伟大的，但更伟大的是“在放弃了‘那现世的’之后仍然坚守‘那现世的’”。

这样，“时间之充实”[19]来临了。如果亚伯拉罕不是信仰着的话，那么撒拉无疑就会死于悲哀，而亚伯拉罕，在哀伤之中变得迟钝，就不会明白那“神的应许之实现”，而是以一笑置之，就像是自嘲地对自己青年时代的梦想发出一笑。但是亚伯拉罕是信仰着的，所以，他是年轻的；因为，那总是希望着最好的事情的人，他因为被生活欺骗而变老，而那总是准备好要应对最坏的事情发生的人，他老得很早，但是，那信仰着的人，他保持了一种永恒的青春。因此，赞美这个故事！因为，尽管年事已高，撒拉却年轻得足以去欲求做母亲的乐趣；尽管白发苍苍，亚伯拉罕年轻得足以去希望自己成为父亲。从表面上看，奇妙之处是在于，这一切依据于他们的期待而发生；在更深刻的意义上，信仰的奇迹是在于，亚伯拉罕和撒拉年轻得足以去作出愿望，并且，信仰保持了他们的愿望，并且也因而保持了他们的青春。他接受了神的应许的实现，他信仰着地接受了它，并且这一切是按照神的应许并且按照信仰而发生的；因为，摩西用自己的杖敲打磐石，但是他没有信仰[20]。

于是，在撒拉在金婚日上做新娘的时候，亚伯拉罕的家里喜乐融融。

然而，这景象却并没有持续下去；亚伯拉罕将再次受到考验。他与这狡猾的编造一切的力量斗了，与这时刻警惕而从不入眠的敌人斗了，与这个饱经沧桑的老人斗了，——他与时间进行了斗争[21]并且保持了信仰。现在，所有斗争的恐怖都集中在了一个瞬间里。“神要试验亚伯拉罕，就对他说，带着以撒，你独生的儿子，你所爱的，往摩利亚地去，在我所要指示你的山上，把他献为燔祭。”[22]

于是，这一切都成了徒劳，比“这一切从来没有发生过”更可怕！于是主其实只是在嘲弄调侃亚伯拉罕！他奇迹般地使得“那不合情理的[23]”成为了现实，现在，他又要将之消灭掉。这无疑是一种痴愚，在神开示出那应许的时候，亚伯拉罕没有像撒拉一样因此感到好笑[24]。一切都成了徒劳！七十年忠实的期待，信仰实现时的短暂喜悦。是谁夺走了老翁的手杖，是谁在要求他自己折断这手杖！是谁使得一个人的满头白发无告无慰，是谁在要求他自己去动手做！难道就没有一点对这值得尊敬的老人的同情吗？难道就没有一点对这无辜的孩子的同情吗？然而，亚伯拉罕是上帝所拣选的，给出这考验的是主。现在一切都会是徒劳！人类的美妙记忆，落在亚伯拉罕的后裔之上的应许，这一切只是一道忽闪而过的怪念头，是主所有过的一个转瞬即逝的想法，现在亚伯拉罕应当将之删除了。这美妙的宝藏[25]，它就像亚伯拉罕心中的信仰一样老，它比以撒要大上很多很多年，它是亚伯拉罕的生命，它在祈祷中神圣化、在斗争中成熟，——亚伯拉罕唇上的祝福，这一果实在这时要被过早地摘下并且变得毫无意义；因为，如果以撒要被献祭掉的话，它又能有什么意义！这一忧伤但却至福的时刻，这时亚伯拉罕要向他所心爱的一切告别，这时他要再一次抬起自己值得尊敬的头颅，这时他的脸要像主的脸一样闪光[26]，这时他要把自己的整个灵魂集中在一个祝福之中——这祝福足以有力地使得以撒在所有的日子里得到保佑，——这一时刻不会到来！因为，亚伯拉罕固然是要和以撒告别，但却是以这样的方式：他自己则将继续留下；死亡将分开他们，但却是以这样的方式：以撒成为死亡的猎物。这老人不是在欣喜地走向死亡时伸手对以撒进行祝福，而是得把粗暴的手伸向以撒并且继续自己疲劳地活下去。这考验他的是上帝。是的，可悲呵！唉，可悲的是那走到亚伯拉罕面前把这样一个消息带给他的信使！谁又胆敢做这一悲哀的使者呢。但是，这考验亚伯拉罕的是上帝。

然而，亚伯拉罕信仰着，并且是为此生而信仰着。是的，如果他的信仰只是为一种来生，那么他无疑就会很容易做到去抛弃一切，只为了急着出离他所并不归属的这个世界。但亚伯拉罕的信仰不是这样的一种，尽管这样的一种信仰是存在的；因为，在真正的意义上这不是信仰，而是信仰的最遥远的可能性，这种可能性在视野的最边缘处隐约感觉到自己的对象，然而，一道深渊却将之与信仰分隔开，并且，绝望在这深渊之中展开着自己的游戏[27]。但是亚伯拉罕恰恰是为此生而信仰着这个：他会在这国里变老，受人民的尊敬，在族类中得到祝福，因为以撒而被铭记；以撒，他生命中的最爱，他以这样的爱来拥抱着以撒，对于这爱，下面的说法只是一种贫乏的表述：他忠实地履行了父亲的义务——“爱儿子”，正如在神所说的话里也这样说了：这“儿子，你所爱的”[28]。雅各有十二个儿子，有一个是他所爱的[29]；亚伯拉罕只有一个，他所爱的这个儿子。

但是，亚伯拉罕信仰着，并且没有怀疑，他相信“那不合情理的”。如果亚伯拉罕有过怀疑的话，那么他就会做出别的事情来，伟大而美妙的事情：因为，除了那伟大而美妙的事情之外，亚伯拉罕又怎么可能做出别的事情！他必定会跑去摩利亚山，他会砍好柴禾，点上篝火，拔出刀，——他会对上帝叫喊道：“不要小看这一献祭，这不是我所拥有的最好的，这我也知道；因为一个老人又怎么能够和应许之子相比呢，但这却是我所能给你的最好的东西了。让以撒永远都不知道这个吧，他可以在自己的青春中得到安慰。”他会把刀插进自己的胸膛。他会在世上被赞叹，他的名字不会被忘却；但是，“去被赞叹”是一回事，而“去成为一个拯救忧惧者的领路星辰[30]”则是另一回事。

但是亚伯拉罕信仰着，他不为自己祈求或者说去让自己感动主，只有在正义的惩罚落在所多玛和蛾摩拉的时候，亚伯拉罕才站出来祈求[31]。

我们在那些《圣经》文字中读道："神要试验亚伯拉罕，就呼叫他说，亚伯拉罕，亚伯拉罕你在哪里？而亚伯拉罕回答说，我在这里。"[32]你，作为我讲演对象的听者，你的情形是否也如此？在你远远地看见那些沉重的天命趋近过来的时候，难道你不对群山说，遮盖我，对丘陵说，倒在我身上？[33]或者，如果你更为强大，难道你的脚不会沿路慢慢地移动，难道它不会渐渐地想要回返而思念着那些旧的足迹？如果有召唤你的呼声出现，这时，你回答吗，还是不回答，也许很轻地回答，低语地回答？亚伯拉罕不是如此，他喜悦、轻快、充满信心、高声地回答：我在这里。我们继续阅读："亚伯拉罕清早起来[34]。"就好像是去参加一场节日庆典，他这么急着赶路，一清早他就赶去摩利亚山上约定的地点。他没有对撒拉说什么，没有对以利以谢说什么，又有谁能够明白他，难道这考验不是就其本质要求他立下了沉默的诺言[35]？"他劈好了柴[36]，他捆绑以撒[37]，他点着燔祭的柴，他伸手拿刀[38]。"我的听众！有许多父亲会相信如果自己失去了孩子，就是失去自己在世上最亲爱的东西、就是被剥夺去所有未来的希望；但没有谁在这种意义上是应许之子，恰如以撒对于亚伯拉罕是神所应许的孩子。有许多父亲失去自己的孩子，但这时却是上帝，那全能者的不可转移而不可思议的意志，是他的手在拿走这孩子[39]。亚伯拉罕的情形不是如此。一场更为沉重的考验为他预备好了，以撒的命运和那刀一起被握在亚伯拉罕的手中。并且，他站在那里，这老人，与他的唯一的希望一起！但他没有怀疑，他没有不安地左顾右盼，他没有通过自己的祈祷来挑战上苍。他知道这是上帝，那全能者，在考验他，他知道，这是他能够被要求的最沉重的牺牲；但他也知道，在上帝要求牺牲的时候，没有什么牺牲是沉重得过分的，——他拔出刀。

是谁把力量赋予了亚伯拉罕的手臂，是谁举高他的右手而使之不无力地垂下[40]！那看着这景象的人，他变得瘫痪。是谁把力量赋予了亚伯拉罕的灵魂[41]，使他的眼前没有昏黑一片既看不见以撒也看不见公羊！那看着这景象的人，他变得盲眼。然而，那瘫痪和盲眼的人也许是够稀罕的，更稀罕的则是那可敬地讲述所发生的一切的人。我们全都知道，那只是一场考验。

如果亚伯拉罕在他站在摩利亚山上时有了怀疑，如果他困惑地四处张望，如果他在他拔刀之前偶然地发现了公羊，如果上帝允许了他牺牲公羊来取代以撒，——这样他回家，一切照常，他有撒拉，他保留住了以撒，然而那却是怎样的变化啊！因为这样一来，他的撤退是一种逃亡，他的拯救是一种偶然，他的报酬是耻辱，他的未来也许是迷失。于是他既没有见证自己的信仰也没有见证上帝的恩典，而只是见证了“登上摩利亚山”是多么的可怕。于是亚伯拉罕不会被忘却，摩利亚山也不会被忘却。然而这山却不该像方舟所停靠的亚拉腊山[42]那样地被提及，而应当被作为一种可怕的事情来被提及，因为正是在这里，亚伯拉罕有了怀疑。

* * * * * *

可敬的父亲亚伯拉罕！在你从摩利亚山回家的时候，这时你不需要什么能够安慰你的颂词，来作为对于丧失的安慰；因为我们知道，你赢得了一切，并且保留住了以撒，难道事情不是这样吗？主不再会将他从你这里拿走，相反，你在你的帐篷里高兴地和他坐在同一张桌前，正如在彼世中你永远地与他同坐[43]。可敬的父亲亚伯拉罕！从那些日子到现在已经有几千年过去了，但是你不需要什么迟到的热爱者来把你的回忆从遗忘的势力笼罩下拽出来，因为每一种语言都记着你，而你却比任何人都更美妙地酬报你的热爱者，在彼世中你让他在你的怀里得到至福[44]，在此世中你以你所作所为的奇迹吸引住他的眼神和他的心。可敬的父亲亚伯拉罕！人类的第二个父亲[45]！你，你这个最初感觉到并且见证了这种巨大激情的人，这激情蔑视那与诸元素之暴烈以及造化的各种力量所作的可怕搏斗，因为它要与上帝作斗争；你，你这个最初认识到这一最高激情的人，这激情是对于那为异教徒们所敬仰的“神性的疯狂”[46]的神圣的、纯粹的、谦卑的表述；——原谅那想要以颂词来赞美你的人，哪怕他的做法不恰当。他谦卑地说话，就仿佛这是他内心所欲求的；他简短地说话，就仿佛这是得当的，但是他永远也不应当忘记这个：你需要用一百年来达成“与预料相反地老年得子”[47]，你不得不拔出刀子然后你才保留住了以撒；他永远也不应当忘记这个：你活到一百三十岁[48]而没有“继续向前”[49]去走得比信仰更远。

注释：

1　力量（Magt）。

2　［林中的树叶］参看荷马《伊利亚特》第六卷：“凡人的生活，就像树叶的聚落。凉风吹散垂挂枝头的旧叶，但一日春风拂起，枝干便会抽发茸密的新绿。人同此理，新的一代崛起，老的一代死去。”

3　［守护神］守护神，特别守护那些创造能力，在罗马神话中常常被描述为带翅膀的少年或者小孩子。

4　［云雾］在荷马那里，诸神有力量通过把英雄包裹在云中来使之脱离危险。比如说，在《伊利亚特》中墨涅拉俄斯要杀特洛伊人亚历山大（帕里斯）的时候，阿佛洛狄忒就是这样地帮助亚历山大的。见《伊利亚特》第三卷：“但阿芙罗底忒轻舒臂膀——神力无穷——摄走帕里斯，把他藏裹在浓雾里，送回飘散着清香的床居。”也可能克尔凯郭尔是指向《使徒行传》（1∶9）中的耶稣升天：“说了这话，他们正看的时候，他就被取上升，有一朵云彩把他接去，便看不见他了”。

5　［那与世界斗争的人因战胜世界而变得伟大，而那与自己斗争的人因战胜自己而变得伟大］参看《箴 言》（16∶32）：“不轻易发怒的，胜过勇士。治服己心的，强如取城。”

6　［与上帝斗争的人则比所有人更伟大］暗示《创世记》（32∶25—30）中的故事。雅各与上帝角力。得不到祝福，雅各就不放开神。

7　［那种“其力量是无力”的力］也许是指《歌林多后书》（12∶1—10），之中保罗讲述“我自夸固然无益，但我是不得已的。如今我要说到主的显现和启示。我认得一个在基督里的人，他前十四年被提到第三层天上去。或在身内，我不知道。或在身外，我也不知道。只有神知道。我认得这人，或在身内，或在身外，我都不知道。只有神知道。他被提到乐园里，听到隐秘的言语，是人不可说的。为这人，我要夸口。但是为我自己，除了我的软弱以外，我并不夸口。我就是愿意夸口，也不算狂。因为我必说实话。只是我禁止不说，恐怕有人把我看高了，过于他在我身上所看见所听见的。又恐怕我因所得的启示甚大，就过于自高，所以有一根刺加在我肉体上，就是撒但的差役，要攻击我，免得我过于自高。为这事，我三次求过主，叫这刺离开我。他对我说，我的恩典够你用的。因为我的能力，是在人的软弱上显得完全。所以我更喜欢夸自己的软弱，好叫基督的能力覆庇我。我为基督的缘故，就以软弱，凌辱，急难，逼迫，困苦，为可喜乐的。因我什么时候软弱，什么时候就刚强了。”

8　［那种“其秘密是痴愚”的智慧］指《歌林多前书》（3，18—19）：“人不可自欺。你们中间若有人，在这世界自以为有智慧，倒不如变作愚拙，好成为有智慧的。因这世界的智慧，在神看是愚拙。如经上记着说，主叫有智慧的中了自己的诡计。”

9　［作为对自身的恨］也许是指《约翰福音》（12∶25）之中耶稣说：“爱惜自

己生命的，就失丧生命。在这世上恨恶自己生命的，就要保守生命到永生。”

10 ［在神所应许的国土上成为一个异乡人］暗示所指是《希伯来书》（11∶8—20），其中说：“亚伯拉罕因着信，蒙召的时候，就遵命出去，往将来要得为业的地方去。出去的时候，还不知往哪里去。他因着信，就在所应许之地作客，好像在异地居住帐篷，与那同蒙一个应许的以撒，雅各一样。”可参看《创世记》（17∶8）和（35∶27）。

11 忧伤的思念（vemodig Længsel）。

12 ［神所拣选的］这是亚伯拉罕的标示，上帝将亚伯拉罕拣选作地上万族的首领（参看《创世记》（12∶1—3）。这也是基督的标示，在《路加福音》（23∶35）中官府的人说：“他救了别人。他若是基督，神所拣选的，可以救自己吧。”

13 ［他是主心中所喜悦的］参看《马太福音》（12∶18）：“看哪，我的仆人，我所拣选，所亲爱，心里所喜悦的，我要将我的灵赐给他，他必将公理传给外邦。”也参看《马太福音》（17∶1—8），其中说道：“说话之间，忽然有一朵光明的云彩遮盖他们。且有声音从云彩里出来说，这是我的爱子，我所喜悦的。你们要听他。”

14 ［与哭泣者同泣是人之常情］以及后面的“与悲哀者同哀是人之常情”。暗示了《罗马书》（12∶15），保罗在之中说：“与喜乐的人要同乐。与哀哭的人要同哭。”

15 ［地上万国都将因他的后裔而得到祝福］指向《创世记》（22∶18）：“并且地上万国都必因你的后裔得福，因为你听从了我的话。”参看《加拉太书》（3∶8）。

16 ［与悲哀者同哀是人之常情］以及前面文中的“与哭泣者同泣是人之常情”。参看《罗马书》（12∶15）。

17 ［剎住日出日落的进程］参看《约书亚记》（10∶12—13）：“当耶和华将亚摩利人交付以色列人的日子，约书亚就祷告耶和华，在以色列人眼前说，日头阿，你要停在基遍。月亮阿，你要止在亚雅仑谷。于是日头停留，月亮止住，直等国民向敌人报仇。这事岂不是写在雅煞珥书上么。日头在天当中停住，不急速下落，约有一日之久。”

18 ［那么，也许这“这一切将要发生”并非是你的意志］也许是指向耶稣在客西马尼的故事，当时耶稣灵魂绝望欲死，匍伏祷告说：“我父阿，倘若可行，求你叫这杯离开我。然而不要照我的意思，只要照你的意思。”见《马太福音》（26∶38—39）。

19 ［时间之充实（Tidens Fylde）］这个名词用来表述“到了在上帝根据自己的计划想要履行自己的应许的那个时候”。这是克尔凯郭尔著作思想线索中的一个重要概念。在这里是上帝通过以撒的出生来对亚伯拉罕履行自己所应许的诺言。克尔凯郭尔是从《加拉太书》中取了这一表述“Tidens Fylde”。见《加拉太书》（4∶4）：“及至时候满足，神就差遣他的儿子，为女人所生，且生在律法以下。”另参看《以弗所书》（1∶10）：“要照所安排的，在日期满足的时候，使天上地上一切所有的，都在基督里同归于一。”

20　［摩西用自己的杖敲打磐石，但是他没有信仰］“正月间，以色列全会众到了寻的旷野，就住在加低斯。米利暗死在那里，就葬在那里。会众没有水喝，就聚集攻击摩西，亚伦。百姓向摩西争闹说，我们的弟兄曾死在耶和华面前，我们恨不得与他们同死。你们为何把耶和华的会众领到这旷野，使我们和牲畜都死在这里呢，你们为何逼着我们出埃及，领我们到这坏地方呢，这地方不好撒种，也没有无花果树，葡萄树，石榴树，又没有水喝。摩西，亚伦离开会众，到会幕门口，俯伏在地。耶和华的荣光向他们显现。耶和华晓谕摩西说，你拿着杖去，和你的哥哥亚伦招聚会众，在他们眼前吩咐磐石发出水来，水就从磐石流出，给会众和他们的牲畜喝。于是摩西照耶和华所吩咐的，从耶和华面前取了杖去。摩西，亚伦就招聚会众到磐石前。摩西说，你们这些背叛的人听我说，我为你们使水从这磐石中流出来么，摩西举手，用杖击打磐石两下，就有许多水流出来，会众和他们的牲畜都喝了。耶和华对摩西，亚伦说，因为你们不信我，不在以色列人眼前尊我为圣，所以你们必不得领这会众进我所赐给他们的地去。”《民数记》（20∶1—12）。

21　［他与这狡猾的……与时间进行了斗争］这段话也许包含了比以下两个可能的隐喻更多的暗示：“这时刻警惕而从不入眠的敌人”，可以是希腊神话中的阿耳戈斯，关于阿耳戈斯的故事，又被奥维德重新写进他的《变形记》第一卷。朱庇特（宙斯）与河神埃纳丘斯的女儿爱莪相爱。朱诺（赫拉）为此采取防范措施，她把爱莪变成了一只牛，让阿尔戈斯去看住爱莪；他把牛拴在一棵树上并一直看着。阿尔戈斯被称作是一个“Panoptes”（全视者），他身上有一百只眼睛，并且总是至少会有一只眼睛是醒着的。朱庇特（宙斯）让墨丘利（赫尔玛斯）以魔法草和笛声将阿尔戈斯哄睡着，然后杀了他。后来朱诺（赫拉）把阿尔戈斯变成孔雀，并把那些眼睛放在了它的尾翎上。欧伦施莱格尔（Adam Oehlenschläger）新编了关于本来是战无不胜的阿萨神托尔试图解决那不可能解决的问题的故事的北欧古代神话。托尔与一老妪角力搏斗，最后，这老妪是时间本身。

22　［神要试验亚伯拉罕……为燔祭］参看《创世记》（22∶1—2）。

23　那不合情理的（det Urimelige）。

24　［在神开示出那应许的时候，亚伯拉罕没有像撒拉一样因此感到好笑］在主告诉亚伯拉罕他将成为一个儿子的父亲时，撒拉站在他后面的帐篷门口听着，“撒拉心里暗笑，说，我既已衰败，我主也老迈，岂能有这喜事呢”。《创世记》（18∶12）。在亚伯拉罕得到神的应许时，他自己也笑过，见《创世记》（17∶17）：“亚伯拉罕就俯伏在地喜笑，心里说，一百岁的人还能得孩子么。撒拉已经九十岁了，还能生养么。”

25　［这荣耀的宝藏］也许是指向《创世记》（12∶2）：“我必叫你成为大国，我必赐福给你，叫你的名为大，你也要叫别人得福。”

26 ［他的脸要像主的脸一样闪光］指向的是耶稣在山上和三个使徒在一起时的光辉神圣化，“就在他们面前变了形象。脸面明亮如日头，衣裳洁白如光”。《马太福音》（17：2）。

27 ［信仰的最遥远的可能性……绝望在这深渊之中展开着自己的游戏］也许是隐喻了富人和乞丐拉撒路，见《路加福音》（16：19—31）。拉撒路死后，天使将他送到亚伯拉罕的怀里；富人死后在阴间受苦，见到遥远的亚伯拉罕和他怀中的拉撒路。富人祈求亚伯拉罕的慈悲，但是亚伯拉罕拒绝了，因为富人已经得到他所得到的东西，并且说：“不但这样，并且在你我之间，有深渊限定，以致人要从这边过到你们那边，是不能的，要从那边过到我们这边，也是不能的。”

28 ［他忠实地履行了父亲的义务……你所爱的］参看《创世记》（22:2）。

29 ［雅各有十二个儿子，有一个是他所爱的］雅各的十二个儿子（由不同的女人所生）的名字，可参看《创世记》（35：23—26）。他对约瑟的偏爱见《创世记》（37：3）。

30 ［领路星辰］也许是隐喻指向《马太福音》（2：9），东方来的智者们（“博士”）追随着头上的星去找到耶稣的出生地。

31 ［只有在正义的惩罚落在所多玛和蛾摩拉……才站出来祈求］见《创世纪》（18：23—33）。亚伯拉罕为所多玛和蛾摩拉求情，上帝答应亚伯拉罕，只要亚伯拉罕能在这两座城里找到十位义士，上帝就不毁灭它们。

32 ［神要试验亚伯拉罕……我在这里。］克尔凯郭尔在这里和下面的文字里对《创世记》22 进行了改写。这里是《创世记》（22：1）中的文字，但是他加上了“亚伯拉罕你在哪里”。在《创世记》（3：9）中有上帝对亚当的呼唤“你在哪里”，因为亚当和夏娃吃了禁果之后躲在了树木后面。

33 ［你不对群山说，遮盖我，对丘陵说，倒在我身上］先知何西亚向以色列警告上帝对于偶像崇拜的报复：“伯亚文的邱坛就是以色列取罪的地方，必被毁灭，荆棘和蒺藜必长在他们的祭坛上，他们必对大山说，遮盖我们，对小山说，倒在我们身上。”《何西亚书》（10：8）。在耶稣被押往髑髅地的时候，他对追随他的哭泣女人说：“耶路撒冷的女子，不要为我哭，当为自己和自己的儿女哭。因为日子要到，人必说，不生育的，和未会怀胎的，未曾乳养婴孩的，有福了。那时，人要向大山说，倒在我们身上。向小山说，遮盖我们。”《路加福音》（23：28—30）。

34 ［亚伯拉罕清早起来］参看《创世记》（22：1—3）。

35 ［立下了沉默的诺言］就是说，有着保密的义务。

36 ［他劈好了柴］参看《创世记》（22：3）。

37 ［他捆绑以撒］参看《创世记》（22：9）。

38 ［他伸手拿刀］参看《创世记》（22：10）。

39　是上帝之手在剥夺这些父亲的儿子的生命。就是说，这些父亲不是自己拿刀剥夺自己的儿子的生命。

40　［举高他的右手而使之不无力地垂下］隐喻了《出埃及记》（17：8—13）："那时，亚玛力人来在利非订，和以色列人争战。摩西对约书亚说，你为我们选出人来，出去和亚玛力人争战。明天我手里要拿着神的杖，站在山顶上。于是约书亚照着摩西对他所说的话行，和亚玛力人争战。摩西，亚伦，与户珥都上了山顶。摩西何时举手，以色列人就得胜，何时垂手，亚玛力人就得胜。但摩西的手发沉，他们就搬石头来，放在他以下，他就坐在上面。亚伦与户珥扶着他的手，一个在这边，一个在那边，他的手就稳住，直到日落的时候。约书亚用刀杀了亚玛力王和他的百姓。"

41　［把力量赋予了亚伯拉罕的灵魂］也许隐喻了耶稣在客西马尼的故事，见《路加福音》（22：43）："有一位天使，从天上显现，加添他的力量。"

42　［方舟所停靠的亚拉腊山］见《创世记》（8：4）。

43　［你在你的帐篷里高兴地和他坐在同一张桌前，正如在彼世中你永远地与他同坐］隐喻耶稣所说的"在天国里与亚伯拉罕，以撒，雅各，一同坐席。"《马太福音》（8：11）。

44　［在你的怀里得到至福］穷人拉撒路死后，天使将他送进亚伯拉罕的怀里。见《路加福音》（16：19—31）。

45　［人类的第二个父亲］与人类的第一个父亲亚当相对比。

46　［为异教徒们所敬仰的"神性的疯狂（det guddommelige Vanvid）"］也许是指向柏拉图的《斐德罗篇》，在此篇中对这个概念有相当长的讨论。参看《斐德罗篇》244a — 245c，256a—e 和 265b。

47　［需要一百年来与预料相反地老年得子］参看《创世记》（21：5）："他儿子以撒生的时候，亚伯拉罕年一百岁。""与预料相反地老年得子"上的引号是译者所加的。

48　［一百三十岁］以撒出生时，亚伯拉罕一百岁，这样，在这里以撒的年龄应当是三十岁。

49　见前面的关于"继续向前"的注脚。引号是译者所加的。

疑难问题

暂时的倾诉[1]

一句来自外在有形世界的老古话说："只有劳作的人得到面包[2]。"够奇怪的是，这句话并不适用于它直接所属的世界；因为外在世界是受不完美性的法则支配的，并且在这里一而再、再而三不断地重复的是：不劳作的人也得到面包，睡觉的人比劳作的人得到更富足的面包。在这外在世界里一切都是"落在谁的手里就是谁的"；这世界在漠然性[3]的法则下受着奴役，那有着指环的人，他是指环的精灵所要服从的主人，不管他是一个努拉丁还是一个阿拉丁，并且，那有着世界之宝藏的人，他就是有着这些宝贝，不管他是怎样得到它们的[4]。在精神的世界里则不同。在这里，一种永恒的神圣秩序主宰着，在这里雨点并非同时既落在公正者头上也落在不公正者头上，在这里阳光并非既照耀善者也照耀恶者[5]，在这里有效的是：只有劳作的人得到面包，只有身处恐惧者找到安息，只有走进地府的人拯救到所爱的人[6]，只有拔出刀的人得到以撒。不想劳作的人得不到面包，而是被欺骗，就像诸神以虚幻形象来欺骗俄耳甫斯，并非真是他的爱人，他们欺骗他，因为他是一个娇宠者，不勇敢，他们欺骗他，因为他是西他拉琴[7]的演奏者[8]，而不是男人。在这里，有亚伯拉罕做父亲[9]是没用的，有十七个祖宗也没有用，不想劳作的人，那书上描述以色列的少女的话是符合他的，他生产出风[10]，而想要劳作的人，他则生产出自己的父亲。

外在世界在漠然性的法则之下叹息[11]，而有一种知识，它狂妄地想要把这同样的漠然性之法则也推行到精神的世界里。它认为去知道"那伟大的"就足够了，别的工作是不需要的。但正因此它得不到面包，它在一切变成了黄金的同时死于饥饿[12]。这知识又知道什么呢？在希腊的同时代有好几千人，在后来的世代中有无数人，全都知道米提亚德的胜利[13]，但只有一个人为这些胜利而难以入眠[14]。无数代人都能够背得出关于亚伯拉罕的故事，但这故事使得多少人睡不着觉？

现在，这关于亚伯拉罕的故事有着这奇怪的特性：不管人们多么贫乏地理解它，它总是美妙的，然而，在这里却又再次是要看，人们到底是不是想要去劳作并背上重担[15]。然而，劳作是人们所不愿的，但人们却想要理解这故事。人们弘扬亚伯拉罕的荣耀，但是怎么弘扬？人们为所有这一切给出一个普通的表达："他如此爱上帝，他愿意献祭自己最好的东西[16]，这是伟大的事情。"这很对，但这"最好的东西"是一个不确定的表述。在思维和言语的涌流过程中，人们很安全地把以撒与"最好的东西"同一起来，沉思者完全可以在沉思[17]中点着自己的烟斗，听者完全可以很安逸地舒展开自己的腿脚。如果基督在路途上所遇到的那个富有的年轻人卖掉所有自己的拥有物并将之送给穷人[18]，那么我们就赞美他，就像赞美所有伟大的行为，尽管我们也绝不是不经劳作就理解他，但是，他却不会成为一个亚伯拉罕，哪怕他奉献了最好的东西。人们在亚伯拉罕的故事中所没有谈及的是恐惧[19]；因为对金钱我是没有什么伦理义务性的，但是，对儿子父亲则有着最高最神圣的伦理义务性。然而恐惧对于柔弱者们却是一样危险的东西，因此人们忘记掉它，但人们却仍然想要谈论亚伯拉罕。这样，人们谈论着，在谈论过程中把这两个表述混淆起来：以撒和"最好的东西"；一切都进行得漂亮极了。然而，如果碰巧有这样的情形，在听众中有一个人患有失眠症，那么，那最可怕、最深刻的、悲剧性而喜剧性的误解就近在眼前了。他回家，他想要像亚伯拉罕那样地去做；因为儿子当然就是"最好的东西"。如果那个谈论者知道了这事，那么他也许就会去那失眠症患者那里，他聚集起自己所有的教会性的尊严并且叫喊道："可恶的人，社会渣滓，是哪个魔鬼迷住了你，以至于你竟然要谋杀你的儿子。"而那根本没有因为布道谈论亚伯拉罕而有一点热量或者汗气的牧师，他诧异于自身、诧异于这被他用来如雷电般地劈落向那可怜的人的"严肃之怒"；他为自己感到欣悦，因为他从不曾带着这样的中气和神韵讲演过；他对自己和自己的妻子说："我是一个演说家，所缺的只是机缘，在我星期天谈论亚伯拉罕的时候，我觉得自己完全没有一点感动。"如果这同一个演说家有一小点理智之盈余可失去的话，那么我想，在这样的情况下他会失去的，如果那罪人镇静而有尊严地回答说：这不正是你自己在上星期天所宣讲的内容吗？这牧师又怎么会在自己的头脑里有这样的东西呢？然而事情确实是这样，错只是出在这个事实上：他其实并不知道自己所说的东西是什么。想来不会有任何一个诗人觉得这样的处境比那些人们用来充填喜剧和小说的无聊废话更好些！在这里，那喜剧性的东西和悲剧性的东西在绝对的无限性之中相互接触。也许牧师的讲演就其本身已经够可笑了，但因其所达的效果而变得无限的可笑，而这一效果却又是完全很自然的。或者，如果这罪人真的是不作反驳地被牧师的惩戒演说感化了，如果这个严厉的教会人士很高兴地回家了，欣喜地意识到，他不仅仅是在布道坛上起着作用，而且最重要的还是他作为灵魂的护理者有着不可抗拒的力量，因为他每星期天鼓舞教众，而在每星期一则又像一个拿着火焰熊熊的剑的基路伯[20]站在那个人面前，免得这个人通过自己的作为来使得那句老话蒙羞，——那句老话说：世上的事情并非如同牧师布道所说的那样①[21]。

相反，如果这罪人没有被说服，那么他的处境就是够悲剧性的了。或许他会被处决或者送去疯人院，简言之，他相对于那所谓的现实[22]变得不幸；而在另一种意义上我则想着，亚伯拉罕使得他幸福；因为那劳作的人不会死去。

人们怎样解释一个像那个演说家的讲演那样的自相矛盾的说法呢？难道这是因为亚伯拉罕因约定俗成而得到作为“一个伟大的人”特权，所以他所做的一切都是伟大的，而当另一个人去做这同样的事情时，这就是罪，滔天的罪？如果是那样的话，我根本不愿参与进这一类没有头脑的赞美。如果信仰不能够把“想要谋杀自己的儿子”弄成一个神圣行为的话，那么就让同样的审判降临于亚伯拉罕正如它降临于任何其他人。也许，如果人们没有勇气去实现自己的想法，去说亚伯拉罕是个杀人犯，那么，去设法获取这一勇气，这无疑要好过把时间浪费在不恰当的颂词之上。对于亚伯拉罕所做的事情的伦理表达是：他想要谋杀以撒；而对之的宗教表达是：他想要牺牲以撒做献祭；但是，在这一矛盾之中恰恰就有着恐惧，这恐惧无疑能够使得一个人失眠，并且，如果没有这一恐惧，那么亚伯拉罕就不是他所是的这个人[23]。或者，也许亚伯拉罕根本就没有做那故事里所叙述的事情，也许是因为那些时代的情况这一切完全是另一回事，如果是那样的话，那么，让我们忘记掉他吧；因为，如果那过去的事情无法成为

---

① 在往昔的日子里，人们说：世上的事情并非如同牧师布道所说的那样，这是悲哀的，——也许，借助于哲学，这样的一个时代到来了，在这时代里人们可以说：幸好事情并非如同牧师布道所说的那样；因为在生活中多少还是稍稍有点意义，而在他的布道中则彻底没有任何意义。

一种现在的事情，那么这事又有什么值得我们努力去回忆的呢？或者，也许那个演说者忘记了一些什么，一些与那对“以撒是那儿子”的伦理性的遗忘相对应的东西？因为，如果信仰通过“成为乌有虚空”而被剥夺走，那么，这时剩下的就只有这残酷的事实：亚伯拉罕想要谋杀以撒，要效仿去“做这样的事情”对于每一个没有信仰的人来说都是够容易的，就是说，这信仰，——这信仰使得这“做这样的事情”对于他来说是困难的。

从我的角度说，我不缺乏去整体地对一种想法进行思考的勇气；迄今我不曾畏惧过，如果我会碰上这样一个想法的话，那么，我会希望，我至少有这样的诚挚说：这一想法是我所惧怕的，它激发起我内心里的某种其他东西的骚动，因此我不愿去想它，而如果我在这件事情上做得不对，那么，对此的惩罚当然不会不出现。如果我把“亚伯拉罕是一个杀人犯”认识为真相判断，那么，我就不知道我是否能够将我对他的虔诚置于沉默之中。然而，如果我是这样想的，那么我也许会对此保持沉默：因为一个人不应当让别人来一同知道这一类想法。但是亚伯拉罕不是什么幻觉妄想，他不是在睡梦中把他的名望睡出来的，他根本不是因为命运的偶然而为天下所知的。

那么，一个人能不能真诚而毫无保留地谈论亚伯拉罕而不面临“一个单个的人进入迷途而做这一类事”的危险呢？如果我不敢这样谈论，那么我就会纯粹地就亚伯拉罕保持沉默，最重要的是我不愿以这样一种方式来贬低他，说他恰恰因此而成为一种用来迷惑弱者们的圈套。因为，如果人们把信仰弄成一切事物，亦即，使得信仰成为它现在所是的事物，那么，那么我无疑会这样想：人们在我们这个在信仰问题上几乎从不走向极端的时代里可以毫无风险地谈论信仰，并且，人们只是在信仰上获得与亚伯拉罕的相似性，而不是在谋杀行为上。如果人们把爱弄成是一个人所具的一种飘忽不定的心境或者一种舒适爽快的情感，那么，如果这时人们要去谈论爱的辉煌成就的话，这就只会是在设置圈套迷惑弱者了。无疑每个人都会有一种瞬间即逝的情感，但如果每个人因此而想要去做那被爱神圣化为不朽成就的可怕事情的话，那么，一切就都丧失了，成就和那迷狂者都进入迷失。

当然亚伯拉罕是可以被谈论的；因为伟大的事情，如果是在其伟大之中被理会的话，是绝不会造成什么危害的；它就像是一把既杀戮又拯救的双刃剑[24]。如果命运让我来谈论这个话题的话，那么，作为开始我就会展示“亚伯拉罕是怎样的一个虔诚而对上帝心怀敬畏的人，值得被称作是上帝所拣选的人”。只有一个这样的人才会被选定去经受一种这样的考验；但是，这样的一个人是谁？然后我会描述，亚伯拉罕这样地爱着以撒。为了这个目的，我会祈求所有善良的精灵来协助我，让我的演说能够像父爱那样地炽热燃烧。于是我希望以这样的方式来描述，这样，在国王的国土中不会有很多父亲敢声称自己是以这样的方式爱着的。但是，如果他不是像亚伯拉罕那样地爱着，那么，每一个关于“献祭以撒”的想法就都是一种对信心的冲击[25]。关于这一点，人们已经能够在好几个星期天里进行谈论了，大家没有必要急匆匆。其结果就会是，如果所谈是正确的话，一部分父亲就根本不会要求听更多，就只是关于“他们是不是真的能够成功地去像亚伯拉罕那样地爱”的谈论，听到这个就已经让他们感到很高兴了。如果真有这么一个人，在亚伯拉罕的事迹中不仅听到了那伟大的东西，而且也听到了那可怕的东西，之后他真的敢于去在那条路上走下去；如果是那样的话，我会为我的马备上鞍，骑上马去追随他。直到我们到达摩利亚山，我会在每一站[26]都向他解说：他还能够回头，还能够为“他是被召唤去在这样的斗争中经受考验”这一误解而后悔，还能够承认自己缺少勇气，这样，如果上帝想要以撒的话，上帝就得自己出手去拿走他。我确信一个这样的人不是被遗弃的，他能够与所有其他人一样得到至福，但在这时间里他却得不到。难道人们不会，甚至在那些信仰的极盛时代里，这样地判定一个这样的人？我曾认识一个人，如果他有着慷慨高贵之心的话，他那时就会拯救了我的生命。他坦率地说：“我看够了我所能做的事；但我不敢去做，我怕我在之后会缺少力量，我怕我会后悔。”他没有慷慨高贵之心，但是又有谁会因此而不再继续喜爱他呢？

这样，如果我如此地说了、感动了听众，因此他们多少还是隐约感觉到了信仰的辩证斗争及其巨大的激情，如果这样的话，我所得到的回报就不应当是一种来自听众这一边的谬误——他们会想：“现在他在这样高的一种程度上有着信仰，对于我们来说去抓着他的衣裾就已经足够了。”就是说，我会把话接下去：“我根本没有信仰。我是天生的一个精明头脑，而每一个这样的精明头脑在想要去做出信仰之运动时总是会有着极大的麻烦，除非是我自在自为地[27]赋予这麻烦某种价值，这价值使得精明脑袋进一步继续去战胜它，而不是停留在那简单愚钝的人所很容易到达的点上。”

然而，爱在诗人们之中有着自己的祭司，有时候人们听见一种知道该如何去维护它的声音；但我们却听不见任何关于信仰的言词，谁会出于对这一激情的敬意而致辞呢？哲学继续向前[28]。神学浓妆艳抹地坐在窗前卖弄风情，向哲学兜售自己的美好。理解黑格尔[29]应是件艰难的事情，但理解亚伯拉罕则是轻而易举的事情。超出黑格尔[30]，是一个奇迹，但超越亚伯拉罕则是一切之中最容易的事情。就我自己而言，我把不少时间用于去理解黑格尔的哲学，并且也以为自己多少理解了它，我愚鲁得足以去以为：如果我尽管花上了工夫在不少个别的地方仍然无法明白他，那么，肯定他本身是不怎么明白的了。所有这一切使得我放松，自然，我的头脑不因此而受苦。相反，如果我要去想一下亚伯拉罕的话，我倒就仿佛是被毁灭掉了。我在每一时刻都看到那个巨大的悖论，那作为“亚伯拉罕生命中的内容”的巨大悖论，每一时刻我都觉得反感，并且尽管我的思想有着其全部的激情，它无法进入这一悖论，无法得以一丝一毫的继续向前。我绷紧每一块肌肉试图对之有所观，而在同一瞬间我就变瘫痪。

我对于在世上被人敬奉为伟大崇高的东西并不陌生，我的灵魂感觉与之有着姻亲关系，它在全部的谦卑之中确信，这主人公所为之斗争的东西也是我的事情，在这思虑的瞬间我向自己叫喊道：现在是你的事情了[31]。我把自己想象进主人公中去；让自己进入到亚伯拉罕之中，这是我所无法想象的；如果我到达了一个高度，我就掉下来，因为那被提供给我的东西是悖论。然而，我绝不因此就认为信仰是某种不值一提的东西，正相反，我认为它是那最高的，并且，哲学给出一些别的东西来取而代之并且糟践这信仰，这做法是不诚实的。哲学既不能也不该给出信仰，它应当理解其自身，并且知道它所提供的是什么，而不应当拿走任何东西，它所最最不应当做的事情是去从人类那里骗走一些什么东西，就仿佛这些东西是乌有。对生活的艰难险恶我并不陌生，我并不畏惧它们，并且，我轻快地去面对它们。对于那可怕的东西我并不陌生，我的记忆是一个忠诚的妻子，而我的想象（我的想象恰恰是我所不是）是一个勤快的小姑娘整个白天静静地坐着干自己的活而在晚上则知道怎样在我面前以如此美丽的方式说着话，以至于我不得不看着，尽管她所描绘的并非总是风景或者鲜花，或者田园牧歌的故事。我曾面对面地看着它，我不是害怕地逃避开它，但我无疑很清楚地知道，尽管我很勇敢地面对它，我的勇气却不是信仰的勇气，并且根本无法与之攀比。我无法作出信仰的运动，我无法闭上眼睛而让自己充满信心地坠跌进“那荒谬的”，这对于我是一种不可能，但我并不因此而赞美自己。我确信，上帝是爱[32]；这一想法对于我是一种本原的抒情的有效性[33]。如果它对于我来说是在场的，那么我就有了不可言说的至福；如果它缺席，我就会比爱者渴望其对象还要更强烈地渴望它；但我不信，我缺少这勇气。对于我来说，上帝的爱，不管是在直接的意义上还是在倒转的意义上，与这个现实都是不可比的。我尚未怯懦到足以去为此而哭泣抱怨的程度，但也不至于阴险得足以去否认信仰是远远更高的东西。我完全能够忍受以我自己的方式生活，我快乐并且心满意足，但我的喜悦不是信仰的喜悦，并且与信仰的喜悦相比，它却是不幸的。我不以我的各种小悲小哀来为上帝添麻烦，我不去为单个的事情担忧，我只凝视着我的爱，并且保持让它的处子火焰纯洁而明晰[34]；信仰确认这一点：上帝关心着那最微渺的事情。在此生，我满足于左手结婚[35]；信仰谦卑得足以去要求右手；因为，我所不拒绝并且永远不会拒绝的，就是谦卑性。

难道在我的同代人中真的每个人都能够做出信仰的运动吗？如果我没有在很大程度上弄错的话，那么我也许应当更确切地说，这一代人倾向于为自己去做那它甚至不相信我有能力做的事情而感到骄傲，亦即，去做“那不完美的”。这样一种经常地发生的事情是我的灵魂所反对的：毫无人情味地谈论“那伟大的”，仿佛几千年是一种巨大无比的距离；我宁愿带有人情味地去谈论这一切，就仿佛是昨天发生的，并且只让那“伟大性”自身去成为距离，让它要么去提升、要么去做判断。如果我（在悲剧英雄的特性上看；因为我无法达到更高）被召向一次这样的非同寻常的王者之行，就像那去摩利亚山的旅行，那么，我无疑知道，我会做些什么。我不会怯懦得足以想要待在家里，也不会躺着或者在乡间的路上闲荡，也不会忘记刀子以图稍稍推迟一时一刻，我相当确定，我会准时到那里，让一切都准备就绪，——或者更确切地说，我也许会过早到达以求让这一切尽快地成为过去。但是我另外也知道，我还会做些什么别的事情。我会在我上马的同一瞬间对我自己说：现在一切都失落了，上帝要求以撒，我牺牲他，在他的身上有着我的所有喜悦，——然而上帝是爱，并且对于我，上帝继续是爱；因为，在现世性中，上帝和我无法一同说话，我们没有任何共同语言。也许在我们的时代里，会有某个人是足够地傻，对“那伟大的”有着足够的强烈的羡慕，以至于想要让他自己和我都去以为，如果我真的做了这事的话，那么我就会是做了比亚伯拉罕所做的事情还要更伟大的事情；因为我巨大无比的放弃[36]比亚伯拉罕的短浅心眼要远远地更具理想和诗意。然而这却是最大的非真相；因为我巨大无比的放弃是信仰的代用物。这样，除了为找到我自己并且重新在我自身中得以安息而进行的无限运动之外，我也做不了更多。这样，我也不会像亚伯拉罕爱以撒那样地爱以撒。对于作出这运动我是果断的，在人之常情上说，这一事实能够证明我的勇气；我尽我的全部灵魂爱他，这一点是前提条件，如果没有这一点，那么这一切就是一种恶行；然而我却不是像亚伯拉罕那样地爱，因为如果那样的话，那么我就会住手，甚至在最后一刻，但我并不会因此而在摩利亚山上迟到。另外，我通过我的行为败坏了整个故事，因为，如果我重新得到以撒，那么我就会处于尴尬之中。那对于亚伯拉罕是最容易的事情，对于我来说就会是很艰难，就是说，重新因以撒而感到欣喜！因为，如果一个人以自己的全部灵魂的无限性以自己的力量并且基于自己的责任[37]作出了这无限运动并且无法再做出更多，那么，这个人，他只在痛苦中保留住以撒。

但是，亚伯拉罕做什么呢？他既没有过早也没有过迟到达。他上路，他慢慢地沿路前行。在所有这时间里，他信着；他信着“上帝不会要求从他这里拿走以撒”，而他则在被要求牺牲以撒的时候愿意牺牲他。他依据于“那荒谬的”[38]而信着，因为人之常情的考虑在这里是无法谈的，这正是那荒谬的：那要求他做出这牺牲的上帝在下一瞬间会收回这要求。他登上山，甚至在刀子闪烁的瞬间，他仍然信着“上帝不会要求从他这里拿走以撒”。他当然是对这结果是感到惊讶的，但是，他通过一种双重运动达到了自己的初始状态，因此他比第一次更为欣喜地接受了以撒。让我们进一步继续。我们让以撒真正地被献祭掉。亚伯拉罕信仰着。他不相信自己什么时候在彼世会得到至福，而是相信自己将在这里在此世得到至福。上帝可以给他一个新的以撒，可以把那被献祭的人重新唤回复活。他依据于“那荒谬的”而信着；因为所有人之常情的考虑早就已经停止了。悲哀能够使一个人失去理智，这一点人们都明白，这一点也是够沉重的；有一种意志力量能够如此极端地顶风而上，以至于它拯救那理智，尽管这人变得有点怪怪的，这一点人们也明白；我没有意图去贬低这个；但是，“能够失去理智，并且因此也失去整个有限性（其经纪者就是理智），而依据于‘那荒谬的’又恰恰赢回这同一个有限性”，——这使得我的灵魂感到惊骇，然而，我并不因此就说这是什么不值一提的东西，因为恰恰相反，这是唯一的奇迹。在一般的情况下，人们认为，信仰所造就出的东西不是艺术作品，它是粗陋的工作，只属于那些天性更为笨拙的人们；然而事实却完全不是这样。信仰的辩证法是一切中最精美最卓越的，它有着一种崇高，我固然能够对之有所想象，然而却也没有更多可说。我能够借助于弹跳板来进行那种帮我进入无限性的弹跳，我的脊背就像是一个走绳索者[39]的脊背，在我的童年里被扭转过，因此，对于我来说这样的动作很容易做到：我能够一二三在生存之中倒立，但下一步我就不行了，因为“那神奇的”是我所做不到的，我只能对之感到惊讶。是的，如果亚伯拉罕在他让自己的腿跨上驴背的这一瞬间对自己说：现在以撒是失落了，我完全可以在这里家中献祭他，这与长途旅行到摩利亚山献祭没有两样；——如果是这样，那么我就不需要亚伯拉罕；然而我现在对他的名字鞠躬七次并且对他的作为鞠躬七十次[40]。就是说，他没有对自己这么说，我能够以此来证明他没有这么说：他因为接受以撒而喜悦，真正诚挚地喜悦，他无须任何准备，无须任何用来关注有限性及其喜悦的时间。如果在亚伯拉罕这里的情形不是如此的话，那么他也许是爱上帝的，但不是信上帝；因为，如果一个人爱上帝但没有信仰，那么这个人，他与自身发生关系，如果一个人信仰着地爱上帝，那么这个人，他与上帝发生关系。

在这一巅峰上，亚伯拉罕站着。在最后的阶段，他失去了视景，这最后的阶段是无限的放弃。他真正地继续向前并且进入信仰；因为所有这些关于信仰的扭曲性的描绘，可怜的缺乏热情的怠惰（它会想：目前没有什么急需，不值得在时间到来之前悲伤），可鄙的希望（它会说：人们无法知道那将要发生的事情，然而这却是可能的），——这些扭曲性的描绘属于生命之悲惨，那无限的放弃[41]已经对它们作出了无限的鄙视。

亚伯拉罕是我所无法理解的，在某种意义上，除了惊讶，我无法从他那里学到任何东西。如果一个人以为自己通过思考那个故事的结局可以使自己感动得去信仰，那么他就是在欺骗他自己，并且是在想要就信仰的最初运动来欺骗上帝；他是想要从悖论里吮吸出生命智慧来。也许某些人能够成功；因为在我们的时代并不停留在信仰上，并不停留在信仰的奇迹上，把水弄成葡萄酒[42]，这时代想要继续向前，它把葡萄酒弄成水。

站定在信仰上岂不是最好，每个人都想继续向前[43]岂不令人讨厌？在我们的时代，如果人们不想站定在“爱”之上（这一点被人们以各种方式宣示出来），那么人们到底想要去哪里呢？难道去进入那尘世的睿智、细小的算计，难道去进入可怜和悲惨，难道去进入所有那能够使得人的神圣起源[44]变得可疑的东西吗？人们站定在信仰上，那站着的人留心自己不跌倒[45]，难道这不是最好的吗；因为信仰的运动必须依据于那荒谬的不断地得以进行，不过要注意，是以这样的一种方式：你不丧失有限性，而是完全无疑地赢得它。就我而言，我当然能够描述信仰的各种运动，但我无法作出这些运动。如果一个人想要学着去作出游泳运动，那么他可以让自己挂在天花板下的吊带上，他无疑是在描述这些运动，但是他没有在游泳；以这样的方式，我能够描述信仰的运动，但是，如果我被抛出去扔在水里，那么，我确实是在游泳（因为我不属于那些涉水者[46]），但是，我作出其他各种运动，我作出无限性的各种运动，而与此同时，信仰做着相反的事情，它在作出了无限性的各种运动之后作着有限性的各种运动。那能够作出这些运动的人是幸运的，他做出那奇迹般的事情，我永远都不会疲倦于对他的景仰，不管他是亚伯拉罕还是亚伯拉罕家里的奴仆，不管他是一个哲学教授还是一个可怜的女佣，这对于我绝对是无所谓的，我只看着那些运动。但我也看着它们，不让自己受骗，不管是受自己还是受什么人的骗。人们很容易认出“无限放弃[47]”的那些骑士们，他们的步伐是翩然而勇武的。相反，那些身怀信仰之宝的人，则很容易欺骗人，因为他的外在与那种“无限放弃”和“信仰”都深刻鄙视的东西，亦即，与“尖矛市民性”，有着显著的相似。

我坦率地承认，我在我的实践之中不曾发现任何可靠的例子，虽然我不会因此而否定“每两个人中有一个人就可能是一个这样的例子”。然而我则多年来徒劳地探寻这样的例子。通常，人们周游世界去看各种河流山岭、新的星辰、花哨斑斓的鸟、畸形的鱼、可笑的人种，人们沉浸在那动物般的恍惚中凝视着生存，并且，认为看到了一些什么东西。这不是我所关心的东西。相反，如果我知道，在什么地方有着这样一个信仰之骑士，那么我将步行走去他那里；因为这一奇迹是绝对让我关注的。我不会在任何瞬间里让他脱离开我，在每分钟里我都会留意着他是怎样着手进行这些运动的；我会将我自己视作是在生活中得到了照料的人并且把我的时间分成“看着他”和“自己进行练习”两种，并且以这样一种方式来把所有我的时间都用在“崇敬他”之上。如上面所说，我不曾发现过任何这样的人，然而我却能够想象他。他就在这里。相识确定了，我被介绍给他。

在我第一次将他抓入我的双眼的这一时刻，我在同一个“此刻”之中马上将他抛离我，我自己向后跳跃，合起我的双手并半出声地说：“主啊！是这个人吗？真的是他吗？他怎么看上去像个税吏呢！”然而，这确实是他。我向他靠得更近些，留意那最微小的运动，是否会有一个来自“那无限的”的小小的异质分数传讯[48]显现出来，一瞥、一个表情、一个手势、一丝忧伤、一道微笑，这些都能够在其自身与“那有限的”的异质性中泄露出“那无限的”。不！我从头到脚地审视他的形象，检查是否有一道这样的裂缝在让“那无限的”从这裂缝里窥视出来。他是完完全全地固实的。他的立足处？是强有力的，完全属于那有限性，没有什么精心打扮的在星期天下午到弗雷斯堡[49]的公民能够比他更为彻底地脚踏大地，他完全地属于世界，没有什么尖矛市民能够比他更多地属于这世界。在这个陌生而高雅的人身上你无法找到任何可用来辨别出那“无限性之骑士”的迹象。他在一切事情之中获得喜悦，他参与一切，并且，每次人们看见他参与那单个的事件，都会看见这参与有着一种持久性，——一个尘俗的人，如果其灵魂被这一类单个事件吸引住，就会有这种持久性作为标志。他做出自己该做的作为。于是，如果人们看见他，人们就会以为他是一个在意大利式簿记[50]中迷失了灵魂的办事员，他就是那么地准确无误。他在星期天放假。他去教堂。没有天堂般的目光，也没有任何对于“那不可比的”的标志来泄露出他来；如果人们不认识他，那么要从其余的人群中把他分辨出来是一件不可能的事情；因为，他唱赞美诗的嘹亮有力的声音至多只证明了他有很好的胸腔。下午他去森林。他为自己所见的一切感到欣喜，密集的人群、那些新的公共马车、松德海湾[51]；如果你在海滩路[52]上遇上他，你会以为他是一个放纵自己的店主，他就是恰恰以这样的方式得以欢悦；因为他不是诗人，并且我试图想在他身上侦探出那诗歌的不可比性[53]，那是徒劳。傍晚临近，他回家，他的步伐不悔不倦就像邮递员的步子。在路上他想着，在他回到家的时候，他的妻子肯定为他准备好了一顿小小的热餐，比如说一个夹带蔬菜的炸羊头。如果他遇上一个谈得来的人，那么他会一直走到东门继续不断地带着一个餐馆老板所具的激情与他谈论这道餐。碰巧他没有四个斯基令[54]，但他仍然完完全全地相信，他妻子为他准备好了这美味的晚餐。如果她为他做好了这晚餐，那么，看他吃饭，对于高雅的人们就是一种令人羡慕的景观，而对于普通人则是一种令人兴奋的景观；因为他的胃口好过以扫[55]。他的妻子没有做这晚餐，够奇怪的，他完全没有两样。在路上，他经过一个建筑工地，他碰上另一个人。他们交谈了一会儿，他一转眼就弄出一幢房子，他把自己的全部力量都投入在这建筑中。那陌生人带着这样的想法离开他：这肯定是个资本家；而我所景仰的骑士则想：是啊，如果这就是问题的关键的话，我能够很容易得到这个。他躺在一扇打开的窗户里，观察着他所居住的那广场；所有发生的一切，一只老鼠钻在水道石板下跑，小孩子们嬉戏着，所有这一切都让他关注，带着生存中的宁静，就仿佛他是一个十六岁的女孩。然而他却不是天才；因为我试图从他身上刺探侦查出天才的不可比性[56]，那是徒劳。他在晚上抽烟斗；如果你看见他的话，你会发誓说，你面前所站的是个食品杂货店老板在黄昏暮色里过着自己单调的日子。他无忧无虑地顺其自然，就仿佛他是一个不负责任的浪荡子，然而他却以最贵的价钱购买下他所生活的每一个瞬间、这舒适的时光[57]；因为他所做的事情无一不是依据于“那荒谬的”。然而，然而，是啊，我会为此暴怒，如果不是为了别的原因，那么哪怕是因为羡慕嫉妒，我也会暴怒；然而这个人作出了并且在每一瞬间里正在作出无限性之运动。他在那无限的放弃之中清空了生存的深刻忧伤，他认识无限性的至福，他隐约地感觉到了“放弃一个人在这个世界上所最爱的一切东西”的痛苦，但有限性对他来说就像与那不曾认识到过任何更高的事物的人完全一样地有着美好的味道，因为，他的“在有限性中的继续停留”没有一种怯懦紧张的训练所留下的任何痕迹，而他却有着这一安全性去欣悦于这有限性，仿佛它是一切之中最确定的东西。然而，然而他所制造出的这全部的尘俗形象是一个依据于“那荒谬的”的新受造物[58]。他无限地放弃了一切，而这时他依据于“那荒谬的”又重新去抓住一切。他不断地作出无限性的运动，但是他带着一种这样的正确性和确定性来做这事，以至于他不断地得出那有限性，并且人们不会在任何一分一秒中隐约感觉到任何别的东西。对于一个舞蹈家来说最艰难的任务会是：以这样一种方式跳跃进一种特定的姿势，——他没有在一分一秒中是在抓向那姿势，而是在跳跃本身中处于这一姿势[59]。也许没有任何舞蹈家能够做到这个，——这是那个骑士所做的。人众在世俗的悲哀和喜悦之中迷失地生活着，这些人是不参与进舞蹈的围坐观看者。无限性的骑士们是舞蹈家并且有着崇高。他们使得运动向上，并且重新落下，并且，这也是一种绝非不幸的娱乐，并且，让人看着绝非不美。但每次他们落下，他们无法马上作出这姿势，他们犹疑蹒跚一瞬间，并且，这一蹒跚显示出他们毕竟是这个世界里的异乡人。这蹒跚多多少少引人注目，考虑到他们有着这技艺，而即使是这些骑士中最有技艺的也无法隐藏掉这蹒跚。人们无需在空中看他们，而只需在他们正落地和刚落地的瞬间看他们，——并且人们认得出他们。但是，能够以这样的方式落下，在同一秒中看上去就仿佛一个人在站着和走着，把生活中的跳跃转化为行走，在那单调的徒步的动作之中绝对地表达出那卓越升华的东西[60]，——这只有那个骑士能够做得到，——这是那唯一的奇迹。

然而，这一奇迹能够很容易起到欺骗作用，因此我想在一个特定的事例中描述这些运动，这一事例能够阐明这些运动与现实的关系；因为一切所围绕的就是这一点。一个小伙子爱上一个公主，他的生命的所有内容就在这爱情之中，然而关系却是一个这样的关系：这爱不可能被实现，不可能从理想[61]被转化为实在[62]①。有限性的奴隶，生命沼泽里的那些蛙自然会叫喊：一场这样的爱情是一种痴愚，富有的酿酒寡妇是一个完全良好而坚实的对象。让他们在沼泽里不受打扰地呱呱发牢骚吧。无限放弃之骑士不会这么做，他不放弃爱，哪怕以全世界的荣耀来交换也无法使他放弃这爱。他不是傻瓜。首先，他自己很明确，这爱对于他真的是生命的内容，而他的灵魂则过于健康和过于骄傲而不可能去在迷醉之中浪费哪怕一小点。他不怯懦，他不惧怕去让这爱潜入他最隐秘的深处、他的各种最孤僻的想法，他不惧怕去让这爱蜿蜒于他的意识中的每一条韧带周围的无数曲线之中，——如果这爱是不幸的，那么他永远也不可能让自己从之中挣脱出来。通过让这爱彻底震颤他的每一根神经，他感觉到一种至福的快感，而他的灵魂则像那喝干毒杯[63]并感觉到毒汁是怎样渗透进每一滴血滴的人那样庄严，——因为这一瞬间是生和死。这样，在他把全部的爱吮吸进自身并且让自己沉浸于之中的时候，这时他不缺乏勇气去尝试一切并进行所有各种冒险。他综观生命的各种关系，他召集起那些迅速的思绪，它们就像老练的鸽子一样地留意着他挥动指挥棒对它们发出的每一个信号，它们向四面八方疾冲出去。但是，在它们全都回归的时候，它们全都像是悲哀之信使并向他解说：这是不可能的；于是他变得静默，他告别它们，他一

① 很明显，任何其他兴趣所在（一个个体的整个现实之实在全都自为地集中在这兴趣所在之中），在它被显现为是“不可实现的”的时候，都能够促成放弃的运动。然而我选择了以一场恋爱来显示这些运动，因为这一兴趣所在无疑更容易被理解，这样，我就无需进行所有各种在更深的意义上只能够让很少的个别人关注的预备性考虑了。

个人留下，然后，他进行那运动。如果我这里所说的东西会有什么意义的话，那么，这里关键就是：那运动正常地发生①[64]。于是，那骑士首先要有力量去把整个生命的内容和现实的意义集中在唯一的一个愿望里。如果一个人缺少这种“集中”，这种凝聚性，那么他的灵魂从一开始就被分散在了各种各样的东西中，这样，他就永远都无法作出那运动，在生活中他会像那些把自己的资本投到不同的证券中的资本家们那样聪明地处事，这样就能够失之东隅而收之桑榆，——简言之，这样他就不是骑士。其次那骑士要有力量去把整个思想运作的结果集中到一个意识活动中。如果他缺少这一凝聚性，那么他的灵魂从一开始就被分散在了各种各样的东西中，这样，他就永远都不会有时间去作出那运动，他会不断地为生活中的差事奔忙，永远也不会进入永恒；因为，即使是在他临近永恒的这一瞬间，他也会突然发现，他忘记了什么东西，为此他不得不回去。在下一瞬间，他会想，这仍然是可能的；这当然也很对，但是通过这样的考虑，一个人永远也不会去作出那运动，正相反，借助于它们，一个人只会在泥淖里越陷越深[65]。

于是，那骑士是作出运动的，但哪一种？他会忘记这一切，因为在这遗忘之中也有着一种集中？不！因为骑士不会自相矛盾，忘记整个生命的内容但却保持不变，这是一种自相矛盾。去变成另一个人，他觉得没有这种冲动，并且绝对不认为这是“那伟大的”。只有低级的品质才会忘记自己而去成为某种新的东西。以这样的方式，蝴蝶完全忘记了它曾是毛毛虫，也许它又能够完全忘记它曾是蝴蝶，如果它能够成为一条鱼[66]。更深刻的品质绝不会忘记自身并且绝不会成为别的不同于它们自身所是的东西。于是，那骑士是会回忆一切的；但这一回忆则恰恰是痛苦，而在无限放弃之中他却与生存和解了。对那个公主的爱对他来说成为了一种永恒的

---

① 对此，激情是必须的。每一个无限性之运动都是通过激情而发生的，并且没有什么反思能够造成运动。解说这运动的，是生存中那不断的跳跃，与此同时，那中介则是一个在黑格尔那里要被用来解说一切的怪想，另外在黑格尔那里他唯一从不曾试图解释的就是这“中介”了。甚至去对于“人们所理解的东西”和“人们所不理解的东西”作出那著名的苏格拉底式的区分，也需要激情，不要说，去作出那真正的苏格拉底式的运动，无知性之运动，自然就更需要激情了。而时代所缺乏的不是反思，而是激情。因此，在某种意义上，这时代实在是过于顽固而不会死去；因为，“去死亡”是最非凡的跳跃之一，并且一个诗人的一句小小诗句总是非常吸引我，因为他在前面的五六句诗句中美丽而简单地表述了对生活的美好愿望之后，这样地结束：

在永恒中的一次至福跳跃。

爱的表达，获得了一种宗教的特征，将自身神圣化为对于永恒存在物的爱，这永恒存在物固然是拒绝了对于这爱的实现，但却又在对于“这爱在一种永恒性之形式中的有限性”的永恒意识中又与他和解了，——这种永恒性之形式是任何现实都无法从他这里夺走的。痴愚者们和年轻人们谈论说，对于一个人一切都是可能的。这却是一个巨大的谬误。从精神上说一切都是可能的，但是在有限性的世界里有许多东西不是可能的。然而骑士却使得这“不可能的”成为可能：骑士放弃这“不可能的”，并且，借助于这放弃他在精神上表达这“不可能的”，而通过他对这“不可能的”作出精神性表达，他使得这“不可能的”成为可能。一种愿望想要将他推进现实，但却搁浅于“不可能性”，这愿望现在内向地弯曲，但正因此，这愿望没有失落掉，也没有被忘却。有时候唤醒回忆的是这愿望在他内心中的昏暗蠢动，有时候他自己唤醒它；因为他太骄傲而不愿意让那作为他的全部生命内容的东西成为一种飞逝的片刻的事情。他保持让这爱继续年轻，这爱随着他而在年龄与美丽上增长。相反，他无须任何有限性的机缘来促进这爱的成长。从他作出运动的那一瞬间起，那公主就已经失落掉了。他无须“看见爱人”等等情形中的这些爱欲的神经震颤，他也无须在有限的意义上不断地与她告别，因为他在永恒的意义上回忆她，并且，他很清楚地知道，那些爱着的人们，他们那么急切地再次在告别时相互最后一次相望，他们“那么急切”是对的，他们“认为这是最后一次”是对的；因为他们马上就会相互忘记。他明白了那深奥的秘密：在“爱另一个人”上，你也必须做到自给自足。他不再在有限的意义上去关心那公主在做些什么，而这恰恰证明了，他在无限的意义上作出了运动。在这里人们能够得到机会去看，在单个的人那里的运动到底是真的还是杜撰出来的。有这样的人，他也相信自己作出了那运动，但是，看，时间过去，公主做了别的事，比如说她和一个王子结婚了，这时，他的灵魂就失去了那“放弃”[67]的伸缩力。他通过这一点显示出，他没有正确地作出运动；因为如果一个人在无限的意义上作出了放弃，那么这个人就会自给自足。骑士不会取消自己的放弃，他保持让自己的爱永葆青春，就仿佛它仍然是处于恋爱的最初瞬间，他永远也不会让它脱离开自己，恰恰因为他在无限的意义上作出了运动。公主的所作所为不会打扰他，只有那些更低级的品质才会在别人身上有着他们自己的行为法则，才会让他们自己的行为前提处于他们自身之外。相反，如果那公主是一个志同道合者，那么，美丽的事情就会出现。于是她会将自己引介进那特定的骑士组织，——在这骑士组织里，一个人不是通过抽签表决而被吸收，每个有勇气自荐的人都是成员，这骑士组织通过“它对男女不作区分”来证明自身的不朽性。她也会保持让自己的爱年轻而健康，她也会让自己的苦恼消失，尽管她并非如同歌谣里所唱的“每晚都躺在她的主身旁[68]”。于是这两个人将在所有的永恒之中相互般配的，有着这样一种节奏匀称的先定的和谐[69]，这样，如果什么时候这样的一瞬间到来的话，一瞬间（他们在有限的意义上并不关注这一瞬间，因为他们会变老），这一瞬间允许在时间里为爱给出其表达，如果什么时候这一瞬间到来的话，那么，他们将能够恰恰在他们本该开始的地方开始——如果他们原本就曾结合了的话。那明白这一点的人，不管这人是男是女，这人永远都不会被欺骗，因为只有那些更为低级的品质才会自以为自己被欺骗。如果一个女孩不是这么骄傲的话，那么她就不会真正懂得去爱，但如果她是那样地骄傲的话，那么全世界的机智狡诈都无法欺骗她。

在无限放弃之中有着和平安宁；每一个人，如果他想要这么做，如果他不曾通过“不把自己当一回事”（这比“过于骄傲”更可怕）来降低自己的话，那么他就能够训练自己去作出这一运动，这一在自己的痛苦中与生存和解的运动。“无限放弃”是我们在古老民间传说中所谈及的那件衬衫。线是在泪水下纺成的、用泪水漂白，衬衫以泪水缝成，但它也比铁和钢更好地起到保护作用[70]。民间传说中不完美的地方是，第三个人能够做出这麻布。生活中的秘密是，每个人必须自己来缝制它，令人奇怪的地方是一个男人能够缝制它，完全就像一个女人缝制它。在“无限放弃”之中，在痛苦之中有着和平和安宁和安慰，这就是说，在这运动是正常地被作出的时候。如果我要把我在我小小的实践中所碰上的那各种各样误解、那些反转的姿态、那些不认真的运动全都考究一遍的话，那么，对于我来说，甚至要写一整本书都不难。人们在很小的程度上相信精神，但要作出这一运动恰恰就得依靠精神，在这方面我们得看，它到底是否出自一种残酷的必然性[71]的片面结果，这一残酷必然性越是高度地在场，我们就总是越该去怀疑“这运动到底是否正常”。如果一个人于是会认为这冷酷而无结果的必然性必须不得不在场，那么，他就可以因此说“任何人在自己真正死去之前都无法体验死亡”，——这让我感觉像一种粗糙的唯物主义。然而在我们的时代人们并不怎么关心“去作出纯粹的运动”的问题。如果一个要去学跳舞的人想说“在好几个世纪里一代又一代人学了舞步位置，现在到了我利用这之中的优势并且直接开始法国人舞蹈[72]的庄严时刻了”，那么人们无疑会笑话他；但是在精神的世界里人们会觉得这个说法是极其有道理的。教育是什么？我想那是一种让单个的人去完成贯通以便赶上自己的课程，而一个人如果不想完成贯通这课程的话，那么这课程不会对他有什么大帮助，尽管他是出生在最得到启蒙的时代。

无限放弃是信仰之前的最后一个阶段，这样，每一个不曾作出这一运动的人都没有信仰；因为只有在无限放弃之中我才会在我的无限有效性之中对我自己而言准备就绪，并且只有在这时才谈得上“依据于信仰去抓住生存”。

现在我们想让信仰的骑士出现在上面所谈的事例中。他做出与另一个骑士所做的完全相同的事，他在无限的意义上放弃了那作为他生命内容的爱，他在痛苦中得到和解；但这时奇迹发生了，他又作出一个运动，比任何东西都奇妙，因为他说：“我仍然相信，我得到她，就是说，依据于‘那荒谬的’，依据于‘对于上帝一切事情都是可能的[73]’。”“那荒谬的”不属于那些处于理智自身范围之中的各种差异[74]。它与“那不怎么可能的[75]”、“那未预料到的”、“那意想之外的”不是同一的。在骑士放弃的那一瞬间，他向自己确定了那不可能性——从人之常情上说，这是理智的结果，他有足够的能量去思考这结果。在无限性的意义上这则是可能的，就是说，通过对之的放弃，但这一占据[76]同时也是一个放弃，然而这一占据对于理智说起来绝不是荒谬；因为理智在这一断言上继续保持着自己的正确性：在有限性的世界里（在这里理智是统治者），这是并且继续是一种不可能性。信仰的骑士同样清楚地有着这一意识；这样，那唯一能够拯救他的，就是“那荒谬的”，而他是借助于信仰而把握住了这个“那荒谬的”。于是，他认识那不可能性而又在同一瞬间信着“那荒谬的”；因为，如果他不是以全部自己灵魂的激情并且出自全部内心地认识到这不可能性，但却自以为自己是有着信仰的话，那么他就是在欺骗他自己，而既然他根本就连无限放弃都没有达到，那么他的见证就是彻底没有归属的。

因此，信仰不是审美的感动，而是某种远远更高的东西，恰恰因为它在自己前面预设了那放弃，它不是心灵的直接驱使，而是生存之悖论。这样，在一个女孩面对着所有艰难仍然坚持确信自己的愿望肯定会实现，这一信念就根本不是信仰的，哪怕她是在基督教的父母的教养之下长大的并且在也许整整一年的时间里她一直去牧师那里聆听教诲。她是在所有自己的孩子气的天真性和无辜性之中确信，这一信念也使得她的品质变得崇高并给予她一种超自然的尺码以至于她作为身怀奇术者能够去唤动生存的各种有限力量，并且，甚至让石头哭泣[77]。而在另一方面，她在自己的仓皇中也同样完全既能够跑到希律王那里又能够跑到彼拉多那里[78]，并且用自己的祈祷来感动全世界。她的信念是那么地可爱，人们能够从她那里学到很多，但是有一样东西是人们无法从她那里学到的，人们学不到“去做出各种运动”；因为她的信念不敢在“放弃”的痛苦中用两眼直面那不可能性。

这样我能够认识到，要做出那放弃之无限运动需要有气力和精力和精神之自由；我也能够认识到：这一运动是能够被作出的。接下来的事情则让我惊讶，我的心在我的头脑里翻跟头；因为，在作出了那放弃之运动之后，现在，依据于“那荒谬的”去得到一切，让愿望完全无损地得以实现，这超越到了人的力量之外，这是一个奇迹。但这是我所能够认识到的：那年轻女孩的信念与信仰之坚定性相比只是轻率性，哪怕它认识到了那不可能性。每次我想作出这一运动，我都两眼发黑，在同一瞬间我绝对地景仰这个，并且在同一瞬间一种极大的恐惧抓住我的灵魂，因为，什么是“试探上帝”啊？然而这一运动却是信仰的运动，并且继续是信仰的运动，哪怕哲学为了弄乱概念而来让我们相信它[79]有着信仰，哪怕神学想要廉价销售掉它。

“去放弃”无需信仰，因为我在放弃中所赢得的，是我的永恒意识，并且这是一种纯哲学的运动，如果有这种需要，我想我是会去作出这种纯哲学运动的，并且我也能够训练自己去作这运动，因为，每次如果有什么有限性太过分地想要压过我的时候，我就用饥饿来逼自己，直到自己作出那运动；因为我的永恒意识是我对上帝的爱，对于我，它高于一切。“去放弃”无需信仰，但是“去得到那至少是大于我的永恒意识的东西”需要有信仰，因为后者是悖论。人们常常混淆各种运动。人们说，一个人需要有信仰才能放弃一切，甚至人们听得到更古怪的，一个人抱怨说，他失去了信仰，而在我们去看一下那标尺以便看一下它处在什么位置的时候，则够奇怪的，我们看见他只到达那个“他要去作出放弃之无限运动”的点上。通过这放弃[80]，我放弃一切，我是通过我自己来作出这一运动的，而如果我不作出它的话，那么，这就是因为我太怯懦和软弱并且没有热情，因为我没有感觉到那被分派给每个人的崇高尊严，——去做一个人自己的监察[81]，这要比去作整个罗马共和国的总监察远远更为高贵。我是通过我自己来作出这一运动的，因此，我所赢得的是我自己，在我的永恒意识中的、在对“我对于那永恒的存在者的爱”的至福契合中的我自己。通过信仰，我没有放弃什么东西，相反，我通过信仰得到一切，所谓那有信心像一粒芥菜种的人能够移山[82]，这里正在这种意义上说“通过信仰得到一切”。要去放弃整个现世性[83]以赢得永恒性，这需要一种纯粹人之常情的意义上的勇气；但是我赢得这永恒性，并且在所有永恒之中都不会放弃，这是一个自相矛盾；但是现在要依据于那荒谬的来抓住整个现世性，这则需要一个悖论性的谦卑的勇气，而这一勇气就是信仰的勇气。通过信仰，亚伯拉罕没有放弃以撒，相反，通过信仰，亚伯拉罕得到以撒。依据于“放弃”，那个富有的年轻人要将一切施舍掉[84]，但是在他这样做了的时候，信仰的骑士就会对他说：依据于那荒谬的，你将重新得到每一个白币[85]，你可以相信这个。这一说法对于前面的那个富有的年轻人绝不是无所谓的，因为，如果他是由于自己厌烦了财产而施舍掉自己的财产，那么他的放弃就没有什么价值了。

现世性、有限性，这是一切所围绕的中心。我能够通过自己的力量放弃一切，并且就这样在痛苦之中找到和平安宁，我能够承受一切，哪怕是那可怕的恶魔[86]，比令人骇然的骷髅死神[87]更恐怖，哪怕疯狂把小丑的杂色衣举到我眼前，并且，我明白它的表情：是我，我必须穿上它，我仍然能够拯救我的灵魂，如果“我对上帝的爱在我心中战胜”对于我比我尘俗中的幸福有着更大的意味。一个人在这一最后的瞬间仍然能够将自己的全部灵魂集中在一道对着天空的唯一的目光之中，所有美好的礼物都来自那里[88]，而这道目光，对于他和对于它所寻找的，是可理解的：他仍然忠实于自己的爱。然后他会安静地穿上这衣服。如果一个人的灵魂不具备这一罗曼蒂克，那么他就是出售了自己的灵魂，不管现在这售价是一个王国还是一块卑微的银币[89]。但是，借助于我自己的力量，我无法得到哪怕只是最少的一点点那属于有限性的东西；因为我不断地在把我的力量用在“去放弃一切”之上。借助于我自己的力量，我能够放弃公主，我不会成为一个嘟嘟囔囔的抱怨者，而是在我的痛苦之中找到喜悦、和平与安宁，但是我无法借助于我自己的力量重新得到她，因为我恰恰用了我的力量去放弃。但借助于信仰，那个奇妙的骑士说：借助于信仰，你将依据于那荒谬的而得到她。

看，这一运动是我所无法作出的。一旦我想要开始它，一切就反过来的，而我则逃回“放弃”的痛苦中。我能够在生活中游泳，但这一神秘的翱翔却是我无法作出的，因为我太重。以这样一种方式存在着，在每一个瞬间里都把“我对于生存的对立”表达为“与生存的最美丽和最安全的和谐”，这是我所做不到的。不过，得到公主必定是一件美好的事情，我在每一个瞬间这么说，并且，如果放弃之骑士不这么说，那么他就是一个欺骗者，他什么愿望都不曾有过，并且他在自己的痛苦之中没有使得这愿望保持青春。也许有的人会认为这样挺好，愿望不再有生机，痛苦之箭变钝，这样挺好；但这样的人绝不是骑士。一个独立自由的灵魂，如果他突然意识到这个，那么他就会蔑视自己并且从头开始，并且最重要的是，他不会允许自己的灵魂因自身而被欺骗。然而，得到公主必定是件美好的事情，并且，信仰之骑士是那唯一幸福的人，有限性之继承者，而放弃之骑士则是一个陌生人和外乡人[90]。于是，得到公主，幸福快乐地生活，日日夜夜和她在一起（因为这也是可以想象的：放弃之骑士能够得到公主，但他的灵魂却认识到了他们未来之幸福的不可能性），于是，依据于那荒谬的，每一瞬间都幸福快乐地生活，每一瞬间都看见利剑悬荡[91]在爱人的头上，但找到的却不是在放弃之痛苦中的安息，而是喜悦，依据于那荒谬的，——这是神奇的事情。那这样做的人，他是伟大的，那唯一的伟大者，对此的想法打动我的灵魂，——我的灵魂从不吝于去景仰“那伟大的”。

现在，如果我同时代的每一个不想要在信仰处停留的人真的都是一个领会了生活之恐怖的人，如果他真的是明白道布的话中所说的意思（道布说，在一个风雨交加的夜晚，在弹药库外，一个单独拿着上了膛的步枪站在自己的岗位上的士兵，会有古怪的想法[92]）；现在，如果每一个不想要在信仰处停留的人真的都是一个有着灵魂的力量去理解“这愿望是一种不可能性”的想法并且由此而给予自己时间去与这一想法独处的人；如果每一个不想要在信仰处停留的人真的都是一个在痛苦中得到和解并且通过痛苦来和解的人，如果每一个不想要在信仰处停留的人真的都是一个在下一步（如果他不曾做出所有前面的事情，那么他就不用在信仰的问题上麻烦自己了）做出那神奇的事情、去依据于那荒谬的而把握整个生存，——那么，我所写的文字就是那由只能够作出放弃之运动的人中的最卑微者对这个时代的最高赞美辞。但是，为什么人们就不愿在信仰处停留呢，为什么我们有时候听见人们耻于承认自己有信仰？这是我所无法理解的。如果我在什么时候设法让自己有能力去作出这一运动，那么我将在未来乘坐四马拉的马车[93]。

真是这样吗，我在生活中所见的所有尖矛市民性（对于这种尖矛市民性我不是以我的言词而是以我的行为来审判），难道它真的不是它的表象所显示的东西，难道它是奇迹吗？这是可以想象的；因为那个信仰之英雄事实上与尖矛市民性有着显著的相似性；因为那个信仰之英雄根本不是反讽者或者幽默者，而是某种还要更高的。在我们的时代，人们老是谈论关于反讽和幽默，尤其是那些从不曾有能力在反讽和幽默中有所实践，但却倒是知道怎样去解释一切的人们，特别喜欢谈论这两样。我对于这两种激情并非完全陌生，比起在德语的和德语丹麦语对照的讲义中所收的相关文字，我对它们所知还稍稍更多些。因此我知道，这两种激情与信仰之激情是有着本质上的不同的。反讽和幽默也对自身进行反思，并且因此而属于“无限放弃”的领域，它们的伸缩力是在于：这个体与现实是无法共通的[94]。

最后的运动，信仰之悖论性运动，是我所无法作出的，不管这是义务还是什么别的，哪怕我其实是很希望我能够作出它，我无法作出这运动。是否一个人有权说自己能够作出这运动，必须是由这个人自己掂量；他在这方面是否能够达成一个和平协议，这是一个介于他和那作为“信仰之对象”的永恒存在者之间的事情。每个人所能够做的事情是，他能够作出那无限放弃之运动；而我就我自己而言则会毫不犹豫地宣称“每一个想要以为自己不能作出这运动的人都是怯懦的”。而信仰则是另一回事。但任何人都无权做的事情是：去让别人以为信仰是某种渺小的事情或者信仰是一种轻易的事情而在事实上它是最伟大的事情和最艰难的事情。

人们以另一种方式来理解关于亚伯拉罕的故事。人们赞美上帝的恩典，他重新把以撒赐予他，这一切只是一场考验。一场考验，这个词可以说出或多或少的一些事情，然而这一切就那么迅速地过去了，就像这个词被说出那么迅速。人们跨上一匹有翅膀的马[95]，在同一个此刻人们就在摩利亚山上，在同一个此刻人们看见公羊；人们忘记了亚伯拉罕只是骑着一头慢慢地在路上走的驴，忘记了他有三天的旅途，忘记了他需要一些时间来砍柴、绑上以撒以及磨刀。

然而人们还是赞美亚伯拉罕。那要讲演的人，他可以睡觉睡到他讲演之前的最后一刻钟，而听众则完全可能在演讲过程中睡着；因为一切都足够容易地进行着，在任何方面都没有什么麻烦。如果有一个患失眠症的人在场，那么他也许会回家，坐到一个角落里并且想：这全部就是一个瞬间的事情，你只等上一分钟，然后你就看见公羊，考验就过去了。如果那讲演者在这一状态中遇上他，那么我想，他会带着自己的全部尊严站出来说："悲惨的人啊，你可以让你的灵魂在这样的痴愚中沉没；没有任何奇迹发生，整个生活就是一场考验。"随着那讲演者滔滔不绝地继续，他越来越激动，越来越为自己欣喜，而他通常在他谈论亚伯拉罕时绝不会感觉到有血疾冲向大脑，而现在他则感觉到血管是怎样在他的额头上涨突出来的。如果那罪人镇定而带着尊严地回答说：这可是你上一个星期天所谈论的东西呀；那么，他也许就会目瞪口呆得鼻子和嘴巴都掉下来。

要么让我们把亚伯拉罕划掉，要么让我们通过那作为他的生命意义的巨大悖论来学会去感受惊惶，这样我们就必须明白：我们时代，正如每一个时代，如果它是有着信仰的话，它就可以感到高兴。如果亚伯拉罕不是一个乌有，不是一个幻影，不是某种用来消磨时间的装饰品的话，这样，错误就永远不可能会是在于"罪人会想做同样的事"这一事实，问题的关键是好看到"亚伯拉罕所做的事情有多么伟大"，这样，这人才能够判定自己，他是否有使命和勇气去在这样的事情中受考验。在那讲演者的行为之中的可笑矛盾是：他自己把亚伯拉罕弄成了一种无足轻重，但却又想要禁止另一个人作出同样的行为。

那么人们是不是就不再敢谈论亚伯拉罕了？我觉得不是这样。如果我要谈论他，那么我首先会讲述那考验之痛苦。为了这个目的，我会像一条水蛭一样地把所有恐惧和艰难和苦恼都从一个父亲的苦难里吮吸出来，这样我就能够描述，亚伯拉罕在经受着所有这些苦难而仍然信仰着的同时，他所承受的痛苦是什么。我要提醒大家记住，旅行持续了三天，并且在第四天里也用掉了不少时间，是啊，这三天半的时间会变得无限地远远比那把我和亚伯拉罕分隔开的几千年时间更长。于是我要提醒大家记住，（这是我的看法），每一个人，在他开始进行这样的事情之前，他仍然还可以回头，并且可以在每一瞬间悔着地[96]转过身去。如果他做这事情，那么，我就不畏惧任何危险，我也不畏惧去唤醒人们想要去像亚伯拉罕那样地被考验的愿望。但是，如果一个人想要贩卖一个廉价版本的亚伯拉罕但却又禁止别人做同样的事情，这样的做法则就可笑了。

现在，我对于亚伯拉罕故事的意图是以疑难问题的形式来提取出故事之中的那辩证的东西，以便能看出：信仰是怎样巨大的一个悖论，一个能够“使得一次谋杀变成一种神圣的、令上帝欢悦的行为”的悖论，一个重新把以撒给予亚伯拉罕的悖论，任何思想都无法支配这悖论，因为信仰恰恰开始于思想的终止处。

注释：

1 原标题为希腊语：Problemata（疑难问题）。标题的直译是“暂时的咳吐物”。

2 ［只有劳作的人得到面包］“我们在你们那里的时候，曾吩咐你们说，若有人不肯做工，就不可吃饭。因我们听说，在你们中间有人不按规矩而行，什么工都不做，反倒专管闲事。我们靠主耶稣基督，吩咐劝戒这样的人，要安静作工，吃自己的饭。”《帖撒罗尼迦後书》（3∶10—12）。

3 漠然性（Ligegyldigheden）。“漠然”，如果说成大白话的话就是“漠不关心”，或者也可翻译成“无所谓”，与“关怀”（也就是和“严肃”）正相反。冷眼旁观所得的客观知识正是一种“漠不关心的”知识，而“关怀”和“严肃”则要求“单个的人”的意志的主观参与。

4 ［那有着指环的人……不管他是怎样得到它们的］是指《一千零一夜》（第531夜到第558夜）中阿拉丁的指环。根据这故事，丹麦罗曼蒂克作家和诗人欧伦施莱格（A. Oehlenschläger）的诗歌剧《阿拉丁》（*Aladdin*，*eller Den forunderlige Lampe*）。阿拉丁从非洲魔术师努拉丁那里得到这指环，在阿拉丁擦指环的时候，指环的精灵就出现，听从他的命令去办事。阿拉丁所得到的神灯所具的精灵则能够变出世界的财富来。

5 ［雨点并非同时……也照耀恶者］参看《马太福音》（5∶45），耶稣说，上帝“叫日头照好人，也照歹人，降雨给义人，也给不义的人”。

6 ［只有走进地府的人拯救到所爱的人］在古希腊神话中，俄尔甫斯在其所爱的欧利蒂丝死去时自己下地府，他用琴声打动了死亡女神珀耳塞福涅，同意俄耳甫斯将他的妻子欧律狄刻带回人间，但有一个条件：欧律狄刻必须走在俄耳甫斯的身后，在到达地面之前俄耳甫斯不准向回看。在冥府门口，俄尔甫斯忍不住向回看，却使欧利蒂丝重新消失进地府。克尔凯郭尔所引的是柏拉图版本的神话，诸神以一个影子来欺骗俄耳甫斯，因为他们认为他太怯懦，因为他不愿牺牲自己的生命来与自己所爱的人结合，却自以为能够活着进入地府来接她。参看柏拉图《会饮篇》179d。

7 类似竖琴的乐器。

8 在1830—1856年的三卷本C. J. Heise的丹麦语翻译《柏拉图对话选集》中的

《会饮篇》里，俄耳甫斯被描述为娇宠的西拉琴演奏者。

9 ［有亚伯拉罕作父亲］见《马太福音》（3：7—9）：“约翰看见许多法利赛人和撒都该人，也来受洗，就对他们说，毒蛇的种类，谁指示你们逃避将来的忿怒呢。你们要结出果子来，与悔改的心相称。不要自己心里说，有亚伯拉罕为我们的祖宗。我告诉你们，神能从这些石头中给亚伯拉罕兴起子孙来。”

10 ［以色列的少女……生产出风］参看《以赛亚书》（26：18）：“我们也曾怀孕疼痛，所产的竟像风一样”。

11 ［外在世界在漠然性的法则之下叹息］隐喻《罗马书》中保罗所说：“因为受造之物服在虚空之下，……但受造之物仍然指望脱离败坏的辖制，得享神儿女自由的荣耀。我们知道一切受造之物，一同叹息劳苦，直到如今。”

12 ［在一切变成了黄金的同时死于饥饿］希腊神话中弗里吉亚国王弥达斯得到酒神许诺给予任何他想要的东西。弥达斯表示希望拥有点金术的能力。酒神答应了，凡是弥达斯所接触到的东西都会立刻变成金子。弥达斯高兴了一阵子，但很快他就发现，他无法吃东西，因为他一碰食物，食物就变成了黄金，这样他难免要死于饥渴。最后他祈求酒神收回这点金术。

13 ［米提亚德的胜利］雅典军事领袖米提亚德（公元前550—前489年）的胜利中的最高成就是公元前490年的马拉松之战。在成功地保卫了雅典之后，米提亚德征服了多个爱琴海中的岛屿。

14 ［只有一个人为这些胜利而难以入眠］“地米斯托克利剧烈地追求着荣誉，他的这一抱负在他那里唤醒了去建立伟业的强烈欲望。在希腊人在马拉松打败了波斯人之后，人们到处都赞美米提亚德的英明战略，这时人们发现地米斯托克利总是在专研着，沉浸在自己的想法之中，彻夜不眠，尽管他很年轻，他甚至避免日常的集会，有人问他这之中的原因是什么，并且对他的变化表达了极大的惊讶，他说：米提亚德的奖杯不允许我睡觉。”出自普鲁塔克的《传记集》中的“地米斯托克利”。

15 ［劳作并背上重担］参看《马太福音》（11：28）：“凡劳苦担重担的人，可以到我这里来，我就使你们得安息。”

16 ［他如此爱上帝，他愿意献祭自己最好的东西］也许是指《约翰福音》（3：16）：“神爱世人，甚至将他的独生子赐给他们，叫一切信他的，不至灭亡，反得永生。”

17 沉思（Meditationen）。

18 ［如果基督在路途上所……将之送给穷人］参看《马太福音》（19：16—22）。

19 恐惧（Angesten）。

20 ［拿着火焰熊熊的剑的基路伯］见《创世纪》（3：23—24）：“耶和华神便打发他出伊甸园去，耕种他所自出之土。于是把他赶出去了。又在伊甸园的东边安设基路伯和四面转动发火焰的剑，要把守生命树的道路。”基路伯是天使，在天使中排位第二级，常被描述为有红润圆脸的带翅膀的小孩子。

21 ［那句老话说……布道所说的那样］人们所知道的这句话是这样说的：“世上的事情并非如同牧师布道所说的那样艰难。”

22 现实（Virkelighed）。

23 换一句话说就是：正因为亚伯拉罕有这一恐惧，他才是他所是的这个亚伯拉罕。

24 ［一把既杀戮又拯救的双刃剑］也许是暗示《希伯来书》（4∶12）：“神的道是活泼的，是有功效的，比一切两刃的剑更快，甚至魂与灵，骨节与骨髓，都能刺入剖开，连心中的思念和主意，都能辨明。”

25 对信心的冲击（anfægtelse）。

Anfægtelse：Anfægtelse是一种内心剧烈冲突的感情。在此我译作“对信心的冲击”，有时我译作“在宗教意义上的内心冲突”或者“内心冲突”，有时候我译作“信心的犹疑”，也有时候译作“试探”。

按照丹麦大百科全书的解释：

Anfægtelse是在一个人获得一种颠覆其人生观或者其对信仰的确定感的经验时袭向他的深刻的怀疑的感情；因此anfægtelse常常是属于宗教性的类型。这个概念也被用于个人情感，如果一个人对自己的生命意义或者说生活意义会感到有怀疑。在基督教的意义上，anfægtelse的出现是随着一个来自上帝的令人无法理解的行为而出现的后果，人因此认为“上帝离弃了自己”或者上帝不见了、发怒了或死了。诱惑/试探是anfægtelse又一个表述，比如说在，在“在天之父”的第六祈祷词中“不叫我們遇見試探”（马太福音6∶13）。圣经中的关于“anfægtelse只能够借助于信仰来克服”的例子是《创世记》（22∶1—19）中的亚伯拉罕和《马太福音》（26∶36—46；27∶46）中的耶稣。对于比如说路德和克尔凯郭尔，anfægtelse是中心的神学概念之一。

26 ［站］在关于亚伯拉罕去摩利亚山的圣经故事中，这一路没有被分成各“站”；相反，耶稣去髑髅地的一路上倒是有许多次停顿。

27 自在自为地（i og for sig）。

28 见前面的关于“继续向前”的注脚。影射马滕森和海贝尔，正如黑格尔自己努力继续向前超越自己的哲学先人而不“停留”在“怀疑一切”这一点上，马滕森和海贝尔想要继续向前超过黑格尔本人。

29 ［黑格尔］Georg Wilhelm Friedrich Hegel（1770—1831）德国哲学家，1801—1805在耶拿任非常教授，1816—1818在海德堡任教授，1818年至去世在柏林任教授。从1800年起，他开始了独立的哲学著述，其核心是关于“存在（‘那绝对的’）是精神并且‘那绝对的’是辩证的（就是说处于一种不断向前的发展）”的思想。以此为出发点，他的努力在于一种方法，把各种哲学观点集中在一个体系之中，同时既包容物质世界又包容精神世界。接下来的文字中，克尔凯郭尔指向的黑格尔文字所用版本为 *Georg Wilhelm Friedrich Hegel's Werke.* Vollständige Ausgabe bd. 1—18, Berlin 1832—45.（简称《黑格尔著作集》）

30 ［超出黑格尔］在1831年黑格尔去世后，出现了一系列想要“超出黑格尔”或者“比黑格尔更远”的努力。比如说，马腾森在1836年的一篇评论中强调，海贝尔已“超出黑格尔”。另外，西贝尔恩（F. C. Sibbern）在1838年的文学月刊中表示，海贝尔“既能够差不多自由地在黑格尔的世界观中运动，又能够开始超出黑格尔”。

31 仿宋体处在丹麦文版中是拉丁语：jam tua res agitur（现在是你的事情了）。

［jam tua res agitur］拉丁语：现在是你的事情了，参看贺拉斯的《书信》第一卷（18∶84），在之中连接着“paries quum proximus ardet（拉丁语：如果你邻居的房子着火）”（Q. Horatii Flacci opera）。克尔凯郭尔用 jam，而贺拉斯用 nam（“因为”）。

32 ［上帝是爱］见《约翰一书》（4∶8）。

33 ［本原的抒情的有效性］就是说，本能的、以心境为前提的说服力。海贝尔把抒情诗看成是文学体裁的第一类，并且是之后各类体裁的前提条件。在他的论文《抒情诗歌》中他写道：“那抒情的是那直接诗意的，它必须是持续地在场着，甚至是在那些在之中它是‘被扬弃的’的诗歌类型之中。没有抒情的人就根本不是诗人。”

34 ［保持让它的处子火焰纯洁而明晰］在古罗马，维斯塔祭坛圣火的女祭司们是作为处女而被选出，并且有义务保持童贞。维斯塔是负责家庭秩序和稳定的女神，女灶神。

35 ［左手结婚］进入非法定的关系、门不当户不对的关系，情人身份。

36 放弃（Resignation）。

37 仿宋体处在丹麦文版中是拉丁语：proprio motu et propriis auspiciis（以自己的力量并且基于自己的责任）

38 那荒谬的（det Absurde）。

39 跳板跳和走绳索在绳索上跳舞，是巡演的集市表演节目。

40 ［对他的名字鞠躬七次并且对他的作为鞠躬七十次］暗示《马太福音》（18∶21—22）：“那时彼得进前来，对耶稣说，主阿，我弟兄得罪我，我当饶恕他几次呢。七次可以么。耶稣说，我对你说，不是到七次，乃是到七十个七次。”

41 放弃（Resignation）。

42 ［把水弄成葡萄酒］指向《约翰福音》（2∶1—10）中迦拿婚礼的故事。

43 见前面的关于“继续向前”的注脚。

44 ［人的神圣起源］也许是暗示《创世记》（1∶27）中的“神就照着自己的形象造人，乃是照着他的形象造男造女”。

45 ［那站着的人留心自己不跌到］指向《歌林多前书》（10∶12）中保罗所说

的“所以自己以为站得稳的，须要谨慎，免得跌倒”。

46 ［涉水者］涉水鸟类（不同于游水鸟类）。下面的文字在《畏惧与颤栗》的修校过程中被删去：“如果亚伯拉罕怀疑了，也就是说，聪明过，那么他也许就会沉默，走出去在摩利亚山上献祭他自己，那样的话是高贵的，但亚伯拉罕就会是一个怀疑者，而那样的话，他就不曾在水流之中，而是一个涉水者，不曾放弃人之常情的算计，而是根据人之常情的算计下的高贵。”

47 无限放弃（den uendelige Resignation）。

48 ［分数传讯］闪光式通讯方式，以分数方式传输字符（每秒钟）。

49 ［弗雷斯堡（Fresberg）］亦即弗雷德里克堡（或译腓特烈堡）。直到区域的边界线在1852年被移进哥本哈根的诸湖之内，弗雷德里克堡一直是很有田园乡村气息的区域，在1840年有2304居民。弗雷德里克堡公园及其周围的饭馆是很美丽的郊游目标。

50 ［意大利式簿记］也被称作是“双重簿记”，人们普遍使用的簿记系统，依据这系统，财产数目的改变被作两次簿记。——作为欠款项和作为贷方分录。因为被记录两次，人们可以做双重检查，因为在一个给定时期里欠款项和贷方分录的数目必须相等。这一系统是由意大利修士 Bacciolo da Borgo di Santa Sepolchro 在1504年建立出来的。

51 松德海湾（Sundet）。

52 ［海滩路］沿着厄尔松德海湾从哥本哈根到赫尔辛格的马车路。经过猎堡的鹿苑。

53 ［不可比性（Incommensurabilitet）。Incommensurabilitet］在数学上说是“不可通约性”，比如说8和9两者没有可供通约的单位。就是说，不可比较的。

54 ［斯基令］丹麦瑞典挪威旧时所发行的钱币：在丹麦，一国家银行币有六马克，一马克又有十六斯基令（skilling）。在1873年的硬币改革国家银行币被克朗取代（一国家银行币等于二克朗 kroner，一斯基令等于二沃耳 øre），在1840年十元国家银行币相当于一个手工匠人一年工资的二十分之一。在霍尔堡的喜剧《伊塔希亚的尤利西斯》（*Ulysses von Ithacia*）（1725）中的军官要求士兵们在行军时敲子弹袋打拍子，并且说：“因为，如果不遵守这个的话，我就不给剩下的四个斯基令。”

55 ［胃口好过以扫］指《创世记》（25∶29—34）。为了喝汤，以扫把长子权卖给了雅各。

56 不可比性（Incommensurabilitet）。

57 ［以最贵的价钱购买下他所生活的每一个瞬间、这舒适的时光］隐喻《以弗所书》（5∶15—16）：“你们要谨慎行事，不要像愚昧人，当像智慧人。要爱惜光阴，因为现今的世代邪恶。”

58 ［新受造物］暗示《歌林多后书》（5∶17）：“若有人在基督里，他就是新造的人。旧事已过，都变成新的了。”

59 ［一个舞蹈家……在跳跃本身中处于这一姿势］在1843年3月到4月的日记中克尔凯郭尔写道：“这是布农维尔在他的靡菲斯特表演中的胜处，这一跳跃，他总是以这跳跃登场并且跳进一种造型姿势。这一跳跃是一个应当在对‘那魔性的’的理解中被留意的环节。就是说，‘那魔性的’就是‘那突然的’。”

60 ［在那单调的徒步的动作之中绝对地表达出那卓越升华的东西］本原的字面意义是“在‘那步行的’之中表达出‘那翩舞的’”，就是说，“在‘那平淡无奇的’之中表达出‘那崇高的’”。

61 理想（Idealiteten）。

62 实在（Realiteten）。

63 ［毒杯］也许是指苏格拉底，他通过饮服毒芹汁来执行对自己的死刑。可参看柏拉图《斐多篇》。

64 对克尔凯郭尔所作脚注中文字的注释：

仿宋体处在丹麦文版中是德语：ein seliger Sprung in die Ewigkeit（在永恒中的一次至福跳跃）。

［中介（Mediation）］在一种“更高的”统一体中的扬弃，相当于黑格尔逻辑中的Vermittlung。

［怪想（Chimaire）］是一种狮头羊身蛇尾的吐火怪物；这个词被转义用来指荒诞不经的狂想。

［对于“人们所理解的东西”和“人们所不理解的东西”……的苏格拉底式的区分］参看苏格拉底的申辩书，他说，他在智慧上有一点小小的超前，那就是，他不自以为自己拥有一种自己其实并不具备的智慧。

［ein seliger Sprung in die Ewigkeit］德语：进入永恒中的一次至福跳跃。无法找到诗句来源。霍布斯曾有过这样的结束词：“我正在走上我最后的旅行——一次进入黑暗的跳跃”（a leap in the dark）。

65 ［在泥淖里越陷越深］明希豪森骑马陷在沼泽之中，他抓住自己的头发而把自己和自己的马一同举起来而得救。我这里摘引上海译文出版社1982年出版的《侯爵夫人》中的王克澄译本《吹牛男爵历险记》（根据毕尔格的德文本翻译）中的译文段落：

“另一次，我打算跃过一片沼泽地，一上来它在我的眼里，似乎并不太宽，但是，当我跳上去后，却发觉事情并不是这样。因此我在空中来了个鹞子翻身，回马落到了起跳的所在，做好更加充分的准备工作。尽管如此，在我第二次起跳后，距离依旧太近，掉落在离对岸没多远的沼泽地里，泥水一直没到了肩膀。要不是我自己那条胳膊非常有力，一把抓住了我的发辫，连同紧紧挟在我膝间的那匹马儿，一起提出了泥淖，那我恐怕早已惨遭灭顶之灾了。”

明希豪森，Karl Friedrich Hieronymus von Münchhausen，（1720—1797）。德国的男爵、军官和猎人，以他为自己的业绩编造出的那些夸张的、不可思议的但却欣悦的谎言故事而闻名。克尔凯郭尔在《重复》里也引及明希豪森的故事。

66 ［蝴蝶完全忘记了它曾……能够成为一条鱼］参看柏拉图的《斐多篇》81c到82。之中苏格拉底谈论各种转世投胎的可能性。

67 放弃（Resignation）。

68 ［让自己的苦恼消失……躺在她的主身旁］民谣《骑士斯蒂格和芬达尔》以这两句结尾："现在少女瑞吉兹丽乐让自己的苦恼消失了，她每晚都躺在骑士斯蒂格·维德的身旁。"见《中世纪丹麦歌谣选》。

69 仿宋体处在丹麦文版中是拉丁语：harmonia præstabilita（先定的和谐）。

［harmonia præstabilita］拉丁语，先定的和谐。一个因德国哲学家和自然科学家莱布尼茨（Gottfried Wilhelm Leibniz（1646－1716））的影响而出现的哲学名词。莱布尼茨在《神义论》（Theodicee（1710））的 § 59 中 Des Versuchs Von der Güte Gottes，von der Freyheit des Menschen，und vom Ursprunge des Bösen《的第一部分里使用了》die Lehre von der vorherbestimmten Harmonie《（先定的和谐的理论）这一表达。

克尔凯郭尔在1842—1843年研读过《神义论》的德语译本。

70 ［衬衫……也比铁和钢更好地起到保护作用］出自匈牙利的民间传说，一个年轻女孩被一个残暴的十字军成员劫走，他逼迫她纺出一件使他刀枪不伤的衬衫。

71 仿宋体处在丹麦文版中是拉丁语：dira necessitas（残酷的必然性）。

［dira necessitas］拉丁语：残酷的必然性。引自贺拉斯的《歌集》3，24，6。本来是指命运女神（拉丁语为 dirae）的无情决定。

72 ［舞步位置……法国人舞蹈］位置是芭蕾舞中的基本位置。法国人舞蹈（française）是一种6/8拍的欢快社交舞。

73 ［对于上帝一切事情都是可能的］参看《马太福音》（19∶26），可比较《创世记》（18∶14）。

74 差异（Differentser）。

75 有必要说明一下。这里所说的"不怎么可能的（usandsynlig）"是指概率上的那种不可能性，就是说，是偶然性中的不可能性，——未必发生的，想来是不会发生的，不像是真的会发生的；用概率的说法就是"不可几的，非概然的"。不同于"可能性—必然性"中所说的"不可能（umulig）"，其所指是必然的不可能性，——必然不发生的，绝对不会发生的，绝对不是真的。后者的英文是 impossible，前者的英文是 improbable。

76 占据（Besidden）。

77 ［甚至让石头哭泣］传说中的歌手俄耳甫斯能够用歌声和西塔拉琴的演奏来感动石头树木河流和无声的动物。在他被暴怒的女人打死时，它们全都哭了。参看奥维德《变形记》第十一歌。

78 ［既能够跑到希律王那里又能够跑到彼拉多那里］丹麦有俗语说“从希律王那里跑到彼拉多这里”，意思就是要想让某事完成的艰难乃至徒劳的努力。在《路加福音》23 中，耶稣被送到彼拉多处，彼拉多将他送到希律王处，希律王又将他送回彼拉多处，他们都不想审判耶稣。

79 是指哲学。

80 放弃（Resignationen）。

81 监察（Censor）。

［Censor］监察官。在古罗马，两个官员，监察官负责正规人口调查和征税；另外他们也监察着社会的公共道德。

82 ［那有信心像一粒芥菜种的人能够移山］《马太福音》（17：20）：“耶稣说，是因你们的信心小。我实在告诉你们，你们若有信心像一粒芥菜种，就是对这座山说，你从这边挪到那边，他也必挪去。并且你们没有一件不能作的事了。”

83 现世性（Timeligheden）。

84 ［那个富有的年轻人要将一切施舍掉］见《马太福音》（19：16—22）：“有一个人来见耶稣说，夫子，我该作什么善事，才能得永生。耶稣对他说，你为什么以善事问我呢，只有一位是善的，（有古卷作你为什么称我是良善的，除了神以外，没有一个良善的）你若要进入永生，就当遵守诫命。他说，什么诫命。耶稣说，就是不可杀人，不可奸淫，不可偷盗，不可作假见证，当孝敬父母。又当爱人如己。那少年人说，这一切我都遵守了。还缺少什么呢。耶稣说，你若愿意作完全人，可以去变卖你所有的，分给穷人，就必有财宝在天上，你还要来跟从我。那少年人听见这话，就忧忧愁愁的走了。因为他的产业很多。”

85 ［白币］中世纪的一种银币，相当于 1/3 斯基令，就是说，不多，不值一分钱。

86 ［那可怕的恶魔］指“疯狂”本身。

87 ［比令人骇然的骷髅死神］死亡被人格化之后往往是一具活着的骷髅架，有时带着笑。

88 ［所有美好的礼物都来自那里］指向《雅各书》（1：17）：“各样美善的恩赐，和各样全备的赏赐，都是从上头来的。从众光之父那里降下来的。在他并没有改变，也没有转动的影儿。”

89 ［一块卑微的银币］影射《马太福音》（26：15），犹大以三十块银钱的价出卖掉耶稣。

90 见前面的关于“在神所应许的国土上成为一个异乡人”注脚。

91 ［看见利剑悬荡］意味了随时可能发生的危险，关联到达摩克里斯的典故：他在叙拉古的僭主狄奥尼修斯那里时经历了极大的惊骇：在他的头上有一把由一根马鬃悬挂着的利剑，向他警示着最大的世俗荣华中一直威胁着的危险。

92 ［道布说……有古怪的想法］Karl Daub（1765—1836），德国神学家。在卡尔·罗申克朗茨的回忆录中记录了一段他与道布的对话。在罗申克朗茨抱怨说他得回到普鲁士去服兵役，道布说了类似的话。

93 ［乘坐四马拉的马车］有多于一匹或两匹马拉的马车一般只有富人或贵族才乘坐。

94 “无法共通的（incommensurabelt）”在数学上说是“不可通约的”，比如说 8 和 9 两者没有可供通约的单位。就是说，不可比较的。转换成通俗语言，我们也可以说“没有共同语言的”。

95 ［有翅膀的马］珀伽索斯，是希腊神话中一只长有双翼的飞马，从被杀后的美杜莎的血中诞生。飞马蹄子在海利空山上的马泉里所溅出的水能够为诗人带来灵感。

96 悔着地（angrende）。

问题一

是否存在一种对“那伦理的”的目的论的悬置[1]

“那伦理的”就其本身是“那普遍的”，并且作为那普遍的[2]，它对每一个人都是有效的，这一点从另一方面可以以这样的方式来表述：它在每一个瞬间都是有效的。它内在地立足于自身，任何它自身之外的东西都不能作为它的目的[3]，相反它自己是一切它之外的东西的目的[4]，并且如果“那伦理的”把这外在的东西吸收进自身，那么它就无法再继续行进下去。直接地被感官性和灵魂性地定性之后，单个的人是在“那普遍的”之中有着其目的[5]的单个人，并且这是他的伦理任务[6]，去不断地在这之中表达出自身，去取消自身的单个性以便成为那普遍的。一旦单个的人想要在自己的单个性之中让自己面对着“那普遍的”变得有效，那么他就是在行罪，并且只有通过承认这一点才能够重新与“那普遍的”和解。每一次，如果单个的人在他步入了“那普遍的”之后感觉到有一种“需要让自己作为单个的人变得有效”的冲动，那么他就是处在一种“宗教意义上的内心冲突”[7]之中，并且，只有通过悔着地[8]放弃“作为在‘那普遍的’之中的单个的人”的自身，他才能够花功夫把自身从这种内心冲突中解脱出来。如果这就是关于人及其生存所能说的最高的东西的话，那么，“那伦理的”就会有着与一个人的永恒至福相同的性质，——一个人的永恒至福在全部的永恒中并在每一瞬间都是这个人的目的[9]，因为，如果“那伦理的”是能够被放弃（就是说，被目的性地悬置掉）的话，既然它一旦被悬置它就马上被弃失了，那么这就会是一种矛盾的说法；相反在另一方面，那被悬置的东西没有被弃失掉，而是恰恰被保存在那作为其目的[10]的更高的东西中。

如果事情是这样的话，那么，在黑格尔在“善和良心”[11]之中让人仅仅被定性为“单个的人”的时候，他就是正确的了，他正确地把这一“已定性[12]”看作是一种“恶之道德形式[13]”（尤其可参看《法哲学》），而这“恶之道德形式”则将在“伦理性的东西[14]”的目的论之中被扬弃[15]，这样，如果单个的人继续留在这一阶段的话，那么他不是在行罪就是内心处于一种对信心的冲击[16]之中了[17]。相反，黑格尔不正确的地方则是去谈论了关于信仰，错在没有宏亮清晰地抗议这事实：亚伯拉罕作为信仰之父享尽荣华光耀，而他却本应作为一个杀人犯而遣返原籍驱逐出境[18]。

就是说，信仰是这一悖论：单个的人高于“那普遍的”，但注意，是以这样的方式，——运动重复其自身，这样，在他进入了“那普遍的”之后，他现在作为单个的人将自身隔绝为比“那普遍的”更高的。如果这不是信仰的话，那么亚伯拉罕就迷失，那样的话，信仰就永远都不曾会在这个世界上存在，恰恰因为它总是存在着。因为，如果那伦理的[19]，亦即，伦理性的东西[20]，是那最高的，并且，在人身上没有任何无法共通的东西[21]继续留下——除非这无法共通的东西是“那恶的”，亦即被表达在“那普遍的”之中的“那单个的”，那么，除了希腊哲学所曾有过的各种范畴以及通过一致性思维而从这些范畴推导出来的东西之外，人们就无需其他范畴了。这一点是黑格尔不应当有所隐瞒的，因为他毕竟曾得到过各种希腊学业。

我们并不少听见那些因缺乏对于学业的沉溺而沉溺于废话的人们这样说：在基督教的世界之上闪耀着一道光，而在异教世界之上则笼罩着一片黑暗。这种说法总是让我感觉很奇怪，因为，甚至我们时代的每一个高深莫测的思想家、每一个严肃认真的艺术家都借助于希腊民族的永恒青春来使自己变得年轻。这一说辞可以这样得到解释：人们不知道自己该说的东西是什么，但只知道自己该说一些什么东西。如果一个人说，异教世界没有信仰，这完全没问题，但是，如果一个人通过说这话而想说一些什么东西的话，那么，他就得多少搞清楚，关于信仰自己到底明白一些什么，因为否则的话他就重新陷进这一类废话之中。去解释整个生存，包括信仰，而同时却又没有关于“什么是信仰”的观念，这是很容易的，如果一个人在自己有着一个这样的解说时指望着受人景仰的话，那么他不用作出生活中最坏的打算；因为，正如布瓦鲁[22]所说，一个傻瓜总能够找得到一个更大的傻瓜来崇拜他[23]。

信仰恰恰就是这一悖论：单个的人作为单个的人高于“那普遍的”，有权以这样一种方式面对后者，不是从属于，而是优越于后者，但注意，是以这样的方式：这是那单个的人，在他作为单个的人从属于“那普遍的”之后，现在他通过“那普遍的”而成为了那“作为单个的人优越于那普遍的”的单个的人；单个的人作为单个的人站在一种与“那绝对的”的绝对关系之中。这一立场是无法进行中介的；因为所有中介[24]恰恰是依据于那普遍的而发生的；这是并且在所有的永恒之中继续是一个悖论，对于思想来说是无法进入的。然而信仰就是这一悖论，或者（这是那些我要请求读者在每一个点上都记在心里的演绎结果[25]，尽管在整体上看，对于我来说，要将它们写下来的话，那实在是太冗繁了），或者也许从来就不曾有信仰存在过，恰恰因为它一直总是在那里存在着，或者也就是，亚伯拉罕迷失了。

这一悖论对于单个的人很容易被与一种内心所遇的对信心的冲击[26]混淆起来，这一点当然没错，但是人们不应当因此就将之隐藏起来。许多人的整个个性就可能是如此，这悖论会让他们感觉到冒犯，这一点当然没错，但是人们不应当因此就将信仰弄成是某种别的东西以便能够拥有它，而其实倒是应当承认自己不具备它，而那些有着信仰的人则应当作出周全的考虑，设定出一些标志，这样人们就能够把悖论与对信心的冲击[27]区分开。

现在，关于亚伯拉罕的故事包含了一个这样的对于“那伦理的”的目的论的悬置[28]。世上不缺乏智敏的头脑和深刻的研考者，他们找到了各种与之的类比。他们的智慧在这样一种美丽的命题上跑出来，在根本上一切都完全一样。如果人们想要稍稍趋近一点看，那么，我就非常怀疑，人们在整个世界里能否找得到哪怕只一个类比（除了一个后来的例外而这例外证明不了任何东西），如果事情确实如此：亚伯拉罕代表信仰，并且这信仰通常在他的身上得到表述（他的生活不只是人所能够想象的最悖论性的生活，而是悖论得让人根本无法想象）。他依据于那荒谬的来作出行为；因为，他作为单个的人高于那普遍的，这恰恰就是那荒谬的。这一悖论是无法让人进行中介的；因为一旦他开始进行中介，那么他就得承认，他是处在一种信心的犹疑[29]之中，而如果事情是如此，那么他永远都不会去献祭以撒，或者如果他献祭了以撒的话，那么他必定会悔着地回转到“那普遍的”之中。依据于那荒谬的，他又重新获得以撒。因此亚伯拉罕在任何一个瞬间都不是一个悲剧的英雄，而是某种完全别的东西，要么是一个杀人者，要么是一个信仰者。那拯救悲剧英雄的中间定性[30]，是亚伯拉罕所不具备的。正因此，我能够理解一个悲剧英雄但却无法理解亚伯拉罕，尽管在某种疯狂的意义上我比所有别人更景仰他。

从伦理的意义上说，亚伯拉罕与以撒的关系很简单就是这个：父亲应当爱儿子更高过爱自己。然而那伦理的在自己的范围内有着各种不同的级别；我们将会看见，在这个故事中是不是有着某种这样的对于“那伦理的”的更高表达，能够从伦理上解释他的行为、能够从伦理上让他有权去悬置他对于儿子的伦理义务性，而不用因此而跑到“那伦理的”的目的论的领域之外。

如果一个事业深受整个民族的关注而这事业受到阻碍，如果一个这样的业绩因为受上天的忌恨而被停止，如果那发怒的神圣发送出一道嘲弄所有努力的死寂，如果占卜师完成了自己沉重的作为并且宣示“那神要求一个年轻女孩作为牺牲”，那么，父亲就应当勇敢地作出这一牺牲[31]。他应当慷慨地隐藏起自己的痛苦，哪怕他会希望自己是“那敢于哭泣的卑微男人”而不是一个必须以王者姿态行事的国王。[32]尽管痛苦孤独地钻进他的胸膛，他在他的人民中只有三个同知者，[33]然而不久全部人民都会是他的痛苦的同知者，但也是他的业绩的同知者，他为了全体人民的福祉要牺牲她，女儿，这年轻美好的女孩。哦，胸膛！哦，美丽的脸庞，金黄的头发（第687句）[34]。女儿将以自己的泪水来打动他，父亲要把自己的脸转过去，但是英雄要举起刀子。[35]——在关于这事的消息到达了祖先的家乡时，希腊的美丽女孩因为热情而泛起红晕，如果女儿是新娘，那么那未婚夫不应当发怒，而是应当为参与那父亲的业绩而骄傲，因为比起那女孩属于自己的父亲，她更温情地属于他。

在那个在危急时刻拯救了以色列的勇敢士师在同一呼吸的间歇里以同样的许诺将上帝与自己绑定的时候，这时他将英勇地把那年轻女孩的欢呼、亲爱的女儿的欣悦转化成悲哀，而整个以色列将与她一同为她那处子的青春而哀伤[36]；但是每一个独立自由的男人应当明白，每一个果敢的女人都钦佩耶弗他，每一个以色列的少女都将希望像他的女儿作出行为；因为如果耶弗他通过自己的许诺得胜而他却不履行这诺言的话，一切又有什么用，难道这胜利不是又重新会被从这个民族这里拿走吗？

如果一个儿子忘记了自己的义务，如果国家把审判之剑交付给父亲，如果律法要求惩罚出自父亲之手，那么，这时父亲就应当英勇地忘记掉那有罪的是自己的儿子，他应当英勇地藏起自己的痛苦，但是在人民之中不会有任何一个人，甚至那儿子都不会，不去敬佩这父亲，并且，每一次罗马的律法被解说，人们都必须记住，许多人能够旁征博引地解说这些律法，但没有人能比布鲁图斯做得更漂亮[37]。

相反，如果阿伽门农在一阵顺风把舰队满帆地吹向其目的地的同时送出使者去领取伊菲革涅亚以便献祭她；如果耶弗他在没有以任何决定民族之命运的诺言锁定自己的情况下对女儿说：现在，去为你短暂的青春哀伤两个月吧，然后我将献祭你；如果布鲁图斯有着一个公正的儿子，但却仍然召唤那些侍从执法吏[38]来处决他，——那样的话，又有谁会理解他们呢？如果这三个人对“他们为什么这样做”的问题作出这样的回答说：“这是一场我们在之中接受测试的考验”，人们会对此做出更好的理解吗？

在阿伽门农、耶弗他、布鲁图斯在关键的瞬间英勇地战胜痛苦、英勇地丧失自己的所爱并且单纯地要在外在的意义上完成这作为，那么，任何世上的高贵灵魂都不可能不为他们的痛苦流下同情的眼泪，不可能不为他们的业绩流下景仰的眼泪。相反，如果这三个人在关键的瞬间对这使他们承受痛苦的英雄壮举给出一句小小的附加语说“但这并不会发生”，那么谁会理解他们呢？如果他们加上一句话来做解释：这是我们依据于那荒谬的所相信的，那么这时又有谁会更好地理解他们呢？因为，谁都能够很容易地理解这是荒谬的，但又有谁能够理解“一个人会去相信这个”呢？

悲剧的英雄和亚伯拉罕之间的差异是很清晰明了的。悲剧英雄仍然处在“那伦理的”的范围之内。他让一种对于“那伦理的”的表达在一种对于“那伦理的”的更高表达中拥有其目的[39]，他把父子或者父女间的伦理关系归减为一种“在其自身与社会伦理[40]之理念的关系中的有着自己的辩证法”的感情[41]。这样，我们在这里就无法谈论一种对“那伦理的”本身的目的论的悬置。

亚伯拉罕的情况则不同。他通过他的作为逾越了整个“那伦理的”，并且在之外有着一个更高的目的[42]，正是在与这一目的[43]的关系上，他悬置了“那伦理的”。我确是很想知道，人们将以怎样的方式把亚伯拉罕的作为放进与“那普遍的”的关系之中，而在“亚伯拉罕所做的事情”和“那普遍的”之间，除了这“亚伯拉罕逾越了‘那普遍的’”之外，人们是不是还能够找得到任何别的接触。亚伯拉罕这样做，这不是为了拯救一个民族、不是为了强调国家理念[44]，他这样做，不是为了去与发怒的诸神和解。如果我们所谈的是“神圣震怒”，那么他只是对亚伯拉罕发怒，亚伯拉罕的整个作为都与“那普遍的”没有关系，而只是一件纯粹的私事。因此，在悲剧英雄因其社会伦理的美德而伟大的同时，亚伯拉罕则因为一种纯粹个人的美德而伟大[45]。在亚伯拉罕的生命中，没有什么对于“那伦理的”的表达能够比“父亲应当爱儿子”更高。在“那社会伦理的”[46]的意义上所说的“那伦理的”[47]，在这里谈都不用谈。只要那普遍的是在场的，那么，这样一句话就会是秘密地存在于以撒的内心，就仿佛是隐藏在以撒的腰部[48]，并且在这时必定会用以撒的嘴叫喊出来：别这么做，你在毁灭一切。

那么亚伯拉罕为什么这么做呢？为了上帝的缘故，并且由此完全等同而为自己的缘故。他为上帝而这么做，因为上帝要求这一证明他的信仰的证据，他为他自己的缘故这么做，他能够给出证据。由此得出的统一在人们在前言里一直使用来标示这一关系的那句话里得到了完全正确的表达：这是一种考验[49]，一种试探[50]。一种试探，但这话是什么意思？那通常诱惑一个人的东西是那想要阻止他去履行自己的义务的东西，但在这里，这试探是“那伦理的”本身，它想要阻止他去遵行上帝的意志。但义务到底是什么呢？义务正是对上帝的意志的表达[51]。

在这里，要理解亚伯拉罕所必需一种新范畴在这里显现出来。一种这样的与神圣的关系是异教世界所陌生的。悲剧英雄不会步入任何与神圣的个人关系，但“那伦理的”是“那神圣的”，因此这之中的“那悖论的”能够在“那普遍的”之中得到中介调和。

亚伯拉罕是无法中介调和的，这一点也可以这样来表达：他不能说。一旦我说话，我就是在表达那普遍的，而如果我不这样做，那么就不会有人明白我。这样，一旦亚伯拉罕想要在那普遍的之中表达自己，那么他就得说，他的处境是一种“宗教意义上的内心冲突”[52]，因为对于在他所逾越的“那普遍的”的之上“那普遍的”，他没有更高的表达词[53]。

因此，在亚伯拉罕唤起我的景仰的同时，他也令我惊骇。如果一个人拒绝自身并且为了义务而将自己献祭出去，那么他就是在放弃“那有限的”来把握“那无限的”，他是有着足够的安全感的；那悲剧英雄为了更确定的东西而放弃那确定的东西，旁观者的目光安全地落在他身上。但是如果一个人为了把握某种更高的不是“那普遍的”的东西而放弃“那普遍的”，他在做什么呢？除了是一种“宗教意义上的内心冲突”[54]之外，难道这还可能会是什么别的东西吗？如果这是可能的，但那单个的人弄错了，什么会是对他的拯救呢？他承受那悲剧英雄的全部痛苦，他毁灭掉自己在这世界里的喜悦，他放弃一切，并且也许他在同一瞬间阻碍自己去进入那崇高的喜悦（这崇高的喜悦对于他是那么宝贵，以至于他会不惜一切代价地去购买）。他是旁观者所无法理解的，并且旁观者也无法让自己的目光安全地落在他身上。也许那信仰者所想要做的事是完全不可能办得到的，因为这事根本就是不可思议的。或者，如果这是办得到的，但如果那单个的人误解了神灵，那么什么会是对他的拯救呢？那悲剧的英雄，他需要泪水并且他要求泪水，这世上难道会有如此羡慕嫉妒的眼睛，如此枯涩，以至于它无法与阿伽门农一起痛哭？但是，难道世上会有如此迷途的灵魂，以至于他胆敢去为亚伯拉罕哭泣？悲剧英雄在一个特定的时刻完成自己的作为，但是，在随着时间的流逝，他所做的事并不比那最初的作为少一点意义，他去探访那痛苦的人，——那痛苦的人，其灵魂被悲哀包裹住，其胸膛在噎住的抽泣中无法呼吸，其思绪沉重地悬在身上不断地孕育着泪水；他出现在那痛苦的人面前，他消去悲伤之魔法，他解开束胸，他引发出泪水，这时那痛苦的人把自己的苦难忘记在了他的苦难中。人们无法为亚伯拉罕哭泣。人们带着一种神圣的恐怖感[55]靠近他就好像以色列靠近西乃山[56]。——摩利亚山的山巅伸向奥利斯平原之上的天空，而这个孤独的人登上摩利亚山，这样，如果这个孤独的人，如果他不是一个在深渊之上安全地走过的梦游者，而与此同时那站在山脚下向上看着他的人则因为恐惧、因为恭敬和惊惶而颤抖着甚至不敢叫唤他，如果他自己心灵失常，如果他搞错了！——谢谢！再次谢谢！如果有一个人为那受到生活之悲伤袭击并且被剥得赤裸裸地留在地上的人送上这一表达词，这一可让那赤裸的受袭者用来隐藏自己的悲惨的言词之叶[57]，感谢这个人；感谢你，伟大的莎士比亚[58]，你这个能够说一切，一切，一切如其所是，——然而，为什么你从不曾说出过这一剧痛？也许你将它保留给你自己？就像被爱者，一个人根本无法忍受世界提及自己所爱的人的名字；因为诗人以一个他所无法说出的小小的秘密为代价买下这一“言辞的权力”去说出所有别人的沉重秘密，一个诗人不是一个使徒，他只是借助于魔鬼的权力来驱赶魔鬼[59]。

但是，如果现在“那伦理的”以这样一种方式出于某种特定目的的需要而被悬置了，那么，这个单个的人，“那伦理的”在他这里被悬置，那么他现在又将怎样地存在呢？他作为那对立于“那普遍的”的单个的人而存在。那么，他行罪吗？因为在理念上看这是罪的形式，我们可以以这样一种方式看：尽管小孩子不是在行罪，因为这小孩就其自身并未意识到自己的存在，那么其存在在理念上看就是罪[60]，并且“那伦理的”在每一瞬间都在对之提出伦理要求。如果一个人想要否认这一形式以“它不是罪”的方式重复，那么对亚伯拉罕的判决就已经被作出了。那么，亚伯拉罕以怎样的方式存在呢？他信仰着。这就是悖论，因为这悖论他停留在尖端上，他无法向任何其他人说清楚这悖论，因为这悖论是：他作为一个单个的人将自身设定在一个与“那绝对的”的绝对关系之中。他有权这样做吗？他这样做的权利又再次是“那悖论性的”，因为，如果他有权这样做，那么他不是依据于“作为某种普遍的东西”，而是依据于“作为单个的人”而有权这样做。

那么，那单个的人又怎样让自己确定“自己是有权这样做”的呢？要把整个生存的水准和国家的理念或者社会的理念拉平，这很容易。如果一个人这样做了，那么他也就很容易去进行中介调和；因为那样的话，他根本不会到达“那作为单个的人的单个的人高于那普遍的”这一悖论，作为对之的特征性描述，我也可以用毕达哥拉斯的句子来表述：奇数比偶数更完美[61]。如果人们在我们的时代听见在一个悖论方向上的回答的话，那么这回答听上去肯定是这样的：你根据结果[62]来对之做判断。一个英雄成为了他所在时代的大逆不道[63]，因为这时代意识到他是一个无法让人理解的悖论；这英雄兴致满怀地对这同时代的人喊道：“结果肯定会证明我是有权这样做的。”在我们的时代人们更少听得见这样的叫喊；因为，正如它不生产英雄，这是它的瑕疵，它也有它好的地方，它也就生产很少歪曲性的拙劣模仿。这样，如果人们在我们的时代听见这样的话：“我们应当根据结果来判断这个”，那么，人们马上就会知道自己有幸与之谈话的是什么人。那以这样的方式说话的人们是一个人口众多的部落，我以一个集体名字将之称为“大学助教们”[64]。他们在他们的思想中保险地活在生存中，他们在一个组织完善的国家里有着一个固定的职位和确定的前景，在他们自己和生存的震颤之间，他们有许多个百年，或者也许甚至许多个千年，他们不怕这样的事情会被重复，还有，警察和报刊会怎么说？他们在生活中的作为就是去审判那些伟大的人们，并且是根据结果来审判他们。一种这样的针对“那伟大的”的行为泄露出一种傲慢和可怜的古怪混合，傲慢，因为一个人认为自己有着这样的使命去审判，可怜，因为一个人没有感觉到自己的生命其实与那些伟大的人们的生活丝毫没有任何关联。任何一个人，只要他是稍稍有点出自更高的思维方式[65]，他就不会变成一个完全冷漠而黏糊的软体动物，在他趋近“那伟大的”的时候，这一事实绝不会跑出他的思维：自从世界被造出来，习俗就一直是如此，——“结果”出现在最后，并且，一个人如果他真的要从“那伟大的”那里学到些什么，他恰恰就必须留意那“开始”。如果那要作出行为的人想要根据结果来审判自己的话，那么他永远都无法开始自己的行为。即使那结果能够让全世界快乐，但它却无法帮助那英雄；因为要到一切都过去之后，他才知道那结果，这样一来，他也就成不了英雄，而一个人是英雄，因为他开始了自己的行为。

另外，“结果”（鉴于这是对于无限的问题的有限性的回答）在其自身的辩证法中是与“英雄之存在”完全非同种的[66]。或者，那结果是亚伯拉罕通过一个奇迹重新获得以撒，难道这就能够证明亚伯拉罕有权作为单个的人来与“那普遍的”发生关系？如果亚伯拉罕在事实上已经献祭了以撒的话，难道因此他就会只能在较低的程度上“有权”了吗？

但那“结果”是人们所好奇的，就像人们对一本书的结果感到好奇；恐惧、困苦、悖论，人们对这些不想有任何所知。人们审美地与“结果”调情；它可以像彩票的奖金一样出乎意料、一样容易地到来；而在人们听到了结果之后，人们也就得到了启迪。然而任何在监中服劳役的教堂抢劫犯也都无法比得上那以这种方式来劫掠“那神圣的”的人，如此卑劣的罪犯；然而那以三十块银钱出卖了自己的主的犹大[67]也不比那以这样的方式出卖“那伟大的”的人更卑鄙。

［这是我的灵魂所反对的做法：不具人情地讨论那伟大的、让它在极大的距离之中以一种不确定的形象显现出来，让它作为伟大的东西但却不让之中的人情的东西显现出来而使得它终究不再是伟大的东西；因为那使得我伟大的，不是那发生在我身上的事情，而是我所做的事情，无疑没有人会认为一个人变得伟大是因为他赢得了彩票的巨额奖金。即使一个人是出生在卑微的境况中，［我也要求他，他不应当如此不具人情地对待自己，以至于使得自己在想象国王的城堡的时候，只能够是在一定的距离之外不确定地梦想着它的宏伟，并且在同时既使之崇高又使之无效（因为他是在以一种低劣的方式对之进行崇高化）；］我要求他在足够高的程度上作为人而带着信心和尊严出场，在这里也是如此。他

不应当在足够高的程度上作为非人而想要粗鲁无礼地去冒犯一切，想要直接从街上冲进国王的大厅，这样一来他所失去的东西不仅仅是国王；相反他应当带着欢欣而充满信心的热情（正是这热情使得他心胸磊落）在对每一条端庄礼仪守则的观察中找到一种喜悦。这只是一幅图像；因为这之中的差异只是对于精神之距离的极其不完美的表达。我要求每一个人都不要去太不具人情地想象自己以至于使得自己不敢走进那些不仅仅是“关于那些被拣选者们的记忆”所居住而且也是“那些被拣选者们”自己所居住的宫殿。他不应当粗鲁无礼地闯挤向前强行让他们接受他的亲戚关系；他应当在每次他向他们鞠躬的时候感到至福极乐，但他必须落落大方有着自信并且至少总是不至于像一个勤杂女工；因为，如果他想让自己不及一个女工的话，那么他就永远都进不去。并且，那将帮助他的，恰恰正是恐惧和困苦，那些伟大的人们就是在这恐惧困苦之中受测试的，因为否则的话，这些人（如果他自己有一点力量的话）只会唤醒他公正的羡慕和嫉妒。那只能通过距离来显得伟大的东西，那被人们借助于空洞无物的言辞弄成伟大的东西，这些东西得由一个人自己去消灭。

世上又有谁是像那受到恩典的女人那么伟大，上帝的母亲，圣女马利亚？然而，人们又怎么谈论她呢？说她是那女人中受恩典的[68]，这并不使得她伟大，而如果事情发生得并不是那么奇怪，以至于那些听的人们就像那讲的人一样地不具人情，那么每一个年轻的女孩无疑都可以问：为什么我就没有成为那受恩典的人呢？而如果我没有别的话可说，那么我就根本不应当把这样的问题作为愚蠢的问题来拒绝；因为，面对好处，抽象地看，每一个人权利平等。人们省去困苦、恐惧、悖论不谈。我的想法是纯粹的，不管任何人有什么想法，而那能够这样想的人，他的想法当然会变得纯粹，如果不是这样的话，那么他也会有那可怕的东西等着他，因为，如果一个人曾有一次让这些图像出现了，那么他就无法再清除掉它们，而如果他对它们行罪的话，那么，它们就会带着静止的怒火进行可怕的报复，要比十个恶狠狠的评论家的大声叫嚣更可怕。固然，马利亚以奇迹的方式生下孩子，但这却是以女人的方式[69]发生在她身上的，这一时间是恐惧的时间，是困苦的时间，是悖论的时间。固然天使是一个服务着的精灵，但他不是一个有着服务意愿的精灵，他不会去以色列那些其他年轻女孩那里说：不要鄙视马利亚，发生在她身上的是非同寻常的事情。

天使只是到马利亚这里[70]，并且没有人理解她。然而又有怎样的女人像马利亚这样受到羞辱呢，难道事情不是真的这样，如果上帝祝福一个人，那么他在呼吸的同一刻里也诅咒这个人[71]？这是精灵对马利亚的解说，她绝不是，（说这事让我心里反感，但更让我厌烦的是，人们轻率而轻佻地以这样一种方式来理解她），她绝不是一个夸耀着逗弄圣婴的女士。另外，她还说：我是主的侍女[72]，于是她是伟大的，并且我想，这就不难解释，为什么她成为上帝的母亲。她无需任何世俗的景仰，正如亚伯拉罕无需泪水，因为她不是女英雄，而他不是英雄，但是，如果他们被免除了困苦、痛楚和悖论的话，他们永远也无法比这两者更伟大，但是通过这些，他们变得更伟大。

在诗人这样做的时候，这是伟大的，在他把他的悲剧英雄置于人们的景仰之中时，这时诗人敢去说：为这悲剧英雄哭泣，因为这是他所应得的；因为，有资格去得到那有资格流泪者们的泪水，这是伟大的；那诗人敢把人众约束住，敢去惩戒那些人，以至于每个人都自己去考验自己是否有足够的尊严配去为英雄哭泣（因为哭丧虫们的废水是对那神圣的东西的贬格），这是伟大的。——然而，比所有这一切更伟大的是：信仰的骑士甚至敢于对那想要为他哭泣的高贵的人说：不要为我哭泣，而去为你自己哭泣[73]。

人们被打动，人们追寻回溯到那些美丽的时代，甜美温馨的思念人们引向愿望的目标，去看基督在神所应许的土地上漫行。人们忘记恐惧、困苦、悖论。“不出错”是那么容易的一件事吗？这个走在那些其他人中间的人，他是上帝，难道这不是可怕的事情？和他坐在同一张桌前，难道这不是可怕的事情？“去成为一个使徒”是那么容易的一件事吗？但是结果[74]，18 世纪，它是有所帮助的，它帮助去弄出这一人们用来欺骗自己和别人的卑劣骗局。我觉得自己没有勇气去希望去成为这样一些事件的同时代人，但因此我不会严厉地去审判那些犯错的人们，不会去鄙视那些看见了正确事物的人。

然而，我还是回到亚伯拉罕。在“结果”出现之前，要么亚伯拉罕在每一分钟都是一个杀人犯，要么我们就坚持那高于所有“中介”[75]的悖论。

这样，亚伯拉罕的故事包含了一种对“那伦理的”的目的论的悬置。他是作为单个的人而变得比“那普遍的”更高。这是一个无法被中介调和的悖论。关于“他是怎样进入到这悖论里的”是无法解释的，正如关于“他是怎样留在这悖论里的”也是无法解释的。如果亚伯拉罕的情形不是如此，那么他就根本不是一个悲剧英雄，而是一个杀人犯。想要继续称呼他为信仰之父，对除了关心言词之外不关心其他东西的人们谈论这个，这做法是思想上的轻率。通过自己的力量，一个人能够成为悲剧英雄，但无法成为信仰之骑士。在一个人走上那悲剧英雄的在某种意义上是沉重的道路时，这时会有很多人能够为他给出忠告；那要走信仰的狭窄之路的人，没有人能够给他忠告，没有人明白他。信仰是一种奇迹，但却没有任何人是被排斥在它之外的；因为，如果我们说有一样东西，所有各种不同的人生在它之中都是相同的，那么我们所说的这东西就是激情，在激情之中所有人生都相同①[76]，而信仰是激情。

注释：

1　［目的论的悬置］就是说，出于某种特定目的的需要而暂行取消或中止。

2　那普遍的（det Almene）。

3　仿宋体处在丹麦文版中是希腊语：τελος（目的）。

4　仿宋体处在丹麦文版中是希腊语：τελος（目的）。

5　仿宋体处在丹麦文版中是希腊语：τελος（目的）。

6　“这是他的伦理任务”，这个“这”是指“在‘那普遍的’之中有着其τελος”。就是说，可以改写为：“在‘那普遍的’之中有着其τελος”是他的伦理任务。

7　见前面的关于anfægtelse一词的注脚。

8　悔着地（angrende）。

9　仿宋体处在丹麦文版中是希腊语：τελος（目的）。

10　仿宋体处在丹麦文版中是希腊语：τελος（目的）。

---

①　莱辛出于一种纯粹的审美立场在一个地方表达了某种类似的说法。他其实想在这地方展示，悲哀也能够为自己给出一种机智诙谐的表达。他为了这个目的而引用了一句台词，那是在不幸的英格兰国王爱德华二世的特定处境中的一句台词。作为上面引用的对立面，他则引用狄德罗的关于一个农妇的故事，以及她的一句台词。然后他继续道：这也是诙谐，另外还是一个农妇的诙谐；但是处境使得这不可避免。因此，一个人也不应当在这样的事实里为各种对于痛苦和悲伤的诙谐表达寻找借口：那使用这些诙谐表达的人是一个卓越的、很有教养、很理智并且还是一个诙谐的人；因为激情再次使得所有人都相同，但是在这样的情况中：每一个人十有八九没有区别地会在同样的情况下说出同样的话。农妇的想法可能是、也必定是一个女王所有过的想法：正如那国王所说的话可以是并且也无疑会由一个农夫说出。参看《著作全集》第30卷，第223页。

11 如果要尊重概念上的严谨，我在这里本该将之译作"'那善的'和良知"。因为有商务印书馆版范扬、张企泰译的《法哲学》（1961 年初版），之中此章节被译作"善和良心"，因此我在这里接取这译法，将该章节名译作"善和良心"。

12 已定性（Bestemmethed）："已被决定了的"这一特性。

13 如果要尊重概念上的严谨，我在这里本该将之译作"'那恶的'的道德的形式"。

14 伦理性的东西（det Sædelige）。

这个（det Sædelige），我在这里本来将之译作"那伦理的"，但是，因为商务印书馆版《法哲学》中将德语的 Das Sittliche 翻译成"伦理性的东西"，因此我在这里接取这译法，并以此来区分开那同样被我译作"那伦理的"的 det Ethiske。

15 ［被扬弃］"扬弃"这个词是"设定"的对立，源自德语 aufheben。在黑格尔主义这里出现得非常频繁，比如说，海贝尔在《在皇家军事高校的哲学之哲学或者思辨逻辑讲演大纲》中写道："那被扬弃的东西，没有被毁灭。毁灭某物是将之置于它成为之前的同一点；而那被扬弃的，则存在过。因此更确切地说，扬弃倒是保存。"

16 对信心的冲击（Anfægtelse）。见前面的关于 anfægtelse 一词的注脚。

17 ［在黑格尔在"善和良心"……］在《法哲学》中，黑格尔发展出客体精神的三个部分"抽象法"、"道德"和伦理。第二部分被分为三个章节，其中最后章节是论述"那善的"与良知。在第 140 节中论述了"那恶的"的各种道德的形式，理解为主观性的上升着的程度。在"伪善"之后跟着的是"盖然论"，亦即一种满足于"概率上可能"的观点，因为确定性被认为是不可能的；然后是耶稣会的"只要目的正当，可以不择手段"原则；然后是"信念"呼唤个体的良心；最后是"反讽"（在商务印书馆版范扬、张企泰译的《法哲学》中译作"讽刺"）作为主观性和"那恶的"的最高形式。不管是客观的规律（抽象法）还是主观道德性就其自身都无法要求现实性，因此它们必须被结合（和解）在一种更高的统一体中，这一统一体就是伦理性。在伦理性中，那客观的法得到现实性和实体，而同时那主观的偶然性则失去了自己的势力空间。在这部著作的第三部分中，黑格尔以伦理的三个阶段来展开伦理性：家庭、公民社会（在商务印书馆版范扬、张企泰译的《法哲学》中译作"市民社会"）和国家。国家是"那伦理的"的绝对实体。

18 ［黑格尔不正确的地方……］在《法哲学》中，黑格尔在"道德"观点中把信仰看成是片面的主观立场，应当被扬弃并由那普遍的、那伦理的来判断。但是在这里黑格尔却没有谈论信仰，而是谈论良心，或者更广义地说，谈论确定性，并且补充说，宗教的良心不属于"道德"之下。黑格尔没有在这一关联上谈论亚伯拉罕。

19 那伦理的（det Ethiske）。

20 伦理性的东西（det Sædelige）。

21 无法共通的东西（Incommensurabelt）。"无法共通的（incommensurabelt）"在

数学上说是“不可通约的”，比如说8和9两者没有可供通约的单位。就是说，不可比较的。转换成通俗语言，我们也可以说“没有共同语言的”。

22 ［布瓦鲁］Nicolas Boileau—Despréaux（1636—1711），法国诗人和评论家。文学批评主要是在他的著作《诗艺》（L'art poétique）（1674）之中。

23 仿宋体处在丹麦文版中是法语：un sot trouve toujours un plus sot，qui l'admire（一个傻瓜总能够找得到一个更大的傻瓜来崇拜他）。

［un sot trouve toujours un plus sot，qui l'admire］法语：一个傻瓜总能够找得到一个更大的傻瓜来崇拜他。这句子是《诗艺》第一曲中的最后一句。

24 中介（Mediation）。

［Mediation］°对立双方在一种“更高的”统一体中的扬弃，相当于黑格尔逻辑中的Vermittlung。

25 原文中用了拉丁语in mente（在思想中、在记忆中）。

26 对信心的冲击（Anfægtelse）。见前面的关于anfægtelse一词的注脚。

27 对信心的冲击（Anfægtelse）。见前面的关于anfægtelse一词的注脚。

28 目的论的悬置（teleologisk Suspension）。

29 信心的犹疑（Anfægtelse）。见前面的关于anfægtelse一词的注脚。

30 中间定性（Mellembestemmelse）。

31 ［如果一个事业深受整个民族的关注……作为牺牲］指欧里庇德斯的悲剧《伊菲革涅亚在奥利斯》。阿伽门农所率领的希腊舰队聚集在奥利斯港准备开往特洛伊，因为阿伽门农猎鹿得罪了女神阿耳忒弥斯，阿耳忒弥斯用逆风使舰队无法起程，祭司卡尔卡斯宣示神谕说，女神的要求是，阿伽门农把女儿伊菲革涅亚作为牺牲奉献给阿耳忒弥斯女神。

32 ［那敢于哭泣的卑微男人……姿态行事的国王］作为希腊人的领袖，阿伽门农的任务是代人民作出决定。他这样抱怨自己的命运：“我多么希望我出身卑微，/这样人就可以哭泣，可以自由说出/心里所有的一切，然而出身高贵的人/没有这样的安慰”《伊菲革涅亚在奥利斯》。

33 ［在他的人民中只有三个同知者］在剧本的一开始只有三个人知道阿伽门农要献祭女儿的计划。甚至王后克吕泰尼斯特拉都不知道事情的真正关联；她以为女儿要结婚。除了他自己之外只有三个人真正知道这计划，卡尔卡斯、奥德修斯、墨涅勒阿斯。

34 ［第687句］阿伽门农把自己的决定秘藏到最后一刻。伊菲革涅亚想象着自己要结婚。在她走进祭坛准备的时候，阿伽门农看着自己女儿喊道：哦，胸膛！哦，美丽的脸庞，金黄的头发！参见《伊菲革涅亚在奥利斯》。

35 ［英雄要举起刀子］在伊菲革涅亚要被献祭的时候，其实是卡尔卡斯执刀。他被看作是助手：真正的英雄是父亲自己，阿伽门农王。在卡尔卡斯举刀的时候，发生了奇迹：伊菲革涅亚消失了。观众们以为伊菲革涅亚被接收进诸神之中，但阿耳忒弥斯让她作自己在陶里斯的祭坛里的祭司。参见《伊菲革涅亚在奥利斯》。

36 ［在那个在危急时刻……处子的青春而哀伤］《士师记》(11：30—40)："耶弗他就向耶和华许愿，说，你若将亚扪人交在我手中，我从亚扪人那里平平安安回来的时候，无论什么人，先从我家门出来迎接我，就必归你，我也必将他献上为燔祭。于是耶弗他往亚扪人那里去，与他们争战。耶和华将他们交在他手中，他就大大杀败他们，从亚罗珥到米匿，直到亚备勒基拉明，攻取了二十座城。这样亚扪人就被以色列人制伏了。耶弗他回米斯巴到了自己的家，不料，他女儿拿着鼓跳舞出来迎接他，是他独生的，此外无儿无女。耶弗他看见她，就撕裂衣服，说，哀哉。我的女儿阿，你使我甚是愁苦，叫我作难了。因为我已经向耶和华开口许愿，不能挽回。他女儿回答说，父阿，你既向耶和华开口，就当照你口中所说的向我行，因耶和华已经在仇敌亚扪人身上为你报仇。又对父亲说，有一件事求你允准，容我去两个月，与同伴在山上，好哀哭我终为处女。耶弗他说，你去吧。就容她去两个月。她便和同伴去了，在山上为她终为处女哀哭。两月已满，她回到父亲那里，父亲就照所许的愿向她行了。女儿终身没有亲近男子。此后以色列中有个规矩，每年以色列的女子去为基列人耶弗他的女儿哀哭四天。"

37 ［国家把审判之剑交付给父亲……布鲁图斯做得更漂亮］罗马的传奇英雄和最初的执政官布鲁图斯（Lucius Junius Brutus）被迫处决自己的两个儿子提图斯和提贝留斯，因为他们参与密谋迎回罗马的被驱逐的国王："在国王的财产被交付劫掠之后，叛国者们被判死刑立即执行，尤其更令人注意的是，执政职责要求让父亲执行对儿子的惩罚，这样，那本来甚至不应当是作为观众在场的，命运使之成为死刑的执行者。这些年轻人站在第一排被绑在木柱上。人们不愿意看其他人，仿佛他们是些陌生人，大家的目光都落在执政官的孩子身上……执政官们站出来到他们的位置上，侍从执法吏被派出去完成刑罚。他们脱去罪犯的衣服，鞭打他们并砍头。在整个场面上，父亲的脸和表情是所有目光的目标，但是爱国之心在血腥审判的完成过程中战胜了父亲之心的感情。"——摘译自丹麦文版《对李维乌斯罗马史的一次翻译尝试》。

另外瓦勒利乌斯·马克西姆斯（Valerius Maximus）有这样的描述："他忘记他是父亲，以便能够做出执政官的行为；在国家需要得到满足时，他宁可让自己变得无子也不后退。"——摘译自 F. 霍夫曼所译德文版马克西姆斯的《值得记录的言行集》。

38 ［那些侍从执法吏］古罗马法庭警员，又译刀斧手。在罗马共和国或帝国的握有统治大权的长官在公共场合出场的时候，他们走在前面。作为生死权力的象征他们扛着斧头。同时也有作为刽子手的功能。

39 仿宋体处在丹麦文版中是希腊语：τελος（目的）。

40 社会伦理（Sædelighed）。

［Sædeligheden］关于伦理性（Sædelighed），可参看前面的关于"黑格尔"和

“善和良心”的注脚。

41　固然我可以尊重中国读者阅读习惯把这句译为“他把父子或者父女间的伦理关系归减为一种感情，这感情在其自身与伦理性（Sædelighed）之理念的关系中的有着自己的辩证法”，但这样一来，阅读注意力的重心就落在了“这感情在……有着自己的辩证法”之上，而文字本原的注意力重心其实是在于“他把父子或者父女间的伦理关系归减为……感情”。

42　仿宋体处在丹麦文版中是希腊语：τελος（目的）。

43　仿宋体处在丹麦文版中是希腊语：τελος（目的）。

44　［国家理念］可参看前面的关于“黑格尔”和“善和良心”的注脚。国家是“那伦理的”的绝对实体。

45　［伦理性的美德……个人的美德］一种伦理性的美德以“有利于普遍福祉”为目的，而一种个人的美德则纯粹是为单个的人自身的缘故而被展示出来。亚伯拉罕牺牲以撒对社会没有什么利，但他是在自己个人的上帝关系中这样做的。

46　那社会伦理的（det Sædelige）。

47　“那伦理的（Det Ethiske）”。

48　［秘密地存在于以撒的内心，就仿佛是隐藏在以撒的腰部］要到好几代人之后，“那普遍的”才得到表达，而以撒在是他们的祖先，所以说“秘密”和“隐藏”。

49　考验（Prφvelse）。

50　试探（Fristelse）。这个词按词义直译是“诱惑”，在新约的主祷词中有“远离试探”译作“试探”，所以在此译作“试探”。

51　［义务到底是什么呢？义务恰恰正是对上帝的意志的表达］在当年丹麦学校里所使用的“福音基督教宗教教科书”中，“关于义务”一章中在第一节中谈论“在一切事物中遵行上帝的意志”，在第二节中说：“任何上帝命令我们去观察的事物都是我们的义务。”

52　在宗教意义上的内心冲突（anfægtelse）。见前面的关于 anfægtelse 一词的注脚。

53　换一种说法就是：……他没有任何更高的言词来表达“那普遍的”，——这里的这个“那普遍的”要高于他所逾越的那个“那普遍的”。

54　在宗教意义上的内心冲突（anfægtelse）。见前面的关于 anfægtelse 一词的注脚。

55　仿宋体处在丹麦文版中是拉丁语：horror religiosus（神圣的恐怖感）。

56　［以色列靠近西乃山］指向《出埃及记》19，之中说，主在给摩西十诫之前对摩西说，他的百姓不可上西乃山，“你要在山的四围给百姓定界限，说，你们当谨慎，不可上山去，也不可摸山的边界，凡摸这山的，必要治死他。不可用手摸他，必用石头打死，或用箭射透，无论是人是牲畜，都不得活。到角声拖长的时候，他们才

可到山根来。”（19：12—13）

57 ［言词之叶］语言被用来与无花果树比较。在亚当和夏娃吃了禁果之后用无花果树叶来隐藏自己的裸体。参看《创世记》（3：7）.

58 ［莎士比亚］William Shakespeare（1564—1616）英国剧作家和诗人。

59 ［一个诗人不是一个使徒，他只是借助于魔鬼的权力来驱赶魔鬼］耶稣选择了十二使徒，他给予他们驱赶魔鬼的权力。（3：14—15）然后(3：22—23)：“从耶路撒冷下来的文士说，他是被别西卜附着。又说，他是靠着鬼王赶鬼。耶稣叫他们来，用比喻对他们说，撒但怎能赶出撒但呢。”

60 罪（Synd）。

61 ［用毕达哥拉斯的句子来表述：奇数比偶数更完美］古希腊数学家和哲学家毕达哥拉斯（约公元前570—前497）认为奇数比偶数更完美，因为偶数能够被分解为奇数的一半，而奇数则永远都不会被分解为偶数的一半。因此在某种意义上奇数可以说是不可分解的，如果人们想要分解，总会有不可分的留下，因此奇数可以被看作是被偶数更完美。

62 结果（Udfaldet）。

63 仿宋体处在丹麦文版中是希腊语：σχανδαλον（冒犯，愤慨）

64 ［大学助教们］在大学里协助讲课者的助教。那种喜欢旁征博引地带着教训人的口吻说话的人。

65 仿宋体处在丹麦文版中是拉丁语：erectioris ingenii（出自更高的思维方式）。

66 非同种的（ueensartet）。

67 “三十块银钱”原文为“以30谢克尔”。

［以30谢克尔出卖了自己的主的犹大］《马太福音》（26：15），犹大以三十块银钱的价出卖掉耶稣。谢克尔是以色列的一种基本货币单位

68 ［那受到恩典的女人……她是那女人中受恩典的］天使加百列奉神差遣找童女马利亚，“天使进去，对他说，蒙大恩的女子，我问你安，主和你同在了。”《路加福音》（1：28）。

69 ［以女人的方式］丹麦文圣经中以此来表述“月经”。

70 ［天使只是到马利亚这里］见《路加福音》（1：28—38）。

71 ［如果上帝祝福一个人……也诅咒这个人］暗指雅各为得祝福而与上帝角力，他得到祝福，但是他在角斗中大腿窝上挨了一下，第二天他就瘸了。参看《创世记》（32：25—32）。

72 ［我是主的侍女］《路加福音》（1：38）。

73 ［不要为我哭泣，而去为你自己哭泣］在耶稣被押往髑髅地的时候，他对追随他的哭泣女人说：“耶路撒冷的女子，不要为我哭，当为自己和自己的儿女哭。因为日子要到，人必说，不生育的，和未会怀胎的，未曾乳养婴孩的，有福了。那时，

人要向大山说，倒在我们身上。向小山说，遮盖我们。”《路加福音》(23 : 28—30)。

74 结果（Udfaldet)。

75 中介（Mediationer)。

76 仿宋体处在丹麦文版中是德语：Auch das war Witz, und noch dazu Witz einer Bäuerin; aber die Umstände machten ihn unvermeidlich. Und folglich auch muß man die Entschuldigung der witzigen Ausdrücke des Schmerzes und der Betrübniß nicht darin suchen, daß die Person, welche sie sagt, eine vornehme, wohlerzogene, verständige, und auch sonst witzige Person sey; denn die Leidenschaften machen alle Menschen wieder gleich: sondern darin, daß wahrscheinlicher Weise ein jeder Mensch ohne Unterschied in den nämlichen Umständen das nämliche sagen würde. Den Gedanken der Bäuerin hätte eine Königin haben können und haben müssen: so wie das, was dort der König sagt, auch ein Bauer hätte sagen können und ohne Zweifel würde gesagt haben. Cfr. Sämtlich. W. 30. B. p. 223.

[莱辛出于一种纯粹的审美立场…… Cfr. Sämtlich. W. 30. B. p. 223] 莱辛（Gotthold Ephraim Lessing, 1729—81)，德国剧作家，文学批评家和哲学家。克尔凯郭尔所引用的文字是出自一封信 Auszüge aus Lessing' s Antheil an den Litteraturbriefen 中的 Ein und achtzigster Brief，收在《莱辛文集》（Gotthold Ephraim Lessing's sämmtliche Schriften bd. 1—32, Berlin 1825—28, ktl. 1747—1762)。

问题二

是否存在一种对上帝的绝对义务

那伦理的是那普遍的，并且就其本身又是那神圣的。因此一个人有权说，每一种义务在根本上是对上帝的义务；但是如果一个人不能说更多，那么他就是另外在说：实际上我没有任何对上帝的义务。义务是通过被回溯到上帝而成为义务，但是在义务本身之中我并不进入与上帝的关系。这样，“爱自己的邻人”是义务。它因这一事实而是义务：它被回溯到上帝；但是在这义务之中我并不进入与上帝的关系，而是进入与那我所爱的邻人的关系。如果我在这关联上说，“爱上帝”是我的义务，那么我其实只是在说一句同语重复的陈述，因为在这里“上帝”在一种完全抽象的意义上被理解为“那神圣的”亦即“那普遍的”亦即“义务”。人类的整个存在于是就在自身之中完全地把自身打磨成球形，而“那伦理的”在同时既是那限定的边界又是那填充的内容。上帝是一个无形的消失着的点，一个无力的想法，他的权力只是在“那伦理的”之中，而在这里，“那伦理的”充实着存在。以任何方式说，如果有人突然会想到要在任何一种不同于上面所说及的意义上去爱上帝的话，那么他就是夸张了自己的热情，他在爱一个幽灵，——如果这幽灵有足够的力气而能够说话，那么它就会对他说：我不要求你的爱，待在你自己所属的地方吧。如果一个人会想到要以别的方式去爱上帝的话，那么，这爱就变得像卢梭所谈论的那种爱那样可疑——一个人以这样的爱去爱那些卡菲尔人异教徒而不是爱自己的邻居[1]。

现在，如果这里所阐述的东西是正确的话，如果在一个人的生命中没有任何无法共通的东西[2]，而那存在着的无法共通的东西只是那种通过一种不招致任何后果的偶然事件而出现的，只要“存在”是在理念之下被考虑，那么，黑格尔就是对的；但他不对的地方是去谈论信仰或者去允许将亚伯拉罕看作是信仰之父；因为他在后一情形中对亚伯拉罕和对信仰都作出了判决。在黑格尔的哲学中，那外在的（外化）[3]高于那内在的[4]。这一点常常通过一个例子来阐明。小孩子是那内在的[5]，成年人是那外在的[6]；因此，那小孩子恰恰就是通过“那外在的”而被定性，而反过来成年人作为那外在的[7]则恰恰通过那内在的[8]而被定性[9]；相反，信仰是这个悖论：内在性高于外在性，或者如果我们再次提一下前文中的一个表述的话：奇数高于偶数。

在对生命所作的伦理性的观察之下，这就是单个的人的任务：把自己的内在性[10]的定性剥去，并且将之表达在一种外在的东西之中。每次那单个的人在那里退缩的时候，每次他想要自持不前或者再次滑落进内在性对情感、心境等的定性的时候，这时他就在行罪了，这时他就处在了一种信心的犹疑[11]之中。信仰的悖论是这个：有一种内在性，它对于那外在的是无法共通的[12]，一种内在性，请注意，它并不同一于前面的那种，而是一种新的内在性。这一点不可以被忽视。新的哲学允许自己马上就用“那直接的”来代替“信仰”[13]。如果人们这样做的话，那么去否认“信仰在所有时代都存在”就是可笑的。以这样的方式，信仰现在就非常简单地与感情、心境、嗜好、气郁状态[14]等做伴了。从这个角度看，哲学说，一个人不应当停留在那里，这说法是对的。但是没有什么东西能够为哲学对这一措辞的使用给出合理依据。在信仰之前有着一种无限性之运动，只有这样，在突然中[15]，信仰才依据于“那荒谬的”而登场。这一点无疑是我无须为此而声称“我有信仰”就能够理解的。如果信仰只是那哲学所描述的信仰所是，那么，苏格拉底就已经“继续向前”[16]了，远远地向前，而不是反过来的情形，他尚未到达它。他在智性上作出了无限性之运动。他的无知性[17]是无限放弃。这一任务已经是一个与人的力量相符的任务了，尽管在我们时代里人们贬低它；但只有等到它被完成的时候，只有等到单个的人在“那无限的”之中清空了他自己的时候，只有在这时，“信仰能够绽放出来”的这一个点才真正是到达了。

信仰的悖论是这个：单个的人比“那普遍的”更高，单个的人（提醒大家回想一下一个现在很少被人提及的教义学上的区分）是通过自己与“那绝对的”的关系来决定自己与“那普遍的”的关系，而不是通过自己与“那普遍的”的关系来决定自己与“那绝对的”的关系。这悖论也可以以这样的方式来表述：一种对于上帝的绝对义务是存在的，因为单个的人在这一义务关系中作为单个的人使自己绝对地与“那绝对的”发生关系。这样，如果在这关联中这叫作“爱上帝是义务”，那么，通过这句话，这里说出了某种不同于前面的文字里所说的东西；因为如果这一义务是绝对的，那么，“那伦理的”就被归减成了“那相对的”。由此却并不推导出这样的结果——“那伦理的要被废除掉”，相反，“那伦理的”得到了一个完全不同的表达，悖论性的表达，这样一来，比如说，“对上帝的爱”能够导致信仰之骑士去赋予“自己对邻人的爱”一种与“按伦理的说法是义务”的东西完全相反的表达。

如果事情不是如此，那么，信仰在存在之中就没有自己的位置，那么，信仰就是一种在宗教意义上的内心冲突[18]，并且亚伯拉罕迷失了，因为他向这信仰屈服了。

这一悖论是无法被中介调和的；因为它恰恰是立足在“单个的人只是单个的人”这一点上。一旦这单个的人想要在“那普遍的”之中表达自己的绝对义务，想要在之中让自己意识到这义务，他就会认识到自己是处这种“宗教意义上的内心冲突”[19]之中。并且，如果在事实上他对之作出抵抗，他就履行不了那所谓的绝对义务，如果他不履行义务，那么他就是在行罪，哪怕他的作为在事实上[20]成为了那“是他的绝对义务”的作为。这样，亚伯拉罕会怎么做？如果他想要对另一个人说：我爱以撒高于爱世上的一切，因此献祭他对于我是一件那么沉重的事情；然后肯定会有另一个人摇着头说：那你为什么献祭他；或者如果这另一个人是一个精明的家伙，那么他无疑还会看出亚伯拉罕公开了自己的感情，而这感情则处在与他的作为的极其鲜明的矛盾之中。

在关于亚伯拉罕的故事中，我们发现一个这样的悖论。他与以撒的关系在伦理上说是这个：父亲应当爱儿子。这一伦理关系被归减为“相对的关系”，对立于那与上帝的“绝对的关系”。对于“为什么”这个问题，除了说这是一场考验、一次试探之外，亚伯拉罕没有任何别的回答，而这考验和试探，正如上面所提及的，是一种统一，一种“这是为了上帝的缘故和为了他自己的缘故”的统一。这两种定性在措辞用法上也相互对应。这样，如果你看见一个人做出什么不与“那普遍的”相符的事情，那么你会说，他这样做肯定不会是为上帝的缘故，并且以此来表述“他是为他自己的缘故而这样做”。信仰的悖论失去了那处于中间的东西，亦即，“那普遍的”。它在一方面有着对最高的自我中心论的表达（去做那可怕的事情，它为它自己的缘故而做)；另一方面则有着对那最绝对的自我奉献的表达，为上帝的缘故而做这事。信仰本身是无法被中介调和进“那普遍的”的；因为这会使得它被取消掉。信仰是这一悖论，单个的人完全无法使自己被任何人理解。人们也许会让自己去以为，那单个的人能够使得自己让另一个情况相同的单个的人理解。在我们的时代里，如果在一个人不是以那么多的方式试图偷偷地溜进“那伟大的”之中的话，这样的一种考虑是不可思议的。这一个信仰之骑士根本无法帮助那另一个。要么那单个的人通过让自己背负起悖论而自己成为一个信仰之骑士，要么他永远都成不了信仰之骑士。在这些区域里的合作关系是完全不可思议的。每一个对于“通过以撒来得以理解的东西”的进一步阐释，都只能由单个的人自己不断地为自己给出。一般的来说，如果一个人甚至能够精确地为“通过以撒来得以理解的东西”定性的话（另外，这将会是最可笑的自相矛盾，去把那恰恰是处于“那普遍的”之外的单个的人带进各种普通的定性之下，同时他恰恰要作为在“那普遍的”之外的“单个的人”来作出行为)，那么，那单个的人，如果他不是通过作为单个的人的他自己、而是通过别人的话，他还是永远都无法让自己对此有所确定。因此，尽管一个人怯懦可怜得足以去想要在由别人承担责任的情况下成为信仰之骑士，他成不了这信仰之骑士；因为只有单个的人作为单个的人成得了信仰之骑士，而这就是那伟大之所在，我没有进入它（因为我缺乏勇气）也能很好地理解它；然而，这也是那可怕之处，对于它我把握得更清楚。

在《路加福音》(14:26）中，大家都知道有一个关于对上帝的绝对义务的醒目教导：“人到我这里来，若不恨自己的父母，妻子，儿女，弟兄，姐妹，和自己的性命，就不能作我的门徒。[21]”这是一段很严厉的说词，谁能够忍受着听这样的话[22]？正因此人们也极少听见这样的说词。然而，这一沉默只是一种无济于事的逃避。不过，神学系的学生，他却得知这些话出现在《新约全书》里，他在某种释经的帮助材料中找到说明：去恨[23]在这一段落以及几个其他段落中就其意义而言[24]意味着：爱得少、旁置、不尊敬、不当一回事[25]。然而，这些词语所出现的关联看来却并不支持这一很有格调的解说。就是说，在接下来的文句中就有关于“一个要造塔的人首先考虑自己是不是有能力建造以免人们会在背后笑话他”的故事[26]。这一故事与前面引句的准确关联看来恰恰表明了，那些话要在尽可能可怕的意义上来理解，以便每个人都可以考验自己是否能够建造起这建筑物。

那个虔诚而温情的圣经注释家，他认为通过这样地讨价还价能够把基督教偷运进世界，如果他幸运地说服一个人使之相信：在语法上、在语言上并且根据类比[27]，这都是那句话的意义；那么，他会不会（希望如此）也有运气在同一瞬间说服这同一个人使之相信：基督教是世上最可怜的东西之一。因为这学说，（它正处在一种喷发之中，这是它最抒情的喷发之一，并且关于它的永恒有效性的意识就在这喷发中最剧烈地肿胀起来），除了一个喧哗的词句之外，它没有任何别的东西可说，而这喧哗的词句其实毫无意义，而只是在表示：一个人应当少一点善意、少一点关注、多一点漠不关心；这学说，它正处在这样的一个"它做出一副要说出可怕的东西的样子"的瞬间，结果却是在滴口水而不是在让人感到害怕；——这学说无疑是不值得一个人去向他致敬的。

言词是可怕的，然而我却相信，一个人能够理解它们而无需让人得出结论去以为，那理解它们的人因此就有勇气去做这些言词所说的事情。一个人还是应当起码有这样的诚实：他承认书上所写的东西，他承认那是伟大的事情，尽管他自己没有勇气去做这事情。如果一个人这样做，他就不应当将自己从"对这个美丽的故事的参与"中排斥出去，因为这故事以一种方式无疑还是包含了对于那"没有勇气去开始对塔的建筑"的人的安慰。但是他必须诚实。并且不去将这一勇气之匮乏解释为谦卑，因为相反它其实是骄傲，而信仰的勇气才是唯一谦卑的勇气。

于是，人们很容易认识到，如果在那段话中有着意义的话，那么它就必须根据那些词句从字面上来理解。上帝是要求"绝对的爱"的上帝。如果一个人现在（因为他要求另一个人的爱）想要认为，这另一个人还应当通过"让自己变得对那些本来对他是珍贵的东西半冷不热"来证明自己，那么这个人不仅仅是一个自私的人，而且还愚蠢；并且如果一个人要求一种这样的爱，设想如果他的生命是在他所欲求的爱之中的话，那么在他提出这要求的同一瞬间他也就在自己的死亡判决书上签了字。一个丈夫提出这样的要求：他的妻子应当离开父母[28]；但是，如果他想要把"她为了他的缘故而成为一个半冷不热的麻木女儿"等看作是一种对于她对他的非凡爱情的证明的话，那么，他就比最愚蠢的人还要愚蠢。如果他对于"爱是什么"有着观念的话，那么他就会希望去发现"他的妻子作为女儿和姐妹在爱之中是完美的"，并且在这一发现中看见一种保障：在王国中任何人都及不上他妻子爱他。这样，那在一个人身上要被看成是自私和愚蠢的标志的东西，得助于一个圣经注释家，就会被看成是一种关于“神圣”的有价值的观念。

但是，怎么去恨他们呢？在这里，我无须提醒大家去想一想要么爱要么恨的那种人情上的区分，倒不是因为我怎么反对它，因为它还是充满激情的，而是因为它是自私的并且不适合被用在这里。相反，如果我把这任务看成是一种悖论，那么我就会理解它，亦即，我将以人们能够去理解一个悖论的方式去理解它。这样，那绝对义务会导致去做伦理所要禁止的事情，但它却绝不会使得一个信仰之骑士不去爱。这是亚伯拉罕所显示的。在他想要献祭以撒的那一瞬间，那对于他所做的事情的伦理的表达是：他恨以撒。但是，如果他真的恨以撒，那么他就会很冷静地肯定上帝不会要求他做这个；因为该隐[29]和亚伯拉罕不是同一的。他必定是出自全部灵魂地爱着以撒；既然上帝向他要求以撒，那么他就必定是爱以撒的，甚至可能是更深地爱着，而只有这样他才能够牺牲以撒；因为正是这对以撒的爱，使得他的作为，通过这爱相对于“他对上帝的爱”的悖论性的对立，成为一种牺牲。但这一点是悖论中的困苦和恐惧：他从人情上说完全无法使自己被人理解。只有在这“他的作为处在与他的感情的绝对对立之中”的瞬间，只有在这时，他才是在牺牲以撒，但他的作为之实在则是那使得他去属于“那普遍的”的事实，并且，在“那普遍的”之中，他是并且继续是一个杀人犯。

另外，《路加福音》中的那段话必须以这样的方式来理解，人们才能够认识到，信仰之骑士得不到任何更高的对于“那普遍的”（作为“那伦理的”）的表达来拯救他自己。于是，如果我们比如说让教会向教会会员要求这一牺牲的话，那么我们只有一个悲剧英雄。就是说，只要单个的人能够通过一种简单的中介进入这教会，那么教会的理念与国家的理念就并没有质的区别；而只要那单个的人进入了那悖论，那么他就不走向教会的理念；他不出离悖论，而是要么在之中找到自己的至福、要么找到自己的迷途。一个这样的教会英雄在自己的作为之中表达出“那普遍的”，并且，任何教会中的人，甚至他的父母等，都不会不理解他。但反过来，他却不是信仰之骑士，并且也有着一个不同于亚伯拉罕的回答；他不说，这是一场考验或者一次他在之中将被测试的试探。

通常，一般人会避免引用各种类似于《路加福音》里这段的引文段落。他们怕让人们失去约束而得以放纵，他们害怕，一旦那单个的人乐于“作为单个的人来作出行为”，那最坏的事情就会发生。另外他们认为，“作为单个的人存在”是一切之中最容易的事情，并且正因此他们认为应当强迫人们去成为“那普遍的”。我既不认同那前面的害怕，也不同意这后面的看法，都是出自同样的原因。一个人如果他得知了“作为单个的人存在是一切之中最可怕的事情”。那么他不用害怕去说，“这是最伟大的事情”，但是他也应当以这样的方式来说，他的言词总的说来不应当成为迷途者的陷阱，而是相反应当去帮助这迷途者进入“那普遍的”，尽管他的言词为“伟大的事物”安排出了一小点空间。如果一个人不敢提及这样的一些段落的话，他也就不敢提及亚伯拉罕；认为“作为单个的人存在”是挺容易的，这一看法包含了一种相对于自身而言的非常可疑的间接承认；因为，如果一个人真的尊重自己并且关心自己的灵魂的话，那么，他就会确信，如果一个人独自在整个世界里生活在自己对自己的监督之下的话，那么他的生活就比一个在自己的处女闺房里的女孩的生活更为严格而谦谨。有的人是需要强制的，有的人在任由他们自己决定自己的情况下就会像失控的野兽一样在私欲之中欢跳雀跃，这固然是事实；但是一个人恰恰应当通过“他知道怎样带着恐惧和颤抖来说话”这一事实来展示出他不属于这类人；出于对“伟大的事物”的恭敬，他应当说出来，以免自己因为怕遭到损害而遗忘它，——而如果他是以这样的方式说，如果他在说的时候知道这是伟大的事物并且知道它的可怕，那么那损害无疑也就不会出现；而如果一个人不知道它的可怕，那么他也就不会知道它的伟大。

让我们接下来稍稍进一步考虑一下信仰之悖论中的困苦和恐惧吧。悲剧英雄放弃自己来表达那普遍的，信仰之骑士放弃那普遍的来成为单个的人。如前面所说，一切都取决于一个人将自己置于怎样的处境。如果一个人认为“作为单个的人存在”是挺容易的，那么他就总是能够确认自己不是信仰之骑士；因为闲散的浪子和漂泊的天才们不是信仰之人。相反，信仰之骑士则知道，“去从属于那普遍的”是一件好事。他知道，去作为那将自己翻译成“那普遍的”的单个的人，作为那可以说是“自己撰写出一个关于自身的纯粹而精美并且尽可能没有差错的版本”让所有人都能够读懂的人，是美丽而有益的；他知道，以这样一种方式在“那普遍的”之中让自己变得对自己来说是可理解的，亦即，他理解“那普遍的”，而每一个理解他的“单个的人”又在他身上理解“那普遍的”，并且双方都因为“那普遍的”的安全感而感到高兴，——这，他知道这是令人爽心振奋的。他知道，出生为那在“那普遍的”之中有着自己的家园、有着自己的友好的常住之地的“单个的人”（在他想要在它之中居留的时候，它马上就张开双臂接受他），是美丽的。但他也知道，在比它更高的地方有一条孤独的道路蜿蜒着，狭窄而陡峭；他知道，孤独地出生在“那普遍的”之外并且在旅途之中甚至连一个漫步者都无法遇上，是可怕的。他很清楚地知道，他在什么地方以及他怎样与人们发生关系。从人之常情上说，他是疯狂的并且无法使自己让人理解。然而，“是疯狂的”这说法却是最温和的说法。如果他没有被人这样看的话，那么，他就是一个伪善者，并且他在那路上攀登得越高，他就是越发可怕的一个伪善者。

信仰之骑士知道，为“那普遍的”而放弃自己是热情洋溢的，这放弃需要勇气，而正因为它是为“那普遍的”，所以在它之中也有着一种安全感；他知道，去被每一个高贵的人理解，以至于那观察者自己都因此而变得高贵，这是美好的。他知道这个，并且他感觉就好像是被某种义务约束住，他会希望那被分派给他的就是这个任务。这样，按理说亚伯拉罕无疑时常会希望，这任务就是“按一个父亲的本分去爱以撒”，对于所有人都是可以理解的，并且在各个时代都不会被遗忘；按理说他会希望那任务就是“为了那普遍的而牺牲以撒”，会希望他能够激励作父亲的人们去做出辉煌的事迹，——并且他几乎因为这想法而感到惊骇：这样的一些愿望[30]对于他只是各种信心的犹疑[31]，并且必须被作为信心的犹疑[32]来处理；因为他知道，他所踏上的是一条孤独的路，他没有为“那普遍的”达成任何事情，而只是他自己被考验和测试。或者，亚伯拉罕为“那普遍的”做出了一些什么吗？让我从人情的角度上谈论一下这个问题，真正从人情的角度！他用了七十年来得到一个老年之子[33]。别人很快就感到满足并且久久地感到高兴的事情，他则要用七十年才达成；为什么？因为他要受到考验和测试。难道这不疯狂！但是亚伯拉罕信仰着，并且只是撒拉动摇了并让他去娶夏甲为妾；但因此他也不得不把她赶走[34]。他得到以撒，——于是他将再次被考验。他知道，表达“那普遍的”是美好的，和以撒生活在一起是美好的。但这不是那任务。他知道，为那普遍的而牺牲一个这样的儿子是王者所为，他自己会在这做法之中找到安宁，并且所有人都会赞美着依托在他的事迹中，就像元音依托在自己的休寂字母[35]上；但这不是那任务，——他将受考验。那个以其拖延者[36]的称号著名的罗马统帅，他以他的拖延止住了敌人，但是，与他比较的话，亚伯拉罕是一个怎样的拖延者呢，但亚伯拉罕不是在拯救国家。这是一百三十年的内容。谁能忍受这个呢？他的同时代人，如果我们能够谈论一个这样的人的话，这同代人会不会说："在亚伯拉罕这里是一个永恒的拖延；最后他得到一个儿子，这花了足够长久的时间，然后他想要献祭他，他这不是疯狂吗？甚至，如果他能够解释为什么他想要这么做的话，那也好吧，但他总是说，这是一场考验。"亚伯拉罕也无法解释更多；但是他的生命就像一本被神圣占有的书籍，并且它没有成为公用财产[37]。

这是可怕的事情。如果一个人没有看出这一点，那么他就总是能够确定，他不是什么信仰之骑士，而如果一个人看出了这一点，那么他就不该否定，甚至是最受考验的悲剧英雄，如果与那只是慢慢地到来并且向前爬行着的信仰之骑士相比，这悲剧英雄就仿佛是行走在舞步之中。并且，如果他看出了这一点并且确认到自己没有勇气去理解它，那么，那么他肯定还是会隐约地感觉到那个骑士所达到的这种奇异的荣耀：这骑士，他成为了上帝的知己，主的朋友[38]，如果我以人情的话语来说的话，他对天上的神说"你"，而与此同时，那悲剧英雄则只能以第三人称来称呼神[39]。

悲剧英雄马上就结束了，马上就完成了斗争，他作出无限的运动而现在在"那普遍的"之中得到了安全。信仰之骑士则相反无法入眠；因为他持恒不断地受考验，并且在每一瞬间都有一种能够悔着地返回"那普遍的"的可能性，并且这一可能性既可能是一种试探[40]也可能是一种真相。他无法从任何人那里获得这方面的说明；因为，如果他能够得到说明的话，那么他就处在悖论之外了。

首先，信仰之骑士有着激情去在唯一的一个时刻里集中起他所违犯的全部"那伦理的"，这样他能够为自己给出这样的确定信念：他真的以自己的全部灵魂爱着以撒①。如果他不能够，那么他就是处于信心的犹疑[41]

---

① 我想再次阐明那被设定在悲剧英雄身上的和被设定在信仰之骑士身上的冲突之间的差异。悲剧英雄使自己确信，通过把那伦理义务责任转化成一种愿望，他的伦理义务责任就在他的身上完全在场。于是阿伽门农能够说：这对于我是一个证据，证明我没有在违犯我的父亲义务，那"是我的义务"的东西是我的唯一愿望。这样，在这里我们有着相互对峙着的愿望和义务。生活中的幸福的东西是：这两者叠合在一起，我的愿望是我的义务，并且反之亦然，大多数人在生活中的任务恰恰就是"停留在他们的义务之中并且借助于他们的热情将这义务转化成他们的愿望"。悲剧英雄放弃自己的愿望来完成自己的义务。对于信仰之骑士，愿望和义务也是同一的，但他所面临的要求是：他必须两者都放弃。这样，在他通过放弃自己的愿望而想要放弃自己的时候，这时，他得不到安宁；因为这其实是他的义务。如果他想要停留在义务之中和愿望之中，那么他就成不了信仰之骑士；因为那绝对的义务恰恰要求：他应当放弃它。悲剧英雄得到一个义务的更高表达，但不是一个绝对的义务。

之中。其次，他有着激情去在一个此刻之中取出这整个信念，以这样一种方式：它就像在最初的一瞬间一样地完全有效。如果他不能够，那么他就无法起步；因为这样一来，他就不得不持恒地从头开始。悲剧英雄也在一个时刻里集中起他在目的论的意义上超越的“那伦理的”，但是在这方面，他在“那普遍的”之中有着立足点。信仰之骑士孤独地只有他自己，在这之中有着那可怕的东西。大多数人以这样一种方式生活在一种伦理义务责任[42]里，他们让每一天有自身的忧愁，但他们则也从不曾到达过这激情的集中化、这强有力的意识。在某种意义上，“那普遍的”对于悲剧英雄构成一种帮助，帮助他去获得上面所说的这种激情的集中化；而那信仰之骑士则独自去完成一切。悲剧英雄做出这个并且在“那普遍的”得到安宁，信仰之骑士被持恒地拘留在紧张之中。阿伽门农放弃伊菲革涅亚并且因此在“那普遍的”之中得到安宁，现在他迈出步子去献祭她。如果阿伽门农没有作出运动，如果他的灵魂在那决定性的瞬间没有具备这激情的集中化而是迷失在那些关于“他有更多女儿”以及“也许[43]还会有非同寻常的东西[44]发生”的普通废话中，那么他自然就不是英雄，而是救济所的寄宿者。亚伯拉罕也有着英雄之集中化，尽管这在他身上远远更为艰难，因为他在“那普遍的”之中根本没有立足点，但是他更进一步作出一个运动，通过这个运动他把自己的灵魂收回到奇迹之上。如果亚伯拉罕没有这样做，那么他就只是一个阿伽门农，试想如果一个人要为此作出解说的话：如果不是为了有益于“那普遍的”的话，“要去献祭以撒”这一行为又能够得到什么样辩护呢？

现在，单个的人到底是真的处在对信心的冲击[45]之中，还是他是信仰之骑士，这只有这单个的人自己才能够决定。然而我们却能够从悖论中构建出一些让那不在悖论中的人也能够明白的标志。真正的信仰之骑士总是那绝对的隔绝，而假的骑士则是小教派式的。后者是一种“从悖论的狭窄道路中跳出来并以低廉的价格成为一个悲剧英雄”的尝试。悲剧英雄能够表达那普遍的并且为之牺牲自己。而小教派的杰克尔大师[46]，他不是做悲剧英雄的事情，但却有着一个私人剧团[47]，一些好友和同仁，他们代表“那普遍的”，差不多就像《金盒子》中的法院差役[48]代表正义。信仰之骑士则相反，他是悖论，他是单个的人，绝对地没有任何与任何人的关系和复杂关联[49]。这是那小教派的软骨头所无法忍受的可怕的东西。就是说，他没有因此而去弄明白“他没有能力去做那伟大的事情”这一事实并且当即坦率地承认这事实（我对于这样的做法自然是除了赞同再无法说别的，因为这正是我自己所做的），相反，这可怜虫认为，通过与一些其他可怜虫联合起来，他就能够做那伟大的事情。然而事情却完全不是这样；在精神的世界里绝不容许有欺骗。一打小教派教徒相互手挽起手，他们对各种孤独的内心冲突[50]一无所知；这些孤独的内心冲突，它们等待着信仰之骑士，而信仰之骑士不敢逃避开它们，恰恰因为，如果他大胆地向前挤的话，那只会是更加可怕。这些小教派教徒们用喧哗和噪声来在相互间压倒别人的声音，用他们尖叫来驱逐恐惧，并且，一个这样的嚷嚷着的鹿苑游乐团体认为他们是在奔闯天空[51]，认为他们在走信仰之骑士所走的同一条路；而信仰之骑士则在大千世界的孤独之中从来就没去听见过任何人类的声音，而是独自肩负着自己的可怕责任向前行走。

信仰之骑士，他孑然独行自己为自己引路，他感觉到“他无法让别人明白自己”的痛苦，但是他感觉不到任何想要去指导他人的虚荣欲望。痛苦对于他来说是一种确定，那虚荣的欲望是他所不认识的，因为他的灵魂太严肃而不会对之有所知。而那假骑士，通过他在一瞬间里所获得的这一杰作，他很容易就暴露出自己。他根本不明白这里所谈问题是什么：如果另一个单个的人要走同样的路的话，那么他就必须完全以同样的方式来成为“单个的人”，并且不需要任何人的指导，尤其不需要那种老是想把自己的想法硬塞给别人的人来指导。在这里，人们又跳出去，人们无法忍受“不可理解性”的殉道状态，作为对这一状态的取代，人们则舒舒服服地选择这一杰作的世俗景仰。那真正的信仰之骑士，他是一个见证人，绝不是老师，并且在这之中有着那深深的人性的东西，这东西比上面所说的那种对别人的悲欢祸福的痴愚参与要更有价值，——在“同情”[52]的名义之下，这“参与”获得美誉，而在事实上它其实只不过是虚荣心而已。如果一个人只是想作为见证者，那么他因此就承认了：任何人，哪怕是最卑微的人，都不需要另一个人的参与，也不应当为了让另一个人被抬高而让自己降格。但是正如他自己没有赢得他以低价赢得的东西，那么他也不会以低价将之出售，他不至于可怜到这样的程度——去接受人们的景仰而作为回报却给予人们沉默的鄙视；他知道，那真正是伟大的东西对于所有人都是同等地可及的。

要么有着一种对上帝的绝对义务，而如果有着一种那样的义务，那么它就是这里所描述的悖论：单个的人作为单个的人高于“那普遍的”，并且作为单个的人处于一种与“那绝对的”的绝对关系之中；要么从来就没有信仰存在过，因为它总是存在着；要么亚伯拉罕就是迷失了；要么人们就得像那个富有鉴赏力的圣经注释家所做的那样去解释《路加福音》第十四章[53]，并且以同样的方式去解释相应的段落[54]以及那些类似的地方[55]。

注释：

1 ［卢梭所谈论的爱……不是爱自己的邻居］卢梭，Jean - Jacques Rousseau（1712—1778），法国哲学家和作家。卢梭在《爱弥尔》中谈论了基督教所说的慈善（爱邻人之爱）的可疑形式。但是卢梭所说及的不是卡菲尔人（南非班图人的一支），而是中亚细亚蒙古种族的鞑靼人。在《爱弥尔》的第一卷中，卢梭写道：“不要相信那些世界主义者了，因为在他们的著作中，他们到遥远的地方去探求他们不屑在他们周围履行的义务。这样的哲学家之所以爱鞑靼人，为的是免得去爱他们的邻居。”（卢梭《爱弥儿》李平沤译，商务印书馆）。

2 无法共通的东西（Incommensurabelt）。

“无法共通的（incommensurabelt）”在数学上说是“不可通约的”，比如说8和9两者没有可供通约的单位。就是说，不可比较的。转换成通俗语言，我们也可以说“没有共同语言的”。

3 仿宋体处在丹麦文版中是德语：das Äußere（die Entäußerung）（那外在的（外化））。

4 仿宋体处在丹麦文版中是德语：das Innere（那内在的）。

5 仿宋体处在丹麦文版中是德语：das Innere（那内在的）。

6 仿宋体处在丹麦文版中是德语：das Äußere（那外在的）。

7 仿宋体处在丹麦文版中是德语：das Äußere（那外在的）。

8 仿宋体处在丹麦文版中是德语：das Innere（那内在的）。

9 ［在黑格尔的哲学中……而被定性］按黑格尔的思想，das Innere（那内在的）要被弄成 dasÄussere（那外在的）。这一过程就是 die Entäusserung（外化）。在黑格尔的《小逻辑》中，有这么一段（§140）：“譬如一个小孩，一般就他是一个人来说，他当然是一个有理性的存在，但真正讲来，小孩的理性最初只是内在的，只表现为禀赋或志愿等。而他这种单纯的内在的理性，也有其单纯的外表形式，即表现在这小孩的父母的意志里，老师的学识里，以及围绕着这孩子的理性世界里。一个小孩的教育和培养即在于将他最初只是自在的或潜在的，因而亦即是为他的（为成年人的），也将成为自为的。那最初对小孩来说只是内在可能性的理性，通过教育得以实现于外。反过来说，同样那小孩最初看成是外在的权威，如礼俗、宗教、科学等等，经过教育

之后，他将会意识到为他自己固有的内在的东西。”（《小逻辑》商务印书馆 1980 版，贺麟译）

10 内在性（Inderligheden）。

Inderlighed，在这里我译作内在性，但是在克尔凯郭尔著作的一些地方我也将之译作真挚性，比如说，在《非此即彼》中，在这个词并不是作为哲学概念而出现的时候，我一般将之译作真挚性。

11 信心的犹疑（Anfægtelse）见前面的关于 anfægtelse 一词的注脚。

12 无法共通的（incommensurabel）。

13 ［新的哲学允许自己马上就用“那直接的”来代替“信仰”］也许是指向黑格尔的哲学。但是黑格尔对信仰的理解在多大的程度上符合克尔凯郭尔所指的这种对信仰的理解，仍然是个问题。

14 仿宋体处在丹麦文版中是法语：vapeurs（气郁或晕厥）。

15 仿宋体处在丹麦文版中是拉丁语：nec opinate（预料不到地，出乎意料地）。

16 见前面的关于“继续向前”的注脚。引号是译者所加的。

17 苏格拉底的名言有一句就是：“我唯一所知的就是我一无所知。”

18 在宗教意义上的内心冲突（anfægtelse）。见前面的关于 anfægtelse 一词的注脚。

19 在宗教意义上的内心冲突（anfægtelse）。见前面的关于 anfægtelse 一词的注脚。

20 仿宋体处在丹麦文版中是拉丁语：realiter（在事实上）。

21 也有译成“人到我这里来，若不爱我胜过爱自己的父母，妻子，儿女，弟兄，姐妹，和自己的性命，就不能作我的门徒”的。

22 ［这是一段很严厉的说词，谁能够忍受着听这样的话］耶稣在迦百农会堂说出了食人子之肉和饮人子之血的必要性，一些门徒相互说：“这话甚难，谁能听呢。”《约翰福音》（6∶60）。

23 仿宋体处在丹麦文版中是希腊语：μισειν（去恨）。

24 仿宋体处在丹麦文版中是拉丁语加希腊语：per μειωσιν（借助于弱化，就是说，就意义）。

25 仿宋体处在丹麦文版中是拉丁语：minus diligo，posthabeo，non colo，nihili facio（爱得少、旁置、不尊敬、不当一回事）。

26 ［在接下来的文句中……的故事］《路加福音》（14∶28—30）：“你们那一个要盖一座楼，不先坐下算计花费，能盖成不能呢。恐怕安了地基，不能成功，看见的人都笑话他，说，这个人开了工，却不能完工。”

27 仿宋体处在丹麦文版中是希腊语：χατ'αναλογιαν（根据类比）。

28 ［他的妻子应当离开父母］也许是指《马太福音》（19∶4—6）：“耶稣回答

说，那起初造人的，是造男造女并且说，因此，人要离开父母，与妻子连合，二人成为一体。这经你们没有念过么。既然如此，夫妻不再是两个人，乃是一体的了。所以神所配合的，人不可分开。”

29 ［该隐］指向《创世记》（4∶3—16），其中说到该隐杀了自己的兄弟亚伯，因为上帝接受了亚伯的献祭而不接受该隐的。

30 亦即前文中的这些“会希望……”。

31 信心的犹疑（Anfægtelse）。见前面的关于 anfægtelse 一词的注脚。

32 信心的犹疑（Anfægtelse）。见前面的关于 anfægtelse 一词的注脚。

33 ［七十年］约翰纳斯·德·希伦提欧（沉默之约翰纳斯）设想，亚伯拉罕三十岁结婚，一百岁生下以撒。

34 ［娶夏甲为妾］参看《创世记》（21：1—21）。

35 ［休寂字母］在原本的希伯来语中没有元音字母。为了避免一个纯粹由辅音字母构成的系统中的多义歧义，加上了三个标准化之后的元音字母。在六至九世纪人们通过加入一系列元音标记来帮助限定这一系统。旧的元音字母因此就变得多余，但书面语言中依旧被保留下来。人们将这些多余的元音字母说成是它们“休寂”，而它们的发音则由元音标记来决定。这样，休寂字母（lat. litterae quiescibiles）其实不是元音所依托的字母，而只是多余化了的元音字母。

36 ［拖延者］罗马独裁者法比乌斯·马克西穆斯，在公元前 217 年通过拖延战术战胜了汉尼拔，这使得他得到“拖延者”的称号。

37 仿宋体处在丹麦文版中是拉丁语：publici juris（公用财产）。

38 ［主的朋友］可指《以赛亚书》（41∶8）和《雅各书》（2∶23）。

39 就是说，称“您”。丹麦语的“您”是大写的“他们”。在克尔凯郭尔的时代，一般不是相当熟悉的人都只称呼“您”，而只有相互熟悉到一定程度后，才称呼“你”。

40 试探（Anfægtelse）。见前面的关于 anfægtelse 一词的注脚。

41 信心的犹疑（Anfægtelse）。见前面的关于 anfægtelse 一词的注脚。

42 义务责任（Forpligtelse）。

43 仿宋体处在丹麦文版中是德语：vielleicht（也许）。

44 仿宋体处在丹麦文版中是德语：das Außerordentliche（非同寻常的东西）。

45 对信心的冲击（Anfægtelse）。见前面的关于 anfægtelse 一词的注脚。

46 ［杰克尔大师］杰克尔（Jakel）大师（雅克布的昵称）是各种《杰克尔大师》喜剧中的一个农民和小丑形象的人物。在哥本哈根鹿苑的坡地上常常有木偶的杰克尔大师表演，在当时是很受欢迎的娱乐。杰克尔喜剧有点像在别的国家里相应的木偶剧，但是丹麦版本渊源于约尔根·柯维斯特（Jφrgen Qvist）在鹿苑坡地上演的那些表演。欧伦施莱格（Adam Oehlenschläger）《仲夏节喜剧》可以看成是杰克尔喜剧的文学运用。

47 ［私人剧团］私人剧团是由演员，尤其是非专业演员拥有和管理的剧团，其观众是一些私人圈子。

48 ［《金盒子》中的法院差役］法院差役（Stokkemænd）是指四个（更早是八个）法院见证人，其工作是在司法程序过程中在场监视。

这里所指的是欧鲁夫森（Chr. Olufsen）的《金盒子》（*Gulddaasen*）中第二幕第十到十四场中的两个不可靠证人，他们被买通作伪证诬陷无辜的兰德斯维希。他们被以这样的台词亮相："给我几个这样的小伙子我能够把正义追逐到一个老鼠洞里。"

49 与任何人的关系和复杂关联（alle Connexioner og Vidtløftigheder）。

50 内心冲突（Anfægtelse）。见前面的关于 anfægtelse 一词的注脚。

51 ［奔闯天空］就像希腊神话中提坦们的形象。提坦在与奥林匹亚诸神进行争夺世界统治权的战争中输掉了。

52 "同情（Sympathi）"。在克尔凯郭尔的一些著作里，有时我也将 Sympathi 译作"同感"。

53 ［《路加福音》第十四］参看前面关于《路加福音》的注脚。

54 ［相应的段落］参看《申命记》（13：6—10；33∶9），《马太福音》（10∶37）。

55 ［类似的地方］克尔凯郭尔曾在稿上写道："类似的地方（比如说《歌林多前书》（7∶11）。"

问题三

亚伯拉罕就自己的计划对撒拉、对以利以谢、对以撒隐瞒不说，他是否能够在伦理上为此作出辩护？

那伦理的就其自身是那普遍的，作为那普遍的，它又是那公开的[1]。单个的人作为直接的感官性的和灵魂性的被定性为“隐秘的人”[2]。他的伦理任务则是从其隐秘[3]的缠绕之中脱离出来而在“那普遍的”之中变得公开。这样，每次他想要留在“那隐秘的”之中时，他就行罪并处于信心的犹疑[4]之中，只有通过公开自己，他才能够出离这信心的犹疑。

在这里，我们又重新站在了那同一个点上。“隐秘”的依据是在于“单个的人作为单个的人高于那普遍的”，如果没有这样一种隐秘，那么亚伯拉罕的行为就无法得到辩护；因为他无视那些伦理的中间物[5]。相反，如果有着一种这样的隐秘，那么我们就站到了悖论这里，这悖论是无法被中介调和的，因为它立足于“单个的人作为单个的人高于那普遍的”而“那普遍的”则恰恰是那中介[6]。黑格尔的哲学不承认任何正当有效的隐秘、任何正当有效的不可比性[7]。于是，在它要求公开[8]的时候，它是与自身一致的，但是，在它要将亚伯拉罕看成信仰之父并且谈论信仰的时候，它就显得很暧昧[9]。就是说，信仰不是那最初的直接性，而是后来的直接性。最初的直接性是“那审美的”，在这一点上，我们无疑可以说黑格尔哲学是对的。但信仰不是“那审美的”，否则的话，要么就是：信仰从来就没有存在过，因为它总是存在着。

在这里，我们最好还是纯粹审美地去看这整个问题，而为了达到这个目的，我们有必要进入一种审美的考虑，——我想请求读者们暂时让自己完全忘我地沉浸在这种考虑中，而与此同时，我则也去做出我在之中该做的这一部分，就是说，我将根据我所描述的各种对象来修正我的描述。我将稍稍进一步作出观察的这范畴是："那令人感兴趣的"[10]，一种恰恰因为我们时代生活在转变之关键时刻[11]而尤其在这时代里获得了重大意义的范畴；因为它其实是转折点之范畴。因此，我们不应当（像有时候人们所做的）在自己尽自己所能[12]去爱过了它之后，因为它长大并离开了我们，就听任它受奚落讥嘲，我们也不应当老是过于贪婪地去找它；因为事情无疑是这样，"变得令人感兴趣"或者"一个人的生活令人感兴趣"不是艺术勤奋[13]之任务，而是命中注定的殊遇，正如精神之世界中的每一个殊遇，它只能够在深深的痛苦之中被购得。这样一来，苏格拉底是曾生活在人世间的最令人感兴趣的人，他的生命是曾有人生活过的最令人感兴趣的生命，但这一生存却是由神灵指派给他的，至于说他自己必须去获取它，他对于艰难困苦也并不陌生。"轻慢地去对待一种这样的生存"对于任何一个更为严肃地思考生命的人来说都是不相称的，然而，在我们的时代却并不罕见这一努力的例子。另外，"那令人感兴趣的"是一个边界范畴，一个介于审美和伦理间的边界线[14]。这样的话，一方面这一考虑必须不断地在伦理的领域上擦过，而另一方面，为了能够获得意义上的分量，它也必须带着审美上的真挚情感和炽热欲望来把握这问题。在我们的时代，伦理很少让自己与这样的话题发生关系。之所以如此的原因想来是：在体系[15]之中无法为此给出空间。如果是这样的话，那么我们可以在各种专论中讨论这个。另外，如果我们不想弄得很复杂，那么我们可以把它弄短一点也仍能达到同样的目的，就是说，如果我们控制着那属性词的话；因为一个或者两个属性词能够暴露出一整个世界。难道连这样的小小的字词也无法在那体系之中得到空间吗？

亚里士多德在他不朽的《诗学》中说：神话的两个部分，就是说，突转和认出[16]，对于这些事件来说是决定性的（参看第十一章）[17]。在这里让我关注的自然只是那第二个环节：认出[18]。在任何地方，只要谈及一种"认出"，那么正因此[19]也就谈及了一种之前的隐秘。正如那"认出"成为解脱性的东西、放松的东西，以同样的方式，隐秘就是戏剧性的生命中收紧着的东西。亚里士多德在同一章的前面部分所阐述的东西，关于悲剧按照突转[20]和认出[21]以不同比率相互叠合[22]而具备的不同价值，以及关于那单个的和那双重的认出[23]，所有这些都是我在这里所无法关注的，尽管它们通过它们的内在性和它们宁静的冥思性[24]也会吸引人，尤其是吸引着那足够长久地对那些"概观之士"肤浅的无所不知感到疲倦的人。在这里，也许人们正好可以用得上一种更为普通的看法。在希腊悲剧中，隐秘（以及作为其结果的“认出”）是一种叙事的剩余，其根本是在于一种命运之中，戏剧情节在命运中消失，而隐秘则由此获得了自己昏暗神秘的本源。于是，一部希腊悲剧所造成的效果就与一尊缺乏眼目之力的大理石所给出的印象有了一种类似。希腊悲剧是盲目的。因此，如果要真正地让自己受它的影响的话，就必须有某种抽象。一个儿子杀了自己的父亲，但要等到很久之后他才知道那是他的父亲。一个姐姐要献祭自己的弟弟，但却在决定性的瞬间她才知道那是自己的弟弟。这一“悲剧性的”不是很有能力去吸引我们这反思着的时代。现代戏剧放弃了那命运，在戏剧的意义上解放了自己，用眼睛看着，注视进自身，把那命运吸收进自己的戏剧意识。这时，隐秘和公开是英雄的自由作为，对这作为，他是要负责的。

在现代戏剧中，“认出”和“隐秘”也作为一种本质性的元素从属于戏剧。要对此给出例子的话就会太冗长。我有足够的礼貌来设想，我们时代的每一个人，他们是那么审美地奢逸、那么有力而上火，以至于他那么容易就能构思出新的想法，容易得就像雌山鹑受孕[25]（根据亚里士多德的说法只需听见雄山鹑叫声或者它在自己头上飞过就够了）[26]；我设想每一个人，他只需听见“隐秘”这个词，就很轻易地能够从袖子里甩出十部小说和戏剧来。由于这个原因，我简单概要地表述一下我的意思并只是随即以这样一种方式来暗示出一个一般的看法。如果那玩捉迷藏并且由此来将戏剧性的发酵过程带入剧作的人隐藏起某种胡说八道的东西，那么我们就得到一部喜剧，相反如果他处于一种与理念的关系之中，那么他则就能够趋近于去成为一个悲剧英雄。这里只是一个“那喜剧的”的例子。一个男人化妆了自己的脸并且戴上假发。同一个男人很想要在美丽的女性那里获得好运气，他借助于那无条件地使得他魅力无敌的化妆和假发确信了自己的胜利。他捕获了一个女孩并且处在了幸运的顶峰。现在这故事里最有意思的事情发生了；如果他能够坦白出自己所做的一切，他并不失去他所有使人迷恋的力量，而在他显露出自己是一个完完全全甚至是秃顶的男人时，他也并不因此就失去自己所爱的人。隐秘是他的自由行为，审美也让他对这行为负责。这一科学不是一个秃顶伪善者的朋友，它听任他去受人奚落嘲笑。这上面所说的东西应当是足够用来只是暗示一下我的意思；“那喜剧的”无法作为这一考究兴趣所在的对象。

我所要走的道路是辩证地通过审美和伦理来完成这“隐秘”；因为这

里的关键是：我们看见“审美的隐秘”和“悖论”处在它们两者间的绝对差异性之中。

几个例子。一个女孩秘密地爱上了一个人，尽管他们并没有明确地相互坦陈相互间的爱情。父母强迫她去嫁给另一个人（另外这里也可能有一种孝顺的考虑决定着她），她服从父母的决定，她隐藏起自己的爱“以便不使得那另一个人不幸，并且任何人在任何时候都不会知道她所承受的痛苦”。——一个小伙子能够通过唯一的一个词句来拥有他自己的思念和他的各种不安的梦想的对象。然而这个小小的词句却会危害到，甚至也许（谁知道呢?）会毁灭掉一整个家庭，他慷慨地决定停留在自己的隐秘处，“那女孩永远都不该知道这个，她也许会在另一个人的手里得到幸福”。多么可惜，这一对人，各自对于那相应的爱人都是隐秘的，并且相互间也是隐秘的，在这里他们本来是可以被安排进一种值得注目的更高统一体。——他们的隐秘是一种自由的作为，为这种作为他们要对审美负责。审美却是一种礼貌而敏感的科学，它知道的出路比任何公共典当租赁铺的负责人所知道的更多。这时它做些什么呢？它为那爱着的人们做一切可能的事情。借助于一个偶然事件，在那计划的婚姻中的相应伙伴知道了一点关于另一方所作的高贵决定的线索，事情就明了了，他们相互得到对方，并且在同时也得到与真正的英雄们相等的级别；因为尽管他们不曾有时间去抱着他们所作的英勇决定入睡，审美还是这样看这事，就仿佛他们勇敢地为他们的意图斗争了多年。审美并不怎么会去理会时间，不管是玩闹还是严肃，对于审美来说时间走得一样快。

但是伦理既不知道上面所说的那偶然事件，也不知道那种敏感性，它也不会那么迅速地具备一个关于时间的概念。这样一来，这事情看起来就不一样了。伦理是个很难对付的论辩者，因为它有着各种纯粹的范畴。它不去诉诸经验；而经验则也是在一切可笑的东西中差不多最可笑的东西，根本不会使得一个人变聪明，相反如果这人不知道任何比经验更高的东西的话，它倒是反而会使得他头脑出毛病。伦理没有任何偶然的巧事，这样，事情就不会有什么解释，伦理不会拿尊严开玩笑，它把巨大无比的责任置于瘦削的英雄们的肩上，它将“想要通过自己的作为来扮演天命”谴责为某种狂妄冒犯的行径，而对于“想要通过自己的苦难来扮演天命”它也作出同样的谴责。它让人去相信现实并且让人有勇气去与现实的所有各种艰难而不是[27]与这些“由一个人自承责任的苍白痛苦”作斗争；它警告人们不要去相信知性所具的各种狡诡的算计，它们比古时候的祭司神谕更不可靠。它警告人们提防每一个不合时宜的高风亮节；让现实去安排吧，然后是展示勇气的时候，而接下来伦理自己也会提供出全部可能的帮助。然而，如果那在两人之间活动着的是某种更深的东西，如果有着去看待那任务的严肃、有着去着手完成任务的严肃，那么，在他们间无疑会有某种结果，但是，伦理无法帮助他们，它觉得受到冒犯，因为他们对它保守秘密，一个他们通过自己承担责任而得到的秘密。

这样，审美要求隐秘并且奖励它，伦理要求公开并且惩罚隐秘。

然而，有时候审美自己也要求公开。在英雄陷于审美的幻觉中认为是在通过自己的沉默来拯救另一个人，那么它就会要求沉默并且奖励它。相反，在英雄通过自己的作为干扰性地介入另一个人的生活的时候，它则要求公开。在这里我谈的是悲剧的英雄。我想稍稍考究一下欧里庇德斯的《伊菲革涅亚在奥利斯》中的情形。阿伽门农要牺牲伊菲革涅亚。现在，审美在这样的情况下要求阿伽门农的沉默，因为，到另一个人那里去寻求安慰，这对于一个英雄来说是与身份不符的；同样，出于他对妇女们的关心，他也应当尽可能长久地隐藏起这事。而另一方面，恰恰是作为英雄，他就也必须在克吕泰涅斯特拉[28]和伊菲革涅亚的眼泪将为他带来的可怕的内心冲突[29]之中受到考验。审美怎么办？它有一条出路，它为我们准备好了一个老仆人[30]去向克吕泰涅斯特拉公开一切。于是，一切就都到位了。

然而，伦理在手头却既没有偶然事件也没有老仆人。一旦审美的理念要在现实中被兑现，它就马上自相矛盾。因此伦理要求公开。悲剧英雄不沉陷在任何审美的幻觉中，自己去向伊菲革涅亚宣示其命运，这样，他展现出自己的伦理勇气。如果他这样做了，那么悲剧英雄就是伦理之爱子，它喜悦他[31]。如果他沉默，那么这可能是因为他相信，通过这样的做法他使得别人更容易一些，但这也可能是因为他通过这样的做法使得他自己更容易一些。不过他自己知道自己这样做不是因为后者的缘故。如果他沉默，那么他作为“单个的人”自己承担责任，因为他无视一种可以是外来的异议。他作为悲剧英雄无法按着外来的异议去做；因为，伦理恰恰是因此而喜爱他，因为他不断地表达“那普遍的”。他的英雄行为要求勇气，而这勇气也包括了“他不避开任何异议”。现在就很明确了，泪水是一个可怕的诉诸人身的辩论工具[32]，并且无疑有这样的人，他不为任何事物所动，但眼泪却使之感动。在剧中，伊菲革涅亚得到许可哭泣，在事实上，她应当得到允许就像耶弗他的女儿[33]那样哭上两个月，不是单独地哭泣，而是在父亲的脚下，并且使用自己的所有“只是泪水”的艺术，不是用橄榄枝而是用她自己缠绕他的膝盖（参看第1224句）[34]。

审美要求公开，但却要用一个偶然事件来协助自己；伦理要求公开，并且对悲剧英雄非常满意。

尽管伦理有着要求“公开”的严格，它却不否定，秘密和沉默真正使得一个人成为伟大的人，恰恰因为它们是内在性[35]的各种定性。在埃莫离开普绪客的时候，他对她说：你将成为一个孩子的母亲，这孩子将会成为神的孩子，如果你沉默，然而如果你泄露出这秘密，那么他只是一个人[36]。悲剧的英雄是伦理所钟意的，他是纯粹的人，他是我也能够理解的，所有他所做的事情也都是在“那公开的”之中的。我再继续向前，这时我就不断地撞上悖论，神圣的和魔性的；因为沉默同时既是神圣的又是魔性的。沉默是魔鬼的圈套；沉默的东西越多，魔鬼就变得越可怕，但沉默也是神圣与“单个的人”间的默契[37]。

然而，在我进入亚伯拉罕的故事之前，我想先召唤出几个诗意的特性人物。我借助于辩证法的力量将他们保持在顶尖之上；由于我对之挥舞绝望之鞭，我会保持不让他们站定下来，这样，如果可能，他们就会在他们的恐惧之中发现什么东西①[38]。

① 无疑，这些运动和立场仍能够成为审美处理的对象，而对于“信仰的运动和立场和整个信仰生活在多大的程度上也可以成为这种对象”这个问题，我则不在这里作决定。因为“去感谢我有所欠的人”对于我来说总是一种喜悦，我只想感谢莱辛在他的汉堡戏剧剧作指导中所给出的那些关于基督教戏剧的单个提示。然而，他却把目光凝注在“此生”的纯粹神圣的一面（完全的胜利），因此他怀疑了；也许，如果他留意到那纯粹人的一面，那么他也许就会作出不同的判断。漫步者的神学。不可否认，他所说的东西非常短，多少有点闪烁其辞，但既然我是那么欣悦，在我有机会用上莱辛的时候，我就马上会用上他。莱辛不仅仅是德国所拥有的最全面包容的头脑之一；他在他的知识中不仅仅拥有极罕见的精确严密，这使得人们能够安全地信任他和他的解剖分析而无需担心因为各种“没有归属的松散引文、取自不可靠的讲义的半明不白的词句”而被愚弄或者因为一种愚蠢地为各种新东西大吹喇叭（早先的人们对这些东西的展示要远远出色得多）而失去方向，——而且他也有非凡的才能解释出他自己是怎么理解的。他就在这里停留着；而在我们的时代人们继续向前，并且去说明比自己所明白的东西更多的东西。

亚里士多德在他的《政治学》里讲述了一个关于一场发生在德尔斐的政治骚动的故事，这场骚动原因是一场婚姻上的问题。占卜师[39]预言了新郎因为他的结婚事件而会有一场不幸，于是新郎在他来接新娘的关键一刻突然改变了自己的计划[40]，他不想举行婚礼了①[41]。我不需要更多情节。在德尔斐，这一事件肯定是招致了泪水；如果一个诗人想要取之为素材，那么他无疑算计出这故事会引起人们的同情。通常是在生命中遭流放的爱情现在又被剥夺掉了上天的赞助，这难道不是可怕的事件吗？老古话说“婚姻在天堂里缔结[42]”，在这里不是被弄成了假话？通常，像邪恶的精灵那样地想要把相爱的人分开的是所有有限之艰难困苦，而爱情则有着上天的支持，并且这神圣的联盟[43]总是战胜所有的敌人。而在这里则是上天自己拆开那上天自己结合起的东西[44]。谁又能够预感得到这一点呢？那年轻的新娘无疑是最不可能想得到这事的。一瞬间之前她还带着所有自己的美丽坐在自己的房间里，那些可爱的女孩子们很认真仔细地替她梳妆打扮，这样，面对全世界她们就能够捍卫她们所做的工作，这样，她们不仅由此而具备喜悦，而且也具备妒羡，是的，因为她们不可能变得更妒羡而喜悦，因为她不可能变得更为美丽[45]。她一个人坐在自己的房间里从美丽变成美丽；因为，所有女性艺术所能，都被用于尊荣地打扮那尊荣者，但仍还是缺了些什么，那些女孩做梦都不曾想到的：一块面纱，比那些年轻女孩为她覆在头上的那块更精美、更轻但却更隐秘；一件任何年轻女孩都不曾有所知或者能够帮忙为她穿戴的婚装，甚至新娘自己都不知该怎么去穿戴它。那在她的毫不知觉之中帮她穿戴上它的是一种无形的，一种喜欢为新娘打扮的友好力量；因为她只是看见新郎是怎样走过并走上神殿。她看见门在他身后关上，她变得更宁静感觉到更多的祝福；因为她知道，他现在比任何时候更多地属于她。圣殿的门打开，他走进去，但是她羞涩地垂下眼睑，因此她没有看见他的脸是困惑的，但他看见，上天似乎是妒忌着新娘的

① 按照亚里士多德的讲述，这灾难性的故事是这样的：为了报复，这家人弄来一盏祭祀器皿混在他的日用器具中，他被判作圣殿盗。然而这却是无所谓的，因为问题不是在于“这家人进行报复是狡猾还是愚蠢”，只有在这家人被卷入了主人公的辩证法的时候，它才有理想的意义。另外，这也够宿命的，因为他不结婚是想要避开危险，但却恰恰坠入了这危险，并且他的生活以双重的方式进入了与“那神圣的”的接触：首先是占卜师的预言，然后是被判作圣殿盗。

美好、妒忌着他的幸福。神殿的门开了，年轻的女孩子们看见新郎走出来；但是她们没有看见他的脸是困惑的；因为她们忙于去接新娘。这时她在自己所有处女的谦卑中走向前，但却同时像一个女尊主，为她的整班年轻女孩所环拥，她们在她面前屈膝行礼，正如年轻女孩总是在一个新娘面前屈膝行礼。于是，她站在美丽人群的峰顶并且等着（那只是一个瞬间，因为圣殿距离很近），新郎走来，——但却走过了她的门前。

但是在这里我停下；我不是诗人并且只是想要辩证地继续。首先要注意，主人公是在关键的一瞬间得到那个信息的，这时，他是纯粹而清白的，他没有轻率地让自己与被爱者结合。其次，他有着一个神圣的陈述面对着自己或者更确切地说针对着自己，他则并没有像那些轻飘飘的情夫情妇们那样被自以为是的小聪明控制。再进一步，这也是显然的，那神圣的陈述使得他和新娘一样地不幸，是的，还稍多一点，因为事情毕竟是缘他而起。无疑也确实如此，占卜师们只对他说出一个不幸事件，但问题是，这不幸事件是不是有着这样的性质：它除了击中他之外也击中他们的婚姻幸福。现在他该怎么办？第一，他应当沉默并且举行婚礼，并且想，不幸也许不会马上来，不管怎么说我强调了爱情并且不怕让我自己不幸；但是我必须沉默，因为否则的话就甚至连这短暂的一瞬间都被糟蹋掉。这看上去挺有道理，但却是毫无道理；因为这样一来他就侮辱了那女孩。通过他的沉默，他以一种方式使得那女孩变得有辜；因为，如果她知道这事的话，她肯定不会同意这样一个结合。这样，他在艰难的时刻不仅仅要承担那不幸，而且还要承担起“他那时沉默”的责任，以及她对于“他那时沉默”的公正的愤怒。第二，他应当沉默并且不举行婚礼？如果这样，他就必须进入神秘化，通过这神秘化他在自己与她的关系中消灭掉自己。审美也许会赞同这样做。这灾难能够被构想得类似于那真正的灾难，只有一点：它在最后的一瞬间真相大白，但这是事后的真相大白，因为从审美上看，“让他死去”成为一个必然，除非这门科学觉得自己有能力去取消那个有着不幸的命数的神谕。然而无论如何，不管这一做法有多么高尚，它包含有一种对这女孩以及她的爱的实在性的侮辱。第三，他应当说出来？我们当然不可以忘记，我们的主人公稍稍过于诗意，以至于我们无法想象，放弃自己的爱情对于他只会是意味了一种失败的商业投机。如果他说出来，那么整个事情就成了阿克塞尔和瓦尔堡①[46]那种风格的不幸爱情故事了。这就成了上天自己所拆散的一对人[47]。然而我们却可以用另一种方式来考虑上述事件中这一拆散，因为它同时也是由那些个体们的自由作为所导致的后果。就是说，在这事情中，“辩证的元素”中特别麻烦的地方是：不幸只应击中他一个人。他们不像阿克塞尔和瓦尔堡那样有着一个对他们的痛苦的共同表达，尽管上天在同样的程度上拆散开阿克塞尔和瓦尔堡，他们相互是同样程度地相近。如果在这里是如此的话，那么一种出路还是能够被想得出来的。就是说，既然上天没有使用什么有形的力量来拆开他们，而是将这一命数交给他们自己，那么我们就可以去想象他们共同决定去对抗上天及其降下的不幸。

然而，伦理则会要求他说出来。这样，他的英雄气概从本质的意义上说是在于：他放弃了审美上的慷慨气节；这种审美上的慷慨气节在目前的情况下[48]并不是那么容易能够被想象成是混杂着虚荣（在“隐瞒”行为之中所具的那种虚荣）的成分，因为他必定是很清楚自己正在使得那女孩不幸。然而，这英雄气概的实在性[49]却要依赖这样的事实：它有过自身的前提预设条件并且将之取消了；因为，否则的话，人们尤其是在我们的时代里能够得到足够多的英雄，就是说，在我们这个“在造假上达到了无与伦比的大师手笔（它通过‘跳过中间的步骤’来做掉最高的终极工

① 另外，我们从这一点可以进入辩证运动的另一个方向。上天向他预言了他的婚姻的不幸，那么他当然是可以不举行婚礼，但却无需因此而放弃那女孩，而可以与她一同生活在一种浪漫关系之中，在这样一种关系里，相爱者只会获得更大的满足。这却包含了一种对那女孩的侮辱，因为他在他对她的爱之中没有表达出“那普遍的”。然而这却同时对一个诗人和一个想要为婚姻辩护的伦理者都是一个任务。在总体上，如果诗歌留意到了“那宗教的”和个体人格的真挚性，那么它就会获得一个比它现在所忙碌于的各种任务远远更为意义重大的任务。我们在诗歌中一直反复地听到这故事：一个男人被捆绑在了对一个他曾爱过的或者说也许从不曾真正爱过的女孩的许诺之上，因为，她现在他看到了另一个女孩，是理想的女孩。一个男人在生活中出错，街道是对的，但那是在一幢错误的房子里，因为就在三层楼，上面住着那理想者，——人们认为这是一个“诗歌所面对的任务”。一个爱人出了错，他在灯光下看他所爱的人并且以为他有着黑头发，但是看！再仔细地看一下，她是金发的，——但她妹妹则是理想者。人们认为这是一个“诗歌所面对的任务”。我的意见是，每一个这样的男人都是一个拉班，这种人在生活里实在是够令人难以忍受的，而如果他想要在诗歌里装模作样充人物，那么就应当马上将之嘘出去。只有激情对激情才会给出诗歌性的冲撞，而不是这一“各种琐碎小事在同一激情内部的喧哗”。比如说，如果一个中世纪的女孩在自己爱上了什么人之后很确定地感到“尘世的爱情是一种罪”，并且更想要一种天上的爱，那么，这情形在这里就是一种诗歌意义上的冲撞，这女孩是属于诗歌的，因为她的生活就是这理念。

作)”的时代里。

但是，既然我到了悲剧英雄这里无法再继续走更远，那么，我现在弄出这个草案来能派上什么用场呢？因为，它还是有可能在“悖论”的问题上为我们带来一些启迪的。一切都得看他对占卜师们的陈述有着怎样的态度；对于他的生命，占卜师们的陈述以这一种或者那一种方式会起到决定性作用。这陈述是公共事物[50]还是私人的事[51]？舞台是在希腊；一个占卜师的陈述对所有人都是能明白的，我是说，不仅仅单个的人从字面上能够理解陈述的内容，而且单个的人能够明白：一个占卜者向单个的人宣示上天的决定。这样，占卜师的陈述不仅仅对主人公是能明白的，而且对所有的人都是如此，并且由此不会与神圣达成任何私下关系。他可以做他想做的事，那被预言的事情总是会发生；不管他是做还是不做任何事情，他都进入不了与神圣的一种更近的关系，既不会成为它的慈悲的对象，也不会成为它的愤怒的对象。每一个单个的人都能够像主人公一样地明白这结果，没有什么只对于主人公是可读的秘密文字。这样，如果他要说出来的话，他能够很好地将之说出，因为他能够让人明白他；如果他想要沉默，那是因为，他依据于“作为单个的人”想要更高于“那普遍的”，想要以各种各样的稀奇古怪的想法来让自己相信她将怎样马上忘记这事情等等。相反，如果上天的意志没有通过一个占卜者而得以向他宣示，如果它完全是私下地让他得知的，如果它将自身置于一种与他的完全私下的关系中，那么这时，我们就面临了悖论，如果悖论这样东西是存在的话（因为我的考虑是两难性的），这时他就不能够说出来，尽管他可能会是很想要说出来。他自己在沉默中并不愉快，相反他承受着痛苦，但这对于他来说恰恰是“他是无可指责的”的确证。他的沉默，其原因不在于“他作为单个的人想要将自己置于一种与‘那普遍的’的绝对关系之中”，而是在于“他作为单个的人被置于一种与‘那绝对的’的绝对关系之中”。这时，按我所能够想象的，他也会在之中找到安宁，尽管他高贵的沉默会不断地因各种伦理的要求而变得不安宁。如果一个人有这样的愿望，愿审美会在什么时候想要通过幻觉的慷慨气节试图在它终结了多年的地方开始，那么，这样的愿望总的来说是值得的。一旦它这样做了，它就会在“那宗教的”的手中工作；因为这一力量是唯一能够将“那审美的”从它与“那伦理的”

的斗争中拯救出来的力量。通过签发埃塞克斯的死刑判决书，伊丽莎白女王为国家而牺牲了自己对埃塞克斯的爱情。这是一个英雄事迹，尽管这之中多少卷入了一点个人的怨恨，因为他没有把戒指发送给她。众所周知，他其实是发送出了戒指，但是因为宫廷女侍心怀恶意，这戒指被扣住了。然后这故事说，如果我没有记错的话[52]，伊丽莎白接到了关于这事的报告，于是她嘴里咬着一根手指一句话不说坐了十天，并且她因此而死[53]。这是一个诗人的任务，诗人知道怎样去拧开嘴巴，否则的话，这对一个芭蕾大师也是极其有用的，在我们的时代，诗人老是会搞错，把自己混淆为芭蕾大师。

现在，我将让一个概述跟随着"那魔性的"的方向。我把关于《阿格妮特和男人鱼》的传说[54]用于这个目的。男人鱼是个诱惑者，他从深渊的隐藏处冒出来，在狂野的欲望中，他抓住并蹂躏那朵优美地站在海岸上沉思地将头垂向海浪之声的无辜鲜花。迄今这一直是诗人们的想法。让我们改编一下吧。男人鱼是个诱惑者。他呼唤阿格妮特，他借助于自己的花言巧语把她内心里隐藏的东西引诱了出来，她在男人鱼身上找到了她所寻找的，她向大海海底凝视着所寻找的。阿格妮特想要跟随着他。男人鱼把她放在自己的臂弯里，阿格妮特缠绕他的脖子；她信任地把自己的全部灵魂奉献给这更强的生灵；他已经站在海岸上，他躬身倾向大海要带着自己的猎物投入海的深处，这时阿格妮特再一次看着他，不羞怯、不疑惑、不为自己的幸福骄傲、不迷醉于情欲；但却是绝对地信任、绝对地谦卑如同一朵卑微的花，她努力让自己成为这朵花，以这一道眼神她绝对信任地把自己的全部命运托付给了他。看啊，大海不再咆哮，狂野的声音哑然，自然的激情（那是男人鱼的力量）舍他而去，只留下一片死寂，——阿格妮特仍然这样地看着他。这时，男人鱼瘫倒，他无法抵抗无辜[55]的权力，他的本性元素变得不忠实于他，他无法诱惑阿格妮特。他把她又送回家，他向她解释说，他只是想向她展示大海在宁静的时候是多么美丽，阿格妮特相信他。——于是他一个人返回，大海里波涛汹涌，男人鱼心中的绝望更狂野地汹涌起伏。他能够诱惑阿格妮特，他能够诱惑一百个阿格妮特，他能够迷住每一个女孩，——但阿格妮特战胜了，男人鱼失去了她。只有作为猎物，她能够成为他的；让他忠诚地属于任何女孩，这是他做不到的；因为他当然只是一个男人鱼。我允许了自己对男人鱼的细节做了小小的改动①[56]，在根本上我也稍稍改动了阿格妮特；因为在传说中，阿格妮特并非完全是没有辜的，总体上说，如果我们想象一场在之中女孩子完完全全根本没有辜的诱惑，那么这无疑就是胡说八道和奉承，并且是对女性的侮辱。在传说中，阿格妮特是一个（如果我要稍稍现代化一下我的表达的话）要求“那令人感兴趣的”[57]的女人，并且，每一个这样的女人总是能够确信，在不远处有一个男人鱼；因为男人鱼们用半个眼睛就能够发现这样的女人并且像鲨鱼一样地驶向自己的猎物。因此，所谓“文化教育能够保障一个女孩不受诱惑”的说法是非常愚蠢的，或者，要么这就是那男人鱼让人们散播的一个谣言。不，存在是更加公正和公平的，要抵抗诱惑，只有一种工具，它就是无辜。

现在我们想要赋予男人鱼一种人的意识，让“他是一个男人鱼”这一事实标识一种人的“先存[58]”，他的生命就被缠陷在这“人的先存”所导致的结果中。没有什么东西阻碍他去成为一个英雄；因为他现在所迈出的这一步是“和解着的”。他因阿格妮特而得到拯救，诱惑者被粉碎，他屈从于无辜之权力，他不再能去诱惑。但在同一个此刻之中有两种权力在争夺他：“悔”，和“阿格妮特和悔”。如果是“悔”单独地得到了他，那么他就是隐秘的，如果是“阿格妮特和悔”得到了他，那么他就是公开的。

---

① 我们也可以以另一种方式来处理这个传说。男人鱼并不想诱惑阿格妮特，尽管他在之前诱惑过许多。他不再是男人鱼，或者如果我们想要这样说的话，他是一个可怜的已经在海底坐着哀伤了很久的男人鱼。然而他却知道，正如人们能够从传说中知道的：他可以通过一个无辜女孩的爱情而得救。但是相对于那些女孩子他有着良心上的不安，并且不敢接近他们。这时他看见阿格妮特。他已经很多次，隐藏在芦苇中，看见她漫步在海岸边。她的美丽，她宁静的自得其乐把他吸引向她；但是在他灵魂中一切都是忧伤，没有任何狂野的情欲在之中骚动。这样，在男人鱼将自己的叹息混合在芦苇的低语中时，这时，她把自己的目光转向那里，这时，她静静地站定沉浸在梦中，比任何女人更美好，但却美得像一个拯救的天使向男人鱼倾注着信任。男人鱼鼓起勇气，他靠近阿格妮特，他赢得了她的爱情，他希望着自己获得拯救。但阿格妮特不是一个宁静的女孩，她非常喜欢大海的呼啸，只因为她内心中有着更强烈的汹涌澎湃，湖边忧伤的叹息才让她神怡。她想要离开，离开，她想要和她所爱的男人鱼一同狂野地冲撞进“那无限的”，——这样她撩拨刺激男人鱼。她曾对他的谦卑不屑一顾，现在骄傲醒来了。大海咆哮，波浪翻滚，男人鱼拥抱着阿格妮特与她一同冲向海底的深渊。他从不曾如此狂野，从不曾如此欲望勃勃；因为，他曾希望过自己通过这个女孩而得到拯救。他马上就对阿格妮特厌倦了，但我们从未找到过她的尸体；因为她成为了一条以自己的歌声诱惑着男人们的美人鱼。

如果现在悔抓住了男人鱼而他继续保持隐秘，那么，他无疑就使得了阿格妮特不幸；因为，阿格妮特在自己的全部无辜中爱着他，她以为这是真的：他在“甚至让她都感觉到他是改变了（不管他多么好地隐藏这一点)”的这一瞬间真的只是想要让她去看一下大海美丽的宁静。然而，男人鱼自己在激情的方向上变得更不幸；因为他带着许多种不同的激情爱着阿格妮特，并且另外还有一种新的辜要承担。现在，悔之中的“那魔性的”无疑会向他解释出这一点：这恰恰是他所受的惩罚，并且他越是受折磨，就越是好。

如果他投身于这一“魔性的”，那么，他也许会再一次作出努力去拯救阿格妮特，以这样一种方式，就像人们在某种意义上借助于“那恶的”能够拯救一个人。他知道，阿格妮特爱他。如果他能够把这爱从阿格妮特身上撕下剥夺走，那么她也许是以某种方式获得了拯救。然而怎样才能做得到？男人鱼有着理智，所以他不会以为“一次磊落心胸的坦白能够唤起她的厌恶”。他也许想试着激发起她身上的所有阴暗激情，讥笑她，嘲弄她，把她的爱情弄成一个笑话，尽可能地引发出她的骄傲。他不会去保护自己免于任何苦恼；因为这是在“那魔性的”之中的深刻矛盾，并且，比起在各种庸俗的人那里，在“那魔性的”之中从某种意义上看是有着无限更多的善。阿格妮特越是自私，她就越容易被欺骗（因为只有非常没有经验的人们才会认为“欺骗无辜性是容易的”，存在是非常深刻的，对于聪明的人来说，去欺骗聪明的人们是最容易的事情)；但男人鱼的痛苦也就会变得越可怕。他的欺骗设计得越狡诡，阿格妮特就越不会羞怯地对他隐藏自己的痛苦；她会使用一切手段，这些手段也不会没有作用，就是说，不是去撼动他，而是去折磨他。

这样，男人鱼想要借助于“那魔性的”来做这样一个“作为单个的人更高于‘那普遍的’”的“单个的人”。“那魔性的”有着与“那神圣的”一样的性质：单个的人能够进入一种与之的绝对关系。这是类比，相对于我们所谈论的那个悖论的对应物。因此它有着一定的能够迷惑人的相似性。于是男人鱼看上去就有了一种证据来证明“他的沉默是有道理的而他在他的沉默中承受了自己的全部痛楚”。然而，他是能够说出来的，这一点是没有什么怀疑的。如果他说出来的话，那么，他就能够成为一个悲剧英雄，在我的想象中是一个崇高的悲剧人物。也许只有很少人会明白崇高之处是在什么地方①[59]。这样，他将会有勇气去将自己从每一个关于“他能够借助于自己的技艺来使得阿格妮特幸福”的自我欺骗中撕扯出来，从人之常情上说，他将会有勇气去粉碎阿格妮特。顺便，我在这里只是想要给出一个心理学上的看法。阿格妮特越是自私地得到了发展，自我欺骗就越是令人眼花；也许一个男人鱼通过自己魔性的精明从人之常情上说不仅仅拯救了阿格妮特，而且还从她身上发掘出了某种非同寻常的对象，也许这事情是可能在现实中发生的，是的，这不是不可思议的；因为一个魔鬼知道怎样从哪怕是最虚弱的人身上煎熬出力量来，他可能以自己的方式是在极大的程度上在为一个人好。

男人鱼站在一个辩证的尖端上。如果他被从在“悔”[60]中的“那魔性的”中拯救出来，那么，有两条路是可能的。他可以保持让自己低调，停留在“那隐秘的”之中，但不去相信自己的精明。这样，他作为单个的人就不会进入一种与“那魔性的”的绝对的关系之中，而是在“神圣将拯救阿格妮特”这一反悖论[61]之中找到安宁（中世纪肯定会以这样的方式来作出运动；因为按照中世纪的概念很明显，男人鱼的归属就是修道院）。或者，他能够通过阿格妮特而获得拯救。这一点，我们不可以以这样的方式来理解：仿佛他通过阿格妮特的爱情得到拯救而不会在将来成为一个诱惑者（这是一种审美的解救尝试，它总是绕过首要问题，就是说，男人鱼生命中的连续性）；因为，从这个角度看，他是得到了拯救；他得到拯救因为他变得公开。这时他和阿格妮特结婚。然而他却得求救于悖论。就是说，在单个的人通过自己的辜而到了“那普遍的”之外的时候，这时，他只有依据于“作为‘单个的人’进入了与‘那绝对的’的绝对关系”才能够返回到“那普遍的”之中。现在，我要在这里做出一个说

① 有时候审美以自己一贯的逢迎来处理类似的事情。男人鱼通过阿格妮特而被拯救，而一切终结于一场幸福的婚姻。一场幸福的婚姻！这真是够容易的。相反，如果伦理要为婚礼作演说的话，那么我想，这就成了另一回事了。审美把爱情的大斗篷扔过去覆盖在男人鱼身上，然后一切就都被忘记了。并且它也会有足够的草率去认为：婚姻的情形就如同拍卖，——在拍卖的时候，一切都以一锤敲定时的状态被卖出。它只管让相爱者相互得到对方，其余的事情则不是它所关心的。其实它只需看一下在之后发生些什么；但是它却没有时间去看一下，它马上就全面走出它的下一步，去撮合新的情侣。审美是所有科学之中最背信弃义的。每一个爱过它的人都在某种意义上变得不幸；而那从不曾爱过它的人，他则是并且继续是一个牲畜。

明，通过这说明我会说出比在前面的任何一点上所说的更多的东西①。罪[62]不是那最初的直接性，罪是一种后来的直接性。在罪中，单个的人已经在“魔性的悖论”的方向上高于“那普遍的”，因为，想要从“那缺少不可或缺的条件[63]的人”那里要求出自己，这是“那普遍的”的一个矛盾[64]。如果哲学在做各种其他事情的同时也想着“一个人突然会想要按照它的学说来作出自己的行为”，那么我们就能够由此而获得一个古怪的喜剧了。一种无视“罪”的伦理是一种完全没用的科学，但是如果它要强调“罪”的话，那么它就是恰恰因此[65]超越出了它自身。哲学教导我们，“那直接的”应当被取扬弃。这说法是挺真实的；但是，不真实的则是“罪理所当然地是‘那直接的’”[66]，正如信仰并非理所当然地是“那直接的”。

一旦我进入到这些领域之中，一切就都变得很容易，但是，在这里所说的东西也无法解释亚伯拉罕；因为亚伯拉罕不是因为罪而成为“单个的人”，相反，他是一个公正的人，是上帝所拣选的。要在单个的人被置于能够做出“那普遍的”的状态之后，与亚伯拉罕的类比才会显示出来，而这时，悖论则重复自身。

因此，在我无法理解亚伯拉罕的同时，我能够理解男人鱼的各种运动；因为男人鱼恰恰是通过那悖论而才想要去实现“那普遍的”。就是说，如果他继续保持隐秘并且将自己纳入所有“悔”[67]的苦恼，那么他这时就成了一个魔鬼，并且就其本身而言是被毁灭了。如果他继续是隐秘的，但没有精明地认为通过自己在“悔”的奴役中受折磨能够努力使得阿格妮特得到解脱，那么，他固然得到安宁，但他隐退出了这个世界。如果他公开，他让自己通过阿格妮特而获得拯救，那么他就是我所能够想象的最伟大的人；因为只有审美才会轻率地认为“去让迷失者被一个无辜女孩爱并因此而得到拯救”是在赞美爱的权力；只有审美才会看错而以为英雄是那女孩而不是男人鱼。这样，如果男人鱼在他作出了“悔”的无限运动之后没有再作出一个运动的话，他就无法属于阿格妮特；要再作出一个运动，依据于“那荒谬的”的运动。通过他自己的力量，他能够

---

① 在前面的文字中我孜孜不倦地努力避免涉及关于“罪及其实在性”的问题。这一切都是指向亚伯拉罕的，并且我仍然能够在各种直接的范畴中，就是说，在我能够理解他的范围里，达到他。一旦“罪”出现，这时，恰恰就在“悔”之上，伦理进入毁灭；因为悔是最高的伦理性的表达，而它就其本身恰恰就是那最深的伦理性的自相矛盾。

作出“悔”的运动，但是他也绝对使用自己的全部力量去作出这一运动，因此他不可能再借助于自己的力量返回来抓住现实。如果一个人没有足够的激情去作出不管是这一个还是那一个运动，如果一个人浑浑噩噩一辈子、悔上一小点并认为“余下的自然会好起来”，那么，这个人就是一了百了地放弃了“去生活在理念中”，然后他能够很容易地达到并且帮助别人去达到“那最高的”，亦即，在“精神的世界情形就像玩格纳夫游戏[68]，在之中一切都依赖于随意的偶然”这一想象里自欺欺人。一个人可以这样想着消遣：“多么奇怪，恰恰是在一个所有人都在做‘那最高的’的时代，对于‘灵魂的不死性’的怀疑能够如此广泛地蔓延开[69]”；因为，只要一个人真正地作出了无限性的运动，那么他就几乎不会有怀疑。激情的各种决定是唯一可靠的，亦即，唯一令人信服的决定。幸好，在这里，比起智慧者们所宣称的，“存在”更温柔、更忠诚，因为它不把任何人排除在外，甚至最卑微的人，他不欺骗任何人，因为在精神的世界里只有自欺的人才会被欺。这是所有人的意见，并且，只要我敢允许自己对此有判断，那么这就也是我的意见：“走进修道院”不是“那最高的”；然而，下面这种说法绝不因此就成为我的意见：“在我们时代，既然没有人进入修道院，那么每一个人就都比那些在修道院里得到安宁的深刻而严肃的灵魂更伟大”。在我们的时代有多少人有着足够的激情去这样想并因而诚实地判断自己？光是这样的想象：以这样的方式为时间而良心不安，在自己无眠的持久不倦中花时间研究每一种秘密的想法，以这样的方式，如果一个人不是每一瞬间都在依据于一个人身上最高贵而最神圣的东西作出运动，那么他就会带着恐惧和惊怖发现①[70]，如果不是通过别的东西，那么就通过恐惧来引诱出那隐藏在每一个人的生命中的阴暗的蠢动，而与此同时，在一个人与别人一同生活在社会中的时候，他则是那么容易忘记，那么容易从那之中摆脱出来，以那么多方式使自己不消沉，得到机会去重新开始，——光是这样的想象，在被人带着应有的尊敬来理解了之后，我觉得，这样的想象在我们的时代能够去训责那许多认为自己已经到达了“那最高的”的单个的人。然而，在我们的这个到达了“那最高的”的时

① 在我们严肃的时代里，人们不相信这个，但是够奇怪的，甚至在那根据其本性是更为轻率而没有得到很多反思的异教之中，两个对于希腊的“认识你自己”存在洞观的真正代表，以各自的方式暗示了，一个人通过深入自省首先发现的是“那恶的”的倾向。无疑，我不用说出，我所想的是毕达哥拉斯和苏格拉底。

代，人们并不怎么为此担心，而与此同时，再也没有什么别的时代像我们的时代这样的是“那喜剧的”的归属物。不可思议的是，这样的事情居然还没有发生：时代自己通过一种自相构建[71]而生产出自己的英雄，一个残忍无情的魔鬼，他将演出那可怕的戏剧来让整个时代发笑而同时又让它忘记它其实是在笑它自己。或者，如果一个人二十岁时已经到达了“那最高的”，那么存在除了是笑柄之外还值得作为什么呢？从人们放弃了“进入修道院”的那时起，时代又想出了什么更高的运动呢？那坐在高桌前的、那胆小地让人们以为自己做出了“那最高的”并且狡猾地使得人们不再去哪怕尝试“那小一点的”的，不就是一种可怜的生活智慧、聪睿、怯懦吗？如果一个人作出了“修道院运动”，那么他就只剩下一个运动，这运动就是“那荒谬的”的运动。在我们的时代里，有多少人明白什么是“那荒谬的”呢？在我们的时代里，有多少人是以这样的方式生活的：他们放弃了一切，或者得到了一切？有多少人诚实得哪怕是能够知道“什么是他们所能”而“什么是他们所不能”？难道不是如此：只要人们能够发现一些这样的人的话，人们马上就会认为他们是属于受教育不多的人、部分的是属于女人？在某一类真知灼见[72]之中，这时代以这样一种方式公开出自己的弱点，就好像“那魔性的”公开自己而并不明白自己；因为它一而再再而三地要求“那喜剧的”。如果这真是时代所需要的东西的话，也许剧场会需要一部新剧，在剧中“一个人死于爱情”被弄成一种可笑的事情；或者更确切地说，是不是这样会对时代有着拯救性的作用：如果这是发生在我们中间的事情，如果时代成为了一个这样的事件的见证的话，这样它就总算是有过这么一次能够得到勇气去相信精神的权力，得到勇气不去怯懦地扼杀掉自己身上更好的东西，并且又妒忌地扼杀掉别人身上更好的东西——通过笑[73]。难道时代真的需要一个精神醒觉的人的可笑的表象[74]来让自己有一个可以笑的对象，或者更确切地说，难道这时代不是需要一个这样的热情形象来提醒它那被遗忘了的东西？

如果我们想要有一个风格类似但（因为“悔”的激情没有被置于运动之中）更感人的情节，那么我们就可以用上一个出现在《多俾亚传》[75]中的故事。年轻的多俾亚想要与辣古耳和厄得纳的女儿撒辣结婚。但是这女孩被一种可悲的命运笼罩着。她曾嫁过七个男人，他们全都死在新婚行房之夜。按我的倾向来看，这是故事中的一个瑕疵；因为，在一个女孩对“嫁人”的七次没有结果的尝试唤醒人的思绪的时候，尽管她完全接近了成功，就像一个七次没通过神学毕业考的大学生那样地接近，喜剧性的效果几乎就是不可避免的。在《多俾亚传》中，重音强调落在另一个地方，因此这有着其高度的数字是意味深长的，甚至在一定的意义上参与给出了悲剧性的效果；因为，年轻的多俾亚的慷慨气度显得越发崇高，一方面因为他是父母的独生子（6∶15），另一方面因为那令人惊骇的东西更强烈地逼迫过来。因此，这一不幸的命运必须被去除掉。撒辣则是个从未曾恋爱过的少女，她仍然秘藏着她的少女的至福、她在存在中意义重大的首要债权抵押证、她的“幸福的全权委托书”[76]——“去全心全意爱一个男人”。然而她却比任何人都更不幸，因为她知道那爱着她的恶魔将在新婚之夜杀死新郎。我阅读了许多关于悲哀的文字，但我不相信有什么文字段落中会有一种悲哀能够像这女孩生命中的悲哀这么深。然而，如果不幸是外来的，那么，安慰总还是能够找得到。尽管存在没有为一个人带来那本来能够使得他幸福的东西，但是“他本来是可以得到这幸福的”这一想法则是一个安慰。但是，这深不可测的悲哀，任何时间都无法遣散、任何时间都无法医疗[77]：知道没有用，哪怕存在作出一切也没有用！当一个希腊作家说“因为肯定没有人避开过厄洛斯，只要有美存在，只要有能看的眼睛存在，那么就没有人能够避得开他（拉参看朗戈斯《田园传奇》）”[78]的时候，他在他简单的天真之中隐藏了无穷之多。在爱情中变得不幸的女孩很多，但她们毕竟都是变得不幸，而撒辣在变得不幸之前她本来就是不幸的。“找不到可以让自己去献身的人”是沉重的，但“无法让自己去献身”则是不可言述地沉重。一个女孩奉献出自己，这时人们说：现在她不再是自由的；但撒辣从不曾是自由的，而她却从来还不曾献身过。如果一个女孩献身并被欺骗，这是沉重的，但撒辣在她献身之前就是被欺骗的。在多俾亚最终要与她结婚时，所有世界的悲哀都等在那里，将随着婚事的后果一同出现。怎样的一场婚礼，怎样的一种准备啊！没有什么女孩是像撒辣一样地被欺骗；因为她被欺骗掉的是一切之中最至福的，那甚至最贫穷的女孩都拥有的绝对财富，她被欺骗掉献身所具的那种安全的、没有界限的、不受约束的、放纵无忌的忘情投入；因为，首先必须烟熏，鱼心和鱼肝置于香炉的火炭上。想象一下母亲怎样与女儿告别，女儿简直就是自己被骗掉了一切，而作为继续，母亲又必定是被骗掉了最美丽的东西。你去读一下这故事吧。厄得纳到房里去准备席榻，然后领撒辣进去。这时她竟为她的女儿痛哭起來，随后擦干眼泪，向她说：女儿，你放心！

愿天上的大主使你变忧为喜。女儿，你放心吧![79]于是，婚礼的瞬间来到，如果一个人泪眼模糊仍然能够阅读的话，他可以读到：他们俩关上了房门。多俾亚便从床上坐起來，对她说：妹妹，起来！我们一同祈祷，祈求我们的上主，在我们身上施行仁慈和保佑[80]（8∶4）。

如果一个诗人读了这个故事，如果他想要使用这个故事，我敢以一百对一打赌，他必将把所有重点都放在年轻的多俾亚身上。这种在如此明显的危险之中以自己的生命冒险的英勇，这故事再次提醒读者关于这种英勇；因为辣古耳在婚礼之后对厄得纳说：你打发一个女仆进去看看他是死是活，假如他死了，我们马上埋了他，不让外人知道（参看8∶13），这一英勇就成为任务。我冒昧提出另一个任务。多俾亚的做法是勇敢的、果断而有骑士风度的；而每一个没有勇气这样做的男人，都是娘娘腔，既不知道什么是爱情，也不知道什么是“身为一个男人”，也不知道什么是值得去努力为之生活的东西；他甚至根本没有明白那小小的神秘——“给予好过接受”[81]，更不会对那大的神秘有任何感觉：“接受”比“给予”要远远难得多；这就是说，如果一个人有勇气做到“无求”而在艰难时刻不变得怯懦。不，撒辣，她是个英雄。她是我所想要接近的，尽管我从不曾接近任何女孩，也不曾觉得自己在想象中受到诱惑要去接近任何我曾阅读到过的女孩。因为，在一个人从一开始就以这样一种方式无辜地受扭曲、从一开始就是一个人的事故样品，而想要让自己得以医治，这需要有怎样的一种对上帝的爱啊！让自己承担这种“允许被爱者进行如此冒险”的责任，这需要怎样的一种伦理上的成熟啊！面对另一个人，这是怎样的一种谦卑啊！她不在下一瞬间去恨这个她亏欠了一切的男人，这是怎样的一种对上帝的信仰啊！

让我们设想撒辣是个男人，而“那魔性的”就在手头。骄傲高贵的天性能够忍受一切，但有一件东西是它所无法忍受的，它无法忍受怜悯。在怜悯之中有着一种侮辱，只有一种更高的权力能够将这样的侮辱施予他；因为通过他自己，他永远也不会成为这侮辱的对象。他行了罪，那么，他能够承担惩罚而不绝望，但是像这样，没有任何辜而从在母亲的子宫中时起就被特选为怜悯的牺牲品，它鼻子中的甜美气味，这是他所无法忍受的。怜悯有一种古怪的辩证法，它在一瞬间中要求“辜”，在下一瞬间它不想要这要求，因此，个体人的不幸在越大的程度上处于“那精神的”的方向，这“前命注定地被判给怜悯”就越发可怕。但撒辣没有任何辜，她像一件猎物一样地被扔向所有各种痛苦煎熬，并且另外还要遭受“人的怜悯”的折磨，因为，甚至连我，尽管我敬佩她的程度高于多俾亚爱她的程度，甚至连我在提及她的名字时也无法不说“这可怜的女孩”。让我们设想一个男人处在撒辣的位置上，设想他知道，如果他要爱上一个女孩的话，那么地狱的精灵就会来并且在新婚之夜杀死那被爱者，这时，完全有可能他就会选择“那魔性的”；他将自己关闭在自身之中并且就像一个魔性的人暗自说话那样说：“谢谢，我不是各种仪式和复杂细节们的朋友，我完全不要求爱情的快乐，我完全能够成为一个以‘看着女孩子们在新婚之夜死去’为乐的蓝胡子[82]。”在通常人们对“那魔性的”所知极少，尽管这一领域恰恰在我们的时代有着一个“让人发现”的有效要求，尽管观察者（如果他知道怎样去与魔鬼建立一点关系的话）几乎能够利用每一个人——至少是在片刻之中。在这个方向上，莎士比亚不断的是并且继续是一个英雄。那个可怕的魔鬼，莎士比亚所描述并且描述得无以伦比的最魔性的人物：葛罗斯特（后来的理查三世）[83]，是什么使得他成为魔鬼？很明显就是：他无法承受他从还是孩子的时候起就一直受之摆布的怜悯。他在《理查三世》第一幕中的独白比全部的各种道德体系都更有价值；那些道德体系对存在的各种恐怖一无所知，也根本不清楚怎么去作出说明。

> 我是由粗糙的范型铸造出来的，没有媚人的姿态
> 在妖挠的美女面前昂首阔步；
> 我，不具备这美丽外形，
> 在仪表上受了造物主的愚弄，
> 畸形，粗陋，尚未完成一半
> 即被提前送进着活生生的世界里来，
> 如此蹩脚古怪，踱过狗的身边时
> 狗都要对我狺狺而吠。[84]

像葛罗斯特这样的人物性格是无法通过“将他们调和进一种社会的理念”而得救的。伦理在事实上只是在奚落他们，正如在撒辣的情形，如果伦理对她说，“你为什么不表达出‘那普遍的’并且去结婚”，那么这无疑就会是一种对她的嘲弄。这样的人物性格从根本上就是处于悖

论之中，并且他们绝不比别人更不完美，只是，他们要么迷失在魔性的悖论中，要么得救于神圣的悖论中。现在人们反复地因为“巫女、精灵、山怪等等都是畸形者”而感到高兴，并且，无法否认，每一个人，在他看见一个畸形者的时候，都会倾向于马上将之与一种关于道德堕落的观念联系在一起。这是怎样一种巨大的不公正啊，因为其实这关系必须反过来，是存在本身将他们败坏掉了，以这样一种方式，就像一个继母把孩子们弄得顽劣。一个个体人在本原上因天性或者因历史关系而被置于“那普遍的”之外，这是他走向“那魔性的”的第一步，但这却不是由他自己造成的[85]。这样，坎伯兰的犹太人也是魔鬼，尽管他做着善的事情。于是，“那魔性的”也能够将自己表述为对人类的鄙视，值得注意：这样的一种鄙视并不使得那魔性的人自己去做出可鄙的行为，相反他的力量是在于他知道“他比所有审判他的人都更好”[86]。

考虑到所有这一类事情，诗人们几乎应当是最先的警觉者。上帝才知道那些现在还活着的诗句制作者们在阅读一些什么文字！他们的学业看来是在于去背出韵脚。上帝才知道他们在存在中的意义是什么！在这一瞬间，我不知道，除了为灵魂的不死性作出一个陶冶性的证明之外，他们还能够做出什么别的有用的事情来，因为关于他们，人们可以安慰地对自己说一说巴格森就城市诗人吉勒瓦勒所说的：如果他变得不朽的话，那么我们大家就全都变得不朽了[87]。

在这里缘于撒辣所谈的，几乎是诗歌性创作方面的，因此有着一种幻想的前提预设条件，在我们带着心理学意义上的兴趣想要深入于那古老句子“从来就不曾有过什么不带有一定程度的疯狂的伟大天才”[88]的意味时，这里就撒辣所谈的这些东西就有了其完全的意义。因为这一疯狂[89]是天才在存在之中的“承受”，如果我敢这样说的话，它是“神圣的妒忌”的表达，而“那天才的”则是“偏爱”的表达。这样，在与“那普遍的”的关系中，天才从一开始就是没有方向的，他是被带进了与悖论的关系中，不管他是在对自己的界限（这界限在他的眼中将他的全能转化为无奈）的绝望中寻找一种魔性的镇静并因此既不会向上帝也不会向人承认这一点，还是他在宗教的意义上在对神的爱中使自己安宁。在这里有着心理学意义上的任务，我觉得，人们能够带着喜悦为这些任务奉献出一生，然而人们却很少听得见任何关于这方面的说法。神志紊乱与天才性有着怎样的关系，我们能不能从这一个之中构建出另一个；在怎样的意义上和在怎样的程度上天才能够控制住自己的神志紊乱；因为这是理所当然，他在一定程度上是能够控制住它的，因为否则的话他岂不就是真的神志紊乱了。这样的观察在极大的程度上需要聪睿，以及爱；因为观察优越者是非常困难的。如果我们带着对之的注意力去通读那些最天才的作家中的某一个，也许可能有这么单独的一次会发现一点什么，尽管是需要费上很大的气力。

我将再想象一个情形，一个单个的人通过保持隐秘和通过自己的沉默想要拯救“那普遍的”。对此我要用上那个关于浮士德的传说[90]。浮士德是个怀疑者①[91]，一个走肉体之路的精神之背离者。这是诗人们的意思，而在“每个时代都有自己的浮士德”这说法不断地被重复的同时，一个又一个诗人无悔无畏地走上这同一条老路。让我们做一个小小的改变。浮士德是*卓越超群的*[92]怀疑者；但他是一个令人有同感的人物性格。甚至在歌德对浮士德的解说[93]中，我觉得缺乏一种对怀疑与自身的秘密交谈的更深刻的心理学意义上的洞察。在我们的时代，在所有人都感受了怀疑之后，尚未有诗人朝这个方向迈出任何步子。因此我也想着，我完全可以向他们提供有着皇家担保的债券来让他们写，这样他们就可以写下他们在这

---

① 如果我们不想用一个怀疑者，那么我们可以选择一个类似的形象，比如说，一个反讽者，他尖锐的目光从根子里发现了存在的可笑性，一个与生命中各种权力之间的秘密理解使他确定病人所想要的是什么。他知道，如果他想使用笑的权力，他就有这权力，他确信自己的胜利，是的，更确信自己的幸运。他知道会有个别人想要阻止的声音升起，但是他知道他更强，他知道，在一瞬间里一个人仍然能够使得人们看上去显得严肃，但他也知道，他们在私下渴望着与他一同笑，他知道，如果他说话的话，在一瞬间里一个人仍然能够使得女人用扇子挡在两眼之前，但他知道她在扇子后面笑，他知道扇子并非是绝对不透明的，他知道一个人能够在它之上写下无形的文字，他知道，如果一个女人用扇子追打他，那么这是因为她理解了他，他知道那不会弄错的消息，关于笑是怎样潜入并隐秘地居住在一个人的心中的，并且在它获取了居所之后潜伏和等待着。让我们想象一下一个这样的阿里斯托芬，一个这样的伏尔泰，稍有变易；因为他同时也是一个令人同感的人物性格，他爱存在，他爱人类并且他知道，尽管笑的谴责也许会教养出一代得救的年轻人，这样在同时会有一大批人走向毁灭。这样，他沉默，尽可能忘记“去笑”这行为本身。但是他敢沉默吗？也许会有一些人根本不明白我所谈论的这麻烦。他们可能会认为“去沉默”是一种值得钦佩的高贵品性。这根本不是我的意思，因为我认为，每一个这样的人物性格，如果他不具备“去沉默”的慷慨，那么他就是一个“存在”的叛徒。这样，我要求他具备这一高贵品性；但是，如果他具备它，他敢沉默吗？伦理是一门危险的科学，无疑很有可能，阿里斯托芬因纯粹的伦理定性而决定去让笑审判那困惑的时代。审美的慷慨无法帮上什么；因为在这账户上人们不敢如此冒险。如果他要沉默，那么他就必须进入悖论。

我想再提示出一个构思，比如说一个人拥有一种对英雄的生命的解释，它以一种可悲的方式来解释这生命，但整个同时代却绝对安全地倚靠在这英雄身上而丝毫感觉不到这方面的事情。

方面所经历的所有这许多东西，——想来他们几乎是不会写得比纸张页头空白处所能容纳的文字更多。

只有在人们以这样的方式把浮士德反过来指向自己的时候，只有在这时，怀疑看上去才会是诗意的，只有在这时他才能自己也真正地去在现实中发现它的各种苦难。这样他知道，那承受着“存在”的东西是精神，但他也知道人类生存所在的安全和喜悦并不是立足于精神之权力，而很容易被解释为一种未经反思的至福。作为怀疑者，作为这怀疑者，他高于所有这一切，并且如果有人想要通过“让他以为他贯通了怀疑”来欺骗，那么他很容易就看穿这欺骗；因为，如果一个人在精神的世界里作出了运动，因此是无限的运动，那么，他马上就能够从这说白中听出这到底是一个经过了努力尝试的人在说，还是一个明希豪森[94]在说。帖木儿[95]以其匈奴能够做到的事情，浮士德知道他能够以自己的怀疑来做到，——把人们吓得惊惶地跳起来，让存在趺脚蹒跚，把人类弄得四分五裂，使人到处都听见恐惧的尖叫。如果他这样做的话，他则不是什么帖木儿，他在某种意义上是获得了授权的，他有着思想所批准的授权许可。但浮士德是一个令人有同感的人物性格，他爱存在，他的灵魂不认识任何妒忌，他看出他无法平息他所能够唤起的暴怒，他不欲求任何黑若斯达特斯式的荣耀[96]——他沉默，他小心翼翼地把“怀疑”藏在自己的灵魂里，比那将有罪的爱情之果[97]藏在心头之下的女孩更谨慎，他尽可能努力与其他人步调一致，但是那在他内心中发生的东西，他将之留在自身之中咀嚼，以这样一种方式，他将自身作为一种牺牲给予“那普遍的”。

我们有时能够听见一些人抱怨，如果一个头脑异乎寻常的人升起怀疑之涡旋，这时他们就会说：为什么他就不能够沉默呢。浮士德实现了这一理念。如果一个人有着关于“一个人依靠精神活着”意味了什么的观念，那么，他也就知道“怀疑之饥饿”意味了什么，知道怀疑就像渴求每天的食物一样地渴求着精神之营养。尽管浮士德所承受的所有这些痛苦可以是“那占据他的并非是骄傲”的很好论据，我还是应当使用一种我轻易地发明出的小小的谨慎性之工具；因为，正如黑米尼的贵格利因为作出对小孩子的审判而被称作是*幼童之刽子手*[98]，以这样的方式我不禁能够称我自己为*英雄之刽子手*[99]；因为在“让英雄们烦恼痛苦”的事情上，我是机智百出的。浮士德看见玛格丽特[100]，不是在“他选择了欲乐”之后；因为我的浮士德根本不选择欲乐，他不是在靡菲斯特的凹镜[101]之中看玛格丽特，而是在她可爱的无邪[102]之中看她，既然他的灵魂保存了对人类的爱，他也完全可能就爱上她。但他是一个怀疑者，他的怀疑为他毁去了现实；因为我的浮士德是如此理想，以至于他不属于那些每个学期在讲台上怀疑一小时的“科学的怀疑者们”（但这些科学的怀疑者们在这一小时之外是能够做一切别的事情，比如说也能够去怀疑而既不用“精神”的帮助、也不用依据于“精神”）。他是怀疑者，并且这怀疑者在同样程度上渴望“喜悦”的日常口粮，就像他渴望精神的食物。然而，他却忠实于自己的决定并且沉默，不对任何人谈论关于自己的怀疑，也不向玛格丽特说出自己的爱情。

这是理所当然的：浮士德是一个实在太理想的形象，以至于无法让自己满足于这样的闲话：如果他说了出来，那么他就会安排一场寻常的讨论，或者，这一切会毫无结果地过去，或者也许，或者也许。（在我们的时代有着这么些人，他们在“怀疑”的屁股后面跑，外在地进行论证想要证明他们真的曾经怀疑过，比如说，以博士证书[103]为证据，或者发誓说他们曾怀疑过一切，或者通过“他们在他们的旅行中和一个怀疑者不期而遇”来证明这一点，这些精神世界中的特快信使和迅速奔跑者们，他们以最快的速度在一个人这里得到一点关于“怀疑”的风声、在另一个人这里得到一点关于“信仰”的线索，而现在完全根据“会众们想要精盐还是粗盐[104]”来以最佳的方式经营着；在这里，正如每一个诗人很容易就会看见的，通过把浮士德带进与这些低俗滑稽的白痴们的一种反讽关系中，“那喜剧的”就在总体构思中沉眠着。）浮士德是实在太理想的一个人物而不可能拖着拖鞋走来走去。如果一个人没有无限的激情，那么他就不是理想的，而如果一个人有着一种无限的激情，那么他早就已经将自己的灵魂从这样的胡说八道之中拯救了出来。他为了牺牲自己而沉默，——或者他带着“他将混淆一切”的意识说话。

如果他沉默，那么，伦理就审判他；因为它说：“你要承认‘那普遍的’，而你恰恰是通过说话来承认它，你不得胆敢怜悯‘那普遍的’。”在一个人有时因为一个怀疑者说话而要对之进行严厉的审判时，他不应当忘记这一考虑。我并不倾向于对这样的行为作出温和的审判；但是在这里，正如在任何地方，关键是要看：运动是不是正常地发生。如果是最糟糕的情形，那么，我们宁可看重一个怀疑者，哪怕他是因为说话而把所有可能的不幸带给世界，也绝不要那些糟糕的馋鬼，他们品尝一切，不经过去认识“怀疑”就想要去治愈“怀疑”，因此在通常他们差不多就是怀疑之所以不断势不可当地冒出来的机缘。

如果他说话，那么他就混淆一切；因为，即使这在事实上并没有发生，他也要到事后才会知道，并且这结果对一个人并没有什么用，不管是在行为的瞬间还是考虑到责任。

如果他自负全责地保持沉默，那么他固然是行为高尚，但他却会在他本来所有的痛苦之上再加上一份小小的内心冲突[105]；因为“那普遍的”会不断地折磨他，并且说：你本应说话的；你凭什么确定那控制你的决定的不是一种隐性的自负？

相反，如果怀疑者能够成为那“作为‘单个的人’而处于一种与‘那绝对的’的绝对关系中”的单个的人[106]，那么，他就能够得到一种对于他的沉默的授权。在这样的情况下，他就必须把他的“怀疑”转化成“辜”。在这样的情况下，他就处于悖论之中，但是在这样的情况下，他的怀疑就痊愈了，尽管他还会得到别的怀疑。

甚至《新约全书》都会认可一种这样的沉默[107]。在《新约》中甚至有一些段落[108]赞美反讽，唯独它要被用于“隐藏那更好的东西”。这一运动却既可以是反讽的运动，也可以是每一种别的渊源于“主体性高于现实性”的东西的运动。在我们时代里，人们不愿对之有所知，除了黑格尔所说的东西，人们根本就不想再知道更多关于反讽；而够奇怪的，黑格尔对反讽并没有领会很多[109]，并且对它有着一种忿恨，而这忿恨则是我们时代有很好的理由不去放弃的；因为它只应当警惕着反讽。在登山宝训中说：你们禁食的时候，要梳头洗脸，不要叫人看出你禁食来[110]。这段简直就是见证了“主体性与现实性是无法共通的[111]”，是的，它得到了许可去欺骗。但愿那些在我们时代带着关于会众们的想法[112]的片言只语闲荡着走来走去的人们会读一读新约，如果那样的话，他们也许就会有别的想法。

但是，现在我们回到亚伯拉罕，他是怎么作出行为的？因为我没有忘记，现在我也许应当请读者们回想一下，我让我进入所有的前面这些考究，就是为了达到这一点，并非是似乎亚伯拉罕因此变得更明白易懂，而是为了让这不可理解性能够变得更具跳跃性；因为，如我在前面所说，亚伯拉罕不是我所能明白的，而我只能是景仰他。前面也作出了说明，在所有这些被描述阶段之中，并不包含有一个与亚伯拉罕的类比；它们之所以得以展开，是为了在它们被展示于它们自身层面之中的同时也让它们能够在偏差的瞬间[113]直接地暗示出这不为人所认识的国土的边界。如果要说一种类比，那么这就必须是“罪”的悖论，而这又处在另一个层面之中而无法解释亚伯拉罕，而且解释它本身要比解释亚伯拉罕容易得多。

于是，亚伯拉罕不说话，他不与撒拉说，不与以利以谢说，不与以撒说，他跳过了三个伦理的审判阶段；因为“那伦理的”比起家庭生活，对于亚伯拉罕，并不具备更高的表达。

审美允许，甚至要求，单个的人沉默，如果他通过沉默能够拯救另一个人。这一点已经足够地展示了，亚伯拉罕不在审美的领域之内。他的沉默绝不是为了拯救以撒；正如在总体上他的全部任务，“为自身和为上帝的缘故而献祭以撒”，对于审美来说是一种冒犯[114]；因为审美无疑能够理解“我牺牲我自己”，但无法理解“我为自己的缘故牺牲另一个人”。审美意义上的英雄是沉默的。伦理却因为“他依据着自身偶然的单个性[115]而沉默”而审判他。那决定他去沉默的，是他在人情意义上的先见之明。这是伦理所无法原谅的，每一种这样的人情上的知识都只是一种幻觉，伦理要求一种无限的运动，它要求公开。审美的英雄当然能够说话，但却不想说。

真正的悲剧英雄为“那普遍的”而牺牲自己和自己的一切；他的作为，他内心中的每一次感动都是属于“那普遍的”，他是公开的，并且在这种公开之中他是伦理之爱子。这情形不符合亚伯拉罕，他不为“那普遍的”做任何事情，并且他是隐秘的。

现在我们站在“悖论”面前。要么那单个的人能够作为“单个的人”处于一种与“那绝对的”的绝对关系中，这样，“那伦理的”就不是最高的东西；要么亚伯拉罕就是迷失了，他既不是一个悲剧英雄也不是一个审美意义上的英雄。

在这里我们以某种方式又可以这样看：这悖论是一切之中最轻松和最容易的。然而我却有必要重复：如果一个人相信事情就是如此的话，那么，他就不是一个信仰的骑士，因为艰难和恐惧是唯一可想象的正当理由，尽管这在通常的情形中是无法想象的；因为如果是“可想象的”的话，那么悖论就被取消了。

亚伯拉罕沉默，——但是他不能够说出来，这之中有着艰难和恐惧。就是说，在我说话的时候，如果我无法使得我被人理解，那么我就没有在说话，尽管我日日夜夜不停地说着。这就是亚伯拉罕的情形。他能够说一切，但是一样东西他无法说，并且，而他无法说这个，亦即，他无法以这样一种方式说这个——“另一个人能够明白他所说的”，那么他就没有说。在“说话”之中起着缓解作用的是：“说话”在“那普遍的”之中将我翻译出来。现在，关于他怎样爱以撒，亚伯拉罕能够说出语言所能够达成的最美丽的东西。但这不是他心意之中所想的，那更深的是：他要献祭他，因为这是一场考验。这后者是任何人都无法理解的，这样，每个人只能够误解那前者。这一艰难是悲剧英雄所不认识的。首先，他有着这样的安慰：每一种反对的抗辩都得到了应得的位置，对于克吕泰涅斯特拉、对于伊菲革涅亚、对于阿喀琉斯、对于合唱队、对于每一个活着的生灵、对于每一种人类心灵的声音以及对于每一个狡猾的、每一个令人焦虑的、每一个指控着的、每一个怜悯的想法，他能够给予他（她/它）们机会站出来反对他。他能够确定，一切能够被允许说出来反对他的话都被说了出来，无情地、没有任何仁慈地被说了出来，——并且，“与整个世界作斗争”是一种安慰，“与自己作斗争”是可怕的；他不用怕自己忽略了什么而以至于在之后的什么时候会像爱德华四世知道了关于克拉伦斯被杀的消息时高声叫喊[116]：

> 谁替他向我求过情？谁在我盛怒之际
> 跪在我的脚前要我审慎行事？
> 谁提起过手足之情？谁谈起过爱？[117]①

悲剧的英雄不认识“孤独”所具备的可怕责任。接着他有着这样的安慰：他能够与克吕泰涅斯特拉和伊菲革涅亚[118]一同哭泣和悲伤，并且，眼泪和哭叫能够息痛缓解，而不可言说的叹息[119]则煎熬着人。阿伽门农能够马上让自己灵魂进入确定的信念：他要行动；这时他还有时间去安慰和鼓励。这是亚伯拉罕所不能的。如果他的心灵受到了感动，如果他的言词要包含对这整个世界的至福的安慰，那么，他不敢安慰，因为，撒拉岂不会、以利以谢岂不会、以撒岂不会对他说：“那么你到底为什么要这样做？你完全可以不用这样做。”而在他走向那最终的结局之前，如果他在自己的艰难之中想要找到排泄口，想要拥抱一切他所爱

① 参看第二幕第一场。

的，那么他也许就造成这样的可怕结果：撒拉、以利以谢、以撒对他愤慨并且认为他是一个虚伪者。说话是他所不能够的，他不说人的语言。哪怕他懂得大地上的所有本地语言，哪怕那些他所爱的人们也懂得这些语言，他却不能够说——他在以一种神圣的本地语言说话，他在用方言说话[120]。

这种艰难是我所能够明白的，我能够景仰亚伯拉罕，我不怕有人会因这个故事而受诱惑去轻率地想要成为单个的人，但我也承认，我没有勇气这样做，并且，如果只要有这个可能，到了一个时候，哪怕是很晚很迟，如果我能够达到这样的点上的话，那么，我会带着欣喜放弃每一幅“继续向前”[121]的蓝图。亚伯拉罕在每一瞬间都能够中止，他能够把这一切作为一种信心的犹疑[122]来悔，这样，他就能够说话，这样，所有人就都能明白他，——但这样，他也就不再是亚伯拉罕了。

亚伯拉罕不能够说话；因为这全部解释的话都是他所不能说的（亦即，这样一来，别人就能够明白）：这是一种考验，请注意，是这样的考验，在这场考验中“那伦理的”是一种诱惑。如果一个人被置于这样的处境，那么他就是一个来自“那普遍的”的层面的移民。而接下来的则是他更无法说的。就是说，亚伯拉罕（如我们在前面进行了足够阐述的）作出两种运动。他作出“放弃”的无限运动，并且放弃以撒，这是无人能够明白的，因为这是一种私下的行动计划；但在这之后他每一刻都在作出信仰的运动。这是他的安慰，因为，他说：但这事不会发生，或者，即使这事发生，主则也会给我一个新的以撒，就是说，依据于“那荒谬的”。那悲剧的英雄[123]，他则在自己的故事中得到终结。伊菲革涅亚屈从了父亲的决定，她自己作出了“放弃”的无限运动，并且他们现在处在了相互间的理解之中。她能够理解阿伽门农，因为他的行动计划表达了“那普遍的”。相反，如果阿伽门农对她说：“尽管神要求你作为牺牲，然而还是有这样的可能，依据于那荒谬的，他[124]不要求这个了”，那么在这同一瞬间他对于伊菲革涅亚就变得不可理解了。如果他能够依据于人性的算计来说出这个，那么伊菲革涅亚肯定会理解他；但是这样一来的结果就会是：阿伽门农没有作出“放弃”的无限运动，这样，他不是英雄，这样，占卜者的陈述就是由航海船长带回家来的天方夜谭[125]，而整个事件就是一出杂耍剧[126]。

亚伯拉罕并没有说话。只一句话被为他留下，唯一的一句对以撒的说白，并且这句说白也足以证明，他在这之前没有说话。以撒对亚伯拉罕提出这问题：献祭的羔羊在哪里。“亚伯拉罕说，我儿，神必自己预备作燔祭的羊羔。”[127]

我要在这里进一步考察一下亚伯拉罕的这最后的一句话。如果这句话不在，那么，这整个事件就缺少一些什么，如果这句话有所不同，那么一切也许就会消释在困惑之中。

一个悲剧英雄（不管他是在对苦难的承受中还是在他的行为中达到情节发展的最高潮）是否应当有最后一句说白，这个问题常常是我思考的对象。根据我所能够作出的评估，这要看他属于怎样的生活层面，他的生活是否有智性方面的意义，他对苦难的承受或者他的行为是否处于与精神的关系之中。

不用说，悲剧的英雄在其情节发展高潮的瞬间，就像每一个没有失去语言能力的其他人，能够说上几句话，也许几句合适的话，但是问题在于，去说出这些话对于他是否合适。如果他的生活意义是在于一种外在的作为之中，那么，他就没有什么可说的，那么所有他所说的东西在本质上都是无足轻重的闲话，通过这些话他只能够减弱他自身的印象，相反，悲剧仪式的展示则要求他沉默地完成自己的任务，不管这任务是由他的行为还是由他对苦难的承受构成的。为了不走得太远，我就拿距离最近的来做例子。如果阿伽门农自己，而不是卡尔卡斯[128]，要对伊菲革涅亚举起刀子，那么通过“在最后的瞬间想要说几句话”他就只是贬低了自己的形象；因为他的作为所具的意义是路人皆知的，虔诚之过程、怜悯之过程、感情之过程、泪水之过程全都完成了，并且另外他的生命与精神没有任何关系，亦即，他不是导师，也不是精神见证。相反，如果一个英雄的生命在精神的方向上有着意义，那么，说白之缺乏就会弱化他的印象。这时他可说的不是几句合适的话，不是一段小小的慷慨说词，他的说白的意义是在于：他在决定性的瞬间完成自己。一个这样的智性意义上的悲剧英雄，他应当有最后的话，并且他应当保留这最后的话。就像那种适合于每一个悲剧英雄的情形，人们想从他这里要求同样的光环笼罩的姿态，但这时人们还要求有一句话 。只要一个这样的智性意义上的悲剧英雄是在一种对苦难的承受中（在死亡之中）达到情节发展的最高潮，那么，他在他死前的这最后一句话之中变得不朽（相反，普通的悲剧英雄则在自己死亡之后才变得不朽）。

苏格拉底可以被用来作为一个例子。他是一个智性意义上的悲剧英雄。人们向他宣布了他的死刑[129]。在这一瞬间他死了，因为，如果一个人不懂得"'去死亡'这一行为要求精神的全部力量"，不懂得"英雄总是在自己死前就已经死去"，那么他就不会在对生命的观察思考中走得很远。作为英雄，对苏格拉底的要求是：现在他要安宁自在；但是作为智性意义上的悲剧英雄，对他的要求是：在这最后一瞬间，他要有足够的精神力量去完成自己。他不能够像普通的英雄那样把心思集中在"保持让自己面对死亡"上，他必须尽快地作出这一运动，这样，他在同一瞬间有意识地既超越这一斗争又强调出自身。这样，如果苏格拉底在死亡的关头哑默了，那么他就弱化了他生命的作用、唤起一种怀疑——"他身上那反讽的伸缩性不是一种世界力量，而是一种游戏[130]，其弹力在这决定性的瞬间必须根据颠倒过来的尺度来保持让他激情洋溢"①[131]。

在这里简短地提示出的意思肯定是无法被运用到亚伯拉罕的身上的，即使人们认为借助于类比应当能够为亚伯拉罕找到适当的话语来作为终结，当然这之中有这样的前提，就是说，如果人们认识到这样的一种必然性：亚伯拉罕在最后的一瞬间必须完成自己，不是必须沉默地拔刀，而是必须说出一句话来，因为他作为信仰之父在精神的方向上有着绝对的意义。关于"他所要说的东西会是什么"，我在他说出来之前无法想象；在他说了之后，我想来是能够明白的，在某种意义上，我想我是能够明白亚伯拉罕他所说的，但却无法因此而（比起我在前面的文字中趋近他的距离）更接近他。假如苏格拉底不存在任何最后的说白，那么我能够在他的立场上设身处地构建出一句这样的话语，就算我做不到，那么会有一个诗人能够做得到，但是，任何诗人都无法达到亚伯拉罕。

在我更进一步考虑亚伯拉罕的最后话语之前，我首先必须提请注意"在总体上说亚伯拉罕会说出什么"这一点上的麻烦。这悖论中的艰难和

---

① 苏格拉底的哪一段说辞可以被看作是决定性的，对这个问题人们意见不一，因为在柏拉图那里，以许多方式，苏格拉底是被诗意地挥发掉了。我作出如下建议：人们向他宣告死亡判决，在同一瞬间他死去，在同一瞬间他克服死亡并且在著名的答复之中完成自己，——他的答复是：他真奇怪他被三票的多数审判了。任何空闲中随便作出的集市演说，任何出自一个白痴的愚蠢说明，都比不上那判掉他自己的生命的死亡判决那样能够让他反讽地用来作笑柄了。

恐惧，像上面所阐述的那样，恰恰就在沉默之中，亚伯拉罕无法说话①[132]。这样一来，“要求他应当说话”就是自相矛盾，除非人们是想要让他再出离悖论，以这样的方式，让他在决定性的瞬间悬置悖论，这样他就由此而停止“是亚伯拉罕”并且取消掉这之前所发生的一切。这样，如果现在亚伯拉罕要在决定性的瞬间对以撒说：“这就是你啊”[133]，那么，这只会是一种弱点。因为，如果他要能够说话的话，那么他必定在很久之前就说话了，弱点会是在于：他不曾具备精神的成熟和集中来预先思考全部的痛苦，而从自身之中推卸出一些什么，这样一来，那真正的痛苦相比于他所想象的就是一个更多的痛苦。另外，通过这样一种“说话”，他就从悖论之中脱落出来了，并且，如果他真的想要与以撒说话，他就必定把自己的状态转化为一种信心的犹疑[134]；因为否则的话，他就无法说任何东西，而如果他说，那么他就甚至连“悲剧的英雄”都不是了。

然而，亚伯拉罕是有着一句最后的话被保留下来的，如果我能够明白悖论的话，我也能够明白亚伯拉罕在这句话之中的完全在场。首先最重要的，他是什么都没有说，而在这样的形式里他说出了一切他要说的。他对以撒的回答有着反讽的形式，因为在我说着一些什么却又不在说着一些什么的时候，这总是反讽。以撒带着“亚伯拉罕是知道的”这样的设想问亚伯拉罕。如果现在亚伯拉罕要说“我什么都不知道”，那么他就说出了一个不真相。“说一些什么”是他所不能够的；因为他所知道的，是他所不能够说的。这样他就回答：我儿，神必自己预备作燔祭的羊羔！[135]从这里人们可以看见亚伯拉罕灵魂中的双重运动，就像在前面的文字中所描述的那样。如果亚伯拉罕只是放弃了以撒而没有做更多，那么他就说了一个非真相；因为他当然知道，上帝要求以撒为牺牲，他知道，他自己恰恰是在这一瞬间里准备好了去献祭他。在他作出了这一运动之后，他在每一瞬间都在作着下一个运动，依据于“那荒谬的”作出信仰的运动。在这样的情况下，他没有说任何非真相；因为，依据于“那荒谬的”完全可能：上帝会做出什么完全别的事情来。于是他没有说任何非真相，但他却也不说什么；因为他以一种异乡的方言说话[136]。这一点变得尤其明显，特别是

① 如果说有什么类比是可能的话，毕达哥拉斯的死亡处境能够给出一个这样的类比，因为他必定将他所一直强调的沉默实施到自己的最后一瞬间，因此他说：宁可被杀也不说话。参看第欧根尼的第八书 § 39。

在我们考虑到那要献祭以撒的就是亚伯拉罕自己的时候。如果这任务是一个其他的事，如果主让亚伯拉罕把以撒带到摩利亚山上后自己让雷电击中以撒而以这样的方式把他作为牺牲拿下，那么，在一种坦白的意义上，亚伯拉罕就能够有理由那么神秘地说话，就像他所说的那样神秘；因为那样的话，他自己也不知道什么事情将会发生。然而这任务就是这样地被置于亚伯拉罕面前，他要自己去作出行为，因而，他必须在决定性的瞬间知道他自己想要做什么，因而，他必须知道：以撒要被作为牺牲而献祭。如果他不是带着确定性知道这一点，那么他就没有作出"放弃"的无限运动，那么固然他的话不是不真相，但他则也远远不会是亚伯拉罕，他的意义就更不及一个悲剧英雄，是的，他是一个不果断的人，既不能决定去做这件事也不能决定去做那件事，并且因此会以谜语的方式说话。但是，一个这样的犹疑者简直就像是对信仰之骑士的滑稽模仿。

在这里又显示出：人们固然能够理解亚伯拉罕，但却只能以一种理解悖论的方式来理解他。对我来说，我当然能够理解亚伯拉罕，但也知道我没有勇气去以这样的方式说话，正如我没有勇气去像亚伯拉罕那样地作出行为；但我绝不是因此在说这是某种不足取的行为，因为恰恰相反，这是唯一的奇妙的行为。

现在，我们的这个时代是怎样评判悲剧的英雄的呢？他是伟大的，这个时代景仰他。并且，那个高尚者们的值得尊敬的集团，由每一代人为审判已成为过去的上一代而构建出来的陪审团，它也作出一样的评判。但亚伯拉罕则没有人能够理解。他到底达到了什么呢？他所达到的是：他忠诚于自己的爱。而那爱上帝的人，他无需泪水、无需景仰，他在爱之中忘却苦难，是的，如此全然地忘却苦难，以至于在之后不会存在一丁点对他的痛苦的痕迹，如果上帝自己不使人想起它的话；因为他在暗中察看[137]，并且知道艰难、计数着泪水，他什么都不会忘记。

要么有着一个悖论，单个的人作为"单个的人"处于一种与"那绝对的"的绝对关系之中，要么亚伯拉罕就是迷失了。

注释：

1　那公开的（Aabenbare）。

2　那隐秘的人（den Skjulte）。

3　隐秘（Skjulthed）。

4　信心的犹疑（Anfægtelse）。见前面的关于 anfægtelse 一词的注脚。

5　中间物（Melleminstantser）。

6　那中介（Mediationen）。

7　［不可比性（Incommensurabilitet）］在数学上说是“不可通约性”，比如说 8 和 9 两者没有可供通约的单位。就是说，不可比较的。

8　公开（Aabenbarelse）。

9　［黑格尔哲学……谈论信仰］根据黑格尔的思辨的、辩证的方法，每一个知识领域的概念发展以“那直接的”为出发点，然后显示出高于“那直接的”的矛盾对立。通过矛盾在一个更高的立场被意识到，矛盾对立必然地被取消，矛盾双方被扬弃，然后再显示出新的矛盾对立，进入新的更高点，如此循环发展，直到“那绝对的”扬弃每一个矛盾。以这样的方式，最初的直接性就是那被扬弃于更高的知识的东西，但是如果只是不应当比信仰更高，那么信仰按照克尔凯郭尔的理解就得被看成是在那最高的知识本身之后来到的第二种直接性。这样一来，那作为第二种直接性的信仰就得落到哲学的概念发展之外。

10　［“那令人感兴趣的（det Interessante）”的范畴］施莱格尔（Friedrich Schlegel）在《论希腊诗歌的阶段》中提出了“那令人感兴趣的（Det Interessante）”作为一种美学范畴。

这个名词包括各种艺术效果上的手段，这些手段因其刺激的、引人注意的、破坏和谐的和直接地令人紧张的作用力而使得观众感到愉快，但却使得评论家们很恼火，因为评论家们将之看成是“不美的”因此而与艺术无关。这样，“那令人感兴趣的”既联系到艺术家以其各种不断地更为引人入胜的手段对观众的吸引力，也联系到那被视作是“现代人所不可避免的一部分”的反思之元素。

在丹麦，海贝尔（J. L. Heiberg）在他对丹麦诗人欧伦施莱格尔（Oehlenschläger）的戏剧《迪娜》（*Dina*）的评论中用到“那令人感兴趣的”这个概念。文章发表在海贝尔所出版的《智识杂志》（*Intelligensblade*）上第 16 期和第 17 期，1842 年 11 月 15 日，写道：“总之它［那古典的悲剧］不认识‘那令人感兴趣的’，这是一个现代概念，对于这个概念，那些古代语言根本没有什么相应的表达词。这一点同时标示了古典悲剧中那伟大的、那庞大的，还有它的限定；因为，由此的词的结论是，就像那个诗人所要求的人物描述越多，那么那在根本上存在的人物发展就越少；在这里也就是，没有什么可发展了，就像在一尊大理石像中那样没有任何可发展的东西；一切在开始的时候已经在所有它的剪影中被塑像般地定性了，甚至是预先就定性了。”

后来在评论中海贝尔写道：“从引文中我们将看到，这一范畴，特别是在《迪娜》中得到运用的，是‘那令人感兴趣的’，一种特别流行的用词，所有人都理解这个词，甚至那些不懂得任何别的美学概念定性的人们也理解它。在上面我已经借机会指出：‘那令人感兴趣的’是一个属于当代艺术的概念。”海贝尔继续写道：“许多有教养的人们，特别是那些从沃尔特·司各特、布尔沃、斯克里布和维克多·雨果那里获得了最大可能的诗意享受的人们，在人们问他们有没有在剧院的这一或者那一场出色表演中获得愉快的时候，他们几乎发火。‘感到愉快?’他们带着愤慨回答：‘不，那是一场高度地使我感兴趣的表演。’他们不知道‘那使人愉快的’，正如在另一方面‘那升华的’、‘那崇高的’是指向一种直接的内在心境，比‘那感兴趣的’在远远更高的程度上标志了艺术的结果，而在‘那感兴趣的’之中则还包括了那么多的出自反思的东西。”

11 仿宋体处在丹麦文版中是拉丁语：in discrimine rerum（在转变之关键时刻）。

12 仿宋体处在丹麦文版中是拉丁语：pro virili（尽自己所能）。

13 ［艺术勤奋］一种手工意义上的勤奋被用在艺术上，往往是指在生产某种工艺品时的勤奋。

14 一般来说，克尔凯郭尔是把反讽作为审美与伦理间的边界线。但在这里他也说及了苏格拉底作为最令人感兴趣的人，于是等于也就把反讽放进了“那感兴趣的”的位置。

15 ［体系］见前文中的关于黑格尔哲学的注脚。

16 这个希腊词 αναγνωQισις，这里我翻译为“认出”的这个词，因为克尔凯郭尔的丹麦语相应用词 Gjenkjendelse 的意义是“认出，重新辨认出”。在商务印书馆陈忠梅译注（1996 年，北京）的亚里士多德《诗学》中，αναγνωQισις 被译作“发现”，而 πεQιπετεια 被译作“突转”。对后者，我在这里按商务印书馆的《诗学》译本的译法使用“突转”。

17 仿宋体处在丹麦文版中是希腊语：δυο μεν ουν του μυσου μεϑη，πεϑι ταυτ´ εστι，πεϑιπετεια χαι αναγνωϱισις（cfr. cap. 11）（神话的两个部分，就是说，突转和认出，对于这些事件来说是决定性的〈参看第十一章〉）。

18 在丹麦文版中“认出”前有着希腊语的同义词。原句直译为：“αναγνωϱισις（希腊语：认出，对一种不明关联的认识），认出”。

19 仿宋体处在丹麦文版中是拉丁语：eo ipso（正因此）。

20 仿宋体处在丹麦文版中是希腊语：πεϑιπετεια（突转）

21 仿宋体处在丹麦文版中是希腊语：αναγνωϑισις（认出）。

22 ［相互叠合］在《诗学》第十一章中说及“最好的认出与突转同时发生，比如说在《俄底浦斯》中的认出”。

23 ［关于那单个的和那双重的认出］亚里士多德对于双重认出的例子是伊菲革涅亚与俄瑞斯忒斯在欧里庇德斯的悲剧《伊菲革涅亚在奥利斯》中的故事。《诗学》第十一章中说及，“有时候，一方的身份是明确的，因此认出其实是另一方的事情，有时双方则必须相互认出。例如因为伊菲革涅亚托人送信，俄瑞斯忒斯认出了她，而伊菲革涅亚则必须通过再一次认出才认出俄瑞斯忒斯。”

24 冥思性（Fortabelse）。

25 在丹麦文中“获得想法”、“想出计划”与“受孕”是同一个动词。

26 ［容易得就像雌山鹑受孕……在自己头上飞过就够了］亚里士多德在他的自然史中描述了山鹑的繁殖习惯，但是克尔凯郭尔的资料来源是卡尔丹（Hieronymus Cardanus）的著作。

27 这里在丹麦文中是“frem for（而不）”而不是“frem for alt（尤其）”，所以，应当是“而不是”的意思，尽管在 Hong 的英文版和 P. – H. TISSEAU 所译的法文版中都被译作“尤其是”。我手头没有德文版的，所以无法再到某个德语版本中去找参考。但是既然两个版本都译作“尤其是”，我难免对自己的“而不”也有所怀疑；于是我去了克尔凯郭尔研究中心，就这个问题与卡布伦先生进行了讨论，结果我们一致认为，在这一点上，我所对照的英文版和法文版都翻译错了，这样，正确的中文翻译应当是“而不是”。

P. – H. TISSEAU 所译的法文版：“Elle invite à croire à la réalité et à lutter courageusement contre toutes ses vicissitudes, surtout contre ces souffrances fant? mes que l’ on se forge sous sa proper responsabilité. . . ”

Hong 的英文版：“It bids a man believe in reality and have courage to fight against all the afflictions of reality, and still more against the bloodless sufferings he has assumed on his own responsibility. ”

28 ［克吕泰尼斯特拉］阿伽门农的妻子

29 内心冲突（Anfægtelse）。见前面的关于 anfægtelse 一词的注脚。

30 ［老仆人］当时是一个老奴没有询问阿伽门农而自己向伊菲革涅亚的母亲说出事情的真正关联：“你的女儿要被杀死，要由她父亲亲手杀死。”《伊菲革涅亚在奥利斯》第 861 句起。

31 ［伦理之爱子，它喜悦他］参看《马可福音》（1∶11）在耶稣接受施洗的约翰的洗礼时，天裂开圣灵以鸽子的形落在他身上，“又有声音从天上来说，你是我的爱子，我喜悦你”。

32 仿宋体处在丹麦文版中是拉丁语：argumentum ad hominem（诉诸人身的辩论）。

［argumentum ad hominem］拉丁语，“诉诸人身的辩论”：辩论时针对辩论对手作人身攻击而不是针对论点。

33 ［耶弗他的女儿］见前面的关于《士师记》耶弗他的注脚。

34 ［在父亲的脚下，并且使用自己的所有“只是泪水”的艺术，不是用橄榄枝而是用她自己缠绕他的膝盖（参看第 1224 句）］最后，一家人相互面对，在母亲的祈求之后，祈求道：“我的父亲！如果我能够有俄耳弗斯的魔音，/借助歌声让山石跟随我，/借助于话语融化我想融化的人，/那么我会去求助于这力量；但我的全部艺术/只是泪水；我想和我能给你的就是这些泪水。/我不是用橄榄枝而是用我自己缠上你的双膝，/我自己——那个女人为你生下的人。"《伊菲革涅亚在奥利斯》第1220句起。橄榄枝表达祈求慈悲的愿望。

35　内在性（Inderligheden）。

36　［在埃莫离开普绪客……一个人］古典神话中的埃莫（Amor）和普绪客（Psyche）的故事被罗马讽刺作家Lucius Apuleius（生于约125年）重写，他把这故事加上许多其他插入的内容置于他的讽刺长篇小说《变形记》（*Metamorphoses*）（"金驴"）。其中讲述了埃莫爱上了绝美的普绪客；国王的女儿的普绪客，因为她的美丽引起诸神的嫉妒，爱神埃莫本来是要设法让普绪克去和一条龙结合。普绪克被遗弃在一座高山上，而风神西风老人（Zephyr）轻轻地把她抬到深谷中，将她放置在一张花床中。埃莫自己爱上了普绪克。但是只在夜里找她，并且禁止她反过来找他，他要求她保守他们的秘密；如果她做到这一点，他们的孩子就会是神性的，并且因此而不死；如果她不这样做，那么他们的孩子就是凡人，并且会有死的一天。在克尔凯郭尔的日记JJ中有一个1842年的笔记，他写道："埃莫离开普绪客的时候对她说：你将成为一个孩子的母亲，这孩子将会成为神的孩子，如果你沉默，然而如果你泄露出这秘密，那么他只是一个人。"

在克尔凯郭尔写《非此即彼》的时候，他用上了"埃莫和普绪客"并且抄下了上面所引句子。

37　默契（Samviden）。

38　对克尔凯郭尔的脚注的注脚：

仿宋体处在丹麦文版中是德语：hamburgische Dramaturgie（汉堡戏剧剧作指导）；以及拉丁语：Theologia viatorum（漫步者的神学）。

［莱辛……hamburgische Dramaturgie］莱辛（G. E. Lessing）在他的《汉堡戏剧剧作指导》（他的极有影响的戏剧批评和戏剧思考集）中最初的两部剧中集中思考着关于"das christliche Trauerspiel"（德语：基督教悲剧），以一部德文版的托尔夸托·塔索剧作《奥林多和索法拉尼亚》为背景。

［Theologia viatorum］拉丁语，漫步者们的神学，是"theologia beatorum"（至福者们的神学）对立面。

39　［占卜师］古罗马通过鸟的叫声、飞行和腹内物来卜吉凶晓神谕的祭司们。

40　［亚里士多德……他来接新娘的关键一刻突然改变了自己的计划］楷体字出自亚里士多德的《政治学》第五篇第四章（1303b 37 —1304a 4）。

中文译本可看商务印书馆出版的吴寿彭译本（1983）"新郎在迎娶之夕，在女家中偶见一个不吉的征兆，便匆忙地脱身而回，丢下了新妇"（第244页）。

克尔凯郭尔的引文译自德语译本（与中文译本不同）。

41　对克尔凯郭尔的脚注的注脚：

［这灾难性的故事……他被判作圣殿盗。］就是说，具体情况导致了特尔斐的政治骚动。克尔凯郭尔译自德语译本。

希腊语中“灾难”这个词（丹麦语德语中的“灾难/katastrofe – Katastrophe”也是源自希腊语）是一个与戏剧有关的词，本来是指转向恶化并且通过恶化阴谋被释放出来的转折点。

42　［婚姻在天堂里缔结］也许是暗指婚礼仪式上牧师对新婚夫妇所说的话。

43　［这神圣的联盟］戏指1815年介于俄国、普鲁士和奥地利间达成的神圣联盟。之后一些欧洲别的国家也加入，包括1816年加入的丹麦。这联盟是拿破仑失败后决定欧洲秩序的一系列国际条约的一部分，是由俄国的有着宗教意图的沙皇亚历山大一世发起的。这联盟以“神圣不可分的三位一体”的名义而得名的。解散于1830年。克尔凯郭尔在这里作为对婚姻的比喻。

44　［上天自己拆开那上天自己结合起的东西］也许是指《马太福音》（19：4—6），之中耶稣说“那起初造人的，是造男造女，并且说，因此，人要离开父母，与妻子连合，二人成为一体。这经你们没有念过么。既然如此，夫妻不再是两个人，乃是一体的了。所以神所配合的，人不可分开”。

45　就是说，美丽到了极点。

46　［一种浪漫关系］在这里就是说一种婚外的、无义务的关系。

［他妹妹则是理想者……一个拉班］指《创世记》（29∶15—30）中的故事。狡猾的拉班欺骗雅各。雅各爱上拉班美丽的小女儿拉结，为此他为拉班干活七年，拉班却用姐姐利亚来顶替拉结与雅各结婚。

47　［阿克塞尔和瓦尔堡……拆开的一对人］欧伦施莱格尔（Oehlenschläger）的悲剧《阿克塞尔和瓦尔堡》（1810），故事是讲中世纪挪威的事情。哈空王追求瓦尔堡，而瓦尔堡深爱阿克塞尔，正如阿克塞尔爱瓦尔堡。悲剧出现，因为这一对人是亲戚并且曾共同受洗（接受同一场再浸礼）；但对这些事实这对恋人有不同的态度。于是，阿克塞尔成功地获得了教皇对这一“乱伦关系”——他在青春期宣誓忠诚的关系。国王诡计多端的顾问却很清楚教会的法规，并且成功地在尼达罗的大教堂达成了教会对这禁忌之爱的摒弃：“正如国王的剑，在圣职者的手上，在这里割开这块旗幔，这样，上天远远地把阿克塞尔·托尔德森与瓦尔堡，伊玛的女儿分开。”

48　仿宋体处在丹麦文版中是拉丁语：in casu（在眼下的情形中）。

49　实在性（Realitet）。

50　仿宋体处在丹麦文版中是拉丁语：publici juris（公共事物）。

51　仿宋体处在丹麦文版中是拉丁语：Privatissimum（私人的事）。

52　仿宋体处在丹麦文版中是拉丁语：ni fallor（如果我没有记错的话）。

53　［伊丽莎白女王……她因此而死］伊丽莎白一世（1558—1603），英国女王。莱辛（G. E. Lessing）在《汉堡戏剧剧作指导》（1767）中的第22和23部剧中关注于历史剧中的事实与虚构的问题，并且引用了高乃依的悲剧《埃塞克斯伯爵》（*Der Graf von Essex*）（1678），一部关于伊丽莎白女王和埃塞克斯伯爵间的关系的历史叙述：因为政治原因，伊丽莎白不得不让自己所爱的伯爵被处决，这事实上在1601年发生。一年后，诺丁汉伯爵夫人临死前她让人找来女王并说出了，其实是因为她的缘故而使得埃塞克斯伯爵没有获得特赦。就是说，埃塞克斯伯爵试图通过一个宫廷女侍，斯克洛普女士，从监狱给女王伊丽莎白送一枚戒指去，这戒指是约定了作为他想要得到特赦的愿望表达。不幸这戒指到了诺丁汉伯爵夫人手中，因为诺丁汉伯爵和埃塞克斯伯爵是死敌，他禁止自己的妻子让这戒指到达目的地来导致特赦。

54 [《阿格妮特和男人鱼》的传说] 民歌中的故事，一般可以在《中世纪丹麦歌谣选》中的“阿格妮特和男人鱼”读到。后来又得到巴格森和安徒生的加工。歌谣中的最初三段是：“阿格妮特站在郝宇罗夫特桥上，/马上就有一个男人鱼从水底冒出来。/哈哈哈！/马上就有一个男人鱼从水底冒出来。//你听见吗，阿格妮特！我对你说的：/“你愿成为我的情人吗?”/哈哈哈！/“你愿成为我的情人吗?”//“是，我真的很愿意/如果你把我一起带到海底”/哈哈哈！/“如果你把我一起带到海底。”

巴格森所描述的比起克尔凯郭尔的印象其实在心理学的角度描述得更精细：“阿格妮特是无辜的，/陷入爱河而忠诚/但是她总是孤独，/她得不到安宁/从没有安宁/她当然让别人喜欢；/但她从不曾快乐。//阿格妮特她凝视着/在蓝色的波浪中/看！这时来了男人鱼/从海底站出来/站出来/但是阿格妮特总是/她看着波浪。”

巴格森的改写中有一段进入了克尔凯郭尔写给瑞吉娜·欧伦森的信中。

安徒生以戏剧形式改写的《阿格妮特和男人鱼》（1834）成为一个失败，在皇家剧院只演过两次，1843年4月20日和5月2日。

55 无辜（Uskylden）。

56 [人们能够从传说中知道的] 通过一个无辜女孩的介入，一个妖怪能够得到拯救，这是人们都知道的一个童话动机，但不是《阿格妮特和男人鱼》的动机。

57 [那令人感兴趣的] 见前面的注脚，“那令人感兴趣的”的范畴。

58 [先存] 预先之在；一种先于存在或者为存在构建初始的状态。

59 对克尔凯郭尔的脚注的注脚：

仿宋体处在丹麦文版中是拉丁语：pecus（牲畜）。

60 悔（Anger）。

61 反悖论（Modparadoxet）。

62 罪（Synden）。

63 仿宋体处在丹麦文版中是拉丁语：conditio sine qua non（不可或缺的条件）。

64 换一种说法就是：……因为，“那普遍的”想要从“那缺少不可或缺的条件的人”那里要求出自己（这“自己”就是“那普遍的”），这是“那普遍的”的一个矛盾。

65　仿宋体处在丹麦文版中是拉丁语：eo ipso（恰恰因此）。

66　［哲学教导我们……那直接的］见前面的关于黑格尔哲学的注脚。

67　悔（Angeren）。

68　［格纳夫游戏］一种特别的游戏形式，也被称作交换游戏或者 Kis - Kis。玩游戏的人们从一个口袋里依次摸出有着不同形象（杜鹃、龙、猫、马、房子、罐、猫头鹰和小丑）和数字（从 12 到 0）的相克的牌，有着特定的规则。

69　［对于“灵魂的不死性”……蔓延开］这里暗示了德国路德维希·费尔巴哈的左翼黑格尔主义的文本《关于死亡和不死性的思考》（*Gedanken über Tod und Unsterblichkeit*（1830）所引起的一场辩论，其中费尔巴哈否认个体的不死性）。克尔凯郭尔知道那些因此而由保罗·马丁·缪勒的批判性论文所引发出的讨论。保罗·马丁·缪勒的论文的标题是“对于证明人的不死性的可能性的思考，联系到最新的相关文献”，登载于《文学月刊》。

“就是说，我们在这里继续作为一种决定性的事实：在今天，比诸多基督教世纪中以前任何时代，对不死性的公开否定都更为普遍”（第六页）《保罗·马丁·缪勒遗稿》。

70　对克尔凯郭尔的脚注的注脚：

仿宋体处在丹麦文版中是希腊语：γνωθι σαυτον（认识你自己）。

［γνωθι σαυτον］希腊语，“认识你自己！”是希腊最宏伟的阿波罗神庙（特尔斐的祭司神庙）之中。有人说是出自米利都的泰勒斯（约公元前 624—前 545 年），也有人说是出自古希腊立法者斯巴达的喀隆（卒于公元前 580 年）。

［毕达哥拉斯］在德语版的哲学史之中有讲述关于毕达哥拉斯怎样教导信徒们自我沉思的艺术。

［苏格拉底］在《斐德罗篇》的 229b 中，苏格拉底批评年轻的斐德罗沉迷在对外部世界性质的冥想中，苏格拉底认为，对于这样的冥想“……进行考察，那就需要大量的时间。而我自己实际上肯定没时间干这件事。把原因告诉你，我的朋友。我还不能做到德尔斐神谕所告诫的‘认识你自己’，只要我还处在对自己无知的状态，要去研究那些不相关的事情那就太可笑了。所以我不去操心这些事……，我的研究，如我刚才所说的那样，宁可针对自己，看自己是否真的是一个比堤丰更加复杂、更加傲慢的怪物，还是一个比较单纯、比较温和、有上苍保佑的生灵，有着与堤丰不一样的平和的性格”。（我在这里引用《柏拉图全集·第 2 卷》第 139 页中的文字。王晓朝译，北京：人民出版社，2001 年。）

71　仿宋体处在丹麦文版中是拉丁语：generatio æquivoca（自相构建）。

［generatio æquivoca］拉丁语，“自己形成，有机生物从无机物质中的直接出现”在托马斯·阿奎那的著作中曾说及，其例子为借助于阳光，动物从腐烂物质中繁殖出来。这种“自动形成”的理论在自然科学家们那里很普遍地流行，知道 19 世纪 60 年

代被路易·巴斯德彻底否定掉。

72 仿宋体处在丹麦文版中是法语：Clairvoyance（慧眼敏锐性，透视力）。

73 就是说，通过笑来得到勇气不去怯懦地扼杀掉自己身上更好的东西并且又妒忌地扼杀掉别人身上更好的东西。

74 仿宋体处在丹麦文版中是德语：Erscheinung（表象）。

75 ［多俾亚传］《多俾亚传》6—8。

76 仿宋体处在丹麦文版中是德语："Vollmachtbrief zum Glücke（幸福的全权委托书）。"

［Vollmachtbrief zum Glücke］德语"德语：幸福的全权委任状"，引自席勒的诗歌《忍从》（Resignation）（Resignation，德语的意思是"放弃"，作为诗歌的标题钱春绮将之译作"忍从"）。

我这里引用钱春绮的译文："我已站在你的昏暗的桥上，/令人恐怖的永劫！/请你收下幸福的全权委任状！/我没有拆开，再送回你的手上，/我不懂幸福喜悦。"（人民文学出版社，钱春绮译席勒《诗选》第6页。1984年，北京。）

77 所谓时间遣散忧伤，时间治疗悲哀。

78 仿宋体处在丹麦文版中是希腊语和拉丁语：πσντως γàQ oὐδεις ¨Eϱωτα ε̃Φυγεν ñ φευξεται, με̃χQι äν χάλλοςἤχαίόφθαλμοι βλεπωσιν（cfr. Longi Pastoralia）。

79 这里的句子除了用名字取代"她"之外，都是直接引用天主教圣经的中译本中的经文。

80 这里的句子是直接引用天主教圣经的中译本中的经文。

81 ［给予好过接受］参看《使徒行传》（20∶35）："施比受更为有福。"

82 仿宋体处在丹麦文版中是德语：Blaubart（蓝胡子）。

［Blaubart］德语"蓝胡子"，童话人物形象，尤其是在法国作家佩罗（C. Perrault）关于骑士蓝胡子的童话中。蓝胡子很有钱，因为他有着蓝胡子，大家都惧怕他，在他多次成为鳏夫之后，他和一个很年轻的女孩结了婚。结婚后不久，蓝胡子要外出，交给妻子一把通往密室的钥匙，并禁止她打开那门。但是她好奇之下还是打开了那扇门，里面是蓝胡子所杀死的前几任妻子的尸体。蓝胡子回来后发现她进过密室并要杀她，但在最后一刻，女孩兄长们阻止了蓝胡子，缴械并杀了蓝胡子。

蓝胡子的童话曾是各种艺术加工的对象，蒂克也写过这个主题。欧伦施莱格尔翻译了蒂克以戏剧形式所写的《蓝胡子骑士：一个童话》。克尔凯郭尔有蒂克的著作集，可能因此他用了德语 Blaubart。

83 ［葛罗斯特（后来的理查三世）］英格兰国王理查三世（1452—1485）在1483年受冕之前是葛罗斯特公爵。莱辛在《拉奥孔：或者关于画和诗间的界限（1766）》第二十三章中对比了莎士比亚著作中的两个人物，《李尔王》中葛罗斯特伯爵的私生子爱德蒙和《理查三世》中的同姓人物（? der sich durch die abscheulichsten

Verbrechen den Weg zum Throne bahnte, den er unter dem Namen, Richard der Dritte bestieg?)。莱辛也引用了下面的独白词，但是引文是英文的。

84 仿宋体处在丹麦文版中是德语：

... Ich, roh geprägt, und aller Reize baar,

Vor leicht sich dreh'nden Nymphen mich zu brüsten;

Ich, so verkürzt um schönes Ebenmaß,

Geschändet von der tückischen Natur,

Entstellt, verwahrlost, vor der Zeit gesandt

In diese Welt des Athmens, halb kaum fertig

Gemacht, und zwar so lahm und ungeziemend

Daß Hunde bellen, hink'ich wo vorbei.

85 如果直译的话就是："在本原上因天性或者因历史关系而被置于'那普遍的'之外，这一事实是向'那魔性的'的开始，在这之中个体人是没有辜的。"

86 ［坎伯兰的犹太人……比所有审判他的人都更好］英国剧作家理查德·坎伯兰（Richard Cumberland，1732—1811）的作品《犹太人》曾于1795—1835年间在哥本哈根皇家剧院上演。犹太人谢瓦被看作是一个吝啬鬼和放高利贷的人；但是在暗中做着慈善的事情，并且有着一种满足感，他能够觉得自己比别人更好，因为他知道他们对他的判断是不公正的。

87 ［巴格森就……大家就全都变得不朽了］在诗歌《索布拉迪斯的墓园》（1791）中，他写道："我们城里最杰出的诗人吉勒瓦勒/他写着各种史诗，/悲剧和更多/法国和德国的方式，/被埋葬在这里；/如果他变得不朽的话，那么我们大家就全都变得不朽了！"

巴格森（Jens Immanuel Baggesen，1764—1826）丹麦诗人。从1790年起教授。1796—1803年瑞根森的副学监，从1798年任皇家剧院协同导演。1811—1814年基尔大学丹麦语言文学教授。

88 仿宋体处在丹麦文版中是拉丁语：nullum unquam exstitit magnum ingenium sine aliqua dementia（从来就不曾有过什么不带有一定程度的疯狂的伟大天才）。

［nullum unquam ... sine aliqua dementia］拉丁语：从来就不曾有过什么不带有一定程度的疯狂的伟大天才。随意地摘引于辛尼加的著作。辛尼加的原话中是sine mixtura dementiae，意为"没有掺加疯狂"。克尔凯郭尔在1843年春天摘引了这句话，并且作了评注："Nullum exstitit magnum ingenium sine aliqua dementia，这是对那句宗教句子的世俗表达：上帝eo ipso恰恰在世俗意义上诅咒他在宗教意义上祝福的人。那么必定是这样，前者在存在的边界上有着它的根本，后者则在存在的双重性中有着它的根本。"

89 仿宋体处在丹麦文版中是拉丁语：Dementia（疯狂）。

90 ［浮士德的传说］在歌德在《浮士德。一部悲剧》中实现了浮士德形象之前，人们通过一系列民间书籍已经对浮士德有所知。克尔凯郭尔对这一人物形象的关注，其前提可在他的藏书中反映出来，他收藏了许多各种关于浮士德的民间传说书籍。

91 对克尔凯郭尔的脚注的注脚：

［阿里斯托芬］阿里斯托芬（公元前445—前388年）雅典的讽刺喜剧诗人，写有44部喜剧，遗留下来的有11部。克尔凯郭尔有着希腊语版、德语版和丹麦语版的阿里斯托芬喜剧集。

［伏尔泰］François - Marie Arouet de Voltaire（1694—1778）法国作家。著作包括悲剧、诗体小说、哲学故事、历史哲学著作和一系列评论。贯穿于他的著作的语气是批评性的、讽刺的和嘲弄的。

［笑审判那困惑的时代］阿里斯托芬的喜剧《云》（首演于公元前423年）针对当时由诡辩家们所代表的摩登哲学，也把苏格拉底包括在内。这部喜剧的展开是介于普通的农民斯特勒普希阿斯和由苏格拉底领导的吹毛求疵辩证法学派之间的对峙。在克尔凯郭尔时代《云》有丹麦语译本。

92 仿宋体处在丹麦文版中是希腊语：χατ΄εξοχην（卓越超群的）。

93 ［歌德对浮士德的解说］歌德 Johann Wolfgang von Goethe（1749—1832），德国诗人、剧作家、散文家、法学家、政治家和自然科学家，从18世纪70年代中期到他死一直专注于浮士德题材。克尔凯郭尔所谈及的版本是德语版。

《浮士德》的第一部分包含有魔鬼契约和与玛格丽特的关系的真正故事，在1808年完成，但是第二部分后来又得以加工。这样《歌德全集》第十二卷收有第一部分。第二部分在1828年结束，悲剧在1831年完成，《歌德全集》第四十一卷收有完成的悲剧。

94 ［明希豪森］Münchhausen，吹牛大王，梦想者。德国的男爵、军官和猎人，以他为自己的业绩编造出的那些夸张的、不可思议的但却欣悦的谎言故事而闻名。参看前面关于明希豪森的注脚。

男爵的《奇异旅行》（*Wunderbare Reisen*）最初在1786年以德语出版（从英文译回德语）。后来有扩充。

95 ［帖木儿 Tamerlan］原本为 Timur - i - leng 或者 Timur Lenk（约1336—1405年）。蒙古军帅，建立帖木儿汗国，从伏尔加河到中国长城外，1398年蹂躏印度，以其粗暴闻名，比如说，他曾以人的头颅建塔。

96 ［黑若斯达特斯式的荣耀］公元前356年，黑若斯达特斯为了成名而纵火烧毁了土耳其以弗所的阿尔忒弥斯女神庙。黑若斯达特斯式的荣耀是指不择手段获得的名誉。

97 ［有罪的爱情之果］私生子。

98 仿宋体处在丹麦文版中是拉丁语：tortor infantium（幼孩之刽子手）

［黑米尼的贵格利……tortor infantium］黑米尼的贵格利，Gregor fra Rimini（约1300—1358年），圣奥古斯丁制的修道士。按一般天主教的解说，未受洗的幼孩死后进入地狱的前院，既没有折磨也没有至福；黑米尼的贵格利则声称，他们将进入地狱，因此他获得了tortor infantium的外号。克尔凯郭尔是从莱布尼茨的《神正论》中读到关于黑米尼的贵格利的。

99 仿宋体处在丹麦文版中是拉丁语：tortor heroum（英雄之刽子手）。

100 ［浮士德看玛格丽特］浮士德第一次看见非常年轻而端庄的玛格丽特是在《浮士德》中的“街道”场景中。钱春绮翻译的《浮士德》（上海译文出版社）中浮士德的台词是：“天呀，这孩子真是美丽！我从没见过这样的仙姿。她是这样端庄恭谨，同时却也有点骄矜。口唇的殷红，两颊的辉光，我一辈子也不会遗忘！瞧她低垂着一双眼睛，深深地印入我的内心；听她爽爽气气地拒绝，真使我感到无上的喜悦！”（第157—158页）稍后靡菲斯特出场并且把他的热情解释为纯粹的肉欲。

101 ［靡菲斯特的凹镜］在浮士德和玛格丽特相遇之前的一场《巫厨》有一面古怪的镜子出场，它只是间接地反映出观者。这里引用钱春绮翻译的《浮士德》（上海译文出版社）：浮士德对镜子站着，对而近前，时而退后，他看见了什么，他提出问题：“什么？一个天女的姿影，映现在这面魔镜之中！爱神，把你最快的翅膀借我一用，带我前往她的仙境！如果我不停留在这个地方，如果我敢向她走近，我就能看到她的朦胧的雾影！——女性的最美丽的形象！世间真能有这样的美人？我该从这横陈的玉体身上看到全部天国精华的化身？尘世也有如此的绝色？”（第146页）浮士德难以摆脱镜像中的美人，但是靡菲斯特许诺说“一切妇女中的典范，我就要让你见到真人”。（第156页）

102 无邪，Uskyld，也就是“无辜”。

103 ［博士证书/Doctor - Attest］博士学位证书。这里可能是指马丁森（H. L. Martensen），他写了一本小书《关于勒瑙的浮士德》（*Ueber Lenau's Faust*，Stuttgart / 1836），它被加插进了他的论文《关于浮士德观念的思考》的最后一部分。

马丁森Martensen（1808—1884）在1837年答辩了自己的证书论文（licentiatafhandling），第二年成为讲师，在1840年成为神学非常教授（ekstraordinær prof. i teologi）。

104 ［精盐还是粗盐］在霍尔堡的喜剧《埃拉斯姆斯·蒙塔努斯或者拉斯姆斯·贝尔格》（*Erasmus Montanus eller Rasmus Berg*，1731）第一幕第三场中，佩尔·迪恩强调他在斯雷尔瑟学校的学业为他带了赚取额外收入的前提，比如说通过让人们选择在棺材上撒“精盐”还是“单纯的泥土”。

105 内心冲突（Anfægtelse）。见前面的关于anfægtelse一词的注脚。

106 这是一个在中文中很难让人习惯的丹麦语分句形式，但是这一表述“作为‘单个的人’处于一种与‘那绝对的’的绝对关系中”在克尔凯郭尔的这部著作中是一个很关键的表达（所谓“那作为‘单个的人’处于一种与‘那绝对的’的绝对关系中的单个的人高于‘那普遍的’”）。这句子拆散开说就是：如果这怀疑者能够成为这样的一个单个的人，这单个的人作为“单个的人”是处于一种与“那绝对的”的绝对关系中，那么，他就能够得到一种对于他的沉默的授权。

107 ［新约全书……沉默］耶稣常常要求沉默。比如说，得以治愈的麻疯病人，《马太福音》（8：4）；得以治愈的两个盲人，《马太福音》（9∶30）。参看《马可福音》（1∶34）和（1∶44）。

108 ［新约……一些段落］在誊写稿中，克尔凯郭尔曾写道：“在福音书之一中有一个关于两个儿子的寓言，一个儿子不断地许诺‘要去按父亲的意愿做’但却不做，另一个不断地说不，但却做。后者也是一种形式的反讽，而福音书还是赞美这儿子。福音书也不让悔来妨碍，说这使他悔，他说：不，绝不，这暗示了，这是一种羞怯在阻止这儿子说他将去做。这一羞怯是所有深刻的人都熟悉的，它部分地是来源于一种高贵的对自身的怀疑；因为，只要一个人没有做到那被要求做的事情，那么他就有可能弱得足以不去做，因此他不想许诺什么东西”（Pap. IV B 96，13）。寓言故事是在《马太福音》（21∶28—32）中。

109 ［人们不愿……领会很多］黑格尔在多处批评性地论述了罗曼蒂克的反讽。比如说，在《法哲学》中，罗曼蒂克的反讽就是“最高的道德的恶”的全部。在《美学史讲演录》的引言中，黑格尔对罗曼蒂克的反讽作出批判性刻画，之后又对这一反讽的原则进行展开。在《哲学史讲演录》中描述了苏格拉底的反讽并且与更新的反讽作比较，并且还对施莱格尔的观点进行了展开。在黑格尔对索尔戈尔遗稿书信的书评中有关于反讽的非常重要的讨论。在《精神现象学》、《哲学全书》和《宗教哲学讲演录》中有较短的谈论。

克尔凯郭尔所说的“黑格尔对反讽并没有领会很多”可能是关联到霍托著作中的一个段落，之中说道：“他也有很旺盛的逗笑和快乐，但是幽默的最深的根本却部分地对他关闭，并且最新的反讽之形式在这样的程度上是与他自己的方向有冲突的，这样，他几乎就缺乏器官也让自己去承认这反讽之中的真实的东西，更不用说去享受反讽了。”

110 ［在登山宝训……看出你禁食来］参看《马太福音》（6∶17—18）：“你们禁食的时候，要梳头洗脸，不要叫人看出你禁食来，只叫你暗中的父看见。你父在暗中察看，必然报答你。”

111 无法共通的（incommensurabel）。

112 ［会众们的想法］也许是指格隆德维（N. F. S. Grundtvig）关于作为基督教基础的会众共同体的想法。

113 ［偏差的瞬间］借助于指南针的方向定性有着一种一般意义上的偏差，因为磁性的北与实际的北并不叠合。在各种要突出亚伯拉罕的并列比较中存在有偏差的瞬间。

114　冒犯（Forargelse）。

115　单个性（Enkelthed）。

116　［爱德华四世知道了关于克拉伦斯被杀的消息时高声叫喊］在莎士比亚戏剧《理查三世》的第二幕第一场中，葛罗斯特（后来的理查三世）给在位国王生病濒死的爱德华四世带来消息说，他的兄弟乔治，克拉伦斯公爵，王位合法继承者，死了。国王在一开始曾命令执行其死刑，但后悔了。通过拖延死刑取消令的传达，放荡无忌的葛罗斯特在自己通向王位的路上又去掉了一个障碍，他并没有王位合法继承权。国王忽视了葛罗斯特在对克拉伦斯的谋杀中的利益兴趣所在。

117　仿宋体处在丹麦文版中是德语：

Wer bat für ihn? Wer kniet´in meinem Grimm

Zu Füßen mir und bat mich überlegen?

Wer sprach von Bruderpflicht? Wer sprach von Liebe）.

［Wer bat . . . von Liebe］克尔凯郭尔的引文与 Shakspeare's dramatische Werke（见前面注脚/bd. 3，1840，s. 278）中的 König Richard der Dritte 德文译文稍有不同，“hieß mich überlegen”被改为“bat mich überlegen”。

118　［克吕泰涅斯特拉和伊菲革涅亚］母亲和女儿都为女儿的命运哀哭，参看《伊菲革涅亚在奥利斯》诗句 1285—1292：“哦，孩子！/我，这将要失去你的可怜人，/你父亲避开我们并要求你的死亡/伊菲革涅亚/哦，母亲！母亲！我们的悲哀是一样的/我得像你一样地哀号；/不再有光，/我不再看见太阳。/哦伤心！哦伤心！”

119　［不可言说的叹息］参看《罗马书》（8∶26），保罗描述圣灵，说它“亲自用说不出来的叹息，替我们祷告”。

120　［用方言说话］也许是指《歌林多前书》（14∶2）：“那说方言的，原不是对人说，乃是对神说。因为没有人听出来。然而他在心灵里，却是讲说各样的奥秘。”

121　见前面关于“继续向前”的注脚。

122　信心的犹疑（Anfægtelse）。见前面的关于 anfægtelse 一词的注脚。

123　［悲剧的英雄］阿伽门农。

124　固然在悲剧中是给女神的献祭，但克尔凯郭尔原文中写的是男性代数第三人称，所以我翻译为“他”。

125　老丹麦语中“船长的消息”这一成语是指“不可靠的话”，由船长或者海员带来的消息，编出来的故事。

126　［杂耍剧］受到德国的并且从名字上看可以看出也是受到巴黎的戏剧生活的影响，海贝尔在 1825 年把杂耍剧（vaudeville）引入皇家剧院。这体裁是一种市民性的勾心斗角喜剧，把歌曲曲目放置于轻松的、常常是人们在事前就知道情节的喜剧；人物是一些非历史性而滑稽古怪的人；冲突的元素带有演出地的本地色彩，总带有一串最终得到解决的爱情麻烦问题。海贝尔翻译和加工了许多杂耍剧而自己一共写了九部，大多数是在1825—1827年，之后出了一部对这体裁的优越性的批评性阐述《论杂耍剧，作为喜剧性的创作类型，以及论它在丹麦舞台上的意义》。这一轻松的体裁变得不可比拟地受欢迎并使得海贝尔的名字被作为丹麦主要剧作家而固定下来。

127　［亚伯拉罕说，我儿，神必自己预备作燔祭的羊羔］《创世记》（22∶8）。

128　［卡尔卡斯］要帮阿伽门农去献祭伊菲革涅亚的占卜者。

129　［苏格拉底……他的死刑］对苏格拉底的审判得出在公元前399年对他的死刑判决。我们特别是可以从柏拉图的《苏格拉底的申辩讲演》中读到。讲演有三个部分：指控之后、判罪之后和判刑之后。

130　［游戏］在《论概念反讽》之中，苏格拉底对死亡的解读表露在申辩讲演中有："这一与生命的游戏，这一晕眩，由于死亡一忽儿显示为某种无限地有意义的东西、一忽儿显示为乌有，正是这个使得他舒适。"

131　［在柏拉图那里，以许多方式，苏格拉底是被诗意地挥发掉了］克尔凯郭尔在《论概念反讽》的第一部分中对历史上的苏格拉底和柏拉图对苏格拉底的虚构之间的差异作了阐述，这里所提及的"苏格拉底的申辩演说"是被解读为绝对的反讽的。

［三票的多数］关于票数，克尔凯郭尔是根据他所读的《苏格拉底的申辩演说》36a。

［松散而空闲的集市演说］关于苏格拉底，有这样故事：在他放弃了对物质事物的思考之后，他开始"在工坊和集市沉思"，见第欧根尼·拉尔修的哲学史，第二书，第五章，第二十一节。

132　［毕达哥拉斯……参看第欧根尼的第八书§39］参看第欧根尼·拉尔修的哲学史第一书第一章第39节：毕达哥拉斯以下面的方式得到其死亡：他和他的朋友们在米洛家里；出于妒忌，有资格被接受进与他的集会的人中的一个放火烧了房子（也有人说是克罗托内人自己点火烧的，出于对暴政的害怕）。毕达哥拉斯没有被烧死，到了一片农田，种满了豆子；他在这里站定说着：宁可被抓，也不踩下这些，宁可被杀，也不说话；他在这里被那些追击他的人杀了。

133　［这就是你啊］也许是指《撒 母 耳 记 下》12∶1—7，关于先知拿单对大卫说一个富人取穷人的羊羔宴客的故事。大卫恼怒故事中的富人，而拿单说"你就是那人"。因为大卫杀了乌利亚而去乌利亚的妻子为妻。

134　信心的犹疑（Anfægtelse）。见前面的关于anfægtelse一词的注脚。

135　［我儿，神必自己预备作燔祭的羊羔］《创世记》（22∶8）。

136　"方言"，见前面的注脚。

137　［他在暗中察看］参看马太福音（6∶4，6，18），之中说上帝"在暗中察看"。

尾　声

那时，在荷兰一次调料价格下跌的时候，商人店主们让一些船货沉入海底以求抬高价格。这是一种可以原谅的，也许是一种必要的欺骗。我们在精神的世界里所需要的是不是类似于此的东西呢？我们是否在这样的程度上确定，我们已经达到那最高的，除了仅仅为了仍然能够得到什么东西来填充时间而虔诚地让我们自欺地相信“我们尚未达到如此之远”之外，不再有别的东西？目前这代人所需要的难道就是这样一种自我欺骗吗，难道它需要学习的就是一种这方面的精湛技艺吗，或者更确切地说，难道它还没有足够地完美于自我欺骗的艺术吗？或者更确切地说，难道其实它所需要的不是一种诚实的严肃，这严肃无所畏惧而无法收买地指向各种任务，一种诚实的严肃，这严肃温柔地守护着这些任务，这严肃不是使人焦虑地去匆忙地奔向“那最高的”，而是使得这些任务保持年轻并且美丽并且悦人眼目[1]并且召唤着所有人但同时对高贵的人们却又是艰难而鼓舞人心的（因为高贵的人物性格只通过艰难的事情而得以鼓舞的）？不管一代人能够从另一代人那里学到什么，任何一代人都无法从上一代那里学到那真正人性的东西。从这个角度看，每一代人都是原始地开始的，没有什么不同于从前的每一代人的任务，也达不到更远（只要前一代没有逃避开自己的任务并欺骗自己）。这一真正人性的东西是激情，也是在激情之中，一代人完全理解另一代人并且理解自己。以这样一种方式，没有任何一代人是从另一代人那里学会“去爱”，没有任何一代人不是从初始点上开始的，没有任何后来的一代人有着比以前的一代人有更短促的任务，并且如果一个人在这里不愿像以前各代人那样在“去爱”这里站定，而是想要“继续向前”，那么这就只会是一种没有结果而糟糕说法。

但是在一个人身上的最高激情是信仰，没有任何一代人在这里开始于一个与前面的一代不同的初始点，每一代人从头开始，后来的一代人不比前一代人达到更远，只要这一代人忠实于自己的任务而不是对之离弃不顾。所谓“这是让人疲乏的”这句话自然是一代人所不能说的，因为一代人有着任务，并且与“上一代人有着同样的任务”这事情毫无关系，除非单个的一代人，或者一代人中的那些单个的人，大胆地想要进入本来是应当属于那控制世界并且有着耐性不变得疲倦的精神的位置。如果一代人这样地开始，那么它就是倒错的，这样，对于它，整个存在看起来都是倒错的，这就没有什么奇怪了；因为，无疑没有人会比童话里的裁缝在更大的程度上觉得存在是倒错的，——据童话说，这个裁缝活生生地进入天堂并从这一立足点上观察世界[2]。一旦这一代人只关心自己的任务（这是那最高的），那么，他就不会变得疲劳；因为，这任务对人生一辈子总是足够的。如果孩子们在一个星期五的十二点钟之前已经玩完了所有游戏，然后变得不耐烦并且问：难道就没有人能够发明出一种新的游戏？这是不是证明了这些孩子比同时代的和前一代的那些满足于让已知的游戏持续一整天的孩子更得到发展并且更聪明？或者更确切地说，这难道不是证明了，这些前面提及的孩子缺少那属于每一种游戏的（我愿称作是）可爱的严肃？

信仰是一个人身上的最高激情。在每一代人之中可能有许多人根本没有达到它，但是没有人继续向前。在我们的时代是不是也有许多人没有发现信仰，我不肯定；我只敢以我自己为例：这里不隐藏，他面前路漫漫修远，但他却并不因此就想要通过把伟大的东西弄成一种琐碎性、弄成一种人们希望尽可能快地过去的儿童病来欺骗自己或者欺骗那伟大的东西。但是对于那尚未达到信仰的人，生命也有着足够多的任务，并且如果他诚实地爱着这些任务，那么生命也就不会被浪费虚度，尽管它永远都不会变得等同于那些感觉和把握到“最高的东西”的人们的生命。但是达到了信仰的人（他是有着非凡天赋或者是头脑简单，这问题与事情无关），他不会停顿在信仰上，是的，如果有人对他说这个，他会反感，就像爱着的人会愤慨，如果有人说他停顿在爱情上；因为他会回答：我绝不是停顿着，因为我的生命就在这之中。但他却也不“继续向前”，不去走向什么任何别的东西；因为在他发现这个的时候，这时，他就有另一个解释了。

“一个人必须继续向前；一个人必须继续向前。”这一“继续向前”的冲动在世界上是很古老了。晦涩的赫拉克利特把思想下卸到自己的文字之中，把自己的文字安置到黛安娜[3]神庙[4]中，（因为他的思想曾是他生命中的武装，因此他将之悬挂在神的殿堂上）晦涩的赫拉克利特说了：人无法两次走过同一条河①[5]。晦涩的赫拉克利特有一个信徒，他不就此停顿，他继续向前并接着说：一个人一次都无法走进同一条河[6]②[7]。可怜的赫拉克利特有一个这样的门生！赫拉克利特的句子通过这一改善被改善为一句拒绝运动的埃利亚派的句子[8]，并且这个门徒却只想作为赫拉克利特的“继续向前而不回到赫拉克利特所遗留的东西上”的门徒。

注释：

1　［悦人眼目］也许是暗示《创世记》（2∶9）：“耶和华神使各样的树从地里长出来，可以悦人的眼目，其上的果子好作食物。园子当中又有生命树和分别善恶的树。”参看《创世记》（3∶6）。

2　［裁缝……看世界］是指格林童话《天堂里的裁缝》。上帝在花园里散步。一个小偷小摸的瘸裁缝死后挣扎着跑到了天堂的门口。圣彼得出于怜悯让他进了门。他坐在上帝的椅子上能够看见在人间发生的一切。他看见一个老妇人在洗东西时偷了两条丝巾，马上觉得愤慨，于是拿一把金脚凳砸下去。上帝回来后问起金脚凳，于是听到了裁缝的解释。上帝说如果上帝要这样审判人，那么这裁缝自己还会有今天吗？更不用说天堂里的椅子、凳子甚至连叉子也该早扔没了。于是裁缝被赶出了天堂。

3　［黛安娜］相应于希腊狩猎女神阿耳忒弥丝，罗马神话中是黛安娜。

4　［晦涩的赫拉克利特……黛安娜神庙］苏格拉底之前的哲学家赫拉克利特（约公元前540—前480年），他的关于一切事物运动的理论无法被人理解；在被误解误认之后，他把她所写的格言作品放进阿耳忒弥丝的神庙。见第欧根尼·拉尔修的哲学史第九书第一章。

5　仿宋体处在丹麦文版中是希腊语：Και ποταμου ϱοηαπειχαζων τα οντα λεγει ως δις ες τον αυτον ποταμον ουx εμβαιης（由于他用河中水流来比较存在，他说，人不能两次走进同一条河）。

［Και ποταμου ϱοη απειχαζων ... Ast. 3die B. Pag. 158］希腊语：由于他用河中水流来比较存在，他说，人不能两次走进同一条河。引言摘自柏拉图对话录《克拉底鲁篇》402a。克尔凯郭尔在 εμβαιης 前漏掉了一个 αν。

① “由于他用河中水流来比较存在，他说，人不能两次走进同一条河”。参看柏拉图《克拉底鲁篇》§ 402，阿斯特版柏拉图著作集，第三卷第158页。

② 参看滕纳曼哲学史第一卷，第220页。

6　［一个人一次都无法走进同一条河］据传赫拉克利特的弟子克拉底鲁（也是柏拉图年轻时代的老师）最后什么都不愿说。而只是挥动一根手指，因为在他看来人们无法对任何东西说任何话，不管是正面还是方面。在他对赫拉克利特所说的“人不能两次走进同一条河而继续是同样的自己”的极端化的根本上有着类似的怀疑。保罗·马丁·缪勒在他的《古哲学史讲演大纲》中写了一个关于赫拉克利特的段落：“关于一切在者的不停的向他物的过渡的观念，在赫拉克利特眼里是活生生的，他用许多说法来使得这观念可观。这样，他说人不能两次走进同一条河，因为流水总是在变化。他的门徒之一克拉底鲁，表达得更强化，因为他说人一次都不能走进同一条河，所有东西甚至在最小的时间部分中都在变化。因此人无法带着真相就任何东西说任何话，因为在人说它的时候，它已经变化了；人只能沉默地用手指指向客观对象。由此意味了，没有任何东西在任何时刻保持自身定性的整体不变或者不减：‘一切事物同时既在又不在’。”

7　仿宋体处在丹麦文版中是德语：Cfr. Tennemann Gesch. d. Philos. 1ster B. Pag. 220（参看滕纳曼哲学史第一卷，第220页）。

8　［拒绝运动的埃利亚派的句子］埃利亚学派的名字渊源于南意大利西海岸的爱奥尼亚—希腊殖民地埃利亚（今天的维利亚）。此学派是古希腊最古老的学派之一，在公元前约540年由克洛芬的哲学家克塞诺芬尼建立。克塞诺芬尼常被称作最初的怀疑论者，因为他怀疑人的认识的有效性。埃利亚学派的怀疑由巴门尼德斯及其弟子芝诺和麦里梭继承下来，他们进一步在其老师的理论上阐述出关于“存在着的东西”不可分性和任何形式的运动的不可能性的悖论性断言。

恐惧的概念

一个简单的在心理学意义上定向的审思
考虑到关于传承之罪的教义上的问题

维吉利乌斯·豪夫尼恩希斯　著

哥本哈根　1849 年

区分的时代过去了，体系战胜了它。如果有谁在我们这个时代爱区分，那么他就是一个怪人，一个“其灵魂萦绕在某种早已消失了的东西上”的怪人。尽管如此，苏格拉底，因为他的特别的区分，继续是他所曾是，这个简单的智者，这种特别的区分是苏格拉底自己所说出和完成的，这种特别的区分也是那古怪的哈曼在两千年之后才敬慕地重复的：“苏格拉底之所以伟大是因为‘他区分开他所明白的东西和他所不明白的东西’。”

以此书献给
已故的保罗·马丁·缪勒教授，
幸福的希腊文化热爱者，
荷马的仰慕者，苏格拉底的知己，
亚里士多德的阐释者——为丹麦
而快乐的丹麦之快乐，虽然“旅行四方”
总是“在丹麦的夏季里被铭记”——
我的敬慕、我的怀念。

目　录

前　言[1]

我认为，如果一个人打算写一本书，他无疑得反复考虑他所要写的主题。而如果他在最可能广泛的意义上去熟悉那在之前已经写下的、有关这主题的文字，也不会有什么坏处。如果他在这条路上碰上一个曾经详尽而令人满意地对某个领域进行过研究的“单个的人”，那么，他肯定也会很高兴，正如那新郎的朋友站着倾听新郎的声音时感到高兴[2]。如果他完全不声不响地带着“总是追寻孤独”的恋爱热情对之进行了考虑，那么，他就不需要做更多了；这时，他就应当思维清晰地写出他的书如同飞鸟唱出自己的歌[3]，如果有人能从这书中得到什么或者为这书而感到高兴，则越多越好；这时，他无忧无虑地出版这书，没有任何自大自负，没有觉得自己仿佛在自己的书中结束了一切，也没有觉得仿佛地球上所有人类世代都将在他的书中得到祝福[4]。每一代人都有自己的任务并且无须如此过分地为先人和后代面面俱到地操劳。

一代中的每一个“单个的人”，正如每一天都有其自身的烦恼[5]并且自己有足够的东西要去操心，没有必要去以其族父般的关怀拥抱整个同时代，或者让时代或纪元从他的书中得以开始[6]，更不用去说是一切开始于他的“誓言的新年火炬”[7]，或者他的“暗示中前景广阔的许诺”，或者他对于某可疑币值汇率的保险引证[8]。并非每一个圆肩膀的人理所当然就是一个阿特拉斯[9]，或者因为承担一个世界就成为阿特拉斯[10]，并非每一个说“主啊主啊”的就理所当然进入天堂国度[11]，并非每一个自愿为整个时代提供担保的人因此就证明了他是一个可靠的、能够担保其自身的人，并非每一个大叫“好，见鬼，上帝救我，好极了”[12]的人因此就明白了他自己和他的赞叹。

至于我自己这渺小的人，我坦白直接地承认，作为作家我是一个没有国土的国王[13]，同时在畏惧和极大的颤栗中[14]也是一个没有任何要求的作家。如果对于一种可尊敬的妒忌、对于一种苛刻的批评来说，我使用拉丁语名字[15]是太过分的做法，那么，我将很高兴地假定这样一个名字：克利斯腾·马岑[16]；我希望人们最好把我当成一个俗人，一个虽然思考[17]，却远远地站在“思辨”[18]之外的俗人，尽管我在“我对于权威的信仰”中是虔敬的，就像罗马人在“他对上帝的敬畏”中是宽容的[19]。牵涉到人的[20]权威，我是一个拜物者，同样虔诚地崇拜任何一个人，只要人们通过足够鼓声来宣示出我所应当崇拜的是他、宣示出他是当前这一年的权威和出版审查者[21]。要作决定[22]则是我的理解力所无法达到的东西，不管这决定是通过抽签和抓球[23]而得出的，还是通过让这荣誉自身在人们中轮流（被轮到的“单个的人”置身于作为权威的位置，如同一个公民代表置身于仲裁委员会[24]）。

我这里没有更多别的要说了，除了希望每一个同意我观点的人，正如也同样希望每一个不同意我观点的人，希望每一个读这本书的人，正如也希望每一个读了这前言就已经受够了的人，希望你们生活美好！

写于哥本哈根
最充满敬意的
维吉利乌斯·豪夫尼恩希斯

题解：

标题中的“传承之罪”这个词的丹麦语 Arvesynden 是由“Arve（继承、传承）”和“synd（罪）”构成。转译成英语时，有时候人们将之译作“original sin（原罪）”，但是，英语 original sin 正如中文“原罪”的词义关联是“本原”，因而失去了“传承”的关联，因此，如果将 Arvesynden 译成“原罪”的话，在这方面就可能会打断上下文关联，因此我将之从字面意义上出发直译为“传承之罪”。

[关于传承之罪的教义上的问题] 关于传承之罪（就是说“罪被传承下来”或者“罪被繁殖”）的观念，建立在《圣经》中的诸多段落，首先是在《创世记》关于人的“罪的堕落”；《诗篇》（51：5）：“我是在罪孽里生的。在我母胎的时候，就有了罪”；《罗马书》（5：12—14）之中保罗说：“这就如罪是从一人入了世界，死又是从罪来的，于是死就临到众人，因为众人都犯了罪。没有律法之先，罪已经在世上。但没有律法，罪也不算罪。然而从亚当到摩西，死就作了王，连那些不与亚当犯一样罪过的，也在他的权下。亚当乃是那以后要来之人的预像。”然而，传承之罪的观念成为教条，就是说，成为一种认定了“罪是在性的交媾中起作用并且因此而在每一个人的形成之中”以及“每个人因为是生在罪中并带着罪出生所以失去了做善行的能力”的义务性的教规，则是从奥古斯丁开始的。这一教条通过在迦太基 412、416 和 418 以及在以弗所 431 的会议而被接收进整个教会。关于传承之罪的教条又被传给了路德

教派的改革者们并在路德派的忏悔录《奥斯堡信条》（*Confessio Augustana*）第二条“论原罪（或按丹麦文注脚翻译：传承之罪）”中说：“我们教会又教导人：自亚当堕落之后，凡循自然公律而生的人，就生而有罪，就是说，不敬畏上帝，不信靠上帝，有属肉体的嗜欲；这疾病，或说这原始的过犯，是实实在在的罪，叫凡没有借圣洗和圣灵重生的人都被定罪，永远死亡。”第二条的后半部分则强调了传承之罪的教义性问题：“我们教会弃绝伯拉纠派（Pelagians）一类的异端，他们不认这原始的过犯实实在在是罪，又争辩说，人可以仗自己理智的能力在上帝面前称义，而贬抑基督的功劳和恩泽的荣耀。”

维吉利乌斯·豪夫尼恩希斯（Vigilius Haufniensis）是作者的笔名，其意为“来自哥本哈根的醒觉者”，或者，“来自哥本哈根的巡夜人”。

封二的文字解说：

［体系］大多数现代哲学家比如说笛卡儿、斯宾诺莎、莱布尼兹和康德，以及费希特和谢林，都声称是在以“体系”的方式来思考，就是说从一种有机地组织着的原则（这原则既决定思维的内容又决定它的方法）出发，并且指向一种哲学的整体观。而在这里，作者首先是针对黑格尔和他的追随者。根据黑格尔，哲学是真实而基本的科学，并且就其本身而言是体系性的：“一种没有体系的哲学无法是任何科学的东西”（《哲学全书》）。“真实的东西之元素是概念，而它的真实形态就是科学的体系”（《精神现象学》），而体系的定义则是“概念的一种有机的整体”。

［区分的时代过去了，体系战胜了它］此言针对黑格尔哲学。黑格尔哲学依据于关于“Aufhebung（扬弃）”、“取消”和关于“Vermittlung（中介）”、“调和”的原则把所有严格的区分都废除了。在丹麦，在关于黑格尔逻辑的辩论中有着关于这些原则是否能够运用在逻辑规律上的激烈讨论。

［苏格拉底］苏格拉底（约公元前470—前399年）与柏拉图和亚里士多德一样是最著名的古希腊哲学家。他以对话发展了自己的哲学但没有留下任何文字，但他的人格和学说被同时代的三个作家记录下来：阿里斯托芬在喜剧《云》之中，色诺芬尼在四篇“苏格拉底的”文本中以及柏拉图在各种对话录中。苏格拉底以“引进国家承认的神之外的神”和“败坏青年”被雅典的人民法庭判死刑；他被以一杯毒药处决，他心情平和地喝下了毒药。

在柏拉图的《泰阿泰德篇》149a中，苏格拉底在说明自己的“接生婆艺术”之前说：“我完全隐秘地拥有这种艺术。而因为人们不知道这个，于是他们不说这个，而说我是一个大怪人让人们尴尬”。

［自己所说出和完成］比如说，在《申辩书》21d中苏格拉底说：自己有“在智慧上稍稍超前，我不让自己以为自己拥有自己在事实上并不具备的智慧”。

［哈曼］Johann Georg Hamann（1730—1788）德国哲学家和作家，出生于并在哥尼

斯堡（此地尤其是因康德而著名）。他的晦涩而充满隐喻的文字成为19世纪对启蒙时代片面的理想的清算的重要哲学来源。

［苏格拉底之……不明白的东西］引文出自哈曼《难忘的苏格拉底》中的第二前言。

封三的文字解说：

［保罗·马丁·缪勒］Poul Martin Møller（1794—1838），丹麦作家和哲学家，1831年在哥本哈根大学任教授，是克尔凯郭尔在哥本哈根大学的老师之一。

［以此书献给……保罗·马丁·缪勒教授］在草稿上有着更为周全而亲密的题词：以此书献给/已故的/保罗·马丁·缪勒教授，/幸福的希腊文化热爱者，荷马的仰慕者，苏格拉底的知己，亚里士多德的阐释者——为丹麦而快乐的丹麦之快乐，虽然“旅行四方”，总是“在丹麦的夏季里被铭记”——我的青春的热情；我的觉醒的强有力的喇叭声；我的心境的思念的对象；我的初始的私交；我的失去的朋友；我所想念的读者。

［荷马的仰慕者］保罗·马丁·缪勒把荷马的《奥德赛》的前六首翻译成丹麦语，翻译了第九首，但没有发表；他也为别人翻译的《伊利亚特》的第九首写过评论。

［苏格拉底的知己］保罗·马丁·缪勒在他的《古哲学史讲演大纲》中写了一个关于苏格拉底及其在哲学史中的意义的段落，尤其在这里很典型一段：“苏格拉底自己说‘他不知道什么’。这一确定既不是要被用作是炫耀之纱的粗鲁反讽，也不是对于‘他在言词的直接意义上是一个怀疑论者’的宣告。……在他说‘他不知道什么’的时候，这确实是他的严肃，并且宣告出自己对所有‘人的认识’的不满足。但在这之中也有着……‘他知道什么’；就是说，他知道什么是科学，一个人能够把什么作为对一个有机关联着的认识圈子要求，并且他对于真相之深的感情使得他无法满足于他自己的警言般的天才审视力。”

［亚里士多德的阐释者］在《古哲学史讲演大纲》中有一个关于亚里士多德的很长的段落，在之中保罗·马丁·缪勒不仅仅为亚里士多德的生平和哲学给出了概述，并且也贯通地阐述了亚里士多德的“概念‘科学’的各种观念”、他的“逻辑或者形而上学”、他的“物理学”、“政治学”和“经济学”。他也讲授过亚里士多德的《论灵魂》，并遗留下未完成的翻译。

［丹麦……夏季］保罗·马丁·缪勒在他的1819—1821年去东方的长时旅行中写有诗歌“玫瑰在丹娜的花园里燃烧一切”，以“为丹麦而快乐”为标题发表在《观众周刊》上，第三段这样开始：“丹麦夏季中的朋友！/还记得这个旅行四方的人吗?”在1838年，在保罗·马丁·缪勒（死于3月13日）死后不久，克尔凯郭尔在日记中写道：“我在那里听了尼尔森朗诵‘为丹麦而快乐’；但我如此奇怪地被这些词句打动：/你们会想起那旅行四方的人吗/是的，现在他已经旅行了四方，——但至少我会

记得他。”

注释：

1　克尔凯郭尔的另一部著作《前言》本来是作为这《“恐惧”的概念》的前言的。

2　［那新郎的朋友站着倾听新郎的声音时感到高兴］戏用《约翰福音》（3:29）；施洗的约翰对自己的门徒说：“娶新妇的，就是新郎。新郎的朋友站着听见新郎的声音就甚喜乐。故此我这喜乐满足了。”

3　［飞鸟唱自己的歌］在《前言》第七号（此前言本来是被当作《概念“恐惧”》的前言的）的誊正本中是：“如同飞鸟唱自己的歌，如同树木吐出自己的尖顶。”前半句被用在了这里，可能克尔凯郭尔在校读的时候删去了《前言》中的这前半句，以避免用词的相同。

4　丹麦语的 slægt 同时有着“族类”和“（世）代（人）”的意思。我以前曾将之译作“族类”，现在琢磨下来，改为“代”。因此，在注释中所提指的《创世记》引文也可读成“地上的人类万代都要因你得福”。

［地球上所有人类世代都将……被祝福］戏用上帝对亚伯拉罕的许诺，《创世记》（12:3）：“地上的万族都要因你得福。”

5　［每一天都有其自身的烦恼］指向耶稣的话：“所以不要为明天忧虑。因为明天自有明天的忧虑。一天的难处一天当就够了”《马太福音》（6:34）。

6　［让时代或纪元从他的书中得以开始］这在《哲学碎片》的前言中也有提及。这是针对 H. L. Martensen 的证书学位（licentiat 学位，低于博士的一种证书学位）论文 De autonomia conscientiæ sui humanæ（哥本哈根。1837 年）。此书的丹麦文译本于 1841 年以“Den menneskelige Selvbevidstheds Autonomie i vor Tids dogmatiske Theologie”为题目（中文意：当代的教义性的神学中的“人的自我意识的自律”）出版，神学生彼得森翻译。在前言中彼得森这样谈及这论文：“这是在我们这里出版的那新思辨哲学方面的、预告着我们已经开始计时的神学纪元的第一个文本。”

7　［誓言的新年火炬］暗指海贝尔（J. L. Heiberg）在《智识杂志》1844 年 2 月 1 日第 44—46 期上的“《乌剌尼亚》的后说”中把《乌剌尼亚》（亦即《乌剌尼亚，1844 年年书》）说成是新年礼物。参见克尔凯郭尔的《前言》（本来是作为这《概念“恐惧”》的前言的，但另外出版的一个小册子）的第三部分。

8　“对于某可疑币值汇率的保险引证”和下文中“当前这一年的权威”：根据德文版的克尔凯郭尔文集译本中的注脚，这暗示了当时的丹麦黑格尔主义。

9　希腊神话中，阿特拉斯是受罚以双肩扛天的巨人。

10　［因为承担一个世界就成为阿特拉斯］按希腊神话，提坦巨人阿特拉斯站在大地的西北边最边上用肩膀扛着天穹，但是按照希腊史记者迪欧多尔说法，人们认为他把整个世界扛在肩上。

11 ［并非每一个说“主啊主啊”的就理所当然进入天堂国度］戏引耶稣的话，见马太福音（7:21）：“凡称呼我‘主啊，主啊’的人，不能都进天国；惟独遵行我天父旨意的人，才能进去。”

12 仿宋体处在丹麦文版中是意大利语和德语混合：Bravo，schwere Noth，Gottsblitz bravissimo（好，见鬼，上帝救我，好极了）。

［Bravo ... bravissimo］Bravo（意大利语：好极），schwere Noth，（德语：严重的急需，见鬼）Gottsblitz（德语：上帝的闪电，上帝救我）bravissimo（意大利语：好极了）。表达惊奇和赞叹的感叹语。

13 ［没有国土的国王］也许是指丹麦国王克里斯多夫二世（1276—1332 年，1320 年即位），有外号“没有国土的国王”；或者，可能指英格兰国王约翰无土（John Lackland/1167—1216 年，1199 年即位）。

14 ［在畏惧和极大的颤栗中］戏引保罗在《哥林多前书》（2:3）中所说：“我在你们那里，又软弱，又惧怕，又甚战竞。”参看《腓利门书》（2:12）。

15 ［拉丁语名字］见前面关于笔名 Vigilius Haufniensis 的说明。

16 ［克利斯腾·马岑（Christen Madsen）］丹麦农民和木匠（1777—1829 年）。从 1819 年起，是非神职布道者和菲英岛醒世运动的领导人之一。因为他所召集的各种宗教会议以及他用来批评教区牧师的激烈表述，他进了监狱。案子持续很久。1829 年 4 月 9 日，最高法院作出很宽容的判决：罚款三十国家银币；他在审判下来之前，1829 年 2 月 19 日去世。

17 思考（speculerer）。

18 ［思辨（Speculationen）］思辨的哲学和神学。黑格尔主义体系的哲学就是“思辨的（spekulative）”哲学。

19 ［罗马人在“他对上帝的敬畏”中宽容］在一些教会历史书中有说及：根据罗马的政治智慧，被征服的民族可以保留自己的神祂信仰，但是按照它古老的祖国法禁止罗马公民去崇拜没有被国家承认的神，也禁止被征服民族的敬神仪式在帝国之内传播开。但是在皇帝们的时代，因为人们喜欢外国敬神仪式并且因为外国人也常常得到公民权，这些法规变得过时，以至于它们必须通过强制行为才得以实施。

20 在这里“人的权威（menneskelig Autoritet）”这个“人的”是形容词。比如说，不是“上帝的”，而是“人的”。

21 仿宋体处在丹麦文版中是拉丁语调侃转义：imprimatur（出版审查者）。

［Imprimatur］拉丁语：“可以印刷”，审查者对一本书付印的文字许可。在霍尔堡的喜剧《埃拉斯姆斯·蒙塔努斯或者拉斯姆斯·贝尔格》（Erasmus Montanus eller Rasmus Berg，1731）第三幕第三场中，佩尔·迪恩把 Imprimatur 当成人而不是一份来自大学哲学院院长的许可书。在丹麦，1849 年的宪法废除了审查制度。

22　“决定”：——决定哪一个是这“应当被崇拜的”。

23　［抓球］通过在黑白球中抓取一球来作出选择或者决定。

24　［一个公民代表置身于仲裁委员会］三十六个公民代表轮流地置身于仲裁委员会，每次一人，一个月轮换一次。仲裁委员会是由1795年7月10日的法案建立的，在法庭负责强制中介和认可私下的和解。

引　言

在怎样的意义上看，这审思的对象是一个在心理学兴趣领域和边界之内的任务，而在怎样的意义上看，这审思的对象，在它成为了心理学的任务和兴趣之后，恰恰是指向教理神学[1]的。

这样一种看法，“在科学的大范围中，每一个科学的问题都有其确定的位置、其目标和其边界，并且正因此也有它在整体之中和谐的色调融合、它在‘整体所说出的东西’之中正当合理的‘参与发言’”，这种看法不仅仅是一个虔诚的愿望[2]，以其令人鼓舞或者令人哀伤的痴迷来使相应科学家高尚化；这种看法不仅仅是一项神圣义务，要将他捆绑进为“全体的东西”服务中去，并要求他放弃无法无天以及那种“看着陆地从眼中消失”的冒险愿望；而且，这种看法也是每一种更特别的审思的兴趣所在，因为，通过忘记自己的归属，（正如语言就这种情形通常以直指要害的模棱两可所表述的），这“更特别的审思”也会忘记其自身，成为一种别的东西，去达到一种可疑的可完美性[3]、一种“能够成为任何自己将是的东西”[4]的自我发展能力。通过以这样一种方式“不去要求遵守科学规则”、通过“不去留心保持让诸多单个问题处于有秩序状态而任由它们去你追我赶地相互超越——仿佛在比赛谁抢先到达一个化装舞会”，一个人固然会时而展现出某种出众的才华[5]、时而以“已经理解了其他人远远尚未明白的东西”来给人以惊奇、时而以一些无须承诺的言词去与各种各样的东西达成一致。然而，这种收获在事后却（像所有非法获取物一样地）招致报应，不管是从民法的角度还是从科学的角度看，它都不是一个人所能拥有的。

如果一个人以这种方式僭越了逻辑学的最后部分——现实[6]，那么他由此而得到这样的好处：表面上看起来就好像我们在逻辑中已经达到了“那最高级的”，而如果我们愿意我们也可以达到“那最低级的”。而由此造成的损失也是明显的；因为不管是逻辑还是现实性，都没有从中得到好处。现实性没有得到好处；因为逻辑无法让现实性之中本质的从属部分，偶然性，进门。[7]同时逻辑也没有从中得到好处；因为，如果它念及了现实性，那么它就接受了某种它所无法摄取同化的东西，这就等于是它去提前挪用那“它仅仅只应当预先准备好”的东西。惩罚是明显的：所有关于“什么是现实”的审思都因此成了难题，是的，也许这审思在很长一段时间里失去可能，因为“现实”这个词在某种意义上必须用时间来恢复其自身、用时间来忘却错误。

当人们以这种方式在神学教理[8]中把信仰称为是“那直接的”[9]而不去给出任何进一步的定性时[10]，因此就赢得了这样的好处：所有人都被说服去确信“不在信仰处停留”的必然性，是的，甚至正宗信仰者都被引诱对此作出承认，因为，他也许不会马上看穿这种误解——这说法的根源不在后来的东西中，而是在初始的谬误[11]之中。迷失是明确无误的；因为在这里信仰被剥夺掉了它合法的从属的东西，即它的历史前提，于是信仰就迷失了；而神学教理不在一个“有着它的开始”的地方，而在“一个先前的开始”之中开始，于是它也迷失了。它不是去以一个“先前的开始”为前提，而是忽略这“先前的开始”并且毫无顾忌地开始，就仿佛它是逻辑学；因为逻辑学恰恰是开始于那种“通过最精致的抽象化而得出的最不可捉摸的东西”，亦即，“那直接的”[12]。所谓“‘那直接的’正因此而[13]被取消掉”[14]，从逻辑上考虑是对的，但这说法在神学教理中则成为信口开河，因为，又有谁想到要去停留在“那（没有进一步被定性的）直接的”之上，既然它恰恰在我们提及它的同一瞬间马上就被扬弃掉了，如同一个梦游者在他的名字被提及的同一瞬间醒来？于是，如果一个人时而在各种几乎只是预备教育性的考究[15]中发现这个词——和解[16]被用来标示那思辨哲学的知识[17]，或者标示“认识着的主体”和“被认识的东西”之间的同一[18]，或者去标示“那主体—客体的”[19]，等等等等，那么，我们可以很容易就看出这个人是有才气的，并且他借助于这种才气解说了所有谜，尤其是，如果一些人甚至在科学上都不使用人们在日常生活中都会使用的那种谨慎，就是说，至少在开始猜谜之前先把谜面文字听清楚，那么，他就借助于上面所说的才气为所有这一类人说明了所有的谜。或者，他为自己赢得这样一种不可比拟的荣誉，他通过他的说明提出了一个新的谜：怎么会有人认为这是解说。整个古典哲学和中世纪哲学的预设前提条件是：“思”在总体上说有着实在性[20]。到了康德那里，这个预设前提条件受到怀疑[21]。现在让我们假定黑格尔哲学真的对康德的怀疑主义[22]进行了彻底的深思（然而，这却总还仍然是个大问题，尽管黑格尔及其学派[23]借助于关键词“方法”和“显现”[24]做出了一切来隐藏那谢林[25]更明白地通过关键词“智性的直观”[26]和“建构”[27]来承认的事实：“这[28]是一个新的出发点”），并且以这样一种方式在更高的形式中重构[29]了从前的东西，这样，“思”不是依据于一种预设前提条件而具有实在性，——如果是这样的话，那么，“思”的这种有意识地获得的实在性到底是不是一种和解呢？哲学只不过是被带到那从前[30]人们开始出发的地方，在从前，在那个时候，这“和解”恰恰有着其重大的意义。人们有着一个古老的可尊敬的哲学用语：正题、反题、合题[31]。现在我们选了一个更新的用语，在之中“中介”[32]占取了第三个位置，难道这就是一个非凡的进步么？“中介”是模棱两可的，因为它同时蕴涵了“两项之间的关系”和“这关系的结果”，——而在后者之中它们作为“相互间已经发生了关系的两者”而在对方之中与对方及自身发生关系[33]；它标示运动，同时也标示静止[34]。关于这是否一种完美性，则要由一种对这“中介”的远远更深入的辩证检验来决定；然而很不幸，我们还在等待这检验的发生。我们只是废除“综合”而说“中介”，好吧。然而才华[35]却要求更多东西；我们说“和解”[36]，那么其结果是什么？这对我们的预备教育性考究没有好处；因为这种考究自然不会搞清楚什么东西正如事实真相无法搞清楚什么东西，正如一个人的灵魂不会因为这个人得到一个荣誉的身份而得到拯救。相反人们却从这两种科学——伦理学和教理神学[37]的根本上困惑起来，特别是：在引进了“和解”这个词之后，人们又还进一步指出逻辑和（教理神学意义上的）逻各斯[38]相互对应，指出逻辑学其实是关于逻各斯[39]的学说。伦理学和教理神学在一个对于“和解”的不详的范围界定[40]上有着争议。“悔”[41]和“辜[42]”以伦理的方式从人身上拷榨出“和解”来；而与此同时，教理神学则在自己对于“被提供的和解”的接受能力中有着“在历史的角度上具体的直接性”，带着这种直接性，它在“科学”的伟大对话中开始它的发言。那么现在会出现怎样的后果呢？后果也许就会是：语言将举行大安息年仪式，在之中人们让‘言’和‘思’休息[43]，这样人们就能够从“一开始”开始。[44]

人们在逻辑学中使用“那否定的”作为推动催促的权力[45]把运动带给一切。而且人们必须在逻辑之中具备运动，不管人是怎样达成它的，不管是以怎样的手段达成它的。现在，“那否定的”就可以派上用场了，而如果“那否定的”还是不管用，那么也许文字游戏和惯用语可以帮忙，正如“那否定的”本身就成为了文字游戏。①[46]在逻辑之中没有任何运动是可以被允许“去成为”[47]的；因为逻辑“在”[48]，一切符合逻辑的东西只在②[49]，并且“那逻辑的”的这一无能是“逻辑”向“形成”[50]的过渡，在这之中“存在”[51]和“现实”出场。这样，当逻辑深入到诸范畴的具体化[52]中去的时候，那来自“开始”的东西还是同样地保持一成不变。每一个“运动”（如果我们愿意在一瞬间之中暂时使用这个用辞的话）都是一种内在运动[53]，而这种内在运动在更深刻的意义上根本不是运动，这是一个人很容易让自己确认的：如果他考虑到“运动”这个概念本身是一种超越[54]，它不可能在逻辑之中找到其位置。[55]

“那否定的”则是运动之内在[56]，是“那消失的”，是“那被扬弃的”[57]。如果一切东西都是以这种方式发生，那么就根本没有什么东西发生，而“那否定的”就成为了一个幽灵。但恰恰为了使得某些东西在逻辑中发生，“那否定的”成为了某种“更多”，它成为了“那带来对立面的东西”，不是一个“否定”，而是一个“对置”[58]。这样，“那否定的”不是内在运动之静穆无声，而是那“必然的他物”[59]，为了让运动发生，对于逻辑来说它[60]当然可以是最必然的，但它却恰恰是“那否定的”所不是的东西。[61]如果我们为了进入伦理学而离开逻辑学，那么在这里我们又重新遇上那在整个黑格尔哲学里不知疲倦地活跃的东西——“那否定的”。在这里我们惊奇地经历到，“那否定的”就是“那恶的”[62]。现在达到了完全的疑惑；才华横溢没有边界，斯戴尔·霍尔斯坦女士那曾经用来谈论关于谢林的哲学的说法，

---

① 以此为例说：“本质”是那“已经在了的东西”；“已经是在了的”是“在”的过去时，所以，“本质”是“被扬弃了的‘在’”，那“已经在了的‘在’”。这就是一个逻辑运动！如果一个人要自寻烦恼地捕捉和收集在黑格尔的逻辑中（不管是黑格尔本来的还是那由后来黑格尔学派改善了的）的所有童话精灵和小鬼——它们如同忙碌的工匠推动着那逻辑的运动，那么，以后一个时代可能会为如此的经历而感到惊奇：那目前在一旁成为了过时的笑话的东西，它曾经在逻辑中扮演很重要的角色，不是作为附带的说明和才华横溢的评语，而是作为诸多运动之大师，它使得黑格尔的逻辑成为奇迹并且赋予这逻辑思想以用来走路的脚却不被任何人发觉，——因为敬慕的长袍隐藏起了运动的轮车，正如鲁鲁飞行地赶到而没有人看见她所坐的机器。逻辑中的运动是黑格尔的成就，与此相比，黑格尔所具备的并且（为了在“那不确定的”之上奔跑而）鄙夷了的那令人无法忘记的功劳就不值得一提了，那功劳就是：以各种不同的方式纠正了各种范畴的定性以及它们的秩序。

② 逻辑的永恒表达是那些埃利亚哲学家们因误会而运用在“存在”上的那句：没有东西进入存在，一切在。

"它使得一个人整个一生有才华"[63]，这句话无论在怎样的方式上都适合于那黑格尔的哲学。我们看见，各种运动在逻辑之中会是多么地不符合逻辑，既然"那否定的"就是"那恶的"；它们在伦理学之中又会是多么地不符合伦理，既然"那恶的"就是"那否定的"。这在哲学中过多，在伦理中过少；如果要两边都适合，那么就两边都不适合。如果伦理没有其他"超越"，那么它在本质上就是逻辑，而如果逻辑要有（伦理出于基本体面所要求的）这么多"超越"的话，那么它也就不再是逻辑了。

我在这里所阐述的东西，相对于它所处的位置，也许是够繁复的（而相对于它所论述的课题，它远非"过于冗长"），但却绝不多余，因为我是针对文本的对象来选取单个细节的。诸多的例子是取自更大的宏观领域，而在宏观中所发生的，会在微观之中得以重复，并且误解也成为一种类似的误解，尽管为害的后果更小。如果一个人给出声势要写出体系[64]，那么他就有着对宏观万物的责任，但是那写专论[65]的人则能够并且应当忠实于不多的事[66]。

本书所要从事的工作是以这样一种方式从心理学的角度对"恐惧"这个概念进行论述：它将在论述中考虑到并面对着关于"传承之罪"[67]的教理。这样一来，尽管沉默，它也将会与"罪"[68]的概念发生关系。然而"罪"却不是心理学兴趣领域中的一个任务，如果一个人要从心理学的角度对之进行论述，那么我们只能说他是投身于一种误解才华的工作。"罪"有其确定的位置，或者更确切地说，它根本没有什么位置；然而这恰恰是它的定性。而如果我们在别的地方对之进行论述的话，那么，因为我们因此而将之置于非本质的折射之下，所以我们就改变了这个概念。它的概念被改变了，而因此它的心境[69]也被骚扰了；这心境本来应当是与那正确的概念相对应的①[70]；我们得到的不是"真实心境"的耐久性，而是"不真实心境"的瞬间即逝的幻影。于是，在"罪"被引进到审美中的时候，这时，这心境变得要么轻率要么沉郁[71]；因为心境所处的范畴是矛盾[72]，而矛盾则是要么喜剧的要么悲剧的。这样心境就被改变了；因为那

① 科学与诗歌和艺术一样完完全全地预设心境为前提，不管是在创作者那里还是在接受者那里；一个声调调节上的错误对人的干扰程度与思维发展中的错误没有什么区别。这种道理在我们这个时代已经被人完全遗忘；在这个时代，人们完全忘记了"真挚性"，忘记了去把各种"自以为拥有的所有荣耀"的快乐转化为自己出自内心的快乐的那种"主观摄取"的定性，或者在贪婪之中如同那"更喜欢影子的狗"那样地放弃了它。然而，每一个错误生产出自己的敌人。作为敌人，思维的错误有辩证法在外面等着，而心境的匮乏或者扭曲则有"那喜剧的"在外面等着。

与“罪”相对应的心境是“严肃”[73]。它的概念也被改变了；因为不管它是变为喜剧的还是变为悲剧的，它都是变成了一种持久的东西或者一种非本质的被扬弃的东西，而它的概念则是“被克服”。从一种更深刻的意义上看，“那喜剧的”和“那悲剧的”都是没有敌人的，它所有的要么只是一个令人为之痛哭的怪物，要么只是一个令人发笑的怪物。

如果是在形而上学中考察罪，那么，心境就成为了辩证的均匀性和无偏倚性，它把罪作为一种无法抵挡思想的东西去反复琢磨。这概念被改变了，因为，罪固然应当被克服，但它不是作为那“思无法赋予生命”的东西，而是作为那“存在着并且就其本身与每一个人相关的东西”。

如果是在心理学中考察罪，那么，心境就成为了那种观察着的耐久力，谍探窥视中的无所畏惧，而不是“严肃”从罪中的胜利逃亡。概念成为了一种不同的概念；因为“罪”成为了一种状态[74]。但是“罪”不是状态。“罪”的观念是：它的概念不断地被扬弃。作为状态（根据可能[75]），它不存在，而根据现实[76]或者在现实中[77]，它存在并且一再地存在。心理学的心境会是反感的[78]好奇，而正确的心境是“严肃”的刚毅抵抗。心理学的心境是正进行发现的恐惧[79]，并且它在其恐惧之中描绘出“罪”，而与此同时它恐惧着并且是为它自己所描绘的图像而恐惧。当“罪”被如此处理时，这罪（相比于心理学）成为了强者；因为心理学从根本上是以一种女人的方式[80]与“罪”发生关系的。这一状态具有其真理，这是很明确的；在“那伦理的”出现之前，这一状态多多少少地发生在每一个人的生活中，这是很明确的；但是，通过这样一种处理，这罪不再是它所是，而是“更多”或者“更少”。

因此，一旦我们看见“罪”的问题得到处理，我们就马上能在心境上看出，相关概念是否是正确的概念。比如说，一旦“罪”被作为一种疾病、一种反常、一种毒、一种不和谐而谈及，那么这概念也就是谬误扭曲的。

本原地说，“罪”根本不属于任何科学。它是布道中的对象；在这布道中“单个的人”[81]作为“单个的人”对“单个的人”说话。在我们的时代，科学的重要性愚弄了教士们而使之成为了一种“教授—教士”去同时也侍从科学并把布道看成是有失尊严的事情。这样一来，布道被看成是一种很糟糕的艺术，这也就没有什么奇怪了。然而布道其实却是所有艺术之中最不容易的一种，并且其实就是苏格拉底所赞美的那种艺术：能够对话[82]。所以这也是自然而然：在教会会众之中无须有人为此作出回应，而不断地去找别人说话也不会有什么帮助。苏格拉底在这区分上根本地批判那些诡辩家们，他们确实能说话，但是无能于对话；苏格拉底所批判的就是，他们在任何时候都能够说许多，但是却缺少“摄取”的环节[83]。这“摄取”恰恰就是对话的秘密。

与“罪”的概念相应的是“严肃”。如果一门科学之中要为“罪”留出差不多的位置，那么这科学无疑就应当是伦理学。然而这之中却有着大麻烦。伦理学仍是一门理想的科学，这不仅仅是从“每一门科学都是理想的”的意义上说的。伦理学要把理想性[84]带入现实性[85]；然而它的运动却不是把现实性提高到理想性。①[86]伦理学把理想性显示为一种任务并且预设了：人拥有着伦理所要求的各种前提。这样，伦理学就发展出一个矛盾，因为它恰恰把艰难性和不可能性明显化了。人们就法律所说的，也一样可用于伦理：它是一个训教师[87]；在这训教师提出要求的时候，他通过他的要求只审判而不生产[88]。只有希腊的伦理学是一个例外，而这却是因为，它在最根本意义上不是伦理学，而保存了一个美学的环节。这一点很明白地在它对美德的定义[89]之中显示出来；在这定义之中，当然也在《尼各马可伦理学》中，亚里士多德经常地以他的“希腊式的天真”说，光是“美德”并不使得一个人幸福满足，而且他还必须具有健康、朋友、世俗财产并且在家庭生活之中幸福[90]。伦理学越理想越好。它不应当被“要求‘那不可能的’是无济于事的”这废话骚扰；因为，光是去听这样的话已经是不伦理的，伦理既没有时间也没有机会去听这样的话。伦理和讨价还价沾不上边，人也不可能以讨价还价的方式达到现实性。如果要达到现实性，那么整个运动必须掉转头来。正是伦理的这种理想化特性诱惑了我们在论述中时而使用形而上学、时而美学、时而心理学的范畴。然而伦理学自然必须比任何其他科学更首当其冲地抵制诱惑，因此，任何人都不可能写一部伦理学而不具备所有其他范畴作为其辅助性基础。

只有在伦理借助于“悔”而搁浅[91]于“罪”的概念时，“罪”才属于

---

① 如果我们更深入地考虑这个问题，那么我们就会得到足够的机会去认识到，这“越过逻辑学的最后一部分——现实性”是怎样的一种才华，因为甚至连伦理学都还没有达到这一步。所以，这现实性（逻辑以之而达到其终结）在现实性的意义上并不比“在”意味更多，——而逻辑是以这“在”作为开始的。

伦理。①92如果伦理要把“罪”接受进来，那么它的理想性就终结了。它停

---

① 对于这一点我们在约翰纳斯·德·希伦提欧所出版的《畏惧和颤栗》（哥本哈根，1843年）之中会找到许多相关的看法。在这里，作者多次让“美学所欲求的理想性”搁浅在“伦理所要求的理想性”上，以求在这些冲突之中让“宗教性的理想性”作为那“恰恰正是现实之理想性，并因而与那美学之理想性一样的令人向往、却不像那伦理之理想性那样可望而不可即”的东西而出现；而出现的方式则是这样的：这种理想性在“辩证的跳跃”之中，并且同时也是在一种特定的正面心境（“看，一切都是崭新的”）和一种特定的负面心境（这负面心境是“那荒谬的”的激情，与之相应的是概念“重复”）之中绽发而出。要么整个“存在”在伦理的要求之中终结，要么那相应的条件得以创立并且整个生命和存在重新开始；不是通过对于“先前的东西”的内在继续，（这是一个矛盾），而是借助于一种超越，（这超越以一道沟壑把“重复”和“前一个存在”分隔开；这样，如果我们就只能用一种比喻来说：“‘先前的东西’和‘随后而来的东西’相互与对方发生关系，正如‘海洋中所有生命物的全部整体’与‘天空中和大地上的所有生命物的全部整体’发生关系，尽管根据一些自然研究者的看法，前者作为一种原型要在其不完美性之中预构出所有后者公开出来的东西”）。关于这个范畴，我们可以比较一下康斯坦丁·康斯坦丁努斯所著《重复》（哥本哈根，1843）。这无疑是一本古怪滑稽的书，而这一点也是作者所刻意追求的；但是，据我所知，他是第一个生动地领会了“重复”并使之在其概念的足够明确的意义之中展现出来而能够通过指出那无形的峰点和关键时刻（科学与科学在这点上角斗直到新的科学出现）来说明“那异教民族的”和“那基督教的”之间关系的人。但是，通过让相应观念的戏谑来打扮包装打扮这概念，他又重新把他所发现的东西隐藏了起来。到底是什么东西推动了他去这样做，就很难说，或者更确切地说，很难明白；因为他自己就是这样说的：他如此写作是“因为不想让异端信者们理解他”。既然他只愿意从美学和心理学的角度出发对之进行研究，那么，一切就必须被幽默地安排出来，并且以这样的方式来达成其效果：言辞忽而意味了一切、忽而又意味了一切中最微不足道的东西，而这之间的过渡，或者更确切地说，这一“不断地从九霄云天上落下”，是通过其滑稽的对立面而来启动的。然而，他在第34页非常准确地说出了一切：“重复是形而上学之兴趣；并且也是‘形而上学在之上搁浅’的兴趣，重复是在每一种伦理直观之中的密码口令，重复对于每一个教理上的问题都是不可或缺的条件。”第一句包含了一种对于“形而上学是无兴趣的”这样一个命题的暗示，正如康德关于美学的说法。一旦“兴趣”出现，形而上学就到一边去了。所以“兴趣”这个词是用楷体字。在“现实性”之中，整个主体性的“兴趣”出场，而这时，形而上学就搁浅。假如“重复”没有被设定，那么伦理学就是一种聚合着的权力，看来他是因此而说它是伦理直观中的密码口令。如果“重复”没有被设定出来，教理神学就根本无法存在；因为“重复”在信仰中开始，而信仰是各种教理神学问题的机构。

在自然的领域里“重复”处于其不可动摇的必然性中。在精神的领域里的我们的任务不是去为“重复”强行赢得一种改变而使得自己在“重复”之下感到差不多挺好过得去，仿佛精神只是处于一种与精神之“重复”的外在关系之中（如果这样，那么“善的”和“恶的”就像夏天和冬天那样地交替）；我们的任务是把“重复”转化为某种内在的东西，成为“自由”自己的任务，成为其最高的“兴趣”，这样，在一切其他东西转化交替的同时，它就能够真正地实现“重复”。在这里“有限的精神”就绝望了。康斯坦丁·康斯坦丁努斯暗示了这一点，他通过让自己靠边而使得“重复”在这时依据于“那宗教的”而在那年轻人身上绽放出来。为此康斯坦丁多次说：“重复”是一种宗教范畴，它对于他是过于超越了，它是依据于“那荒谬的”的运动；而在第142页它被写为“永恒是真正的重复”。所有这些，海贝尔教授先生不曾感觉到，但是借助于他的知识（这知识正如他的《新年礼物》，尤其优雅整洁），他满怀善良地想要通过隆

留在自己的理想性之中，却从不变得太非人情化而以至于让现实性从视野里消失，相反，它以这样的方式把自己提出来作为每一个人的任务：它要使得这人变成真实的人、变成完整的人、变成在一种显著的意义上[93]的人，并且，通过这样的方式，它与现实进行交流沟通；而这样一来，它在其理想性之中停留得越多，它就把艰难性的弦绷得越紧。在那为实现伦理之任务而作出的努力奋斗中，“罪”并不是作为某种偶然地属于某个偶然的个人的东西显示出来；相反是作为一种越来越深入的前提预设，“罪”越来越深地撤回它自己，——作为一种超出了这“个人”的前提预设。这时对于伦理学来说一切都迷失了，而伦理帮助了去达成这种“失去一切”。一个完全处于伦理的范围之外的范畴出现了。传承之罪[94]使得一切更加绝望，亦即，它取消艰难性，但却不是借助于伦理而是借助于教理神学[95]。正如所有古典[96]认识和思辨都立足于“思具有实在性”的前提预设条件，所有古典伦理学也都立足于“美德是可实现的”的前提预设条件。“罪”的怀疑对于异教是完完全全的陌生的[97]。“罪”对于伦理的意识来说，就是错误对于其认识，亦即，它是什么也证实不了的单个例外。

通过教理神学，这样一门科学开始了；这门科学与那种从严格的意义上说的[98]所谓的理想性的科学相反，是从现实性出发的。它从“那现实的”开始，以便将现实的东西提高到理想性之中。它不否定“罪”的在场，相反，它预设这“罪”并且通过预设“传承之罪”来说明这“罪”。然而，既然教理神学很少被纯粹地论述，所以人们经常会发现，“传承之罪”是以这种方式被牵引进教理神学的范围的：那对于教理神学的不同种类的本源[99]的印象并非是清楚地显示在我们眼中，而是变得混淆不清；这种情况，在我们从教理神学中发现一条关于天使、关于圣经等的教条的

（接上页）重地把相关主题带到那康斯坦丁所开始的地方，带到那（这里要提及一个更新的文本）《非此即彼》中的审美者在《轮作》中放置这主题的地方来帮助这个文本成为一种高格调而优雅的“微不足道性”。如果康斯坦丁真的会通过以这样的方式享受这“把他带入一个无法拒绝的特选的社交圈”的罕有荣誉而觉得是受奉承了，那么，在我看来，自从他写了那本书以来，他就肯定成为了（如人们所说）星辰狂了；但在另一个方面，如果一个像他这样的、为了被误解而写作的作家，忘乎其所以而没有足够的“平心静气”去把“海贝尔教授没有能够理解他”这件事作为一种荣誉，那么他一定也是一个星辰狂了。然而这无须我去担忧；因为，他至今还没有答复海贝尔教授什么，——这一事实足以表明他知道自己是怎么一回事。

是时候，也会发生。所以教理神学不应当就这样去说明“传承之罪”，而通过预设它来说明它，就像那个“涡”，——关于“涡”，希腊自然哲学家们有各种说法，一种运动的、没有什么科学能够将之把握的“某物”。[100]

如果人们再一次有空去领会一下施莱尔马赫[101]对于这一科学的不朽成就[102]的话，人们会承认：“对于教理神学，事情就是如此。”他被人遗弃已经很久了，既然大家都选择了黑格尔；然而施莱尔马赫是一个在美丽的希腊意义上“只谈论他之所知”思想者，而黑格尔（尽管他有他所具的一切出色的特质和渊博的学问）以他的表演效果则一再地让人想起他是德国意义上的一个哲学教授，依据于一个大尺度来丈量的哲学教授，因为他以一切代价[103]要去说明“一切”。

这样，新的科学以教理神学开始，正如“内在的[104]科学”以形而上学开始。在这里伦理学再一次找到它的位置：作为一门科学，它把教理神学的“关于现实的意识”作为现实所面对的任务。这种伦理学既不忽略“罪”，也不将其理想性置于“理想化地去要求”之中，相反，它是在“对于现实、对于罪之现实性的渗透性意识”[105]之中具备其理想性，但注意：它不染有形而上学的轻率或者心理学的情欲。

人们很容易看见运动的差异性，并且看出，我们现在所谈的这种伦理学属于另一种“事物之秩序”。先前的第一种伦理学搁浅于“单个的人”的有罪性。所以要去说明这“有罪性”是远远地不可能的，甚至麻烦只会变得更大，并且在伦理的意义上更神秘莫测，因为“单个的人”的罪扩展成了整个族类的罪[106]。这时，教理神学就过来并用“传承之罪”来解围。新的伦理学预设教理神学为前提，并因之也预设“传承之罪”，而由此来说明“单个的人”的罪，与之同时它将“理想性”立作一种任务，当然，不是在一种由上向下，而是在一种由下向上的运动之中。

如我们所知，亚里士多德使用命名词第一哲学[107]并且首要地是以之来标示形而上学，虽然他同时也在之中收取了一部分按照我们的概念是属于神学的东西。在异教世界中，神学必须在这“第一哲学”中被论述，这完全有它的道理；这是一种对于“无限的渗透性反思”的匮乏，正如这同样的匮乏使得异教世界中的戏剧具有一种“敬神礼拜”的实在[108]。如果我们现在想要从这种模棱两可之中抽象出来，那么我们可以保留这命名词并且把第一哲学[109]①[110]理解为这样的一种科学总体：我们可以将之称为“异教民族文化的科学总体”，它的本质是内在[111]，或者以希腊的方式说，“回忆”[112]，而把第二哲学[113]理解为那种“其本质是超越或者重复”的哲学。②[114]

概念“罪”在根本上不属于任何科学，只有第二种伦理学能够论述它的公开[115]，但不能论述它的“形成”[116]。如果任何其他科学要对之进行论述，那么只会使得这概念变得混乱困惑。向我们的计划更靠近一些，我们可以这样说：如果把伦理学换成心理学，事情也一样会是如此。

心理学所要处理的必须是一种静止着的东西，一种在“被推动的宁静”中的停留着的东西，而不是一种处于“不断地要么生产其自身要么被抑制”中的不宁静的东西。但是，那持久不变的东西，那“罪不断地由之而生成”的东西，并不具必然性；因为一种带有必然性的“成为”[117]是一种状态，比如说，植物的整个历史是一种状态；但是作为一种带着自由的“成为”，这种持久不变的东西，这种安排着的预设条件，“罪”的实在的可能性[118]，它是心理学之兴趣的一个对象。那能够让心理学关注并且能够作为心理学的关注对象的东西，是“罪是怎么会进入存在的”，而不是“罪进入存在”。它[119]能够在自己的心理学兴趣中达成这样的情形，让事情看起来是“罪仿佛存在着”；但是下一情形——“罪存在着”则是另一回事；这后面的“罪存在着”本身与前面这种“罪仿佛存在着”有着质的区别[120]。对于谨慎的、心理学意义上的“沉思内省[121]和观察”，这是一个预设前提；而“这个前提条件以怎样的方式显得越来越包容多样化”，这个问题就落在心理学的兴趣范围之内；是的，心理学简直就想要投身于这一“因此罪存在着”的假象之中。而这一最终的假象是心理学的无能，它显示出心理学所能做的工作已经结束了。

“人的天性一定是如此，它使得‘罪’成为可能”，这种说法从心理

① 谢林让人留意这个亚里士多德式的用语，为了有助于他自己对于否定哲学和正定哲学的区分。他把否定哲学理解为逻辑，这是很明了的；相反让我觉得不怎么明了的是，他真正理解的“肯定的”是什么，除非一点，那是没有疑问的：“肯定哲学”是他自己想要给出的哲学。然而，既然我除了我自己的理解之外不会去立足于其他依据，那么，要继续在这个问题上深入就是不可行的了。

② 对这个，康斯坦丁·康斯坦丁努斯曾经提醒过对之的注意，通过暗示出“那内在的”搁浅在“兴趣”之上。借助于这个概念，现实才真正地显现出来。

学角度看无疑很对；但是要让这一“罪”的可能性成为“罪”的现实性，这就会使得伦理学反感，而对于教理神学则听起来好像是一种亵渎；因为自由永远都不是“可能的”，一旦自由存在，那么这自由就是现实的；正如人们在从前的哲学里说过，在上帝的存在是可能的时候，那么这存在就是必然的。[122]

一旦“罪”真正地被设定了，伦理学当即严阵以待，并且接着紧跟它的步伐。伦理学并不关心“罪是怎样进入存在的”，它所确知的一点是：罪作为罪而进入世界。而与“罪的进入存在”相比，伦理学则更不关心“罪之可能性”的静物画。

如果现在有人更进一步地问，“在其观察之中，心理学是在怎样的意义上追踪其对象，并且，追得有多远”，那么，不管是在上面阐述的文字中还是在于事情本身，我们都能够明确地看出：任何对于（作为想象的）“罪之现实性”的观察，都和心理学无关，并且，作为“观察”，它也不属于伦理学；因为伦理学从来就不是“观察着”的，而是“指控着”、“审判着”和“行动着”的。进一步，根据上面阐述的文字以及根据事情本身看，心理学与经验现实中的细节毫无关系，除非后者是在“罪”之外。作为科学，心理学当然无法在经验的意义上与隶属于它的细节有什么关系，但随着心理学变得越来越具体，这细节却能够得到一种科学的表述。这门科学不同于任何其他科学，它获得许可几乎可以在“生命”的泡沫漫澜的多样性之中沉醉；而在我们的时代，它则变得如此节制和禁欲，如同一个自虐的苦修者。这不是这门科学的过错，而是其皈依者的过错。在“罪”的问题上，现实的全部内容相对于它而言都被否定掉了，只有“罪”的可能性仍属于它。从伦理学角度出发来考虑，“罪”的可能性则自然永远都不会出现；伦理学不会让自己受愚弄而把时间浪费在这种考究上。相反，心理学则热爱这种考究，坐着映描轮廓、计算可能性的各种角度，并且像阿基米德那样的不让自己受干扰[123]。

但是，在心理学以这样一种方式深入到“罪”的可能性之中进行冥思的时候，这时，它其实就是在为另一门科学服务了，尽管它并不知道这个事实；这“另一门科学”只是等待着，等到心理学结束了其工作之后，它就可以自己投入工作并且帮助心理学去得到说明。这“另一门科学”不是伦理学；因为伦理学完全与这一“可能性”无缘。相反，它是教理神学，并且，那关于“传承之罪”的问题在这里又出现了。在心理学探究“罪”的“实在的可能性”的时候，教理神学说明“传承之罪”，这是“罪”的“理念的可能性”[124]。相反那第二种伦理学就与“罪”的可能性或者“传承之罪”没有什么关系了。第一种伦理学忽略“罪”，那第二种伦理学在其领域之中包含“罪”的现实性；而这里再一次如此：心理学只能够通过一种误解而硬挤进来。

如果这里所阐述的这些东西是正确的，那么人们就会很容易地看出，我是依据于什么样的理由把这文本称作心理学的审思，以及在意识到了它在科学中的关系的情况下，它是怎样地属于心理学、然后又是怎样地努力趋向于教理神学的。有人曾经把心理学称作关于主观精神的学说[125]。如果我们更深入地追踪这一点，那么我们就会看见，在这心理学碰到罪的问题时，它是以怎样的一种方式来处理的：首先它不得不转向而进入到“关于绝对精神的学说”[126]中去。在那里有着教理神学。第一种伦理学预设形而上学为前提，第二种伦理学预设教理神学，但却也以这样的方式来完成它：这预设前提在这里出现，正如它在一切地方出现。

这里所做的就是引言的工作。这引言可能是正确的，而对于关于概念“恐惧”的审思本身则可能是完全不正确的。事情到底是不是如此，让我们看。

注释：

1　教理神学（Dogmatiken）。或翻译为神学教义学。但为了避免一个词中两个相同字所引起的误解，取译“教理神学”。

2　仿宋体处在丹麦文版中是拉丁语：pium desiderium（虔诚的愿望）。

3　［可完美性/Perfectibilitet］发展自己、进步、走向完美的能力。

4　“能够成为任何自己将是的东西”就是说，能够成为随便什么东西。

5　这里所说的“才华”是一个对立于“精神充满”的词，它是表面的、急于求成的和做作的。

6　现实（Virkeligheden）这里所指是黑格尔的逻辑学中的概念：黑格尔的逻辑学第二卷的第三部分。克尔凯郭尔对黑格尔哲学的批判的重点之一就是黑格尔在把现实和历史引进逻辑时通过必然性而把自由抹杀了。

［僭越了逻辑学的最后部分——现实性］针对丹麦神学家和黑格尔主义者阿德勒尔（A. P. Adler）《对黑格尔的客观的逻辑的普及讲座》，在之中概念“现实性”进入了最后三段的标题：§ 28“那整体的和那局部的。——力和外化。——现实性”，§ 29“形式上的现实性——可能性——偶然性”和§ 30“实在的现实性（亦即，相

对的必然性）——实在的可能性（亦即，相对的必然性）——绝对的必然性”。在这些讲座中，阿德勒尔只论述黑格尔逻辑的前两个“三分之一”，最后看来是随意地贯穿模态范畴而进入结束。黑格尔自己没有在逻辑学的最后一段论述“现实性”，而是在中间部分“本质论”的最后一部分论述了“现实”。

7　逻辑的决定性是一种必然性，而必然性决定了对偶然性的否定。在一个有偶然性的地方才谈得上自由选择。如果现实被引进了逻辑，那么现实的决定性就是一种必然性，自由意志就失去了其存在空间。

［逻辑无法让……偶然性进门］指向黑格尔关于“科学和逻辑只关注抽象概念而不关注各种经验的个别性的无限复杂多样”的说法，经验的个别性是偶然的；对于黑格尔，这些个别性无法被当作科学的对象。在这里所展开的批判相应于对黑格尔逻辑的传统的批判：他忽略和低估各种经验的个别性，人们指责他无法说明这些个别性。在保罗·马丁·缪勒的《古哲学史讲演大纲》中一个关于亚里士多德的段落表述了“偶然性是现实性的一个必然元素”：“亚里士多德很明显地把实在性赋予‘那偶然的’，反过来的假设则抑阻所有存在的运动和自由。”

8　神学教理（Dogmatiken）。

9　［把信仰称为是“那直接的”］也许是暗指黑格尔主义的教理神学家比如说马尔海尼克（Philipp Marheineke），他提出，信仰一方面是直接性（或者关于上帝的直接知识），一方面能够和应当在思辨的知识之中被扬弃，并且这一作为思辨性的知识更高于信仰。马尔海尼克的观点渊源于黑格尔关于“信仰的表象世界在思辨的知识之中被扬弃”的断言，一个这样的教理观在《畏惧与颤栗》之中也受到反驳：“哲学教导我们，‘那直接的’应当被取扬弃。这说法是够真实的；但是，不真实的则是……信仰……理所当然地是‘那直接的’。”在这里也许也思及德国哲学家雅可比（F. H. Jacobi），他在哲学上把直接性（意味了直接的知识或者确定性）同一于信仰（并非仅此，另外在宗教意义上也是如此）。

在这一段落的草稿上，克尔凯郭尔写了：“并且这在每天都发生在我们眼前”，就是说，教理神学将信仰称作“那直接的”；以此也许是针对马滕森（H. L. Martensen）在对海贝尔的《在王家军事高校为 1834 年开始的逻辑课程所作的序言讲座》的书评，针对马腾森的《人的自我意识的自律》，针对拉斯姆斯·尼尔森的《思辨方法在神圣历史上的运用》。

10　这里主要是针对马腾森，特别是他的证书学位论文 De autonomia conscientiæ sui humanæ, in theologiam dogmaticam nostri temporis introducta（哥本哈根，1837 年）。此书的丹麦文译本于 1841 年以“Den menneskelige Selvbevidstheds Autonomie i vor Tids dogmatiske Theologie”为题目（中文意：当代的教义性的神学中的“人的自我意识的自律”）出版。这论文对现代的自律哲学作出一种清算。为人类理解力给出根本的是上帝自己。良心（samvittighed）同时是道德和理智的器官，是一种与上帝的“同知

(samviden)”，这种“同知”给出人认识上帝的最原始的可能性，一种对于“作为创造者的上帝”和“作为被创造者的人”的“知（viden)”。人必须去信仰以便能够认识“信仰是‘那直接的’”。纯粹通过理智，人不可能达到认识，所以从笛卡儿到黑格尔的现代哲学中自律原则必须废弃。虽然 Martensen 以这种方式保持了对黑格尔的距离，并且认为是“超越了”他，但是在他 1841 年出版的《道德哲学体系的基本轮廓》中，黑格尔的方法完全是他的文本的立足基础——辩证的方法及其对所有对立面向一个和谐的整体观的中介。

11　仿宋体处在丹麦文版中是希腊语：τρωτον ψευδος（最初的迷失/根本的谬误)。

12　［逻辑学恰恰是开始于……“那直接的”］指黑格尔的逻辑学，从“纯粹的在”并且以这样一种方式从“那直接的”开始，因为“在”只能是“那 unbestimmte Unmittelbare（德语：不确定的直接的)”。

海贝尔在《在王家军事高校哲学之哲学或者思辨逻辑讲演纲要》（简称《纲要》）写道：“如果我们从一切之中的每一个定性开始（这是必要的，因为这超越所有预设前提条件，而‘进入初始——这开始是那抽象直接的’就在于这个)，然后就只剩下一个多余的东西，我们无法再从这东西进一步作抽象，因为它自身是没有预设前提的，于是就是‘那抽象的直接的’或者那初始；这个唯一的东西是在一般之中的在，或者是那抽象的或者绝对的在，一切的最终极的抽象”。

13　仿宋体处在丹麦文版中是拉丁语：eo ipso（正因此而)。

14　［“那直接的”……被取消掉］指黑格尔的辩证法，有着三个环节：一、直接性；二、中介；三、中介后的直接性（在这之中那最初的直接性就被取消而成为第二而第二被取消而成为第三，或者说被“扬弃”掉了。在哲学语用中，“取消”是“设定”的对立。在丹麦的黑格尔哲学讨论中，“取消”常常被当成是“扬弃（德语 aufheben)”的同义词来用。

15　［几乎只是预备教育性的考究］或者说“刚刚入门后的考究”。也许是针对阿德勒尔（A. P. Adler）的《对黑格尔的客观的逻辑的普及讲座》，也许是针对斯蒂陵（P. M. Stilling）的论文《对思辨哲学对科学的意义的哲学思考》（哥本哈根，1842)，该论文是对于拉斯姆斯·尼尔森的《思辨哲学基本特征》的书评。在前言中，斯蒂陵谈论了“引导性的定性”和“引导性的特征”。

16　和解（Forsoning)。

17　这里克尔凯郭尔所指向的可能是斯蒂陵的论文《对思辨哲学对科学的意义的哲学思考》中的第 45 页。

18　［同一］这一表达是谢林的典型用词。同一性哲学是这一阶段的德国哲学的标志。谢林试图在一种绝对的（并且就其本身无意识的）同一之中“扬弃”掉思与在之间、自我与非我之间、主体与客体之间的差异。可参看商务印书馆，谢林《先验唯心论体系》，1983 年，第 249—251 页。

19　[和解……“那主体—客体的”] 阿德勒尔（A. P. Adler）在《对黑格尔的客观的逻辑的普及讲座》的引言中写道，哲学的“意图是沿着科学的道路取消掉‘思’与‘在’之间、主体性与客体性之间、自我与外部世界之间思想与思想的实在性之间的对立……。‘在生活和思想本身中导出这些思想之形式间的和解’就是哲学的意图”。在黑格尔的《哲学史讲演录》中也有这样的阐述：“哲学的最后的目的和兴趣就在于使思想、概念与现实得到和解。哲学是……是一种精神的和解，并且是这样一种精神的和解，这精神在它的自由里和在它的丰富内容里把握住了自己的现实性。”（引自商务印书馆 1983 年黑格尔《哲学史讲演录》，贺麟王、太庆译，第四卷，第 272 页）。另外：“哲学与宗教站在同一基础上，有一共同的对象：普遍的独立自存的理性。…… 而形式却异，…… 哲学便要通过思维的知识实现…… 和合（Versöhnung）。”（引自商务印书馆 1983 年，黑格尔《哲学史讲演录》，贺麟、王太庆译，第一卷，第 64 页，此处“和解”被译作“和合”）。斯蒂陵（P. M. Stilling）在《对思辨哲学对科学的意义的哲学思考》中则用到关于思辨性知识的表达词“和解的王国”，另外他还写道：“就是说，所有实证理性的东西或者思辨的东西都是具体的，进一步说，各种这样的到处都被智性分开的对立面之间的和解。”

20　[整个古典哲学和中世纪哲学的预设前提条件是：“思”在总体上说有着实在性]“‘思’具有现实性”意味了“现实是能够被理解的”，它就标示了在康德之前的除了怀疑主义之外的哲学。保罗·马丁·缪勒在他的《古代哲学史讲演大纲》中这样写出他对巴门尼德描述：“‘那在着的’是思想，因为‘思’自然是有着其实在性；它不是‘非在’，这是每一个沉思者的预设前提。”关于柏拉图：“一切有着实在性的东西、存在，能够被这样想：它归属于一个理念之下。”

在哲学史上普遍认为，中世纪接手希腊哲学，比如说：马尔巴赫在他的中世纪哲学史有说及。

“‘思’具有现实性”是概念现实主义立场（唯实论立场），源自柏拉图哲学，在整个中世纪得以继续。在中世纪有唯实论和唯名论之争，在黑格尔那里，唯实论以概念现实主义的形式重兴，因为对于黑格尔那作为辩证过程的逻辑和生命并非是本质上不同的两件事。“概念（der Begriff）”既是认识的工具，又是认识的结果，又是对于“思维构建事物本质并因而在‘思’和‘在’之间发展出同一”的表达。

21　康德反对概念现实主义并且认为，人的直观和概念是我们自己的主体直观形式的结果，而“现实”、物自身是我们的认识所无法触及的。

22　[康德……康德的怀疑主义] 康德：Immanuel Kant（1724—1804），德国哲学家，1755—1769 年哥尼斯堡大学编外讲师，1770 年教授。一般的看法认为，哲学史到了康德发生了一个非常决定性的转折。比如说在马腾森《关于在其与神学的内在关系之中的从康德到黑格尔的现代哲学史的讲演》（1838—1839 年）中有一个概述：

“康德说，先人们的错误是在于：人所想的东西也是存在于主体之外。我们无法知道‘das Ding an sich（物自身）’是什么，而只知道它（们）怎样在我们的工具（时间和空间）面前构建出形象。康德并不因此而否认掉客体世界的有效性，但‘它 an sich（就其自身）是什么’，则是我所无法知道的，但我只知道它是怎样在我和类似的存在物面前构建出形象的。”

“an sich”这一表述指向那就其自身的、不依赖于我们认识它的方式的客体。在《纯粹理性批判》中对应地提出了 Erscheinungen（现象），就是说，各种由我们的认识能力（就是说，一方面是感性直观形式，另一方面知性的各种范畴）决定的客体。康德的批评唯心主义可以被看成是一种怀疑论，因为他强调我们永远都无法认识物自身。与其他康德后的德国唯心主义者们一样，黑格尔指出了康德的 Ding an sich 和 Erscheinungen 的二元论所招致的各种问题。黑格尔改变了康德对于“an sich”的理解；对于黑格尔，所有客体性的概念是内在地在思想之中，而那关于“Ding an sich”的观念本身（不依赖于我们用来认识它的各种方式）在概念的意义上看是自相矛盾的。因此黑格尔提出了 an sich für Bewußtsein（自在为意识）的观念，就是说，一个客体概念，它设定真相的标准（正如康德的“Ding an sich”间接地做的），但却仍然是一个为意识的客体（对立于康德的“Ding an sich”）。

23　［黑格尔及其学派］黑格尔：Georg Wilhelm Friedrich Hegel（1770—1831），德国哲学家，1801—1805 在耶拿任非常教授，1816—1818 在海德堡任教授，1818 至去世在柏林任教授。从 1800 年起，他开始了独立的哲学著述，其核心是关于“在（‘那绝对的’）是精神并且‘那绝对的’是辩证的（就是说处于一种不断向前的发展）”的思想。以此为出发点，他的努力在于一种方法，把各种哲学观点集中在一个体系之中，同时既包容物质世界又包容精神世界。黑格尔试图在一种思辨性的全面包容的体系中“扬弃”掉一种单纯批判的（康德）主观的（费希特）和客观的（谢林）唯心主义，这体系被称作是“绝对唯心主义的”体系。

黑格尔学派，就是说，在历史和在哲学的意义上从黑格尔的哲学出发的哲学家们，分为三个宗派：神学方向的“右翼黑格尔主义者”（诸如马尔海尼克/Philipp Marheineke 和厄尔德曼/ J. E. Erdmann），神学批评的“左翼黑格尔主义者”（诸如斯特劳斯/ David Fr. Strauß 和费尔巴哈/ Ludwig Feuerbach）和黑格尔主义中间派（比如说，尤其想要将黑格尔体系完美化的罗森克兰兹/ Karl Rosenkranz）。在这里，也许是指丹麦黑格尔主义者们比如，海贝尔（J. L. Heiberg）、马腾森（H. L. Martensen）和阿德勒尔（A. P. Adler）。

24　［方法（Methoden）和显现（Manifestationen）］也许是指阿德勒尔（A. P. Adler）《对黑格尔的客观的逻辑的普及讲座》第十四页：“就像我们说‘我们从一种绝对的同一开始’，我们同样可以说‘我们从一种绝对的差异开始’。在这之中，运动已经给定了，并且，既然这运动以这样的方式并非是外来的，而是来自一种‘处于同一之中的差异’，它就也是自我运动，同时既是‘质料’的和‘思想’的自我运动又是客观的反思，同时既是‘显现’又是‘方法’。”

25　［谢林］谢林 Friedrich Wilhelm Joseph Schelling（1775—1854），德国哲学家，1790—1795 在图宾根与黑格尔一同研学哲学和神学。1798 年在耶拿任非常教授。1803 年维尔茨堡大学正常教授。他在慕尼黑成为教授直到 1841 年，其中于 1820—1827 年在爱尔兰根任教。1841 年被招致柏林大学作为与左翼黑格尔主义的平衡，但在 1846 年卸职。

26　［智性直观（den intellectuelle Anskuelse）］从康德起这概念就已经被使用了，但是在费希特和谢林那里才获得重要的分量，作为对于康德的“感性直观”的对立面。在克尔凯郭尔对谢林 1841—1842 年在柏林的关于“启示哲学（Philosophie der Offenbarung）”讲课的概述中，谢林说，“智性直观”这个表达词是费希特的。

在费希特这里，“智性直观”，就是说，一个人相对于自己的行为关于自己的直接意识，是一个在他的科学学说中为了给各种基本原则给出依据而引进的概念。在《知识学新说》的第二导论里：“在完成那种给哲学靠产生自我的活动的过程中要求他对他自己进行的这种直观，我称为理智直观。理智直观是一种直接意识，它意识到我在行动，我完成的行动是什么，它是在由以得知某物的东西，因为这个某物是我的所为。”（文中将“智性直观”译作“理智直观”。引文出自商务印书馆《费希特著作选集》第二卷，第 694 页，沈真译）。在谢林这里，“智性直观”是所有“先验的思”器官。它是人能够想象“那绝对的”的可能性条件（对于谢林这是发生在艺术之中），可参看《先验唯心论体系》。

27　［建构（Constructionen）］概念“建构”在德国唯心主义之中通常指向康德关于“知性自发地一致于自己的范畴建构出各种观念”的说法。经验的感觉材料被重构或者构造成各种特定客体。在这一对建构的形式上的理解上，费希特设定出一种主动或者能动的理解。对于费希特，各种抽象的范畴不足以为客体性定性，除此之外我们必须具备更为基本的“自我设定着的自我”。通过自己的活动而建构出世界的，正是这个主体或者“自我”。对于谢林，建构是在于“从一个形式原则中推导出统一体”的过程，“那普遍的”就是通过这原则而被建构的，就是说，在“那特殊的”之中被理解。

28　这个“这”应当是指康德的怀疑。康德的认识论的怀疑主义认为认识论上的现实主义是不可能的，作为最终现实的物自身是不可知的。而黑格尔试图以自我意识—概念的发展辩证法掩盖这种怀疑，以一种循环论证来消解掉那可疑的前提条件。谢林则在康德的怀疑结果上努力发展一种主观理解形式。

29　［重构］也许是指向德国唯心主义中的一种说法：知性的抽象范畴和感性直观的形式（康德）或者智性直观在自发地作出行为的主体这里（费希特谢林）重构出经验的直接的感觉材料并使之成为各种特定的观念。

30 ［从前］也许是指基督教的中世纪哲学，在之中“和解”扮演决定性的角色。

31 ［正题（Thesis）、反题（Antithesis）、合题（Synthesis）］希腊语 ϑέσις（thésis，立场，论题），αντίϑεσις（antíthesis，反对或者反驳，对立）和 σύνϑεσις（synthesis，统一体，联合，综合）。这些概念被康德用在他的理论哲学之中，正题和反题在对纯粹理性的二律背反（比如说，世界有一个时间性的开始/世界没有时间性的开始）扮演了重要的角色。在《纯粹理性批判》中，康德这样写道：“如果各种独断学说的任何一个整体都是正论（Thetik）的话，那么我把背反论（Antithetik）不是理解为反面的独断主张，而是理解为那些依据幻像的独断知识之间的（thesin cum antithesi）冲突，我们并不把要求赞同的优先权利赋予一方而不赋予另一方。”（在引文中“正题”被译作“正论”，“反题”被译作“背反论”；引文出自人民出版社，康德：《纯粹理性批判》，第 357 页，邓晓芒译）。综合题在《纯粹理性批判》中则是一个基本概念，它在第一部分“先验要素论”就已经得到了引进和定义：“但我所理解的综合在最广泛的意义上是指把各种表象相互加在一起并将它们的杂多性在一个认识中加以把握的行动”。就是说，“综合”的对立概念是“分析”，而不是“正题”或者“反题”。作为三合一的正题、反题、合题首先是出现在费希特那里，标示三条构成他的科学学说的基础的基本律：“正如没有合题（综合）就不可能有反题，没有反题就不可能有合题那样，没有正题也就不可能有合题和反题两者；而正题就是这样一种直截了当的设定，通过这种设定，一个 A（自我）就既不与任何别的东西相同，也不与任何别的东西相对立，而单纯地直截了当地被设定起来。”（引文出自商务印书馆，费希特：《全部知识学的基础》，第 32—33 页，王玖兴译）。黑格尔不使用正题、反题、综合题这些词，但人们在对他的辩证方法的更为普及而带有错误的阐述中用这些词来描述这方法。最早这样阐述的是查吕伯伊的《从康德到黑格尔思辨哲学的历史发展》：“最初的循环是后来的循环的象征，或者其实是：‘在’、‘非在’和‘存在’或‘成为’在所有下面的正题、反题、综合题中再次自己显现出来，只是这是在更为确定的形态和表达中发生。”（德语版，第 328 页）。克尔凯郭尔可能是从查吕伯伊这里得到了对黑格尔的辩证方法的这种理解。

32 中介（Mediationen）。

33 这里的文字比较模棱两可。我们也可以这样看：在之中它们相互与对方发生关系，并且也与“那相互间已经发生了关系的两者”发生关系。按照我的理解是：如果对立的两项是 A 和 B，而这两项间的相互关系为 A—B，那么，这“中介”同时蕴涵了“两项之间的相互关系，亦即 A 和 B 之间的关系，或者说 A—B”和“这两项和其关系之结果的关系，亦即‘A 和 B 两者’与‘A—B’之间的关系”。

34 ［“中介”……也标示静止］丹麦语中的 Mediation（中介）不是黑格尔自己所用的词，而是丹麦黑格尔主义者们用来重述黑格尔的概念“中介调和（Vermit-

tlung)”或者“和解”。在阿德勒尔（A. P. Adler）《对黑格尔的客观的逻辑的普及讲座》的 § 9 如此定义：“黑格尔体系中典型的辩证运动不仅仅是在于否定。黑格尔这里的辩证法既表达了‘直接性’走向其对立面的客观必然性，也表达了直接性和思想两者用来过渡到一种共同的更高的统一的客观必然性；它同时包括了否定和中介（Mediation）。我们说过，否定是直接性向对立面的过渡；中介则是对立双方在更高的统一体中和解。……中介只与真正相互有着冲突的环节有关；表面上的否定很容易出现，各种单纯的差异性（就像列出各种三合一）。……就是说，否定是辩证法的第一个过程，中介是是第二过程。辩证法是整个在事物本质之中作为基础的运动的名字，通过这运动，片面的东西走向其对立面（被否定）并且两者一同进入更高的统一体（得以中介调和）。”

海贝尔在自己的杂志《珀尔修斯，思辨理念杂志》发表“逻辑体系”说：“现在我们看见了最初的逻辑三合一：在，成为和存在。这之中所具的各种一般的形式定性在每一次接下来的过程中重复，就是说：第一个环节标示‘那静止的’，第二则是它的出离自身的运动，第三是运动的结果；或者：第一标示‘那直接地正定的’或者‘那抽象的’，第二标示‘那否定的’或者‘那辩证的’，第三标示否定之否定，就是说，‘那中介了的正定的’或者‘那思辨的’，‘那在自身之中有着否定的’；或者：第一标示直接的‘无限性’，第二标示有限性，第三再造无限性，但是在一种集中的定性之中，就是说包含了第二环节的有限性或者否定性。在任何地方，第三环节都是前两个环节的统一；整个发展是一个循环，在之中第三环节叠合于第一环节，但是在赢得了一种更高的意义之后的叠合。”

35　［才华（Aandrighed）］这里的“才华”相对于“精神充满（åndfuldhed）”，是表面的、急于求成的和做作的。

36　和解（Forsoningen）。相应的文字中，“和解”有着两重意义，一种是神学意义上的，还有一种是黑格尔哲学意义上的。在黑格尔那里所说的“和解”是“中介”，被克尔凯郭尔在丹麦语中用 Mediation 表达，在德语中黑格尔所用词是“Vermittelung”或者“Versöhnung ”（参看前面的注脚）。而克尔凯郭尔把这个词的重心立在神学意义中。

37　［伦理学和教理神学（dogmatik）］从 17 世纪起，系统的神学（不管怎么说，在新教之中是如此）被分成伦理学（关于基督徒的生活和行为的学说）和教理神学（关于基督教信仰之内容的学说）。马尔海尼克在他的教理神学基本学说中写道：“科学的神学或者宗教科学包括了教理神学和伦理学，并且不在乎这两者之外。……宗教的本质不仅仅是一种信和知，而且也在同时通过信和知决定生活和行为。”

38　仿宋体处在丹麦文版中是希腊语：λόγος（逻各斯）。

λόγος（逻各斯）在基督教的意义上解释是“词”或者“话”或者“辞”的意思。这里中文所翻译为“道”，“道”者，“辞”也。在哲学意义上解释为“思”，由这个解释而得出"逻辑（logik）为'思'之学说"——"逻各斯之学说"。这里克尔凯郭尔所指向的可能是斯蒂陵（P. M. Stilling）的论文《对思辨哲学对科学的意义的哲学思考》的第11页和马尔海尼克的《教理神学基本学说》第2版第208章。

39 仿宋体处在丹麦文版中是希腊语：λόγος（逻各斯）。

［和解……逻辑和 λογος . . . λογος］λογος：希腊语（lógos/逻各斯）：字词，话语，思想，理性。在"理性"的意义上衍生出，诸如"逻辑"，就是说（按照古典的理解）"关于'思'的形式与法则的理论"。在"字词"的意义上，λόγος在教理上被用于新约全书来以上帝的言辞认定上帝而以基督认定上帝的言辞；《约翰福音》在引言中说："太初有道（όλόγος/ho lógos），道与神同在，道就是神。这道（οῦτος）太初与神同在。道成了肉身住在我们中间，充充满满的有恩典有真理。我们也见过他的荣光，正是父独生子的荣光。"（1∶1—2，14）。维吉利乌斯·豪夫尼恩希斯所针对的是一种对于 λόγος的逻辑意义和教理意义的混合，这种混合出现在比如说阿德勒尔（A. P. Adler）《对黑格尔的客观的逻辑的普及讲座》之中：阿德勒尔在前面写，哲学的"意图是沿着科学的道路取消掉'思'与'在'之间、主体性与客体性之间、自我与外部世界之间思想与思想的实在性之间的对立……。'在生活和思想本身中导出这些思想之形式间的和解'就是哲学的意图"，到了后面又写"对于我，在基督教不仅仅被解读为一种思想系列的结果，而且也是作为思想本身和直接性的统一，作为道在肉身、神的本质和人的本质的统一的时候，这特别的实体性的本质才存在"；再后面"在我们终于留意到，'在'和'思'在意识中重叠为一，这样，这'思着的我们'在着并且只通过'在着'而有着真相，并且，那'在着的东西'也是思想，那么，在这时我们就能够看到，'思'与'在'一同走向那被我们称作是逻各斯的第三者"。

斯蒂陵也在《对思辨哲学对科学的意义的哲学思考》中说"自我的本质是逻辑性的，它是逻各斯"；并进一步深化："考虑到这在此被反复质询的'对自我的定义'，我们另外也能够回想一下宗教所给出的对'那绝对的'的定性（'θεος ἠν λογος'/道就是神，参看《约翰福音》1∶1）；因为，如果我们现在仍想要进入对另一种宗教哲学认识的讨论，就是说，关于'人是按照那自我意识的理性（λογος）的形象被创造出来的'说法，那么，那先前的对于自我的定性，作为 λογος，就明显地显现为是出自这'它的逻辑性的诞生'。这样，它的本性从一出生起就是逻辑的，依据于这'它的逻辑性的本性'，就是如此：它被应许了对一切的统治权"；这观点在后面又得到深化发展。

40 仿宋体处在丹麦文版中是拉丁语：confinium（范围界定）。

41 悔（Angeren）。

42 辜（Skylden）：（英文相近的词为 guilt），Skyld 为"罪的责任"而在，字义中有着"亏欠"、"归罪于、归功于"的成分，——因行为犯错而得"辜"。因为在中文没有相应的“原罪”文化背景，而同时我又不想让译文有曲解，斟酌了很久，最后决定使用“辜”。中文“辜”，本原有因罪而受刑的意义，并且有“却欠”的延伸意义。而且对“辜”的使用导致出对“无辜的”、“无辜性”等的使用，非常谐和于丹麦文 Skyld、uskyldig、uskyldighed，甚至比起英文的 guilt、innocent、innocence 更到位。

43　[安息年……休息] 暗示“安息年”的各种定性。见《利未记》(25: 1—7)：“耶和华在西乃山对摩西说，你晓谕以色列人说，你们到了我所赐你们那地的时候，地就要向耶和华守安息。六年要耕种田地，也要修理葡萄园，收藏地的出产。第七年，地要守圣安息，就是向耶和华守的安息，不可耕种田地，也不可修理葡萄园。遗落自长的庄稼不可收割，没有修理的葡萄树也不可摘取葡萄。这年，地要守圣安息。地在安息年所出的，要给你和你的仆人，婢女，雇工人，并寄居的外人当食物。这年的土产也要给你的牲畜和你地上的走兽当食物。”

44　对于“和解”和“逻辑（作为‘关于逻各斯的学说’理解)”这一类词的不严谨的运用使得这情形成为必然：人们中断已经开始的思考过程，暂停下来，以便能够彻底重新从头开始。

45　[在逻辑学中…… “那否定的”作为推动催促的权力] 根据黑格尔，辩证法依据于其内在的矛盾或者其否定而运动。在黑格尔的《逻辑学》中有这样的阐述：“这个否定性是自身的否定关系的单纯之点，是一切活动——生命的和精神的自身运动——最内在的源泉，是辩证法的灵魂，一切真的东西本身都具有它，并且唯有通过它才是真的；因为概念和实在之间对立的扬弃，以及成为真理的那个统一，都唯一地依靠这种主观性。”(译文引自商务印书馆，杨一之译，《逻辑学》下，第 543 页)。

“但是本质之所以是本质，如它在这里所成为的那样，不是由于对它说来是外来陌生的否定性，而是由于它自己的运动，即有之无限运动。”(译文引自商务印书馆，杨一之译，《逻辑学》下，第 4 页，在这里‘在/Seyn’被译成‘有’)。阿德勒尔在《对黑格尔的客观的逻辑的普及讲座》引用了这句话。

46　仿宋体处在丹麦文版中是拉丁语和德语：Exempli gratia：Wesen ist，was ist gewesen；ist gewesen 是一个 seyn 的 tempus præteritum，ergo Wesen 是 das aufgehobne Seyn，那已经在了的 Seyn（以此为例说：“本质”是那“已经在了的东西”；“已经是在了的”是“在”的过去时，所以，“本质”是“被扬弃了的‘在’”，那“已经在了的‘在’”)。

[Wesen ist，……Seyn] 黑格尔使用德语字源中 Sein（在）和 Wesen（本质）之间的关系（在范畴的运动中，“本质”由“在”设定出来）做文字游戏。“语言用有 Sein 这个助动词，把本质 Wesen 保留在过去式‘曾有’‘gewesen’里；因为本质是过去的有，但非时间上过去的有。”(译文引自商务印书馆，杨一之译，《逻辑学》下，第 3 页，在这里‘在/Seyn’被译成‘有’)（黑格尔《逻辑学》第二卷第一部分的前言/Jub. 版 Ⅳ，481)。在第一部分第一章 A 段（Jub. 版 Ⅳ，486)：“Das Wesen ist das aufgewhobene Sein/‘本质’是‘被扬弃了的在’”。克尔凯郭尔嘲弄地在两段文字之间加了一个 ergo（拉丁语：所以）。克尔凯郭尔所无法接受的是，在黑格尔那里“本质”，被定为一种扬弃了的“在”，是一种逻辑运动，它消灭了“无时间性”，这“无时间性”是概念“永恒性”、“存在”和“必然性”中所不可缺少的。

阿德勒尔在《对黑格尔的客观的逻辑的普及讲座》用到了这个文字游戏：“但这样一来，更高的在是中介，在它扬弃掉直接的在的各个环节的时候，它们不再是——直接的；换一句话说，它们在过，被取消掉，推出直接性之外，不再直接地在场，‘sie sind gewesen（德语：它们在过）’；因此它们的更高的‘在’是本质。‘Die Wahrheit des Seyns ist das Wesen（德语：在的真相是本质）’：‘在’的真相通过‘曾在’而出现”。以及“我们迄今在逻辑中看见了，一忽儿‘在’是怎样设定‘思’（‘gewesen’——‘在’为我们给出本质），一忽儿‘思’设定‘在’（‘Gesetzt-seyn’——本质设定‘在’）”。

［鲁鲁飞行地赶到而没有人看见她所坐的机器］指君特尔贝尔格（C. C. H. F. Güntelberg）的《鲁鲁，罗曼蒂克歌剧》，作曲是库劳（F. Kuhlau），此剧 1824 年在哥本哈根上演（从 1824 年到 1838 年，此剧在哥本哈根皇家剧院上演了 32 次）。当然在剧中没有任何说明鲁鲁坐在机器上运动。在这里，看来作者把歌剧的主人公鲁鲁与侏儒巴尔卡混淆了。当时的戏评对演员希特表演的在一辆四轮滑车（所谓的“Draisine”）上的侏儒巴尔卡有所描述。

［逻辑中的运动是黑格尔的成就］在对此注释的一个草稿中，克尔凯郭尔写道：“在我们小心的丹麦，逻辑运动也很有帮助。海贝尔教授先生在他的‘逻辑体系’（尽管有着所有的运动这体系比没有达到比 § 23/量的学说的开始/更远的地方）之中让一切都走动起来，唯独体系是例外，它在 § 23 停下了，尽管我们以为它通过内在运动必定自己会走动（……）。这里只是一个例子。教授向我们说明，为了构建从质到量的过渡，‘通过那在一般意义上的无质的在来定义量，这是不够的；它是那*被扬弃了的质*；这就是说：量不是那最初的没有预设前提条件的在，而是那在预设了质为前提条件而后又将质扬弃掉了之后返归到同样的不确定性之中的在’。现在，这说法当然可以说完全正确的；但麻烦的是在于：‘在’和‘质’被当作了同一的了。就是说，‘在’不是‘质’，而在逻辑上说恰恰是那空洞的、没有内容的、不确定的东西；相反，根据黑格尔的定义，‘质’本身是 einfache Bestimtheit（德语：个别的定性）。如果我们从‘在’出发并扬弃‘在’而后想要返回它，那么，我们就永远也达不到那‘质’，也无法达到一个新的‘质’。——Magister 阿德勒尔（在他的《对黑格尔的客观的逻辑的普及讲座》哥本哈根，1842 中）则使得运动更佳。他说（第 48 页）‘在质是无所谓的时候，量作为那定性着的东西登场’。他让人情不自禁地要回到（……）：呃，是这样吗？”（Pap. V，B 49，5）（楷体是作者的斜体字，黑体是译者所加的。Magister 是一个学位的名称，在克尔凯郭尔时代相当于博士，克尔凯郭尔自己

也是 Magister。比如说《论概念“反讽”》就是克尔凯郭尔的 Magister 论文）

［在“那不确定的”之上奔跑］戏引《哥林多前书》（9:26）中保罗所写：“所以，我奔跑，不像无定向的；我斗拳，不像打空气的。”

47　去成为（vorde）。

48　在（er）。丹麦文“er”相当于英文“am/are/is”（是/在），因为考虑到中文的上下连贯，我在这里的翻译中变换地使用“是”（作为联系动词）和“在”（作为动词），并且在强调意义相关性的时候使用圆体字。

49　［埃利亚哲学家们因误会……一切在］可参看滕纳曼的哲学史。一方面是指色诺芬尼的基本原理：“Es entstehet gar nichts. In der Welt ist nur Seyn kein Werden（没有任何东西出现。世上只有‘在’没有‘成为’）”，一方面是巴门尼德的基本原理：“Was ist das ist, und was nicht ist, das ist nicht（在者在，不在者不在）”和“Das was ist, ist nicht entstanden. Denn aus Nichts kann Nichts entstehen. Daraus ist also das Wirkliche nicht entstanden（不在者不出现。因为从无之中只出现无。现实也不会从之中出现）”。

在 1843 年克尔凯郭尔对滕纳曼哲学史第一卷的摘录中，他引录了两句埃利亚的句子，一是“世上只有‘在’没有‘成为’”，一是“在者在，不在者不在”，同样他也记下芝诺的四个否认运动的证明。

埃利亚哲学家是一个古希腊最早的哲学学派之一（公元前 6—前 5 世纪），在意大利南部西海岸的伊奥尼亚希腊的殖民地埃利亚活动。他们否定运动的存在。创始人为色诺芬尼，他是巴门尼德和芝诺的老师。巴门尼德、芝诺和麦里梭是最有名的埃利亚哲学家。

50　形成（Vordelsen）。

51　存在（Tilværelse）。丹麦语的 Tilværelse、Tilværen、Eksistens 在中文都翻译为“存在”。Tilværen 和德语 Dasein 相应，而 Tilværelse 则相当于德语 Dasein、Leben 和 Existenz，一般是指在时空之中的存在。

52　［诸范畴的具体化］按黑格尔对辩证法的理解，每一个已有的范畴在概念上都是与自己的对立面关联着的，比如说，范畴“在”与“无”联系着。所谓“诸范畴的具体化”是指辩证运动中的第三环节，在之中第一环节（亦即“那正定的”，比如说“在”）与第二环节（亦即它的否定，比如说“无”）是结合在一起的，所以它们形成第三环节（比如说“成为”）。

参看特伦德伦堡在《黑格尔体系中的逻辑问题。两部辩论》中对这表述的使用：“现在，也许在我们通过否定把反命题从命题之中创造出来的时候，于是命题和反命题通过同一而被导向一个概念，一个高于它们并且是作为它们的真相的概念。同一由此在结果之中显现为真正的统一，显现为具体化的力量。”另外，在《哲学碎片》中也有关于这表达的注释。

53 ［一种内在（immanent）运动］在黑格尔为构成概念的逻辑发展的循环运动定性的时候，他使用“内在的（immanent）”这表达词（从拉丁语 immanere/“留在之中”衍生出来）。辩证法在概念中依据于各种内部的矛盾而运动，并且以这样一种方式不是由任何外来的里驱动的。

54 ［“运动”这个概念本身是一种超越（Transcendents）］超越（transcendens）这个概念是从拉丁语 transcendere（越过）中衍生出来的，就是说，超越的、在之外的、彼岸的东西。在《重复》之中，运动就已经被标示为一种超越而被设定为那“把运动解读为内在的”的思辨解读的对立：“现代哲学不作任何运动，它在通常只是扬而弃之，而如果它作出一次运动的话，这运动也总是处于‘内在’之中，而相反‘重复’则是并且继续是一种‘超越’。”

55 对于黑格尔一切运动都是辩证体系之内的内在（immanent）运动。超越（Transcendents）意味着到达某种范围之外。对于克尔凯郭尔真正的运动是超越的运动，使人从一个范畴进入到另一个范畴，这样，逻辑对此就失去了有效性。

56 内在（Immanents）。

57 ［被扬弃的］这表述在这里被用在双重黑格尔式的意义上：某种被否定并（在早先）被保存的东西。黑格尔在《小逻辑》中写道：“我们顺便须记取德文中的 aufheben（扬弃）一字的双层意义。扬弃一词有时含有取消或舍弃之意，依此意义，譬如我们说，一条法律或一种制度被扬弃了。其次扬弃又含有保持或保存之意。在这意义下，我们常说，某种东西是好好地被扬弃（保存起来）了。”（贺麟译，《小逻辑》，商务印书馆 1980 年第 2 版，第 213 页）

在丹麦语中，“扬弃”这个词是德语的翻译，在当时的丹麦黑格尔主义中已经被使用。比如说，海贝尔在《纲要》中说：“那被扬弃的东西，没有被消灭。消灭某物会是将之置于‘它成为之前所在’的同一个点上；但是，那被扬弃的东西，则曾在过。因此扬弃更确切地是保存。”

58 ［对置（Contra—Position）］Contra－Position 由拉丁语 contra（反对）和 ponere（设定）衍生出来。“Contra－Position”这个词是一个想要再造黑格尔的概念“Gegensatz”的尝试。黑格尔拒绝亚里士多德的对“矛盾（Der Widerspruch）”的作为简单的否定的定义（比如说“在”和“非在”）；他将一个这样的矛盾概念称作 der absolute Unterschied（绝对区别）。他自己引进了一个基于对立的矛盾概念，比如说：“在”和“无”。他将在这样一种意义上的矛盾称作“Gegensatz（对立）”。可参看黑格尔《逻辑学》下卷中关于区别、差异、矛盾和对立等概念的描述。

59 ［必然的他物］黑格尔经常使用的是“他物”而几乎不使用“必然的他物”。比如说，黑格尔在《逻辑学》的上卷中的标题为“某物和一他物”的章节中谈论了，在《小逻辑》中则有这样的文字：“因此本质的差别即是‘对立’。在对立中，有差别之物并不是一般的他物，而是与它正相反对的他物；这就是说，每一方只有在它与另一方的联系中才能获得它自己的〔本质〕规定，此一方只有反映另一方，才能反映自己。另一方也是如此；所以，每一方都是它自己的对方的对方。”（贺麟译，《小逻辑》，商务印书馆 1980 年第 2 版，第 254—255 页）。另外，阿德勒尔在《对黑格尔的客观的逻辑的普及讲座》中有“某物与他物”、“自身的他物”等章节。

60　“它”，是指那“必然的他物”。

61　［它却恰恰是“那否定的”所不是的东西］在此文的草稿中克尔凯郭尔写有：“如果有人想要看对于在逻辑中对‘那否定的’的不正当使用的进一步发展，那么我可以推荐：Die logische Frage in Hegels System, zwei Streitsschriften v. Adolph Trendelenburg Berlin 1843（德语：特伦德伦堡在《黑格尔体系中的逻辑问题。两部辩论》柏林 1843）”（Pap. V B 49，6）。此书不是在柏林而是在莱比锡出版的。

即使是在黑格尔的体系中，“那否定的”也不可以是一个内在运动（因为如果它是内在的，那么它就无法把运动引入逻辑），而应当是一个超越；通过指出这个，克尔凯郭尔认为，德国哲学的泛逻辑体系的致命不合理的地方就暴露出来了。

62　［“那否定的”就是“那恶的”］针对古典哲学和神学的问题：一个人怎么能够想象“那恶的”与上帝的全能和爱一同在世界中在场。比如说，奥古斯丁试图通过断言“‘那恶的’不是什么上帝所创造的正定的东西而相反是否定的东西或者一种匮乏，例如‘盲’是视力的缺乏”。在《法哲学》第 139 节的附释中黑格尔对之写了自己的观点：概念“那善的”是辩证的并且因此而必然地蕴涵了自己的对立面，亦即，概念“那恶的”。

63　［斯戴尔·霍尔斯坦女士……才华］斯戴尔·霍尔斯坦（Anne Louise Germaine Staël - Holstein / 1766—1817 年）法国女作家。也许是指她的《论德国》（*De l' Allemagne*）第 3 卷第 8 章，在之中斯戴尔·霍尔斯坦女士说道：如果一个人知道思辨哲学，那么哪怕这个人是一个无足轻重的人，她还是觉得这人有才华。但她只是把谢林称作“一个出色的文学家”。

64　在克尔凯郭尔文字中谈及体系，一般都是指黑格尔的。

65　［专论］就一门科学的有限领域（或者就一个单个人）进行论述的文本。

66　［忠实于微小的东西］参看《马太福音》（25：21）：“主人说：‘好！你这又良善又忠心的仆人，你在不多的事上有忠心，我把许多事派你管理；可以进来享受你主人的快乐。’”

67　见前面关于“传承之罪”的注脚。

68　罪（Synden）。

69　［心境］卡尔·罗森克兰兹（Karl Rosenkranz）在《心理学或者主体精神科学》写道：“心境是整个人的一种状态，这状态为所有特殊的情感和思想给出一种特别的渲染。心境更多或更少有点像情感；更多，因为那它用来将人独占的总体性；更少，因为它是抽象不确定的。”

70　真挚性（Inderlighed）。

“主观摄取（Tilegnelse）”：就是说把外来的东西吸收摄取转化为自身的主观的东西。

［在贪婪之中如同那更喜欢影子的狗］出自费德鲁斯的伊索寓言：狗衔着骨头过河，在水中看见自己的影子。以为河里有也一条狗也衔着一根骨头。它决定去夺那另一根骨头。然而它的贪婪没有结果，反而他自己的骨头从口中掉下，沉到水底去了。

71　“要么轻率要么沉郁”：enten letsindig eller tungsindig。这两个词在丹麦语中直意是由“轻—心”（let - sind）和“沉重—心”（tung - sind）构成。

72　［所处的范畴是矛盾］不管是从亚里士多德出发的传统逻辑还是从康德出发的唯心主义逻辑都没有把“矛盾”当作范畴。

73　我在一些地方也把这个“严肃”（丹麦语 Alvoren）翻译成“认真”或者“严肃认真”，比如说，在《原野里的百合和天空下的飞鸟》中：

“没有诗人的帮助，你相反能够在百合和飞鸟那里学习那沉默——那是只有福音能够教导你的，亦即这是‘严肃认真’，这应当是‘严肃认真’，飞鸟和百合应当是导师，你应当严肃认真地仿效它们，学习它们，你应当变得默然如百合和飞鸟。”

74　［“罪”成为了一种状态］施莱尔马赫在《基督教信仰》一书中有一个章节叫作“罪作为人的状态”。

75　括号中仿宋体处在丹麦文版中是拉丁语：de potentia〔根据其可能性，作为可能，作为潜在〕。

76　仿宋体处在丹麦文版中是拉丁语：de actu（根据其现实性，作为现实）。

77　仿宋体处在丹麦文版中是拉丁语：in actu（在现实中，事实上）。

78　［反感的/antipathetisk］西贝尔恩（F. C. Sibbern）在他的《人的精神本性和本质。一部心理学大纲》对“反感（Antipathie）”作出如此定义：反感在厌恶中表述出自己，并且一种因此而关联着的对于“去除掉、推开甚至消灭掉相应对象”的快感。

79　丹麦文的原文“Psychologiens Stemning er opdagende Angest…”（如果我将之直译为英文：“The mood of psychology is finding anxiety”但是没有确定是“The mood of psychology is 〈a〉 finding anxiety”还是“The mood of psychology is finding 〈an〉 anxiety”）这句子可以同时理解为“心理学的心境是一种‘正在发现着什么的’恐惧”和“心理学的心境是‘正在发现一种恐惧’”。我在这里取前一种意义。

80　［以一种女人的方式］就是说“女性地、被动地、接受着地”。

81　单个的人（Enkelte）。

82　丹麦语中，“能够（kunne）”和“艺术（kunst）”在词源上有着联系。

［苏格拉底所赞美的那种艺术：能够对话］也许是指比如说《申辩书》38a，“对一个人来说，最大的幸福就是每天都讨论关于一个人怎样能够成为一个好人以及诸如

此类”。

83　［苏格拉底所……的环节］可能是指柏拉图对话录中的《高尔吉亚篇》448d和471d，之中苏格拉底在与高尔吉亚的对话中指责诡辩家波卢斯，“他更多地是把精力用在说话的艺术而不是对话的艺术”，苏格拉底也直接对波卢斯说，“我不是赞美了……你在说话的艺术上的出色的训练吗？但是，你却无疑是缺乏对话的艺术”。

诡辩家们：如果直译就是“智者们”。智者，在公元前5世纪教授哲学、修辞和政治艺术的希腊哲学家群落的共用名词。从柏拉图开始，“智者”就专用于辩论家。柏拉图是与诡辩家斗争的，比如说，我们可以看《智者篇》、《高尔吉亚篇》和《斐多篇》。

所谓“摄取的环节”就是说：（按丹麦版注释中的说法）“把某样东西弄成是自己的、亲自去做”的动力、爆发点或者事情的方面；或者说：（按译者的说法）“切身投入”或者“切身计较”或者“切身领受”的环节，切身立场；或者说，“主观化”。摄取（Tilegnelse），德语 Aneignung/英语 appropriation。

84　理想性（Idealiteten）。

85　现实性（Virkeligheden）。

86　［越过逻辑学的最后一部分——现实性］见前面的关于“僭越了逻辑学的最后部分——现实性”的注脚。

［逻辑以这“在”开始］见前面的注脚“僭越了逻辑学的最后部分——现实性”，之中谈论到阿德勒尔（A. P. Adler）及其《对黑格尔的客观的逻辑的普及讲座》，正如黑格尔的逻辑学，阿德勒尔也是以概念“在”开始的，它因为它的不确定性而显现为是空洞的。

“逻辑以这‘在’开始”：另外，比如说在《精神现象学》中，辩证发展的起点就是这“在（Sein）”。自然意识的最初知识是一种“没有任何给定意义的、最普遍的、不确定的定性”。这个原始关系是一种“纯粹的在（reine Sein）”。

87　［关于法律的……一个训教师］指向《加拉太书》（3:19）：“这样说来，律法是为什么有的呢？原是为过犯添上的，等候那蒙应许的子孙来到。并且是借天使经中保之手设立的。”又（3:21）：“这样，律法是与神的应许反对吗？断乎不是！若曾传一个能叫人得生命的律法，义就诚然本乎律法了。”又（3:24）：“这样，律法是我们训蒙的师傅，引我们到基督那里，使我们因信称义。”

88　苏格拉底式的助产式对话是帮人“生产”出思想，而不审判；而这里则正好反过来：在只审判而不生产。

89　［对美德的定义］在草稿中克尔凯郭尔加上了希腊语καλοκἀγαθία（kalokagathía），这个词被用来标示那种καλὸς καί ἀγαθός（kalòs kaì agathós/希腊语：灵魂美丽的或者高贵的或者善的，并且，善的或者有德的或者正直的）人。对于希腊人，美德是意义明确地表示行为上的精通（完美性），就是说，如果一个人在施展出他（对于完美）的功能时展示出了极大的精通，那么这个人就有美德。

90　［亚里士多德……家庭生活之中幸福］指向Ηθι κ ων Νι κ ομαχειων（尼各马可伦理学/Ethica Nicomachæa）第一书第八章。

另外保罗·马丁·缪勒在他的《古哲学史讲演大纲》有同样的说法：“贵族的至福并不单纯依赖于人本身。优越也算在内：灵魂的、肉体的和外在的优越。（……）除了优越，至福的依据也要求把朋友、财富和政治影响。（……）亚里士多德说，如果一个人没有这样的一些优越，诸如高贵的出生、身体的美丽和子女，那么至福就会阴暗化。”

亚里士多德：斯塔基拉的亚里士多德 Aristoteles（公元前384—前322年），古希腊哲学家，逻辑家、自然科学家，与他的老师柏拉图同为古典时代最伟大的哲学家。他在哲学和科学的不同领域都留下开路的著作。

他在公元前335年在吕克温建立了巡游学校。公元前324年，他不得不离开雅典以避免遭受类似于苏格拉底所受的指控。

91　［伦理借助于“悔”而搁浅］在传统的路德神学中，悔和信（从“信任”的意义上说）是忏悟的两个根本元素。在这里，“悔”并不被理解为“一个人反对自己先前的生活中的部分”的伦理活动，而是作为一种对律法关于“一个人身上的一切都归于罪”的断言的被动接受。维德在《基督教会伦理学说及其历史》中说：（§37）“悔或者对已做下的错事的不适感差不多是一种知性的类型，但就其本身不够深刻不缺乏活性；只有在那种对于我们的‘有罪性’的感情登场之后，它才获得真正的力量并且成为‘一种依着神的意思的忧愁’（《歌林多后书》7:9—11）。相反，如果在我们的错误之中缺乏知性的认识，那么就会有稍稍的‘微弱的憾意’出现，无疑也有良心不安。尘世的忧愁是感官性的类型，与知性的悔尚无区别。”（§39）“现在，‘对上帝的信任’的更高感情无疑也能够存在在我们身上，带领我们走向胜利、走向与上帝的和平，但是只依靠我们自己不那么容易保持它；因此我们需要比我们意识更高的担保，这担保只能够出自上帝的恩典。”

92　［德·希伦提欧（de silentio）］拉丁语，音译为“德·希伦提欧”，意译为“出自沉默”或“关于沉默”。

［美学……理想性］审美与伦理之普遍理想发生冲突，因为审美之理想对于自身享受和幸福的达成。

［辩证的跳跃］见后面关于黑格尔与跳跃的注脚。

［看，一切都是崭新的］戏指《哥林多后书》（5:17），保罗写道：“若有人在基督里，他就是新造的人，旧事已过，都变成新的了。”

［伦理的要求］对于“要实现各种普遍的、纯粹人性的定性”的要求。

［条件］参看《哲学片断》。

［内在继续］在同样的进程中不被打断的继续，就是说“那审美的”与“那伦

理的”。

［超越］见前面“‘运动’这个概念本身是一种超越”的注脚。

［自然研究者……公开出来的东西］也许是暗示斯蒂芬《哲学讲演引论》中所说的：甚至外在的形式和各种动物的生命公开出一种整个系列中连续，并且指向一种看来是作为所有动物的形式的根本的原型。

［预构 præformere］预先构建。参看关于预构的学说，就是说，这样一种解读：认为每一种动物和每一种植物都在其萌芽状态中完全成型；在卵子中人有着一种微缩的但完全成型的形式。

“那‘超越’以一道沟壑把‘重复’和第一种存在如此地分隔开”：因为每一个“重复”被理解为一个新的开始。

［那异教民族的/det Ethniske］异教的。这是新约之中对“ta ethne”在“异教徒”意义上的使用在克尔凯郭尔文字运用之中的反映。在《重复》中：“回忆是异教的人生思考。”

仿宋体处在丹麦文版中是拉丁语：discrimen rerum（关键时刻）。

［discrimen rerum］拉丁语：事物间的对立或者决定；关键时刻。这一表达在维吉尔的《埃涅伊德》(*Æneide*)中的第一歌第 204 句中，以“discrimina rerum”的形式出现，意味了“危险”、“战事”。

［因为不想让异端信者们理解他］引自《重复》，但原先的文字是“一个以一种使得异端者们无法明白的方式写作的作家”中的从句。

［从九霄云天上落下］也许是游戏于丹麦的惯用语“从云中（或者月亮上）落下”意为突然的令人意外的出现；也许是游戏于丹麦的惯用语“就像从云中落下”，意为吃惊、困惑。

［第 34 页……每一个教理上的问题］引自《重复》。

仿宋体处在丹麦文版中是拉丁语：conditio sine qua non（不可或缺的条件）。

［密码口令］也许是戏用这个词在丹麦语中的双重含义：一方面这个词意味了这个词的词源意义“解开者”，一方面这意味了“口令”。

［形而上学是无兴趣……关于美学的说法］根据康德，美唤醒一种无兴趣的快感，因为对于美的东西的观照使得表象能力和知性相互谐和。但是这样，“人必须完全不对这事物的存在存有偏爱，而是在这方面纯然淡漠，以便在欣赏中，能够做个评判者”。（商务印书馆，宗白华译本《判断力批判》，1985 年，41 页）。对此相应的判断叫作鉴赏判断，因为鉴赏是“鉴赏是凭借完全无利害观念的快感和不快感对某一对象或其表现方法的一种判断力”（宗白华译本，47 页），而对象“一个这样的快感的对象叫作美”。

（无兴趣的：interesseløs 亦即，没有偏倚的。因为词根“兴趣”是一个哲学概念，因此直译作“无兴趣”来取代“无偏倚”。）

［设定］这个“设定”是逻辑学中的表达，对立于“取消”。

［自然的领域……精神的领域］在德国唯心主义中科学分析的一切对象分为两个领域：自然和精神。参看比如说黑格尔的《哲学全书》中的第二卷“自然哲学”和第三卷“精神之哲学”。

［康斯坦丁……依据于“那荒谬的”］参看《重复》。

［第142页……真正的重复］参看《重复》。之中有：“永恒中的重复是真正的重复。”

［海贝尔教授］Johan Ludvig Heiberg（1791—1860）。丹麦作家、编辑和评论家。1828—1839年，在皇家剧院的剧作家和翻译家，之后剧院的审查者，直到1849年成为剧院院长。1829获得教授头衔，1830—1836年在皇家军事高校中任逻辑、美学和丹麦文学讲师。海贝尔在当时是居领导地位的美学审品者。

［新年礼物］亦即《乌剌尼亚，1844年年书》。1843年12月15日出版，在之中有论文“天文的一年”，引用和评论了《重复》。

［优雅整洁］《乌剌尼亚》印制得很漂亮精致。

［《非此即彼》中的审美者在《轮作》］就是说《非此即彼》（出版者维克多·艾莱米塔）第一部分中的A在《轮作。对一种社会睿智学说的尝试》中。

［星辰狂］戏指海贝尔的天体兴趣，他不仅写了“天文的一年”而且还写了“1844年星辰历，天体运动和位置指南”（Urania，s. 1—76.）。

［他至今还没有答复海贝尔教授什么］就是说，康斯坦丁·康斯坦丁努斯，他没有对海贝尔的批评作出回应。但是在克尔凯郭尔的遗稿中，在一个标有“论战：就海贝尔在‘新年礼物’中的‘重复’”的封面中有两篇回应的概要。在封面上有克尔凯郭尔的注释：“既然我写了那本小小的书，‘为了使得异端者们无法明白’，那么在做任何更多的说明都是与特征不相符合了。另外，海贝尔的闲话是纯粹没有意义的琐碎。我不应当浪费时间让自己被拖进这些朝生暮死的领域。人们可以在我的书中得到论战；那种能够让打着哈欠、好奇、放荡的观众们关注的论战则免了吧。”但克尔凯郭尔还是以笔名“尼古劳斯·伏塔宾纳”写了《前言》。

93　仿宋体处在丹麦文版中是希腊语：κατ' εξοχήν（在一种显著的意义上）。

94　传承之罪（Arvesynden）。

95　教理神学（Dogmatiken）。

96　“古典的”主要是指古希腊的。古希腊的也是一种异教的。

97　［所有古典伦理学……陌生的］比如说在柏拉图的《普罗泰戈拉篇》345e和352d—357b。在之中说，人能够认识和实现那善的，而那恶的则完全是由于一种对于“那善的”的本质和内容的谬误。

关于柏拉图，保罗·马丁·缪勒在他的《古哲学史讲演大纲》中写道：“柏拉图不仅仅是从个体人的立场看‘那善的’，……而且也是作为在人类社会中是可行的”……“如果我们在基督教时代在人身上设想了一种有罪的天性，与理性的方向相悖，那么这就是一个对于柏拉图来说是外来的陌生想法。他认定理想是人的真正本质，这样，人总是想要那善的，而正是因为无知而在自己的各种个别行为之中做错事。”

马腾森则在《道德哲学体系的基本轮廓》中说：“因为异教的美德并不预设本性的败坏和救赎，而是直接在自身的自律之中得到满足，所以，如果一个基督教的思想家不是以基督教之前的世界的自身的尺度而是以绝对的尺度来丈量基督教之前的世界，那么他就会提出这一陈述异教徒们的美德是一些出色的负担。”（这里所说的“基督教的思想家”是指奥古斯丁）。

98　仿宋体处在丹麦文版中是拉丁语：stricte（从严格的意义上说）。

99　［教理神学的不同种类的本源］在教理神学中的类型不一是因为它在开始的时候预设了一个前提条件，罪的现实性，这不仅仅在它自身的领域里是无法说明的，而且在所有科学的领域里都是如此（关于“科学”见后面关于科学的注脚）。一个相应的解读在施莱尔马赫的《基督教信仰》中也能够被读到。

100　［“涡”……将之把握的“某物”］赫拉克利特关于原子的说法提及“涡”：“涡”根据第欧根尼·拉尔修的哲学史，阿那西曼德和赫拉克利特（公元前6—前5世纪）把世界的出现与关于一种“涡”的状态的想象联系在一起。第欧根尼描述赫拉克利特：“他的意思是：原子和空的空间是各种宏大整体的基础。所有别的东西，他相信必须以设想来解说。原子是在大小和数量上是无限的，它们是在整个天地在一个‘涡’的时候产生的，以此而发动所有复合物。水火风土。太阳和月亮是由这样的‘涡’和强烈运动的小群聚物复合成的。灵魂也一样，正如理性。所有东西本原于必然性，既然‘涡’，他称之为必然性，是所有事物本原的原因。”

101　克尔凯郭尔曾经在1834年和马腾森（Martensen）同学于施莱尔马赫（Schleiermachers）的信仰学说（Der Christliche Glaube, Berlin 1821 – 1822）。之后，克尔凯郭尔在那对于教理神学的形式定性上一般都根据施莱尔马赫的定义。

102　［施莱尔马赫……对于这一科学的不朽功绩］施莱尔马赫 Friedrich Daniel Ernst Schleiermacher（1768—1834年），德国神学家、哲学家、古典文献家，哈尔和柏林的教授。除了对柏拉图的对话进行翻译之外，施莱尔马赫尤其以他在解释学和教理神学方面的工作闻名。这里所指的是他的《基督教信仰》。

影响最大的是1830年的第二版。克尔凯郭尔所拥有的是第三版（1835—1836，ktl. 258），与第二版相比没有变动。丹麦克尔凯郭尔研究中心在这里所用的也是第三版。

103　仿宋体处在丹麦文版中是法语：à tout prix（以一切代价）。

104　内在的（immanente）。

105　或者说：“对于‘现实与罪之现实性’的渗透性意识。”

106 ［“单个的人”的罪扩展成了整个族类的罪］这一解读建立在《罗马书》(5:12）之上。“这就如罪是从一人入了世界，死又是从罪来的，于是死就临到众人，因为众人都犯了罪。”

在施莱尔马赫的《基督教信仰》之中有类似的表述。

107 仿宋体处在丹麦文版中是希腊语：τρώτηφιλοσοφια（第一哲学)。

［πϱωτη φιλοσοφια］(prōtē philosophía)，希腊语：“第一哲学”，拉丁字母写为 proto philosophia，是关于“作为存在的存在”的学说。在亚里士多德的《形而上学》中，在之中这“第一哲学”也被称为“那神学的”。(《形而上学》第六书第一章)。

保罗·马丁·缪勒在他的《古哲学史讲演大纲》中关于亚里士多德的章节中写道：“《逻辑学》的主要部分是那被亚里士多德称作是第一哲学的科学，ἡ πϱώτη φιλοσοφία（相对于物理学，ἡ δευτ ϵϱα φιλοσοφία［hē deutéra philsophía/第二哲学］）后来被人们称作形而上学，一个并非来自亚里士多德自己的标题。(……）如果有着物理的存在物存在，那么物理学就是一切科学之上的最高者；如果有这样的一个并非物质而并非处于运动并且作为一切‘在’的根本的存在物（这是被设定出来的)：这一存在物就是上帝。因此第一哲学是神学。”

108 ［异教世界中的戏剧具有一种“敬神礼拜”的实在］在丹麦的一部根据德国布洛克豪斯百科全书所改写的百科全书中有这样的说法：“在古代希腊人那里，剧场的观众所坐的那部分，有时候也会是整幢建筑被称作戏剧（Theater)，但舞台绝不会被称作戏剧（Theater)。剧场在希腊人那里是仅次于庙宇的最精美建筑，演戏不仅仅是为了娱乐，而且也是敬神礼拜的一部分。”

109 仿宋体处在丹麦文版中是希腊语：τρ ώτη φιλοσοφια（第一哲学)。

110 ［谢林］在 1841—1842 年，克尔凯郭尔去柏林听谢林的关于“启示哲学(Philosophie der Offenbarung)”的讲课。在讲课中，谢林在一种“否定的”和一种“正定的”(以及“谢林主义的”）哲学之间作出区分。可参看克尔凯郭尔的对此的概述（Pap. Ⅲ C 27［Not11：1］i bd. ⅩⅢ, s. 273—295)，之中有述及“否定的”和“正定的”哲学的定性。在同样的关联上，谢林也谈及了“第一哲学”的概念，他在一种历史概观之中试图展示对一种“否定的”和一种“正定的”哲学间的区分是有着先驱的；他从亚里士多德开始，并且说（按克尔凯郭尔的描述）“亚里士多德却像一种否定哲学”，并且继续说：“有一条从‘那经验的’通往‘那逻辑的’的路。亚里士多德走上了这条路，并且一步步地登上他的第一科学或者第一哲学；因为两个名字(πϱωτη επιστημη，πϱωτη φιλοσοφια）都出现了。他的体系是一种出自现实的广泛分析。在这里他必定不断地与否定的哲学发生偶遇。”（第 277 页）也参看 H. E. G. Paulus 悖着谢林的意愿而出版的谢林讲课稿《启示哲学》。

另外，关于课程一开始的情形，克尔凯郭尔曾这样写：“我如此幸福地听了谢林的第二节课，不可思议地，我已经绞尽脑汁并在这种可悲的想法中冥思得太久了。当他在‘哲学对于现实的关系’的上下文关联中提及了‘现实’这个词的时候，思想的胎儿在我心中雀跃，如同那发生在伊丽莎白身上的情形。”之后不久他结束了与谢林思想的关系，在他写给其在哥本哈根的朋友爱米尔·伯森的信中：“不管是在内在还是在外在的意义上，谢林在说无边的废话。”

111　内在（Immanents）。

112　［以希腊的方式说，“回忆”］回忆在希腊哲学里占据一个中心位置，尤其是在柏拉图那里。通过对于那些“作为所有个别、尘世可变的事物的根本”的普遍、永恒而不变的理念的回忆，人不仅仅认识“那真的”，而且也参与这真。参看柏拉图《美诺篇》。也参看《哲学碎片》。在《重复》有关于回忆与重复之关系的谈论。

113　仿宋体处在丹麦文版中是拉丁语：secunda philosophia（第二哲学）。

［secunda philosophia］拉丁语：第二哲学。在克尔凯郭尔对谢林关于启示哲学（Philosophie der Offenbarung）讲课的引述中，谢林把“同一哲学”称作“philosophia secunda（亚里士多德已经使用过这个表述词，但亚里士多德只是将之用来表述物理学）”。

114　对克尔凯郭尔的注解的注释：

［康斯坦丁·康斯坦丁努斯曾经……搁浅在“兴趣”之上］参看《重复》。

115　公开（Aabenbarelse）。

116　Tilblivelse，或译作“进入存在”。

117　成为（Vorden）。

118　［实在的可能性］这一表述可在黑格尔的《逻辑学》中找到。比如说商务印书馆杨一之译《逻辑学》下卷从194页起。“实在的可能性”的对立面是“形式的可能性”，就是说，不管或然性（或者说几率）有多么小，一切不自相矛盾的事物都是可能的。

119　这个“它”是指“心理学”。

120　［质的区别］参考黑格尔对于一方面“牵涉到事物特性的渐增或渐减的量的差异”与另一方面“事物性质发生跳跃剧变的质的差异”的区分。

121　沉思内省（Contemplation），也有将之翻译为“静观”。

122　［人们在从前的哲学里说过……这存在就是必然的］指莱布尼茨1678年“给赫尔曼·孔陵的一封信关于笛卡儿的上帝存在证明”，之中写道：“如果上帝可以被以任何方式设想为存在着的话，那么他就是必然地存在。”

123　［像阿基米德那样地不让自己受干扰］公元前212年，在罗马军队攻陷叙拉古的时候，阿基米德站着考虑各种画在沙中的几何图形。在一个罗马士兵冲进阿基米德家的时候，阿基米德只是说，“不要弄坏的我的圆”。他被砍死了。

阿基米德（约公元前287—前212年），生活在叙拉古的古希腊哲学家、科学家、发明家。他所发明的各种奇异的战争机器帮助叙拉古持续抵抗罗马人两年之久。

124　［理念的可能性］“ideelle Mulighed”可能是对应于黑格尔的“现实的可能性”（见前面关于“实在的可能性”的注脚）。

125　［有人曾经把心理学称作关于主观精神的学说］黑格尔把精神科学分为三类：一是主观精神的科学（人类学、现象学和心理学）；一是客观精神的科学（法律学说、道德学说和社会伦理学说）；一是绝对精神的科学（艺术、宗教和哲学）。参见黑格尔的《哲学全书》§387。

维吉利乌斯·豪夫尼恩希斯肯定也是考虑到罗森克兰兹的《心理学或者主观精神的科学》和米希列特的《人类学和心理学或者主观精神的哲学》。斯蒂陵在《哲学思考》中也谈到了作为心理学的“主观精神的哲学”。

126　［如果我们更深入……“关于绝对精神的学说”］“关于绝对精神的学说”构成黑格尔的体系“精神哲学”的终结部分。精神哲学被辩证地构建为关于主观精神（人类学、现象学和心理学）、客观精神（法律、道德和社会伦理）和绝对精神（艺术、宗教和哲学）的学说。参看前面的注脚。

第一章[1]　恐惧，作为“传承之罪”的预设前提，并且作为向其本原回溯地说明着的传承之罪

第一节　就概念“传承之罪”的一些历史提示

这个概念是不是同一于概念“最初的罪”、亚当的罪、“罪的堕落”[2]？有时候，人们无疑也曾这样认为过，并且因此把“说明传承之罪”的任务设定的等同于“说明亚当的罪”。在“思”碰到麻烦的时候，人们选择了一条权宜之计。为了多少还是说明一些东西，人们引进了一个幻想的预设前提[3]，“罪的堕落”的后果就是这一预设状态的失落。于是，人们赢得了这样的好处：每个人都心甘情愿地承认，这样一种“如人们所描述的状态”在世界上并不存在；但是人们却忘记了，“怀疑”，对于“这状态是否曾经存在”的怀疑，是接下来的另一个麻烦，“这状态的曾经存在”对于“失去这状态”是极其必要的。人类的历史得到一种幻想出的开始，亚当被以一种幻想的方式放置在这历史之外，虔诚的感情和幻想力得到了它们所想要得到的这样一个虔信的序曲；但是“思”则什么也没有得到。以一种双重的方式，亚当被幻想地置于事外。在一种说明中，这预设的前提是一种辩证地幻想出的东西，尤其是在天主教教义中（亚当失去了上帝所赋予的超自然而奇妙的馈赠）[4]。在另一种说明中，它则是一种历史地幻想出来的东西，特别是在圣约神学[5]之中；这种圣约神学戏剧性地迷失在一种“亚当之作为整个族类的全权代表而出现”[6]的幻想直观之中。自然，这两种说明都说明不了什么，既然在两者之中，这一个只是在为它自己所虚构的东西进行自圆其说的说明，而另一个则在虚构一种“什么都说明不了”的东西。

那么，概念“传承之罪”是不是以这样一种方式不同于概念“最初的罪”而致使“单个的人”只通过他与亚当的关系而非通过他与“罪”

的原始关系[7]而参与进这罪？在这样的情况下，亚当又被幻想地置于历史之外。这样，亚当的罪是一种更多于“已经过去的”（过去完成时[8]）的罪。“传承之罪”是“那现在的”，是“有罪性”；而亚当本是那“唯一在身上不是具备传承之罪”的人，因为这罪是通过他而进入存在的[9]。这样，人们没有去努力说明亚当的罪，而是想要在它[10]的后果上说明“传承之罪”。然而，这说明却不适合于“思”。由此我们很好理解：一本象征性的书[11]陈述出“说明”的不可能性，而这一陈述则毫无矛盾地给出这说明。施马加登条款[12]明确地教导我们：“传承之罪”是一种本性的如此地深奥而可鄙的败坏，乃至于它无法被人的理性洞察，而必须出自圣经的启示来被认识和信仰。[13]这个陈述完全能够与各种说明统一起来；因为在那些说明中，各种思想定性就其本身并没有在很大的程度上出现，而那种虔诚的感情（带着伦理的色彩）在自己对传承之罪的愤慨中找到发泄口、让自己进入指控者的角色，现在，它带着一种几乎是女性的心灵激荡、以一种恋爱中女孩的狂热激情，只关心要去使得“有罪性”以及处于这有罪性中的它自身变得越来越可鄙，以至于没有什么语言能够是严厉得足以去描述这“单个的人”在“有罪性”中的参与。如果一个人带着这样的考虑去综观各种不同的忏悔，那么，深刻的新教虔诚就会带着胜利渐渐地在视野中升起。希腊教会把“传承之罪”称为最初之父的罪[14]。它甚至连一个概念都没有；因为这个词只是一个历史性的标识，它不像概念那样指“现在的东西”，而是指“已经历史性地完成了的东西”。本原的错失[15]（德尔图良[16]）固然是一个概念，然而，它的语言形式还是允许人们将历史性的方面解读为主流的方面。原罪（因为它是从那本原中传递出来的。奥古斯丁）[17]指这样的一个概念，它以介于罪作为一种因[18]和果[19]之间的定义而得到了更明确的定性。新教教义拒绝了各种经院的意义定性（上帝图像的匮乏；本原正义的丧失[20]），同样也否认“传承之罪”应当是惩罚[21]（反对者们断言情欲是罚而不是罪[22]，《辩道》[23]A. C.[24]），而现在心迷神醉的高潮开始了：错、罪、辜、逆[25]。人们关心的只是那在痛悔中破碎灵魂的雄辩，所以在一些时候会让一种完全矛盾的想法也跑进关于“传承之罪”的讨论（现在它也把上帝的怒气带给那些以亚当为榜样的行罪者[26]）。或者，那种担忧的雄辩对这想法完全漠不关心，但却说出关于“传承之罪”的可怕之词（由此得出，我们所有人，因为亚当和夏娃对上帝的不服从，而为上帝所恨[27]。《协和信条》[28]。但这信条还是足够地小心，坚决反对去想它；因为如果一个人想它，那么罪就变成了人的实体[29]①[30]）。一旦“信仰”和“痛心疾首”的心迷神醉消失，人们就无法再借助于这样的定性；这类定性只使得狡猾的理智性更容易逃避开对“罪”的认识。而“需要别的意义定性”这种说法则是证明我们时代的完美性的一个可疑的证据，这种说法的意义完全等同于“需要除了德拉古法典之外的其他法典”[31]。

在这里所显示出的这种幻想的东西在教理神学的另外一个地方始终如一地重复，就是说，在“和解”[32]之中。人们受教导说：基督偿赎了[33]“传承之罪”[34]。但这样，亚当的情形又怎样了呢？是他把“传承之罪”带入了这个世界，那么，“传承之罪”难道就不是他身上的一种“现实的罪”[35]吗？或者说，“传承之罪”的意义对于亚当难道就不同于对族类之中的每一个人吗？如果是这样的话，这个概念就被取消了。或者说，亚当的整个一生是不是“传承之罪”？最初的罪难道不在他身上繁衍出其他罪（亦即，现实的罪）吗？前面所出现的谬误在这里就更明显了；因为，以如此的幻想的方式，人们让亚当跑到了历史之外，以至于他是唯一的一个得不到“和解”的人。

不管人们怎样地把问题摆出来[36]，只要亚当被幻想地放置于之外，那么一切就是困惑的。说明亚当的罪因此就是说明“传承之罪”；不管是只说明亚当而不说明传承之罪还是只说明传承之罪而不说明亚当，这两种说明都无济于事。这种说法的最深刻依据是在那“人的存在中的本质性的东西”之中，也就是这个事实：人是个体，并且，以“整个族类参与到个体之中”而“个体参与到整个族类之中”的方式，人就其本身而言“同时是其自身和整个族类”。② 如果一个人不坚持这种说法，那么他要么走进伯拉纠派的[37]、苏西尼派的[38]和博爱论[39]的单数[40]之中，要么走进“幻想的东西”之中。知性的实事求是之处是在于，族类在数字的意义上消释在一种“一次一个的小表格”[41]之中。这“幻想的东西”是，亚当享受

① “协和信条禁止人去想这种意义定性”这一事实，却恰恰应当被称颂为一种对于“强劲的激情”的证据，它知道怎样以这种激情让思想去冲撞“那不可思议的”，这种能量，与现代的只是过分轻浮的思维相比，是极其令人惊奇的。

② 假如一个“单个的人”能够这样完完全全地脱离出族类，那他的脱离也会决定这族类有所不同；而相反，如果一个动物从其种类中脱离出去，那么这种脱离完全不会对“种类”有什么影响。

着善意的荣誉:“比整个族类更多”;或者说是一种模棱两可的荣誉:“处在族类之外。”

在每一个瞬间都是如此:“个体”是其自身和那族类。作为一种状态看,这是人的完美性。它也是一个矛盾;而一个矛盾总是一个任务的表达;但是一个任务是运动;而如果一种运动作为任务是向着那作为同样的东西而给出的同样的东西的运动[42],那么它就是一种历史性的运动。这样,个体[43]有着历史;而如果个体有历史,那么族类也有。每一个“个体”具有同样的完美性,恰恰因此诸个体没有在数字的意义上相互散开,正如族类的概念没有成为一种幻影。每一个个体在本质上都关心所有其他个体的历史,是的,在同样程度上,如同对其自身历史的关心。自身的充实因此就是“对于整体的完美参与”。没有一个个体相对于其族类的历史而言是无关紧要的,正如族类相对于个体的历史而言也不是无关紧要的。在族类的历史向前迈进的时候,个体不断地从头开始,因为这个体是其自身和族类,并且由此而推及族类的历史。

亚当是第一个人,他同时是他自己和族类。我们之所以坚持依附于他,并不是依据于审美意义上的美;不是依据于一种慷慨的感情,我们才让自己参与他而不让他(可以这样说)像那“要对一切负责的人”那样地处于困境;不是依据于同感的激荡和虔诚的说服[44],我们才去和他共同承担“辜”[45],如同小孩子希望同辜于其父亲[46];不是依据于沉重的怜悯,这怜悯教会我们承受我们所注定不得不承受的东西;而是依据于那种想法[47],我们才坚持依附于他。因此,一切尝试——尝试要把亚当对于“族类”的意义说明为“由自然而然、由生殖性而然、由其与上帝之约而然的,人的种类之首”,[48](如果我们在这里重新回想一下教理神学里的表达的话),一切这样的尝试只会混淆一切。他与族类没有什么本质的区别,因为,如果有区别的话,那么族类根本就不存在;他不是族类,因为,如果他是族类的话,那么族类也不存在;——他是他自己和族类。因此,那说明亚当的东西,说明族类;反之亦然。

第二节 概念“最初的罪”

根据传统的概念,那介于亚当的“最初的罪”和每一个人的“最初的罪”之间的区别是这个:亚当的罪导致了“有罪性”为后果,而每一个人的“最初的罪”则预设“有罪性”为条件。如果是这样，那么亚当就真的被放置在了族类之外，而这族类不是开始于他，而是在自身之外有着一个开始，这样的说法和每一个概念都矛盾。

“最初的罪”意味了某种不同于一个罪[49]（亦即，一个罪如同许多其他的罪）的其他东西，某种不同于“某一个罪”（亦即，一号相对于二号）的其他东西[50]，这是很容易看出的。最初的罪是质的定性，最初的罪是罪。这是那“最初的”的秘密，是它对于抽象的理智性的蔑视；（这种理智性认为，“‘一次’等于‘乌有’，而‘许多次’等于‘某物’”[51]；它完完全全搞反了，因为那“许多次”要么意味了每个分别的一次都与那最初的一次一样多，要么这许多次全部加在一起也无法接近那最初的）。所以当人在逻辑学中认为通过一种不断继续的“量”的定性能够带来一种新的“质”[52]，这就是一种迷信；而如果一个人虽然并不掩饰这事情并非完全的如此，但却通过“听任逻辑的运动被如此解说”而向整个逻辑的内在性[53]隐藏起因此导致的后果，如同黑格尔的做法[54]①[55]，那么，这就是一种不可原谅的缄默。新的“质”伴随着“那最初的”、伴随着“跳跃”、伴随着“那谜一样的东西”所具的突然性而出现。[56]

如果“最初的罪”在数字上意味了某一个“罪”[57]，那么由之我们不会得出什么历史来，这样，罪既不会在“个体”也不会在“族类”中得到历史；因为对两者所要求的前提是相同的，尽管族类的历史不是个体的历史，正如个体的历史也不是族类的历史，除了这一点例外：矛盾不断地表达出那任务。

通过“最初的罪”，“罪”进入了这个世界。[58]对于每一个“后来的人”的“最初的罪”来说都是一样，“罪”完全地以同样的方式通过它而进入世界。所谓“它在亚当的最初之罪之前并不存在”，这说法是一种相对于“罪”本身而言完全偶然和无关的反思，根本不意味或者说

---

① 在总体上，这关于“量的决定”和“新的质”之间的关系的命题有着一段很长的历史。其实，整个希腊诡辩术只是在于建立一种量的定性，因此，其最高的差异性是等同性和不同性。在现代哲学之中，谢林首先想到了要借助于量的决定来说明所有差异性；之后，他指责艾申迈尔的（在他的博士论文之中）同样做法。黑格尔建立了“跳跃”，但这是在逻辑之中被建立的。罗森克兰兹（在其心理学之中）为此对黑格尔极为推崇。在罗森克兰兹最近所出版的（关于谢林的）文字之中，他批判谢林而赞美黑格尔。但是黑格尔的不幸恰恰在于他想要强调那“新的质”却同时又不想这样做，因为他是想要在逻辑之中这样做，然而一旦人们认识到这种做法，逻辑就必定会得到关于其自身和其意义的另一种意识。

根本无权使得亚当的罪更重大或者使得每一个别人的最初之罪更轻微。人们想给出这样一种外观，让一个人身上的“有罪性”在量的意义上估测其自身，直到它最后通过一种无交配繁殖[59]而在一个人身上产生出“最初的罪”[60]；这种想法恰恰是一种逻辑的或者伦理的异端。这种事情[61]不会发生，正如那个特若普，虽然他在量定的服务之中是一个大师，却并不会因此而得到其学位[62]。让数学家和天文学家们（如果他们能够的话）去通过那无限趋小的微量而得救吧，但在生活中这不会有助于一个人去得到其神学就业考试证书，更不用说是去说明“精神”了。如果每一个“后来的人”的“最初的罪”是这样由“有罪性”而导致的，那么这个人的最初之罪只能是在非本质的意义上被定性为“那最初的”，而在本质的意义上（如果我们可以这样想的话）则是依据于其“在族类普遍的、下降着的基金之中的”序列号[63]而得以定性的。但是事情并非是这样；“想通过哗众取宠而去赢得一种作为第一发现者的荣誉”，和“想通过不愿去想人们所说的‘一个人只做过别人都做过的事情’这话中的意味来推诿掉某种东西”，这两种情形是同样地糟糕、不符合逻辑、不伦理、非基督教。有罪性在一个人身上的在场、样本的力量等，所有这些只不过是一种量的定性，说明不了任何问题①，除非我们假定，某一个“个体”是“族类”，而不说每一个“个体”都是其自身和族类。

《创世记》中关于那最初之罪的故事[64]，特别是在我们的时代，被相当漫不经心地看成是一种神话[65]。事情之所以如此，自然是有着其原因的，既然那被人们作为替代物而设定出来的东西恰恰是一个神话，并且是一个糟糕的神话。因为，当理智沉溺于神话的东西时，那么作为结果，出现的很少不是琐碎无聊的东西。那个创世故事是唯一的辩证连贯的解读。它的全部内容从根本上说被浓缩在这句句子中：“罪”通过一个罪而进入了这个世界。如果这不是如此，那么“罪”就是作为某种偶然的东西而进入这个世界，而偶然的东西是人毋庸去说明的。理智所遇上的麻烦恰恰是那“说明”的胜利，是它的深奥后果；亦即，罪预设其自身为前提条件，它是以这样的方式进入这个世界的：在它存在的时候，它是被预设为

---

① 作为族类历史的从属者、作为跳跃前的预跑（而无法说明这跳跃），它们另外还有什么样的意义，则是另一个问题。

前提的。这样，“罪”是作为一种突然的东西而进入这个世界的，就是说，通过一种跳跃[66]；而这个跳跃也设定了“质”；而既然“质”被设定了，那么，在同一瞬间“跳跃”就进入“质”并且被“质”预设为前提，而“质”则被“跳跃”预设为前提。这对于理智是一种肆无忌惮的冒犯，所以它是一个神话。作为一种补偿，理智自己创作出一个神话，这神话拒绝“跳跃”并且把循环解读为一条直线，现在这样一来，一切就自然而然地得以展开。这理智幻想着某种东西，关于人在“罪的堕落”之前的状态是怎样的，然后，随着理智谈论着这话题，人们所想象出的“无辜性”逐渐在闲言碎语之中一点一点地变成“有罪性”，然后，这有罪性就在那里存在着了。理智在这情形下的教导可以和我们在童年时代用来消遣的童谣[67]相比较：一头象到了，两头象到了……石头像倒了；在这里按前后顺序很自然而然地推进。如果在理智的神话里应当有些什么东西，那么这东西就会是：“有罪性”在“罪”之先。但如果这真是如此，如果“有罪性”真的是通过别的东西而不是通过“罪”而进入，那么这概念就被取消了。但是如果通过“罪”而进入，那么无疑“罪”就在之先出现[68]。这个矛盾是能够同时适合于“跳跃”和“内在性”（就是说，那后来的内在性）的唯一辩证结果。

通过亚当的“最初的罪”，“罪”进入了这个世界[69]。这一个句子，它只是一句普通的句子，但是它包容所有外在的反思，——这反思无疑为各种缥缈的误解的出现起了很大作用。“罪”进入了世界，这无疑是正确的；但是这并不因此就与亚当有关。完全尖锐而准确地表述，我们应当这样说：“有罪性”通过“最初的罪”而进入亚当。对于任何后来的人，我们都不会想到要说“有罪性通过他的最初的罪而进入世界”；然而“有罪性”在他那里却以一种类似的方式（就是说，一种“并非在本质上不同”的方式）而进入世界；因为，尖锐而准确地表述，只有在“有罪性通过罪而进入世界”的情况下，“有罪性”才会在世界之中。

人们之所以以不同的方式讨论亚当，只是因为亚当“对于族类的幻想性的关系”的后果必定会在所有地方显现出来。他的罪是“传承之罪”。否则的话，人们对他一无所知。但是我们在亚当身上所见到的传承之罪只是“那个最初的罪”。那么，亚当是唯一的一个没有历史的个体吗？如果是这样的话，那族类就会开始于一个不是个体的个体，这样一来，“族类”和“个体”这两个概念就都被取消了。如果族类中任何其他个体在自己的历史之中能够对族类的历史有着意义，那么亚当也一样有着这种对族类历史的意义；如果亚当只通过“那个最初之罪”而具有这种意义，那么“历史”这个概念就被取消，这就是说，历史就在自己开始的那一瞬间结束了。①[70]

既然族类现在并非以每一个个体而重新开始②，那么族类的有罪性当然就得到一种历史。而在个体在“质”的跳跃之中参与进历史的同时，这历史本身却在各种量的定性之中展开。因此族类并非与每个个体一起重新开始；因为如果那样，族类就根本不存在了；而每一个个体却与族类一起重新开始。

这样，如果我们要说，亚当的罪把族类的罪带入了世界，那么我们要么通过幻想看问题，这样每一个概念就都被取消掉；要么我们可以同样理由充分地以这说法来谈论每一个通过自己最初的罪而把有罪性带进世界的个体。要让一个在族类之外的个体去开始这族类，这是一种理智神话[71]，正如那“让有罪性不是从罪中开始，而是以别的方式开始”的神话。我们达到的只是对问题的推迟，而这问题自然还是会找上那作为第二号的人去寻求说明，或者更确切地说，转向那作为第一号的人，既然那本来的第一号事实上成为了第零号。

那经常迷惑误导并帮助造成各种各样幻想性的观念的东西是“代”[72]的关系，就仿佛后来的人因为世代传承的关系而本质地不同于那最初的。世代传承性只是族类历史中的连续性的表现，它总是在各种“量的定性”之中运动，并且因此而无法产生出一个“个体”来；因为，虽然一种动物种类通过一千代再一千代地保存自己这种类，但是从未生产出一个个体。如果那另一个人不曾从亚当传下，那么他就不会是另一个人，而是一种空洞的重复，从之中既无法出现族类也无法出现个体。每一个单个的亚当都会成为一个他自己的雕像，并且因此只是通过一种无所谓的定性来决

① 问题的关键就一直是在于“让亚当进入族类”，完完全全地在一种与任何另一个个体相同的意义上的“进入族类”。教理神学尤其为了“和解”的缘故必须特别注意这一点。那关于“亚当和基督相互对应”的学说根本说明不了任何问题，相反只是混淆了一切。可以有类比，但是这类比在概念上是不完美的。只有基督是一个更多于“个体”的“个体”；但也因此他不是在“开始”出现，而是在“时间之充实”之中出现。

② 和在第一节之中所表达的完全相反，在族类的历史继续前进的同时，个体不断地重新开始。

定的，就是说，数字，并且这是在一种比“蓝色的男孩们以数字命名”[73]更不完美的意义上考虑的。这样的话，每一个单个的人至多只会成为其自身而不是成为“自身和族类”，得不到什么历史，就像一个天使没有历史[74]，只是其自己而不参与到任何历史之中。

几乎不用说，这种解读没有犯任何伯拉纠派的错误（不像伯拉纠派那样去让每一个个体无视于族类地在其私下的剧院里演出其小小的历史）；因为族类的历史平静地在其发展过程之中迈进，而在之中没有任何个体在一个与别人一样的地方开始，相反，每一个个体都重新开始，并且在那同一瞬间，他就处在那他应当开始其历史的地方了。

第三节　概念“无辜性”

在这里，正如在所有地方都是如此：如果我们在我们的时代里要有一种教理神学的定性，那么我们就必须以“忘记黑格尔为帮助教理神学而发现的那些东西”为起始点[75]。人会觉得奇怪，因为在这一点上，我们看见黑格尔的得意评语[76]被引用在“本来希望多少有着一点正教信仰”的教理神学家[77]的身上：“那直接的”的定性是被扬弃，就仿佛直接性与无辜性是完完全全地同一的[78]。黑格尔非常连贯地让每一个教条性的概念[79]挥发到这样的程度，使得这概念作为一种对于“那逻辑性的”聪明表达而去诱惑一种被简化了的存在。“那直接的”必须被扬弃取消掉，这无须黑格尔来告诉我们；而他说出了这个，也并非就是理所当然的不朽功绩，因为从逻辑上考虑这并不正确；因为，“那直接的”，既然它从来没有存在过，那么它就是不可被扬弃的。“直接性”这个概念属于逻辑学，但是“无辜性”这个概念却属于伦理学；每一个概念必须从它们所属的科学出发来讨论，不管这概念是以怎样的方式属于科学：是这概念在这科学中得以演绎论述，还是这概念通过被预设而得以演绎论述。

如果我们现在说“那无辜性”必须被扬弃，那么这就是与伦理学有悖的说法了；因为，虽然它在它被说出的这一瞬间被扬弃，伦理学却禁止我们忘却这一点：它只能通过“辜”[80]而被扬弃。所以，如果我们是在像谈论“直接性”一样地谈论“无辜性”，并且在逻辑上粗暴地去让这种最变幻不定的东西作为消失物，或者在审美上敏感于那“它曾经是”的东西和“它已经消失”这事实，那么，我们只是有小聪明[81]而已，并且忘记了问题的中心。

正如亚当因为辜而失去无辜性，每一个人都是以这样的方式而失去这种无辜性。如果他不是通过辜而失去，那么他所失去的东西也就不是无辜性，而如果在他变得“有辜”[82]之前不是“无辜的”[83]，那么他就永远都不会变得有辜。

关于亚当的无辜性，我们不缺乏各种各样幻想出的观念[84]，不管这些观念是在时代中达到了象征的尊严（比如说在教堂布道座上的和族类起始处的天鹅绒还不像现在这样陈旧的时候），还是更加童话般地倘佯（如同各种诗情画意的可疑发明）。人们越是以幻想的方式为亚当披上外衣，就越难以说明“他能够行罪”这一事实，而他的罪也就变得越可怕。这样一来，他倒是一了百了地失去了全部的荣耀；对于这个事实，人们根据不同的时间和场合会觉得感伤或者风趣、轻率或者沉郁[85]、历史性地痛悔或者幻想性地欣悦；然而对于这之中的意义，人们却并没有在伦理上得以领会。

关于那些后来的人们（就是说，除了亚当和夏娃之外的所有人）的无辜性，我们则只有一些微不足道的观念。伦理的严厉[86]忽略了“那伦理的”的界限，并且诚实得足以去相信：在逃避是如此容易成功的情况下，人们也不会去利用机会从这一切之中脱身；“轻率性”则根本什么也没有看出来。然而，只有通过辜，无辜性才得以丧失；在本质上，每一个人都是以与“亚当失去无辜性”完全相同的方式失去无辜性；一方面伦理学的兴趣不在于“把亚当之外的所有人弄成‘有辜性’[87]之全神贯注的观众而不让他们成为‘有辜者’[88]”，而另一方面教理神学的兴趣则也不是“把所有人弄成‘和解’[89]之专注忘情的观众却不使得他们成为‘得到和解的被救赎者’[90]”。

如果我们这样经常地把教理神学、伦理学和我们自己的时间浪费在考虑这样的问题上，“如果亚当没有行罪，那么会发生一些什么？[91]”那么，这只能说明我们把一种不正确的心境，并且因此也把一种不正确的概念带进了我们的思考。无辜的人无论如何也不会想到要这样问。而有辜的人则在他这样问的时候行罪；因为他在他审美的好奇心之中想要忽略这一事实：是他自己把有辜性带进了世界，是他自己通过“辜”而失去了无辜性。

因此，“无辜性”并非像“那直接的”那样，它不是某种必须被扬弃的东西、某种以“被扬弃”为其定性的东西、某种从根本上说并不存在的东西；相反，虽然它是被扬弃，它却是通过这扬弃并且在这扬弃之中而首次进入存在，而且是作为那“在它被扬弃之前存在的而现在被扬弃的东西”而进入存在。直接性不是通过间接性[92]而被扬弃的，而是在间接性出现的时候，这间接性在同一瞬间取消了直接性。所以直接性的“被扬弃”是直接性之中的一种内在运动，或者说这种“被扬弃”是在间接性之中的一种朝着相反方向的内在运动，通过这种运动，间接性预设直接性为前提。无辜性是*某物*[93]，通过一种超越[94]而被取消的某物；恰恰因为无辜性是*某物*（相反，对于“直接性”的最正确表达是那被黑格尔用来表达“纯粹之在[95]”的东西，是“乌有”[96]）；也正是因此，当无辜性通过“超越”而被取消时，从中就出现了某种完全不同的东西，而与此同时“间接性”则恰恰就是“直接性”。无辜性是一种“质”，它是一种完全能够持续的*状态*[97]，所以，那种逻辑上的“要尽快将之扬弃”的匆忙，在这里就毫无意义了；相反它在逻辑学[98]之中就要努力去赶快一些，因为，甚至在它赶紧的时候，它也总是到达得太迟。无辜性不是一种人们应当想去要回来的完美性；因为，一旦人们想要它，它就已经被失去了，而把时间浪费在想要它的愿望之中则是一种新的辜。无辜性不是一种人们无法在之上逗留的不完美性，因为它当然总一直足够地是它自己，而那失去了它的人，（就是说，以这样的方式：不是因为这可能会让他愉快它才被失去，而是因为它只能被失去，亦即，通过辜而被失去），他无疑也不会想到要去以“无辜性”为代价来称颂自己的完美性吧。

现在，关于创世的故事给出了对于“无辜性”的正确说明。无辜性是无知性[99]。它绝不是“那直接的”的“纯粹之在”，但它*是*无知性。如果我们从外面看无知性，那么它看来是定性为“向着知识”的[100]；但是这一事实却与无知性完完全全地无关。

很明显这一解读没有犯一种伯拉纠派的错误[101]。族类着自己的历史，而在这历史之中，有罪性具有其连续的量的确定性，但是无辜性则不断地只通过“个体”的质的跳跃[102]而被失去。这一有罪性是族类的发展进程，单个的人在自己的行为之中将之接受下来；无疑，现在这有罪性在单个的人身上能够作为一种或大或小的禀赋而显示出来，但这只是一种“多”或者“少”，一种量的决定，这一决定无法构成“辜”这个概念。

第四节　概念“罪的堕落”

如果无辜性就是无知性，那么看起来事情就是这样：由于族类的有辜性在其量的确定性之下在场于“单个的人”的无知性之中，并且通过他的行为而作为他的有辜性而显示出来，那么这时就会出现一种介于亚当的“无辜性”和每一个后来的人的“无辜性”之间的差异。答案是已经给出了：一个“更多”并不构建出一种“质”。而且事情看起来也可以是这样，要说明“一个后来的人是怎样失去其无辜性的？”这个问题就更容易一些。然而这却只是一种表象。那在最高程度上的量的确定性与最低程度上的量的确定性一样地说明不了“质的跳跃”；如果我能够说明那后来的人身上的辜，那么我就也能够说明亚当的。由于习惯，特别是由于思想匮乏和伦理上的愚蠢，使得前者看起来仿佛要比后者容易。逻辑一致性的热暑对准了我们的脑袋，我们很希望能够偷偷地跑出这热暑。我们会忍受这有罪性，附和它，等等等等。我们没有必要和自己过不去，有罪性不是一种如同牛痘那样被散布开的传染病，“并且每一张嘴都应当被塞住”[103]。一个人能够带着深刻的严肃说他出生于悲惨并且他的母亲在“罪”之中怀他于胎[104]，这完全是对的；但是在事实上，只有在他自己把辜带入了世界并且把这一切拉到自己身上的时候，他才有权为上面所说的那些而伤心，因为“想要审美地为有罪性而悲伤”[105]是一种矛盾的说法。那唯一的一个“无辜地为有罪性而悲伤”的人是基督，但他不是将之作为一种他必须认同的命运而为之悲伤[106]，相反，他是作为那“自由地选择了去承担整个世界的罪[107]并承受其惩罚[108]”的人而悲伤。这不是什么审美的定性，因为基督不仅仅是而且更多于是“个体”。

无辜性是无知性；但是它是怎样被失去的呢？思想家和计划制造家们[109]只是出于好奇而关注这被人们称作是“罪”的重大人类事件，他们以各种聪明的和愚蠢的假设妨碍了历史的开始；我没有打算去重复所有这些假设。一方面我不愿意把他人的时间浪费在听我叙述那“我自己曾去浪费时间而得知”的东西上，一方面所有这一切都是在历史之外的微光迷蒙之中，在那里各种巫师和计划制造家们骑在一把扫帚柄和一支肉肠签之上竞相争快[110]。

那与“说明”有关的科学是心理学，然而心理学只能为达到那

“说明”而进行说明，并且尤其重要的是，必须警惕不能去给出这样一种外观，仿佛是要去说明那没有什么科学可以说明的，而伦理学只有在“通过教理神学来将之预设为前提条件”之后才能够进一步说明的东西。如果我们要采用一种心理学的说明并重复上几次，并因此认为“罪如此地进入这个世界”是不可能的，那么我们就混淆了一切。心理学必须待在其有效范围之内，只有这样它的说明才会总是有着其意义。

一种对于“罪的堕落”的心理学说明在乌斯特里的《对保罗学说概念的论述》[111]之中被清楚而明确地给出。现在神学变得如此地思辨性，以至于它轻视忽略这类问题；去说明“那直接的必须被扬弃”则也无疑要容易得多；而神学有时候所做得则更是便利得多：就在“说明”的决定性瞬间，它就在那些思辨的信徒面前变得隐形。乌斯特里的论述所针对的是：“不得吃知识之树的果实”这禁令本身在亚当身上生产出罪[112]。它绝不忽视“那伦理的”，而是承认这禁令只是在某种程度上预先安排了这种倾向，决定[113]了那在亚当的“质的”跳跃之中迸发出来的东西。我并不打算在这里更进一步把这论述按原样写出来。无疑每一个人都读了它，或者可以去作者的著作中读它。①[114]

这一说明中所缺少的东西是：它没有真正想要作为一种心理学的说明。自然，这不是什么责怪；因为它自己没有想要如此，而相反为自己设定了另一项任务：去论述使徒保罗的学说和去联系上圣经的内容[115]。但是在这方面上看，圣经经常起了有害的作用。在一个人开始进行一种思索的时候，一些经典的段落[116]固定在他的思维中，而他的说明和知识现在就成为了对于这些经典段落的一种安排，仿佛所有这一切对于他都是陌生的。

① 每一个打算对这里的主题进行思考的人自然一定是知道法朗茨·巴德尔以一贯的活力和权威在许多文献中就“诱惑对于自由之巩固的意义”的问题以及关于在“把‘诱惑’片面地理解为导向‘那恶的’的诱惑或者理解为‘其定性是让人堕落’的东西”这样的做法中误解着的成分（因为人们实际上是应当把诱惑看成是自由的“必然的他物”）所论述的内容。这里没有必要再重复了，有法朗茨·巴德尔的著作在那里摆着。而进一步追随他的思想，在这里也是不可能的，因为我觉得，法朗茨·巴德尔忽略了各种中介定性。从“无辜性”到“辜”的过渡，仅仅只通过概念“诱惑”，这样的过渡很容易把上帝导入一种几乎是以想象实验构成的“与人的关系”，并且忽略那介于之间的心理学观察，——既然这中介定性还是会成为欲望，并且在最后，与其说这是一种对“那更具体细节的东西”的心理学意义上的说明，还不如说是对概念“诱惑”的一种辩证考究。

越自然越好，他在自己的全部敬畏之中甚至心甘情愿地把自己的说明置于圣经的评判之下，并且，如果这说明与圣经不符，那么再尝试重新进行说明。这样他就不会进入那种“要在他明白‘这说明所要说明的东西是什么’之前先去明白这‘说明’”的颠倒的尴尬状态；他也不会进入那种“为了保护自己而使用圣经段落[117]如同波斯国王在与埃及人的战争中使用他们的圣兽[118]”的微妙叵测的状态。

在一个人让禁令作为前提来决定“罪的堕落”的时候，他就让这禁令唤醒一种欲望[119]。在这里，心理学已经跨出了其能力之外了。一种欲望[120]是一种在辜和罪之前的对于辜和罪的定性，但是它不是辜和罪，就是说它们是因它而被设定的。质的跳跃被削弱；罪的堕落成为了某种有连续性的东西。而关于这禁令是怎样唤醒欲望[121]的，也无法被估量，尽管无论出自异教的[122]还是出自基督教的经验都很确定，人的欲望是向着“那被禁止的东西”。但是我们不能这样想当然地直接去诉诸那经验，因为人们能够进一步详细询问这是在生命的哪一个段落里被经历的。欲望[123]这个“中介定性[124]”也不是模棱两可的，从之上我们马上就能够看出，它不是什么心理学的说明。最强烈的表达，真正是新教教会[125]用来表述“传承之罪在一个人身上的存在”的最正定的表达，恰恰是在说：他与生俱来地具备欲望[126]（所有以自然的方式繁殖的人带着罪而被出生，就是说，没有对上帝的敬畏，没有对上帝的信任，并且带有欲望）[127]。但是，新教的学说还是在后来人的无辜性（如果我们能够谈论这样一个人）与亚当的无辜性之间给出了一种本质的差异。

心理学的说明不可以说服人去认同这一点，而是继续停留在它灵活的模棱两可之中，从这种模棱两可中，辜就在那“质的跳跃”中绽发出来。

第五节　概念“恐惧”

无辜性是无知性。在无辜性之中，人还没有被定性为“精神”[128]，而是在“与它的自然性的直接统一”[129]中在灵魂的意义上被定性[130]。精神“梦着地”[131]在人之中。这种解读是与圣经完全一致的[132]，通过否认“处在无辜性之中的人具有分辨善恶的认识力”[133]，圣经使得所有天主教的功德优越的幻景想象[134]一下子变得无效了。

在这一状态之中有和平与宁静；而同时也有着某种他物，这他物不是“不和平”与“争执”，因为没有什么可去争执的。那么，这他物是什么呢？它是乌有[135]。那么“乌有”具有怎样的作用呢？它生产恐惧。这是无辜性的深奥秘密：无辜性同时就是恐惧。精神梦着地投射[136]其现实性，但是这一现实性是乌有，然而无辜性总是不断地在自身之外看见这乌有。

恐惧是“梦着的精神”的一种定性，就其本身而言它属于心理学范畴。“醒着”时，介于我和我的他者[137]之间的差异是被设定了的；“睡着”时，这差异是被悬置[138]的；梦着时，它是一种被暗示出的乌有[139]。精神的现实性不断地作为一种形态而显现，这形态诱惑它的可能性，而在它想要去抓取这可能性的那一刻又马上消失，它是一种只会让人感到恐惧的乌有。只要它只单纯在显示自己，它就不能够做别的。“恐惧”这个概念几乎从来没有在心理学之中得到过论述[140]，为此我必须指出，这个概念是完全地不同于“畏惧”[141]以及其他类似概念的：后者是指向某种特定的东西[142]，而恐惧则是那作为“可能性的可能性[143]”的自由之现实性[144]。因此我们不会在动物身上发现恐惧[145]，恰恰是因为动物在其自然性之中没有被定性为“精神”。

在我们观察恐惧之中的各种辩证定性的时候，就显示出，这些定性恰恰具备了心理学的模棱两可。恐惧是一种同感的反感和一种反感的同感[146]。我想，人们很容易看出，这是在一种完全不同于那欲望[147]的意义上的一种心理学定性。语言用法完美地对之作出肯定，人们说：讨人喜欢的恐惧[148]，讨人喜欢的恐惧感[149]；人们说：一种奇怪的恐惧，一种羞怯的恐惧，等等。

那被设定在无辜性之中的恐惧，首先，它不是辜，其次，它也不是什么艰难的负担，这里没有什么“不能汇同于那无辜性之祝福的和谐共鸣”的苦难。如果我们观察小孩子，那么我们会发现这种恐惧作为一种“对童话性的东西、对怪怖的东西、对谜一样不可捉摸的东西的寻求”而更确定地被暗示出来。也存在有这样一种小孩子，在他们那里不具备这种恐惧，但是这并不能说明什么问题；因为动物也不具备恐惧；并且，精神越少，恐惧就越少。这种恐惧是如此本质地属于小孩子，以至于他不愿没有它；虽然这使他恐惧，但是他还是被这种甜美的恐惧感吸引住[150]。在所有各种“孩提的东西被作为精神[151]的梦而得以保留”的文化[152]中，都有着这一恐惧；并且这恐惧越深奥，这文化就越深刻。只有一种平庸的愚蠢才会去认为这是一种文化解体[153]。在这里“恐惧”与很久以后某个时刻中的“沉郁”[154]具有同样的意义，——很久以后，就是说，在自由完全经历了其历史的各种不完美形式之后、在最深刻的意义上走向其自身①[155]的某个时刻[156]。

正如恐惧与其对象的关系、与“某物”（这个“某物”是“乌有”，语言惯用法也意味深长地说：为“乌有”而感到恐惧）的关系是完全模棱两可的，于是在这里，这种能够把“无辜性”变成“辜”的过渡恰恰也会是那么辩证，以至于它显示出：说明是一种心理学意义上的说明，——而如此正是这“说明”所应当的。质的跳跃在一切模棱两可之外；但是如果一个人通过恐惧而变得有辜，那么，他无疑是无辜的，因为这不是他自己，而是那恐惧，一种外来的力量，抓住了他，一种他所不爱，而是对之感到恐惧的力量；但是他却无疑还是有辜的，因为他在“恐惧”之中沉沦，在他害怕这恐惧的同时，他也爱着它。在这个世界上没有比这更模棱两可的东西了，因此，它是唯一的心理学说明，然而它却（我在这里再一次重复）绝不会想到要去作为一种说明那“质的跳跃”的说明。每一种关于“禁令诱惑他”或者“诱惑者欺骗他”的想象，只对于一种肤浅的观察来说是具有足够的模棱两可；这种想象扭曲伦理学，它带来一种量的决定，并且它想要借助于心理学、以牺牲“那伦理的”为代价而给予人一种恭维，——每一个在伦理的意义上得到了发展的人都必须把这种恭维作为一种新的而且更深奥的诱惑而予以拒绝。

恐惧显现出来，这是一切所围绕的中心。人是“那灵魂的”与“那肉体的”的一个综合[157]。但是，如果两项没有统一在一个“第三项”之中，那么，一种综合就是无法想象的。这个“第三项”就是“精神”[158]。在无辜性之中，人不仅仅是动物，当然他首先是动物；如果在他生命的某一刻之中他仅仅是动物，那么他永远也不会成为人。这样，就是说“精神”是在场的，但作为“直接的”，作为“梦着的”。由于现在它是在场的，以某种方式，它就是一种敌对的权力，因为它不断地干扰那灵魂和肉

① 关于这个问题我们可以去参阅《非此即彼》（哥本哈根，1843），特别是如果我们注意到《非此即彼》的第一部分是那种处在其充满恐惧的同感和自我中心之中的“沉郁性”，而对之的说明则在第二部分之中。

体之间的关系，这关系固然有着持存，但却不具持存，因为它要首先通过“精神”才得到这持存。在另一方面，精神是一种友好的权力，它恰恰是想要建构这关系。那么人与这一模棱两可的权力的关系又是怎样的一种关系，精神又是怎样使自己去与其自身并与其前提条件发生关系[159]的呢？它表现为恐惧[160]。“摆脱其自身”是“精神”所不可能做的；只要它的自身在它自身之外，“抓住其自身”也不可能；人也不可能沉沦到无所作为的植物状态，因为他已经被定性为“精神”；他也不可能逃避恐惧，因为他爱这恐惧；而要真正地爱它，他又不能够，因为他逃避它。现在“无辜性”被逼到了极端。它是无知性，但不是一种动物所具的兽性，而是一种由精神所决定的无知性，而它是恐惧，恰恰因为它的无知性是对于“乌有”的无知。这里没有关于善和恶等的知识；而是知识的整个现实投射在恐惧之中，——作为无知性的巨大乌有[161]。

无辜性仍还在，但只需去听从一句话，那么无知性就集聚起来了[162]。这句话自然是“无辜性”所无法明白的，但是“恐惧”简直就是得到了它的第一个捕获物：作为对“乌有”的取代，它得到了一句神秘的话。在《创世记》中是这样说的，上帝对亚当说：“只是分别善恶树上的果子，你不可吃”[163]，于是，接下来理所当然就是，亚当其实并不明白这句话；因为，既然善恶间的区分要在享用了那果子之后才会出现，那么这时他又怎么会知道这分别？

如果我们现在假设，是禁令唤醒了情欲[164]，那么人就得到一种知识，而不是无知性，在这样的情况下，亚当必定是具备了一种关于“自由”的知识，因为情欲是使用这知识的情欲[165]。因此，这个说明就是后见之明。禁令使他恐惧，因为这禁令在他身上唤醒了自由的可能性。那种“作为恐惧的乌有而突发于无辜性”的东西[166]，现在进入了他自己，并且在这里又作为一个乌有，——那令人恐惧的“能够[167]之可能性”[168]。对于什么是他所能够的做的，他一无所知；因为否则我们就是在预设（通常事情就是这样）那“在之后才出现的东西”，预设善与恶之间的差异。只有那“能够[169]之可能性”在那里作为“无知性”的一种更高的形式，作为“恐惧”的一种更高表达，因为在一种更高的意义上它同时存在和不存在，因为他在更高的意义上既爱它又逃避它。

禁令之词后面紧跟着是审判的话：因为你吃的日子必定死！[170]“死”意味了什么，亚当自然是不懂的；但是反过来，没有什么东西可以阻碍他

（如果我们设想那些对他所说的话）得到一种关于“可怕的事情”的想象。在这方面，甚至动物都能够明白模仿的表情和说话者的声音中的运动，尽管动物不明白话语。如果我们让禁令唤醒情欲，那么我们就必定也一样能够让惩罚的话语唤醒一种起着威吓阻止作用的观念。然而这却引发出困惑。恐怖的惊骇在这里仅仅成为恐惧；因为亚当没有明白“那所说出的”，这样，他又一次只拥有恐惧的模棱两可。被禁令唤醒的这“能够[171]之无限可能性”于是挪得更近了，因为这可能性指出一种作为其后果的可能性。

这样，无辜性被推到了其极端。在恐惧之中，它处于与“那被禁止的”以及惩罚的关系之中。它不是有辜的，但却有着一种恐惧在那里，仿佛它失落了。

心理学无法达到更远的地方，但却能够达到这一点，并且，最重要的是：它能够通过它对人的生命的观察一再地显示这一点。

在这里，我在终结处依托于这个圣经故事。我让禁令和惩罚的声音从外面进入。这自然是一个曾使得许多思想者头痛的问题。然而，这麻烦却只让我们去一笑了之。无辜性完全能够说话，它在语言之中拥有对一切“精神的东西”的表达。这样，我们只须设想亚当对自己说话。于是，故事里的这不完美性，“一个‘他者’对亚当说他所不明白的话”，就消失了，因为亚当能够说话；但是由此并不在更深的意义上就导出他能够明白“那所说出的”。这首先是就善与恶的差异而言，当然这种差异是存在于语言之中，但它却仅仅是为了自由而存在的。无辜性完全能够说出这种差异，但是这差异不是为它而存在，并且，对于它这差异只具备那种我们在前面的文字之中所显示出来的那种意义。

第六节　恐惧，作为传承之罪的预设并向其本原反溯地说明着传承之罪

让我们现在进一步深入到创世记的故事之中，同时我们也尝试去放弃那种说它是神话的固执观念，并且也提醒自己记住这个事实：不曾有过任何时代能够像我们这个时代那样地热衷于创造理智的神话[172]；我们这个时代一边自己创造着神话，一边又同时想要肃清所有神话。

那时亚当被造了出来，他为各种动物取名（于是在这里有着语言，

虽然是以一种不完美的方式，如同那小孩子们通过纸板方字块图来认识一种动物），但是没有为自己找到同伴[173]。夏娃被创造出来，由他的肋骨作成[174]。她处在一种尽可能地与他亲密无间的关系之中，但是这还仍旧是一种外在的关系。亚当和夏娃只是一种数字上的重复[175]。在这种意义上，哪怕有千千万万个亚当也不比只有一个亚当意味更多。这考虑到人类的传承出自一对人。大自然不喜欢毫无意味的冗滥多余。因此，如果我们设想族类是从诸多对人那里传承下来，那么，就曾有过这样的一个瞬间，大自然就有了一个无谓的多余。一旦“代”的关系[176]被设定了，那么就没有什么人是一个多余；因为每一个“个体”是其自身和族类。

现在接着的是禁令和判决[177]。然而蛇比大地上的一切动物都要更狡猾，它诱惑了女人[178]。虽然我们可以将之称为一种神话，但是我们却不可忘记，它完全不会像理智神话那样骚扰思维或者混淆概念。这神话让那内在的东西外在地发生[179]。

在这里，我们首先要注意的是：最早被诱惑的是女人，而由此她再去诱惑男人[180]。在后面，在另一个章节里[181]，我将努力论述，在怎样的意义上女人是（如同人们所说）弱的性[182]，并且恐惧，比起男人，更多地是属于她的。①

在前面的文字之中多次提醒道，本书中的解读并不否定有罪性在“代”之中的繁殖，或者换一句话说，有罪性在“代”之中有着其历史；所说的只是这有罪性在各种量的定性之中运动，而罪则不断地通过个体的“质的跳跃”而进入这个世界。在这里我们已经能够看见“代”的量定性的重要意义了。夏娃是被派生者[183]。无疑她被创造得和亚当一样，但是她是从一个先有的被创造物之中创造出来的。无疑她和亚当一样地无辜，但是却可以说，在这之中有着对于一种内在倾向的隐约感觉，这种内在倾向无疑并不是有罪性，但是看起来却像一种对于这“被设定在繁殖之中的有罪性”的暗示；在这之中有着被派生者，而这种被派生者预先为单个的人决定了这内在倾向，但却并不使得他“有辜”。

在这里我们必须回头看一下前面在第五节之中所谈论的关于“禁令

① 对于关于女人（相比于男人）的不完美性，在这里没有给出任何决定性的断言。虽然恐惧（比起男人）更多地是属于她的，但恐惧却不是一种不完美性的标志。如果我们要谈论不完美性，那么这不完美性是在于别的东西之中，就是说，这不完美性是在于：她在恐惧之中到自身之外去寻找另一个人，男人。

和判决的言辞”。如果我们记住这一点，“那说话的”是语言，就是说，是亚当自己在说话，那么，故事中的不完美性就消失了——“怎么会有人去对亚当说他在本质上所无法明白的东西?”这个问题就不成问题了。①[184]

现在剩下那蛇。我不是“聪明”的朋友，并且，应当去按上帝的意志[185]抵制那蛇的诱惑；这诱惑在时间的起始点诱惑了亚当和夏娃，在时间的进程中则诱惑那些作家们——去要聪明。我宁可直率地承认，我无法把任何确定的想法与蛇联系在一起[186]。另外，与蛇有关的麻烦是完全另外一回事，就是说，是“让诱惑作为一种外来的东西而出现”[187]的麻烦。这简直就是与圣经的教导直接相抵触，和《雅各书》中的经典段落[188]“上帝不诱惑任何人并且不被任何人诱惑而是每一个人被自己诱惑”相矛盾。就是说，如果一个人确实认为通过让人被蛇诱惑而使得上帝得免干系，并且他认为这样一来就能够与《雅各书》中的“上帝不诱惑任何人”相符，那么他就得和下一句句子相悖：上帝不被任何人诱惑；因为蛇对于人的图谋同时（通过卷入上帝和人之间的关系）也是一种对上帝的间接诱惑；并且他又要面对那第三句句子，每一个人被自己诱惑。

现在接下来就是“罪的堕落”[189]。这是心理学所无法说明的，因为这是质的跳跃。但是，让我们先暂时观察一下那故事之中所给出的后果[190]，以便再一次把注意力集中在“恐惧”上，——那作为“传承之罪”的预设前提的恐惧。

后果是双重的：罪进入了这世界；“那性别的”[191]被设定了，并且“这一个”将不可分离于“那另一个”。这对于显示人的原始状态是极其重要的。就是说，如果他不是一种倚靠在一个“第三项”之中的综合，那么“一物”就无法具有两个结果。如果他不是一种由“精神”承担着的“灵魂与肉体之综合”，那么，“那性别的”永远也不可能会带着“有罪性”一同进入这个世界。

我们不用去考虑各种怪诞想法[192]，只是简单地假定在“罪的堕落”

---

① 如果在这里有人还要进一步说：这样一来，“这第一个人是怎么学会说话的”就成了一个问题；那么我将回答，这完全对，然而与此同时这问题完全是在我们所考究的范围之外。无论如何，我们不能误解这一点，仿佛我是在按照现代哲学的习惯也想通过我回避性的回答而作出一副“我能够在别的地方回答这个问题”的样子。但这一点是很确定的：这问题并不是要让人自己成为语言的发明者。

之前有着两性的区别，但它当时并不存在[193]只因为它不会在无知性之中存在。这样我们就一致于那圣经了。[194]

在无辜性之中，亚当作为精神是“梦着的精神”。这样“综合”就不是现实的；因为那结合“综合”之中两项的联结者恰恰就是“精神”，而这“精神”尚未被设定为“精神”。在动物那里这“性的区别”能够本能地得到发展，但是一个人就不能以这样的方式来具备这区别，恰恰因为他是一个综合。在精神设定其自身的瞬间，它设定“综合”，但是为了设定“综合”，它必须首先区分着地渗透进这“综合”，而“那感官的”的极端恰恰就是“那性别的”。只有在“精神”成为现实的瞬间，人才能达到这一极端。在这之前他不是动物，但他也并非真正地是人；只有到了在他成为人的瞬间，他才同时也通过“他也是一个动物”而成为人。

“有罪性”却不是“感官性”[195]，绝对不是，但是没有“罪”就没有“性别性”[196]，而没有“性别性”就没有历史。一个完美的精神既没有“这一个”也没有“那另一个”，这是为什么“性的区别”在“复活”之中被取消，这也是为什么天使没有历史[197]。虽然米迦勒[198]记录下了所有那些他被派出执行和完成了的使命[199]，但这却不是他的历史。首先是在“那性别的”之中，“综合”才作为矛盾而被设定，而在同时，正如所有矛盾，作为一种任务（这任务的历史就在同一瞬间里开始）。这是现实性，而在它之前则是自由之可能性。但是自由之可能性不是“能够选择那善的或者那恶的”。这样的一种思想匮乏不会是圣经带来的正如它也不会是“思”所招致的。“可能性”是“能够”[200]。在一种逻辑体系中我们能够很容易地说“可能性走向现实性”[201]。但在现实之中却并非那么容易，这之中还需要一种“中介定性”。这种中介定性就是“恐惧”，而这恐惧没有去说明“质的跳跃”，正如它没有去在伦理的意义上为之辩护。恐惧不是一种必然之定性，但也不是自由之定性，它是一种自困的自由，在这状态中自由不是自由地在自身之中而是被困的，不是在必然之中而是在自身之中被困。如果罪是必然地进入这个世界（这是一种自相矛盾的说法），那么就不会有恐惧。如果罪是通过一个出自一种抽象的自由意志[202]的行动进入这个世界（这种抽象的自由意志在一开始的时候就没有在这个世界里存在，正如它在之后也没有存在，既然它是一种思想的妨害[203]），那么就也不会有恐惧。想要逻辑地说明“罪的进入世界”，那是在做一件傻事，只有那种可笑地为找到一种说明而担忧的人才会做这种傻事。

假如我得到许可在这里提出一个愿望，那么我将愿没有一个读者会深刻到要这样问：如果亚当没有行罪，又将怎样？在“现实性”得以设定的那一瞬间，“可能性”就作为一种诱惑所有思维匮乏的人们的“乌有”与“现实性”并肩而行[204]。就算是科学也不能作出约束人类并且抑制其自身的决定啊！如果一个人问出一个愚蠢的问题，那么我们能做的就是不作回应，否则我们无疑就是和这问者一样愚蠢了。问题中愚蠢的地方主要不是在于问题本身，而是在于这问题因此而被牵扯到科学上。如果一个人像那聪明的爱尔莎[205]带着她的许多计划一样地带着这个问题待在家里，召集志同道合的朋友们，那么这个人算是差不多明白了他自己的愚蠢了。相反科学[206]是无法说明这一类东西的。每一种科学，要么是处在一种逻辑的“内在性”之中，要么处在一种“它所无法解释的超验性”的范围内的“内在性”之中。“罪”恰恰是那种超验性，那种对立的关键[207]，在之中“罪”进入那作为单个的人的单个的人[208]。罪不会以别的方式进入世界，也不曾以别的方式进入世界。如果“单个的人”傻得去问关于“罪”，如同问及某种与他无关的东西，那么他就是像一个傻瓜在问问题；因为要么他完全不知道这是怎么一回事并且没有得知的可能，要么他知道它和明白它并且知道没有什么科学可以对他说明它。无论如何，科学有时候还是作出了足够的通融而能以沉思着的假设来满足各种多愁善感的愿望，而关于这些假设，科学则自己在最后承认，它们并没有作出足够的说明。这无疑也是对的；但是困惑在于，科学并没有去有力地回绝掉愚蠢的问题，相反却去鼓励迷信的人们相信：有一天会出现一个科学的计划制造家，在他的身上有着正确答案。人们谈论说“罪进入这个世界”是在六千年前[209]，完完全全地以同样的方式如同尼布甲尼撒变成一只牛是在四千年之前[210]。如果人们这样理解问题，那么，这就没有什么好奇怪的了：对问题的说明跟着这问题走。那本来从一个角度看来是世界上最容易的事情，被人搞成是最艰难的。那最淳朴简单的人以他自己的方式理解这样一个问题并且是完全正确的，因为他明白，“罪”进入这个世界并非准确地是在六千年前；科学通过计划制造家们的艺术把这个问题公布成为一个有奖征答的问题[211]，到现在还没有得到令人满意的解答。“罪”是怎样进入这个世界的，每一个人只能够完全地依据于自己去明白；而如果一个人要向别人讨教关于这个，那么他将因为这个原因[212]而误解它。那唯一能够帮上一点忙的科学是心理学，然而它还是自己承认：它不说明，并且它不能和不愿说明更多。假如有什么科学能够说明它，那么一切都混乱了。科学家应当忘记其自己，这完全是对的；而这正因此也是一个如此幸运的事实：罪不是一种科学的问题；所以没有什么科学家（同样也没有什么计划制造家）有义务去忘记“罪是怎样进入这个世界的”。如果他想这样做，如果他想慷慨地忘记他自己，那么，他在他的解释全人类的热情之中就变得像那个如此投入地向各种各样的老王老张[213]递送他的名片以至于到最后除了递送名片之外也忘记了他自己叫什么名字的枢密院士[214]那么滑稽可笑。或者他的哲学热情使得他如此地忘我，以至于他需要有一个和善冷静的妻子能够让他去这样问她，就像那个索尔丁[215]在热情忘我地迷失在琐碎话语的客观性之中时问丽贝卡：丽贝卡，是我在说话吗？

我可尊敬的同时代所景仰推崇的科学家们在他们的、为全部信众们所熟知的“对于体系的关注和寻求”之中也关心着要在之中为“罪”寻找一个位置；他们会认为上面的观点在极大程度上是不科学的，这完全可以理解。让信众们一同参与这种寻求吧，或者至少让那些深刻的寻求者成为他们虔诚的代理祷告[216]的一部分；他们将找到那位置，正如那寻找着“燃烧着的绳索”[217]的人，在他并不感觉到这绳子在他的手中燃烧的时候，找到了这绳子。

注释：

1　“章”，在丹麦文中作者使用拉丁文 Caput 来标示“章”而以 § 符号来标示“节”。此处原为拉丁语“CAPUT I”。

[Caput] 拉丁语：头；段，章。

2　[“最初的罪”、亚当的罪、“罪的堕落”] 指《创世记》的第三章。

3　这里的“人们”是指全部的基督教忏悔，它的“幻想的预设”是一种关于亚当在受诱惑之前的无辜状态的公正性的学说，因为这种公正性在亚当堕落时失落了，所以通过“传承之罪”而出现了人类今天的状态。

4　仿宋体处在丹麦文版中是拉丁语：donum divinitus datum supranaturale et admirabile〈上帝所赋予的超自然而奇妙的馈赠〉。

[donum divinitus … admirabile] 拉丁语：由上帝所赋予的超自然而奇妙的馈赠。在克尔凯郭尔的与“克劳森在 1839—1840 学年里的关于基督教象征的课程”相关的笔记中附有对托马斯·阿奎那的引文，这引文表达了真正的 justitia originalis（拉丁文：本原的公正和完美）。

但是在托马斯·阿奎那的《神学首要》（Thomas Aquinas' Summa theologica 1，95，

1）中关于亚当的本原完美性的段落中并没有这段引文。在这里托马斯·阿奎那谈论上帝的“超自然恩典馈赠”（supernaturalis donum gratiæ）。进一步无法找出这引文。但是我们不能排除它是出自克劳森文字的可能性，他谈论过这超自然的恩典（donum admirabile，supernaturale，superadditum）。

更有可能的是，这引文是克尔凯郭尔在课外阅读其他书籍时所看见的。比如说在哈泽的《复活的胡特尔或路德教会神学教理》的 § 80 中，“本原的完美”之中有谈论作为“donum supernaturale”（超自然馈赠）的“justitia originalis”，并且在一个注脚中引用了 Catechismus Romanus（1566）1，2，19：“Tum originalis justitiæ admirabile donum addidit”（那时祂又增加了奇异的馈赠，以本原公正或完美性的形式）第 189 页。克尔凯郭尔在谈及托马斯·阿奎那之前的课堂笔记中引用了这句。

另外参考维纳尔的《比较展示》（之中有同样引文，但也同样没有提及托马斯·阿奎那）。

5　圣约神学（den foederale Dogmatik）：一种 17 世纪出现在荷兰的教义学，它把神学教理划分为和上帝的双重约定：（堕落之前的）行为契约和（堕落之后的）宽恕契约。亚当作为人类的全权代表和上帝建立了第一个契约。

6　［圣约神学……亚当之作为整个族类的全权代表而出现］圣约神学把神学教理划分为与上帝的双重约定：（堕落之前在乐园的无辜状态中的）行为契约或自然契约和（罪的堕落并被驱逐出乐园之后状态中的）恩典契约。亚当作为人类的全权代表和上帝建立了第一个契约。在前一个契约中，上帝与作为整个族类的全权代表的亚当订了契约，但是在罪的堕落之后人类背离了它并因此而承受自然契约的判决。第二个契约在上帝的关于基督的应许中（《创世记》3∶15 中的原始福音）建立，这应许去除掉自然契约的判决并应许亚当和他之后的所有人能够在对将来的拯救者基督的信仰中得救。圣约神学的名字来源于拉丁语的约定，它是 17 世纪出现在荷兰的教义学，由出生于德国的改革神学家弋杰尤斯（Johannes Coccejus）创立出来的。弋杰尤斯（1603—1669），1643 年法兰克尔教授，1650 年莱登教授。参看哈泽的《复活的胡特尔或路德教会神学教理》之中的 § 85 关于传承之罪有一个注脚说及圣约神学通过指出亚当的作为签约人的功能并以“consensus praesumtus（拉丁语：事先预定的一致）”来为传承之罪做辩护，“只要所有人都把亚当的堕落看成是他们自己因他们自身之罪的堕落”（第 203 页）。

7　与“罪”的原始关系：就是说，与“罪”是直接的、本原的关系，中间没有“亚当的罪”为中介。

8　仿宋体处在丹麦文版中是拉丁语：plus quam perfectum〈过去完成时〉。

9　这里有着“是”和“成为”的区别：本来“罪”不“是”在亚当身上存在，但是它在亚当身上“成为”存在。

10　这里的这个“它”是指“传承之罪”。

11　［象征性的书］教会的忏悔书。这里是指施马加登条款。参看下一注脚。

12　［施马加登条款］或者说 Artikel christlicher Lehre，一本由马丁·路德在1536年考虑到在曼托瓦即将于1537年举行的议会以德语编写的信书，作为为新教徒们所写的综合性的忏悔信书。信书因为施马加登（普鲁士的一个小城）的新教联合会而得名，在1537年的2月份被提出，但没有得到会神学家们的正式签署，因此它从未正式地成为一部教会忏悔信书。在1541年丹麦人 Petrus Generanus 而在1580年德国人 Nikolaus Selneccer 将之译成拉丁语 Articuli christianae doctrinae。

13　仿宋体处在丹麦文版中是拉丁语：peccatum hæreditarium tam profunda et tetra est corruptio naturæ, ut nullius hominis ratione intelligi possit, sed ex scripturæ patefactione agnoscenda et credenda sit.

［peccatum hæreditarium … credenda sit］拉丁语：“传承之罪”是一种本性的如此地深奥而可鄙的败坏，乃至于它无法被人的理性洞察，而必须出自圣经的启示来被认识和信仰。引自马丁·路德《施马加登条款》的拉丁文翻译Ⅲ 1，3。在哈泽的《复活的胡特尔或路德教会神学教理》中的198页引用了这段引文。

14　仿宋体处在丹麦文版中是有误的希腊语：αμάρτημα προτοπατορικόν（最初之父的罪）。

［άμάϱτημα πϱοτοπατοϱιχον］希腊语，在这里不是 ά. πϱωτοπατοϱιχον（hamártēma prōtopatorikón/合成词 πϱωτο—πατοϱιχον 却无从考据）的误写，就是 πϱοπατοϱιχòν άμάϱτημα（propatorikòn hamártēma）的误写。前者是“来自最初的父亲的罪”，后者是“来自祖先（父）的罪”。后者在希腊东正教的忏悔信书中出现。

15　仿宋体处在丹麦文版中是拉丁语：Vitium originis（本原的错失）。

［Vitium originis］拉丁语：本原的错失，就是说，本原的或者最初的罪，德尔图良的对于“传承之罪”的表达，作为“那使得恶成为人的第二本性的东西”。这一表述出自德尔图良的《论灵魂》。在《奥斯堡信条》中也有说“本原的错失其实是罪”。

16　［德尔图良］Quintus Septimius Florens Tertullian（us）（约155—240）生于迦太基，罗马天主教的“教会作家”之一。

17　仿宋体处在丹麦文版中是拉丁语：Peccatum originale（quia originaliter tradatur. Augustin）（原罪〈因为它是从那本原中传递出来的。奥古斯丁〉）。

［奥古斯丁］Aurelius Augustin（us）（354—430年）。神学家、哲学家、修辞学家，生于北非，从383年起在意大利活动，395年起希波教会主教；罗马天主教四大教会之父之一。

18　仿宋体处在丹麦文版中是拉丁语：peccatum originans（罪作为一种因）。

19　仿宋体处在丹麦文版中是拉丁语：originatum（果）。

［peccatum originans 和 originatum］拉丁语：作为因和作为果的罪。peccatum originans（罪作为一种因），就是说把“传承之罪”看成一种作为“施罪者”的罪；peccatum originatum（罪作为一种果），就是说把“传承之罪”看成一种承受者，其罪本原在人之外。这就是说：把传承之罪理解为本原的罪（罪的堕落），这本原的罪导致各种事实上的罪，和把传承之罪理解为各种“罪的秉赋”，它们是由本原的罪导致的。可参看施莱尔马赫《基督教信仰》§71 中的说明。在哈泽的《复活的胡特尔或路德教会神学教理》中有一个注脚说：“我们区分开原罪 originans，罪的堕落，和原罪 originatum（衍生词），那由此出现的传承之罪，后者尤其被我们称作原罪。”（Hutterus redivivus，§ 84 note 1，s. 197）

20　仿宋体处在丹麦文版中是拉丁语：carentia imaginis dei；defectus justitiæ originalis〈上帝图像的匮乏；本原正义的丧失〉。

[carentia imaginis dei；defectus justitiæ originalis] 拉丁语：上帝图像的匮乏；本原正义的丧失。这一说法在经院神学（亦即，天主教神学）中很有名。经院哲学在中世纪晚期试图借助于引进亚里士多德的哲学来贯通教会之父们的学说，希望以此在天主教会的学说中得出统一。

维吉利乌斯·豪夫尼恩希斯说“新教教义拒绝了经院的意义定性”，但这说法不对。比如说，在《为奥斯堡信条的辩道》中（2，15—23）有说到这些意义定性：路德学说没有抛弃掉从前的教会之父们对“传承之罪”的领会，只是这新的学说渗透进经院哲学家们的各种牛角尖中的问题背后而重新把对传承之罪的圣经理解展示出来。另外，在《协和信条》（Formula Concordiæ）Ⅱ 1，10 中认可了“本原公正和上帝图像的匮乏、丧失和空缺”。但是，不同于天主教的关于传承之罪的学说，这些关于原罪的定性只在路德教理神学中起到补充的作用。

21　仿宋体处在丹麦文版中是拉丁语：poena（惩罚）。

[poena] 拉丁语：惩罚。耶稣会的枢机主教贝勒明（1542—1621）曾说：“那与最初的罪差不多在同一条线上的惩罚是那本原公正和上帝用来装备我们的本性的超自然馈赠的丧失。”

22　仿宋体处在丹麦文版中是拉丁语：concupiscentiam poenam esse non peccatum，disputant adversarii〈反对者们断言情欲是罚而不是罪〉。

[concupiscentiam poenam … adversarii] 拉丁语：反对者们断言情欲是罚而不是罪。间接引用《为奥斯堡信条的辩道》（2，38）：“接下去有人声称，情欲是罚而不是罪。”另外（2，47）：“（对于本原公正的）丧失和欲望是罚和罪。”

23　《为奥斯堡信条的辩道》。英文版为：Apology of the Ausburg Confession。

24　[《辩道》A. C.]《为奥斯堡信条的辩道》（Apologia Augustanae Confessionis 或者更确切地说 Apologia Confessionis Augustanae）的简写，作者是德国宗教改革家梅兰希通（Philipp Melanchton），写于 1530—1531 年，作为对《奥斯堡信条》的辩护。这一辩护书在 1537 年在施马加登被签署。这样，它被当作了路德教在《奥斯堡信条》之外的又一忏悔信书。梅兰希通的原本是拉丁语的。1531 年，约纳斯（Justus Jonas）

将之译成德语，并作了许多修改。

25　仿宋体处在丹麦文版中是拉丁语：vitium，peccatum，reatus，culpa（错、罪、辜、逆）。

[vitium … culpa] 拉丁语：错失、罪、辜、逆犯。当然，这些表述可以在信书之中找到，比如说在《奥斯堡信条》（art. 2，1—2）和《协和信条》（Formula Concordiæ）（第二部分：》Solida Declaratio《，1，9）中它们出现在文字之中。但它们既不是一同出现，也不是按这样的顺序作为一种“高潮”而出现。但是在维纳尔的《比较展示》的对路德教各种忏悔信书的各种引文的列举中倒是按照这样的顺序一同出现的。

26　仿宋体处在丹麦文版中是拉丁语：nunc quoque afferens iram dei iis，qui secundum exemplum Adami peccarunt〈现在它也把上帝的怒气带给那些以亚当为榜样的行罪者〉。

[nunc quoque … peccarunt] 拉丁语：现在它也把上帝的怒气带给那些以亚当为榜样的行罪者。那“完全矛盾的想法”是在于：传承之罪因此就被取消了。无法判断引文来源，可能是对《奥斯堡信条》第二条中文字（“这疾病，或说这原始的过犯，是实实在在的罪，叫凡没有借圣洗和圣灵重生的人都被定罪，永远死亡。”）的缩减和修改了的版本加上《罗马书》（5：14）（“然而从亚当到摩西，死就做了王，连那些不与亚当犯一样罪过的，也在他的权下。亚当乃是那以后要来之人的豫像。”）中的思路。

27　仿宋体处在丹麦文版中是拉丁语：quo fit，ut omnes propter inobedientiam Adæ et Hevæ in odio apud deum simus〈由此得出，我们所有人，因为亚当和夏娃对上帝的不服从，而为上帝所恨〉。

[quo fit … simus] 拉丁语：由此得出，我们所有人，因为亚当和夏娃对上帝的不服从，而为上帝所恨。引自《协和信条（Formula Concordiæ）》Ⅱ 1，9。

28　[《协和信条》] 在原文中为“Form. Conc.”，Formula Concordiae（协和信条）的缩写。《协和信条》是路德教的最后信书。在1546年路德死后，年轻的路德教会因为关于“什么是正确的学说”讨论而面临分裂的威胁，此信书由诸多杰出的改革神学家编写以阻止潜在的分裂。信书是德语的，在1577—1578年由一系列王公，城邦和神学家们（约八千）签署，并且获得忏悔信书的资格（但却从不是丹麦福音路德教会的信书）。协和信条在1580年7月25日初次出版于《协和信经》，然后，在诸多尝试和讨论之后，在1598年以拉丁文翻译出版。

29　[《协和信条》……人的实体] 实体，从拉丁语substantia引申出来的一个概念：本质、内容、性质、特点。这里是指一种由有争议的路德宗神学家弗拉齐乌斯（Matthias Flacius/1520—1575年）提出，但被协和信条否定的学说。在哈泽的《Hutterus redivivus或路德教会神学教理》中有一个注脚说：“弗拉齐乌斯提出‘传承之罪成为了人的实体，而不是上帝图像’正如早先路德急切地画出传承之罪的整个可怕的形象时说‘peccatum esse de essentia hominis（拉丁语：罪是人的本质的一部分）’（……）这样的表述在受撩拨的感情前是有道理的，但是如果它们以教理的形式出现，那么它们就必定会引向非宗教的摩尼教式的句子，我们在协和信条646（协和信条第二部分，1，41）中也看见这种情形。”

30　［Form. Conc.（协和信条）禁止人想这种意义定性］这是指《协和信条》第二部分,》Solida Declaratio《，1，57：

“categorice et rotunde respondendum ac fatendum sit peccatum non esse substantiam, sed accidens（拉丁语：人们应当绝对明确地既作出回答又认识到‘罪不是实体/就是说：一个存在定性或者一种性质，而是偶性/就是说：某种被添加上的东西’。”这句话在所写后被引进哈泽的《复活的胡特尔或路德教会神学教理》中一个注脚。

31　［德拉古法典］夸大的严厉的法律。德拉古：古希腊雅典政治家，据说于约公元前624年制定其法典，其法典因公平受到赞扬，但却也因严酷而不受欢迎。德拉古法典使得几乎所有的犯罪者都被判死刑（其中包括不务正业），所以不久就被废去了。

32　如前面所说，在本书中“和解（Forsoningen）”这个词有两种意义，一种是黑格尔辩证法的，另一种是宗教意义的。这里以及后面的“和解”都是指宗教意义上“赎罪和解”或者“救赎和解”。

33　［偿赎了］（为人类而对上帝）给出了完全的赔偿，满足了上帝向人类就偿还（因罪）所欠而提出的要求。在圣餐礼之后的退堂辞中包括了这一表达：“被钉在十字架上而后重新复活的耶稣基督，现在让你们领受餐饮了圣体圣血，以此他偿赎了你们的所有罪。”见《丹麦圣殿规范书》“耶稣基督博爱的赎救和解”。

34　［人们受教导说：基督偿赎了“传承之罪”］一种典型的教理神学的解读，在新约里就已经被提出了。比如说，保罗在《罗马书》（5：18—19）中说：“如此说来，因（亚当）一次的过犯，众人都被定罪，照样，因（基督）一次的义行，众人也就被称义得生命了。因一人的悖逆，众人成为罪人，照样，因一人的顺从，众人也成为义了。”类似解读在路德宗的忏悔信书和19世纪教理神学的许多主要著作中得到了表述。比如说，在《奥斯堡信条》中说基督遭难是为了在天父与我们之间建立出和解，为原罪作出牺牲。

35　［现实的罪］“现实的罪”或者“作为之罪”。维吉利乌斯·豪夫尼恩希斯在这里使用了一个在神学中很常用的概念并且在对peccatum originale（原罪，亦即，“最初的罪”，传承之罪）和peccatum actuale（现实的罪，亦即“作为之罪”）的区别之中使用它，不同于古典的教理神学的介于peccatum habituale（习惯的罪，亦即“作为性质、态度或者状态的罪”，就是说，传承之罪）和peccatum actuale之间的区别。按布赖特施耐德的《教理神学手册》的说法，从奥古斯丁的时候起，人们就把罪分成传承之罪和（单个的与伦理格准相悖行为的）现实的罪。在哈泽的《复活的胡特尔或路德教会神学教理》也有类似说法：“根据各种外在关系，所有‘作为之罪（pecc. actuale）’在或高或低的程度上必然地出自传承之罪（pecc. habituale）。”施莱尔马赫在《基督教信仰》一书中分析了现实的罪与传承之罪的关系：在所有人身上，现实的罪总是出自传承之罪。在《奥斯堡信条》中说基督遭难是为了在天父与我们之间建立出和解，不仅仅是为原始的罪过，而且也是为所有人的现实的罪作出牺牲。维吉利乌斯·豪夫尼恩希斯对 peccatum originale 和 peccatum actuale 的区分可在梅兰希通那里读到。

36　维吉利乌斯·豪夫尼恩希斯对此（基督教教理神学想要解决传承之罪的早期尝试）的批判得自施莱尔马赫的启发（《基督教信仰》（*Der christliche Glaube*）§61 和§73，它分析了关于“罪的堕落”和原始状态的各种观念并且将它们从教理神学之中驱逐了出去）。本书可以看作是一种尝试：通过恐惧概念的帮助而克服那些施莱尔马赫所指出的相关于亚当的“罪的堕落”的一些观念上的麻烦。

37　伯拉纠派（det pelagianske）：英国修道士伯拉纠所创的一种神学学说，416 年被罗马天主教会指责为异端。该学说否认原罪的说法，认为人被生出来时状态如同“罪的堕落”之前的亚当，并且确信人有能力通过其自由意志的实践而变得正直。

38　苏西尼派的（socinianske）。

苏西尼派：16 世纪意大利神学家苏西尼（Faustus Socinus）所创的“唯一神”神学教义，否认耶稣的神性和人类的原罪，而以唯理论来说明罪恶和得救。

39　“博爱论”是指向极端的道德—宗教个人主义，相关于巴泽多（J. B. Basedow）的博爱主义运动。

40　［那伯拉纠派……的单数］伯拉纠（Pelagius 约 354—425 年），英格兰或者爱尔兰的世俗修道士，401—411 年间在罗马生活并教学。因为奥古斯丁对伯拉纠派学说的斗争而变得著名。伯拉纠学说拒绝承认传承之罪，认为人被生出来时状态如同“罪的堕落”之前的亚当（因此有“伯拉纠派的单数”的说法），并且一个人能够自己在自己的拯救中起作用。在佐西教皇在位时代，此教派被判作异端。苏西尼派是指一个 16 世纪出现的波兰基督教社团，认定莱利欧·苏西尼（Lelio Sozzinis /1525—1562 年）及其侄子福斯图·苏西尼（Fausto Sozzinis /1537—1604 年）神学。与伯拉纠派一样，他们也否定传统的传承之罪学说。所谓“博爱主义的（philanthropisk）是指博爱主义运动，由德国数学家和教育学家巴泽多（J. B. Basedow /1723—1790 年）发起。巴泽多从 1753 年起在丹麦索尔宇（Sorø）学院任职，直到 18 世纪 60 年代被解职，之后他一直受丹麦政府资助。巴泽多否定传承之罪和和解的学说。博爱论因其所包含的乐观主义人类学成分被用于发展一种对儿童教育和学校体制的新的理解。

41　仿宋体处在丹麦文版中是德语：einmal ein（一次一个）。

［einmal ein］德语：一次一个。也许是游戏于德语中对于一个小表格的表述：“das Einmaleins”。

42　一种运动作为任务是向着“那作为‘同样的东西’而给定的‘同样的东西’”的运动。

这一句完全可以用另一种方式表达，比如说，在 Hong & Hong 的英文版克尔凯郭尔全集中句子被改为“一种运动，它作为一种任务等同于那任务所针对的东西”。按照 Hong & Hong 的英文版中注释，就是说，这是这样的一种运动：它的本性和目的是同一样东西。(按照上面所述，并且，在这运动之中个体人的本质发展落实在那介于“作为其自身的存在”和“作为那族类的存在”之间的张力之中，这时这运动被定性为历史性的运动)。

43　“个体（individ）”是指“个体的人”。本来我译作“个体的人”或者“个体人”，但现在考虑到使用“个体”这个词的时候已经有一种特指“作为人的个体”的默契，所以改译作“个体”。

44　［虔诚的说服］参看《非此即彼》中《古典悲剧元素在现代悲剧内容中的反映》中关于安提戈涅的段落。中国社会科学出版社 2009 年版，京不特译《非此即彼》上卷，第 188—189 页。

45　辜（Skyld）。

46　［如同小孩子希望同辜于其父亲］在哈泽的《Hutterus redivivus 或路德教会神学教理》有这样一个注脚：“只有通过自由的行为一种清醒或者辜才会根据良知的见证而出现；因此，传承之罪是一个自相矛盾的概念。甚至在旧约中，儿子都不该承担父亲的错误作为，《申命记》（24∶16），《以西结书》（18∶20）。”《申命记》（24∶16）：“不可因子杀父，也不可因父杀子。凡被杀的都为本身的罪。”《以西结书》（18∶20）：“惟有犯罪的，他必死亡。儿子必不担当父亲的罪孽，父亲也不担当儿子的罪孽。义人的善果必归自己，恶人的恶报也必归自己。”

47　就是说，那关于“一个人既是个体又是族类”的想法。

48　仿宋体处在丹麦文版中是拉丁语：caput generis humani naturale, seminale, foederale（由自然而然、由生殖性而然、由其与上帝之约而然的，人的种类之首）。

［caput generis … foederale］拉丁语：由自然而然、由生殖性而然、由其与上帝之约而然的，人的种类之首。就是说，亚当被解读为人类之首，一方面因为他是第一个人，一方面因为人类由他的精中流出，最后因为上帝与他有第一个契约。这三个名词包容了传承之罪的理论，在 18、19 世纪由新教会的教理神学家们提出，他们的根本解读在哈泽的《复活的胡特尔或路德教会神学教理》中被这样描述：“因为罪的堕落人的本性被弱化了，但自由本身在宗教秉赋中并没有被丧失；要等到那精神的传承之罪通过自由而被接受下来时，它才成为罪和逆犯。”这些新教会的教理神学家们试图理性地从“亚当作为人类的首领、代表和全部，以及圣约神学中的缔约者”出发来为传承之罪做辩护。caput generis humani naturale, seminale, foederale（由自然而然、由生殖性而然、由其与上帝之约而然的，人的种类之首），前两个（由自然而然、由生

殖性而然）来自旧的路德教条，后一条来自圣约神学。

49 因为这里所谈论的宗教意义的罪，而不是法律意义上的罪，所以我们说“一个罪”，而不说“一宗（或者一项）罪”。

50 “某种不同于一个罪（亦即，一个罪如同许多其他的罪）的其他东西”：这里是泛指一种罪，“随便一个什么罪”。

“某种不同于某一个罪（亦即，一号相对于二号）的其他东西”：这里是在数字上指“一个罪”，这一个相对于那一个的“一个”。

51 乌有：“什么也没有”、“无”、“无物”。丹麦文为 Intet，如果用英文翻译 Nothing，如果用德文翻译 Nichts。

某物：丹麦文为 Noget，如果用英文翻译 Something，如果用德文翻译 Etwas。

52 ［在逻辑学中认为通过一种不断继续的“量”的定性能够带来一种新的“质”］参看后面关于黑格尔的跳跃的注脚。

事实上马克思哲学之中的“从量变到质变”的说法就是来自黑格尔。在黑格尔的逻辑学的第一卷第三部分第一章之中谈到关于从量变到质变的过程：“变化本质上同时就是从一种质到另一种质的过渡，或者在从一个实有到一个非实有的较抽象的过渡。这里包含着一种与在渐变中不同的规定；渐变只是增多或减少，是对大小作片面的坚持。……但是，从一种似乎仅仅是量的变化也会转化为一种质的变化，……”（译文引自商务印书馆，杨一之译，《逻辑学》上卷，第 363 页）。

53 ［逻辑的内在性］见前面的关于“一种内在运动”的注脚。

54 ［如同黑格尔的做法］黑格尔把从量到质的过渡理解为一种“概念之中的抽象运动”；这一运动在诸范畴的内在体系（这体系构成他的逻辑）发生。

55 ［整个希腊诡辩术……等同性和不同性］这里不是指智者们，而是指毕达哥拉斯关于差异的学说，这学说赋予“有限性/无限性”和“等同性/不同性”更高形式的差异。按照克尔凯郭尔 1843 年的日记，克尔凯郭尔的来源是滕纳曼的哲学史。保罗·马丁·缪勒在他的《古哲学史讲演大纲》中也对毕达哥拉斯学派进行了阐述。正如维吉利乌斯·豪夫尼恩希斯，黑格尔也批判毕达哥拉斯的“量的差异”解读；而阿德勒尔也在自己的《对黑格尔的客观的逻辑的普及讲座》重复了这一批判。

［谢林首先想到了要借助于量的决定来说明所有差异性］也许是指罗森克兰兹（Rosenkranz）的《谢林讲演》之中所说的谢林在艾申迈尔的论文中得到一种对于只有“质的差异的量的定性（quantitative Bestimmung der qualitativen Differenzen）”的假设的认同。罗森克兰兹所指的《一种自然哲学的观念》，谢林在这里称赞艾申迈尔，因为在后者的论文中论证了与谢林相同的说法：化学中质的差异可以归减为量的差异。

［他指责艾申迈尔（Eschenmayer）的（在他的博士论文之中）同样做法］罗森克兰兹在《谢林讲演》中说谢林“指责艾申迈尔”，并且这恰恰是因为后者的论文

(Principia quaedam disciplinae naturali, in primis Chemiae, ex Metaphysica Naturae substernenda / Tübingen 1796)，而谢林在《一种自然哲学的观念》中引用和称赞了这论文。在1801年谢林因为艾申迈尔论文中的“nur quantitative Bestimmung der qualitativen Differenzen”（只有质的差异的量的定性）而批判后者。谢林改变了对艾申迈尔的看法是因为他这时办了一份哲学刊物“思辨物理学时刊”，在第二卷中他让艾申迈尔印发一篇论文《自发性 = 世界灵魂或者自然哲学的最高原则（Spontaneität = Weltseele oder das höchste Princip der Naturphilosophie)》，结果这篇论文中有批判谢林的成分。

艾申迈尔（Adam Karl August Eschenmayer/1768—1852），德国医生和哲学家，图宾根的医学和哲学教授，受到谢林和雅可比的极大影响，比如说，他断言哲学必然的终结于它的自我否定而就其自身地走向信仰。

［黑格尔建立了“跳跃”］黑格尔在对于量变质变的过渡的讨论中用到概念“跳跃（Sprung)”。事物逐渐地在量上变化，到了一个特点的点上发生“跳跃”和一个质的变化；比如说从水温变化到变成蒸汽。在《逻辑学》中这样说：“从质的方面来看，自身无任何界限的渐进性的单纯量的进展，被绝对地中断了；因为新生的质按其单纯的量的关系来说，对正在消失的质是不确定的另外一种质，是漠不相关的质，所以过渡就是一个飞跃”以及“当水改变其温度时，不仅热因而少了，而且经历了固体、液体和气体的状态，这些不同的状态不是逐渐出现的；而正是在交错点上，温度改变的单纯渐进过程突然中断了，遏止了，另一状态的出现就是一个飞跃”。译文引自商务印书馆，杨一之译，《逻辑学》上卷，第401、402、403和404页。引文中译者将Sprung译作“飞跃”)。这一表述在阿德勒尔的《对黑格尔的客观的逻辑的普及讲座》中得到了进一步论述。

［罗森克兰兹］Johann Karl Friedrich Rosenkranz (1805—1879) 德国哲学家和哥尼斯堡大学教授。受黑格尔极大影响，试图将体系完美化的黑格尔主义中间派的典型代表；第一部黑格尔传记（Georg Wilhelm Friedrich Hegel's Leben, Berlin, 1844）的作者。部分被译成丹麦语发表在1844年的丹麦外国神学文献期刊中。

［罗森克兰兹……为此对黑格尔极为推崇］罗森克兰兹《心理学或者主观精神的科学》的第二版第332页。

［在罗森克兰兹最近所出的（关于谢林的）文字］罗森克兰兹在《谢林讲演》中有诸多赞美黑格尔贬低谢林的地方。

“既然他是在逻辑之中想要这样做”：逻辑就其本质而言是内在性的规律，而跳跃则加入了一种超越性的环节（或者用克尔凯郭尔的话“得到关于其自身和其意义的另一种意识”)，这样“跳跃”无法属于逻辑。

56　［新的“质”伴随着……突然性而出现］在阿德勒尔的《对黑格尔的客观的逻辑的普及讲座》中有这样的阐述：“这一出自一种新的实在的‘质’的对‘量’的创造，这些突然的质的突现和跳跃，解决了那些打断了存在的蜿蜒进程的缠结，那些被我们称作是偶然事件的不期而遇的突现，那些被我们称作是神秘的突然过渡。”

57　“数字上地”：“一个罪（亦即，一号相对于二号）。”

58　克尔凯郭尔认为在亚当的罪和其他“后来人”的最初的罪之间没有质的区别。

59　仿宋体处在丹麦文版中是拉丁语：generatio æquivoca（无交配繁殖）。

［generatio æquivoca］拉丁语：自培育，有机生物从无机物质中的直接出现。托马斯·阿奎那在《驳异大全》中以动物在腐烂物中通过阳光的帮助而被繁殖出来作为generatio æquivoca 的例子。以前这种说法在科学家那里很普遍，直到1860年代被路易·巴斯德（Louis Pasteur）推翻。

60　“罪”是指现实的罪。而“有罪性”是指“罪”的可能性，在“有罪性”并不包含实在的罪。传统的理解没有去有意识地对那（作为实在的罪的）“罪”和那（作为罪的可能性的）“有罪性”作出区别。

61　“这种事情”就是指“有罪性在量的意义上估测其自身，直到它最后通过一种无交配繁殖而在一个人身上产生出最初的罪”。

62　［特若普……得到其学位］根据J. L. 海贝尔的杂耍剧《评论家和动物》（*Recensenten og Dyret*）第三场。剧中的特若普（Trop）是一个法理学的“终生学生（studiosus perpetuus）”，他说：“我能够，在任何需要的时候，得到证明书来证明：我已经是很接近于‘去参加拉丁语法学考试’了。”“终生学生（studiosus perpetuus）”就是指那些入学后久久没有得到学位的大学生。

63　［基金……序列号］原本是说国家收入基金的登记号，定性为分期偿还的国债卷。在这里，反讽地指人类对罪债的逐渐分期偿付。

64　［创世记中关于那最初之罪的故事］指旧约《创世纪》3之中关于“罪的堕落”的描述。

65　［被……看成是一种神话］哈泽在《复活的胡特尔或路德教会神学教理》的§83“罪的堕落”中说，理性主义的神学家们和哲学的教会教理神学家们（就是说那些受德国唯心主义影响的教理神学家）把罪的堕落的故事解说为一种哲学神话。“哲学的教会教理神学家们”比如说维德（W. M. L. de Wette）在其《以色列史批判》中有一个很周密的尝试，试图使用神话解读；但是他从《创世记》的第一、第二章跳到了第五章，这样就回避了对“罪的堕落”故事的神话解读。另外在乌斯特里的《对保罗学说概念的论述》中也表述了“创世纪中的神话”。

可能也针对黑格尔《小逻辑》中的阐述：“在大自然里……内心的分裂没有出现，自然事物也不知道作恶。关于人的堕落的摩西神话，对于这种分裂的起源和后果曾经给了我们一个古老的观念。”（贺麟译，《小逻辑》，商务印书馆1980年第2版，第88页）。

66　［作为一种突然的东西……通过一种跳跃］见前面的关于“突然”和“跳

跃”的注脚。

67　考虑到在这里我无法直接翻译克尔凯郭尔原文中的“Pole een Mester, Pole to Mester —— Politi Mester（波里一师傅，波里二师傅，波里三师傅，……，警长）”，所以另外编织出一段“一头象到了，两头象到了，……，石头像倒了”出来。

68　［“有罪性”在“罪”之先……“罪”就在之先出现］施莱尔马赫在《基督教信仰》中解说了现实的罪与传承之罪的关系。

69　［通过亚当“罪”进入了这个世界］参看《罗马书》（5:12）：“罪是从一人入了世界”，亦即，从亚当。

70　［那关于“亚当和基督相互对应”的学说］见《罗马书》（5:12—19）：“这就如罪是从一人入了世界，死又是从罪来的，于是死就临到众人，因为众人都犯了罪。没有律法之先，罪已经在世上。但没有律法，罪也不算罪。然而从亚当到摩西，死就作了王，连那些不与亚当犯一样罪过的，也在他的权下。亚当乃是那以后要来之人的豫像。只是过犯不如恩赐。若因一人的过犯，众人都死了，何况神的恩典，与那因耶稣基督一人恩典中的赏赐，岂不更加倍的临到众人吗。因一人犯罪就定罪，也不如恩赐。原来审判是由一人而定罪，恩赐乃是由许多过犯而称义。若因一人的过犯，死就因这一人作了王，何况那些受洪恩又蒙所赐之义的，岂不更要因耶稣基督一人在生命中作王吗。如此说来，因一次的过犯，众人都被定罪，照样，因一次的义行，众人也就被称义得生命了。因一人的悖逆，众人成为罪人，照样，因一人的顺从，众人也成为义了。”以及《歌林多前书》（15:21—22）：“死既是因一人而来，死人复活也是因一人而来。在亚当里众人都死了。照样，在基督里众人也都要复活。”另参看乌斯特里的《对保罗学说概念的论述》和布赖特施耐德的《教理神学手册》。

［时间之充实］《加拉太书》（4:4）：“及至时候满足，神就差遣他的儿子，为女人所生，且生在律法以下。”“时间之充实（Tidens Fylde）”对克尔凯郭尔是一个重要概念。“到了在上帝根据自己的拯救计划想要的那个时候。”参看《以弗所书》（1:10）：“要照所安排的，在日期满足的时候，使天上地上一切所有的，都在基督里同归于一。”

71　［理智的神话］借助于理智来展示抽象的想法。

72　“代（Generation）”，也许这个词在汉语里作为单个字出现会令读者不习惯。在一些地方我将之翻译为“代”，但有许多地方翻译为“世代传承”。代的关系也就是世代传承的关系。

73　［蓝色的男孩们以数字命名］孤儿院的男孩们都是穿着蓝色的制服，而在他们被送进孤儿院的时候都得到一个号码，所以相互间常常以号码而不是以名字称呼。那时哥本哈根皇家孤儿院（建立于1753年）本原是有着大约200个来自全国的5到12岁的穷男孩的教养院，但在1779年改造为一个为哥本哈根穷人学校和私立学校的奖励性的尖子学校。1838年，孤儿院给出了比正常学校更高的教育，有着约60个学生两个年级，到1844年变成四个年级。到1815年为止，10—11岁的男孩通过考试而录取，一律穿绿衣服，所以被称作绿色男孩；到了再受洗的坚信礼的时候得到蓝色外衣。录取的时候每个男孩都被分配到一个登记号码。老师一般称呼男孩子们的名字，但是男孩子们自己常常相互称呼数字，有时候数字的变音成为了昵称。

74　［一个天使没有历史］见后面的关于“任何天使都没有历史”。

75　［以“忘记黑格尔为帮助教理神学而发现的那些东西”为起始点］也许是指黑格尔的断言：“被扬弃”是直接性的本质。

76　［黑格尔的得意评语］参看前面关于逻辑学恰恰是开始于……“那直接的”的注脚。

也参看《小逻辑》：“精神生活在其素朴的本能的阶段，表现为无邪的天真和淳朴的信赖。但精神的本质在于扬弃这种自然素朴的状态，因为精神生活之所以异于自然生活，特别是异于禽兽的生活，即在其不停留在它的自在存在的阶段，而力求达到自为存在。但这种分裂境地，同样也须加以扬弃，而精神总是要通过自力以返回它原来的统一。这样赢得的统一乃是精神的统一。而导致返回到这种统一的根本动力，即在于思维本身。”（贺麟译，《小逻辑》，商务印书馆1980年第2版，第89页）。

77　［在神学家身上］马尔海尼克在他的教理神学基本学说中，直接性被同一于“无辜”，而依据于黑格尔哲学“无辜”是一种分不清善和恶的状态，因此“最初之罪”就成为了导向那觉醒的自我意识的必然性的环节。马尔海尼克（Philipp Marheineke，1780—1846）海德堡的神学教授，施莱尔马赫的对立者，黑格尔的学生，并且在1818年追随其老师到柏林。他在柏林作为神学黑格尔主义的主要代表和统一黑格尔主义和基督教的可能性的发言人。

78　［仿佛直接性与无辜性是完完全全地同一的］参看上面对《小逻辑》的引文。也参看黑格尔《宗教哲学》：“据说，人曾经处于无辜的状态：这在总体上说是自然意识的状态，一旦精神之意识登场，它就必须被扬弃。这是永恒历史和人的本性。”

79　［黑格尔……教条性的概念］指黑格尔在逻辑中对教理神学概念、圣经故事（正如罪的堕落）和宗教观念作为抽象概念的理解。

80　辜（Skyld）。

81　仿宋体处在丹麦文版中是德语：geistreich（小聪明的）。

82　有辜（skyldig）。

83　无辜的（uskyldig）。

84　［各种各样的幻想出的观念］暗指各种在天主教和新教的教理神学以及各种忏悔信书中的诸多关于亚当在罪的堕落之前的本原的完美性状态的夸张描述。

比如说在布赖特施耐德的《教理神学手册》中所概括的各种关于亚当的说法。

85　［轻率或者沉郁］在哈泽的《复活的胡特尔或路德教会神学教理》有说及：

一方面那（关于人在没有基督的境况下的宗教性无奈的）观念在伯拉纠派这里被扭曲，在各种各样不同的程度上，带着一种对罪的轻率解读联系起“人能够无须依赖耶稣而对自身的的宗教性拯救起到作用”这样的假设。另一方面，它又在摩尼派这里被扭曲，在其对罪的沉郁思考中设想一种来自精神的所有各种力量的如此大的干扰，以至于和解因此而被弄成了不可能。

86 ［伦理的严厉］按照康德的立场，这严厉不允许“道德的中间物，不管是在行为中”“还是在人格特征里”（康德《单纯理性之界限内的宗教》)。

87 有辜性（Skyldigheden)。

88 有辜者（Skyldige)。

89 和解（Forsoningen)。

90 得到和解的被救赎者（Forsonede)。

91 ［如果亚当没有行罪，那么会发生一些什么?］教理神学常常把工夫花在这个问题上，这在布赖特施耐德的《教理神学手册》和乌斯特里的《对保罗学说概念的论述》中都有谈及。维吉利乌斯·豪夫尼恩希斯多出返回到这个问题上。

92 间接性（Middelbarheden)。

93 某物（Noget)。

94 超越（Transcendents)。

95 原文中的丹麦语是 den rene Væren；相应德语是 das reine Sein。

96 丹麦语为 Intet，德语为 Nichts。在黑格尔的《逻辑学》中，第一卷第一部分第一章 A 和 B。

［黑格尔用来表达“纯粹之在 ”的，是“乌有”］在《逻辑学》中有说：那“在”，那“尚未得以定性的直接的东西”在事实上是乌有，并且比乌有既不多也不少。

97 状态（Tilstand)。

98 根据丹文版的注脚，在逻辑学之中只有“直接性”而没有“无辜性”，所以这里的这个“它”(“相反它在逻辑学”）就应当是成为“直接性”了。但是事实上在黑格尔的逻辑学之中有“无辜”这个概念的出现。但是，既然克尔凯郭尔说到黑格尔主义的“直接性和无辜性是完完全全地同一的”，而且这里在谈黑格尔的逻辑，那么两个概念之间的这种含混就可以理解了。

99 ［关于创世的故事……无辜性是无知性（Uvidenhed)］在《创世记》3 中并没有明确地说出“无辜性（亦即罪的堕落之前的状态）要被理解为无知性（尤其是关于善与恶之间的区别，但是在第 4—5、7、11 句）能够被这样解读。这样的解读得到了黑格尔的辩护。黑格尔在《宗教哲学》第一卷中说：无辜的状态是，对于人来说没有善没有恶的状态：它是动物的状态，无意识性的状态，在之中人不知善不知恶，在之中他所想要的东西并没有作为这一个或者别的而被决定出来：因为在他对恶无所知的时候，对善就也无所知。另外哈泽的《复活的胡特尔或路德教会神学教理》说，伊甸园中的人生活在“无辜性和与上帝的往来之中”。

100　［无知性……定性为“向着知识”的］戏指黑格尔学说，对立面相互为对方定性；这里，无知性相对于知识而得以定性。

101　“伯拉纠派”见前面的注脚。

102　［质的跳跃］对立于量的渐变，是质的跳跃。在阿德勒尔《对黑格尔的客观的逻辑的普及讲座》这样说：“每一个启示在人的发展过程中都是作为一种质的跳跃。”

103　［每一张嘴都应当被塞住］《罗马书》（3∶19），保罗写道：“我们晓得律法上的话，都是对律法以下之人说的，好塞住各人的口，叫普世的人都伏在神的审判之下。”

104　［他出生于悲惨并且他的母亲在“罪”之中怀他于胎］《诗篇》（51∶5）：“我是在罪孽里生的。在我母胎的时候，就有了罪。”【在1740年的丹麦文版圣经中是《诗篇》（51∶7）】

这一引文被用于受洗仪式的开首语中。

105　［想要审美地……悲伤］为失去的舒适和幸福而悲伤。

106　［无辜地为有罪性而悲伤……基督……命运而为之悲伤］也许是指耶稣在受难前一夜在客西马尼花园的一段，被悲伤和恐惧占据，他“就忧愁起来，极其难过”，并对三个门徒说：“我心里甚是忧伤，几乎要死。”然后他走得更远，跪下祷告：“我父阿，倘若可行，求你叫这杯离开我。然而不要照我的意思，只要照你的意思。”稍后又祷告：“我父阿，这杯若不能离开我，必要我喝，就愿你的旨意成全。”《马太福音》（26∶36—46）。

107　参看《约翰福音》（1∶29）：“次日，约翰看见耶稣来到他那里，就说，看哪，神的羔羊，除去（或作背负）世人罪孽的。”

108　［自由地选择了去承担整个世界的罪并承受其惩罚］指向《腓利比书》（2∶6—8）：“他本有神的行像，不以自己与神同等为强夺的。凡倒虚己，取了奴仆的形像，成为人的样式。既有人的样子，就自己卑微，存心顺服，以至于死，且死在十字架上。”

109　［计划制造家们］对不断提出无用或无法实现的计划的人们的贬称。丹麦剧作家霍尔堡在自己的拉丁语版（后由巴格森译成丹麦语）《尼尔斯·克里姆的地下旅行》中用到了这个词。

110　［各种巫师和计划制造家们骑在一把扫帚柄和一支肉肠签之上竞相争快］迷信和幻想竞争并且热闹得就像什么都没有发生。香肠签是用来封肉肠口的小木签，转义就是，“几乎什么都没有”。

111　［乌斯特里……《对保罗学说概念的论述》］乌斯特里在《对保罗学说概

念的论述》中有一段有着标题“所有人的有罪性与第一个人的罪（或者说传承之罪）之间关联”。

乌斯特里（Leonhard Usteri，1799—1833），瑞士新教神学家和教育学家，从1824年起任贝尔尼教授。他是施莱尔马赫的学生。他的书在他的时代很著名。1833年很年轻时就死去。在他的《对保罗学说概念的论述》，他试图展示出保罗的体系能够由基督教的福音与基督教之前时期的诸多关系的事件来导出。通过他赋予他对新约的解说的那种神秘理论，他提前给出了斯特劳斯里程碑之作《耶稣传》中的许多元素。

112 ［乌斯特里……亚当身上生产出罪］乌斯特里在《对保罗学说概念的论述》中说：“在人有一种律法（不管是外来的还是他内在地意识到的）之前，——哪怕它在一开始会是那么不完美而隔绝，甚至他只是在唯一的一条诫命之中——，有罪性无疑已经在他之中，作为一种禀赋；但它是死的，或者如同睡去，就是说，他尚未意识到，因为，在他的有罪性和他身上的一条诫命之间尚未能够出现任何争议。我们必须把所谓的无辜性状态（或者说在欲情在最初的人们的内心中感到他们去吃知识树上的禁果之前的‘人的乐园生活’）看作是一种如此的死无意识的有罪性的状态。”……“这里加上律法，考虑到罪，比单纯的‘认识到它’更多，就是说，一种正定的力，它将罪唤醒。保罗在《罗马书》之中对这一作用力有很详尽的描述。罗马书（7:7—11）。他说，人的有罪性因诫命而受刺激；欲求性在有人对它说‘你不可欲求’的时刻醒来。”……“就是说，如果命令到来并且命令意志去做或者不要做这个或者那个的时候，于是欲情（或者不欲）就把意志引诱自己的圈套、捕获住它（……），命令被违背，人犯下现实的罪。”

113 ［倾向，决定］如同乌斯特里在《对保罗学说概念的论述》中所说的：有罪性在亚当的身上已经“作为一种禀赋”而存在。见前面的注脚。

114 ［法朗茨·巴德尔］Franz X. von Baader，1765—1841年，德国天主教哲学家和神学家，自1826年起慕尼黑教授。受谢林以及犹太教和基督教的神秘论影响极大，试图在自己的宗教哲学中展示：真正的哲学只能够在天主教信仰中找到其基础。克尔凯郭尔也有许多巴德尔的著作。

法朗茨·巴德尔（Franz Baader）对于意志和自由的学说依据于这样的假设：只有通过一种被各种不同的外在刺激催迫出来选择，意志才能够自觉于其自由性和决定性（determination）。

［诱惑对于自由……必然的他物］指巴德尔在《思辨哲学讲演》中关于“诱惑对于罪的堕落的意义”和关于“人的自由的历史”的理论。

中介定性（Mellembestemmelser）。

［想象实验……的关系］就是说，上帝要把诱惑弄成一个实验来看人是将屈从于或者抵抗这诱惑。反证可看《雅各书》（1:13）：“人被试探，不可说，我是被神试探。因为神不能被恶试探，他也不试探人。”

仿宋体处在丹麦文版中是拉丁语：concupiscentia（欲望）。

［concupiscentia］拉丁语：欲望。这一概念在拉丁语的圣经翻译 Vulgata 中已经出现。参看，比如说《罗马书》（7:7—8）：“这样，我们可说什么呢。律法是罪么。断乎不是。只是非因律法，我就不知何为罪。非律法说，不可起贪心［‘Non concupisces’］。我就不知何为贪心［concupiscentiam］。然而罪趁着机会，就借着诫命叫诸般的贪心［omnem concupiscentiam］在我里头发动。因为没有律法罪是死的。”也可参看《雅各书》（1:13—15）：“人被试探，不可说，我是被神试探。因为神不能被恶试探，他也不试探人。但各人被试探，乃是被自己的私欲［concupiscentia］牵引诱惑的。私欲［concupiscentia］既怀了胎，就生出罪来。罪既长成，就生出死来。”（上面这概念分别被译作“贪心”和“私欲”）。

后来这个概念在奥古斯丁那里扮演重要的角色，在之后在牵涉到“罪的堕落的原因”时又经常为教理神学家们和诸忏悔信书所用。

115　［去论述使徒保罗的学说和去联系上圣经的内容］参看乌斯特里《对保罗学说概念的论述》的标题，全标题为：“就其相对新约圣经的教理神学对保罗学说概念的论述。”

116　［一些经典的段落］在传承之罪要通过圣经来展示时，乌斯特里在《对保罗学说概念的论述》中把第三节“所有人的有罪性与第一个人的罪（或者说传承之罪）之间关联”建立在经典的圣经段落上：《创世记》1，《罗马书》（5:12—18）。

117　［使用圣经段落］乌斯特里在《对保罗学说概念的论述》中有密集的一大堆圣经引文，尤其是引自新约，几乎总是希腊语的。

118　［波斯国王在与埃及人的战争中使用他们的圣兽］公元前 527 年，在佩鲁西亚（Pelusium）围城战中，埃及人以掷石器作出强烈抵抗，波斯王冈比西斯（Cambyses）把那些被埃及人视作是圣兽的动物赶在他的军队之前，因此埃及人停止掷石，因而冈比西斯占领了佩鲁西亚。此为希腊历史家波吕爱诺斯在 2 世纪的记载。

119　仿宋体处在丹麦文版中是拉丁语：concupiscentia（欲望）。

［让禁令……唤醒……欲望］乌斯特里在《对保罗学说概念的论述》中说：“人的有罪性因诫命而受刺激；欲求性在有人对它说‘你不可欲求’的时刻醒来。”

120　仿宋体处在丹麦文版中是拉丁语：concupiscentia（欲望）。

121　仿宋体处在丹麦文版中是拉丁语：concupiscentia（欲望）。

122　［异教的经验］在草稿中（Pap. V B 53，7）加了“（尤其是引自辛尼加）”。

123　仿宋体处在丹麦文版中是拉丁语：concupiscentia（欲望）。

124　［中介定性（Mellembestemmelser）］介于两个概念或者实体间的思想上的联系或者过渡。

125　［新教教会］就是说路德宗的各种忏悔信书。

126　仿宋体处在丹麦文版中是拉丁语：concupiscentia（欲望）。

127　仿宋体处在丹麦文版中是拉丁语：Omnes homines secundum naturam propagati nascuntur cum peccato h. e. sine metu dei，sine fiducia erga deum et cum concupiscentia（所有以自然的方式繁殖的人带着罪而被出生，就是说，没有对上帝的敬畏，没有对上帝的信任，并且带有欲望）。

[Omnes homines … et cum concupiscentia] 拉丁语：所有以自然的方式繁殖的人带着罪而被出生，就是说，没有对上帝的敬畏，没有对上帝的信任，并且带有欲望。出自《奥斯堡信条》第二条，第一句。

128　精神（Aand）。

129　与它的“自然性”的直接的统一体。

130　[与它的自然性……灵魂的意义上被定性] 卡尔·罗森克兰兹（Karl Rosenkranz）在《心理学或者主体精神科学》说：“人从自然出发，在与它的直接的统一之中，我们将这精神创作‘灵魂’。”

131　[精神梦着地] 卡尔·罗森克兰兹在《心理学或者主体精神科学》说：“作为灵魂，精神梦着”，以及“作为梦着的，它只是直接地陷于自然与精神的二分化之中”。

132　《创世记》(3:5)：“因为神知道，你们吃的日子眼睛就明亮了，你们便如神能知道善恶。”

133　[圣经……分辨善恶] 指《创世记》3。

134　[所有天主教的功绩可观的幻景想象] 布赖特施耐德在《教理神学手册》中概述了关于亚当在乐园里的功德优越的天主教学说：亚当有着统治大地的权力、超自然的技能、艺术、科学以及得免于错误的自由和作为实有神圣的美德。在哈泽的《复活的胡特尔或路德教会神学教理》也有类似概括。

135　乌有（Intet）。

136　投射（projekterer）：投射，观想，想象。

137　“我的他者”，亦即那（对于“我”来说的）其他人或者其他东西。但是在这里，“我的‘另一个’”是指“我的永恒的‘精神’”对立于那“作为自然的生物的我自己”。

138　悬置（suspenderet）：悬而暂止，暂时地中止。

139　[醒着……被暗示出的乌有] 罗森克兰兹在《心理学或者主体精神科学》有这方面的叙述。

140　[恐惧……几乎从来没有在心理学之中得到过论述] 康德在《实用意图中的人类学（Anthropologie in pragmatischer Hinsicht）》中谈论过“恐惧（Angst）”，但是他把“恐惧（Angst）”看作是一种“畏惧（Furcht）的强化形式”，就是说，恐惧和畏惧只在量的意义上有区分，而不是在质的意义上：“害怕、恐惧、惊怖、惊骇是畏惧的程度，就是说，面对危险的厌憎。”（我这里对康德这个句子的翻译有点勉为其难，因为要把前面的四个词按康德的意思在这里直接翻译成中文是不可能的，必须通过对中文词进行定义才能够准确对应于德语原文中的四个词。原文如此：“Bangigkeit, Angst, Grauen und Entsetzen sind Grade der Furcht, d. i. des Abscheues vor Gefahr”）。黑格尔在《哲学全书》第三卷中谈及恐惧概念，但是没有对恐惧和畏惧作区分。在米希列特的《人类学和心理学或者主观精神的哲学》和在罗森克兰兹的《心理学或者主体精神科学》中也是如此。在厄尔德曼的《心理学讲演纲要》中只相对于希望谈及畏惧。卡尔·道布在《卡尔·道布的哲学人类学讲演》中说及，他认为只有在动物身上有恐惧，就是说，恐惧是一种由痛楚和畏惧混杂起的非人类的情感。然而按照道布对于“惊悚（Grausen）”的定义，这惊悚是愉快、痛楚、希望和畏惧的混合，通过其模棱两可的多义而得以标识：它与“在愉快中被扬弃的畏惧”同一，同时反过来又与“在畏惧中被扬弃的愉快”同一。西贝恩和康德一样，把恐惧定性为畏惧的强化形式，并且加上了“同感性—反感性的模棱两可”。

141　畏惧（Frygt）。

142　［畏惧……指向某种特定的东西］在康德的《实用意图中的人类学》中，畏惧被定性为害怕（Bangigkeit）：对于一种以不确定的恶威胁着的对象的畏惧是害怕。也可以有着一种害怕而不知道它所害怕的特殊对象是什么。

西贝恩在《心理学》中说：不同于惊吓，畏惧还受到一种不确定性的左右，但是那被期待的东西恰恰能够通过它的这种不确定性（因为还没有什么东西与之有关，而灵魂则专注于对之的想象，这样心情的骚动不能转化为行为而只是无数可能性隐约地闪烁）而把灵魂设定在比灵魂在预期的瞬间来到时的状态远远更为难受的，甚至是向焦虑和恐惧上升的状态，这样全部的畏惧和恐惧常常在勇气出现的时候完全消失，或者，至少还是感觉轻松了不少。

另外，在罗森克兰兹的《心理学或者主体精神科学》中谈及“隐约感觉（anelse）”这个概念，部分地指向 eine unbestimmte Unruhe（一种不确定的不安），部分地指向 eine bestimmte Unbestimmtheit（一种确定的不确定性），以及最后 zur bestimmten Bestimmtheit（指向确定的确定性）。

143　［可能性的可能性］所有版本都是如此。

144　“精神”的预设前提是自由。只有作为精神一个人才是自由的。在无辜状态中一个人还不是精神，所以也就并不自由，但是“梦着地”他感觉到精神的可能性。由此出现恐惧，人具有自由和成为精神的内在可能性，这恐惧是对于这个人没有实现其内在可能性的“梦着的解读”。在这个阶段里，自由只是显现为“人的去‘实现其内在可能性’的可能性”。

145　［不会在动物身上发现恐惧］在草稿中克尔凯郭尔增补了：“据我所知，自然科学家一致同意认为在动物身上没有恐惧，恰恰是因为自然性没有被定性为精神。

它畏惧现在的东西，瑟缩发抖等，但是它不会感到恐惧。因此，正如如果我们这样说它没有隐约感觉，它也没有恐惧。”

这在罗森克兰兹的《心理学或者主体精神科学》中有谈及，也有谈及关于动物缺乏感觉到情感的能力。而道布则认为恐惧只存在于动物身上。

146 ［一种同感的反感和一种反感的同感］受吸引的不愿和不情愿的参与。这模棱两可的双义在这里不仅仅是介于同感和反感，而且是双向的：两种形式的感情都已经在自身中包容了它们的对立面。在1842年的日记中，克尔凯郭尔写道：“现在人们很频繁地论述传承之罪的本质，但人们却缺乏一个首要范畴——这就是恐惧，这是它的真正定性；就是说，恐惧是一种对于人所惧怕的东西的欲求，一种同感的反感；恐惧是一种攫住个体的外来权力，然而人却无法脱离，并且不想脱离它，因为人惧怕，而人欲求自己所惧怕的东西。于是，恐惧使得个体无奈，最初的罪只是在无奈之中发生；因此它缺乏表面的可测性，但这匮乏是真正的使人迷恋的东西。”

也可参看西贝恩对于畏惧的同感—反感的模棱两可性，按西贝恩的观点，欲求也可以是既同感又反感的。

这种爱恨交加的东西相应于卢道夫·奥托（Rudolf Otto）在“Das Heilige”中所写的 et mysterium tremendum et fascinosum。这一段落所写留有克尔凯郭尔年轻时代经历的痕迹，所以，他在下面的注脚里谈及《非此即彼》。

147 仿宋体处在丹麦文版中是拉丁语：concupiscentia（欲望）。

148 恐惧（Angest）。

149 恐惧感（Beængstelse）。

150 设想那听鬼故事的孩子，又害怕又想听故事被讲下去。

151 精神（Aanden）。

152 克尔凯郭尔的原文之中使用的词是 nation，而 Hong & Hong 的英文版中使用 culture，我觉得这里用“文化”并不失原意而更容易理解所以使用“文化”而不用“民族”这个词。

153 原文中所用的词是 Desorganisation。

［Desorganisation］在一个有机体或者有机体的一个部分中的这样的一种解体或者非正常变化，这有机体失去自己各种正常的生命表达。

154 沉郁（Tungsind）。

155 同感（Sympathie）。自我中心（Egoisme）。沉郁性（Tungsindighed）。

在我所译的《非此即彼》第二部中，我将“同感”译作“同情交感”，将“自我中心的”译作“自我本位的”。见中国社会科学出版社，《非此即彼》，2009年版。

［《非此即彼》（哥本哈根，1843）］在《非此即彼》的第二部分，作者B使用了“沉郁的”的范畴来描述那种标志了他的审美朋友A的绝望。他所写的东西是给A的。

[同感和自我中心] 西贝恩在《人的精神本性和本质》中对这两个概念有定义。

156　（译者说明）我把这句子中的时间从句“很久以后……某个时刻”放在了句子后面，因为怕读者混淆主句的结构。原句的直接翻译应当是：

在这里“恐惧”与很久以后在自由完全经历了其历史的各种不完美形式之后、在最深刻地意义上走向其自身的某个时刻中的“沉郁”具有同样的意义。

157　[人是“那灵魂的”与“那肉体的”一个综合] 对于人是一种灵魂与肉体两个元素的综合，是一个众所周知的哲学解读，可以回溯到亚里士多德关于人是一种“理性的动物”的断言。

158　克尔凯郭尔受德国唯心主义的影响，其中就有“正反合”的三分法。而克尔凯郭尔对于“什么是‘作为人’”的定义在《非此即彼》的第二部中有提及，但是完全的定义则在《致死的病症》的开始部分，比如说：

“……‘人’是一种‘综合’，——‘无限性’与‘有限性’的综合、‘那现世的’与‘那永恒的’的综合、自由和必然的综合，简之，一种综合。一种综合是一种两者之间的关系。如此考虑，‘人’尚未是‘自我’。

在那两者之间的关系中，‘关系’是‘第三者’作为一种否定的统一体，而那两者使自己和这‘关系’发生关系，并且处在对于这‘关系’的关系中；这样地在‘灵魂’这个定性之下，‘灵魂’与‘肉体’之间的‘关系’是一个关系。相反，如果这‘关系’使自己与自己发生关系，那么这个关系就是正定的第三者，而这就是‘自我’。……”

159　“涉入性地与……发生关系”或者说：“使自己与……发生关系”是“forholde sig til”。这是克尔凯郭尔经常使用的一个动词结构。这里面包含了“使得自己向……”的意向性，这样一种“参与性地持有一种态度”的投入倾向，一种主动式，一种主观上的行为。与之相反则是“冷漠而保持距离地观察”，被动而不作出主观上的行为。

160　或者说：它作为恐惧作出行为。

161　或者直译为：而是知识的整个现实作为无知性的巨大乌有投射在恐惧之中。

162　[那么无知性就集聚起来了] 在无知性被一句话触及并且因此被精神触及的时候，它恰恰是继续作为无知性。

163　[在《创世记》……你不可吃] 指《创世记》（2：16—17）：“耶和华神吩咐他说，园中各样树上的果子，你可以随意吃。只是分别善恶树上的果子，你不可吃，因为你吃的日子必定死。”在希伯来语中，人叫作“亚当”，这被解读为第一个人的名字。

164　情欲（Lysten）。

[禁令唤醒了情欲] 也许是指罗马书（7:5），之中保罗谈论“因为我们属肉体的时候，那因律法而生的恶欲，就在我们肢体中发动，以致结成死亡的果子”，以及罗

马书（7:7）之中保罗说“这样，我们可说什么呢？律法是罪吗？断乎不是。只是非因律法，我就不知何为罪。非律法说，不可起贪心。我就不知何为贪心。”

乌斯特里在《对保罗学说概念的论述》中说：“就是说，如果命令到来并且命令意志去做或者不要做这个或者那个的时候，于是欲情（或者不欲）就把意志引诱自己的圈套、捕获住它（……），命令被违背，人犯下现实的罪。”他也引用了德国神学家吕柯尔特的话：“正如亚当生活着，直到诫命到来唤醒他心中的恶的欲望。”

165 ［关于“自由”的知识……使用这知识的情欲］乌斯特里在《对保罗学说概念的论述》。

166 作为“恐惧”的“乌有”而掠过了“无辜性”。

167 这里是动词不定式的“能够（at kunne）”。

168 正是因为“能够”去做，才会有不可预测的后果被做出来。如果不存在“能够”的可能性，那么也就不用恐惧（另外，这个“能够——at kunne”是动词不定式）。

169 这里是动词不定式的“能够（at kunne）”。

170 ［禁令之词后面紧跟着……你吃的日子必定死］《创世记》（2:16—17）：“耶和华神吩咐他说，园中各样树上的果子，你可以随意吃。只是分别善恶树上的果子，你不可吃，因为你吃的日子必定死！”

171 这里是动词不定式的“能够（at kunne）”。

172 ［理智的神话］借助于理智来展示抽象的想法。

173 ［亚当被造……没有为自己找到同伴］《创世记》（2:7）：“耶和华神用地上的尘土造人，将生气吹在他鼻孔里，他就成了有灵的活人，名叫亚当。”。以及（2:18—20）：“耶和华神说，那人独居不好，我要为他造一个配偶帮助他。耶和华神用土所造成的野地各样走兽和空中各样飞鸟都带到那人面前，看他叫什么。那人怎样叫各样的活物，那就饲它的名字。那人便给一切牲畜和空中飞鸟，野地走兽都起了名。只是那人没有遇见配偶帮助他。”

174 ［夏娃被创造出来，由他的肋骨作成］《创世记》（2:21—22）：“耶和华神使他沉睡，他就睡了。于是取下他的一条肋骨，又把肉合起来。耶和华神就用那人身上所取的肋骨，造成一个女人，领她到那人跟前。”

175 ［亚当和夏娃只是一种数字上的重复］就是说，夏娃是亚当的数字意义上的重复。在上帝造了女人之后，亚当说：“这是我骨中的骨，肉中的肉，可以称她为女人，因为她是从男人身上取出来的。”《创世记》（2:23）。

176 ［代的关系］传宗接代的关系，性关系，繁殖关系。

177 ［现在接着的是禁令和判决］按《创世记》2，禁令和判决在亚当命名动物和上帝造出夏娃之前已经向亚当表明了。

178 ［蛇……诱惑了女人］《创世记》（3:1—6）：“耶和华神所造的，惟有蛇比田野一切的活物更狡猾。蛇对女人说，神岂是真说，不许你们吃园中所有树上的果子吗。女人对蛇说，园中树上的果子，我们可以吃，惟有园当中那棵树上的果子，神曾说，你们不可吃，也不可摸，免得你们死。蛇对女人说，你们不一定死，因为神知道，你们吃的日子眼睛就明亮了，你们便如神能知道善恶。于是女人见那棵树的果子好作食物，也悦人的眼目，且是可喜爱的，能使人有智慧，就摘下果子来吃了。又给她丈夫，她丈夫也吃了。”

179　［这神话让那内在的东西外在地发生］黑格尔在《宗教哲学讲演》第二卷中说及《创世记》3：“完全的比喻性表现就是这个：那内在的作为外在的、那必然的作为偶然的而表述出来。”

180　［最早被诱惑的是女人……再去诱惑男人］参看《创世记》(3:1—6，12—13)。

181　［在另一个章节里］第二章第二节 A。

182　［如同人们所说……弱的性］比较《彼得前书》(3:7)：“你们作丈夫的，也要按情理和妻子同住。因他比你软弱，与你一同承受生命之恩的，所以要敬重他。这样便叫你们的祷告没有阻碍。”

183　［被派生者］被推导出的或者第二性地出现的东西。

184　［按照现代哲学的习惯……别的地方回答这个问题］也许是指谢林，他常常表示他会在别的地方对特定事情作出解说。他在“对人的自由的本质的哲学考究”中说要给出一系列续篇，但这个计划却没有被实现。也有别的哲学家指出谢林的这个特点。

［这一点是很确定的：这问题并不是要让人自己成为语言的发明者］在草稿中克尔凯郭尔加上：“或者像马德维希教授带着无穷的反讽在一个节目里所表述的：人达成协议，要说哪一种语言。”

185　仿宋体处在丹麦文版中是拉丁语：volente deo（按上帝的意志）。

186　根据克尔凯郭尔草稿中被删去的部分，是一种把蛇作为语言的象征。

187　［让诱惑作为一种外来的东西而出现］黑格尔也强调说，在犹太人那里，“那恶的”显现为“外在的事件，正如在罪的堕落的观念中，人被蛇诱惑，那诱惑是从外面进来的”。

188　［《雅各书》中的经典段落］指《雅各书》(1:13—14)：“人被试探，不可说，我是被神试探。因为神不能被恶试探，他也不试探人。但各人被试探，乃是被自己的私欲牵引诱惑的。”

189　［接下来就是“罪的堕落”］尽管整个《创世记》3 在通常被称作“罪的堕落”，在这里是指《创世记》(3:6)。

190　［故事之中所给出的后果］指《创世记》(3:7—13)：“他们二人的眼睛就明亮了，才知道自己是赤身露体，便拿无花果树的叶子，为自己编作裙子。天起了凉风，耶和华神在园中行走。那人和他妻子听见神的声音，就藏在园里的树木中，躲避耶和华神的面。耶和华神呼唤那人，对他说，你在哪里。他说，我在园中听见你的声音，我就害怕。因为我赤身露体，我便藏了。耶和华说，谁告诉你赤身露体呢，莫非你吃了我吩咐你不可吃的那树上的果子吗。那人说，你所赐给我，与我同居的女人，她把那树上的果子给我，我就吃了。耶和华神对女人说，你作的是什么事呢。女人说，那蛇引诱我，我就吃了。”

191　那性别的（det Sexuelle）。

192　这里可能是指类似于奥古斯丁的那种关于“如果没有那堕落，在天堂里会不会有人的繁殖”这一类考究。可参看奥古斯丁的《上帝之城》（De Civitate Dei）。我将之译作怪诞想法，多少是有点转义。原文为“计划制造活动”。

［计划制造活动（Projektmagerier）］没有意图的思辨。

193　［但它当时并不存在］但当时并不存在，就是说，不作为被认识到的东西存在。这就是说：在罪的堕落之前，这两个最初的人并不意识到他们在性别上的区别。

194　［一致于那圣经］在《创世记》2—3 没有直接说及这两个最初的人并不意识到他们在性别上的区别，而只是说裸体并不是两人相互有羞耻感。《创世记》（2：25）：“当时夫妻二人赤身露体，并不羞耻。”

195　感官性（Sandseligheden）。

196　性别性（Sexualitet）。

197　［“性的区别”在“复活”之中被取消……天使没有历史］指耶稣对于撒都该人关于与同一个女人结过婚的七兄弟中哪一个将在复活后与她结婚的问题的回答：“当复活的时候，人也不娶也不嫁，乃像天上的使者一样。”《马太福音》（22：30）。

哈泽的《Hutterus redivivus 或路德教会神学教理》中有写道：“假如天使有后代，那也将会是天使。”话外的意义就是天使没有后代。

198　米迦勒（Michael）。《圣经・旧约》中犹太人的守护大天使。

199　［米迦勒记录……执行和完成了的使命］也许这里想到的是天使加百列，他被遣往撒迦利亚祭司那里告知施洗的约翰的出生（路加福音1：11—20）；遣往马利亚那里告知耶稣的出生（路加福音 1：26—38）。在犹太教《塔木德经》中说及他出去毁灭所多玛、救摩西、把但以理和他的朋友们从火炉中放出来、向但以理解释异象（参看但以理书 8：16 和 9：21）。米迦勒作为天使长一直与魔鬼斗争（犹大书 1：9，但以理书 10：21 和启示录 12：7），并且在最终审判时称量诸灵魂们的重量。

200　这里是动词不定式的“能够（at kunne）”。

201　［在一种逻辑体系中我们能够很容易地说“可能性走向现实性”］也许是指阿德勒尔的逻辑体系。在阿德勒尔的《对黑格尔的客观的逻辑的普及讲座》中有

“可能性过渡而作为形式的可能性”。在黑格尔那里概念“现实”不是跟随于，而是先行于“可能”。

202　仿宋体处在丹麦文版中是拉丁语：liberum arbitrium（自由意志）。

203　［一种抽象的 liberum arbitrium ……一种思想的妨害］liberum arbitrium：拉丁语：自由意志、自由选择、随机的自由；早期的中世纪的哲学概念用来表述人的“在两种或多种可能性之中同样自由地进行选择的能力”。

在标有“Philosophica”的日记中，克尔凯郭尔写道：“一种完全无所谓的意愿（æquilibrium）是一种麻烦事，一种幻觉；莱布尼茨在许多地方频繁地展示了，贝尔承认了（针对伊壁鸠鲁）”（Pap. IV C 39［Not13：23］）谢林则曾把“意志之平衡（aequilibrium arbitrii）”说成“对于所有道德的瘟疫（die Pest aller Moral）”。

204　［“可能性”就作为一种诱惑所有思维匮乏的人们的“乌有”与“现实性”并肩而行］阿德勒尔在《对黑格尔的客观的逻辑的普及讲座》中说：“在我宣称某物为偶然的东西的时候，我就是在扬弃和松解开它的现实，就是说，设定出它的‘作为他物’的可能性，并且让它只通过扬弃这一可能性而作为现实的。”

205　［聪明的爱尔莎］指关于“聪明的爱尔莎”的童话。见格林童话《聪明的爱尔莎》。故事中爱尔莎之聪明类似于“杞人忧天”。有一天，她的求婚者汉斯来到她家。她母亲让她到地窖里取啤酒。她在地窖里拖过一把椅子坐在酒桶跟前，免得弯腰，弄得腰酸背疼的或出意外。然后她将酒壶放在面前，打开酒桶上的龙头。啤酒往酒壶里流的时候，她眼睛也不闲着，四下张望。她看到头顶上挂着一把丁字锄。“聪明的爱尔莎”哭了起来，说：“假如我和汉斯结婚，生了孩子，孩子大了，我们让他来地窖取啤酒，这锄头会掉下来把他砸死的！”她坐在那儿，想到将来的不幸，放声痛哭。接着先是女仆下来，然后男仆，然后母亲，最后父亲都走下来，一个个都因为爱尔莎说她想到将来的孩子上地窖来取啤酒，这把丁字锄头很可能掉下来把他砸死而惊叹爱尔莎那么聪明，并且跟她一起哭。最后汉斯来到地窖，知道了大家哭的原因，并认识到她是多么聪明，于是决定和她结婚。

206　［科学］亦即心理学、伦理性、教理神学，但也许也包括思辨哲学，因为黑格尔和他的学派常把“科学”解读为（思辨）哲学的同义词。

207　仿宋体处在丹麦文版中是拉丁语：discrimen rerum（关键时刻）。

［discrimen rerum］拉丁语：事物间的对立或者决定；关键时刻。见前面的注脚。

208　作为“单个的人”的“单个的人”。

209　［六千年前］从基督教古代到19世纪中期的传统的创世说法认为上帝造世界是在公元前四千年。

210　［尼布甲尼撒（Nebucadnezar）变成一只牛是在四千年之前］在《但以理书》中讲述一个声音从天上降下对巴比伦王尼布甲尼撒（公元前605—前562年）说“尼布甲尼撒王阿，有话对你说，你的国位离开你了。你必被赶出离开世人，与野地的兽同居，吃草如牛，且要经过七期。等你知道至高者在人的国中掌权，要将国赐于谁就赐于谁”。（4：31—32）。在之前但以理为尼布甲尼撒讲解梦，见《但以理书》（4:25—36）：“你必被赶出离开世人，与野地的兽同居，吃草如牛，被天露滴湿，且要经过七期。等你知道至高者在人的国中掌权，要将国赐与谁就赐于谁。守望者既吩咐存留树墩，等你知道诸天掌权，以后你的国必定归你。”这些话应验了，尼布甲尼撒在一段时间不得不像野兽一样生活并且像牛那样吃草；在所设定的时间过去之后，他又恢复理智。四千年的说法是随便说出的一个数字。

211 ［有奖征答］原文中的意思是指那种在丹麦大学里常有的，设立出一个有奖论文的主题，为此而写论文优秀出色者能够得奖牌。

212 仿宋体处在丹麦文版中是拉丁文：eo ipso（因为这个原因）。

213 原文中当然不是老王老张，而是基利提人和比利提人。

［基利提人和比利提人］一般的（常常是贬义的）对“各种人、所有人、随便一个人”的表达。本原为大卫王的卫队。见《撒母耳记》下（15:18；20:7）和《列王记》上（1:38，44）。语言上的表述出自何处，不详；可能是非力士雇佣军的名字。

214 典故来源不详。

215 ［索尔丁］Salomon Soldin，1774—1837年。索尔丁是哥本哈根绿街的一个心不在焉的书商，以他的许多注意力分散的事迹而闻名。有一次一个顾客进入书店，而索尔丁站在一个梯子上找书。顾客模仿他的声音对他的妻子说了几句话。索尔丁在梯子上回头问：“丽贝卡，是我在说话吗？”索尔丁的妻子的名字叫汉娜。

126 代理祷告，就是说，为别人或者为别人的事情而祷告，而不是为了自己的缘故。

217 ［燃烧着的绳索］“燃烧着的绳索”是一个儿童游戏，之中一个人要找到一样东西，在寻找的过程中，他收到喊声的指示：“绳索（很厉害地/一点点地/没有）燃烧。”

第二章 “恐惧”，作为向前发展[1]的“传承之罪”

带着有罪性，“性别性”被设定了。在同一瞬间族类的历史开始了。正如有罪性在族类之中以各种量的定性而运动，“恐惧”也是如此。传承之罪的后果或者传承之罪在“单个的人”身上的存在是恐惧，这恐惧与亚当的恐惧相比只有量的区别。在“无辜性”的状态之中（在那后来的人身上也必定毫无疑问地有着这样一种状态），传承之罪必定是有着辩证的模棱两可[2]，而在“质的跳跃”之中，辜正是从这模棱两可中绽发出来。相反恐惧在一个后来的个体身上则可以是比它在亚当的身上更加深思熟虑，因为族类所留下的“量的增值”体现在他身上。恐惧则在这里成为人身上曾经有过的最小程度上的一种不完美性，反过来我们则可以说：“一个人越本原，那么恐惧就越深”，因为“有罪性”的预设条件（既然他进入族类的历史，他的个体生命就隶从于这预设条件）必须被摄取为主体自身的预设条件。在这样的情况下有罪性就得到了一种更大的权力，并且传承之罪是成长着的。“根本不察觉到恐惧的人是存在的”这句话可以理解为仿佛是“假如亚当只是一个动物，那么他就不会感受到任何恐惧”。

“后来的个体”和亚当一样是一种由“精神”承担着的综合；但是这综合是派生的，这样，族类的历史也被一同设定在其中；此中有着“后来的个体”身上的恐惧中的那“更多或者更少”[3]。但是他的恐惧却不是对于罪的恐惧；因为善和恶的差异并不存在（这差异只能依据于自由的现实性而存在）。如果这种差异存在的话，那么它也只是作为一种被隐约感觉到的观念而存在，而这种被隐约感觉到的观念依据于族类的历史又可以再次地意味着一种“更多或者更少”。

作为个体对于族类历史的参与结果，恐惧在“后来的个体”身上更加深思熟虑（我们可以将之与“习惯”作比较：习惯是第二天性，但不是一种新的质，而只是量的进程[4]），这是因为现在恐惧也在另一种意义中进入世界。罪进入了恐惧，而罪又携带着恐惧。罪的现实性也就是一种不具备持存的现实性。一方面，罪的连续性是令人恐惧的可能性；而另一方面，一种"拯救"的可能性则又是一种让个体既爱又怕的"乌有"；因为这一直就是可能性对于个体人格的关系。要到"拯救"真正地被设定了的瞬间，这时，这恐惧才被克服了。人和其他受造物[5]的期待渴望[6]并非（像人们曾经感伤地认为的那样）是一种甜蜜的向往；因为，假如这"向往"会是一种甜蜜的向往的话，那么"罪"就必须被缴械。如果一个人确实地是想要将自己设定在"罪"的状态之中的人，不管他对"拯救"有着怎样的期待，他无疑是会去承认这一点，并且会为审美的无窘迫性感到一点窘迫。只要我们依旧只是在讨论期待，那么，"罪"在人身上还是有着其权力，并且自然地把这期待解读成是敌对的（我们在后面[7]论述这个问题）。当"拯救"被设定了时，"恐惧"就被丢在了后面，正如"可能性"。它没有因此被消灭，而是（在它被正当地使用的时候）扮演另一个角色。（第五章）

罪把恐惧携带进世界，或许更确切地说，这恐惧是在个体自己设定罪的时候才存在，然而却也是模糊地、作为族类的量的历史中的一种"更多或者更少"而在场。因此，我们在这里甚至会遇上这种现象：一个人仿佛仅仅由于对其自身的恐惧而变得有辜；这种现象在亚当身上则是不可能发生的。当然不管怎样，每一个"个体"无疑都是通过其自身而变得有辜的；但是族类关系之中的量定成分在这里达到了其最高值，并且，如果我们不紧紧抓住前面所给定的那种"量的变动"和"质的跳跃"之间的差异，那么这种量定成分就会具备混淆每种观察的权利。这种现象将是后文中的讨论对象[8]。在通常它被忽略；这当然是最容易的事情。或者，它被人感伤而动情地以一种怯懦的同感[9]来解读，这种同感为自己没有成为"这样一个"[10]而感谢上帝，却不明白这样一种感恩词恰恰是对于上帝和对于自己的出卖，并且也不去想一下：生活总是藏有一个人也许不应当去避免的类似现象。同感是人应当有的东西，但是，只有在一个人真正深刻地向自己承认"那发生在一个人身上的事情可以发生在所有人身上"时，这种同感才是真实的。只有在这时，一个人才对自己和别人都有用处。如果精神病院里的医生愚蠢地相信自己永远聪明并且相信他自己的这点理智能够保证他在生命中的不受危害，那么无疑，在某种意义上他比那些精神失常的更聪明，但在同时他也比他们更蠢，他肯定也不会医好许多人。

这样，恐惧现在意味了两样东西：一种恐惧，在之中个体通过那质的跳跃而设定罪；和一种恐惧，这种恐惧随着罪而进入了和进入着这个世界[11]，并且，每一次在一个“个体”设定“罪”的时候，这种恐惧也因此而量定地进入着这世界。

——

写一部博学的著作或者把时间浪费在对文学证据文字的搜寻上，不是我的目的[12]。各种心理学所使用的那些例子常常缺少真正的心理学—诗意的权威性。它们在那里作为一种隔绝的、由公证者[13]证实的事实，但是恰恰因此，对于这样一种孤独的顽固者“要构建一种规则”的尝试，我们不知道自己是应当哭还是应当笑。如果一个人根据一种正规尺度投身于心理学和心理学观察，那么他就获得了一种普通的“人的可塑度”，这使得他能够马上构建他的例子，虽然这例子没有事实性的权威[14]，但是它还是有着另一种权威性。作为一个心理学的观察者，要能够在人们中间弯腰倾斜并且模仿他们的姿态，他就应当比一个在绳索上跳舞的艺人更具有敏捷性，正如他的沉默在私密性的瞬间应当是具有诱惑性而能引起快感的，这样，“那隐藏着的”能够觉得有兴致要悄悄地出来在这人为地达成的不着痕迹和宁静之中与自己小谈；这样一来，他就也应当在他的灵魂之中具备一种诗人的本原创意性，以便能够马上就从那种“在个体身上一直就只是部分而无规律地在场的东西”之中创造出整体和有规律的东西。这样，当他使自己得以完美之后，他将无需从各种文学藏书中寻找例子并重炒那快被遗忘的记忆，而是完全新鲜地从水中取出他的“仿佛还依旧是在其色泽之中扭动和闪耀”各种观察结果。他也将无需疲于奔命地去注意什么。相反他应当像一个密探[15]那样平心静气地坐在自己的房间里却知道外面发生的一切。如果他需要什么东西，他可以马上构建出来；如果他需要什么东西，他依据于自己的一般实践马上就到手，正如人们在一幢设备很好的房子里无需上街去取水，而是借助于高压[16]在他住的那一层楼里直接得到。如果他感到无法确定，那么，他对人的生活有着那么明确的目标而他的眼光是那么敏锐，以至于他知道应当在什么地方寻找以及在哪里容易发现一种合适的个体人格可以用来做实验。他的观察将比别人的更可信，虽然他没有为之辅助性地给出名字或者给出博学的引文，诸如：在萨克森有一个农家女[17]，一个医生对她进行观察；在罗马住着一个凯撒，历史学家对之进行阐释[18]，等等，仿佛这样的事情一千年中只出现一次。那么，心理学有着什么兴趣呢？不，每天所发生的一切就是心理学的兴趣了，只要观察者在场就行。在他如此谨慎以至于去检测他自己的观察时，他的观察将有清新之印痕和现实之兴趣。为了这个目的他在自己身上模仿试验他从别人身上发现的每一种心境、每一种灵魂状态。由此他知道，他是否能够通过模仿来迷惑着另一个人，是否能够将这人牵进更深的迷局，而他在这更深迷局中的行为则是他依据于观念[19]自己创造出来的。这样，如果我们要观察一种激情，那么我们就选择我们的个体对象。这时我们需要的是平静、沉默、隐匿，这样我们就能够刺探出他[20]的秘密。然后我们演练我们所学到的东西，直到我们能够去迷惑他。然后我们虚构出激情并随即在激情的超自然维度中显现在他面前。如果我们是正确地去做了，那么这个体对象就会感受到不可描述的缓解[21]和满足，就像一个精神病患者在有人发现并诗意地把握住了他的“固着”[22]并且就此将之进一步展开时所感受的。如果没有成功，那么有可能是因为操作出错，但是也有可能是因为这个体对象是一个糟糕的例子。

第一节　客观的恐惧

在我们使用“客观的恐惧”这个表达的时候，最容易想到的是“无辜性”的恐惧，它是那“在其可能性之中的‘自由’的‘自在的反思’”[23]。与此相反，通过强调人们忽略了“我们处在这一考究中的另一点上”这一事实而来进行反驳的话，那不会是一种理由充分的回答。反过来还是让我们做一些更有用的事吧，记住“客观的恐惧”这个区分在于“它不同于主观的恐惧”，一种无法在亚当的无辜性状态中立足的区分。在最严格的意义上说，“主观的恐惧”是那种被设定在个体之中的恐惧，那是他的罪的后果。关于这种意义上的恐惧，我们将在后面的章节[24]中谈论。如果“恐惧”这个词被如此理解，那么“一种客观的恐惧”的对立关系就消失了，这时，恐惧就恰恰作为它自身所是而出现[25]了，就是说，作为“那主观的”。因此，客观的和主观的恐惧之间的区别就应当归入那对世界与后来的个体的无辜性状态的思考。在这里，区分看上去是这样的：现在，“主观的恐惧”标示那“存在于单个的人的无辜状态之中”的恐惧，它与亚当的恐惧相对应，但是由于“代”[26]的量化的决定，它在量的意义上仍还是不同于亚当的恐惧[27]。客观的恐惧则相反，我们可以将之理解为“代”的“有罪性”在整个世界之中的反射[28]。

在前一章的第二节中曾提请大家记住，“有罪性通过亚当的罪而进入了世界”的说法包含有一种外在的反思；在这里我们有必要重新进入这说法，以便查找出它所可能蕴含的真相。在亚当设定了“罪”的那瞬间，考究的焦点就离开了他而去考察每一个后来个体的罪的开始；因为在这时，“代”被设定了。如果通过亚当的罪，族类的有罪性以一种等同于“直立行走”[29]等的意义而被设定，那么概念“个体”就被取消了[30]。这个问题在前面已经得到了论述，我们还驳斥了那种做实验的好奇（它想要把“罪”当一种奇事异物来处理），两难性被立了出来：我们要么不得不把自己假想为一个“根本不知道自己在问什么东西”的提问者；要么不得不把自己假想为一个“已经知道所问的东西”的提问者（而他伪装的无知性又成为一种新的罪）。

如果我们现在认定了所有这些，那么上面的那种说法就因此而有限地达到了其真相。“那最初的”设定“质”。这样，亚当在其自身之中（并且也为族类）设定了罪。但是这族类概念太抽象，它无法设定一种像“罪”这么具体的范畴；这范畴恰恰是以这样方式被设定的：“单个的人”作为“单个的人”自己设定罪。于是族类中的“有罪性”就只成为一种量的趋近[31]；但它是从亚当那里开始的。这之中有着亚当（而不是族类中的每一个别的个体）所具的更重大的意义，这之中有着上面那种说法所达到的真相。甚至一种正宗，如果它想要明白它自身，也必须承认这个，因为它教导说：通过亚当的罪，族类和大自然都落入了罪[32]。然而就大自然而言，我们就不该说罪是作为罪的“质”而进入的。

既然罪进入了世界，这对于整个受造万物就有了意义。这种在“非人类的存在”中的“罪的作用”，我已经将之标示作“客观恐惧”。

我能够通过提醒大家回想一下《圣经》的话*受造之物的切望等候*[33]（罗马书8：19）来暗示这之中所意味的东西。就是说，既然这里要谈及一种“切望等候”，那么这就自然而然地说明了受造之物是处在一种非完美性的状态之中。人们常常在诸如“向往”、“切望等候”、“期待”等这样的表达和定性中忽略了这一点：这些表达和定性牵涉到一种先行的状态，并且这种状态因此而在场并在“向往”得以发展的同时也强调出其自身来。期待者处于这状态之中，但是他并不是因为偶然事件等原因而置身之中的（那样的话他在之中就会觉得自己是完全陌生的），而是他自己在同一时间制造了这种状态。这样一种向往的表现就是“恐惧”；因为他所向往的那种状态正是在“恐惧”之中宣示出其自身，并且是因为单纯向往不足以拯救他才宣示出其自身。

在怎样的意义上受造物在亚当的罪中沉沦败坏；自由（由于它是通过“对自由的滥用被设定”而被设定的）是怎样把可能性的反射和“兔死狐悲”[34]的战栗投向那受造物的；在怎样的意义上说这一事实是一定会发生的（因为人是一种综合，其最极端的对立面被设定了，并且对立面之一恰恰是因为人的罪而变成了一种比起原先时远远更极端的对立面）；——所有这些问题在一种心理学的考究之中是无法找到自己的位置的，但是它们属于“教理神学”、属于“和解”（这科学[35]在“救赎和解”的说明之中说明出“有罪性”的预设前提条件）。①

在受造物中的这种恐惧可以毫无问题地被称为客观恐惧。它不是由受造物带来的，它的出现是因为这样一个事实：通过亚当的罪，感官性已被降格到[36]并且（由于罪继续不断地进入这个世界）继续不断地被降格到“意味着有罪性”，于是，受造物被打上了一种完全不同的光色[37]。我们很容易看出，上面的解读在这样一种意义上是有着自己的眼光的，它阻止了那种认为“感官性就其本身而言就是有罪性”的理性主义观点[38]。在罪进入了这世界之后，并且每一次在罪进入这世界的时候，感官性就成为有罪性，但是它所成为的东西并非它在事先所是的东西。法朗茨·巴德尔足够多次地批驳这句句子：“有限性”、“感官性”就其本身而言是“有罪性”[39]。然而，如果我们在这里不谨慎的话，那么，我们就会陷入那种从完全不同的另一方面出现的伯拉纠派[40]。就是说，法朗茨·巴德尔在其定性中就没有把族类的历史考虑在内。在族类的量化

---

① 就是说，教理神学必须被这样摆出。每一种科学首先必须有力地抓住其自身的起始点而不是生存于一种与其他科学的复杂关系之中。如果教理神学以“想要说明有罪性”或者以“想要证明它的实在性”作为它的开始，那么，从中永远也不会出现什么教理神学，相反那教理神学的整个存在将变得模糊和漏洞百出。

中（就是说，非本质地），感官性是有罪性；而对于个体而言，在他自己通过设定罪而去进一步使得感官性成为有罪性之前，感官性则并不是有罪性。

一些谢林①[41]学派的人们[42]特别地留意于“变更”②[43]，通过罪而发生在受造物身上的变更[44]。在这里我们也曾谈及了那种应当是存在于毫无生气的自然之中的恐惧[45]。然而，这效果却被减弱了，因为我们一会儿必须以为有一个可以借助于教理神学而聪明地进行论述的自然哲学课题要处理，一会儿则又不得不以为我们要处理的是一种由于自然景观的魔术般的反射光辉[46]而欢乐欣喜的教理神学定性。

无论如何，在这里我得中断我的题外的话题，我只是允许了这话题在一时间里跑出了目前的考察范围。那种曾在亚当身上发生过的恐惧不再会重来，因为通过亚当，有罪性进入了世界。因为这个原因，这恐惧现在就得到了两种类似物：在自然中的客观恐惧和在个体身上的主观恐惧；与在亚当身上的恐惧相比较，在这客观的和主观的两者之中，后者包含了一种“更多”而前者包含了一种“更少”。

---

① 谢林自己常常谈及“恐惧”、“忿怒”、“苦恼”、“痛苦”等等。但是对这一类用辞，我们还是应当一贯地保持一定的警惕，以便不去将那受造物中“罪”的后果混淆于那些也在谢林那里被用来标示上帝身上的状态和心境的东西。就是说，通过这些表达，谢林用来标示神圣（如果我可以这样说）的创造之娩痛。他用表象之表达来标示那有时也被他自己称为是“那否定的”的东西，——这在黑格尔那里留在这样的词句中：“那否定的”更严格地定性为“那辩证的”（那另外的）。模棱两可性在谢林这里也有显示，因为他谈论一种散布在自然之中的忧郁，以及关于一种在神圣中的沉郁。然而在谢林那里，首要想法可能还是这个：“恐惧”等主要是用来标示“神圣”在“试图进行创造”中的痛苦。在柏林，通过比较上帝和歌德以及约翰那斯·冯·缪勒（这两个人都是只有通过创作才能得到乐趣的），并且通过指出“如果一种这样的祝福不能转达自己那么这就是一种缺憾”，他更确定地表达了同样的想法。笔者在这里提及这个，因为他的这一表述已经被印在了马尔海尼克的一本小册子里了。马尔海尼克对之进行了反讽化。这是一个人所不应当做的，因为一种有力而血气方刚的神人同性论还是有相当的价值的。而错误则是另一方面的，在这里我们看见了一个例子：一切能够变得多么古怪，如果形而上学和教理神学被如此地扭曲的话：人们以形而上学的方式对待教理神学而以教理神学的方式对待形而上学。

② “变更”这个词很好地表达了模棱两可性，就是说，我们在“去变化”、“去扭曲”、“去使之出离其本原状态（事物成为一种别的东西）”的意义上说“去变更（at alterere）”，但是我们也在这样一种意义上说“被变更（at blive altereret）”——是说“被吓唬”，恰恰是因为后者在根本上是前者不可避免的后果。据笔者所知，说拉丁语的人根本就不使用这个词，而是够奇怪地使用 adulterare（拉丁语：通奸、伪造和扭曲）。法国人说 altérer les Monnaies（法语：伪造钞票）和 étre altéré（法语：被吓唬）。我们在日常言谈中通常以“被吓唬”的意义来使用这个词，这样我们可能听见一个普通人说：我被完全地吓唬（altereret）了。至少我曾经听见一个小贩婆这样说。

第二节　主观的恐惧

如果一个人经过了的反思之后而敢于设定恐惧，那么反思得越彻底的，这恐惧看起来也就越容易进入辜[47]。但是，这里要注意不要受“趋近”[48]的各种定性[49]的欺骗；——没有什么“更多的”能够导出“跳跃”，也没有什么“更容易的”能够真正地使得说明变得更容易[50]。如果我们不坚持住这一点，那么我们就处在这样或者那样的风险之中，也许突然面对一种“一切发生得如此容易以至于过渡只是一种简单的过渡”的现象，也许因为纯粹的经验观察永远无法结束而不敢让思想得出其结论。因此，尽管恐惧得到了越来越多的反思，那以质的跳跃而绽现在恐惧之中的辜依旧保持着同样的可靠性，完全如同亚当的辜；而恐惧则依旧保持着同样的模棱两可性。

如果要否定“每一个后来的个体具有，或者必须被预设为具备过，一种类似于亚当所具的无辜性状态”，那么这否定会使得每一个人都觉得震惊而不可接受，正如这也会取消所有思想；因为，如果这样的话，就会出现一个“不是个体而只是作为一种样本而使自己与其种类发生了关系”的个体，尽管他同时应当被置于“个体”的定性之下来看：作为有辜的。

我们能够拿“恐惧”与“晕眩”[51]作比较。一个人，如果他的眼睛对着一道张开豁口的深渊看下去，那么他变得晕眩。但是，为什么会这样呢？这是由于他的眼睛，并且在同样的程度上也是由于深渊；因为，如果他没有向下看的话……[52]这样，恐惧就是“自由”的晕眩，它在精神设定“综合”的时候出现，这时自由向着它自己的可能性看下去，并马上抓住有限性来支承自己。在这种晕眩之中，自由瘫倒了。更进一步的话，心理学就无法并且也不愿深入下去了。[53]在同一瞬间，一切都变了，而自由在它重新站起来时看见自己是有辜的。在上面的这两个瞬间的间隔中有着那“跳跃”，它不曾并且也无法被任何科学说明。如果一个人在恐惧之中变得有辜，那么，他变得“在最大可能程度上模棱两可地有辜”[54]。恐惧是一种女人性的“虚弱”[55]（“自由”就在这种虚弱之中晕倒），从心理学上看，“罪的堕落”总是发生在虚弱之中；而另外恐惧也是“那最自私的”[56]，并且，任何对于自由的具体表达都不会像每一种具体化的可能性那么自私。这则又是那种震撼人心而令人不由自主地作出反应的力量，它决定“个体”的模棱两可的、同感的与反感的关系。在“恐惧”之中存在有“可能性”的自私的无限性，这种可能性之无限性不是作为一种选择来诱惑人，而是妩媚迷人地以它那种讨人喜欢的恐惧感来使人不安[57]。

在后来的个体身上，恐惧就经过了更多的反思。这可以以这样的方式来表述：那作为恐惧之对象的“乌有”在似乎越来越多地成为了“某物”。我们不是说它在事实上成为了“某物”或者在事实上意味了“某物”；我们不是说现在该去设定“罪”或者某种“他物”来取代“乌有”；因为在这里，所有适用于亚当之无辜性的事实，也同样适用于后来个体的无辜性；所有这一切只是为了自由而存在，并且只在“单个的人”通过质的跳跃去自己设定“罪”的时候存在。恐惧的乌有在这里是各种隐约感觉[58]的一个集结[59]，这些隐约感觉在其自身之中反思自身，越来越接近地移向个体，虽然从本质上看它们在恐惧之中再一次意味着乌有，但是注意了，这不是一个与个体无关的乌有，而是一个活泼地与无辜性的无知性[60]进行着沟通的乌有。这种反思性是一种“秉赋预设”[61]；在个体变得有辜之前，这秉赋预设从本质上看意味了乌有，然而在个体通过质的跳跃而变得有辜时，它就是一种预设条件而个体在这种预设条件下超越出其自身，因为罪自然不是在“它自己被设定”之前预设其自身（如果是那样的话，就是一种命数注定[62]了），而是在“它自己被设定”之时预设其自身。

现在我们将更详尽地考察那个“某物”——“恐惧”的“乌有”在“后来的个体”身上所能够意味的那个“某物”[63]。在心理学的审思之中，它确实地是被作为“某物”的。但是心理学的审思却并不忘记：如果一个“个体”通过这个“某物”是自然而然地变得“有辜”的话，那么所有的考虑就都被取消了。

这个“某物”，传承之罪在该词的严格意义上[64]所意味的就是这个“某物”；它是

甲 “代”的关系[65]的后果

很明显，我们在这里所讨论的不应当是关于医生们所从事的工作，诸如一个人是否畸形地出生等话题，也不应当是关于怎样通过表格型统计概观来得出一个结论。不管是在这里还是在任何别的地方，合适的心境是很重要的。如果一个人被教导说冰雹和坏收成必须被归咎于魔鬼[66]，那么，这可以是非常善意的，而在本质上这样的教导是一种聪明[67]，它弱化了

“那恶的”这个概念，并且把一种几乎是打趣的语气带了进来，正如“愚蠢的魔鬼”这种说法是在审美上调侃的。这样，当我们在概念“信仰”之中以这样的方式片面地强调历史的元素以至于忘记了它在个体之中的本原独特性时，这信仰就变成了一种有限的琐碎而不是一种自由的无限。其后果就是：我们说不定就会像霍尔堡的耶罗尼姆斯那样谈论信仰；耶罗尼姆斯在谈论埃拉斯姆斯时说，埃拉斯姆斯在信仰之中有迷失于异端的看法，因为他假设了大地是圆的而不是平的，而“大地是平的”是住在山上的人们代代相传所一直相信的[68]。于是一个人如果穿宽松裤而山上的所有人都穿紧身裤，那么他就也能够以这样方式而在其信仰之中迷失于异端。如果有人给出关于“有罪性”状况的统计概观[69]，为这些状况画出一份地图，在之中他用各种颜色和地貌标示来帮助大体上的概观识别[70]，那么这个人就是在作尝试把“罪”作为一种自然奇观来处理，不是去取消，而是去统计，如同是统计大气压和降雨量；作为结果出现的中间值和平均值是在另一种意义上的胡说八道，完全不能去和各种纯经验的科学作比较。这倒是会成为一种非常可笑的胡言乱语[71]，正如一个人非常认真地说“在每一个人身上都有3 3/8英寸有罪性”，或者说“在兰格多克那里只有2 1/4，而在巴莱塔尼那里则有3 7/8”[72]。这样的例子和那些在引言里出现的例子一样都不是多余的，因为我们接下去的讨论要在这样的一个领域里展开，而这些例子则正是取自这领域。

通过罪，感官性成为了有罪性[73]。这个句子有双重意义。通过罪，感官性成为有罪性；并且，通过亚当，罪进入了世界。[74]这两种定性必须一直被保持在相互间的对峙中；因为，否则就会有什么人说出某些不真的东西来。就是说，“从前曾有感官性成为了有罪性”，这是“代”的历史；而“感官性成为有罪性”，这是个体的质的跳跃。[75]

前面有提醒过注意（第一章第六节）：夏娃的“成为”[76]已经具象比喻地预示了“代”之关系的后果。以一种方式，她标示出了“那派生的”。“那派生的”永远也不像“那原型的”那么完美。① 然而这差异在这里只是一种量的差异。后来的个体在本质上与“第一个”一样地独特。对于一切后来的个体，差异是共同的[77]：派生[78]；但是对于“单个的人”，这派

① 针对人类而言这自然是如此，因为个体被定性为精神；而在动物那里则相反，每一个后来的样本和第一个样本没有优劣之差，或者确切地说，在这里，“成为第一个”是毫无意义的。

生又一次意味了一种“更多”或者一种“更少”。

女人的这种派生则还包含了关于“在怎样的意义上她比男人更虚弱”的说明，这是一种在所有时代都被推定了的说法，不管这说话的人是一个巴夏[79]还是一个浪漫骑士。然而不管怎样，差异却不外乎此：尽管有着差异性，男人和女人在本质上是相同的。差异的表现为：比起亚当，恐惧在夏娃身上经过了更多的反思。之所以这样是因为女人比男人更感性化。这里自然不是在谈一种经验的状态或者一种平均值，而是在谈“综合”的差异性。如果在“综合”的一个部分之中有着一种“更多”，那么，作为后果，区分之沟壑会在“精神”设定其自身的时候变得更深，而恐惧则要在自由之可能性中拥有更大的活动空间。在《创世记》的故事中是夏娃诱惑了亚当。但是由此却绝不会导致她的辜大于亚当的，更不是说恐惧是一种不完美性；因为恰恰相反，恐惧之大是对于完美性之大的预言。

在这里我们的考究已经显示出，感官性的情况和恐惧的情况相呼应。一旦“代”的关系呈现出来，那么关于夏娃的所有说法就只是一种对于“每一个后来的个体与亚当的关系”的暗示，也就是说，由于感官性在“代”中被增值了，恐惧也被增值了。“代”之关系的后果则以这样的方式意味了一种“更多”，任何个体都无法跑出这个“更多”，这个“更多”是所有后来的个体相对亚当而言的更多；但是它永远也不会是一种“使得他从本质上不同于亚当”的“更多”。

然而，在我们进入这关系之前，我首先想稍稍进一步阐明那命题：女人比男人更感性化和更具恐惧。

那女人比那男人更感性化，是由她的身理结构当即显示出来的。对之进一步展开则不是我的事情，而是生理学[80]的工作。相反我将以另一种方式展示我的命题，也就是通过在审美的意义上将她领到她理想的观点上，这理想的观点就是“美丽”，同时提请读者注意：“美丽是她的理想观点”这一事实恰恰显示了她比男人更感性化。然后，我将在伦理的意义上将她领到她理想的观点上，这理想观点是“生育性”，同时提请读者注意：“生育性是她的理念观点”这一事实恰恰显示了她比男人更感性化。

在美丽占了优势的时候，它导致一种综合，在这种综合之中精神是被排除在外的。这就是整个希腊文化中的秘密。正是因此在希腊式的美丽之上有着一种安全感，一种宁静的庄严[81]；但也正因此有着一种恐惧，然而希腊人却并不感觉到这恐惧，尽管他形塑的美丽在这恐惧之中战栗着。所以在希腊式的美丽有着一种“无忧无虑”[82]，因为精神是被排斥在外的，然而也因此有着一种深奥不解的悲哀。所以感官性不是有罪性，而是一种不解的谜，它令人恐惧不安；所以“天真”[83]伴随着一种不可解说的乌有，而这乌有是恐惧之乌有。

固然希腊的美丽在本质上以同样的方式解读男人和女人，也就是说，不是在精神的意义上解读；然而它还是在这一相似性之中达成一种差异。“那精神的”在脸上有着其表现。在男性的美丽，脸和脸上的表情比起在女性的美丽更本质，虽然雕塑物的永恒青春恒常地阻碍更深的精神内涵的显现。对之进一步进行更详尽的阐述则不是我的事情了，我只是想在一个简单的暗示中指出差异性。维纳斯[84]在本质上会是同样地美丽，在她以任何一种睡姿被创作出来[85]的时候，是的，她可能恰恰是最美的，而“那睡着的”恰恰是精神之缺席的表现。由此可以得出，个体人格越是年长和越是在精神意义上得到了发展，这人在睡觉时就越不美丽，相反睡眠之中的小孩子是最美丽的。维纳斯从大海里出现[86]，被展示在放松的姿势里，或者在一种恰恰把面部表情降级成为“那非本质的”的姿势中。而相反如果要展示一个阿波罗[87]，那么让他有一种睡觉的姿势就是不合适的；同样，一个朱庇特[88]也是如此。睡觉的话，阿波罗变得不美而朱庇特变得可笑。巴库斯可以作为一种例外，但是他在希腊艺术之中恰恰是介于男性的和女性的美丽之间的中点[89]，因此他的各种形式也是女性的[90]。在一个伽倪墨得斯[91]那里，不管怎么说，面部的表情已经是更本质的了。

当美丽成为另一种美丽的时候，罗曼蒂克[92]又重新在本质的相似性之中重复差异性。精神的历史（这恰恰是精神的秘密——它总是有着历史）敢在男人的脸上如此地留下其烙印，这样，只要它的印痕是清晰而高贵的，人们就会忘记一切；与此同时，女人则以另一种方式作为一种整体，虽然脸部得到了一种比古典主义时期更重要的意义，也就是说，这表达必须是一种没有历史的整体。因此，沉默不仅是女人的最高智慧，并且也是她最高的美。

在伦理的意义上看，女人在生育之中达到其顶峰。所以圣经说，她的欲望应当是向着她的丈夫[93]。就是说，固然男人也有向着女人的欲望，但他的生命却并不在这种欲望之中达到顶点，如果他的生命不是糟糕或者迷失了的话。而这“女人在这之中达到顶点”则正显示了她更感性化。

女人比男人更具恐惧。这并不因为她在身理上有较少的力量或者类似因素，因为那一类恐惧根本不是我们在这里所谈论的；这是因为她是更为感性化的，而在本质上又和男人一样是精神地定性了的。人们因此而经常谈论的话题，说她是更软弱的性，对于我来说是完全无关紧要的；因为，如果是因此的话，那样她完全可以比男人具备更少恐惧。在这里，我们一直是在“自由”的意义上考虑恐惧的。现在既然创世记的故事与所有类似的情形相反让女人诱惑男人，那么，通过更进一步的考虑我们可以看出，这是完全有它的道理的；因为这一诱惑恰恰是一种女性的诱惑，既然亚当从根本上说只能通过夏娃而被蛇诱惑[94]。否则的话，如果是说及诱惑，语言上的用法（哄骗、劝诱[95]等）一般总是把优越性强调在男人的一边。

我将仅仅通过一种想象实验的观察来显示一种能够被假设为是在所有的经验之中都得到了认可的东西。如果我想象一个年轻无邪的女孩，如果现在有一个男人用一种欲望的目光盯着她看，那么她就变得恐惧。另外，她也会变得愤慨，等等，但是首先是恐惧。相反如果我想象一个女人用一种欲望的目光盯着一个年轻无邪的男孩，那么他的心境不会是恐惧，而至多一种带有厌恶的羞怯，恰恰因为他更多地被定性为“精神”。

通过亚当的罪，有罪性进入了这个世界，以及性别性，而且对于亚当这“性别性”还意味了“有罪性”。“那性别的”被设定了。关于天真性，已经有许许多多对之的议论以口述或者笔录的方式被引进了这个世界。然而不管怎么说，只有无辜性是天真的，但也是无知的。一旦“那性别的”已经被意识到了，如果还是要谈论天真性，那么这种关于“天真性”的谈论就是思想贫乏、就是矫情，乃至有时更糟糕——是一种情欲的伪装。但是，并不因为一个人不再是天真的，就会理所当然地得出“他行罪”的事实。迷惑人们的只是这样一些平淡无聊的奉迎之辞，并且恰恰是通过把注意力焦点从“那真实的”和“那伦理性的”上面移开来迷惑人。

不可否认，这关于“那性别的”的意义的整个问题，以及这问题在各单个范围之中的意义，至此，所有这些都只得到了很贫乏的答复，并且尤其要强调的是，这些问题很少在正确的心境之中得到答复。去弄一些关于这方面的笑话，是一种不足取的手艺；去警喻劝诫，不麻烦；去以一种忽略掉麻烦的方式来进行这方面的布道，也并不难；然而要真正带着人情味地对之进行谈论，才是一种艺术。如果我们让舞台和宣教坛去接手对这问题的回答，以这样的方式，让这一个不愿意去说那另一个所说的话[96]，并且因为这个原因而使这一个的说明变得惊人地不同于那另一个的说明，那么，从根本上说我们所做的事情其实就是：放弃一切并且把重担放在人的肩上而自己则对之一个指头也不肯动[97]，同时在两种说明之中都找到意义，尽管相应的教导者则不断地只为自己的这一个（或者那一个）作阐述。如果不是人们在这个时代完善了自身的思想匮乏性的话，也许我们会在很久以前就已经注意到了这种矛盾情况，然而人们有了完美的思想匮乏性，思想匮乏地浪费那“美好地造化了的生命”、思想匮乏地喧哗着去参与所有对于某种伟大而惊人的理念的谈论，在这种理念的实现过程中，他们联合在对于联合体之权力的不可动摇的信仰之中，哪怕这种信仰就与某个故事中的啤酒馆老板[98]一样地神奇，——这啤酒馆老板以比进货价更便宜一块钱的价钱出售他的啤酒却还是计算着利润：“因为达成利润的是数量。”[99]既然事实是如此，那么我一点也不会奇怪在这个时代没有人把注意力放在这样一种思考上。然而我也知道，如果苏格拉底还活着，那么他会去考虑这样的问题，尽管他会做得比我所能做的更好（或者我应当说）更神圣；并且我确信他会这样对我说：啊，我的朋友，在这些问题上你做得对，你思考这些东西并且它们是值得深思的；是啊，我们能够尽宵夜谈地坐着，却无法终结对于“人的本性”之奇妙的探索。这一确信对于我来说要比整个同时代的欢呼要无限地更有价值得多；因为这种确信使得我的灵魂坚定不移，而时代的欢呼则使得它疑惑。[100]

“那性别的”就其自身而言不是“那有罪的”。在“那性别的”应当是本质性地在场的时候，对之的真正“无知性”是仅仅为动物而存在的，这就是为什么动物被本能的盲目性所支配而盲目地行动。如果有一种无知性，它同时也还是一种对于那“不存在的东西”的无知，那么，它就是小孩子的无知性。无辜性是一种意味着“无知性”的知识。它与伦理性的无知性[101]的区别是很容易被显示出来的，因为前者是按一种知识而被定性了的。以“无知性”开始，有了一种知识，这知识的最初定性是无知性。这就是概念“羞怯性（羞怯）”[102]。在“羞怯性”之中有着一种恐惧，因为精神是在综合之差异的尖端点[103]上被这样地定性的：精神不仅仅是作为肉体而被定性的，而是作为“带有两性差异的肉体”而被定性的。然而羞怯性无疑却是一种关于“两性的差异”的知识，而不是作为一种对于“两性的差异”的关系[104]，就是说“性驱力”[105]并非是就其本身地在场的。“羞怯性”的根本意义可以这样说：精神在那“综合”的尖端点上无法承认自己。因此，“羞怯性”的恐惧是如此地惊人地模棱两可。在之中没有任何的感性化的情欲[106]，但是却还是有着一种“羞耻性”[107]，为了什么而感到羞耻呢？为了“乌有”。然而，个体还是可能因为羞耻心[108]而死，而被伤害的羞怯性是最深的痛楚，因为它是一切之中最无法说明的。因此，羞怯性的恐惧能够通过其自身而苏醒。而在这里，重要的自然是，要扮演这个角色的却不是“情欲”[109]。一个对于情欲扮演了这角色的例子可以在弗里德里克·施莱格尔的童话里找到（著作全集[110]。第七卷。第15页，在关于梅林的故事中）。[111]

在羞怯性之中，“两性的差异”被设定了，但不是相对于“他物”而被设定的。后一种设定发生在“性驱力”之中。但既然性驱力不是本能或者说单纯的本能，那么，它正因此[112]有着一种目的[113]，这目的是繁殖，而“那静止着的”则是情欲之爱，“那纯粹地爱欲的”。精神仍然还没有被一起设定。一旦它被设定，不仅仅是作为“在建构着那综合”，而是被设定为精神，“那爱欲的”就消失了。对此，异教中的最高表达是：“那爱欲的”是“那喜剧的”。自然，这不应当在这样一种意义上去理解，仿佛一个好色者认为“那爱欲的”是“那喜剧的”并且是他的淫荡笑话的材料，而是应当理解为：在这里起作用的是一种智性的力量和优势，它使得“那爱欲的”与“对之伦理性的关系”这两者都在精神的“无差别”之中[114]中性化了。这一点具有一种极深的根源。本来，羞怯性之中的恐惧是在于：精神觉得自己像外来的陌生者[115]；但是现在，精神完完全全地获胜并且将“那性别的”看作一种外来的陌生者并看成是“那喜剧的”。自然，精神的这种自由是羞怯性所无法具备的[116]。“这性别的”是这样一种巨大矛盾（矛盾）[117]的表现：不朽的精神被定性作为族类[118]。这一矛盾把自己作为深刻的羞怯性[119]，它隐藏这种矛盾并且不敢去理解它。在“那性爱的”之中，这矛盾在“美丽”之中得到理解；因为“美丽”恰恰是“那灵魂的”和“那肉体的”的统一体。但是这种由“那爱欲的”在美丽之中说明出来的矛盾，对于精神来说同时既是“美丽”又是“那喜剧的”。因此，精神为“那爱欲的”给出的表达是：它同时既是“那美丽的”又是“那喜剧的”。在这里没有任何对“那爱欲的”的感性化[120]的考虑；因为这种感性化的考虑是肉体快感，并且个体在这种情况下是卑下的，他的所在远远低于“那爱欲的”的美丽；而这却是精神的成熟。这一点自然只有极少人能够真正明白。但苏格拉底就明白。在色诺芬[121]因此而让苏格拉底说“人们应当爱丑陋的女人”[122]的时候，这一陈述（和所有别的被色诺芬帮过一手的东西一样）就成为了一种令人厌恶的、心胸狭窄的庸俗，而这种庸俗正是世上万物中最不像苏格拉底的东西。这之中的意义是，苏格拉底把“那爱欲的”设定在了“无关紧要”之中；而矛盾，作为“那喜剧的”的根本，则被他正确地表达在那相应的反讽性的矛盾之中，“人们应当爱那丑陋的”。①[123]然而这样的一种解读很少在其庄严的纯粹性之中出现。这里还应当存在有一种“幸福的历史发展”和“原始的天赋”间特异的相互影响；如果有任何异议的可能，哪怕是很遥远的，那么这种解读就是令人反感的矫情[124]。

在基督教之中，“那宗教的”使得“那爱欲的”被中止悬置了，不仅仅是因为一种伦理性的误解而被当作“那有罪的”，而是被当作“那无差异的”，因为在精神之中没有男人或女人的差异[125]。在这里，“那爱欲的”不是反讽地被中性化了的，而是被中止悬置了，因为这是基督教将精神向前推进的倾向。当精神在羞怯性之中因置身于两性的差异之中感到恐惧和害羞时，个体人格就突然地跳了出来，不是去伦理地渗透进这种差异，而是从“精神”的最高层面里抓出一种说明来。这就是修道院观点的一个

---

① 苏格拉底对克里托布洛斯所谈论的关于“吻”的话题，也应当被这样理解。我想每一个人都很明白这一点：苏格拉底这么充满激情地谈论“吻的危险性”，不可能会是严肃的，并且他也不是那种不敢对着女人看的害羞的呆子。根据培尔所写，无疑在南方国家里以及在那些更热情奔放的民族那里，“吻”比起在北方这里意味了更多东西（关于这个我们可以查阅普帖努斯在一封写给约翰·巴普提斯塔·撒库姆的信中所说：我们的女孩子不知道，在一个吻或者眼神的一瞥之中有着一种情欲的前奏并且因此而忘情投入，但是你们的就知道。对照肯姆朋关于吻的论文。但是不管怎么说，这样的说法完全不像苏格拉底，不管是作为反讽者还是作为道德家的苏格拉底。如果一个人像一个道德家一样地对自己过高要求，那么这个人就唤醒情欲，并且诱惑学生几乎是不情愿地去以反讽对待他的老师。苏格拉底和阿斯帕齐娅的关系就显示出如此。他和她交往，对她的暧昧的生活方式根本无所谓。他只想向她学习（阿特纳奥斯），并且作为老师她也确实是有才能的，传说中总是讲到，男人们带着自己的妻子去她那里只是为了向她学习。相反，在阿斯帕齐娅想要以自己的可爱来（情欲地）影响苏格拉底时，想来苏格拉底向她说明了，人们应当爱那丑陋的，并且她完全不应当再进一步努力施展魅力了，因为，就为达到自己的目的而言，他已经在粘西比那里得到足够多了（参看色诺芬关于“苏格拉底对自己与粘西比的关系的看法”的叙述）。

既然这事实一次一次不幸地重复，就是说，人们总是带着先入之见而进入对所有东西的阅读，那么，我们就不用因为每一个人都怀有一种把一个反讽者当作一个几乎放荡的人的确定观念而感到奇怪了。而也许恰恰就是在这里，我们有可能也会找到那种把“那爱欲的”解读作“那喜剧的”的例子。

方面，不管它是现在是被更进一步地定性为“伦理上的严格”[126]还是“最重要的沉思[127]”。①[128]

这样，在羞怯性之中恐惧被设定了，那么它在一切“爱欲的享乐”之中都在场；但并非因为这是有罪的，绝不是；哪怕教士为此祝福夫妇十次都改变不了恐惧的在场。甚至在“那爱欲的”尽可能地把自己表达为美丽的、纯洁的和伦理性的（在其快乐之中不受任何“淫欲的反思”的骚扰）的时候，恐惧还是在场的，但不是干扰着的，而是作为一种环节而在场。

在这些方面，要进行观察是极其困难的。也许我们在这里有必要使用医生们所使用的那种谨慎，如果不是确定了自己决不会把自己的脉搏当成病人的脉搏，那么医生就不会去顺便观察脉搏；这样我们在这里必须小心，看清楚我们所发现的运动不是那种“观察者对其观察的不安”。然而这一点却是肯定的：所有诗人描述爱情，不管爱情被想象得怎样纯洁和无辜，他们总是把恐惧也连带地设定在之中。对之的进一步考究是一个审美者的工作了。但是，为什么恰恰是这一恐惧？因为在爱欲的顶峰，精神是无法参与的。在这里我愿意像一个希腊人那样说话。精神无疑是在场的；因为正是它构建“综合”，但是它不能在“那爱欲的”之中表现自己；它觉得自己是外来陌生的。它仿佛是在对“那爱欲的”说：朋友，在这里我不能作第三者，所以在这样的时候我会总是躲藏着。但是这恰恰就是恐惧，这恰恰就也是羞怯；因为，如果我们以为，教堂的仪式或者男人“只恋妻子一个人”的忠贞[129]是足够了，那么这就是愚蠢。有许多婚姻被亵渎了，虽然不是因为一个外来者。但是如果“那爱欲的”是纯洁的、无辜的和美丽的，这种恐惧就是友好而温柔的，所以在谈论那种“甜蜜的不安宁”的时候，诗人是对的[130]。不过，很明显，在女人身上的恐惧大于在男人身上的恐惧。

现在让我们回到我们前面所谈的，回到“代”的关系在个体身上的后果；这是所有后来的个体在其与亚当的关系之中所具的那种“更多”。在受孕的一刻，精神距离最遥远而因此恐惧最大。在这种恐惧之

① 不管它对于一个没有习惯于大胆地观察这一类现象的人来说是多么地奇怪，这里还是有着一种完美的类比，介于“苏格拉底的那种把‘那爱欲的’作为‘那喜剧的’的反讽理解”和“一个僧侣与被带进来的女人的关系”这两者之间的类比。“滥用”自然只与那些有心思于滥用的人有关。

中，新的个体进入存在。在诞生的一刻，“恐惧”再一次在女人那里达到顶峰；而在这一刻，新的个体进入这世界。一个正分娩的人感到恐惧，这是我们大家都熟知的。生理学有它的说明，心理学必定也有自己的说明。作为分娩者，那女人再一次处在综合中一方的极端点[131]上，所以“精神”战栗着，因为它在这一刻不具备其任务，它仿佛是被中止悬置了。然而，恐惧却是“人的天性”的完美性的表现，并且因此只有在低级民族[132]中我们才可能看得到类似于动物的轻松生产的情况。

然而，恐惧越多，感官性也就越多[133]。“生殖出来的个体”比“本原的个体”更多感性，而这个“更多”是“代[134]”（对于每一个后来的“个体”相对于亚当而言）的普遍的“更多”。

然而，这“就每一个后来的个体人相对于亚当而言的恐惧和感官性之更多”自然地能够在“单个的人”身上意味一种“更多”和“更少”[135]。在这里有着各种差异性，这些差异性实在是如此可怕，以至于肯定没有人敢在一种更深的意义上去想它们，就是说，以真正的“人的同感”对之进行考虑，除非一个人以一种“不会因为任何东西而颤抖”地坚定去确信，在这个世界上从来没有也不会有这样一种“更多”，没有什么“更多”能够通过一个简单的过渡而把“那量的”变成“那质的”。圣经的教导是，上帝在孩子们的身上报复他们的父亲所犯的过错，一直延续到第三四代[136]；这说法足够响亮地宣示出了生活。想要通过作出“这说法是一种犹太人的学说”的说明而使自己逃出可怕的阴影，这是徒劳的。基督教从来没有同意过要赋予每一个“单个的人”以“在外在的意义上重新开始”的特权。每一个“个体”在一种历史的关联之中开始，而大自然的后果还是一如既往。差异只是在于：基督教教导人去使自己提高超越“更多”，并且把不这样做的人审判为“他不愿意这样做”。

恰恰因为在这里“感官性”被定性为一种“更多”，“精神”的恐惧（因为它将去承担感官性）成为一种更大的恐惧。作为最大值，在这里有着这可怕的事实：对于“罪”的恐惧产生罪[137]。如果我们把各种邪恶的欲望性、欲望等看成是个体与生俱来的天性[138]，那么我们就不会得到那种模棱两可，在之中个体同时变得有辜和无辜。在“恐惧”的无奈之中，“个体”沉沦，但是正因此他才同时是有辜的和无辜。

我在这里不想列举关于无限地波动着的“更多”和“更少”的细节化了的例子。这些例子必须首先得到一种全面而谨慎的“美学—心理学的处理”，才可能具备某种意义。

乙　“历史性的关系”的后果[139]

这里，如果我要在一句话之中表达出这个“更多”，就每一个“后来的个体”相对于亚当而言的“更多”，那么我想说，它是“感官性可以意味作有罪性”，这就是说，感官性可以意味着这种对此的蒙昧知识[140]，以及对“罪”的所有其他可能意味的蒙昧知识，以及一种历史上的对于那“历史性的这寓言是在讲你”[141]的误读吸收[142]（这一误读的关键是在于：个体的本原性被排除，并且个体干脆就将自己与族类及其历史混淆起来）。我们说的不是“感官性是有罪性”，而是“罪使得感官性成为有罪性”。如果我们现在设想这样一个后来的个体，那么每一个这样的个体都具备一种历史环境，在这种环境中我们可以看见“感官性可以意味作有罪性”。对于个体本身而言，感官性并不意味作有罪性，但是这一知识赋予“恐惧”一种“更多”。这样，精神不仅仅是被设定在与感官性的对立面关系之中，而且也是在有罪性的对立面关系之中。于是就自然而然有了这样的结论：无辜的个体仍尚未明白这种知识；因为只有在一种“质”的意义上这知识才能够被理解，然而这知识却又是一种新的可能性，于是，自由在其可能性之中（在它让自己与“那感性的”发生着关系的同时）成为更大的恐惧。

这一普遍的“更多”对于一个单个的“个体”说来能够意味着一个“更多”和一个“更少”，这是自然而然的。这样就让我们马上把注意力集中在那伟大的“差异”[143]上。在基督教进入了这个世界并且设定了赎救[144]之后，在“感官性”之上被投下了一道意义相反的光辉，这光辉是异教中所没有的，并且它出现的目的正是肯定和强化这个句子：感官性是有罪性。

在基督教的差异之中，上面所说的那个“更多”再一次能够意味着一个“更多”和“更少”。这是由单个的无辜个体与历史环境的关系决定的。在这方面，最不同的东西能够达成同样的结果。“自由”的可能性在“恐惧”之中宣示出自身。这时，一种警告能够使得个体在恐惧之中晕倒（记住，我一直只是在从心理学的角度谈问题并且从不取消那“质的跳跃”[145]），并且，尽管有着这种警告，这个体自然仍会作着相反的打算。有罪者的视景能够拯救一个个体而也能够毁灭另一个个体。“逗笑”可以起到与“严肃”完全相同的作用，反之亦然。“谈话”与“沉默”能够造成与其目的相反的效果。在这方面，边际是没有的，因此如果我们回顾一下前面所作的定性——“这是一种量的‘更多’或者‘更少’”[146]，那么，我们在这里就又看见了这种定性的正确性；因为“那量的”恰恰是无穷的极限[147]。

我并不想在这里通过想象实验性的观察来对之进行更深入的论述，因为这会推迟文本的进程。而生活则是很丰富多样的，只要我们能够懂得怎样去看它；我们根本无须跑到巴黎或者伦敦，——并且，如果我们不懂得怎样去看，那么去哪里都没有用。

另外，在这里，恐惧仍还是一如既往地是那同样的模棱两可。在这一点上会出现一个极大值，它与前面所出现的那个“对于罪的恐惧产生罪”相对应，这里它就是：*个体在不是对于“成为有辜”而是对于“被当作有辜”的恐惧之中变得有辜。*

另外，那最高的“更多”在这一方面就是：一个个体从他最初的觉醒开始起一直是如此地被安置和受影响的，以至于感官性对于他来说已经是同一于有罪性了；并且，如果他在整个外在世界之中彻底找不到支撑点，那么这个最高的“更多”将会以“冲突”所具的最令人头痛的形象出现。这时，如果在这个最高的“更多”之后又加上这样一种混淆：个体把他自己和他关于有罪性的历史知识混淆了，并且在恐惧的消退中马上把自己作为个体而归入同样的范畴，同时忘记了自由所说的那句“假如你也这样做”，那么，这个最高的“更多”就是在场的[148]。

在这里所短促地提示的就是，我们必须有极其丰富的经验才能够理解，有许多东西已被确定而清晰地说过，并且曾足够频繁地成为过人们审思考虑的对象。我们通常将这种审思称作是关于“范例之权力”的审思。尽管在目前这超级哲学时代之中并非如此，我们还是无法否认：关于这个主题，人们给出了许多很好的说法，只不过常常缺少一种心理学的“中介定性”来说明怎样才能使得这范例起作用。另外，我们有时在这些领域之中稍稍过于随便地处理事情而没有察觉到，哪怕是在最微末细节上的一个小小的错误都足以能去混淆生命的巨大账目表。心理学的注意力完全被钉死在了单个的现象上，而没有在同时完成其各种永恒的范畴，并且没有把注意力足够地集中起来去通过把每一个单个的个体拯救进族类（不管代价多大）而拯救人类。例子本应对小孩子起作用。人们把小孩子看成好好的是一个天使，但是腐败的环境把他也推进腐败之中。人们不停地说了又说，环境是多么恶劣，——于是，然后这小孩子就被败坏了。但是，如果这是在一种简单的量的过程之中发生的话，那么每一个概念就都被取消了。对此人们并没有留意。人们认为小孩子从根本上就那么顽劣，以至于他从好的例子之中根本不会得到什么收获。然而人们还是留意使得这孩子不至于顽劣到如此程度，以至于他能够不仅仅愚弄其父母，并且也愚弄所有人类的话语和思想，正如一种悖论之蛙[149]嘲弄和挑衅科学家们对于蛙的分类。有许多人，他们完全能够明白怎样去看单个的人，但却没有能力在同时在头脑中[150]记着“那整体的”；然而每一个这样的考虑（虽然它在别的地方可能会是很有用处的）只会产生出理解上的混乱。或者，上面所说的小孩子，如同大多数孩子，既不是好的也不是坏的，而是后来进入了好的圈子而变好或者进入了坏的圈子而变坏。诸中介定性[151]！诸中介定性！人们拿出一种有着模棱两可的中介定性，这模棱两可使得下面的这种想法能够站得住脚（如果没有它，那么，“对这小孩子的拯救”就是一种幻觉）：这小孩子，不管是处在怎样的状态之中，既能够成为有辜的又能够成为无辜的。如果人们不是及时而又明白地具备各种中介定性，那么“传承之罪”、“罪”、“族类”、“个体”这些概念就丢失了，而那“小孩子”也随着一起丢失了。

这样，感官性并不是有罪性；但是，在罪被设定了的时候和在罪正被设定的时候[152]，这罪使得感官性变成有罪性。自然，这有罪性在这里也意味了某种别的东西。但是罪进一步意味了什么，这问题就与我们这里的考究无关了；我们这里的工作是在心理学方面深入到一种先行于罪的、（按心理学的说法是）或多或少地预设出罪的倾向[153]的状态。

通过食用知识之树的果子，善与恶之间的区别就进入了世界，而同时性别的差异性也作为性驱力而进入世界。这是怎么发生的，没有什么科学能够说明。心理学在这方面最深入并且给出最趋近于极限的说明：自由在“可能性之恐惧”，或者“可能性之乌有”，或者“恐惧之乌有”中的“向自己显示自身”。如果恐惧的对象是一种“某物”，那么我们就得不到跳跃，而只是达成一种“量的过渡”。后来的个体相对于亚当是一种更多，并且在与别的个体的关系之中又是一种更多或者更少，但不管怎样，在本质上，恐惧的对象是一个“乌有”。如果它的对象是这样的一种“某物”，以至于从本质上看（就是说，从自由的角度看）意味了“什么东西”，那么我们就得不到跳跃，而只是达成一种使得每一个概念都被搞混乱的“量的过渡”。甚至在我说“对于一个在跳跃之前的个体而言，感官性是作为有罪性而被设定的”的时候，其实就本质而言它并非被如此设定；因为在本质上，他并没有设定，并且他也并不明白这些。甚至在我说“在那被繁殖的个体之中被设定了一种感官性的更多”的时候，从跳跃的角度上看，这却只不过是一种无效的更多。

这样，如果科学有任何别的心理学意义上的“中介定性”，能够具备“恐惧”所具的教理神学的和伦理学的和心理学的长处，那么我们更愿意使用这别的中介定性。

另外我们很容易认识到，这里所论述的这些完全能够完美地一致于这样一种人们通常给出的对于罪的说明：罪是“那自私的”[154]。但是，当人们深入到这一定性的时候，人们根本不会进入这种对于上述的心理学难点的说明，正如人们也把“罪”定性得过于灵性化[155]，而没有足够地去留意到这个事实：在罪通过“被设定”而去设定一种精神性后果的同时，它也在同样的程度上设定一种感观性后果。

在人们在新的科学[156]里那么频繁地把罪说明为“那自私的”[157]的时候，令我们不解的是，人们没有认识到，这恰恰意味了“对罪的说明”在任何科学之中都不可能存在；因为“那自私的”恰恰是“那单个的”，而“那自私的”意味了什么，这个问题只有那作为“单个的人”的单个的人才能够知道，因为在各种普遍的范畴之下看来它只能以这样一种方式来意味“一切”：这个“一切”根本就意味作“乌有”。因此，“罪是‘那自私的’”这种定性（恰恰在人们同时坚持强调它在科学的意义上看是如此空洞无物以至于它意味了根本的“乌有”的时候）可以是非常正确的。最后，在这种定性之中，“那自私的”没有去考虑到对于“罪”和“传承之罪”的区分，也没有去考虑“在怎样的意义上这一个说明那另一个”，——用“罪”说明“传承之罪”和用“传承之罪”说明“罪”。

一旦人们想要科学地去谈论这一“那自私的”，那么，一切就都在同语反复之中消释了；否则就是人们变得太聪明[158]，这样一来，一切都被搞混了。谁曾忘记：自然哲学在整个“受造物”之中看见这一“那自私的”，在星辰的运动之中看见它，当然这种运动是持恒地被捆绑在对于宇宙规律的服从之上；自然之中的离心力是“那自私的”[159]。在人们已经把一个概念推到了这样远的一个极端上的时候，那么这概念完全可以躺下，以便尽可能把醉意睡去而重新变得清醒。从这一点上看，我们的时代已经不知疲倦地参与在那种“使得每一样东西都去意味一切”的运动之中了。难道人们没有时常看见，某一个聪明透顶的神秘教义传播者，他是多么出色而勇敢地滥用一整个神话总体，以便让所有单个的神话通过他的鹰眼而成为他的单簧口琴上的一种心血来潮的冲动[160]？难道人们没有时常看见一整套的基督教用语因为某一个思辨家自命不凡的处理而退化到毁灭？

如果一个人没有首先使自己明确“自我”意味了什么，那么把罪说成是“那自私的”并不会起什么大作用。而“自我”恰恰意味了“‘那普遍的’被作为‘那单个的’而设定”的矛盾。只有当“那单个的”这个概念被给定了之后，只有在这个时候我们才能谈论“那自私的”，但是，哪怕有着无数千千万万个这样的自我生存过，还是没有任何科学能够说出它是什么，如果不是再次以一种完全普遍的方式说出它的话①[161]。这是生命的奇迹：每一个关注其自身的人都知道那任何科学都不知道的东西，因为他知道他自己是谁；而这恰恰是那句希腊语句子认识你自己[162]②[163]意味深长的地方，它已经太久地被以德国的方式理解为是关于那纯粹的自我意识，那唯心主义的飘逸[164]。无疑现在是人们努力以希腊的方式来理解它的庄严时刻了，并且再一次如同希腊人（如果他们具备了基督教的各种预设前提的话）那样地理解它。但是，真正的“自我”要在“质的跳跃”之中才得以设定。在之前的状态之中我们是无法对之进行谈论的。因此，如果一个人要从“那自私的”出发来说明“罪”，那么他就被卷进了模糊性之中，既然反过来必须通过罪并且在罪之中，“那自私

---

① 这个问题是值得进一步考虑下去的；因为正是在这一点上显示出这种关于“思与在是一样东西”的新原则延伸得有多么远，——如果人们没有以不合时宜的和部分地愚蠢的误解来为害这个原则，而在另一方面也不想要一种与“思想匮乏”联系在一起的最高原则。只有“那普遍的”是通过这样的方式存在的：它“被思”并且“可被思”（不仅仅是想象实验性地；因为，又有什么东西是人所无法想的呢）并且“是作为那可被思的”。“那单个的”的关键恰恰在于它对于“那普遍的”的否定的“发生关系”，它对之的抵制；但是一旦它被思作是不存在的，它就马上被取消了；并且一旦它被思，它就马上被改变，以这样的方式：要么一个人不思它而只是自以为自己在思它，要么一个人思它而自以为它已被置于思想之中。

② 拉丁语的句子：“知一则知一切”以轻率的方式表达同样的意义；并且，如果我们把“一”理解为观察者自身，并且不去好奇地考察那“一切”，而是严肃地坚持这“一”——它事实上是“一切”，那么在事实上这句拉丁语也是表达同样的意义。人们通常不相信这个，甚至认为这太过骄傲；人们之所以会这样想的原因其实是在于他们太胆小、太惰性而不敢去明白和获取对于“真正的骄傲”的理解。

的”才进入存在[165]。如果要说“那自私的”是导致亚当的“罪”的机缘，那么这个说明就是一种游戏了，解释者在这种游戏之中找到他自己预先藏起的东西。如果要说“那自私的”致使了亚当的“罪”的发生，那么那中介状态就被跳过了，并且，这个说明为自己确保了一种可疑的方便。另外，人就根本不知道“那性别的”的意味。这里我又回到了我从前的立足点上了。“那性别的”不是有罪性，但是假如（暂时我为求方便并且是糟糕地说）假如亚当没有行罪[166]，那么“那性别的”就永远也不会作为性驱力而进入存在。一个完美的精神是不能被想象为是受性别决定的。这是谐和于教会的关于“复活的性质”学说[167]的，是谐和于教会关于“天使”的观念[168]的，是谐和于教理神学的在基督人格[169]方面的定性[170]的。这样，在这里只是为给出一个暗示：在基督在所有各种人类的诱惑中被试探[171]的同时，这方面的诱惑从来没有被提及，这一点恰恰可以由这个事实来说明：他经受住了所有诱惑[172]。

感官性不是有罪性。在无辜性之中的感官性不是有罪性；然而感官性还是在那里的，亚当无疑是需要饮食等的。两性的区别是在无辜性之中被设定的，但不是如其现在所是这样被设定。首先是在罪被设定的瞬间，两性的区别才也被设定为性驱力。

在这里，正如在任何地方，我必须避免每一种误解的后果，比方说，仿佛现在真正的任务应当是从“那性别的”中抽象出来，就是说，在外在的意义上消灭“那性别的”。如果“那性别的”曾经是作为综合之极端而被设定的，那么所有的抽象就根本没有用处了。这里的任务自然是将“那性别的”纳入“精神”的定性之中（这里有着“那爱欲的”的所有各种社会伦理上的问题）。对此的实现是爱在一个人身上的胜利，在这胜利之中精神是以这样的方式取胜的：“那性别的”被忘却并且只在遗忘之中被回忆。在这一情形发生了的时候，感官性就在精神之中崇高化了，而恐惧则被驱逐掉了。

如果人们要拿这种直观（不管人们是愿意称之为“基督教的”还是随便人们喜欢叫它是什么）与希腊式的直观作比较，那么我相信，人们因此所赢得的东西要多于所失去的。无疑，相当一部分忧郁的、爱欲的欢悦性[173]失去了，但是赢得的是“精神”的一种定性，而这是希腊文化所不认识的。唯一真正地失落的那些人，是许多至今不变地继续以六千年前[174]“罪进入这个世界”时的方式生活的人们；仿佛罪是一种与他们无关的新奇事物；他们是真正的失落者，因为他们没有赢得那希腊的欢悦性[175]（这种欢悦性恰恰是无法被赢得，却能够被失去），并且他们也没有赢得“精神”的永恒定性。

注释：

1 “向前发展”，就是说：和 CAPUT I 正好相反。CAPUT I 是回溯，因为要究其根源。这里是正向考究。

2 ［辩证的模棱两可］就是说，介于人的“被在量的意义上定性为族类”和“被在质的意义上定性为个体”。

3 ［更多或者更少］在阿德勒尔的《对黑格尔的客观的逻辑的普及讲座》中有这说法：“我们在这世界上所发现的所有不同的东西只都是量的不同；人与人间的差异、美德与缺德间的差异只是同样无所谓的实体的一个更多或者更少。”

4 ［习惯是第二天性，但不是一种新的质，而只是量的进程］也许是指在阿德勒尔的《对黑格尔的客观的逻辑的普及讲座》中的一段：“把那第一个‘在’引带出来的是外面的第二个无关紧要的‘在’；那将第一本性引带出来的是习惯，第二种本性。整体之外的一个无关紧要的在恰恰引带出这整体，意义就是这个。这样，量实现质所想要的东西，就是说，让‘一’成为‘诸多’，但却保持让自己继续是自己。”我们也能够在西塞罗的文字中看到拉丁语的成语“consuetudo est altera natura（习惯是第二本性）”。

5 “受造物”：就是说，那上帝所创造出来的万物。

6 ［人和其他受造物的期待渴望］参看《罗马书》（8：15—25），比如说：“受造之物，切望等候神的众子显出来。”以及“不但如此，就是我们这有圣灵初结果子的，也是自己心里叹息，等候得着儿子的名分，乃是我们的身体得赎”。

7 ［在后面］参看第四章第二节。

8 ［后文中的讨论对象］参看第二章第二节乙。

9 同感（Sympathie）。

10 ［为自己没有成为“这样一个”］指《路加福音》（18：10—14）中法利赛人和税吏的比较。法利赛人站着这样祷告说：“神阿，我感谢你，我不像别人，勒索，不义，奸淫，也不像这个税吏。”

11 “进入了”和“进入着”（这个世界）：已经进入了并且正在进入这个世界。

12 ［不是我的目的］关于接下来的维吉利乌斯·豪夫尼恩希斯自画像的描述，克尔凯郭尔在 1844 年夏的日记 JJ 中写道：“我在《“恐惧”的概念》之中为一个观察者所作的素描也许会打扰什么人。然而这却是工作的一部分并且是这工作中的水印记。在总体上我与我的工作间的关系是一种诗人式（虚构的）关系，因此我使用笔名。在这书展开论述的同时，相应的个体人格也得以描绘。维吉利乌斯·豪夫尼恩希斯描绘出多个；而我也在书中也投下一个他的轮廓。”

13 仿宋体处在丹麦文版中是拉丁语：notarialiter（由公证者）。

14 ［事实性的权威］能够通过指出某事“在事实上”发生了或者列出自己的“带有名字或者带有渊博援引文字”的观察来为自己的论证提供依据的权威。

15 “密探：这有对笔名“维吉利乌斯·豪夫尼恩希斯”的暗示。“维吉利乌斯·豪夫尼恩希斯”可以解释为那观察哥本哈根之生活的人。

16 ［高压］在克尔凯郭尔的时代人们把水分为两种：用水泵在附近湖水里抽出来的水，和从高位的埃姆德鲁普湖里出来的水（因为水位高，所以有着高压）。

17 ［在萨克森有一个农家女］萨克森是德国北部的一个区域名。所谓农家女估计是虚构人物。

18 估计是虚构。

19 ［依据于观念］通过对思想的有着一致连贯性的展开。

20 这个“他”就是：我们的个体对象。

21 对痛苦的缓解。

22 丹麦文是“fixe Idee”。这里我使用的“固着”是中文的心理学词汇。“固着，固恋特指在孩提时期形成的某种强烈的依恋，表现为不成熟或神经质行为，并往往贯穿一生。”但是，文中使用这个词则并不是严格的心理学词义。

23 ［自在的反思］是一个黑格尔术语。在黑格尔的本质逻辑之中被理解为“反思之定性”：一种隐藏的本质在经验的表象之中公开自身。“自在的反思”是对“本质”的自在的理解而不是作为在外在的东西中反思出的理解，也不是作为外化在经验表象中的理解。可参看商务印书馆黑格尔《逻辑学》第二篇本质论第二章本质性或反思规定乙区别2差异（下卷第38页及之后诸页）。

24 ［在后面的章节］就是说，第四章“罪的恐惧或者作为单个的人身上的罪之后果的恐惧”。

SKS 4，413ff.

25 如果用通俗的话说就是：以它的本真面目出现。

26 代（Generationen）：“一代人”的“代”。

27 就是说，“亚当的”和“后代的”之间的区别不是质的不同，而只是量的差异。

28 反射（Reflexen）。

29 从动物（猴子）到人也是一种从“弯腰行走”到“直立行走”的过程。

30 ［如果通过亚当的罪……概念“个体”就被取消了］在对此的草稿中，克尔凯郭尔写道：“如果通过亚当的罪（εΦ'ω παντεςἥμαϱτον/因为众人都犯了罪/《罗马书》5:12）。族类的有罪性是在与‘一个蹼足鸟的族类有着蹼足’一样的意义上被设定的，然后概念‘个体’被取消了，并且在这样的情况下概念‘人类’也被取消了；因为恰恰是因此，这个概念从概念‘动物类’将自己区分了出来。”

31 ［量的趋近］建立在量的不同程度上的定性。拉斯姆斯·尼尔森在《思辨哲学基本特征》中说：“趋近是一种继续的程度变化。”

32 ［一种正宗……族类和大自然都落入了罪］这里所考虑的可能是路德教的正宗，参看哈泽的《Hutterus redivivus 或路德教会神学教理》中“传承之罪。正宗描述”。

33 仿宋体处在丹麦文版中是希腊语：αποκαραδοκία της κτισεως.（受造之物的切望等候），“受造之物的切望等候”，就是说，受造之物的真挚内在的渴慕思念。

34 丹文 Medinteresseertheden 可以直译为“合伙利益所在性”，Hong 在英文版中翻译为 complicity（意为：共谋；串通作弊；共犯关系）。但是一方面因为这里所谈的“合伙利益所在性”是一种悲剧性的“共同沉沦”，一方面考虑到不破坏句子的可读性，所以我将之翻译为“兔死狐悲”。

35 就是说：教理神学。

36 “已被降格到”：注意这里是说“已经”。在丹麦原文中，这里的“被降格”是过去时。而后面的“被降格到”则是现在时。

37 正是因此，这种客观恐惧就产生了。

38 ［认为“感官性就其本身而言就是有罪性”的理性主义观点］“理性主义”是一种哲学神学方向，在 18 世纪尤其得到辩护，它要求所有信仰的陈述都必须得到理性的论证并且拒绝相信任何无法被人的理智理解的东西。理性主义与超自然主义（一种有意识地坚持基督教福音中“超自然的组成部分”的观点）构成鲜明的对立。在这里所指的可能是德国的理想主义神学家斯多铎（J. C. F. Steudel，1779—1837），布赖特施耐德的《教理神学手册》中有一个脚注提及斯多铎。

39 ［法朗茨·巴德尔……就其本身而言是“有罪性”］关于巴德尔，前面有注脚。

40 ［另一方面出现的伯拉纠派］对于伯拉纠派前面有过注脚。伯拉纠拒绝传承之罪并且认为人通过自己的努力和自由意志而达成拯救。这被标志为异端。固然法朗茨·巴德尔否认感官性在质的意义上是有罪的，但维吉利乌斯·豪夫尼恩希斯认为他没有留意到，从量的意义上看，依据于族类的历史，人被预设了罪的禀性，这样，他的考虑就显示出一种伯拉纠派的倾向，这就使得“感官性怎样能够成为罪的意识组成部分”变得无法解释。法朗茨·巴德尔认为“有限性”就其本身而言不是“有罪性”，但是要避免异端，就必须也把有罪性在族类中的量定性也考虑进去。

41 对克尔凯郭尔的注解的注释：

忿怒（Vrede）。苦恼（Qval）。痛苦（Liden）。

［在谢林自己那里常常谈及“恐惧”……被用来标示上帝身上的状态和心境的东

西。]在这一段落的草稿的边上，克尔凯郭尔写有："雅克布·波莫、谢林'恐惧、忿怒、饥饿、苦难'。我们有必要总是戒备着，如果我们使用这些概念，这有时是罪的后果，有时是上帝身上的否定的东西——το ετερον（希腊语：他物）"（Pap. V B 53，18）。罗森克兰兹在《谢林讲演》中说谢林与雅克布·波莫共同处是关于"das Streben, das Negative als ein dem Absoluten an sich immanentes, von ihm selbst als ein ewiges Nichtsein (...) aufgehobenes Moment zu begreifen（德语：追求，'那否定的'作为一种内在自在的绝对者对自身作为一种被扬弃的环节的永恒非在来理解)"，而波莫的神秘"ist voll von prägnanten Ausdrücken für das Negative als Grimm, Zorn, Herbheit, Qual, Stachlichkeit, Rauheit, Schiedlichkeit u. s. w.（德语：是对于'那否定的'的意义丰富的表达，诸如暴怒、忿怒、痛苦、苦恼、刺痛、粗暴、瓦解，等等)"。

雅可布·波莫（Jacob Böhme，1575—1624）德国鞋匠、哲学家和基督教神秘家，是谢林的一个重要的灵感来源。

["神圣"……的创造之娩痛]参看谢林《对人的自由的本质的哲学考究》。

[表象之表达来标示那有时也被他自己称为是"那否定的"的东西]可参看罗森克兰兹的《谢林讲演》。

表象：在黑格尔对精神的认识能力的分析中，他对表象（Vorstellungen）和概念（Begriffe）进行了区分。按照黑格尔的唯心主义，表象通常被否定地解读为知识的不足的形式，因为它们尚未把握现实中的真正的基础性的结构，一种概念性的（begrifflich）的结构。黑格尔对 Vorstellung 的最细节性的描述是在《哲学全书》的第三部之中。

仿宋体处在丹麦文版中是希腊语：τό ἕτερον（那另外的）。

忧郁（Melancholie）。沉郁（Tungsind）。

[在黑格尔那里……τό ἕτερον]按照黑格尔的思想，"那否定的"或者概念"矛盾"是使得辩证法向前运动的原则。在《逻辑学》之中他强调了"那否定的"就是"那辩证的"。"引导概念自己向前的，就是前述的否定的东西，它是概念自身所具有的；这令否定的东西构成了真正辩证的东西。"（译文引自商务印书馆杨一之译《逻辑学》上第 38 页）。在这里他引用了柏拉图。

[模棱两可性……"神圣"在试图创造中的苦难]在草稿中的对这一段的注释中，克尔凯郭尔写道："是的，忧郁，在他的关于自由的论文中，有引用在罗森克兰兹，在最后文稿的第 309 页"（Pap. V B 53，18）。

[在柏林]从 1841 年 11 月 15 日到 1842 年 3 月 18 日，谢林在柏林大学讲演《启示哲学》；克尔凯郭尔在那里听课一直听到第 41 节，1842 年 2 月 3 日。他做了很全面的笔记。

[歌德] Johann Wolfgang von Goethe（1749—1832），德国诗人、剧作家、散文集、法学家、政治家和自然科学家。

［比较上帝……通过创作］在对谢林讲课第 26 节的笔记中，克尔凯郭尔写道：人“要求出离自身并且在此中感觉到自己的至福，约翰那斯·冯·缪勒说，只有在他是多产的时候他才是满足。因此上帝是至福的因为他出离了自身”（Pap. III C 27［Not11：1］i bd. XIII，s. 300）。也参看 H. E. G. Paulus 悖着谢林的意愿而出版的谢林讲课稿《启示哲学》。

［约翰那斯·冯·缪勒］Johannes von Müller，1752—1809 年。瑞士历史学家和政治记者。在德国古典主义方面，他被看成是最出色的历史学家之一。他的著作把古典罗马的东西与基督教日耳曼遗产结合在一起。

［如果一种这样的祝福不能转达自己那么这就是一种缺憾］这必定是依据克尔凯郭尔自己的记忆，因为无法在他的笔记或者《启示哲学》讲稿中找到相关记录。不过在《启示哲学》讲稿第 436 页中有这句话：

“Immer nur an sich zu denken，müsste jeder Natur der peinlichste Zustand seyn”（Philosophie der Offenbarung，jf. dog s. 476）。

［他的这一表述已经被印在了马尔海尼克的一本小册子里了］参看马尔海尼克的《为批判谢林的启示哲学而写》。马尔海尼克（Marheineke：Philipp Konrad Marheineke，1780—1846）德国神学家，埃尔朗根、海德尔堡和柏林的教授，在黑格尔哲学的极大影响之下，他试图在自己的教理神学中思辨性地参透基督教的基本思想。

［神人同性论（Antropomorphisme）］把人的性质加到上帝身上。在这里可能是指马尔海尼克在《为批判谢林的启示哲学而写》中就谢林把上帝与约翰那斯·冯·缪勒和歌德作比较所写的批评注释。

42　［一些谢林学派的人们］在手稿中，克尔凯郭尔加有“如叔贝尔特、艾申迈尔、格尔斯、斯蒂芬斯（Schubert，Eschenmayer，Görres，Steffens）”。叔贝尔特（Gotthilf Heinrich Schubert，1780—1860）德国哲学家、心理学家和自然科学家，慕尼黑教授，受谢林自然哲学的影响而试图发展出一套他能够展示从自然到精神的完全的体系。艾申迈尔（A. K. A. Eschenmayer，见前面注脚）。格尔斯（Johann Josef Görres，1776—1848）德国文学史家，政治作家，（后来）哲学和宗教作家，慕尼黑教授，受谢林影响，后来受天主教影响，他尤其是因为他的著作《基督教的神秘》四卷本而闻名。斯蒂芬斯（Henrich Steffens，1773—1845）挪、丹、德国哲学家，矿物学家和作家，他受谢林及德国罗曼蒂克的影响，并通过为之开课而将之引进丹麦。

43　变更（Alteration）。

［说拉丁语的人……adulterare）］在草稿中，克尔凯郭尔提及一部拉丁语德语词典，之中只有一次出现“alterare”，也就是在奥维德的著作中的（Pap. V B 53，19）。克尔凯郭尔写道：这“真是奇怪，说拉丁语的人恰恰为了制造麻烦而使用这个词 ad ulterare”（Pap. V B 53，19）。根据这词典的解释 adulterare 意味了：1）通奸，享受非法性交，2）伪造和 3）改变。

44 ［发生在受造物身上的变更］参看罗森克兰兹的《谢林讲演》中对谢林的引用。

45 ［存在于毫无生气的自然之中的恐惧］参看斯蒂芬斯在《基督教宗教哲学》的“论自然中的恶”中所谈论的“恐惧与自然中的‘那恶的’的合成”。

46 ［自然哲学的……魔术般的反射光辉］针对罗森克兰兹在《谢林讲演》中对谢林的自然哲学的思辨的批判。

47 ［反思得越彻底的，这恐惧看起来也就越容易进入辜］在这里，“恐惧”是在一种双重意义上被使用，就仿佛它是黑格尔的各种“反思之定性”，因为恐惧的本质被想作是反射在它的表象之中；恐惧被解读为一种思维着的主体的反思的结果。

48 趋近（Approximation）。

49 ［“趋近”的各种定性］见前面的关于“量的趋近”的注脚。

50 趋近的定性是一种由趋近到充实的过程。如果相信趋近能够导致跳跃，那就是相信量变导致质变。但是对于克尔凯郭尔，这不是人的精神发展状况。在跳跃之前的所谓“更多”或者“更少”只是一种与“质”毫无关系的“量的定性”。

51 晕眩（Svimmelhed）。

52 ［因为，如果他没有向下看的话……］读者可以意会：那么他就不会变得晕眩。

53 关于这个，作者在引言中有所谈及。因为心理学只能描述状态，而无法描述这些状态之间的过渡，就是说，跳跃。科学无法解释这跳跃，它是一种选择的标示，一种伦理的表达，它与自由有关并且无法成为因果关系的对象，——那些处于因果之链中的环节是和自由无关的。

54 “模棱两可地有辜”：这在前一章的第五节（“概念‘恐惧’”）之中有所谈及。“恐惧”具有模棱两可的特征，这是由人的双重性（作为精神生物和作为自然生物）所决定的。精神阻止了人沉沦为动物，而自然的束缚则使得人无法成为那纯粹的精神。这时一个人就在行动上麻痹了，这种状态有着恐惧的烙印。恐惧的进一步被定性为这样一种状态：在“自由向着其自身的可能性看下去”的时候，也就是说，在“自由”意识到要去设定“综合”的可能性的时候，也就是说，在“自由”意识到成为“精神”的可能性的时候，这时，它不敢去实现这可能性，而是“有限地抓住其自身”。而这时，“罪的堕落”就发生了。而这个“辜”之所以是模棱两可的，是因为它同时是一个人有辜和无辜的表达。

55 虚弱（Afmagt）。

56 “恐惧也是‘那最自私的’”：因为在它努力要搞明白“精神”和“自然”之间的选择时，它完完全全地只考虑其自身。

57 “而是妩媚迷人地以它那种讨人喜欢的恐惧感来使人不安”：如果套用克尔凯郭尔的语言游戏，也可以直译为：“而是妩媚迷人地以它那种讨人喜欢的恐惧感来使人感到恐惧。”

58　［隐约感觉］Ahnelse。参看克尔凯郭尔1837年日记BB中所记的：“在所有要发生的事情之前通常有着一定的隐约感觉（参看散页）；但是正如它会是令人害怕的，它同样也可以是有着诱惑性的作用，因为这样的想法在人身上醒来：他就似乎是预先被注定了，他看自己，就仿佛是通过各种结果，他看见自己被推向什么东西，但是他对这些结果却无能为力。”

在所提及的“散页”中：“如果某事物要真正变得令人沮丧，那么，在所有可能的顺心事中会发展出一种关于‘这是否有点不对头’的隐约感觉，一个人自己并不意识到什么事情有太大的错误；但是这必定是在家庭关系中，在这里，传承之罪的销蚀性力量显现出来，它能够上升为绝望，并且比那‘让隐约感觉之真相得以肯定’的事实要远远更可怕。”

59　集结（Complexus）。

60　一个人在无辜性的状态之中怀有一种完全不确定的恐惧，在他开始反思时，这恐惧就有了更具体的形式——一个由各种隐约感觉结成的“集结”。它成为一种“禀赋（Prædisposition）”，一种“罪”的预设前提。罪预设其自身。这里我使用中文的心理学用词“禀赋”，在一般的心理学中意味了“一种先天的倾向性或者敏感性”，在医学上，“诱因”也是使用这个词。

61　“反思性（Reflekterethed）是一种‘禀赋预设’（Prædisponeren）”。

丹文Prædisponeren，相关于前面一个注脚中的“禀赋（Prædisposition）”（英文的predisposition）。但是Prædisponeren这个词本身是一个动名词，所以我翻译为“禀赋预设”。

62　［命数注定（Prædestination）］教理神学的命定论学说贯穿教会历史曾有过各种不同的形式，声称上帝（在永恒中或者在罪的堕落之后）预先决定好了每一个单个的人是进入永恒至福还是进入永恒天谴。这说法的依据是新约中多处段落，尤其是《罗马书》（8∶28—30）：“我们晓得万事都互相效力，叫爱神的人得益处，就是按他旨意被召的人。因为他豫先所知道的人，就豫先定下效法他儿子的模样，使他儿子在许多弟兄中作长子。豫先所定下的人又召他们来。所召来的人，又称他们为义。所称为义的人，又叫他们得荣耀。”和《以弗所书》（1∶5）：“又因爱我们，就按着自己意旨所喜悦的，豫定我们，藉着耶稣基督得儿子的名分。”也参看布赖特施耐德的《教理神学手册》和哈泽的《Hutterus redivivus或路德教会神学教理》。

63　见前一段，之中谈及“恐惧”的“乌有”在“后来的个体”身上可以是意味着一个“某物”。

64　仿宋体处在丹麦文版中是拉丁语：stricte sic dicta（在该词的严格意义上）。

65　如果要说得顺口一些，可以说“世代传承的关系”。如果直译的话就是“代的关系”。

66 ［如果一个人被教导说冰雹和坏收成必须被归咎于魔鬼］比如说路德就是这样描述魔鬼的。

67 在本书中大多数“聪明”都是反讽地使用的。可以理解为“小聪明”。

68 ［霍尔堡的耶罗尼姆斯……在山上的人们代代相传所一直相信的］指霍尔堡的喜剧《埃拉斯姆斯·蒙塔努斯或者拉斯姆斯·贝尔格》第四幕第四场。在一封写给埃拉斯姆斯（Erasmus）的信中，耶罗尼姆斯（Jeronymus）的女儿伊丽莎白说：“我能够很明确地对你说，我父亲如此厌憎‘地球是圆的’的说法；并且他认为这是一种伟大的信条：他不会把我交给你，除非你同意他和这城里其他好人们的信仰。……我为了我肩负给你的爱情而请求你：你就说服你自己进入我们在这山上如此源远流长地依托着的信仰吧”（《丹麦剧场》第五卷）。

霍尔堡（Ludvig Holberg，1684—1754），丹麦挪威作家和科学家。从1717年起任哥本哈根大学教授，他担任校长并且在1737—1751年任基金会负责人。因为当时在小绿街（现在的新阿德尔街）开立一家丹麦剧院，霍尔堡开始写他最初的那些喜剧，三卷本出版于1723—1725年。最初的二十五部喜剧以《丹麦剧场》为标题出版1—5卷。

69 ［关于“有罪性”状况的统计概观］典故来源不详。

70 ［为这些状况画出一份地图……概观识别］可能是指那些圣经的地图和旅行图：带着各种高坡的窄路通向天国和宽阔的大道通向地狱。在信虔者的圈子中流行很广的那种有颜色的图，往往画有图像，显现出各种不同的有罪行为，诸如跳舞、卖淫和酗酒，附带有陶冶的诗句和圣经引文。

71 原文中使用的是 Abracadabra，意思是胡言乱语。

［Abracadabra］本原为魔咒辞，由希伯来语“父”、“子”和“灵”的开首字母加上两个不带意义的字母构成，一般在特定场合说出，或者写在护身符上；转义为：无意义的言语、黑话、胡言乱语。

72 兰格多克和巴莱塔尼都是法国的地域名。

73 注意：这里的“感官性成为有罪性”是一个过去时态，就是说，是圣经故事中的“感官性成为有罪性”，所指是亚当。

74 注意：“这里的并列句前句中“感官性成为有罪性”是现在时，这就是说，这里所说的“感官性成为有罪性”是泛指，所指包括亚当和后来的人；而后句中的“罪进入了世界”是过去时，是圣经故事中的“罪进入世界”。

75 再次注意时态的区别。“成为了”（过去时）和“成为”（现在时）之间的不同在这里构成了两种定性的不同。

76 成为（Tilblivelse）。

77 仿宋体处在丹麦文版中是拉丁语：in pleno（共同的）。

78 ［派生（Derivationen）］衍生，在“第二性”意义上的出现，后代。

79　［巴夏（Pascha）］从前奥斯曼帝国和北非高级官员的称号。

80　［生理学］在19世纪，生理学是一门繁荣蓬勃的科学（Johannes P. Müller, Carl F. W. Ludwig, Justus v. Liebig, Claude Bernard），当时人们通过把自然哲学的思辨和一种越来越多地牵涉进物理和化学结果的实验性方法结合起来而开始发展出一幅有机物的图像。

81　［宁静的庄严］也许是指德国艺术理论家温克尔曼对希腊特征的勾画：希腊的大手笔之作的一般优越特征是一种高贵的简单，一种宁静的宏大，不管是在姿态还是在表达上。

82　无忧无虑（Sorgløshed）。

83　［天真（Naiveteten）］天真性，直接性，简单性（不具贬义）。

84　［维纳斯］罗马神话中的爱情和美之女神（希腊为阿芙洛狄特）；被看成是完全美丽的理想。

85　［以任何一种睡姿被创作出来］绘画艺术中很受欢迎的主题，受到佛罗伦萨文艺复兴的人文主义影响。

86　［维纳斯从大海里出现］按照一些神话，维纳斯是出生于大海的泡沫中，按照其他的神话说法，她是从大海里走出来的。

87　［阿波罗］希腊与罗马神话中的太阳神，负责对秩序的维持。

88　［朱庇特］罗马神话中最高的神，负责家教、族类、友情和社会的神（相对于希腊神话中的宙斯）。

89　中点（Indifferentsen）。

90　［巴库斯（Bacchus）……也是女性的］在罗马神话中的丰沃之神，植物的生命力之神，尤其是作为酒神（希腊的狄奥尼苏斯）。

91　［伽倪墨得斯］伽倪墨得斯，在希腊神话中，是非凡美丽的特洛伊的王子，后来宙斯将他带走做神的司酒。

92　［罗曼蒂克］古典主义艺术，就是说，中世纪之后的时代。泛指古典时代的对立面。

93　［所以圣经说，她的欲望应当是向着她的丈夫］《创世记》（3:16）：“又对女人说：我必多多加增你怀胎的苦楚；你生产儿女必多受苦楚。你必恋慕你丈夫；你丈夫必管辖你。”

94　［亚当从根本上说只能通过夏娃而被蛇诱惑］在《创世记》（3:6）中如此描述夏娃：“于是女人见那棵树的果子好作食物，也悦人的眼目，且是可喜爱的，能使人有智慧，就摘下果子来吃了。又给她丈夫，她丈夫也吃了。”也参看《创世记》（3:12）中亚当对上帝说：“那人说，你所赐给我，与我同居的女人，她把那树上的果子给我，我就吃了。”

95　［哄骗、劝诱］在草稿的一个说明中，克尔凯郭尔写道：“如果人们在心理学上对这方面的观察感兴趣，那么我想提一下《非此即彼》中的《诱惑者的日记》。如果人们更深入的话，它是完全不同于小说的，在保留着完全其他的范畴，并且，在人们知道怎样去与之关联上时，它有助于作为一种对于极严肃而并非肤浅的考究的准备。诱惑者的秘密恰恰是：他知道女人是有恐惧的（Pap. V B 53，26）。

96 就是说，意见之争中的“这一个”和“那一个”都固执己见，相互不接受对方的解释。

97 ［把重担放在人的肩上而自己则对之一个指头也不肯动］指耶稣对文士和法利赛人的描述，见《马太福音》（23:4）：“他们把难担的重担，捆起来搁在人的肩上。但自己一个指头也不肯动。”

98 ［啤酒馆老板］故事来源不详。

99 ［因为达成利润的是数量］成语，意思有点类似于中文的“薄利多销”。

100 ［不可否认……使得它疑惑］在对这一段的草稿中有着一个更长更详尽的版本。

101 这里的这个 sædelige，我在这里本来将之译作“伦理的”或者“社会伦理的”，但是，因为商务版《法哲学》中将德语的 Das Sittliche 翻译成“伦理性的东西”，因此我在这里接取这译法，译作“伦理性的”，并以此来区分开那同样被我译作“那伦理的”的 det Ethiske。

102 仿宋体处在丹麦文版中是德语：Schaam（羞怯）。“羞怯性”的丹麦语是 Blufærdighed。括号和之中的老式德语 Schaam，是保留那克尔凯郭尔原文之中的外来语。

103 ［在综合之差异的尖端点］就是说，人的纯粹的肉体的方面，作为灵魂和肉体的综合体。

104 关系（Forhold）。

105 性驱力（Driften）：驱动性欲的力。

106 “感性化的情欲”，用日常语言说：肉欲。

107 羞耻性（Skamfuldhed）。

108 羞耻心（Skam）。

109 情欲（Lysten）。

110 仿宋体处在丹麦文版中是德语：Sämmtliche Werke（著作全集）

111 ［弗里德里克·施莱格尔的童话里……关于梅林的故事中］指《魔术师梅林的故事》。之中有一个故事关于一个年轻女孩，她的一个姐姐被活埋了，因为她秘密地与一个被魔鬼控制的少年交往，她的另一个姐姐受到一个虔诚隐士的影响。她自己则在魔鬼的安排之下受到一个着魔的女人的诱惑而离开自己的姐姐去享受一个男人的爱。尽管她怕自己也像姐姐那样被活埋，她仍然被这魔女的“只要她追随她她就能够享受自己的所有肉体快感”诺言吸引。她越是想着这女人的话，她的被魔鬼点燃的情欲在心中生长得越厉害。于是，有一天晚上，她脱光衣服，她带着欣悦观察自己美丽的身体，并且想，那聪明的女人说对了，如果不去享受一个男人的话，那就是迷失。她呼唤那着魔的女人并且得到这样的建议：她要逃离自己的姐姐并把自己卖给每一个人，在她厌倦了放荡的生活之后，会有一个男人因为她的钱来和她结婚。这女孩接受了这建议并且把自己出卖给每一个人。

施莱格尔：Friedrich Schlegel，1772—1829 年。德国批评家、作家和哲学家。

梅林：一个著名的魔术师，在亚瑟王和圆桌骑士的故事中的一个重要人物。

112　仿宋体处在丹麦文版中是拉丁语：eo ipso（正因此）。

113　仿宋体处在丹麦文版中是希腊语：τελος（目的）。

114　［在精神的“无差别”之中］见下一段中的“因为在精神之中没有男人或女人的差异”。

115　这一句是过去时的句子，表明了之前的各种关系。而后面，在分号之后的句子是现在时态（现在完成时和现在时）。就是说谈论羞怯性的时候是过去时，而谈精神则是现在时。

116　这里是过去时。这里所谈论的是精神被设定之前的羞怯性。

117　“矛盾”，丹麦语为 Modsigelse 。括号之中仿宋体处在丹麦文版中是德语 Widerspruch（矛盾）。

118　仿宋体处在丹麦文版中是拉丁语：genus（族类，性别）。

119　仿宋体处在丹麦文版中是德语：Schaam（羞怯性）。

120　这里的“感性的”就是说“从肉欲的角度出发的”。

121　［色诺芬］古希腊士兵、历史家和作家，公元前 430—前 355 年。写有四部苏格拉底文本，构成柏拉图的苏格拉底描述的补充。

122　［而让苏格拉底说“人们应当爱丑陋的女人”］这里指的可能是色诺芬《回忆苏格拉底》之中（第二卷・第六章・第 32 节）苏格拉底与克里托布洛斯的对话。但是在之中不是说爱女人，而是在说吻一个男人。苏格拉底认为，应当去吻那些丑陋的人，因为他们会愿意接受，并且相信他们是因为其灵魂的美丽而被称为是那美的。

123　［苏格拉底对克里托布洛斯所谈论……吻的危险性］参看培尔的历史的和批判的词典中 Puteanus 的一条下的注释，此中引用了苏格拉底与色诺芬关于吻美女的危险，话题引发自“克里托布洛斯吻了一张美丽的脸”。苏格拉底对色诺芬说：“你知道和一个美丽的脸接吻会带来什么后果吗？难道不知道你会立刻丧失自由而变成一个奴隶？会花费很多金钱在有害的娱乐上？会被许多事所纠缠而不能把精力用在高尚和善良的事上？甚至还会追求那些连疯子都不屑做的事？”（色诺芬《回忆苏格拉底》第一卷・第三章・第 8 节）色诺芬《回忆苏格拉底》中的这对话的原因是：克里托布洛斯吻了年轻英俊的阿尔西比亚德斯！

［根据培尔所写］就是说，根据培尔的历史的和批判的词典。培尔：Pierre Bayle，1647—1706 年，法国哲学家和作家，在 1695—1697 年出版自己的首要著作 *Dictionnaire historique et critique*（《历史的和批判的词典》）。在这部著作之中，培尔论述了一种历史意义上和哲学意义上的怀疑主义，其中针对了传统的“信仰和理想之间可以统一”的信念。

［普帖努斯写给给约翰・巴普提斯塔・撒库姆］普帖努斯，Erycius Puteanus 或者 van der Putten，1574—1646 年。荷兰法学家和历史学家，米兰和鲁汶的教授。普帖努斯不仅仅是诸多法学、历史学、神学书籍的作者，而且也是约一万六千封信的作者。收信人中有米兰议会秘书给约翰・巴普提斯塔・撒库姆（Johann Baptista Saccus）（Einer von den vornehmsten Freunden，die er［Puteanus］zu Mayland gehabt）。

仿宋体处在丹麦文版中是拉丁语：nesciunt nostræ virgines ullum libidinis rudimentum osculis aut osculis inesse，ideoque fruuntur. Vestræ sciunt. cfr. Kempius dissertatio de osculis（我们的女孩子不知道，在一个吻或者眼神的一瞥之中有着一种情欲的前奏并且因此而忘情投入，但是你们的就知道。对照肯姆朋关于吻的论文）。

［nesciunt ... sciunt］拉丁语：我们的［比利时的］女孩子不知道，在一个吻或者眼神的一瞥之中有着一种情欲的前奏并且因此而忘情投入，但是你们的［意大利的女孩］就知道（拉丁文的引文：来自培尔（Piierre Bayle）的历史的和批判的词典之中的 Puteanus 一条。克尔凯郭尔是通过阅读莱布尼茨而知道培尔的）。

［cfr. Kempius dissertatio de osculis］拉丁语：对照肯姆朋关于吻的论文。肯姆朋，Martin von Kempen，1642—1683 年，德国诗人、历史学家和文献学家。引文也能够在培尔的历史的和批判的词典中找到。

［苏格拉底和阿斯帕齐娅的关系……生活方式根本无所谓］阿斯帕齐娅：公元前 5 世纪希腊的高级妓女和妓院主，以其智慧、机智、美貌而著称。吸引了当时的重要人物，诸如苏格拉底和政治家伯里克利（阿斯帕齐娅是他的情妇）。因为她的生活方式和伯里克利在雅典的影响，阿斯帕齐娅成了雅典公共生活中的一个有争议的人物，她常常遭到各方攻击，并且频繁地成为喜剧诗人的嘲讽对象。关于苏格拉底与她的交往在培尔的历史的和批判的词典中伯里克利条和普鲁塔克的伯里克利传中有描述。

［他只想向她学习（阿特纳奥斯）］在培尔的历史的和批判的词典中的伯里克利条目说明中有说到“她在他那里听修辞和政治课”，之后写有参照阿特纳奥斯。在阿特纳奥斯的《博学者座谈》5，219 c—d 中讲到阿斯帕齐娅向苏格拉底学修辞，而苏格拉底将阿斯帕齐娅选作自己学爱情的大师。阿特纳奥斯（大约公元 200 年）：希腊语法学家和《博学者座谈》的作者。《博学者座谈》是关于一群博学的贵族在会饮中谈论美食和其他主题。

［传说中总是讲到……为了向她学习］在培尔的历史的和批判的词典中的伯里克利条目说明中有说到这事情。另外有普鲁塔克的《伯里克利》，24，2 讲到这个。

［在粘西比那里得到足够多了］粘西比，苏格拉底的妻子，常常被描述为脾气恶劣、无法交往并且丑陋。在第欧根尼·拉尔修的哲学史中说到粘西比，先是骂苏格拉底，然后用水泼他；苏格拉底说：难道我不知道，在粘西比打雷之后，她也会下暴雨？

［色诺芬讲述苏格拉底对自己与粘西比的关系的看法］在色诺芬的《会饮篇》二，10 中写道：苏格拉底说，他之所以娶她，是因为他相信，如果他能够受得了她，那么他和人类之中其他人之间的关系就不会有什么麻烦了。另外，在《回忆苏格拉底》中写到苏格拉底和儿子朗普洛克莱对话，朗普洛克莱对脾气恶劣的母亲不满，苏格拉底说，当然，你不会认为，儿子，人们结婚只是为了满足情欲，因为在街头和妓院里有的是满足情欲的工具；不，我们所考虑的显然是，什么样的女人能给我们带来最好的孩子，于是我们就和他们结婚。

124 ［矫情］参看缪勒的论文片段“论矫情之论文的素材”和“随想；论矫情”。尤其是对“矫情的定性”：“在生命中有着矫情的人，以这样一种方式并非借助于完美的道德自由为自身定性，他的行为并非渊源于那真正的自我（这真正的自我是人的自由伦理意志）。他的意志被某种仅仅是自然的意图决定，这导致他去让自己扮成一个陌生人或者进入一个在生活中并非属于他的虚假角色。”

125 ［在精神之中没有男人或女人的差异］指《歌林多前书》(12∶13)：“我们不拘是犹太人，是希利尼人，是为奴的，是自主的，都从一位圣灵受洗，成了一个身体。饮于一位圣灵。”以及《加拉太书》(3∶28)：“并不分犹太人，希利尼人，自主的，为奴的，或男或女。因为你们在基督耶稣里都成为一了。”

126 ［伦理上的严格］“把修道院生活看成是一种伦理上的严格”有着悠久的传统。

127 ［沉思］Vita contemplativa（拉丁语：观照的生活方式、无视外在现实的内向生活）在传统中是修道院生活的一个重要部分，与之相反的是修道院外的生活 vita activa（拉丁语：主动的生活方式）。

128 对克尔凯郭尔原注的注脚：

［苏格拉底的那种把“那爱欲的”作为“那喜剧的”的反讽理解］参看《论概念“反讽”》中的注脚。

仿宋体处在丹麦文版中是拉丁语：mulieres subintroductæ（被引进的女人）。

［mulieres subintroductæ］拉丁语：秘密引进的女人，在中世纪被称为“教会之妾”。但是在原始意义上这种关系不是作为一种“妾”而出现的，而是作为纯粹的“精神性的共处”（按中世纪的习俗女人跟随一个男人，通常是僧人，能够被接受进一种教士的住处，双方都必须是贞洁的，并且相互有着精神性的关系。但因为教士们本应单身生活而这种关系有着某种更为亲密的色彩，因此导致了教会有诸多对这个问题的辩论）。这里克尔凯郭尔说的就是指这种“精神性的共处”。

129 ［男人“只恋妻子一个人”的忠贞］《创世记》（2:24）中说：“因此，人要离开父母与妻子连合，二人成为一体。”这一段是教堂婚礼仪式中所用到的文字。

130 ［所以在谈论那种“甜蜜的不安宁”（Beængstelse）的时候，诗人是对的］也许是指约翰纳斯·艾瓦尔德的剧本《亚当和夏娃或者不幸之试探》，在之中亚当试图劝阻夏娃吃知识树的果实，但是夏娃说：不确定的东西等在那里，我可靠的安全感确定我的想法；看，我就吃了。于是她真的尝了禁果，她说话时的声音已经像是渗透有一种不安宁（Beængstelse）。男人还不想相信她心中所感觉到的东西。他没有品尝，但她马上递给自己的丈夫说：亚当，你怕吗？亚当一边吃一边说：从我现在所敢做的事情，判断一下我的爱！

另外，在《重复》也有这样的句子：“正如事情常常是如此，情人们逃避进诗人的话语中去让情欲之爱（elskov）的那种甜蜜的焦虑（Beængstelse）爆发成极乐的喜悦，这也是他的情形。”

131 ［综合中一方的极端点］就是说，肉体作为灵魂与肉体的结合中的一方。

132 ［低级民族］一种“高级”和“低级”的区别在当时的人类学中是很普遍的；比如说，罗森克兰兹在他的《心理学》中分出三种种族：黑、黄、白。他以个体、家庭、家族、民族、群落、国家和种族作为人类学社会学的基本范畴，他认为，尽管各个种族相对于精神是同一的，但是相对于主体性的事实上的发展，白种人（印度人、闪米特人和欧洲人）是最高级的，因为“其他种族的片面性在他们这里被克服了”；而黑人则是最低的，只代表“直接的主体性”，并且“处于教育的最低级”。他还特别加上一句：“在非洲，人还完全是作为集合体生活的。”

133 亚当不是被生殖的而是被创造的。正因为繁殖，“被生殖出的个体”比亚当具有更多感官性。在时间之中的代代相传的量的累积使得感官性量被放大。

134 Generationen：以前我曾将之译作“世代传承”，但现在我觉得，尽管读起来拗口，但在这里更适合将之直译为“代”。

135 ［一种“更多”和“更少”］见前面关于“更多或更少”的注脚。

136 ［圣经的教导是……一直延续到第三四代］见《出埃及记》（20:5）：“恨我的，我必追讨他的罪，自父及子，直到三四代”；又见《出埃及记》（34:7）和《申命记》（5:9）。《申命记》（5:9）。

137 后来的心理学通过走了一种完全不同的路而达到了同样的结果。参见佛洛伊德的《自我和本我》和《关于有辜感》（Freud：*Das Ich und das ES*, s. 67 和 *Über das Schuldgefühl*, s. 65）。

138 ［欲望等看成是个体与生俱来的天性］参看《奥斯堡信条》第二条，第一句：所有以自然的方式繁殖的人带着罪而被出生，就是说，没有对上帝的敬畏，没有对上帝的信任，并且带有欲望。

139 这里的这个“乙”标题之前所连接的仍是前面“甲”之前的文字，亦即现在我们将更详尽地考察那个“某物”，——“恐惧”的“乌有”在“后来的个体”身上所能够意味的那个“某物”。在心理学的审思之中，它确实地是被作为“某物”的。但是心理学的审思却并不忘记：如果一个“个体”通过这个“某物”是自然而然地变得“有辜”的话，那么所有的考虑就都被取消了。

这个“某物”，传承之罪在该词的严格意义上所意味的就是这个“某物”；它是

甲. ……

乙.“历史性的关系”的后果

……

140　“对此的蒙昧知识”，就是说，“对于‘感官性可以意味作有罪性’的蒙昧知识”。

141　仿宋体处在丹麦文版中是拉丁语：de te fabula narratur（这寓言是在讲你）。

［de te fabula narratur］拉丁语：这寓言是在讲你。引自贺拉斯的《讽刺》，原句为“把名字换掉，这寓言讲的就是你”。

142　这里所说的“吸收（Tilegnelse）”，也就是“主观摄取”，就是说，“将之转化为自己的”。

143　差异（Differents）。

144　赎救（Forløsningen）：是特指通过耶稣的牺牲使人类从“罪”中得到救赎。

145　［质的跳跃］见前面关于“质的跳跃”的注脚。

146　［一种量的“更多”或者“更少”］见前面的注脚。

147　［“那量的”恰恰是无穷的极限］参看黑格尔的逻辑学第一卷·第二部分·第二章的B的c：“于是定量自己超出自己；它所变成的他物，首先本身也是一个定量；但这个定量也同样不是一个有的界限，而是推动自己超出自己的界限。这个超出而重又产生的界限，绝对只是一个这样的界限，即它重又扬弃自身，走向另一个更远的界限，如此以至于无限”（译文引自商务印书馆杨一之译《逻辑学》上卷第421页）。

148　这个句子的结构是这样的：

“这时，如果在这个最高的‘更多’之后又加上这样一种混淆……那么，这个最高的‘更多’就是在场的。”

而“这样一种混淆”就是“个体把他自己和他关于有罪性的历史知识混淆了，并且在恐惧的消褪中马上把自己作为个体而归入同样的范畴，同时忘记了自由所说的那句‘假如你也这样做’”。

149　仿宋体处在丹麦文版中是拉丁语：rana paradoxa（悖论之蛙）。

［rana paradoxa］在克尔凯郭尔的时代据说有一种带有蛙腿和螈蝾尾动物，其生长过程和蛙的生长过程相反，从爬行动物最终成为鱼。rana paradoxa被用以表示这种动物。但是后来显示出这只是一种个子大的“半蛙”而已。

150 仿宋体处在丹麦文版中是拉丁语：in mente（在头脑中）。

151 ［中介定性］见前面对“中介定性”的注脚。

152 说明一下，前半句是过去时而后半句是现在时。

153 ［预设出罪的倾向］如同乌斯特里在《对保罗学说概念的论述》中所说的：有罪性在亚当的身上已经“作为一种禀赋”而存在。见前面的注脚。

154 ［对于罪的说明：罪是“那自私的”］一种尤其在那些受到雅可布·波莫、谢林和黑格尔影响的神学家们那里得出的说明。

155 ［灵性化（pneumatisk）］灵性的（pneumatisk），也就是说：精神的。

156 康德和黑格尔都人在其自身之中拥有那去认识和实现“善”的可能性。这是和基督教义冲突的地方。

康德指出人并不具有一种先天的邪恶意志，并且人的感性本质不是邪恶的。邪恶之所以会在人身上出现是由于那人从他的自爱和自利之中，而不是从那无私的道德律中导出那最强烈的诱因。见康德的《单纯理性之界限内的宗教》（Die Religion innerhalb der Grenzen der blossen Vernunft 1 Stück III）。

而对于黑格尔，邪恶则是主要地来源于人的主观个性对立于“那普遍的”的坚持。见黑格尔的《法哲学》§139。

157 “那自私的”在这里解释为主观对“神圣的生命根本”的背弃。

［人们在新的科学里……把罪说明为“那自私的”］在这里“科学”就是说哲学，“新的科学”就是指从笛卡儿到黑格尔的哲学，在之中有相当多的把罪说成为“那自私的”的例子。比如说，康德在《单纯理性之界限内的宗教》中说“自爱是一切恶之源”。

158 有必要再提醒一下。在本书中大多数“聪明”都是反讽地使用的。可以理解为“小聪明”。

159 ［自然哲学在整个“受造物”……“那自私的”］我们能够在谢林的自然哲学和他的《哲学与宗教》（1804）的论述中认出这些观念。谢林使用自然哲学中行星们与太阳的关系来作为对灵魂们与上帝的间的关系，这样，“那自私的”被解读为离心的力量，使得灵魂远离上帝，相反，那将灵魂推向上帝的力量则是社会伦理性。

160 ［某一个聪明透顶的神秘教义传播者……单簧口琴上的一种心血来潮的冲动］这里可能是指格隆德维的《北欧神话》。格隆德维在前言中提出了关于“普遍历史知识”的理论，把神话看成是“对于图像语言的口语之词”，各种关于活生生的口语和关于“赋予我们的祖先灵魂的北欧巨人神灵”的理论。“鹰眼”和“单簧口琴”都是出自格隆德维的这部书。单簧口琴：单弦乐器，弹奏者用嘴持琴，用手击弦来演奏。

161 ［关于“思与在是一样东西”的新原则］相应于随着笛卡儿的二元论而出现的麻烦，斯宾诺莎阐述出一种一元论，把思和在统一在一个单个的实体（上帝或者自然）中。在斯宾诺莎的影响下，谢林和黑格尔也阐述出一种立足于一元论的同一哲学，同一或者中介思与在、主体与客体（对于黑格尔和黑格尔主义者们，思和在可以是一体的。思是逻辑的，逻辑是必然的，而如果在同一于思，那么在就为必然所决定。但是克尔凯郭尔所反对的正是这种以必然性来决定“单个的人”的存在的“新原则”。单个的人的存在中有着自由）。

162　仿宋体处在丹麦文版中是希腊语：γνωθι σαυτον（认识你自己）。

［γνωθι σαυτον］希腊语：认识你自己。特尔斐的阿波罗神庙门前的石刻文字，语出喀隆和泰勒斯。根据拉尔修的第欧根尼，这句话是来自米利都的泰勒斯，而斯巴达的喀隆则用过。奥维德将之归于毕达哥拉斯而普鲁塔克将之归于伊索。

163　［unum noris omnes］拉丁语：知一知一切。引自罗马作家泰伦提乌斯的喜剧《福尔弥昂》（第二幕第三场）。

164　［它已经太久地被以德国的方式……唯心主义的飘逸］也许是针对斯蒂陵（P. M. Stilling）的论文《对思辨哲学对科学的意义的哲学思考》（哥本哈根，1842）：“在那苏格拉底的‘γναϑι σεαυτον’必须被视作一种真正的精神的和自我意识的要求：这样，自我在逻辑的思考中将那处在自我的黑夜之中的整个思想的王国拉到自己的逻辑目光之下，这逻辑思考成为了全包容的自我认识中的一个本质的环节。”也可参看马腾森的《人的自我意识的自律》，之中这样谈论宗教改革之后的哲学：“人们在人的意识中将那古老的选择语‘认识你自己’意味深长地安置进去。这样一来，认识本身成为了认识的对象，并且自我意识的理论成为了新哲学的最本质的任务。”

165　这个“进入存在”，如果直译应当是“成为（vorder）”。

“反过来必须通过罪并且在罪之中，那自私的才成为”这个句子以日常用语可以翻译为“反过来必须通过罪并且在罪之中，那自私的才得以形成”，但是因为考虑到“成为（vorder）”这个动词是一个很关键的状态描述，正如另一个关键状态描述的动词“在（er）”（或者也翻译为“存在”）。

166　［假如亚当没有行罪］见前面的假设亚当没有行罪的注脚。

167　［教会的关于“复活的性质”学说］参看《歌林多前书》中保罗描述关于死者的复活（15:42起）：“死人复活也是这样。所种的是必朽坏的，复活的是不朽坏的。所种的是羞辱的，复活的是荣耀的。所种的是软弱的，复活的是强壮的。所种的是血气的身体，复活的是灵性的身体。若有血气的身体，也必有灵性的身体。”在《路加福音》中耶稣说(20:34—35)：“耶稣说，这世界的人，有娶有嫁。惟有算为配得那世界，与从死里复活的人，也不娶也不嫁。”另外在哈泽的《Hutterus redivivus或路德教会神学教理》130，7中有说到，人类复活，性别得以保留，但是不再有男精女乳。

168　［教会关于“天使”的观念］天使没有性别。见《路加福音》（20:34－36)：“耶稣说，这世界的人，有娶有嫁。惟有算为配得那世界，与从死里复活的人，也不娶也不嫁。因为他们不能再死。和天使一样。既是复活的人，就为神的儿子。”

169 “无罪性”作为基督的人性。布赖特施耐德的《教理神学手册》II § 136。

170 ［教理神学的在基督人格方面的定性］参看《使徒信经》，之中在言及基督时有：“我信耶稣基督……因着圣灵成孕，从童女马利亚所生。”也参看《奥斯堡信条》第三条：“我们教会又教导人：道，就是说，上帝的儿子，从有福的童女马利亚腹中取了人性，所以有神人二性，无可分开，联合一个位格之内：就是一位基督，真上帝真人；从童女马利亚所生，真真实实受了活，被钉在十字架上，死了，葬了，使天父向我们复和，且不独为人的原罪，也为人一切本罪作了供献。”另外也可参看布赖特施耐德的《教理神学手册》对教理神学的概括。

171 ［基督在所有各种人类的诱惑中被试探］指《希伯来书》（4: 15）中说及基督：“我们的大祭司，并非不能体恤我们的软弱。他也曾凡事受过试探，与我们一样。只是他没有犯罪。”

172 ［他经受住了所有诱惑］参看关于耶稣在荒漠里受诱惑的事情。《马太福音》（4: 1—11）。

173 仿宋体处在丹麦文版中是德语：Heiterkeit（欢悦性）。

［Heiterkeit］德语：欢悦性。黑格尔将希腊宗教称作 Die Religion der Schönheit（美之宗教）。在《宗教哲学讲演》中说：“Diese Religion hat überhaupt den Charakter der absoluten Heiterkeit”（这宗教在总体上有着绝对欢悦性的特征）。另外，在他的 Gymnasial—Reden 中他谈及了希腊的这种忧郁的欢悦性，认为它是在自然的第一天堂之后的第二天堂。

174 ［以六千年前］见前面的关于“六千年前”的注脚。

175 仿宋体处在丹麦文版中是德语：Heiterkeit（欢悦性）。

第三章　恐惧作为罪的后果；而这罪是“罪的意识”的不出现

前面的两个章节不断地坚持了这样的看法：人是灵魂与肉体的、由精神构建和承担的一种综合。恐惧（我要使用一个新的表达来说明那前面说过的而又同时指向后面所要说的同一样东西）是个体人的生命之中的“瞬间”。

在更新近的哲学[1]之中，有一个范畴常常被使用在逻辑的考察之中，正如它也在同样的程度上被使用在历史哲学的考察之中，这个范畴是：过渡[2]。对之的更进一步的说明则是我们所从来无法得到的。人们毫无顾忌地使用它，并且，在黑格尔和黑格尔学派使得全世界震惊于那伟大的思想——哲学的无预设前提的开始[3]或者所谓“除了那出自一切[4]的完美的无预设前提性之外不可以有其他东西先行于哲学之前”[5]的同时，人们却不觉得有任何问题地以这样一种方式来使用着“过渡”、“否定”、“中介”[6]，也就是说，黑格尔思想中的运动诸原则[7]：在它们被使用的时候，它们并不曾预先在体系的进展之中出现过。如果这不算是一种预设，那么我就不知道什么是预设了；因为，去使用某种“人不在任何地方对之进行说明的东西”，其实就正是在预设这种东西。体系应当具备奇妙的透明和内视[8]，以便它希腊静修式地[9]、毫不动摇地注目于那中心的“乌有”[10]，如此持久地注目，直到“一切”说明其自身，并且这“一切”的全部内容通过其自身而进入存在[11]。无疑，这种内向的公开化是属于“体系”的。然而，这体系看来却并非如此；体系化的思想似乎考虑到其内在的各种骚动而在向“神秘性”致敬。“否定”、“过渡”和“中介”是三个伪装了的、可疑的、秘密的“谍探/动因”（主要动因）[12]，——它们派出一切运动。无疑，黑格尔绝不会将它们称作骚动因素，因为，它们之所以能够毫无顾忌地展开其活动是因为得到了他的最高许可的，——它们如此无所顾忌，以至于人们甚至在逻辑之中都使用各种取自“过渡之现世性”的术语和表达法[13]：“于是”、“当……时”、“作为‘正存在着的’它是如此”、“作为‘正成为着的’它是如此”等等。

然而现在这已是事如其愿，我们就让“逻辑”自己去想办法吧。“过渡”这个词在逻辑中是并且继续是一种小聪明[14]。它属于“历史意义上的自由”的领域[15]，因为“过渡”是一种状态，并且是现实的。①[16]要将“过渡”置于“那纯粹形而上学的”之中，是困难的；柏拉图[17]很清楚地认识到这种麻烦，因此，瞬间[18]②[19]这个概念使得他伤了很大的脑筋。而忽略这

① 正是因此，在亚里士多德说“从可能性到现实性的过渡是一种*运动*”的时候，这句话不是在逻辑的意义上，而是在“历史性的自由”的意义上说的。

② 这时，“瞬间”在柏拉图这里是被纯粹抽象地解读的。为了能够游刃于这“瞬间”的辩证法，一个人可以首先去弄明白，“瞬间”在“时间”的定性之下是“那不存在着的”。“那不存在着的”（毕达哥拉斯主义者们的*那不存在着的*，*那空的*）在古代哲学里引起的兴趣无疑不少于现代哲学。埃利亚哲学家们以这样一种方式从本体论的意义上来解读“那不存在着的”：关于“那不存在着的”，人们所能够说出的东西，只在它的对立面中被说出，亦即，只有“那存在着的”存在着。如果一个人要进一步追下去，那么他将看见，这情形在所有领域里会再出现。在形而上学的预备教育中，这句子被如此表达：如果一个人说出“那不存在着的”，那么他什么也没有说（这种误解在《智者篇》里被驳斥，并且，以一种更表演性的方式在一个较早的对话录《高尔吉亚篇》之中就已经被驳斥了）。最后，在实践性的领域里，智者们以这样的方式来使用“那不存在着的”，——他们以之来取消所有道德的概念：“那不存在着的”不存在，*所以*，一切都是真的，*所以*，一切都是好的，*所以*，“欺骗”之类根本不存在。对此，苏格拉底在好几篇“对话”之中都进行了驳斥。而柏拉图则也许主要地是在《智者篇》之中对之进行论述，这《智者篇》和所有柏拉图的对话录一样，同时也对它自己所教导的东西进行艺术展示；因为，这“智者”的定义和概念是“对话”所寻求要达到的，而同时它所围绕的东西主要就是“那不存在着的”，于是这“智者”自己就是一种“不存在着的东西”，这样，在这场打击智者的战争之中，概念和例子同时进入存在，而这战争以“不是他被消灭而是他进入存在”而结束，他的这种“不是被消灭而是进入存在”对于他是最糟糕的结果，因为，虽然他有着那“能够像马尔斯的盔甲那样地使得他遁形”的诡辩术，他在这里还是不能不现身出来。在现代新哲学之中，人们对于“那不存在着的”的解读根本没有在本质上走得更远，尽管它认为自己是属于基督教的。希腊的哲学和现代哲学有着这样的立场：一切都是围绕着要去使得“那不存在着的”存在；因为要使之离开和消失，看起来是如此容易之至。基督教的考虑则有着这样的立场：“那不存在着的”作为一种“乌有”到处存在着，而从这“乌有”之中，各种事物被创造出来：作为外表和空虚，作为罪，作为远离“精神”的“感官性”，作为被“永恒”忘却了的“现世性”；所以这里的关键是要让“那不存在着的”消失而让“那存在着的”出现。只有在这样的定位之下，“和解”这概念才得到了从历史的角度出发的正确解读，基督教就是在这样的意义上把这概念带进了这个世界。如果人们在相反的定位下解读（也就是说，把“运动”的出发点解说为：“那不存在着的”不存在），那么人们就使得“和解”化成了轻烟而把里外倒置了。——柏拉图是在《巴门尼德篇》中提出“瞬间”的。这一对话录致力于展示各种概念本身之中的矛盾，对此苏格拉底以一种如此确定的方式表达出来，以至于它在没有使得古希腊的美丽哲学负愧的同时，却无疑能够使得一种新近的自以为是的

麻烦则肯定不是比柏拉图“走得更远”[20]；这样忽略它——虔诚地欺骗着思维以便把“思辨”[21]从其搁浅之处拉出来而让“逻辑”中的“运动”开始运作，这样做就是把“思辨”当作一种极其有限的事物来处理。然而我还记得我有一次曾经听一个“思辨着的人”说：一个人不可以在事先对各种困难考虑得太多；因为那样的话他永远也不会有机会开始思辨[22]。如果所谈的只是“有机会开始思辨”，而不是关于“一个人的思辨成为真正的思辨”，

（接上页）哲学抱羞，——这种现代新哲学不像古希腊哲学那样对自己作出极大要求，相反却对人类及其惊叹提出要求。苏格拉底指出，如果一个人能够展示出一件参与在“不同事物”之中的单个事物中的矛盾（那对立的），这并没有什么可惊奇的，而如果一个人能够显示出各种概念本身之中的矛盾，这才是可赞叹的。（但是如果有人能够证明“一”这概念本身是“多”，并且反过来，“多”是“一”，那么这会使我惊叹。§ 129. B. C.）然而这铺展方式却是“想象实验的辩证法”。人们设想，“一性（那唯一的）”在和“一性”不在，并且马上展示出对这“一性”自身来说和对别的东西来说将出现的结论。这时，“瞬间”就显示为这种奇怪的存在物（“没有位置的东西”这希腊词在这里很适当），它处于运动和静止之间却不在时间之中；并且，进入它和出离它，“那运动着的”变成处于静止中而“那静止着的”变成处于运动中。因此，这“瞬间”就在一般的意义上成为了“过渡之范畴”（变化）；因为，柏拉图显示了：相对于“从一性到多性的过渡”，这“瞬间”也以同样的方式在着。另外，相对于“从多性到一性、从等同性到不同性的过渡”等等，这“瞬间”也在着，在这“瞬间”之中既没有一也没有多，既不被定性也不被混合（既不分开也不合成，§ 157 A）。所有这一切都要归功于柏拉图，他将疑难的地方明确化了；但尽管如此，“瞬间”还是成了一种无声的原子论式的抽象，——通过忽略抽象我们也并没有对这抽象进行说明。现在，如果逻辑要说自己不具备“过渡”（而如果逻辑有这种范畴的话，那它就必须自己在体系之中找到自己的位置，虽然它也是在体系中运作的），那么我们将更清楚地看见，各种具有历史性质的领域和所有立足于一种历史性预设的知识都有着这“瞬间”。要将自身从“异教的哲学”及“在基督教之中的同样地异教的思辨”中区分出来，这个范畴有着极重要的意义。“瞬间”是这样的一种抽象，这一观点的推论在对话《巴门尼德篇》中的另一段落中被展示出来。在“一性”被设定作是具有时间的定性时，我们就看出，这样的一个矛盾是怎么出现的：“一性”（一性）变得比自身和比“多性”（多性）更年老和更年轻，并且又比自身和比“多性”既不是更老也不是更年轻（§ 151 E）。无论如何，我们说，“一性”必定存在着，并且，现在它的这种“存在着”就被定性为如此：对于一种存在物或者对于一种本质性的在“现在的时间”之中的参与（这“在着”难道不是对于“存在物”在现时中的参与吗，§ 151. E）。在对各种矛盾的更进一步展开中，我们于是看见，“那现在的”（此刻）在“那现在的”、“那永恒的”和“瞬间”之间踌跚踯躅。这个“现在”（此刻）处于“曾经是”和“将成为”之间，而“一性”则无疑是不可能——在它从“那过去的”走向“那将来的”的时候——跳过“现在”。这样，它停留在“现在”之中，不“成为”更老而“是”更老。在最新的哲学之中，“抽象”在“纯粹的在”之中达到了顶峰；但是“纯粹的在”是对于“永恒”的最抽象的表达，并且，作为“乌有”它又恰恰是“瞬间”。这里再次显示出这“瞬间”是多么重要，因为只有借助于这个范畴，我们才能够赋予“永恒”其意义，因为“永恒”和“瞬间”成为两个极端对立，尽管本来是那“辩证法的巫术”在使得“永恒”和“瞬间”意味同一样东西。只有在基督教之中，感官性、现世性和瞬间才变得能够被理解，恰恰因为只有在基督教之中，“永恒”才变成是本质的。

那么这说法确实说得很果断：一个人只是应当努力去得以开始思辨，正如人们可以建议让一个没有能力驾着自己的车去鹿苑[23]的人说：我们根本无须为此担心，我们完全可以乘坐一驾“咖啡磨盘”[24]。当然也确实是这样：说起来驾自己的车或者坐别人的车都能够到达鹿园。相反，如果一个人果断地不愿去考虑交通工具，那么，即使他只是能够“有机会开始思辨”，他也不怎么可能会去开始进行思辨。

在“有着历史性质的自由”的领域里，“过渡”是一个状态。然而，为了正确地理解这一点，我们不可忘记，“那新的”是通过“跳跃”而出现的。也就是说，如果我们不坚持这一点，那么，“过渡”就会获得一种压在“跳跃”的弹性之上的一种“量化的超重”。

这样，人是灵魂与肉体的综合，并且同时也是“那现世的”和“那永恒的”的综合。人们不厌其烦地说及这一点，对此我没有什么反对的；因为去发现各种新鲜事物并不是我的愿望，但是，去对“那看起来非常简单的东西”进行思考，则无疑是我的快乐和我所深爱的工作。

牵涉到后一个综合，那么，我们马上就会注意到，它的构建不同于前一个。在第一个综合之中，灵魂和肉体是综合的两个环节，而精神是那“第三”，但却是以这样一种方式进行：只有在“精神”被设定的时候，我们才能够真正地谈论这“综合”。第二个综合只有两个环节：“那现世的”和“那永恒的”。那么，“第三”又在哪里呢？而如果没有这“第三”，那么从根本上就没有“综合”；因为，一个“综合”（它是一个矛盾）如果不在一个“第三”之中，它就无法作为综合而圆满；因为，“综合是一个矛盾”这说法恰恰说出了“它不存在”。那么，“那现世的”到底是什么呢？

如果我们正确地把“时间”定性为无边的“延续”[25]，那么看起来也就似乎是在将之定性为现在的、过去的和将来的[26]。然而这种区分却是不对的，如果我们认为它是处于“时间”本身之中的话；因为只有通过“时间”对于“永恒”的关系和通过“永恒”在“时间”之中的反思[27]，这种区分才会出现[28]。就是说，如果我们在“时间”的无边连续之中只找到一个立足点，亦即，一个“现在的”，作为这“划分”的中的划定者[29]，那么这划分就是完全正确的。然而恰恰因为每一个“片刻”，正如“片刻”们的总和，是一种“行进”（一种“流逝”），那么，就没有什么“片刻”是一个“现在的片刻”；只要是如此，那么在“时间”之中就既不会有一个“现在的”也不会有一个“过去的”或者一个“将来的”。如果我们认为这种“划分”成立，那是因为我们把一个“片刻”空间化[30]了[31]，但是因此那无穷的连续也就被停止了，那是因为我们引进了“观念”[32]，并且不是去想[33]“时间”，而是把它作为“观念”的直观形式[34]。但是即使这样，这过程中也还是有问题，因为，哪怕是作为“观念”的对象，“时间”无穷的连续仍是一种无穷地没有内容的“现在的”（这是对于“那永恒的”的拙劣模仿）。印度人谈论一种统治了七万年的国王系列[35]；而对于这些国王则一无所知，甚至不知道他们的名字（我设想是如此）。如果我们要把这个作为一个“时间”的例子，那么，七万年对于“思”而言是一种无穷尽的消失，而对于“观念”它则扩展并将自身空间化为那对于一个“无穷尽地没有内容的乌有”的幻化直观。①[36]而一旦我们反过来让这一个紧跟在那另一个的后面，那么我们就在设定“那现在的”。

“那现在的”却不是“时间”的概念——除非它恰恰是作为一种“无穷尽地没有内容的”，而这“无穷尽地没有内容的”则又恰恰是“无穷尽的消失”[37]。如果不考虑这一点，那么，不管我们是多么快地让它消失，我们还是设定了“那现在的”，并且，在设定了它之后我们又让它在“那过去的”和“那将来的”这两个定性之中在场。

反之，“那永恒的”则是“那现在的”。对于“思”，“那永恒的”是“那现在的”作为“被扬弃了的延续”[38]（本来“时间”是“过去着的延续”）。对于“观念”[39]，这“永恒”是一种“行进”[40]，但是这种“行进”却并不出发，因为“那永恒的”对于“观念”来说是那无穷尽地充满内容的“现在的”。这样，在“那永恒的”之中也没有“那过去的”和“那将来的”的区分，因为“那现在的”被设定为那被扬弃了的“延续”。

这样，“时间”是那无边的“延续”；如果生命是在时间之中并且只是属于“时间”的，那么它就不具备任何“现在的”。当然，人们有时候习惯于（为了给“感性的生命”定性）这样说：这生命在瞬间之

① 顺便说一下，这是空间。熟练的思考者将恰恰很容易在这之中看见我这描述之正确性的证据，因为，对于抽象的思维“时”和“空”是完全地同一的（相承和相邻），并且作为“观念”的直观形式也变得如此，并且在对上帝的定性中当然确实如此：他是*在所有地方现在在场的*。

中并且只在瞬间之中。这样，在说及“瞬间”这概念的时候，我们将之理解为出自“那永恒的”的抽象，这抽象（如果它要成为“那现在的”）是对之的拙劣模仿。“那现在的”是“那永恒的”，或者更确切地说，“那永恒的”是“那现在的”[41]，而“那现在的”是“那充实的”[42]。在这种意义上，那个拉丁人这样地说及神圣：他是在场（在场的诸神）[43]；通过这被用来谈论“神圣”的词，他同时也标示出了“神圣”强有力的扶助。

“瞬间”把“那现在的”标示为这样一种东西：它不具备“过去的”和“将来的”；因为在之中恰恰有着那“感性的生命”的不完美性。“那永恒的”也把“那现在的”标示为不具备“过去的”和“将来的”，而这则是“那永恒的”的完美性。

于是，如果人们想要用“瞬间”来为“时间”定性，并且让“瞬间”来标示对于“那过去的”和“那将来的”（并且也同样地是对于“那现在的”）的纯粹抽象的排斥，那么，“瞬间”就恰恰不是“那现在的”；因为，那纯粹抽象地想出来的介于“那过去的”和“那将来的”之间的中间物是根本不存在的。但是这样看起来，“瞬间”不是一种仅仅“时间”的定性，因为“时间”的定性只是“流逝过去”；这就是为什么“时间”（如果这“时间”要通过某些在“时间”之中呈现的定性而被决定的话）是“过去的时间”。反过来，如果“时间”和“永恒”要相互接触，那么这接触就必定是发生在“时间”之中；于是，我们就到了“瞬间”这里。

“瞬间”[44]是一个图像化的表达，因此与之有关并不是什么很好的事情。但是，看在字面，这是一个美丽的词。没有什么东西能够像目光一瞥那样快，然而它却与“那永恒的”的内容值有着可比性。这样，当英戈波尔向大海看出去寻找弗利提欧福[45]的时候，这就是一幅描绘“图像化的词所意味的东西”的画面。一次她身上的感情迸发、一声叹息或者一句话，作为一种发出声音的东西已经在自身之中具备了更多“时间”的定性，并且更多地在“正消失”的意义上是现在着的，但在其自身之中却不具备很多“那永恒的”在场，——不像一声叹息、一句话等倒是因此有力量帮助灵魂去摆脱沉重的负担，恰恰因为这“沉重的负担”（只要它是被说出来了）已经开始在成为过去的事情了。所以，一“瞥”是“时间”的一种标示，但有必要注意一点：这“时间”是处在对于其命运有着关键意义的冲突之中的“时间”——因为它正被“永恒”触摸。①[46]那被我们称作“瞬间”的，柏拉图将之称为那突然的[47]。不管怎样在词源学上对之做解释，它是与“那无形的”这个定性有着关系的[48]，因为“时间”和“永恒”被解读得同样抽象——既然此中缺乏“现世性”这个概念，而“现世性”概念缺乏的原因则又是人们缺乏“精神”这个概念。在拉丁语中它叫作 momentum，其词源（来自 movere）只是表示单纯的“消失”[49]②[50]。

以这样的方式来理解，“瞬间”其实不是“时间”的原子[51]，而是“永恒”的原子。这是“永恒”在“时间”中的第一个反照，它的第一个尝试，简直要去停止“时间”的尝试。所以古希腊文化不明白“瞬间”；因为，虽然这希腊文化是把握了“永恒”的原子，但是却没有搞明白它是“瞬间”，没有去向前地对之定性，而是向后地[52]；因为，对于这希腊文化，“永恒”的原子本质上是“永恒”，这样一来，不管是“时间”还是“永恒”都没有得到它们真正应得的位置[53]。

“那现世的”和“那永恒的”的综合不是第二个综合，而是上面所说的“第一个综合”的表达，根据这第一综合，“人”是“灵魂”和“肉体”的综合，由“精神”承担。一旦“精神”被设定了，“瞬间”马上就在那里了。因此我们可以有权以一种责备的态度说及“人”，责备他只生活在“瞬间”，因为这瞬间是通过随机的抽象而发生的。“自然”不在“瞬间”之中。

“现世性”的情形正如“感官性”的情形；因为，比起“自然”在

① 奇怪的是，希腊的艺术在雕塑中达到顶峰，而这雕塑恰恰缺少上面所说的“瞥”。然而这却是有其深刻原因的：因为希腊人没有在最深刻的意义上把握“精神”的概念，也因此就没有在最深刻的意义上把握“感官性”和“现世性”。而这之中的对立则是多么地鲜明：在基督教中，人们恰恰形象化地把上帝描述为一只眼睛。

② 在《新约全书》之中有着一个对于“瞬间”的诗意改写。保罗说，世界将消亡，在一个不可分的微量、在一眨眼之间。由此他也表达了：“瞬间”是可以与“永恒”相比较的，就是说，因为“毁灭之瞬间”在同一瞬间里表达了永恒。允许我把我所想的东西形象化地表达出来，而如果有人觉得我的比喻有冒犯的地方则请原谅。在哥本哈根这里曾经有过两个艺术家，他们可能自己都不曾想到过，他们的表演能够获取一种更深刻的意义。他们登场，相互面对面，并且在这时开始以哑剧的方式演出一场激情冲突。当他们的哑剧完全展开、观众的眼睛追随着剧情并且等待后续的时候，他们突然停止，在这个时候，以瞬间的哑剧式表情，保留着他们不可动摇的石像般的姿态。这之中的效果可以是极度地喜剧性的，因为“瞬间”偶然地变得能够与“那永恒的”有相比性。雕塑的效果在于“‘永恒的表情’恰恰得以被永恒地表达”；而“那喜剧的”则相反是在于“‘偶然的表情’被永恒化”。

"时间"之中表面上安全的"持存"[54]，"现世性"就显得更不完美，"瞬间"就显得更微不足道。然而恰恰相反："自然"之所以有此"安全性"，是因为"时间"对于"自然"来说根本不具备任何意义[55]。首先是在"瞬间"之中，历史才得以开始。"人"的感官性通过"罪"而被设定为"有罪性"，也就是说，比动物的感官性更低；然而这恰恰是因为"那更高的"在这里开始；因为这时"精神"开始出现了。

"瞬间"就是那种模棱两可的东西，在之中"时间"和"永恒"相互触摸；并且现世性这个概念也以此而得以设定，在这里"时间"不断地切割开"永恒"而"永恒"不断地渗透进"时间"。只有在这时，上面谈及的那种划分才得到其意义：现在的时间、过去的时间、将来的时间。

通过这个划分大家马上就会注意到，"那将来的"在某种意义上比"那现在的"和"那过去的"意味了更多；因为在某种意义上，"那将来的"是"那全部的"，在之中"那过去的"是一个部分，并且"那将来的"在某种意义上能够意味着"那全部的"。这是因为，"那永恒的"首先意味了"那将来的"，或者说，"那将来的"是这样一个身份不明者[56]，在之中"那永恒的"——那与时间不相配不可相比较的"永恒者"——仍保持着它与"时间"的交往。在语言惯用法中，我们常常把"那将来的"理解为同一于"那永恒的"（将来的生命——永恒的生命）。在一种更深的意义上，既然希腊人没有"那永恒的"的这个概念，那么他们就也没有"那将来的"的这个概念。所以我们不能去责备古希腊生活在"瞬间"之中的迷失，或者更确切地我们根本不能说它是迷失了的；因为，"现世性"被希腊人同样天真地理解，正如他们对"感官性"的天真理解，因为在他们那里缺少"精神"的定性。

"瞬间"和"那将来的"又进一步去设定"那过去的"。如果实在要说古希腊生活标示了某种"时间"之定性，那么它就是"那过去的"，不过，这种定性不是在"与'那现在的和将来的'之关系"上被定性，而是作为"时间"在一般意义上的定性，作为一种"已过去"[57]。在这里，那柏拉图式的"回忆"[58]就显示出其意义了。希腊式的"那永恒的"在于"之后"作为"那过去的"，——人们只能后退地进入它[59]。① 然而不管怎

① 在这里我们应当再次记住我所强调的那个范畴，"重复"，由此范畴人们"向前地"进入永恒。

样，这是“那永恒的”的一个完全抽象的概念：——它是“那过去的”，不管它在这里是在哲学的意义上（那哲学意义上的“死灭”[60]），还是在历史的意义上[61]，被进一步定性。

总之，在对“那过去的”、“那将来的”、“那永恒的”这些概念的定性过程中，我们能够看见“瞬间”是怎样得以被定性的。如果“瞬间”不存在，那么，“那永恒的”就向后地作为“那过去的”而出现。这就如同：如果我设想一个人在一条路上走但没有落下脚步，那么，在他的身后。“路”就作为“那被走掉的”而出现。如果“瞬间”是被设定了，但只是作为分割[62]，那么，“那将来的”就是“那永恒的”。如果“瞬间”是被设定了，那么，“那永恒的”就存在，并且“那将来的”——它作为“那过去的”而重来——也存在。这一点在古希腊的、犹太的、基督教的宇宙观[63]中很清晰地被显示出来。在基督教中，一切问题都是环绕着这样一个概念；这个概念使得一切都焕然一新[64]，这个概念就是“时间之充实”[65]；但是“时间之充实”是作为“那永恒的”的“瞬间”，并且这个“永恒的”同时也是“那将来的”和“那过去的”。如果我们不注意这一点，那么我们就无法从异端和背叛的添加物中拯救出任何一个概念，——这种添加物消灭概念。人们不是从其本身之中得到“那过去的”，而是在一种与“那将来的”的简单的连续[66]之中得到它的（于是，这些概念，“皈依[67]”、“和解[68]”、“赎救[69]”，就在世界历史的意义之中迷失掉了，并且也在个体人的历史性发展之中迷失掉了[70]）。人们不是从其本身之中得到“那将来的”，而是在一种与“那现在的”的简单的连续之中得到它的（这样一来，这些概念，“复活[71]”和“审判”——就被毁掉了）。

让我们现在设想一下亚当，并且记住：每一个后来的“个体”都是以完全同样的方式开始的，——只限于“量的不同性”，而这“量的不同性”则是世代传承关系和历史性的关系的后果。对于亚当，正如对于后来的个体，“瞬间”是存在着的。“那灵魂的”和“那肉体的”的综合要由“精神”来设定，但“精神”是“那永恒的”，并且因为这个原因，这综合只能在这样的情况下才成立：只有在“精神”设定这个“第一个综合”并且也设定那作为“第二个综合”的“那现世的”与“那永恒的”间的综合的时候，只有在这时，这“综合”才存在。只要“那永恒的”还没有被设定，“瞬间”就不存在，或者只是分割[72]。这样一来，由于“精神”在“无辜性”之中只被定性为“梦着的精神[73]”，于是“那永恒的”就显示为“那将来的”；因为，正如前面所说，这是“那永恒的”的最初表达，它的“身份不明状态”[74]。正如（在前面章节中）精神（在它将被设定在“综合”之中的时候，或者更确切地说，在它将去设定出“综合”的时候）作为“精神”（“自由”）的可能性而在“个体人格”之中表现为“恐惧”；这样，“那将来的”在这里就又一次是“那永恒的”（“自由”）的可能性而在“个体人格”之中作为“恐惧”。在“自由”的可能性显现在“自由”面前的时候，“自由”瘫倒下；而这时候，“现世性”，则正如“感官性”，同样地在其作为“有罪性”的意义中出现。这里再一次重复：这只是对于向“质的跳跃”的“最后的心理学意义上的趋近”的“最后的心理学意义上的表达”。亚当和“后来的个体”之间的差异是在于：“那将来的”对于后者比对于亚当是经过了更多反思的。从心理学的意义上说，这个“更多”可以是意味着“那可怕的”；但在“质的跳跃”的方面，这个“更多”就只意味了“那非本质的”。相对于亚当，差异性的最大值是在于：“那将来的”似乎是被“那过去的”抢先了；或者说是那种恐惧——对于“可能性在尚未存在之前就已经失落”的恐惧。

“那可能的”完全地与“那将来的”相对应。“那可能的”对于自由来说是“那将来的”，而“那将来的”对于时间来说是“那可能的”。在个体的生命之中，恐惧则同时对应于这两者。因此一种正确到位的语言使用法把“恐惧”和“那将来的”联系在一起。如果说，我们有时候也会说对“那过去的”感到恐惧，那么这看起来和上面所说有冲突。然而通过进一步的考究，我们就发现，只有在“那将来的”以某种方式显露出来的时候，我们才这样说。所谓我对“那过去的”感到恐惧，在这里，“那过去的”必定是处在一种对于我的可能性关系之中。这样，如果我为一种过去的不幸感到恐惧，那么这不幸并不存在，因为它已经是过去的了，但是因为它能够被重复，就是说，能够成为“将来的”。如果我为一种过去的过错感到恐惧，那么这是因为我并没有把它作为“过去的”放置在一种对于我的本质性关系之中，并且以某种欺骗的方式阻止它去成为过去的。就是说，如果它真的是过去的，那么我就无法感到恐惧，而只会懊悔[75]。如果我不懊悔，那么，我首先是允许了我自己去使得“我对于这过错的关系”辩证化，但这过错自身则因此成为了一种可能性而不是什么“过去的”。如果我是对惩罚感到恐惧，那么这是因为这种惩罚被放置在一种对于“过错”的辩证关系中（否则我承受我应受的的惩罚），而这样一来，我则是在为“那可能的”和“那将来的”而感到恐惧。

这样，我们就又到了我们在第一章中所在的地方。恐惧是心理学意义上的状态，它先行于“罪”，尽其可能地向“罪”靠近，尽其可能地对之感到恐惧却不对之作出说明；而“罪”则要在一个“质的跳跃”中才绽发出来。

在“罪”被设定的这一瞬间，“现世性”就是“有罪性”。①[76]我们不说“现世性”是“有罪性”，正如我们不说“感官性”是“有罪性”，但是在“罪”被设定了的时候，“现世性”就意味了“有罪性”。因此，如果一个人只是生活在那“作为出自‘那永恒的’的抽象”的“瞬间”之中，那么这个人就是在行罪。如果亚当，我在此为求方便而勉为其难并且糟糕地说，假如亚当没有行罪[77]，那么他在那同一“瞬间”已经跨进“永恒”之中去了。而反过来，一旦“罪”设定了，那么再徒劳地想要从

① 由“现世性作为有罪性”这种定性又得出“死亡作为惩罚”的推论。这是一种向前的进展，其类比，如果有人想要，能够在这里找到：即使是在其对于“外在的现象”的关系中，死亡也是依据这样一种在程度上的正比来宣告其自身，——有机体越完美，相对这有机体而言，死亡就越可怕。一种植物的死亡和腐败所散布出的气味几乎比它在得到熏香后的气息更美味，而相反动物的腐烂则污染空气。在一种更深刻的意义上正是这样：“人”被估价得越高，死亡就越可怕。动物其实并不死去；但是，当“精神”被设定为“精神”的时候，死亡就作为“那可怕的”而显现出来。死亡的恐惧因此与出生的恐惧相对应，然而在这里我无须再重复那些被部分正确地、部分只是头脑聪明地、部分心花怒放地、部分轻率地说出的关于“死亡是一种变化”旧话。在死亡的瞬间，“人”处在“综合”的最极端的点上；“精神”简直仿佛无法在场；因为“精神”无法死，但是它却必须得等待，因为“肉体”则必须死。异教的死亡观，——正如异教文化对“感官性”的看法更天真、对“现世性”的看法更无忧无虑，异教的死亡观也同样更柔和更迷人，但是却缺少“那至高的”。如果我们阅读莱辛关于“古典艺术是怎样表现死亡的”的美丽论文，我们无法否认：在这个沉睡着的守护神的形象中，或者通过观察这美丽的庄严（死亡的守护神在这种庄严中倾斜自己的头颅或者熄掉火炬），我们忧伤而舒心地被感动。如果我们愿意这样的话，将自己交付给一个这样的引导者，他已化解为一种记忆而在这种记忆之中没有任何东西可回忆，而正是在这种“交付”之中，有着某种不可描述的东西，劝说着并且诱惑着。但是，在另一方面，要去追随这个沉默的引导者，这却又是险恶不祥的；因为他什么都不隐藏，他的形象不是什么“身份不明者”；正如他所是，如此就是死亡，并且一切因此而消逝。这之中有着一种不可解释的忧伤：这个守护神以他那友好的姿势俯身垂向那正在死去的人，并且以他最后一吻中的气息扑灭去那最后的生命火花；而同时那被经历了的东西则一点一点地已经消失，死亡仍然在那里如同一种秘密——自身尚未得以说明地——说明着：整个生命是一种游戏，而在这种游戏之中的结局就是，“大大小小的一切”像小学生们一样走出去，而最后“灵魂”本身像老师一样走出去。然而，这整一个过程只是一场孩子的游戏，而现在游戏结束了，在这之中也有着“毁灭”的黯哑无声。

“现世性”之中抽象出来，那是无济于事的，正如想要从“感官性”之中抽象出来，也一样是徒劳的。①

第一节　“无精神性”的恐惧

如果我们考虑到生活，那么我们马上会确信：尽管这里所展开的论述都是对的，就是说，“恐惧”是最后的心理学状态，“罪”从这种状态之中通过“质的跳跃”而绽出，但整个异教以及它在基督教之中的重复[78]仍还是处于一种纯粹的量的定性之中，“罪”的“质的跳跃”绝不会从这种量的定性中绽出。然而，这种状态却不是“无辜性”的状态，并且，站在“精神”的立场上看，它恰恰是“有罪性”的状态。

这里有一点是相当奇怪的：基督教的正统教义[79]一直教导说异教是处于“罪”中[80]，而“罪”的意识则要通过基督教才得以设定。然而，如果我们得到进一步的准确说明的话，我们能够发现，正统教义的教导其实是对的。通过各种量化的定性，异教如同时间般地渐进，从来没有在一种最深刻地意义上进入“罪”，而这恰恰就是“罪”。

异教的情形是如此，这一点很容易展示。但是那“在基督教之中的异教”的情形则不同。“基督教中的异教”的生命既不是有辜的也不是无辜的，它从根本上并不知道任何介于“那现在的”、“那过去的”、“那将来的”和“那永恒的”之间的区别。它的生命和它的历史向前行进，如同古老的日子里的文字在纸张上连成一气，因为人们不使用任何分隔符号，一个词、一个句子扭挤进另一个词句[81]。在审美上看，这是极具喜剧性的；因为，听一条小溪吟唱着流过生命，这固然是美丽的，然而，如果与此同时一个由理性生物们构成的集合被毫无意义地转化为一种永恒的嗫嚅，那么这就是喜剧效果了。我不知道哲学是不是能够将这一庸众[82]作为一种范畴来使用，就是说，通过让它作为“那更伟大的东西”的基底[83]而被用作范畴，如同植物茎秆慢慢变成泥土的运动：首先是泥炭小块，然后更大块。从“精神”的立场看，这样的一种存在是“罪”，而我们能够为之所做的至少就是：通过说出这一点而向这种存在要求“精神”。

---

① 在这里所展开的这些完全也可以在第一章中得到论述。但是我选择了将之放在这里，因为它尤其直接地导向后面接下去的文字。

这里所说的并不是异教的情形。这样一种存在只能在基督教之中出现。之所以这样是因为，“精神”被设定得越高，“排他性”[84]显得也就越深刻；那丢失的东西所处的位置越高，那失去了感觉能力的人[85]（以弗所书4：19）在他们的赎返[86]中就越悲惨。如果我们把这种“无精神性”的极乐与异教世界里的奴隶们的状态作比较，那么相比之下，那种奴隶状态还有一些意义；因为它在“自在”的意义上是完全的乌有。相反在“无精神性”之中的迷失则是一切之中最可怕的；因为它恰恰是这样一种不幸：“无精神性”具备一种相对于“精神”的“不是关系的关系”。因此，“无精神性”在一种特定的程度上能够拥有“精神”的全部内容，但是务必注意，不是作为“精神”，而是作为鬼魂幽灵、胡言乱语、陈词滥调等等。他能够拥有“真相”，但是注意，这真相不是作为“真相”而被拥有，而是作为谣言和老女人的碎嘴。从审美的角度看，这就是“无精神性”中深刻的喜剧成分，某种人们通常不会去留意的东西，因为那表达者本身对于“精神”多多少少是不确定的。因此，当“无精神性”要被表达出来时，人们宁可说一些纯粹的胡言，因为人们没有勇气去让它使用人们自己要使用的词语。这是不确定感。“无精神性”能够说出与“最丰富的精神”所说的完全一样的话，只是“无精神性”说出这些并非依据于“精神”。如果一个人被定性为“无精神的”，那么这人就成了说话的机器，并且没有什么东西能够阻碍他同样成功地背诵一种冗长的哲学用语、一种信仰训条和一种政治宣叙。独一无二的反讽者和最伟大的幽默家要联合在一起来说这样一件“看起来是一切之中最简单的事情”，即“人必须区分‘人所明白的东西’和‘人所不明白的东西’”[87]，这难道不奇怪么；有什么东西能够阻碍“那最没有精神的人”去做到逐字逐句地说出同样的话？只有一个证明“精神”的证据，它就是“精神”在一个人自身之中所给出的证据[88]；每一个要求其他东西的人，也许能够碰巧在剩余之中找到证据，但是他却已经是被定性为“无精神的”了。

在“无精神性”之中没有恐惧，因为它太幸福满足太缺少精神了，所以无法具备恐惧。但这是一个令人伤心的原因，并且因为这个原因，“异教”不同于“无精神性”，因为就运动方向而言前者是向着“精神”，而后者则是背离着“精神”。因此，异教，如果我们想这样说的话，是一种精神的缺席，这样它就与“无精神性”有着极大的区别。因此，“异教”也比“无精神性”好得多。“无精神性”是“精神”的僵滞，是对

"理想性"的歪曲。所以，如果我们谈的是背诵各种文字，那么"无精神性"在根本上并不愚蠢；但它在这样的意义上是愚蠢的：如果我们说盐，如果盐变得愚蠢了，那么我们用什么去给出咸味呢？[89]在这之中恰恰是有着它的迷失，但也恰恰有着它的安全感：它不明白任何精神的东西，它也不去把握任何作为任务的东西，尽管它能够以其消隐的阴湿性摸索一切。如果它偶然有一次被精神接触到并且在一瞬间里像一只受到电流刺激的青蛙那样蹬腿[90]，那么，一种完全相应于"异教文化中的物神崇拜[91]"的现象就出场了。对于"无精神性"不存在任何权威，因为它知道，对于"精神"不存在任何权威，然而既然它自己——很不幸地说——不是"精神"，那么，尽管它有着它的知识，它仍是完全的偶像崇拜者。它以同样的恭敬心崇拜一个傻瓜和一个英雄；而别的都无关紧要，重要的是它的真正崇拜对象是一个卖狗皮膏药的江湖骗子。

这样，虽然在"无精神性"之中没有恐惧（因为正如精神，这恐惧也是被排除在外的），但恐惧还是在的，只是等待着。我们能够想象，一个欠债者很幸运地躲过债权者并且通过种种借口避开后者；然而，有一个债权者却是无法摆脱的，它就是"精神"。所以，从"精神"的立场看，在"无精神性"中也是有着恐惧在场的，只是隐藏着和伪装着。哪怕只是观想一下，一个人都会为由此得出的情景而感到毛骨悚然；因为作为"恐惧"的形态（如果我们让我们的想象力去构建出这样一种形态的话），它本身看上去是很可怕的，而如果它觉得自己有必要伪装而不以自身的真实面目出现（尽管它仍还是它真实的自身），那么它的这种形态就会更骇人。当死亡在其真实形态之中作为那瘦削阴沉的收割者[92]而出现的时候，一个见此情景的人也免不了惊恐；而如果它为了嘲弄那些自以为能够嘲弄它的人们而在乔装打扮之后出现，这时只要这观看者发现，这个面生的人，他以他的礼貌抓住了所有的人并且使得所有人欢悦于情欲的狂热放纵，并且他就是死神，那么这时，这观看者就会完全被一种深深的惊骇占据。

第二节　辩证地被定性为命运的恐惧

在通常人们习惯于说，异教处于"罪"中；或许换一种说法更好：它处在"恐惧"之中。异教在总体上说就是"感官性"，但是，那是一种这样的“感官性”：它具有一种与“精神”的关系，虽然从最深刻的意义上说，“精神”还没有被设定为“精神”。而这种可能性，恰恰就是“恐惧”。

如果我们进一步问，“恐惧”的对象是什么，那么，不管是在这里还是任何别的地方，答案就必定是：它是“乌有”。“恐惧”和“乌有”持恒地相互对应。一旦“自由”的和“精神”的现实性被设定，那么“恐惧”就马上被取消掉。然而，在异教之中进一步看，这时“恐惧”的“乌有”意味了什么呢？它是命运。

命运是一种对于“精神”的关系，作为外在的关系；它是“精神”与一个“其他”[93]之间的一种关系，——这里的这个“其他”不是精神，但是精神却必须与这个“其他”达成一种精神关系。“命运”可以意味着恰恰相反的东西，既然它是一种“必然”和“偶然”的统一体。对于这一点，我们并没有一直留意。我们谈论过异教的“宿命”[94]（而这个概念在东方的解读与希腊的解读之中又有着不同的意义修正[95]），仿佛它是“必然”[96]。这种“必然”的一点剩余被留在了基督教的世界观里，在这之中，它就意味作“命运”，就是说，“那偶然的”，作为天意来看是不可比测的东西[97]。然而，其实事情本非是如此；因为“命运”恰恰是“必然”与“偶然”的统一体。说“命运是盲目的”，是一种很聪明的说法；因为盲目向前的人，是在同样程度上既必然又偶然地向前。一种并不意识到其自身的“必然”，正是因为这个原因[98]，在其对于下一个瞬间的关系中就是“偶然”。这时，“命运”是“恐惧”之“乌有”。它是“乌有”，因为一旦“精神”被设定，“恐惧”就被取消；而“命运”也被取消，因为由此“天意”[99]也被设定了。因此，关于命运我们可以这样说——也就是保罗就偶像的所说的：在世界上没有偶像[100]；但是，对于异教徒的宗教性，偶像仍是其对象。

这样，在命运中，异教徒的恐惧有着其对象，其“乌有”。他无法进入“与命运的关系”，因为，如果命运在一个瞬间里是“那必然的”，那么它在接下来的一瞬间就是“那偶然的”。但他却是处在“与命运的关系”之中，并且这个关系就是“恐惧”。要向命运更进一步靠近，异教徒就无法做到。异教文化在这方面所做的努力深奥得足以能够为命运问题投出一道新的光明。那解说命运的人必定是像命运本身一样地模棱两可。“神谕”[101]也正是如此。但是神谕又恰恰能够意味着相反的东西。这时，异教徒对于神谕的关系又是“恐惧”。这里，在异教中有着深刻而不可解说的悲剧成分。“那悲剧的”并不在于“神谕的陈述是模棱两可的”，而是在于“异教徒不敢让自己不去向神谕问命运”。他处在与之的关系之中，他不敢让自己不向之咨询，甚至在那谕示命运的瞬间，他都是处在一种对之的模棱两可的关系中（同感并且反感）。而正是在这样的时候，人们就想着神谕的解说[102]。

概念“辜”和“罪”在最深刻的意义上说并没有出现在异教世界。因为，假如这种概念出现，那么这时异教就会在这样的一种矛盾里毁灭：一个人因为其命运而变得有辜。就是说，这是最重大的矛盾，并且在这种矛盾中绽发出了基督教。异教无法明白这个，因为在对于“辜”这个概念的定性上，异教过于轻率。

概念“罪”和“辜”恰恰设定“单个的人”是作为“单个的人”。不去谈每一种与整个世界的关系、与“那过去的”的关系；这里只是谈一点：“他是有辜的”，然而他却要通过命运而成为“有辜的”；也就是说，通过所有上面“不去谈”的各种关系而变得有辜；由此他要成为“某种恰恰是要去取消‘命运’这概念的东西”，并且他要通过命运而去成为这东西。

这一矛盾，如果是以一种误解了的方式来解读，那么它将给出那误解了的“传承之罪”概念[103]；而如果这一矛盾是以一种正确的方式来得到解读，那么它将给出真实的概念，就是说这样的：每一个“个体”是其自身和“族类”，并且后来的“个体”在本质上与那第一个没有区别。在“恐惧”的可能性之中，“自由”被命运压倒并且瘫作一团；在这时，它[104]的现实性却带着这样一种说明而站立起来：“它成为有辜的[105]。”恐惧在它最极端的点上（在这里“个体”似乎已经变得是有辜的）还仍旧不是“辜”。这时，“罪”出现，既不是作为一种必然也不是作为一种偶然事件；所以，与“罪”的概念相应的是“天意”。

在基督教之内，不管何时何地，只要“精神”在场但在本质上却又没有被作为“精神”而设定，那么我们就能看见异教世界的那种相对于命运的恐惧。如果我们去观察一个天才，那么这现象表现得最明了了。“天才”就其本身而言直接地就是占优势的主体性。他尚未被设定为“精神”；因为，就其本身他只通过“精神”而被设定。作为直接的情形，他能够是“精神”（这里有着那欺骗性的因素，仿佛他的超凡才能是“作为精神而被设定”的精神）；然而这时，他在他自身之外有着一个“其他”而这个“其他”不是“精神”，并且他自己也处于一个与“精神”的外在关系中。所以“天才”不断地能够发现“命运”；并且越是深刻的天才，他发现“命运”的程度也越深刻。在“无精神性”看来，这自然是一种荒唐事，但在事实上这却是伟大的事实；因为，没有什么人是天生带着“天意”的理念，而如果有些人以为，人可以通过教育而循序渐进地得到它，那么他们是犯了大错误，——当然我并不想因此而拒绝教育的重要性。通过发现“命运”，天才恰恰显示出了他的原始的力量；然而这也显示出他的无能为力。对于“直接的精神”（天才就一直是这样一种“直接的精神”，只是他在一种杰出的意义上[106]是直接的精神），命运就是极限。“天意”要在“罪”之中才被设定；为此“天才”要通过一场极大的奋斗才能达到天意；而如果他达不到天意，那么我们就只能够在他身上确实地研究“命运”。

“天才”是一种全能的自在[107]，这种“自在”就其本身而言要撼动整个世界。为了一种秩序的缘故，与他同时有另一个形态出现了，这形态就是“命运”。“命运”是乌有；而那是天才，正是他自己发现这“命运”；并且，越是深刻的天才，他发现“命运”的程度也越深刻；因为这个形态只是对“天意”的预知。这时，如果他继续是仅仅作为天才并且使自己的意识转向外部世界，那么他就必须去完善那令人惊奇的事情，而同时却又总是屈从于命运，——如果这情形不是外在地对于每一个人都是有形而可见的，那么内在地也会是这样。所以一个“天才”的存在总是如同一个童话，如果他没有在最深刻的意义上向内转到自身之中的话。天才能够做一切，然而他却依赖于一种卑微性，没有人明白这种卑微性，而天才则通过他自己的全能赋予这种卑微性以全能的重要性。因此，一个少尉[108]能够——如果他是一个天才——成为皇帝并且改变世界，于是只出现一个帝国和一个皇帝。然而也是因此，军队能够整队进入战斗，战机是绝对地有利，可能在下一个瞬间就会失去这种机会，一王国的英雄请求着战斗的命令，但是他不能；他必须等到六月十四日，为什么？因为那是马伦戈的战役日[109]。所以一切都可以是就绪的，他自己停留在军团的前方，只是等待着：太阳应当升起、因而能够让那段震撼战士们心灵的讲演开始，并且太阳应当比以往更辉煌地升起，对每一个人成为一片振奋和激荡的景观；但那只对他是例外，因为太阳并非是如此辉煌地在奥斯特利茨[110]升起，并且只有奥斯特利茨的那种太阳导致胜利并使他欢欣[111]。由此那不可解释的激情，——一个这样的人常常会带着这样一种激情对一个完全微不足道的人光火，虽然他在别的情况下甚至也可能向敌人显示人道和仁慈。是啊，不幸那男人，不幸那女人，不幸那无辜的孩子，不幸那原野里的动物，不幸那鸟，不幸那树，那鸟的飞行和那树的枝杈在他要取得其预示的那一瞬间挡在了他面前。

“那外在的”就其本身对于“天才”是毫无意义的，所以没有人能够懂得他。一切在于他自己在他那秘密朋友（“命运”）在场的情况下是怎样对之进行理解的。这一切都可能失去；最笨的人和最聪明的人一致地劝他不要去进行那不会有结果的冒险。然而“天才”知道，他在一个无形的文本之中阅读着命运的意志，他比整个世界更强有力，——只要在这无形的文本中对这一点没有任何可疑的评注。如果他以自己的愿望去阅读它，那么他以他那全能的声音对那个船长说：“你只需航行，你驶着恺撒和他的幸运。”[112]一切都可以赢得，而在他得到情报的同一瞬间，可能有一句话被一同带了出来，而这句话的意义没有任何受造物，乃至在天上的上帝自己都不明白（因为在某种意义上上帝也弄不懂天才），于是天才就在其无能之中瘫倒。

这样，天才是被置于“那普通的”之外的。他通过他对于命运的信仰而伟大，要么胜利要么灭亡；因为他通过自己而胜利，并且通过自己而灭亡，或者更确切地说两者都是通过命运。通常人们只是在他胜利的时候赞慕他的伟大，但是他的最伟大之处却是在于“他灭亡在他自己的手中”。这一点不能理解为“命运”没有外在地宣告自身。相反，恰恰是在人们所说的“已经赢得了一切”的瞬间，他发现那种可疑的阅读方式，于是他就瘫倒下来；这时，人们很可能会惊呼：怎样的一个巨人才能如此推翻他。恰恰没有人能够推翻他，——如果不是他自己的话。信仰（这信仰使得世界的国家和土地屈服在他那有力的手下面而人们以为在看一种神话），这同样的信仰推翻了他，而他的灭亡则是一个更加深奥无解的神话。

所以与那些普通人相比，天才在另一种时刻里感到恐惧。普通人在危险的那一刻才发现危险，而在此之前则是安全的，并且在危险过去之后又是安全的。天才在危险的那一刻是最强有力的，相反他的恐惧在于那之前的瞬间和之后的瞬间，这战栗的一刻，这时他必须与那个伟大的陌生者共处，这陌生者就是“命运”。可能他的恐惧恰恰是在之后的瞬间里最强烈，因为“确定性之不耐烦”总是与“距离胜利的时刻之近”成反比例而生长，既然人们离胜利越近，可丧失的东西也就恒定地越来越多，而到胜利的一瞬间则达到最大值；并且，也因为命运的一致性恰恰就是不一致性。

天才，就其本身而言，他无法以宗教的方式解读自己，所以他既不会进入“罪”也不会进入“天意”，并且，由于这个原因他处在恐惧相对于命运的关系之中。不具备这种恐惧的天才从不曾存在，除非这天才同时也是宗教的。

如果天才通过被定性为“是直接的”并且通过让意识转向外部世界而继续停留在原处，那么他无疑变得伟大并且其成就惊人，但是他永远也不会进入到自己、永远也不会变得对于自己是伟大的。他的一切作为都转向外部世界，如果我可以这样说的话，这种发射着一切的行星运动中心，是不会进入存在的。天才对于其自己来说的意义是无意义，或者说这种意义只是与法罗人故事中的“同情感应心”[113]一样可疑地忧郁：如果在法罗群岛的一个岛上生活着一个土生土长的法罗人，他通过以不同的欧洲语言写出的文字而使得整个欧洲惊奇并且通过他的不朽贡献而改造了各种科学，但他却从来没有写过一行法罗语乃至最后忘记了怎样说法罗语，那么，出于“同情感应心”，这岛上的居民们会因此而感到高兴。天才在最深刻的意义上对于他自己来说不会变得很重要，他的领域无法被定性得比“命运”的各种关系更高，诸如与幸福、不幸、尊敬、荣誉、权力、不朽名望的关系，所有这些都是现世的定性。对于恐惧的每一种更深刻的辩证定性都被排除在了外面。最后的一种定性会是这个：如此地被看作是“有辜的”，以至于恐惧并不是对准“辜”本身而是对准了它的表象，——这是一种“荣誉”的定性。这种“灵魂状态”无疑是适合于去作为一种诗化处理的对象。这样的事情可以在每一个人身上发生，但“天才”就会马上去深刻地领会它，领会得如此深刻，以至于他不去与人类发生争议，而是去与“生存”[114]的更深奥的神秘发生争议。

于是，这样一种天才性的“存在”，虽然它有着它的光辉、荣耀和重大意义，它仍是“罪”；无疑，要理解这一点首先必须要有勇气；并且，在人们学会去满足“有愿望的灵魂”的饥饿欲求之前几乎不会明白它。然而它是确乎如此。当然，不管怎么说，这样一种“存在”在某种程度上可以是幸福的，只是这种幸福证明不了什么。人们无疑能够将自己的天赋看作是一种消遣的工具，并且在人们实际运用这天赋的时候，它不会在任何瞬间高于各种包含有“那现世的”的范畴。只有通过一种宗教的沉思，“天才”和“才能”才在最深刻的意义上被认为是合理的。我们可以拿像塔列朗[115]这样一个天才作为例子来看，在他身上有着让人去对生活作出一种远远更深刻的思考的可能性。他避开了这种可能性。他追随了他身上的外向[116]定性。作为阴谋家，他那令人惊叹的天才光辉四射地显现出来，他那一张一弛的精神弹力，他的天才的饱和作用力（这里使用一个化学家用来描述腐蚀性酸的用词）是令人惊叹的，但是，他属于“现世性”。如果这样一个天才藐视了那作为“直接的”的现世性，并且内向地投入内心并投向“那神圣的”，那么，这将会是一个怎样的宗教天才[117]啊？然而反过来说，他又要去经受怎样的苦恼啊！去追随各种“直接的”定性对于生命是一种轻松的事情，不管一个人是伟大还是渺小，而酬报则也关系到这些定性，不管他是伟大或者渺小；而如果一个人尚未在精神上成熟到这样的程度——以至于他不会知道，哪怕是“世世代代一直不朽”的荣誉也只不过是“现世性”的一种定性，那么他就不会知道，“那使得人们的灵魂为了去得到它而在愿望和追求之中无法入眠的东西”与一种特定的“不朽性”相比只能算是极不完美的东西，这种不朽性是为每一个人的存在的，并且，如果它被保留给了“一个人”，那么它就会引发全世界的公正的嫉妒；——如果一个人尚未在精神上成熟到这样的程度[118]，那么他就不应当在他对“精神”和“不朽性”的解说上更进一步深入下去了。

第三节　辩证地被定性为辜的恐惧

通常人们说，犹太教是律法的立足点[119]。然而人们却也可以这样来表达这种说法：犹太教处在“恐惧”之中。但是“恐惧”的乌有在这里却不意味作命运而是意味作某种其他东西。正是在这个范围里，“感到恐惧于——乌有”这句句子显得最有悖论性；因为“辜”无疑是“某物”[120]。然而另一个说法也还依旧正确：只要它是“恐惧”的对象，那么它就是“乌有”。在这关系之中有着模棱两可；因为，一旦“辜”被设定，“恐惧”就消失，并且这里有“悔”在场。这关系作为“恐惧”的一种关系总是既同感又反感的[121]。这看起来似乎又是悖论性的，然而却并非如此；因为在“恐惧”畏惧着的同时[122]，它与它的对象保持有一种微妙交流，无法对之忽视——甚至根本就不愿意这样做，因为，如果个体要这样做的话，那么“悔”就会出现。这对于某些人可能是一种充满麻烦的说法，那我也没办法。如果一个人具备了（如果我敢这样说）只有神圣的控告人[123]才具备的那种坚定不移，当然，不是在一种对于别人，而是一种对于自己的关系中，如果他具备这种坚定不移，那么他就不会认为这是充满麻烦的了。另外，生活提供了足够多的现象，在这些现象中，“个体”在“恐惧”中几乎是带着欲望地凝视着“辜”，然而却也畏惧着它。在“精神”的眼中，“辜”具有那种蛇的目光里所具备的、使人神魂颠倒的力量。在这一点上有着卡珀克拉田学派[124]观点中的真理：通过“罪”而达到完美[125]。这在决定性的瞬间具有其真理，因为那直接的精神通过“精神”而被设定为“精神”；相反，如果我们认为，这种观点要具体实在地[126]在现实中被实践，那么我们就是在亵渎了。

犹太教恰恰是因此而比希腊文化走得更远，并且由此我们能够——在它对于“辜”的充满恐惧的关系中——看见那同感的环节；任何代价都无法使它放弃这种关系而去获得那希腊文化中更轻率的表达语：“命运”、“幸福”和“不幸”。

犹太教之中的那种恐惧是对于“辜”的恐惧。“辜”是一种力量[127]，到处散布着，而在它笼罩“存在”[128]的时候，却没有人在一种更深的意义上能够领会它。那要来解说它的，必定也是有着同样的特性，正如神谕对应于命运。与异教之中的“神谕”相对应，在犹太教中有“牺牲”[129]。因此，“牺牲”却是同样没有人能够明白的。此中有着犹太教中所具有的那种深刻的悲剧元素，类似于与异教里的“神谕”相对应的东西。犹太人在“牺牲”之中寻找其出路[130]，但是这帮不了他[131]，因为那真正将起的作用是：恐惧对于“辜”的关系被取消，而一个现实的[132]关系被设定[133]。既然这情况没有发生，那么“牺牲”就变得模棱两可，而这在它的“重复”[134]之中得到表达，而这“重复”的更进一步后果则会是一种纯粹怀疑——一种作为“对牺牲行为本身的反思”的纯粹怀疑[135]。

这样，那在前面的文字中有效的说法，在这里也一样有效：只有与“罪”在一起，“天意”才存在；只有借助于这“罪”，“和解”才被设定，并且其“牺牲”不再被重复[136]。之所以这样，其原因不在于“牺牲”

的（如果我敢说）外在完美性；相反，牺牲的完美性所对应的是："罪"的"现实的关系"被设定了。只要那"罪"的"现实的关系"没有被设定出来，那么"牺牲"就必定被重复[137]。（这样，"牺牲"在天主教里面被重复，而同时人们却承认"牺牲"的绝对完美性[138]）。

在这些世界历史性的关系之中被简要地暗示出来了的这种情形，到了基督教里就在各种个体人格中得以重复。有一些关系在那些不怎么独特的人们身上不是很容易地就能被范畴化，而在这里，"天才"再一次清楚地显示出这些关系。总体上说，"天才"只是在这一点上不同于每一个其他人：他有意识地在他的"历史预设条件"中完全如同亚当那样从原始的根本进入开始。每一次有"天才"出生，就都简直是对"存在"进行着一场考验；因为他走通涉遍并且经历所有"那已经过去的"，直到他赶上他自己。所以，"天才"所具的对于"那过去的"的知识是完全地不同于那种在"世界历史性的概观"中所给出的知识[139]。

关于"天才能够停留在他的直接的定性之中"，我们已经在前文之中有所提示；而那对"这情形是一种罪"的解说，也同时蕴含了一种对于"天才"的真正礼貌。每一个人类生命都是被宗教性地设计过的。如果想要拒绝这一点，那就是让一切混淆在困惑之中，并且是在取消概念"个体"、"族类"、"不朽性"。在这一点上，但愿人们能够使用其敏锐的洞察力，因为在这里有着极其麻烦的问题。说一个人有着足智多谋的头脑，他应当去做外交官或者警探；说一个人具有喜剧模仿的能力，他应当去做演员；说一个人什么能力也没有，他应当去做市政最高机关里的火夫；——所有这样的说法，都是一种毫无意义的生活观，或者更确切地说，根本不是什么观，因为它们只是在说些明摆着的东西。但是要说明我的"宗教性的存在"怎样去与我的外在表面相关并且表现在我的外在表面之中，这则是一个任务。然而在我们的时代又有谁愿意麻烦自己去对这一类东西进行思考呢，——尽管比起从前的任何时代，在我们这个时代里，"现在在场的"生活显得越来越像一种忽而即逝地擦过的瞬间？不是通过上面所说的思考而去抓住"那永恒的"，相反人们只是去学着把生命从自己和邻人[140]身上驱逐出去、从"瞬间"之中驱逐出去，——而这恰恰发生在他们对"瞬间"的追逐之中。如果一个人只需能够参与，只一次地去跳出那"瞬间"的华尔兹舞步，那么他就生活[141]了，那么他就被不幸的人们羡慕了，（那些不幸的人，虽然没有出生，轻率仓促地闯进生命，轻率仓促地继续投入却从来没有达到生活)，而这时他生活了；因为，一个年轻女孩“短暂的美丽可爱”，如果它在一个晚上迷醉了那众多的舞者并且一直到清晨时刻才消退，那么它已经是得到了非常好的保养了，比起这样一个女孩短暂的美丽可爱，一个人的人生的更有价值之处又是什么呢？这里没有时间对关于“一种‘宗教性的存在’是怎样渗透和交织在一种‘外在的存在’之中的”的问题进行思考。就算这个人没有在“绝望”的匆忙之中奔命，那么，在最接近他的地方有什么他还是会去抓什么。以这样一种方式或许他在这个世界里甚至成为某种伟大的东西；这时，如果他再额外地偶尔去一下教堂的话，那么一切就是十全十美了。这看起来是揭示了这样的事实：对于某些个体，“那宗教的”是“那绝对的”，而对其他人则不是①[142]，然后晚安，生活中的所有意义！“外在的任务”距离“那宗教的”本身越远，这考究自然是变得越困难。我们必须进入一种怎样的宗教沉思才能够达到一种这样的外在的任务，比如说，“去成为一个喜剧演员”。我不否认，这是可以做到的；因为如果一个人对“那宗教的”有所知，那么他很清楚地知道它[143]比金子软并且是绝对地可比较的。中世纪的错误[144]不是宗教的沉思，而是人们太早地停止。这里再一次成了一个关于“重复”的问题：就是说，一种个体人格——在他开始了那宗教沉思之后——在多么大的程度上能够成功地丝毫不差完全地重新获得自己。在中世纪人们中断了这沉思。这样，一个个体人格，在他要去重新获得自己的时候，如果他碰上了这样的情况，比如说，他有一个笑话、对于“那喜剧的”的感觉，等等，这时他就把所有这类作为某种不完美的东西而消灭掉。在我们的时代，人们则只是太轻易地把中世纪的这种态度看成一种痴愚；因为，如果一个人有笑话或者有在“那喜剧的”方面的才能，那么他就无疑是一个幸运的家伙，他又能再想要什么？这样的说明自然根本没有搞明白上面的问题，因为，尽管今天人们在关于“世界”的问题上生来就比从前的人们更聪明，然而，其中很大一部分却对于“那宗教

---

①　在希腊人那里，这关于“那宗教的”的问题就不能这样地被提出。然而如果阅读柏拉图在一个地方所解说和使用的那些，还是感觉很美好的。在埃庇米修斯以各种各样的礼物武装人类的时候，他问宙斯，这时是不是应当把在“善”和“恶”之间作选择的能力也分发出去，如同他分发了其他礼物，这样，一个人得到这种能力，而正如另一个人得到雄辩力的天赋，再另一个诗歌才能，再另一个艺术的天赋。但是宙斯说，这种能力应当一致地分发给所有人，因为它在同样本质的意义上属于每一个人。

的”的问题也是天生盲目的。不管怎么说，在中世纪我们也能够找到关于“上面所说的这种审思被更深入地进行了下去”的例子。比如说这样，如果一个画家宗教性地解读出自己的才能，但是这才能却无法在那种最接近“那宗教的”的创作中宣示出自身，而在这时我们则看见，一个这样的艺术家同样虔诚地集中精力去画一个维纳斯，同样虔诚地把他的艺术使命解读成是一种“能够通过把教众们的目光吸引到天堂式的美丽形像之中而帮助教会”的工作。然而就这个方面，我们有必要等待这样的“个体”们的出现，——他们，尽管有着外在的天赋，却不去选择宽阔的道路[145]，而是选择了苦痛、困境和恐惧，在之中他们宗教性地凝神于（同时也仿佛是在失去）那种“只具有着足够的诱惑性而使人求之不得的”东西。一场这样的搏斗毋庸置疑是非常容易使人精疲力竭的；因为在搏斗中会出现这样的瞬间：他们几乎要为自己开始了这种努力而感到后悔，并且忧伤地（甚至也许有时候几乎是快要绝望地）回想“那微笑着的生活”，——如果他们那时追随了“才能”的直接的驱动力的话，那种生活将会是对他们开放着的[146]。然而，在苦难的最极端惊骇之中，仿佛一切都已失去，因为他努力前行想要走的路是无法走通的，而同时他又已经自己把“才能”的微笑之路割弃了，这时，他，留神关注着的他，毋庸置疑地将听见一种声音在说：好呵，我的孩子！只须向前；因为那失去一切的人，他赢得一切。[147]

现在我们来看一个宗教性的天才，也就是说，这样的一个不愿意停留在他的“直接性”之中的天才。他是否将在某个时刻转向对外，对于他是一个以后的问题。他首先所要做的是使得自己内向于他自己。正如那直接的天才有着命运，而他则有着“辜”作为追随着他的形态。也就是在他内向投身于他自己的时候，他也正是因为这个原因[148]投身向上帝；并且，在这时，这也是一种仪式性的规则：当“有限的精神”要看见上帝时，它必定以“作为有辜的”而开始。在他内向投身于他自己的时候，他发现“辜”。越是伟大的天才，越是深刻地发现“辜”。这对于“无精神性”是一种荒唐事，——这个事实对于我来说一种快乐和一种令人愉快的标志。“天才”不同于大多数人并且不愿意满足于去混同在那大多数之中。之所以是如此，原因却不是因为他看不起那些人，而是因为他是在本原的意义上只与自己有关，而所有其他人和他们的各种说明对他不起作用，——不管是正面的还是反面的作用。

他如此深刻地发现“辜”，这显示出，这个概念对于他是在一种出色的意义上[149]在场的，正如其对立面“无辜性”也是如此。如此也同样就是“直接的天才”相对于“命运”的关系；因为每一个人都有自己与命运的小小关系，但只是停留在这样的“小小关系”上，停留在“闲聊”上，这种闲聊不会留意到塔列朗（并且扬在他之前早就已经说过[150]）所发现，却没有像闲聊那么好地去完成的说法：语言是为了隐藏思想而存在的[151]，——也就是说，为了隐藏“人们没有思想”的事实。[152]

这样，在他向内投入他自己的时候，他发现了“自由”。命运是他所不畏惧的；因为向外他没有任何任务，并且自由对于他是他的至福，“自由”不是去这个世界上做这做那的自由，不是去成为国王和皇帝或者这个时代的“街头叫卖家”[153]的自由，而是去自觉到“他是自由”的自由。然而“个体”达到的水准越高，为一切所付的代价也就越高；因为一种秩序的缘故，与这种“自由”的自在[154]一同，另一个形态也进入了存在，——它就是“辜”。这“辜”就是那“命运所曾经是”的东西，他唯一所畏惧的东西；[155]然而他的“畏惧”却不是那种在前面的章节中所谈到的“最大值”——对于“被看作是有辜的”的畏惧，而是对于“是有辜的”的畏惧。

在怎样的程度上他发现“自由”，那么，在“可能性”的状态中，“罪”的恐惧就在怎样的程度上落在他身上。只有“辜”是他所畏惧的；因为这“辜”是唯一能够使得他丧失“自由”的东西。在这里很容易看出，在这里“自由”绝不是“对抗”[156]，或者那种在有限的意义上的“自私的自由”。通过一种这样的假设[157]人们通常是想要寻求对“罪的出现”作出说明[158]。然而这却是白白浪费的苦劳，因为对于这样一种“预设前提”的假设造成了一个比“那要被解说的东西”更大的麻烦。在“自由”被这样地解读的时候，它在“必然性”中有着其对立面[159]，这显示出，人们是在一种反思的定性[160]之中解读“自由”的。不，“自由”的对立面是“辜”，并且“自由”之中至高的东西是：它不断地只与它自己有关，在它的可能性之中投射“辜”，从而独自去设定“辜”，并且，如果“辜”现实地被设定了，那么“自由”独自去设定“辜”。如果一个人不注意这一点的话，那么他就是过分聪明地把自由和某种完全别的东西混淆在一起了，就是说，把自由和力[161]混淆在了一起[162]。

这时，我们说“自由”畏惧“辜”，那么，它所畏惧的不是“去认识它自己是有辜的（如果它是有辜的）”，它所畏惧的是“成为有辜的”；并且因此，一旦“辜”被设定，“自由”又马上作为“悔”而出现。但是“自由”对于“辜”的关系在目前这种情况下只是一种可能性。在这里，通过“不从那最初始的决定中逃避开”、通过“不跑到自己之外去张三李四那里寻求决定”、通过“不满足于通常的讨价还价”，“天才”再次显示出自己。只有通过其自身，“自由”才得知它是不是“自由”或者“辜”是不是被设定。所以世上最无比可笑的事情就是去假设，那关于“一个人是否罪人或者是否有辜的”的问题是应当从属于这样的标题之下：背诵阅读。

“自由”对于“辜”的关系是“恐惧”，因为“自由”和“辜”还仍旧是“可能”。于是“自由”以这种一种方式，带着所有其激情，满心渴望地注目凝视着它自身，并且要保持不让“辜”靠近，这样在“自由”之中不会有任何一丁点“辜”的碎片；但是，这时“自由”却无法不去注目于“辜”，而这种“注目”是“恐惧”模棱两可的注目，正如“放弃”本身在可能性的范围内是一种“觊觎欲求”。

于是，正是在这时，我们能够看见，在怎样的意义上，比起亚当，对于那后来的“个体”，在“恐惧”之中有着一个“更多”①。“辜”是一种更具体的观念，它在“可能”对于“自由”的关系中变得越来越有可能。最后仿佛是整个世界的“辜”联合起来以使得他成为“有辜的”，并且同样地，仿佛是他通过成为“有辜的”而变得在全世界的“辜”中是“有辜的”。就是说，“辜”有着一种辩证的特性：它是不可转移的，但是那成为“有辜的”的人，也同时是在导致出“辜”的东西中成为“有辜的”；因为“辜”从来没有什么外在的“导致者”；那陷在了“诱惑”之中的人，他自己在“诱惑”中是“有辜的”[163]。

这在“可能”的关系中看起来是一种幻觉；但是一旦“悔”和“现实的罪”一同绽出时，它就有了“现实的罪”作为其对象。在“自由”的可能之中是这样的：“辜”被发现得越深刻，“天才”就越伟大；因为“人”的伟大唯独依赖于他身上所具的“上帝关系”的能量，——尽管这种“上帝关系”得到一个完全错误的表达而被表现为“命运”。

① 然而我们却不可忘记，这种类比在这里是不准确的，因为我们所正在论述的不是那后来的“个体”身上的“无辜性”，而是那被抑制的“罪的意识”。

正如命运在最终捕获了那“直接的天才”，并且这从根本上说是他最高峰的瞬间，不是那闪光的、向外的“实现”[164]（这种“实现”使得人们惊奇，甚至使得手工艺人都停下自己的日常忙作而为之诧异），而是这一“瞬间”：因为命运，“直接的天才”在他自己的行为中相对于自己瘫倒崩溃[165]；而与之相应，“辜”捕获了那“宗教的天才”，并且这是最高峰的瞬间，在这瞬间他是伟大的，而这“瞬间”不是在“他的虔诚”的景象如同一种特殊的安息日喜庆的时候，而是在他通过他自己而为他自己沉陷到“罪的意识”之深处的时候。

注释：

1　［更新近的哲学］这里是指黑格尔和丹麦黑格尔主义者阿德勒尔、海贝尔、马腾森和尼尔森（A. P. Adler，J. L. Heiberg，H. L. Martensen 和 Rasmus Nielsen）。

2　［有一个范畴……过渡（Overgangen）］黑格尔尤其是在自己的逻辑之中试图展示出，根据理性的辩证本性，逻辑的各种中心范畴会走向它们的对立面，这样，真理就应当在更高的统一体之中找到，这更高的统一体既保持它们显现出的差异又保持它们的同一。一个范畴走向或者转换为另一个范畴的地方，被称为“过渡”。拉斯姆斯·尼尔森偏离了黑格尔的逻辑。在拉斯姆斯·尼尔森的《思辨哲学基本特征》中，他在各个主要部分之间安置了一个特别的段落，他将之称作“过渡”，比如说介于关于质的部分和关于量的部分之间，以及介于关于量的部分和关于模式的部分之间。在与拉斯姆斯·尼尔森关联上，斯蒂陵（P. M. Stilling）在他的论文《对思辨哲学对科学的意义的哲学思考》中论证了这样一种解读：把“过渡范畴的结果”设定为辩证过程中的第三个环节，而不是“过渡范畴”本身。

3　［哲学的无预设前提的开始］黑格尔在《逻辑学》之中断言，思辨性的思维没有预设前提地开始。科学的起始“于是不可取任何东西为前提，必须不以任何东西为中介，也没有根据；不如说它本身倒应当是全部科学的依据。因此，它必须直捷了当地是一个直接的东西，或者不如说，只是直接的东西本身。正如它不能对他物有所规定那样，它本身也不能包含任何内容，因为内容之类的东西全是与不同之物的区别和相互关系，从而就会是一种中介。所以开端就是纯有。”（译文引自商务印书馆杨一之译《逻辑学》上第 54 页。所谓“纯有”就是纯粹的在：“所以开始就是纯粹的在”）在丹麦，黑格尔的这个原则成为了一个关于哲学起始的广泛讨论的对象。海贝尔在他对儒特的《三一性和调和的学说》（W. H. Rothe，*Læren om Treenighed og Forsoning*，Kbh. 1836）的书评中说：“我们不得不承认，这体系真的遵循了自己所许诺的：没有前提条件的起始。”相反，西贝恩在对海贝尔的评论的评论中则说：“另外，这也很醒目，‘哲学要没有任何前提地开始’这一说法本身包容了很大的一个预设前提，无法得到辩护，如果我们没有进入一种对哲学的本质以及它的可能性和他的整个过程和方式的讨论的话，这一讨论则已经要把我们推进了哲学本身。”他总结说：“这样一来，哲学不可能像黑格尔所希望的那样从一个直接的‘最初’开始，由此我们就因此而做成了一种对于黑格尔的关于哲学的第一概念的反驳，并且，我们这样地展开的辩论研讨在他的‘起始’得到强调之前就已经被想象作是决定好的了。”然后海贝尔则坚持“在逻辑体系中”逻辑的无前提条件的开始的必然性：“我们完全可以把我们为了达到那绝对的开始而沿着向前运动的这条路称作一个解释性的或者说外在的引言，只要我们注意到它对于体系的开始本身是没有任何影响的。因为它不接受任何前提条件作为对绝对开始的偏见。也就是说，它不能够这样，因为它恰恰是向‘无前提预设’运动，由此得出：它不是在接受什么而是抛弃掉一切，因为否则它永远都无法达到‘没有任何前提设定’这一点上。但是，如果我们达到了这目标，那么我们是沿着一条怎样的路，这就是完全无所谓的；因为无论如何，‘那无前提的’是正确的开始，并不因为我们通过各种预设前提而达到了‘那无前提的’就变得不怎么无前提了。”

4　一切（Alt）。

5　“除了那出自一切（Alt）的完美的无预设前提性之外不可以有其他东西先行于哲学之前。”

6　［“过渡”、“否定（Negationen）”、“中介（Mediationen）”］见前面对“否定、过渡和中介”的注脚。

否定、过渡和中介这三者在黑格尔的哲学全书§161之中表示一种在逻辑之中的运动和发展。这是黑格尔的发明，但是正是克尔凯郭尔主要抨击目标。对于克尔凯郭尔，那些单个的逻辑概念必须保持它们的独立性和不变性，这正是那思维的、抽象的必然性，它不同于以自由为预设条件的生命范畴。

7　［黑格尔思想中的运动诸原则］见前面的关于否定的注脚。

8　内视（Indadskuen）。或译作“内省”，就是说，是向自身“内在”的观照。

9　［希腊静修式地（omphalo—psychitisk）］或可直译为“凝神于肚脐眼地”。“omphalopsychitisk”不是丹麦语，它是由“omphalopsychoi”一词以丹麦构词方式派生出的形容词。omphalopsychoi是希腊语。它由两的部分构成：omphalos（肚脐眼）和psychoi（灵魂）。这个词渊源于14世纪在阿陀斯山上的希腊僧侣静修士，他们认为通过使自己处于完全宁静的状态并且凝神内视于自己的肚脐能够达到一种神秘忘情的状态，在之中体验宇宙并达到一种对于神圣荣耀的观照。

10　［那中心的“乌有”］黑格尔的哲学是从纯粹的“在”开始的，而这种“纯粹之在”是一种“乌有”。

11　［体系应当具备奇妙的透明和内视……通过其自身而进入存在］也许是影射海贝尔对黑格尔的突破性的认识。海贝尔在1824年从柏林回丹麦时经历了一场突破性的人生体验，——他在柏林认识了黑格尔哲学。按海贝尔自己的话：“在我有一天在‘英格兰国王’客店中我的房间里坐着沉思，黑格尔的书在桌上，黑格尔的哲学在我的脑海中，于是我就有了这样的体验：我突然以一种从未经历过的方式被一片瞬间的内在景观攫住，这一景观一下子照亮了我的沉思的全部区域，将我唤醒，使得我进入了迄今一直隐藏的中心思想。从这一瞬间起，体系以其大致的轮廓在我面前明确地显现出来，我完全地获得了一种重新达成的解释，我至少是在其最内在的核心之中理会了它。”参看摩尔贝克出版的《丹麦诗歌选集》中的传记“约翰·路德维希·海贝尔”。

12　括号中的仿宋体处在丹麦文版中是拉丁语：agentia〈主要动因〉。

在原文之中，文字是如此：Agenter（agentia）。“三个伪装了的、可疑的、秘密的 Agenter（agentia）”在括号外的是丹麦语的 Agenter“谍探”和“作用者、作用物、动因”，而在括号内的 agentia 是拉丁文的“主要原因”或者“主发条”（这名词也被用于“古罗马皇帝的秘密警察成员”）。克尔凯郭尔在这里借用了 Agenter 的多义性。

13　［各种取自“过渡之现世性”的术语和表达法］就是说，对于时间上变化的语言表述和惯用语。

14　这里的这个小聪明的“无中生有”是指黑格尔把“过渡”这一类概念用在了逻辑之中，虽然这一类概念实际上是属于“存在”的领域。在《哲学碎片》中有写到“过渡”：“‘成为（Tilblivelsen）’的变化是现实性，‘过渡’通过‘自由’而发生。”

15　［历史意义上的自由的领域］对立于逻辑的领域。参看《非此即彼》下部（《克尔凯郭尔文集》第三卷），之中有一个段落对“逻辑”和“历史”的领域有着严格的区分：

那些真正属于哲学的工作范围的层面、那些真正地为“思想”而存在的层面，是“那逻辑的”、是“自然”、是“历史”。在这样的层面里，必然性是统治者，因此“中介”就有着自己的有效性。“那逻辑的”和“自然”的情形是如此，这无疑是没有人会否定；但是那“历史”的情形则相反有着其麻烦之处；因为，人们说，在这里自由是统治者。然而我却相信，人们对“历史”的考虑是不正确的，并且，那些麻烦就是因此形成的。就是说，历史不仅仅是那些自由个体的自由行为的一个产物，而是更多。那个体作出行为，但这一行为进入了事物们的秩序，而这秩序则承担着整个存在。那行为者在根本上其实并不知道由这行为会导致出什么。但这更高的“事物们的秩序”，它可以说是在消化着这些自由的行为并且把它们全都一起加工进自己的永恒法则之中；这秩序是必然性，并且，这一必然性是世界历史中的运动，并且，哲学运用中介，就是说，那相对的中介，因此就是完全正确的。圣经上在谈及一些作为（Gjerninger）的时候说“它们追随他”，这是一类作为，但还有另一类作为，这人通过这类作为而属于历史，现在，如果我观察一个世界历史性的个体人格，那么，我就能够在这两类作为之间作出区分。那哲学与那种能够被人们称作是“内在的作为”的东西是根本毫无关系的；但这内在的作为则是“自由”的真实生命。哲学观察那外在的作为，而却又不是隔绝地看它，而是看它在世界历史的过程中被吸收和转化。这一过程在根本上是哲学的对象，并且哲学是在必然性的定性之下观察它的。因此，哲学摒弃那种想要指出“一切都可以是并非如此的”的反思，哲学是这样看世界历史的：任何关于一个非此即彼的问题都是不存在的。看来，在这一观察之中混杂着许多愚笨而不恰当的说法，至少我觉得是如此；尤其是那些年轻的巫师们，他们想要召唤出历史的精灵，让我觉得滑稽可笑，这一点我不否认，但是我也向我们时代所展示出的那些伟大成就深深地鞠躬致敬。如前面所说，哲学是在“必然性”的而不是在“自由”的定性之下看历史的；因为，尽管人们把那世界历史的过程称作是自由的，但这种说法却是与人们谈论“大自然中的有机化的过程”是有着同一种意义的。对于那历史性的过程是不存在什么非此即彼的问题的；但是不会有任何哲学家想到要去否定，对于那作出行为的个体，这样一个关于非此即彼的问题是存在的。而由此又可以去看那被哲学用来观察历史及其主人公的那种无所谓、那种心平气和；因为它是在必然性的定性之下看它们的。而由此又可以去看它在“去让一个人作出行为”上面的无能；它的“让一切进入停滞”的倾向；因为在根本上它其实是在要求一个人去必然地作出行为，而这“必然地作出行为”的说法则是一种矛盾的说法。

16　对克尔凯郭尔注脚的注释：

仿宋体处在丹麦文版中是希腊语：χινησις（运动）。

［亚里士多德说“从可能性到现实性的过渡是一种 χινησις（希腊语：运动）”］保罗·马丁·缪勒在他的《古哲学史讲演大纲》中讨论了亚里士多德在《物理学》第二书第三章（194b 29—30）中所引进的“动力因”：“所有存在物都是由质料和形式构成，但这两种元素是怎样统一起来的，那作为禀赋的东西是怎样变得现实的？亚里士多德将这一从可能到现实的过渡称为运动（χινησις），并且认为他因此消除了在这一概念的定性中出现的麻烦——‘运动既是现实又不是现实的’，因为它是从可能到现实的过渡。”

χινησις（运动或者动力）对于亚里士多德意味了一切变化。在亚里士多德那里运动就是从质料到形式、潜能到实在、从可能性到实在性的过程。历史就在于从可能性向现实性的过渡。而这种“χινησις”就是一种“实现可能性”或者“对可能的现实化”。亚里士多德《物理学》第三书中说：对于“那可能的”的实现因其可能性的特性，它是运动。一样东西进入运动并且改变，当且仅当这东西的“对可能的现实化”就是这运动。但是在这种“对可能的现实化”之中却并没有什么逻辑性的自我发展。

17　［柏拉图］柏拉图（公元前 427—前 347 年）希腊哲学家，苏格拉底的最著名弟子；在他所创立的学院中，学生受到音乐、数学、辩证法和哲学等等方面的教育。他的生平所著留下的主要是对话录形式的著作。

18 瞬间（Øieblikket）。

［瞬间］柏拉图没有谈论“瞬间”，而是谈论“那突然的”（τὸ ἐξαίφνης，tò exaíphnēs）或者“某种突然发生的东西”（ἐξαίφνης，exaíphnēs）。参看《巴门尼德篇》：“既不是它静止的时候，又不是它运动的时候，也不是它占有时间的时候，因此，它发生过渡的时间必定是十分奇特的，是瞬间发生的（τὸ ἐξαίφνης）。‘瞬间’这个词似乎意味着一事物从自身原有过渡到另一种状态。只要事物仍旧保持着静止，那么它就没有从静止状态向其他状态过渡，只要事物仍然在运动，那么它也没有从运动状态向其他状态过渡，但这个奇特的事物，这个瞬间（τὸ ἐξαίφνης），位于运动和静止之间；它根本不占有时间，但运动的事物却过渡到静止状态，或者静止的事物过渡到运动的状态，就在这瞬间发生。”（我在这里引用《柏拉图全集·第二卷》第794页中的文字。王晓朝译，北京：人民出版社，2001.1）

19 对克尔凯郭尔的注脚的注释：

［“瞬间”在柏拉图这里是被纯粹抽象地解读的］在《巴门尼德篇》中柏拉图抽象地解读“瞬间/那突然的”，在这里，这就是说，他纯粹地将之当作一个形而上学意义上介于运动和静止、介于未来和过去（就是说考虑到空间和时间）的边界概念来使用的。

“瞬间”：这里这个注脚中对于克尔凯郭尔重要的一点是，他必须对那异教的和那基督教的“瞬间”解读作出区分，这样才能真正进入两种存在观的根本区分。

［“瞬间”在“时间”的定性之下是“那不存在着的”］见前面注脚。

仿宋体处在丹麦文版中是希腊语：το μη ον〈那不存在着的〉。

［το μη ον］（tò mē ón）希腊语“那不存在着的”，埃利亚学派哲学的基本概念。

仿宋体处在丹麦文版中是希腊语：το χενον〈那空的〉，毕达哥拉斯学派哲学的基本概念。

［毕达哥拉斯主义者们］一个哲学学派同时也是一个宗教崇拜团体，由毕达哥拉斯（约公元前570—前497年）在南部意大利创立，在公元4世纪解散。

［关于“那不存在着的”，人们所能够说出的东西，只在它的对立面中被说出，亦即，只有“那存在着的”存在着。］保罗·马丁·缪勒在他的《古哲学史讲演大纲》中写关于巴门尼德：

他的形而上学首要命题是：“‘在’在，‘非在’不在。”“‘那不存在着的’存在”这一意见为伪；“那不存在着的”根本无法作为思想和谈话的对象，因为一个人所想的东西成为某物（Efterladte Skrifter bd. 2，1842，s. 329.）。

“本体论的”：围绕着“那存在着的”的，围绕着“在者”的。

［在《智者篇》里被驳斥］指向柏拉图的对话录《智者篇》237e：“接下去似乎

必然要说，非‘某事物’根本什么也不是。(……) 我们甚至也不能拒绝让这种情况存在，某人正在说某事物，尽管他说的东西可能什么也不是，对吗？我们一定不能肯定，当他发出‘不存在的事物’这样的声音时，他甚至没有说任何事物”（我在这里引用《柏拉图全集·第三卷》第33—34页中的文字。王晓朝译，北京：人民出版社，2001.1)。对话继续讨论“非在”和“否定”并且推导出了作为奠基性概念的对于“差异性”的定性：“若有人断言一个否定词表示一种对立，我们对此不要同意，而至多承认，‘非’这个前缀表示与后缀的词不同的某事物，或者倒不如说，表示与否定词后面的词所表示的事物不同的事物。”（《柏拉图全集·第三卷》，第65页）对该命题的反驳这样表述：“我们不仅说明了非存在的事物存在，而且还揭示了‘非存在’的真正性质。我们说明了相异的性质具有存在，并且分布在所有存在的事物的相互关系上。我们还大胆地说，与‘存在’构成对立的相异的每个部分确实真的就是‘非存在’。”（《柏拉图全集·第三卷》，第67页）

[以一种更表演性的方式] 以一种更戏剧性的方式，就是说，这对话有更多生命。

[高尔吉亚篇] 指柏拉图的《高尔吉亚篇》464a — 466a，在之中苏格拉底指出，智者们的诡辩术和哲学智慧是对于国家的立法和维持正义的错误模仿；尤其是465c：“智术与立法的关系就好比美容对体育，修辞对正义的关系就好比烹调对医学。”（我在这里引用《柏拉图全集·第一卷》第342页中的文字。王晓朝译，北京：人民出版社，2001.1)

高尔吉亚：雷昂蒂尼的高尔吉亚（约公元前480—前380年），著名的哲学家和诡辩家并教授辩术，在《高尔吉亚篇》中苏格拉底的对话者。

仿宋体处在丹麦文版中是拉丁语：ergo（所以）。

[好几篇“对话”] 在《根据史料，关于希腊智者的讲演》的概要构思草稿中，克尔凯郭尔说：“我也会从文献学的角度通读每一份史料文本。我估计有：柏拉图的《泰阿泰德》、《欧绪德谟》、《智者》、《高尔吉亚》、《毕达哥拉斯》。”

这“智者”的定义和概念是“对话”所寻求要达到的，而同时它所围绕的东西主要就是“那不存在着的”，于是这“智者”自己就是［一种“不存在着的东西”］参看柏拉图的对话录《智者篇》254a：“智者在非存在的黑暗中藏身，他以此为家，摸索着度日。正是因为这地方太黑暗了，所以人们很难发现他。”对话以这一断言终结：智者“真的存在。”

[能够像马尔斯的盔甲那样地使得他遁形] 也许是指哈德斯的盔甲，它使得它的穿着者变得隐形；雅典娜在与阿瑞斯（相应于罗马神话中的马尔斯）的战斗中穿上了这盔甲。“能够像马尔斯的盔甲那样使得他遁形”这句话看来是一种混淆，因为在希腊传说之中是“哈德斯（Hades）的盔甲”能够使得人遁形。

[在现代新哲学之中，人们对于“那不存在着的”的解读根本没有在本质上走得更远] 也许是指黑格尔。根据黑格尔的逻辑，“非在”或者“乌有”被理解为一种

“特定的否定”，就是说，作为某种处于一个与概念“在”的辩证关系之中的“正定的东西”。这样，黑格尔对于“乌有”的解读有点像《智者篇》中所表达出的那种对于“乌有”的正面的理解。

［从这“乌有”之中，各种事物被创造出来］从2世纪起有一种不断传播开的基督教创世解读（旧约《创世记》的第一章）：上帝从乌有之中创造出一切。另外参看《马加比传下》（7:28）：“我的孩子呀，我劝你看看天和地。想想你所看到的一切，你就会认识到，上帝从一无造出万有，他创造人类也是如此。”

［作为外表和空虚］也许是指《传道书》，比如说（1:2）：“传道者说，虚空的虚空，虚空的虚空。凡事都是虚空。”以及（1:14）：“我见日光之下所作的一切事，都是虚空，都是捕风。”

［作为罪］正如“世界从乌有之中被创造出来”的理解方式，同样在早年的基督教思想中有着这样的观念：罪是联系着“那不存在着的”，并且，这观念一直影响着基督教神学和哲学。这一观念在奥古斯丁那里明确地表达出来，比如说在《上帝之城》第十二书中说，恶的意志并非是因为人有一种这样的本质，而是因为它是一种由乌有创造出来的本质。它自身没有什么动力因，而是一种匮乏，就是说是“那善的”的缺席。也参看《论自由意志》。

［作为远离“精神”的“感官性”］可以联想到新约中的一些段落，比如说《罗马书》（1:24—32），尤其是24：“所以神任凭他们，逞着心里的情欲行污秽的事，以致彼此玷辱自己的身体。”以及28：“他们既然故意不认识神，神就任凭他们存邪僻的心行那些不合理的事”；还有《罗马书》（7:14、18、24—25）；《加拉太书》（5:16—25）。

［作为被“永恒”忘却了的“现世性（Timeligheden）”］也许可以联想到《帖撒罗尼迦后书》（1:9）；也可参看《马太福音》（7:23；25:12）；《路加福音》（13:25—27）和《约翰福音》（3:18、36）。

［“和解（Forsoning）”这概念才得到了从历史的角度出发的正确解读］因为“传承之罪”，人作为“不存在者”（就是说，罪人）来开始自己的生活，并且，只有依据于“在基督身上的和解”（从历史的角度看，这“和解”是在“传承之罪”之后发生的），人才会在一种新的生活中重新诞生，就是说从“非在（ikke—væren）”到“在（væren）”。参看《哲学片段》：“在这瞬间之中人意识到自己诞生；因为他的‘之前’（然而他却不应当去以这‘之前’作为自己的论据）是‘不存在’；在这瞬间之中人意识到这‘再生’；因为他这之前的状态毕竟是‘不存在’。如果他这之前的状态是‘存在着’的话，那么，不管在哪一种情形之下，‘瞬间’都不会对他有决定性的意义。”

（这里，作为基督教的对立面，指的不仅仅是希腊的，也是指黑格尔式的。）

［把“运动”的出发点解说为：“那不存在着的”不存在］就是说，运动以

"'那不存在着的'不存在"为出发点。

仿宋体处在丹麦文版中是希腊语：το εναντιον〈那对立的〉。这一表述词出现在柏拉图的《巴门尼德篇》中，比如说 129a。在 128e — 129b 中这么说："但请你告诉我，你是否承认存在着一个自在的名为'相似'和另一个与之相反的（ἐναντίον）名为'不相似'的相，而且你和我，以及所有被我们称为多的事物都有这两个相？还有，你是否承认，凡是分有相似这个相的事物，在这个方面并在其分有的范围内，就变成相似的，凡是分有不相似这个相的事物就变成不相似的，而那些分有这两个相的事物就变成既相似又不相似的？我认为，哪怕一切事物都分有这两个对立的相（ἐναντίων），并且因为分有这两个相而相互之间立刻变得既相似又不相似，那又有什么可奇怪的？但若有人指出那些只分有'相似'或'不相似'的事物可以证明为是不相似的或相似的，那才真是一桩咄咄怪事……"（我在这里引用《柏拉图全集·第二卷》第 758—759 页中的文字。王晓朝译，北京：人民出版社，2001.1。/京不特说明：文字中的"相" = "理念"）

仿宋体处在丹麦文版中是希腊语：αλλ' ει ό εστιν εν, αυτο τουτο πολλα αποδειξει χαι αυ τα πολλα δη έν, τουτο ηδη θαυμασομαι. χαι περι των αλλων άπαντων ώσαυτωζ.〈但是如果有人能够证明"一"这概念本身是"多"，并且反过来，"多"是"一"，那么这会使我惊叹。〉

引自柏拉图对话录《巴门尼德篇》129b—c："但若有人能够证明一本身就是多，或多本身就是一，那我倒要开始感到奇怪了。/在其他所有情况下也一样。"

希腊语：仿宋体处在丹麦文版中是 το έν（tò hén，那唯一的）。

人们设想，"一性（το έν）"在和"一性"不在，并且马上展示出对这［"一性"自身来说和对别的东西来说将出现的结论］参看《巴门尼德篇》136a — 137b，在之后对话的九个关于"το έν（tò hén，希腊语：那唯一的）"假设得以展开。第二假设的开始这样说（142b）："我们的前提是，'假定一存在'，我们必须同意从这个前提推出的结论"（《柏拉图全集·第二卷》，第 777 页）。第三假设以对这一前提的重复开始，第四第五假设也是如此，而相反的情形在第六假设中被引入（160b）："接下来，我们要考虑从'一不存在'这个前提能推出什么结论"（《柏拉图全集·第二卷》，第 798 页，'一不存在'的单引号为京不特所加）。

［"瞬间"就显示为这种奇怪的存在物……变成处于运动中。］间接地引用了《巴门尼德篇》156d："既不是它静止的时候，又不是它运动的时候，也不是它占有时间的时候。因此，它发生过渡的时间必定是十分奇特的，是瞬间发生的。'瞬间'这个词似乎意味着事物从自身原有状况过渡到另一种状况。只要事物仍旧保持着静止，那么它就没有从静止状态向其他状态过渡，只要事物仍旧在运动，那么它也没有从运动状态向其他状态过渡，但这个奇特的（ἄτοπον）事物，这个瞬间，

位于运动和禁止之间；它根本不占有时间，但运动的事物却过渡到静止状态，或者静止事物过渡到运动状态，就在这瞬间发生。”（我在这里引用《柏拉图全集·第二卷》第794页中的文字。王晓朝译，北京：人民出版社，2001.1。）

仿宋体处在丹麦文版中是希腊语：ατοπον〈没有位置的东西，无处可归属的；古怪的，奇怪的〉。

仿宋体处在丹麦文版中是希腊语：μεταβοηλ〈变化，转变、过渡、变化〉。

仿宋体处在丹麦文版中是希腊语：ἑν（一）。

仿宋体处在丹麦文版中是希腊语：πολλα（多，许多〈东西〉）。

仿宋体处在丹麦文版中是希腊语：οὔτε διαχρ ίνεται οὔτε ξυγχρ ίνεται（既不分开也不合成）。ουτε διαχϱινεται ουτε ξυγχϱινεται：《巴门尼德篇》157a引文：既不分离也不结合。这样，克尔凯郭尔的引用是不准确的：克尔凯郭尔直接从Platonis opera中引取了ξυγχϱίνεται，这是συγχϱίνεται的误写。克尔凯郭尔所翻出来的“不被定性也不被混合”不是那后面希腊文的正确翻译，而正确的是“既不分开也不合成”。

因此，这“瞬间”就在一般的意义上成为了“过渡之范畴”［（μεταβοηλ〈希腊语：变化〉）……§ 157 A）］对《巴门尼德篇》156e — 157a的随意引用。“当它（‘一’）发生这种过渡（μεταβάλλει）时，这样过渡（μεταβάλλον）是在瞬间完成的，不占有时间，而在那瞬间，它既非运动又非静止。/这种情况对于其他过渡（μεταβολή）也适用。当‘一’从存在状态过渡到停止存在，或从不存在过渡到开始存在时，‘一’处在某种运动和静止之间，因此它既非存在，亦非不存在，它既非开始存在，亦非停止存在。接照同样的推理，当它从‘一’过渡到多，或从多过渡到‘一’的时候，它既不是‘一’（ἓν）又不是多（πολλά），它既不是分离的有不是结合的（οὔτε διαχϱίνεται οὔτε ξυγχϱίνεται）。同样，当它从相似过渡到不相似，或从不相似过渡到相似的时候，它既不相似，又非不相似，它既不变得相似，亦非变得不相似。当它从小过渡到大或相等，或发生反方向的过渡时，它既不是小，又不是大，也不是相等，它也没有增大、减少或等量化。”（我在这里引用《柏拉图全集·第二卷》第794页中的文字。王晓朝译，北京：人民出版社，2001.1。我将原译文中“它并非既运动又静止”改为“它既非运动又非静止”，‘一’的单引号和括号中希腊语是我所加）

［原子论式的抽象］对于一种“单个性”的隔绝的割离。

［过渡］见前面的注脚。

［历史意义上的领域］见前面的注脚。

括号中仿宋体处在丹麦文版中是希腊语：“一性”（το ἑν）。το ἑν（tò hén）希腊语：那唯一的，一性。

括号中仿宋体处在丹麦文版中是希腊语：“多性”（το πολλα）。το πολλα（tò

pollá)：那诸多的，多性。

括号中仿宋体处在丹麦文版中是希腊语：τό δ ἐ ε ἰναι ἁλλο τ ἰέστι ή μ έθεξιζ ο ύ σ ίαζ μετά χρόνου το ϋ παρόντοζ〈这“在着”难道不是对于“存在物”在现时中的参与吗〉。

［“瞬间”是这样一种抽象……（§ 151 E）］对《巴门尼德篇》151e 的随意引用：“‘一’（το ἑν）是否存在于时间中；如果一存在于时间中，它是否变得比它自身和其他事物（τ ῶνäλλων）既年轻有年长，同时又既不变得比它自身和其他事物年轻又不变得比它自身和其他事物年长？/……‘在着’的意思就只是在现在的时间里对存在的参与（？）。”（我在这里引用《柏拉图全集·第二卷》第 788 页中的文字。王晓朝译，北京：人民出版社，2001. 1。我将原译文中“又不变得比它自身和其他事物既年轻又年长？/……‘现在是’的意思确实是与现在的时间相连拥有存在”改为“同时又既不变得比它自身和其他事物年轻又不变得比它自身和其他事物年长？/……‘在着’的意思就只是在现在的时间里对存在的参与（？）”）

引用的段落其实并非谈论“一性”与“多性”的对立，而是谈论介于“这一个”和“那些其他”之间的对立；这样，在在 Platonis opera 之中有着 τ ῶνäλλων（tōn állōn 希腊语：那些其他）而不是 τὰ πολλά。

το δε ειναι . . . του παϱοντος：引自《巴门尼德篇》151e：“但是‘在着’就只意味在现在的时间里对‘在’的参与?”

［更进一步展开］就是说，《巴门尼德篇》152a—e。

括号中仿宋体处在丹麦文版中是希腊语：“那现在的”（τό ν ύν），“现在”（τό ν ϋν）。

［τό ν ϋν］（tò nyn）希腊语：“那现在的”，此刻，现在。

参看《巴门尼德篇》152b。

［这个“现在”……跳过“现在”］对《巴门尼德篇》152b 的随意引用。我在这里引用一下现成《柏拉图全集·第二卷》第 789 页中的文字，王晓朝译：“还有，在这个变化过程中，当‘一’处在连接‘过去是’和‘将来是’的现在时间中的时候，‘一’是年长的，因为在从过去驰向将来的旅行中，它（το ἕν）决不会跨越现在（τ όνύν）。”

［这样，它停留在“现在”之中，不“成为”更老而“是”更老］对《巴门尼德篇》152c 的间接引用。我在这里引用一下现成《柏拉图全集·第二卷》第 789 页中的文字，王晓朝译：“所以，当它与现在相吻合的时候，它就停止变得年长，在这个时候，它不是变得年长，而已经是年长的。”

［在最新的哲学之中，“抽象”……之中达到了顶峰］黑格尔从“纯粹的在”（作为出离所有具体定性的最极端抽象）开始自己的逻辑学。“逻辑应当从‘纯粹的在’开始”这一思想，正如那关于“哲学的无前提条件的开始”

的思想，在丹麦成为了哲学论争的对象，比如说西贝恩（F. C. Sibbern）在他对海贝尔的刊物《珀尔修斯》第一期的评论中对黑格尔的批判。另外可以参看海贝尔在第二期《珀尔修斯》中的回应：“对一切存在着的东西的极端抽象就是‘在’自身；这是那最极端的，因为它无法被继续进一步抽象出来，这则又是由于它不包含任何多样性，这一点（就是说，‘包含多样性’）是所有抽象的自然条件。”

最新的哲学：后黑格尔主义的哲学。从“纯粹之在”开始的哲学。“纯粹之在”是那最抽象的起点，随着发展一点点走向具体。

［那“辩证法的巫术”在使得“永恒”和“瞬间”意味同一样东西］既然“永恒”和“瞬间”在这里被理解为“最极端的对立面”，那么，它们按照黑格尔的中介原则就必定是被扬弃的，这样一来就能够被归简为一种“在之中两个极端能够得到同一的解读的统一体”。在黑格尔那里，永恒和现世或者时间并不是被理解为“对立面”。“辩证法的巫术”这一说法可能是来自斯蒂陵（P. M. Stilling），他将这一表述用于黑格尔的辩证法的方法。斯蒂陵以“那无限的”和“那有限的”（作为两个辩证地相互定性的并在最后被理解为一种概念统一体的概念）之间的关系作为例子来描述这一方法。

20　［走得更远］转义可以是“出离”和“超越”，在丹麦黑格尔主义中用这说法来说“走出笛卡尔的怀疑”；这之后，丹麦黑格尔主义者们又把这说法用在更广的意义上，说是超过了另一个哲学家，比如说，黑格尔。参看马腾森对海贝尔《在王家军事高校为1834年开始的逻辑课程所作的序言讲座》的书评，在之中马腾森说海贝尔已经比黑格尔哲学“走得更远”了。另外西贝恩在对海贝尔的刊物《珀尔修斯》第一期的评论中也承认海贝尔“既能够在黑格尔的世界观中自由运动，又能够在开始超越黑格尔”。当时，使用诸如此类说法的文章有很多。当时在丹麦《外国神学文献期刊》中所选的丹译德国神学家乌尔曼（C. Ullmann）的文章《神学格言》表明了这一表达的广泛传播：“人们在无限长时间里无限度地大肆谈论所谓的‘超越’。人们认为这是一句可以用来推翻一切的密码口令。全世界都在想要超越黑格尔，并且由此只能够通过一种这样的超越了的东西来使得施特劳斯的神秘和总体上的每一个立场都被驳倒，而确切地说，这东西想要讲那么多，以至于那在某个方向上向前走的最前的、那最激进的东西也是在科学的意义上最好的东西、对时代来说唯一的好的东西。人们向所有保守地几乎被视作是死者的人叫喊‘极端地生活！’这句话。通过这一原则、这一‘超越’，我们能够到达什么地方呢？无疑当然是到一个不让自己被超越的点上，既然空气自己在这里松开而一切终结，——但是，是不是也会到达真理呢？”

21　思辨（Speculationen）。

22　［我还记得……他永远也不会有机会开始思辨］在这一段落的草稿中写有：“这就是像一个哲学家所作的做法，我曾经有幸与这位哲学家交谈。当我允许我自己指出某个在让教理神学的思辨摆脱搁浅状态之前必须被顾及的小麻烦时，他回答说：您很有可能会是对的，但这是人所不应当去考虑的；因为如果人要考虑这个的话，他就永远也无法开始思辨。”

参看《约翰纳斯·克里马库斯或者 De omnibus dubitandum est（拉丁语：人应当怀疑一切）》，在之中有关约翰纳斯·克里马库斯有这样的文字：“在有一次谈及‘把已怀疑过作为一个先于哲学的先行者’的重大意义时，他成为了以下言论的见证：‘一个人不应当把时间浪费在去怀疑之上，一个人应当马上开始着手于哲学。”

23　［鹿苑］哥本哈根北部郊外柯兰朋堡林区，是哥本哈根市民郊游的地点。

24　［咖啡磨盘］克尔凯郭尔时代的一种出租马车，一般是很大很笨的农车，通常等在哥本哈根的某一个城门口以载带乘客去鹿苑，民间对这种出租马车的称呼就是“咖啡磨盘”。

25　延续（Succession）。

26　［正确地把“时间”定性为无边的“延续”，……现在的（nærværende）、过去的（forbigangen）和将来的（tilkommende）］把“时间”定性为“现在的”、“过去的”和“将来的”，是一种能够被回溯到柏拉图（可参看《巴门尼德篇》151e — 152b）和亚里士多德的一般解读。在滕纳曼的哲学史中写关于亚里士多德《物理学》第四书第十一章（219a 11—27）说，“结论是确定的，我们必须举一反三地想象，过去和未来是通过什么被限定的。每个限定都是一个瞬间，并且还有一瞬间并且还有一瞬间如此类推，我们就是这样想象时间的。”

27　反思（Reflexion）。

28　［时间对于永恒的关系和……永恒在“时间”之中的反思，这种区分才会出现］结论是：时间是作为黑格尔的各种“反思定性（见后面的注脚）”之一而与永恒发生关系的，这样，人们在现在时中经验地感觉到时间，但是在这种经验的感觉背后有着作为时间之本质的永恒。对于黑格尔，时间和永恒不是“反思定性”。

29　［一个“现在的”，作为这“划分”的中的划定者］在滕纳曼的哲学史中写关于亚里士多德《物理学》第四书第十章（21736 — 218a 3）说，“瞬间不是时间，而只是过去与未来相互划分开的边界。”也参看柏拉图的对话《巴门尼德篇》152b。

30　空间化（spatierer）。

31　［没有什么“片刻”是一个……把一个“片刻”空间化了］亚里士多德在《物理学》的第四书中是从运动（空间中发生的运动）出发来为时间定性的。参看滕纳曼的哲学史中所写：“先前的和以后的本原是在空间之中，由此也是在运动和在时间之中。（……）在运动之中一个随着另一个，运动的本质恰恰在这之中。如果这一点得到了特别的想象，那么对时间的想象就冒出来了。”

与此相反，奥古斯丁在《忏悔录》11，15 中所说的则与《概念恐惧》中的解读相近：“如果时间无法被分成片刻的小得无法再小的部分是可把握的话，那么它就只会是这被称作是‘现在的’的，并且也是从将来到过去的疾越以至于我们无法找得到一点点最小的时间空隙（因为如果有空隙那么空隙就可分作过去和未来而现在没有任何空隙）的东西。”

32 ［观念（Forestillingen）］想象（Forestillingen），德语是 Vorstellung，也就是观念、表象。康德所说的经验是世界就是表象的时间，就是这个“表象”。

33 “不是去想”——而是去想象。

这里我补充说明一下，虽然我认为其实在后面文字之中我们足以区分出这里所强调的“想”和“想象”。“想（at tænke）”是指“直接地想”，英文为 think，对应的名词我一般使用“思”这个中文词；而这里的这个名词“观念（Forestillingen）”，亦即，想象，则有作为“重现其摹像”或者“表象”表现的意义，英文为 representation。

34 原文直译应当是“让时间‘为（for）观念’，而不是去想时间”。为了避免读者理解上的麻烦，我在这里将“为……”翻译为“作为……的直观形式”。而“观念”则也可以翻译为“表象”。

［并且不是去想“时间”、而是把它作为“观念”的直观形式］在康德的《纯粹理性批判》之中，康德论证了，时间是一种感性直观的形式，就是说，是一切观念的形式特征；这样，时间不是知性和理性的作用，而是直观的作用。

35 ［印度人谈论一种统治了七万年的国王系列］参看黑格尔的《历史哲学》。“在印度文献中也有提起各种时期被谈及，并且有着一些具有天文意义的并且常常是偶然地做出的数字。谈及国王是如此说：他们统治了七万年．或更久。……要拿这一类东西作为历史性的东西来提及，那真的会是很可笑。”

36 对克尔克郭尔的注脚的注释：

“顺便说一下，这是空间。”见黑格尔 Enzyklopädie § 259 f。

仿宋体处在丹麦文版中是：（nacheinander〈德语：相承〉和 nebeneinander〈德语：相邻〉）。

［对于抽象的思维“时”和“空”是完全地同一的（nacheinander〈德语：相承〉和 nebeneinander〈德语：相邻〉），并且作为“观念”的直观形式也变得如此］（原文直译最后应当是“为（for）观念”。为了避免读者理解上的麻烦，我在这里将“为……”翻译为“作为……的直观形式”；而“观念”则也可以翻译为“表象”）是指康德在《纯粹理性批判》的“先验审美”中的论点：时间和空间是感性直观的两个形式，因此就它们在认识能力中所具角色而言，它们是同一的。Nacheinander（德语：相承）和 nebeneinander（德语：相邻）是指康德在“先验审美”之中对时空的特征描述，之中关于相互区分开的观念（表象）这样说：它们在时间中 nacheinander，就是说，相随地呈现，在空间中 nebeneinander，就是说，相邻地出现。

［对上帝的定性中当然确实如此：他是在所有地方现在在场的］关于上帝的“在

所有地方现在在场的”出自圣经，并且也出现在大多数基督教的教理书中。比如说可参看《诗篇》（139: 7—12），《耶利米书》（23: 23—24）和《使徒行传》（17: 24—27）。

“在所有地方现在在场的（allestedsnærværende）”，就是说“无所不在的”或者“全在”。这里我是对之进行硬译，为的是保持这个词中的空间意义（allesteds/所有地方）和时间意义（nærværende/现在的）。

37 ［“那现在的”却不是“时间”的概念……是“无穷尽的消失”］奥古斯丁在《忏悔录》11，11：“在‘那永恒的’之中则没有什么过去的，它是完全地现在的；因为没有任何时间是完全地现在的。”

38 ［被扬弃了的延续］在这个表述的背后有着把时间和永恒作为“反思之定性”的理解。正如诸范畴在黑格尔的 Seinslogik（德语：在之逻辑）之中是直接的，时间是直接的，并且，作为直接的东西，时间被感觉为一种诸多“现在的瞬间”的延续。如果我们从这一延续之中抽象出来，并且以这样的方式将之延续扬弃，那么我们就达到了“永恒”的概念。以这样的方式，永恒就是“被扬弃的延续”，正如“本质”在黑格尔那里是 das aufgehobene Sein（德语：被扬弃的在）。也可参看柏拉图对话《巴门尼德篇》152c。

39 也就是，对于“表象”。

40 行进（Fortgaaen）。

41 ［“那永恒的”是“那现在的”］在基督教传统中常常被用到的解读，参看奥古斯丁的《忏悔录》：“在‘那永恒的’之中没有什么过去的，相反那之中完全都是现在的。”

42 那充实的（Fyldige）。

43 仿宋体处在丹麦文版中是拉丁语：præsens（præsentes dii）（在场〈在场的诸神〉）。

不管是丹麦语还是拉丁语，“现在”和“在场”有着直接的关系。所以在这里的文字中要考虑到“现在”和“在场”的这种内在关系。如果在英语中，可以考虑一下 present 这个词作为形容词或者加了冠词而名词化之后的含义：the present（“那现在的”，或者，“那在场的”）和 be present（在场）。如果实在在中文里挖，那么可以这样考虑：“现在”是一种“正在”，而“在场”也是一种“正在”。

［præsens（præsentes dii）］拉丁语：在场（在场的诸神）。在场的，就是说：强有力的、扶助的、帮助的。

44 “瞬间”：丹麦语是 Øieblik，如果按本原构词直译的话就是“目瞥”或者“目光一闪”。德语中是 Augenblick。幸运的是，从释义的意义上说，Øieblik 这个词和汉语的“瞬间”或者“霎那”同义，而从构词的意义上也是多少算相近。所以接下来的文字在理解上就不会有太大的不适。

45　［英戈波尔（Ingeborg）向大海看出去寻找弗利提欧福（Frithiof）］指瑞典作家埃塞阿斯的浪漫套歌《弗利提欧福史诗》第九号，“英格波尔的怨情”：“我长时间地看着/向西的帆，它在自己的波浪之上飞翔/啊！真是幸运，能够在波涛之上/追随弗利提欧福”；关于猎隼：“美丽的狩猎者，/停在我的肩上看向湖面/啊！我们怎样顾盼/他没有来。”

46　对克尔凯郭尔注脚的注解：

［希腊的艺术在雕塑中达到顶峰，而这雕塑恰恰缺少上面所说的“瞥”］古典希腊的雕塑艺术并不是像19世纪的人们所以为的那样缺少“瞥”。古希腊人在雕像的眼睛里放了闪烁的贵重材料，只是这材料没有被保存下来。

［把上帝描述为一只眼睛］在基督教的肖像画法中上帝常常被描绘成一只眼睛，有时候是一个等边三角形之中的一只眼睛，象征三位一体：圣父圣子圣灵。

47　仿宋体处在丹麦文版中是希腊语：το ἐξα ίφνης（那突然的）。

48　［在词源学上……与“那无形的”这个定性有着关系的］根据保罗·阿尔纳森的希腊语丹麦语词典，合成词εξ—αϊφνης一词的后一部分 αϊφνης（aíphnēs，突然的）是与 ἀφανής（aphanēs，无形的、昏暗的、隐藏的）有着亲缘关系的。

49　［momentum……只是表示单纯的“消失”］momentum，拉丁语：运动之基，（稍稍的）运动、变化；（物质或者时间的）小粒子量，瞬间，时分。在德语的拉丁语德语词典中介绍说，momentum 出自 moveo，而对 moveo 的德语解释则是“entfernen，wegschaffen”，就是说“去除”。

50　对克尔凯郭尔注脚的注解：

［保罗］大数（又译塔尔索）的保罗（卒于63年）第一个基督教传教士，自认为“耶稣基督的仆人保罗，奉召为使徒，特派传神的福音。这福音是神从前藉众先知，在圣经上所应许的”。《罗马书》（1:1—2）。

仿宋体处在丹麦文版中是希腊语：ἐν ἀτόμω χα ί ἐν ριπη όφθαλμο ϋ（在一个不可分的微量、在一眨眼之间）。

引自《歌林多前书》（15:52）：“就在一霎时，眨眼之间，号筒末次吹响的时候。因号筒要响，死人要复活成为不朽坏的，我们也要改变。”——克尔凯郭尔在草稿中写：“因为，瞬间其实是时间的原子，但是必须在永恒被设定了之后，它才是时间的原子，正因此人们完全能够有理由说：永恒总是 εν ατομω”（Pap. V B 55，6）。εν ατομω 希腊语：“在一个原子”，所以说成“在一个不可分的微量”，因为在古希腊原子意味了“一个不可分的微量”，参看亚里士多德的《物理学》第六书第五章（236a 6）。

51　［原子］不可分的单位体，基本成分；不可分的（时间）单位，此刻。

52　希腊式的对“那永恒的”的关系是对理念的回忆，一种“思”，因为人们以“回忆”来接近“那过去的”。所以克尔凯郭尔说是“向后”；而作为对立面，基督教的“那永恒的”是“那将来的”，而要去实现“那永恒的”是一种向前，并且要求一种意志的行为。

[没有去向前地对之定性，而是向后地] 见后面关于柏拉图的“回忆”的注脚。另外，也参看《重复》中对“回忆”和“重复”概念的阐述。

53 基督教要求在“时间”里实现“永恒”，只有这样，“时间”和“永恒”两者才都得到其真正的现实性而“那永恒的”进入“那现世的”，切点就是“瞬间”。

54 持存（Bestaaen）。

55 [“自然”之所以有此“安全性”……不具备任何意义] 德国哲学家雅可比有类似的解读，他强调我们有必要如此设定，“在自然中全都一样，我们将之称作为持续的，那只是表象”。

另外，也可参看《哲学碎片》：“自然太抽象而无法在更严格的意义上在时间方面有辩证意义。这是自然的不完美，它在另一种意义上不具备历史，而它的完美则是它仍有着一种对此的暗示（这就是，‘它进入存在’，这是‘那过去的’；‘它存在’是‘那现在的’）。”

56 身份不明者（Incognito）。

57 已过去（Gaaenforbi）。

58 柏拉图认为灵魂不死：我们在这一次的生命里找到各种现象，比如说对于“那美的”和“那善的”这些抽象概念的认识，这些现象只能够用对于前生的回忆来作解释。见《斐多篇》。

59 [那柏拉图式的“回忆”……人们只能后退地进入它] 在柏拉图的《斐多篇》中，苏格拉底把对灵魂不灭的证明与回忆学说联系在一起。他强调，我们在今生所见的现象（对“那美的”和“那善的”这些普遍概念的认识），可以用对于前世的回忆来解说。见《斐多篇》72e—77a。另外也可参看《哲学碎片》中的相关段落。

60 [那哲学意义上的“死灭”] 隐指柏拉图的《斐多篇》64a。按苏格拉底的说法，既然死亡意味了灵与肉的分离，那么，哲学意义上就等同于对于“在生活中实现这一分离”的尝试，就是说，对于肉体驱动力和需求的最大可能的脱离。柏拉图认为，哲学家的使命就是从“那感性的”之中死灭掉而进入到“那永恒的”。

61 [在历史的意义上] 克尔凯郭尔在草稿中写道：“在历史的意义上，正如人们曾将神圣称作亘古常在者。”（Pap. V B 55，7）参看《但以理书》（7:9、13、22）之中但以理在歌中说看见“亘古常在者”。

62 仿宋体处在丹麦文版中是拉丁语：discrimen（分割）。

63 [古希腊的、犹太的、基督教的宇宙观] 在希腊宇宙观中，在克尔凯郭尔看来，根本不存在“瞬间”，而只有一个偶然的“现在”（或者说“此刻”），它使得单个的人能够进入那已经处于过去时中的永恒（参看《哲学片断》中的相关段落）。在犹太教中，期待指向那上帝按自己所应许而为犹太人准备好的时间；这样，瞬间只是一个总是处于将来的边界概念。在基督教的解读中，瞬间是那在之中“那将来的”的作为“那过去的”重新再来（在历史的角度上说属于过去的基督将为信仰中的“单个的人”而再来并且不断再来）的瞬间。

64 ［使得一切都焕然一新］隐指《歌林多后书》（5:17）：“若有人在基督里，他就是新造的人。旧事已过，都变成新的了。”

65 时间之充实（Tidens Fylde）。

见《加拉太书》（4:4）：“及至时候满足，神就差遣他的儿子，为女人所生，且生在律法以下。”也参看《哲学碎片》中相关章节。

66 连续（Continuitet）。

67 皈依（Omvendelse）。

Omvendelse 在宗教意义上的本义是“信仰或信念的转变”，但是在基督教的精神环境里，一般都是指异教信者“信仰或信念的转变”而转化皈依基督教，而不是指相反方向的改信教。

68 “赎救（Forsoning）”也就是“赎救和解”：神人和解；耶稣带来的上帝与人类的和解。

69 对此前面有过注脚——“赎救（Forløsningen）”：是特指通过耶稣的牺牲使人从“罪”中得到救赎。

70 ［这些概念……迷失掉了］参看的克劳森的《基督教首要学说的发展》：“概念诸如‘罪’和‘辜’、‘计量承责’和‘违犯’，到最后全都集中到那关于人的个体的‘人格’的唯一概念。但是，正如人格的自我活生生地在基督教中登场，影子也在同样的程度上苍白如鬼魅，只黑格尔的体系为之留有多余的位子。就是说，在这里人们在这里绝不是什么比各种为无限精神准备的贯穿点、环节和定性更远大的东西，而精神在这些贯穿点、环节和定性之中完成自己的从本原的直接性通过有限性的诸多形式到完全意识状态的自我发展。（……）那在基督教学说中是伦理恶的东西（……）在这里是不可撼动的自然秩序，（……）人在这秩序之中就仿佛是在命运之中一样的逆来顺受；而在基督教讲述对‘那恶的’的拯救作为伦理的再生和皈依时，（……）思辨则在这里将思想从伦理性的标记引向自然必然性的特有标记，引向普遍发展规律，引发出对立面再对之进行扬弃。”

71 “复活（Opstandelse）”：耶稣复活耶稣在被钉上十字架后的第三日复活。

72 仿宋体处在丹麦文版中是拉丁语：discrimen（分割）。

73 ［梦着的精神］见前面关于精神梦着的注脚。

74 身份不明状态（Incognito）。

75 ［懊悔］参看《哲学碎片》中相关段落。

76 仿宋体处在丹麦文版中是拉丁语：si placet（如果有人想要）。

［死亡作为惩罚］指保罗的断言“因为罪的工价乃是死”（《罗马书》6:23）也参

看《罗马书》(5:12)：“这就如罪是从一人入了世界，死又是从罪来的，于是死就临到众人，因为众人都犯了罪。”也参看《创世纪》(2:17) 和 (3:24)。

［“综合”的最极端的点］就是说，肉体作为灵肉合构的一面。见前面关于人是灵魂与肉体的综合的注脚。

［莱辛关于“古典艺术是怎样表现死亡的”的美丽论文］就是说，莱辛的“Wie die Alten den Tod gebildet. Eine Untersuchung”(1769)。莱辛 Gotthold Ephraim Lessing (1729—1781)，德国诗人、博学者和哲学家。

［这个沉睡着的守护神的形象］指莱辛论文“古典艺术是怎样表现死亡的”中的话题。按莱辛的分析，这不是一个沉睡着的形象，而是一个正死去的形象；带翅膀的男孩不是埃莫，而是死亡守护神，右手拿着死亡花环，两手支撑倒置的生命火炬；一只蝴蝶停在右手上，象征离开了肉体的灵魂，也就是象征了死亡。

［死亡的守护神在这种庄严中倾斜自己的头颅或者熄掉火炬］指莱辛论文“古典艺术是怎样表现死亡的”中的铜版画。按照莱辛的说法，这画像展示死亡守护神，右手拿着象征死亡的骨灰瓶，同时他正在灭掉倒置的生命火炬，象征死亡将临；左下角的蝴蝶象征离开了肉体的灵魂，也就是象征了死亡。

［小学生们一样出去］克尔凯郭尔用的是一个用来描述火烧纸的时候的火星的成语用法。在安徒生童话《亚麻布》中有提到这个：“……一天全部的纸被拿出来放在炉子上，这纸将被烧掉，因为他们说这纸不能卖到杂货店里去包黄油和糖。屋里的所有孩子们围成一个圈，因为他们想要看烧纸。纸成为火焰欢快地跳动，然后能看见灰烬里的红火星，它们跳来跳去。一个接一个，迅速地消失如同风。他们把这叫作‘看那孩子们出学校’，而最后的一颗火星是老师……”

77　见前面关于假设亚当不曾行罪的注脚。

78　是指黑格尔的哲学中的倾向。

79　正统教义 (Orthodoxie)。

80　［基督教的正统教义……异教是处于“罪”中］这里所说的“基督教的正统教义”部分地可以理解为各种路德派的信条，部分地理解为老式新教的正教，教理神学中有一支（尤其是在17世纪）想要建立出对路德神学的系统性的描述来对抗天主教的攻击。这里所指的是关于教会的教理神学学说（“教会论”），之中论述了“教会之外的人是否能够得到神的恩典和永恒生命”的问题。

德文文献参看布赖特施耐德在《教理神学手册》对这学说的概述。

81　［古老的日子里的文字……一个句子扭挤进另一个词句］指“scriptio continua（拉丁语：连续的文字）”，用在古代的纸莎草纸卷或者羊皮纸书上，要么全部大写，要么全部小写的手写文字，没有标点符号没有空格，完全写成一体。

82　仿宋体处在丹麦文版中是拉丁语：plebs（没有区别的多数人，庸众）。

83　基底 (Substratet)。

84　就是说，对所有“非基督教的东西”的排斥。

85　仿宋体处在丹麦文版中是希腊语：οἱ ἀπηλγηκότες（那失去了感觉能力的人）。感情迟钝、精神麻木的人们。如后面句子中所给出的，这说法是出自《以弗所书》（4: 19）。中文版《以弗所书》（4: 18—19）中有：“他们心地昏昧，与神所赐的生命隔绝了，都因自己无知，心里刚硬。良心既然丧尽，就放纵私欲，贪行种种的污秽。”

86　也就是说“以苦行来赎罪”。该词本意为“满足”，这里有着宗教的转义，所以作为“苦行赎罪”的意思。

87　［独一无二的反讽者和最伟大的幽默家……人所不明白的东西］也就是说苏格拉底和哈曼。见扉页格言。

88　［精神……所给出的证据］参看《哥多林前书》（2: 4）：“我说的话，讲的道，不是用智慧委婉的言语，乃是用圣灵和大能的明证。”以及《罗马书》（8: 16）：“圣灵与我们的心同证我们是神的儿女。”

——基督教文献中译作“圣灵”，在唯心主义哲学中译作“精神”。

89　［盐……给出咸味呢］见《马太福音》（5: 13）：“你们是世上的盐。盐若失了味，怎能叫他再咸呢。以后无用，不过丢在外面，被人践踏了。”《路加福音》（14: 34）：“盐本是好的，盐若失了味，可用什么叫他再咸呢。”

在这里“变得愚蠢”是在字面上再现希腊语动词（被动形式）μωρανθῆ（mōranthē，变钝、失去力量或味道），这个词衍生自 μωραίνω（mōraínō，笨傻，说话或者行为愚蠢，做愚蠢的事；被动形式：变得笨或者愚蠢；转义后：变钝、失去力量或味道）。

“如果盐变得笨了”——如果盐失去了其能力。这里“失了味”——失去了“咸”的能力，在克尔凯郭尔所对应的文字关联中使用到了希腊的词义中与“愚蠢”的相关方面。

90　［像一只受到电流刺激的青蛙那样蹬腿］电流对死蛙的刺激引发出肌肉痉挛使得死蛙蹬腿。意大利医生鲁伊基·加尔瓦尼在 1789 年的发现：如果以两种不同金属的吊线接在死蛙的肌肉和神经上，死蛙的肌肉会绷紧。后来意大利物理学家福尔塔展示出这肌肉绷紧是金属线上出现的电流造成的。

91　物神崇拜（Fetischisme）。也就是偶像崇拜。

92　也就是死神。

93　其他（Andet）。这个“其他”，也可译作“他者”。

94　宿命（Fatum）。

95　［在东方的解读与希腊的解读之中又有着不同的意义修正］针对黑格尔。黑格尔在《宗教哲学讲演》中区分东方宗教（在《自然宗教》的标题下论述）和希腊的多神论（他称之为“确定宗教/Die bestimmte Religion”）。在前者中，诸神被直接同一于自然力量，因此命运被解读为大自然的必然性。而在后者则相反把诸神与原本联系的自然力分开，因此命运就被解读为一种高于诸单个特定神的力量。

96 ［我们谈论过异教的“宿命（Fatum）”……仿佛它是“必然”］也许是针对黑格尔，在黑格尔的历史哲学和宗教哲学中，他数次提到那种在意义上与“必然”同一的“宿命”(fatum 或者 Schicksal)。

97 ［这种“必然”的一点剩余……是不可比测的东西］也许是指马尔海尼克的《教理神学基本学说》，之中谈论一种天意信仰，之中有一个必然的偶然性（就是说命运）的环节无法避免，只要信仰和自然观念联系起来；通过这样的一种信仰，“世界能够得脱于纯粹的、盲目的物之偶然，但却无法得脱于这样的一种必然，这是‘那偶然的’之必然，并且将神圣天意本身作为那种严酷的必然来设定。如此，它就是命运”。

98 仿宋体处在丹麦文版中是拉丁语：eo ipso（正是因为这个原因）。

99 天意（Forsynet）。

100 ［保罗就偶像的所说的：在世界上没有偶像］《哥多林前书》(8:4)：“论到吃祭偶像之物，我们知道偶像在世上算不得什么。也知道神只有一位，再没有别的神。”在当时丹麦的权威译本里是“一个偶像是这个世界上的虚无”。

101 ［神谕（Oraklet）］神谕这个词一方面标示一种神圣言语，一方面是指在特定地点接收神圣言语（比如说德尔菲神庙）并且传达神圣言语的权威者（通常是祭司），最后也是指这言语的内容。

102 ［正是在这样的时候……想着神谕的解说］言下之意，神谕的解说如此朦胧，以至于使得模棱两可性加倍，这样，在问谕者和解谕者这里都有着模棱两可。

103 ［那误解了的“传承之罪”概念］也许是指“虔诚”，就是说，个体虔诚地参与承担族类的辜，这样一来，后来的个体变得在根本上不同于那使自己变得有辜的人（们）。

104 这个“它”是指“自由”。

105 “它成为有辜的”在这里这个“成为”是一个过去时，恰恰因为这是它的现实性所带来的一种解释，解释“那已经发生的”。

106 仿宋体处在丹麦文版中是拉丁语：sensu eminentiori（在一种杰出的意义上）。

107 仿宋体处在丹麦文版中是德语：Ansich（自在）。

［Ansich］德语：自在。康德认识论中的关键词。克尔凯郭尔在这里使用这个“自在”可能是黑格尔哲学关联中所用到的用语。自在者就其自身的“如此”而在。

108 ［少尉］一个连中的少尉；指拿破仑·波拿巴（1769—1821）在 1799 年政变中上台，在 1804—1814 年间和 1815 年中成为拿破仑一世皇帝。

109 ［六月十四日……马伦戈的战役日］马伦戈。意大利西北部的一个小村庄，

1800年6月14日拿破仑在此击败奥地利军队。他被看成是19世纪最重要的军事家，被当作英雄和神话来崇拜。

110　［奥斯特利茨］捷克斯洛伐克南部的城镇。1805年12月2日，拿破仑在这区域里的所谓“三皇战役”致命地击败了亚历山大一世及弗兰西斯二世的俄奥联军。

111　［只有奥斯特利茨的那种太阳导致胜利并使他欢欣］据传，拿破仑皇帝在1812年9月7日在莫斯科外起床后叫喊道：“那里是奥斯特里茨的太阳。”同日，法军在一场血腥战役中打败俄军，莫斯科被拿破仑占领。

112　［你只需航行，你驶着恺撒和他的幸运］引自普鲁塔克的《恺撒》第三十八。在恺撒的军队无法从布林地西姆（Brundisium）到达恺撒所在的伊庇鲁斯（Epirus），恺撒尝试着去将他们接过来。当时半路有风暴，驶船者要转向，这时恺撒对那个船长说：“出发，你高贵的人，鼓起勇气不要怕，你在你的船上载着恺撒和他的幸运。”

113　也就是说，这是一种设身处地体会他人心情的能力。

114　生存（Tilværelsen）。

115　［塔列朗］Charles—Maurice de Talleyrand 塔列朗（1754—1838），法国公爵，主教，拿破仑的外交大臣，沙皇的朋友，路易十八的总理，等等等等。阴谋和政治投机的大师。

116　“外向”就是说，“转向外部世界”。

117　注意，这“宗教天才”是指“一个有宗教性的天才”，而不是指“一个善于理解或者利用宗教的天才”或者“宗教领域里的天才”。

118　这是一个长句子，所以我在这里插入这加以提醒的分句“——如果这一个人尚未在精神上成熟到这样程度”和前面“而如果一个人尚未在精神上成熟到这样程度——以至于他不会知道……”呼应，因为两者之间的所有内容都是对于“尚未在精神上成熟到这样程度”描述。

119　［犹太教是律法的立足点］保罗的一个中心观点，参看《罗马书》（2:17—29），关于犹太人和律法。这一观点在后来的基督教中频繁地得到辩护。

120　也就意味了“辜”不是“乌有”。

121　［既同感又反感的］见前面的注脚。受吸引的不愿和不情愿的参与。这模棱两可的双义在这里不仅仅是介于同感和反感，而且是双向的：两种形式的感情都已经在自身中包容了它们的对立面。

122　正因为“恐惧”的对象是“乌有”所以人们感到恐惧的时候，——如果我们把这“恐惧”作为动词用，那么，我们不知道所恐惧的对象是什么；相反畏惧是有具体对象，比如说对于上帝的畏惧。所以，克尔凯郭尔的另一部著作《畏惧与颤栗》中所谈的“畏惧”和这里所谈的“恐惧”是完全两回事。

在这里的这句“恐惧畏惧着”中，“恐惧”是名词，“畏惧”是动词。

123 ［神圣的控告人］代理神圣出面的控告人。

124 “卡珀克拉田学派（den carpokratianske Anskuelse）”：卡珀克拉田学派，2世纪的一个诺斯替主义教派。该教派认为，人首先必须进入各种各样的行为经历——甚至是最坏的和邪恶的——才能够达成完满。如果人达不到这些经历，那么人不断地重新投生。

另外可以对照黑格尔哲学。在黑格尔看来，辩证的发展在否定的力量之下进行着：如果没有矛盾冲突，历史就停滞不前。所以，那所谓的“邪恶”只是一种环节，而就其本身并没有价值区别。这样看起来黑格尔也就同时在为各种悲惨现象作辩解：比如说，罪是人类觉醒的必然性产物，或者因为不稳定历史才得以发展，或者战争的必然性被看作是历史进程的驱动力量。等等。

125 ［卡珀克拉田学派……通过“罪”而达到完美］卡珀克拉特，二世纪阿力克山德拉的一个诺斯替主义者。他认为人只有通过各种各样的尝试，包括各种尝试各种坏事，不断地重生，直到经历了一切之后，才能够达成完满。人只有通过经历一切罪，才能够克服罪并将自己从罪中解放出来。

126 仿宋体处在丹麦文版中是拉丁语：in concreto（具体实在地）。

127 力量（Magt）。也可译作“权力”。

128 存在（Tilværelsen）。

129 牺牲（Offeret）。

130 ［犹太人在“牺牲”之中寻找其出路］牺牲崇拜犹太上帝崇拜中一个本质的部分；牺牲作为人类给上帝的礼物或者费用而被奉献。通常是牲畜或者收割物，被奉献到祭坛上焚烧。在《利未记》1—7之中有着很详尽的牺牲规则。在旧约中谈及最多的牺牲是罪的牺牲，“赎罪祭”；在一个单个的人或者整个族违反律法的时候，或者在一个人变得不净的时候，就把牺牲献上祭坛。相关的还有辜的牺牲，“赎愆祭”，在一个人误犯过错（犯辜）时，就奉献“赎愆祭”的牺牲。

131 在《希伯来书》(9:11) —（10:1）中有对“牺牲”情形的描述。

132 这里的这个“现实的”，正是作为“那可能的”（或者用亚里士多德的另一个用词“潜能的”）的对立面。如果一旦它是“现实的”，那么它就不再是“可能的”或者“抽象的”。

133 ［这帮不了他……被设定］根据《希伯来书》(9:6—10)，犹太祭司常进圣所，而大祭司一年进入一次至圣所，“没有不带着血，为自己和百姓的过错献上”。(9:7)，然后“所献上的礼物和祭物，就着良心说，都不能叫礼拜的人得以完全。这些事连那饮食和诸般洗濯的规矩，都不过是属肉体的条例，命定到振兴的时候为止”。(9—10) 另外，献祭的血“洒在不洁的人身上，尚且叫人成圣，身体洁净。何况基督借着永远的灵，将自己无瑕无疵献给神，他的血岂不更能洗净你们的心。除去你们的死行，使你们事奉那永生神么。”(13—14)

134　重复（Gjentagelse）。

135　［既然这情况没有发生……纯粹怀疑］犹太的献祭牺牲根据特定规则被重复，要么是有规律地，比如说，明天的献祭，在日出日落时的晨祭和暮祭，每周的安息日的献祭，要么是在回返的机缘上，比如说“赎罪祭”。另外可参看基督教对犹太献祭的批判：“律法既是将来美事的影儿，不是本物的真像，总不能借着每年常献一样的祭物，叫那近前来的人得以完全。若不然，献祭的事岂不早已止住了么。因为礼拜的人，良心既被洁净，就不再觉得有罪了。但这些祭物是叫人每年想起罪来。因为公牛和山羊的血，断不能除罪。”《希伯来书》（10∶1—4）。另外参看《利未记》（16；23∶27—31）。

136　［其“牺牲”不再被重复］在新约中，耶稣之死被解读作一了百了的和解赎罪祭（牺牲），可参看比如说《希伯来书》（9∶26），之中这么说及基督，他“如今在这末世显现一次，把自己献为祭，好除掉罪”。以及（10∶10）：“我们凭这旨意，靠耶稣基督只一次献上他的身体，就得以成圣。”

137　在天主教的弥撒中保留了“牺牲”的仪式。

对于克尔凯郭尔，那在《旧约》中的对于“牺牲”的重复暗示了其“不完美性”，——那罪的现实的关系没有被设定。

见《希伯来书》（9∶11）—（10∶1）：“但现在基督已经来到，作了将来美事的大祭司，经过那更大更全备的帐幕，不是人手所造也不是属乎这世界的。并且不用山羊和牛犊的血，乃用自己的血，只一次进入圣所，成了永远赎罪的事。若山羊和公牛的血，并母牛犊的灰洒在不洁的人身上，尚且叫人成圣，身体洁净。何况基督借着永远的灵，将自己无瑕无疵献给神，他的血岂不更能洗净你们的心。（原文作良心）除去你们的死行，使你们事奉那永生神么。为此他作了新约的中保。既然受死赎了人在前约之时所犯的罪过，便叫蒙召之人得着所应许永远的产业。凡有遗命，必须等到留遗命的人死了。（遗命原文与约字同）因为人死了，遗命才有效力，若留遗命的尚在，那遗命还有用处么。所以前约也不是不用血立的。因为摩西当日照着律法，将各样诫命传给众百姓，就拿朱红色绒和牛膝草，把牛犊山羊的血和水，洒在书上，又洒在众百姓身上，说，这血就是神与你们立约的凭据。他又照样把血洒在帐幕，和各样器皿上。按着律法，凡物差不多都是用血洁净的，若不流血，罪就不得赦免了。照着天上样式作的物件，必须用这些祭物去洁净。但那天上的本物，自然当用更美的祭物去洁净。因为基督并不是进了人手所造的圣所，（这不过是真圣所的影像）乃是进了天堂，如今为我们显在神面前。也不是多次将自己献上，像那大祭司每年带着牛羊血进入圣所。（牛羊的血原文作不是自己的血）如果这样，他从创世以来，就必多次受苦了。但如今在这末世显现一次，把自己献为祭，好除掉罪。按着定命，人人都有一死，死后且有审判。这样，基督既然一次被献，担当了多人的罪，将来要向那等候他的人第二次显现，并与罪无关，乃是为拯救他们。律法既是将来美事的影儿，不是本物的真像，总不能借着每年常献一样的祭物，叫那近前来的人得以完全。”

138 ［“牺牲”在天主教里面被重复，而同时人们却承认“牺牲”的绝对完美性。］根据天主教教理，基督在十字架上的完美救赎和解死亡在圣餐的弥撒圣祭（牺牲）被重复。克劳森在《天主教与新教教会规章》中写道：“正如基督在通常宣称自己是永远的牧师，以这样的方式，他自己通过确立圣餐仪式，拿出自己的血和肉以面包和葡萄酒的形式作为和解祭品，并且在自己的教会里建立了一个固定的献祭机制，因为他通过自己所说的‘为纪念我而这样做’要求使徒及后人重复这一牺牲。”（H. N. Clausen i *Catholicismens og Protestantismens Kirkeforfatning*, *Lære og Ritus*, s. 564f）关于这一牺牲，克劳森进行写道，它“在圣弥撒仪式中举行，牧师以基督的名义在他的位置上献祭酒和面包，然后向上帝牺牲基督自己的血和肉”，并且这是“一场真正的和解牺牲，如果是伴随着信仰、敬畏和悔，上帝通过这牺牲被软化被打动而宽恕罪并且放弃罪的惩罚”。

新教的信仰学说通过指向《希伯来书》（9∶26）和（10∶10）来指明天主教弥撒献祭中有着类似于犹太教的献祭理解的非福音因素。

139 ［在“世界历史性的概观”中所给出的知识］也许是指格隆德维的《首要在路德时间段里的世界编年史概观》（N. F. S. Grundtvigs Udsigt over Verdens—Krøniken fornemmelig i det Lutherske Tidsrum, Kbh. 1817, ktl. 1970）在之中格隆德维以旧约中犹太人历史为样板，把整个世界史看成是人类的赎救史。也可能是指黑格尔的历史哲学讲演（Hegels Vorlesungen über die Philosophie der Geschichte），黑格尔在之中给出一个对于东方世界、希腊世界、罗马世界和日耳曼世界的世界历史概观。

140 “邻人”是基督教常用的伦理用语。《马太福音》的（19∶19）中说“当爱人如己”，按照一个细节的翻译就是“爱你的邻人如同爱你自己”。

141 这个“生活”是动词，在这里就是说“以‘生命本身为目的’地活”，虽然有可能带有反讽的意义，虽然这时所说的“生活”也许就是其反面。我在这里对内容就不作阐释了。

但是下面仅仅关于“生活”这个动词：

比较尼采的表达——“更多地生活，而不是更长久地生活”。那种“如同行尸走肉地活”则恰恰不应当是这个动词“生活”所标示的东西。无论对于尼采还是对于克尔凯郭尔反对“无精神性”的笔名作者，“如同行尸走肉地活”不是“生活”。

142 对克尔克郭尔的注脚的注释：

［柏拉图在一个地方所解说］指《普罗泰戈拉篇》322a—d，但在柏拉图这里是赫尔墨斯而不是埃庇米修斯在问宙斯怎样分派公正和羞耻感给人类。但在前面的320c — 322a 中有说及埃庇米修斯把各种天赋分派给人类。

“以各种各样的礼物武装人们的时候”：丹麦语中“天赋”是一种“礼物”。

［埃庇米修斯（Epimetheus）］希腊罗马神话中的第一代提坦神伊阿珀托斯的儿

子，盗火者普罗米修斯的兄弟与普罗米修斯一同创造人类。与有先见之明的普罗米修斯相反，他是人类后知后觉的象征。

[宙斯] 希腊神话中的最高神（相应于罗马神话中的朱庇特），天空与风暴之神，公正的守护者；被称作诸神之父，全知全能。

143　就是说：“那宗教的。”

144　[中世纪的错误] 在这一段的草稿中，克尔凯郭尔在边上写道：“外在的任务距离那宗教的越远，沉思就越深刻——/画维纳斯但却宗教地解读他们的任务的中世纪艺术家。/这样一来，没有什么外在的东西是无法与那宗教的相通的。这个，是中世纪的误解。”

145　[不去选择宽阔的道路] 用到耶稣的说法：“你们要进窄门。因为引到灭亡，那门是宽的，路是大的，进去的人也多。引到永生，那门是窄的，路是小的，找着的人也少。”（《马太福音》（7:13—14）。

146　“如果他们那时追随了‘才能’的直接的驱动力的话，那种生活将会是对他们开放着的”：就是说，如果他们没有去选择“那宗教的”，而是走上那宽广的大道、继续作为一个“直接的”天才，那么，世俗的鲜花会向他们微笑着。但是他们却选择了另一条道路。

147　[那失去一切的人，他赢得一切] 所用的是圣经的说法。见《马太福音》(10:39)：“得着生命的，将要失丧生命。为我失丧生命的，将要得着生命。”

也可比较《路加福音》(17:33)：“凡想保全生命的，必丧掉生命。凡丧掉生命的，必救活生命。”

148　仿宋体处在丹麦文版中是拉丁语：eo ipso（正是因为这个原因）。

149　仿宋体处在丹麦文版中是拉丁语：sensu eminentiori（在一种出色的意义上）。

150　[扬就已经说过] 艾德瓦尔德·扬（Edward Young / 1681—1765）在他的谈论宫廷的诗歌《热爱名声》（Love of Fame）中写道：

“Where the Nature’ end of landuage is declined
and men talk only to conceal their mind”。

151　[塔列朗……语言是为了隐藏思想而存在的] 据说塔列朗（见前面注脚）在1807年对西班牙的外交使节易斯基亚多（Isquierdo）说：La parole a été donnée à l’homme pour déguiser sa pensée（人得到语言天赋是为了隐藏自己的思想）。

152　直译是：“语言是为了隐藏思想而存在的，——也就是说，人们并没有思想。”我并不想破坏克尔凯郭尔句子中的本来意图，所以按照它的结构翻译。但是作一解释，要强调出句子的另一层意思，那么就是：“语言是为了隐藏思想而存在的，——也就是说，语言是为了隐藏‘人们其实并不具备的东西’（这东西就是思想）而存在的，也就是说，语言通过对思想的隐藏，恰恰隐藏了‘人们其实并没有思想’这一事实。”

153 ［街头叫卖家］原文为“sjouerproklamant”，是指在哥本哈根皇家剧院前叫喊卖票的临时工。这个名词可能是指巴格森的《押韵的安慰信。给议员布里克尔欧伦森先生》，抱怨作为当晚上演剧作的剧作家没有得到更多的 sjauerproklameert（售票临时工对之名字的叫喊）。

154 仿宋体处在丹麦文版中是德语：Ansich（自在）。

155 在他不是“宗教的”的时候，他所畏惧的“那唯一的”是“命运”；而现在是“辜”取代了命运的位置。他作为“宗教的”，不畏惧命运，但是他所畏惧的“那唯一的”是“辜”。

156 对抗（Trods）。

157 这“假设”是指的是前面分句中的反面，就是说，前面句子里被否定的种种，——这“假设”是把自由假设为“对抗”或者“自私的自由”。

158 ［通过一种这样的假设人们通常是想要寻求对“罪的出现”作出说明］关于人的自私意志，“随意任性”，是“罪”的原因（哈泽的《复活的胡特尔或路德教会神学教理》）。

159 ［在“自由”……在“必然性”中有着其对立面］“把自由作为必然之对立面”的解读在哲学史中有着很长远的历史。相反，自由与必然的统一则是谢林的同一哲学的根本教条之一。黑格尔也论证了自由与必然是辩证的对立面，构成一个概念性的统一体。在这个关联上也许是指向阿德勒尔的《对黑格尔的客观的逻辑的普及讲座》。

160 ［反思的定性］黑格尔的逻辑学由三个部分构成：（存）在（Sein）、本质（Wesen）和观念（Begriff）。他的“在之逻辑学（Seinslogik）”论述了对于意识是直接可及的那些范畴（比如说“（存）在”、“乌有（无）”、“量”）。反过来他的“本质之逻辑学（Wesenslogik）”则论述了人们用来想象并非直接给定而作为本质（Wesen）隐藏直接给定的经验现象表面之下的客体的范畴。这些范畴在双重意义上被称作“反思的定性”：给定客体的本质被思作是反射在它的外表中；客体被解读为那思着的主体的反思的结果。因此黑格尔“本质之逻辑学”中的这些范畴通常被称作“反思之定性”。

161 ［力（Kraft）］这是黑格尔对“反思”的各种范畴或者定性之一。在黑格尔的哲学中常常引用到当时科学学科中的流行解读方式：各种隐形的力在现象的世界中以不同的形式外化（表现）出自身。按黑格尔的说法，在各种隐形的力和它们的有形外化之间有着一种辩证关系。

在阿德勒尔的《对黑格尔的客观的逻辑的普及讲座》中也对力和外化都有论述。

162 ［如果一个人不注意这一点……把自由和力（Kraft）混淆在了一起］也许是指向阿德勒尔的《对黑格尔的客观的逻辑的普及讲座》。关于“力”的概念，阿德勒尔在一个脚注中写道：“自由与必然在黑格尔的本质之逻辑学中有着自己的类型。我们扬弃自身而在自身中有着否定，(这是自由的环节)，在自身中还有一种直接的常在，通过否定而转向自身，(这是必然的环节)。”

163　［那陷在了“诱惑”之中的人，他自己在“诱惑”中是“有辜的”］《雅各书》(1:14)：“但各人被试探，乃是被自己的私欲牵引诱惑的。”

164　实现（Realisation)。

165　这个句子是不得已而成为这样：因为命运，“直接的天才”在他自己的行为中相对于自己瘫倒崩溃。

这里毕竟是有着相当的概念成分，虽然这是一段修辞性很强的文字。如果纯粹概念性地直译，可为：“那瞬间：当他（直接的天才）在他自己这里，对于他自己，因为命运而沉陷瘫倒。”这里强调了三点，他的沉沦在于：一是在他自己这里、以他自己的行为，一是有意识地为他自己、对于他自己，一是通过命运、因命运。这就突出了上面所说的“天才只与自己有关”，没有别的人——哪怕是无比的巨人——能够撼动“直接的天才”；“他通过他对于‘命运’的信仰而伟大，要么胜利要么灭亡；因为他通过自己而胜利，并且通过自己而灭亡，或者更确切地说两者都是通过命运。通常人们只是在他胜利的时候赞慕他的伟大，但是他的最伟大之处却是在于‘他毁灭在他自己的手中’。”就是这样，“同一瞬间，可能有一句话被一同带了出来，而这句话的意义没有任何受造物，乃至在天上的上帝自己都不明白（因为在某种意义上上帝也搞不明白这天才)，于是天才瘫倒在其无奈之中”。

第四章 “罪”的恐惧或者“恐惧”作为“罪”在“单个的人”身上的后果

通过“质的跳跃”，“罪”进入了这个世界，并且，以这种方式，它持续不断地进入。一旦这一点被设定，人们或许就该以为，“恐惧”是被取消了，因为恐惧已经被定性为“自由”在“可能”之中的“向自己显示自己”[1]；“质的跳跃”无疑是“现实”，这样一来，“可能”当然就被取消了，并且“恐惧”也被取消了。然而这事情却并非如此。也就是说，一方面“现实”不是一个环节，一方面“那被设定了的现实”是一个没有获得合理依据的现实。这样，恐惧又重新进入与“那被设定的”和与“那将来的”的关系中。然而恐惧的对象在这个时候是一种“被定性了的东西”，它的“乌有”是现实的“某物”，因为善和恶①[2]之间的这种区分

---

① 什么是“那善的”？这个问题是一个向我们的时代靠得越来越近的问题，因为它对于教堂、国家和“那伦理性的”间关系的问题有着决定性的意义。在对这个问题的回答上，人们却有必要小心。“那真的”迄今为止以一种奇怪的方式有着一种偏爱，因为人们是在“那真的”之中（在认识之中）解读和描述出了三性：“那美的”、“那善的”和“那真的”。“那善的”根本就是不可定义的。“那善的”是“自由”。对于“自由”或者说是在“自由”之中才有善和恶的差异，而这种差异从来就不是抽象普遍的而只是具体实在的。由此，在苏格拉底的方法中就出现了那种对于没有经验的人说来是骚扰性的成分：当时苏格拉底即便就把这种看起来是无限地抽象的——“那善的”召回到“那最具体的”之上。这方法是完全正确的，唯一的错误（从希腊精神的角度说，他做得完全对）是，他解读的是“那善的”的外在的一面（“那有用的”、“那有限的目的论的”）。善和恶之间的那种差异无疑是对自由而言的，但却不是抽象普遍的。这个“把自由当成是抽象的”误解之所以出现，是因为人们把“自由”弄成了某种别的东西，弄成了一种思的对象。但是自由永远也不会是抽象普遍的。如果人们要给“自由”一个瞬间——让“自由”去选择善和恶而不自己参与在这所选择出部分中，那么自由在这样瞬间之中恰恰不是自由而是一种毫无意义的反思，于是，这想象性实验除了能用来让人糊涂之外又能帮得了什么别的忙呢？如果（原谅我的这种说法）自由停留在“那善的”之中，那么他对“那恶的”就一无所知。在这种意义上人们可以说一下关于上帝（如果要误解这个，那么这不是我的错）：上帝对“那恶的”根本一无所知。我这样说，绝对不意味了我认为“那恶的”只是“那否定的”，那要被扬弃的；而是说，“上帝对恶无所知，并且不能也不愿对恶有所知”，——这正是对“那恶的”的绝对惩罚。在这种意义上，我敢说，《新约全书》中用来标示对上帝之远离的介词“从……远

是具体实在地[3]被设定了，并且恐惧因此而失去了其辩证的“模棱两可性”。不管是对于亚当还是对于每一个后来的个体，这都是如此；因为在“质的跳跃”中，他们是完全地相同的。

在“罪”通过“质的跳跃”而被设定于“单个的人”时，这时，善和恶之间的差异也被设定了。那种认为“人必行罪”的愚蠢与我们毫无关系，相反我们一直反对着每一种仅仅是想象性实验的知识；我们说过了，在这里我们再次重复：“罪”预设其自身也预设自由，并且它和自由一样，是无法以任何在它之前的东西来解释的。如果让“自由”作为一种随机的自由[4]而开始，对于这种“随机自由”（根据莱布尼茨[5]，它不属于任何地方）来说，选择“那善的”和选择“那恶的”是没有什么区别的，那么，这就是从根本上使得每一种解释都变得不可能。去把善与恶作为“自由”的对象，就是去使得“自由”和概念“善”“恶”都变成有限的。“自由”是无限的并且是从“乌有”中产生的。所以，想要说“人是必然地行罪的”，就是想要把跳跃之弧置于一条直线。之所以这样一种处理方式[6]对于许多人来说是看起来最合情合理的，那是因为思维匮乏在大多数人那里是最自然的事情，并且这样的人们多得不可胜数，他们把上面的这种观察处理方式看作是值得赞美的，尽管所有这么多世纪下来这种观察处理方式早就被徒劳地打上了印戳：“使人懒惰的论证法”[7]（克律西波斯），“使人懒惰的论证法”[8]（西塞罗），“使人懒惰的论证法”[9]（莱布尼茨）[10]。

心理学现在再次以“恐惧”作为其对象，然而它却必须谨慎。“个体的生命”的历史在一种从一个状态到一个状态的运动之中向前行进。每一个状态都通过一次跳跃而被设定。正如“罪”在过去进入世界，它现在继续不断地进入，只要它不被中止。但是它的每一次重复却不是一种简单的后果[11]，而是一次新的跳跃。在每一个这样的“跳跃”之前有着一种状态，作为那最接近的“心理学上的趋近”。这种状态是心理学之对象。“可能性”在每一个状态之中都在场，而“恐惧”也因此在场。“罪”被

（接上页）离”，是对“那恶的”的忽略。当人们有限地解读上帝时，那么，“如果上帝忽略那恶的”，对于“那恶的”来说当然是一种轻松；但是既然那上帝是“那无限的”，那么他的忽略就是活生生的“消灭”。因为，“那恶的”无法离开上帝，甚至为了“作为那恶的”，它也不能没有上帝。我将引用一段圣经中的段落《帖撒罗尼迦后书》（1：9）之中谈论那些不知上帝而不听从福音书的人：他们要受刑罚，就是永远沉沦，离开主的面和他权能的荣光。

设定以后情况就是这样的；因为只有在“那善的”之中才有着“状态”和“过渡”的统一。

第一节　对于“那恶的”的恐惧

甲）那被设定了的“罪”无疑是一种被扬弃了的可能，但它也同时是一种没有合理依据的现实。这样，“恐惧”能够使自己与它发生关系。既然它是一种没有合理依据的现实，那么它就必须又一次被否定[12]。这个工作将由“恐惧”去完成。这里是“恐惧”的独创性诡辩的操作舞台。在“罪”的现实如同那司令官用冰凉的右手握住“自由”的一只手[13]的时候，另一只手在向“幻觉”、“欺骗”和“海市蜃楼”之雄辩打招呼①。

乙）那被设定的“罪”在其自身[14]同时也是后果，虽然它是一个“对于自由来说是陌生的”的后果。这个后果宣示其自身，而恐惧是对这一后果的“即将来临”的关系，——这种“即将来临”是一种“新的状态”的可能。不管一个个体陷得多深，它还是能够继续陷得更深，而这个“能够”是“恐惧”的对象。在这里，恐惧越是放松，就越是意味了“罪”的后果已经在盐和血中[15]进入“个体”，并且“罪”已经在个体人格之中居住得到户籍了。

在这里，“罪”自然是意味作“那具体的”；因为一个人永远也不会“一般地”或者“普遍地”去行罪。甚至那种“罪”② ——“想要回到‘罪之现实’之前”，也不是一种“一般”的罪，并且一种这样的“一般的罪”从来就没有出现过。如果一个人对人类有所知，那么他就会很清楚地知道这种诡辩术的一贯行径：哪一个“点”在不断地变更着，它就持续不断地只抓住哪一点来论争。“恐惧”想要驱走“罪”的现实，并不是全部地，而是在某种程度上，或者更确切地说，它在某种程度上想要让“罪”的现实继续逗留，但注意：只是在某种特定的程度上。因此，这恐惧不是倾向于同“量的定性”玩一点点小的游戏了；这“恐惧”越是得到发展，它就越大胆地敢于在更大的范围里玩这游戏；但是一旦“量的

① 考虑到这考究的形式，我只能完全简短地对单个的状态作出提示，几乎是以代数式的方式。这里不是用以作出一个根本描述的地方。

② 这是在伦理的意义上说，因为伦理学不考虑“状态”，而只考虑这状态怎样在同一瞬间是一种新的“罪”。

定性”的玩闹和消遣想要把“个体”抓进“质的跳跃”的时候（这“质的跳跃”如同食蚁动物隐蔽在那用散沙做成的漏斗形沙堆里伺机等待着[16]），这时，“恐惧”就小心翼翼地撤回自己，这时，它有一个小小的“点”，——这“点”是必须被挽救的并且是没有“罪”的，而到了下一个“瞬间”则是另一个点。深刻而严肃地在“悔”的表达之中形成的“罪的意识”是极其罕见的。不管怎么说，为了我自己和为了“思”和为了别人，我无疑还是应当小心，不能以那种谢林[17]很可能会用以对之进行表述的方式来表述这种情况（谢林在某一段落中以一种与音乐天才同样的意义来谈论行为之天才，等等[18]）。以这样的方式，人们有时候就会（尽管自己不会意识到这个）以一句说明性的话来消灭一切。如果不是每一个人本质地参与在“那绝对的”[19]之中，那么一切就都结束了。所以，在宗教性的领域里我们不应当把天才作为一种“仅仅是单个现象的”特殊天赋去谈论；因为在这里，天赋是“去想要”[20]，而如果一个人是“不去想要”的，那么我们至少应当通过“不去可怜他”来表示对他的尊重。

从伦理的意义上说，“罪”不是状态。相反这“状态”则持续的是对于“下一个状态”的最后的“心理学意义上的趋近”。这时，“恐惧”持续地在场，作为“新的状态”的可能性。在那第一个被描述的状态（甲）中，“恐惧”是更容易辨识的，相反在“乙”之中它则越来越多地消失着。但是，“恐惧”则仍还是在一个这样的“个体”之外，并且从“精神”的立场看，它比任何其他的恐惧都大。在“甲”中，“恐惧”是对于“罪之现实”的恐惧，从这“现实”中，它强词夺理地生产出了“可能”，而从伦理的意义上看，它则是在行罪。在这里，“恐惧”的运动是与它在“无辜性”之中时的运动正相反，——在“无辜性”之中，从心理学意义上说，“恐惧”是从“罪之可能”之中生产出“现实”，而从伦理学意义上看，这“现实”恰恰是通过“质的跳跃”而出现。在“乙”之中，“恐惧”是对于“罪”的“进一步可能”的恐惧。在这里，如果“恐惧”是在减少，那么，在这一点上我们就作出这样的说明：“罪”的后果在取胜。

丙）“被设定了的罪”是一种没有获得合理依据的现实，它是“现实”并且被“个体”在“悔”中设定为“现实”，但是这“悔”并不成为“个体”的自由。“悔”被削减为一种相对于“罪”的可能，换一句话说就是，“悔”无法取消“罪”，它只能为“罪”而悲哀。“罪”在它的后果中向前行进，“悔”一步一步地追随着它，但总是要迟上一个瞬间。它强迫自己去看“那可怕的”，它如同疯狂的李尔（啊，你这被毁的造物主之杰作![21]），它失去统治者之权柄而只保留了去为自己悲伤的力量。在这里，“恐惧”达到了其最高点。“悔”失去了理智，而“恐惧”被强化为“悔”。“罪”的后果向前行进，它拖带着“个体”，如同一个女人，一个刽子手抓着她的头发拖着，而她在绝望之中哀叫。“恐惧”在前面，它在“后果”到来之前就发现这后果，如同一个人能够在自己身上感觉到风暴将突然来临；这后果靠得更近了，“个体”战栗得像一匹马，哀鸣地停留在那曾经使得它受到了惊吓的地点。“罪”在取胜。“恐惧”绝望地投入“悔”的怀抱。“悔”作出最后冒险。它把“罪”的后果解读为苦罚、而把“迷失”解读为“罪”的后果。它迷失了，对它的审判已经被宣告了，对它的定罪确定了，并且判决被加重：这“个体”将被拖扯着，通过一生，最终被拖到执刑地点。换一句话说就是，“悔”已经变得疯狂了。

生活能够给出机会让我们去观察这里所提示的东西。一种这样的状态在那本质完全败坏了的人们那里是很罕见的，而通常只是在那些更深刻的人身上才有；因为在“让自己不去属于（甲）或者（乙）的类型”的狂迷意志中，要有着一种相当可观的本原性和一种忍耐力。疯狂了的“悔”在每一瞬间都能够作出强词夺理的诡辩，没有什么辩证法能够战胜这诡辩。这样的一种“悔”[22]有着一种悲戚，它在“激情”的表达和辩证法中比那真正的“悔”远远地更强有力（另一种意义上自然就更无能；然而却很奇怪，观察过这种情况的人肯定注意到，这样一种“悔”具备着怎样一种天赋的说服力和怎样的一种雄辩去解除所有异议们的武装、去说服所有走近它的人们，却只是为了在它的这种消遣[23]过去之后重新对自己绝望）。想通过字词和句子来止息这种恐怖是一种浪费的徒劳；而如果一个人想得到要去这样做，那么他能够总是肯定这一点：与它所役用的“出自自然元素的雄辩力”相比，他的大道理就会变得好像是小孩子的咿呀声。这种现象既能够显示在人身上感性的方面（对酗酒、鸦片、纵情声色的沉溺，等等），也能够显示在人心中更高的方面（骄傲、虚荣、愤怒、仇恨、挑衅、狡猾、嫉妒，等等）。“个体”会为他的愤怒而悔，并且他越深刻，“悔”也就越深刻。但是这“悔”无法使他自由，——在这一点上他搞错了[24]。相应的机缘到来；“恐惧”已经发现它，每一个想法都在战栗；并且，“恐惧”吮吸了“悔”的力量并且摇撼着自己的头；仿佛“愤怒”已经战胜了，他已经隐约感觉到“自由”的悲戚，——这悲戚是留给下一个瞬间的；这瞬间来到，“愤怒”就得到了胜利。

不管那“罪”的后果是什么，只要这现象是依据于一种有规则的尺度而显现出来，那么这就总是标志着一种“更深刻的本性”[25]。在生活中我们很少看见这种现象，就是说，只有作为观察者我们才能够比较经常地看见这现象，这是因为，它可能被隐藏起来并且经常被驱赶，因为人类使用某种睿智律来驱逐这种最高生命的胚胎。我们只需去问道于张三李四，这样我们马上就能够变得像大多数人那样；我们总是能够找到几个可靠的人的断言来确定我们就是如此。要确保让自己免于经历“精神”为人带来的内心冲突[26]，最有效的手段是尽快地去变得“无精神”，越早越好。如果我们及时地注意到这一点，那么一切就都会没有问题，而关于那“宗教意义上的内心冲突”的问题，这时我们就能够对之作出说明：这内心冲突根本不存在，或者至多只能被看成是一种很有刺激的诗意虚构。在往昔，通向完美的道路是狭窄而且孤独的，人在跋涉中不断地为迷途而不安，遭到“罪”的抢劫袭击，被“那过去的”的箭矢追逐——这箭矢就像斯基泰牧人[27]的箭一样危险；现在，我们是与令人愉快的旅伴一同乘着火车朝着“完美性”的方向旅行[28]，并且在我们尚未对之有所知的时候，我们已经到了。

唯一能够真正解除“悔之诡辩”的武装的，是“信仰”[29]，是去相信“那种状态本身是一种新的罪”的勇气、去毫无恐惧地放弃恐惧的勇气；只有“信仰”能够做得到“毫无恐惧地放弃恐惧”却不因此而消灭“恐惧”，而是持恒不断地让自己永葆青春地从“恐惧”的死亡瞬间中解脱出来。只有“信仰”能够做到这一点；因为只有在信仰之中，“综合”才是永远并且在每一瞬间里可能的。

不难看出，这里所论述的这一切都属于心理学。从伦理学的角度看，中心主题是：让“个体”被正确地安置在与“罪”的关系之中。一旦他处在那里，他就马上“悔着地”处在“罪”之中。在这同一瞬间，——从“理念”上看，他又重新落在了教理神学中。“悔”是最高的伦理矛盾，部分地因为伦理恰恰因为要求“理想性”而不得不满足于接受“悔”，部分地因为这“悔”（考虑到它所要取消的东西）变得辩证地模棱两可，只有在“和解”[30]之中，教理神学才取消这种“模棱两可性”，而在“和解”之中，“传承之罪”的定性变得清晰明确[31]。另外，“悔”推迟“作为”[32]，而这“作为”是伦理所真正要求的。最后，“悔”必须把自己作为自身的对象，因为“悔”的瞬间成为“作为”的匮乏。因此，在老费希特说“没有时间去悔”[33]的时候，那是一种真正的伦理呼喊，充满了精力和勇气。然而他也因此而没有把“悔”置于他的辩证尖端上，——在那里它被设定要去通过新的“悔”来取消它自己，并且，这时它就在那里瘫倒。

这个段落里（正如在这文本的所有文字中）所论述的，是人们在心理学上能够称为是“‘自由’对于‘罪’的在心理学意义上的各种态度或者在心理学意义上趋近着的各种状态”的东西。它们并没有自认是要去在伦理的意义上解释“罪”。

第二节　对于“那善的”的恐惧（那魔性的[34]）

在我们的时代人们很少听说“那魔性的”。在《新约全书》里有这方面的故事，这些单个的故事[35]通常使人停顿。由于神学家们试图对之作出解释，他们忘我地深入到那对于某种不自然的“罪”[36]的观察之中，在这样的观察中人们也能够发现这样的例子：“那动物的”有了这样一种支配“人”的力量，以至于人几乎是以一种动物的口齿不清的声音，或者通过一种动物的模仿行为和动物的目光来宣示其自身，——不管这时是“动物性”在“人”这里赢得了一种显著的形态（占相术的表述，拉瓦塔）[37]，还是它在偶然一瞥中——像一个正消失的速递邮差那样——让人去预感那居留之中的东西，正如“疯狂”在一瞬间中的一道目光或者一个动作（这一瞬间比最短暂一刻还要短）滑稽模仿、取笑、歪曲一个理智的、脑子清醒的、才华横溢的人，而我们则正和这个人一起站着和交谈着。神学家们在这方面所提及的东西可以是完全正确的，但重要的是：他们由此想说明一个什么样的问题。在通常，这样的现象是被描述为如此，这样，我们清楚地看出这里所谈的是“罪”的奴役[38]，一种状态，或许对这种状态的最好描述是通过这个方法：回想我们有这样一种游戏，在游戏中用一块大斗篷覆盖起两个人以至于看上去好像是只有一个人，一个人说话，另一个人则作出相对于那所说的话完全是偶然随意的手势；因为动物以人的形态为外表就是如此，并且在这个时候不断地通过它的手势和搞笑动作来对他作怪样。但是，罪的奴役还不是“那魔性的”。一旦“罪”被设定，并且“个体”停留在“罪”中，那么马上就有两种形式类型，在前面的段落[39]中我们描述了这两种之中的一种。如果我们不对此有所注意，我们就无法为“那魔性的”定性。“个体”在“罪”中，而他的恐惧是对于“那恶的”的恐惧。从更高的立场出发看，这一形式类型是在“那善的”之中；因为，由此缘故它才对于“那恶的”感到恐惧。另一种形式类型就是“那魔性的”。“个体”在“那恶的”之中并且对于“那善的”感到恐惧。“罪”的奴役是对于“那恶的”的一种不自由的关系，然而“那魔性的”则是一种对于“那善的”的不自由的关系。

因此，“那魔性的”要在它与“那善的”有所接触时才变得清晰，“那善的”是从外面靠向“那魔性的”的边缘。因为这个原因，值得注意“那魔性的”在《新约全书》中恰恰是要通过基督对之的靠近才显示出来；并且不管这魔是一个“群鬼的”（参看《马太福音》8：28—34；《马可福音》5：1—20；《路加福音》8：26—39）[40]还是一个哑鬼（参见《路加福音》11：14）[41]，这现象是一样的，是对于“那善的”的恐惧；因为，正如“恐惧”能够在号叫中表现出自己，这“恐惧”同样能够在哑默之中表现出自身。“那善的”自然是意味了“自由”的重建、救赎、拯救或者不管人们把它叫什么。

在早先经常有谈及关于“那魔性的”。去弄一个学业或者已经通过一个学业，固然这学业使得一个人能够背诵和引用各种有教益的和稀奇古怪的书，但这样的事情在这里意义不大。人们能够很轻易地去概述各种不同的看法，它们是“可能的”，并且在不同的时候也曾是“现实的”；这样的做法则可能有些意义，因为各种观点的差异性能够有助于人们对概念进行定性。

人们能够把“那魔性的”看成是“美学—形而上学的”。其现象却属于“不幸”、“命运”等的定性范围内，并且能够被看作是类似于“天生的思维有问题”等等。人们带着怜悯地使自己去与魔性现象发生关系。但是正如“去愿望”[42]对于所有独演艺术是不可取的，怜悯在这样一种意义上也是如此：怜悯通常被认为是在所有“社会性的艺术鉴赏力和天资”中最糟糕的东西。“怜悯”对受难者根本没有什么好处，相反人们在怜悯中其实只是在保护自己的自我中心观[43]。人们不敢在更深刻的意义上对这一类问题进行考虑，而这时人们通过“怜悯”来拯救自己。只有当“怜悯者”在其“怜悯”中使自己如此地去与“受苦者”发生关系，以至于他在最严格的意义上明白，这里问题关键所在是他的事情，只有当他如此地去认同于那受苦者，以至于他在拼命为作出说明而努力的时候也在拼命为自己而努力，放弃一切“无思想性[44]”、“温情软弱”和“怯懦”，——只有在这时候，“怜悯”才得到其重要性[45]，并且只有在这时候，“怜悯”才或许找到了其意义[46]；因为在这里怜悯者不同于受苦者，他是在一种更高的形式中受苦。如果“怜悯”以这样的方式使自己去与“那魔性的”发生关系，那么，问题关键所在就不是某些安慰的言辞或者一种小捐献或者耸一下肩膀；因为，如果一个人在哀叹，那么他必须得到某种“可以为之哀叹”的东西。如果“那魔性的”是一种命运，那么它将发生在每一个人身上。这是无法否认的，尽管在我们这怯懦的时代人们想尽一切可能的办法来通过“娱乐消遣”和“喧嚣业的土耳其音乐”杜绝各种孤独的想法们（正如人们在美洲的森林中以火炬、以吼叫和以击钹之声来使得野生动物保持距离）。正因此，人们在我们的时代对各种最高的精神方面的内心冲突[47]所知如此之少，然而却如此越来越多获得了关于“男人与男人与女人之间的所有各种钩心斗角的冲突”的知识（这种钩心斗角是上层社会优雅的社交和晚会生活的所必不可少的）。如果真正人性的“怜悯”像担保人一样把“痛苦”[48]接收过来，那么它就必须首先搞清楚：在怎样的情况下那是“命运”而在怎样的情况下那是“辜”。要完成这一区分，一个人必须带着“自由”所具的那种令人担忧但却精力旺盛的“激情”，这样，即使世界崩溃，他也敢于坚持住这种区分，虽然看起来仿佛他是通过他的坚定不移而导致了不可挽回的损害。

人们曾经带着一种伦理审判的倾向来看待“那魔性的”。大家都很清楚地知道，人们曾以怎样可怕的严厉去追踪、发现和惩罚“那魔性的”[49]。在我们的时代，人们在听故事的时候为之感到惊颤，人们在这样的想法里变得多愁善感：“在我们这启蒙后的时代里，人的行为不再是那样。”无疑，事情完全可以是这样，但是这种“感伤的怜悯”真的是那么远远更值得赞美么？“去审判和谴责那种行为”不是我的事，我所做的只是观察它。那时[50]这类行为在伦理上是那样严厉，这恰恰显示了，这行为所具的“怜悯”具有更高的品质。由于它在思想中将自己同一于魔性现象，因而除了说“那是辜”之外它没有进一步的解释。因此它坚持确信，“那魔性的”在最后（根据其更佳可能）会自己去希望所有残酷性和严厉性都被用在他身上。① 如果我们从一个类似的层面里找一个例子出来，那么，那推荐使用惩罚，乃至用死刑来对待异端的人，难道不是奥古斯丁吗[51]？难道他缺少怜悯么？或者说，他的行为中“区别于我们时代”的差异性更确切地难道不是在于：他的怜悯没有使得他怯懦而在牵涉到他自己的时候说，“如果这种异端的情况发生在我的身上，那么，但愿会有一个教会不放弃我而相反竭尽全力？”但是，在我们的时代，人们所害怕的正是苏格拉底所曾经说的“为了得到医治而让自己去被医生剖割和烧炙”[52]。

人们曾经带着一种医药救治的倾向来看待“那魔性的”。这自然就是：以粉剂和片剂[53]——然后用“灌肠”！这时，药房和医生联合在了一起。病人被送去别处，这样别人就不会害怕。在我们这勇敢的时代，人们不敢对病人说：他要死了；人们不敢去叫教士，唯恐他会死于惊骇；人们不敢对病人说，在当天有人死于同样的病症。病人被送去别处，“怜悯”询问他的情况，医生许诺尽快地发表一份表格统计的调查报告以得出一个平均统计数。在人们得到了一个平均数的时候，一切就得到了说明。那带着医药救治倾向的观察把这现象看成是纯粹身体的和肉体的，并且正如医生而且特别地是[54]霍夫曼小说中的一个医生经常所做的，定一个价钱，并且说：这是一件值得深思的事情[55]。

“三种如此不同的观察方式是可能的”，——这显示出了魔性现象的模棱两可性：它以一种方式属于所有这三个领域，那生理的、心理的和灵的[56]。这所提示的是，“那魔性的”具有一个远远超出通常所能想象的范围，能够用来对此进行说明的是：人是“灵魂”和“肉体”的、由“精神”承担的“综合”，并且因此任何其中一项的瓦解[57]会在其他项中得以体现。但是在他开始留意到“那魔性的”有着怎样的一种范围的时候，这时也许将显示出：很多人属于这魔性的范畴，各种不同的人——甚至一些想要研究这一现象的人，都属于这范畴；并且在每一个人的身上都明确地有它的烙印，正如“每一个人是一个罪人”那么明确。

---

① 如果一个人在伦理方面并没有成长到这样的高度，以至于他会感到一种安慰和缓解，甚至是在他承受着最深重痛苦的时候，如果有人对他说：“这不是命运，而是辜”，只要这句话是以一种诚实而严肃方式对他说出的，他还是会感到一种安慰和缓解；如果一个人没有达到这种伦理高度的话，那么，他就是没有在真正的意义上得到了伦理方面的发展；因为伦理的个体人格所最怕的东西就是“命运”和“美学的胡言乱语”，它们在“怜悯”的斗篷之下想要骗走他的宝石，就是说，他的“自由”。

但是，由于“那魔性的”在时间的进程中曾经意味了各种不同的东西，并且最后发展为“它意味作它所想意味的东西”[58]，于是我们最好是去对这概念作一下定性。在这方面，人们一定已经注意到，我们把“那魔性的”指定在了我们为之安排出的位置上。在“无辜性”之中，不用说，是不可能谈及“那魔性的”的。而在另一方面，人们也必须放弃每一个关于“与那恶的达成了一种交易”等的幻想观念，(因为这样的观念，人就变得完全是“恶的”了)。由于这些幻想观念的缘故，在早先时代那种严厉行为[59]之中就出现了矛盾。人们对此作出了这样的假设[60]，然而人们还是想要去惩罚。但是“惩罚”本身则不仅仅是一种自卫，而且同时也是为了拯救（要么通过一种较轻的惩罚来拯救某些相关的人，要么通过死刑来拯救其他相关的人)；但如果我们还能够说及拯救，那么，“个体”就并非是完全地处于“恶”的权力之下；如果它完全地处在恶的权力之下，那“去惩罚”的行为就是一种矛盾。如果在这里有人提出这样的问题：“那魔性的”在怎样的程度上是一个心理学上的问题；那么我就必须回答，——“那魔性的”是一种状态。出自这一状态，“单个的有罪行为”能够持续不断地绽发出来。但是这状态是一种“可能”，虽然在对于“无辜性”的关系中，它自然地再次是一种通过“质的跳跃”而被设定的“现实”。

“那魔性的”是对于“那善的”的恐惧。本来，在“无辜性”中，“自由”没有被设定为自由，而自由之“可能”在个体人格中是“恐惧”[61]。而现在，在“那魔性的”之中，这关系则反过来。“自由”被设定为“不自由”；因为“自由”已经迷失了。在这里，自由之“可能”则再次是“恐惧”。这差异是绝对的：因为，自由之“可能”在这里被显示作是处于一种与“不自由”的关系中；它与“无辜性”恰恰相反，——“无辜性”是一种“向自由”的定性。

“那魔性的”是一种“不自由”，这“不自由”要隔绝它自己。然而这[62]却是并且继续是一种“不可能”，这“不可能”总是保留着一种关系，虽然这关系在表面上看起来是消失了，但其实它却仍在那里；并且，在与“那善的”的接触的瞬间，“恐惧”马上就显示出来（参见前面鉴于《新约全书》中的故事所述的文字)。

“那魔性的”是“那内闭的”[63]和“那非自愿地公开的”[64]。这两种定性标示出了它们所本来就应当标示的那同一样东西；因为，“那内闭的”恰恰是“那哑默的”，而如果它要表达自己，那么这种“表达自己”必定是违背它自己的意志的；因为，那“构成‘不自由’之根本”的自由，通过它自己与“外面的自由”间的沟通来反抗，并且在这时以这样的方式背叛了“不自由”：恰恰是这“个体”自己，他违背自己的意志而在“恐惧”之中背叛他自己。因此，我们在这里必须在一种特定的意义中考虑“那内闭的”；因为，如果我们是在普通的意义上使用这个词的话，那么它可以是意味了“最高的自由”。布鲁图斯[65]、作为王子的英国亨利五世[66]，等等就是这样地内闭的，直到适当时机到来——显示出他们的“内闭性”是与“那善的”所定的一种契约。所以这样的一种内闭性是与一种“扩展性”[67]同一的，并且，在一种更加美丽和高贵的意义上看，没有什么个体人格能够比那“内闭在一种伟大理念的子宫中”的个体人格更具扩展性了。“自由”恰恰是“那扩展着的”。与之相反的是，我认为，人们在一种显著的意义上[68]能够把“内闭的”这一描述用在“不自由”上。人们通常使用一个更形而上学化的表达来形容关于“那恶的”：它是“那否定性的”[69]；对此，伦理的表达恰恰是（如果人们考虑到“那否定性的”在“个体”身上的作用）“那内闭的”。“那魔性的”不是同什么别的东西关闭在一起，而是将自己关闭在自己之内，而“存在”[70]中深奥的东西就在于这一点：“不自由”恰恰使得自己去成为一个囚徒。“自由”是持恒地沟通着的（哪怕人们去考虑用辞中的宗教意义也没有关系[71]，构不成损害），“不自由”变得越来越内闭并且不想要“沟通”。我们能够在一切领域里看见这种情况。它在疑病症[72]中、在忧郁症[73]中显示出来；它在各种最高的激情之中（如果这些激情在深刻的误解之中引进了那种禁止交谈制度的话[74]）显示出来。① 如果现在“自由”触摸到了“内闭性”，那么它就变得恐惧。人们在日常言谈中有这样一句话，非常说明问题。人们说一个人：他不愿意说出来[75]。“那内闭的”恰恰是“那哑的”；语言、言辞恰恰是“那拯救着的”，——它们将人从“那内闭的”的空洞抽象中拯救出来。如果我们让“那魔性的”在这里意味作 x，自由对之的关系就在 x 之外，对于“那魔性的”的公开化有着这样的一个定律：它违背意愿地说出来[76]。就是说，在语言中有着沟通。因此在《新约全书》中，一个魔性者在基督靠近时对基督说我与你有什么关系[77]；

① 其实已经说过，但是在这里再次说一下：“那魔性的”有着一种不同的领域，它与人们通常所以为的那种情形完全不同。在前面的段落中，各种形式类型在另一种意义上提示出来的；而在这里，接着的是另一系列的形式类型，并且，就像我所曾就之所描述的那样，这种区分可以从头到尾地得以进行。如果人们有什么更好的区分方式，那么人们可以选择那更好的；但是人们在这些领域里谨慎一些总是好的；因为否则的话，一切就都搞在了一起。

他继续说：基督到来是为了败坏他（对“那善的”的恐惧）[78]。或者，一个魔性者请求基督走另一条路[79]。（参见第一节，在“恐惧”是对于“那恶的”的时候，那么“个体”就会去请求拯救。）

对此的例子很多，生活在所有可能的领域中和所有可能的程度上都提供了许许多多这样的例子。一个冥顽不化的罪犯不想认罪（他不愿意通过惩罚的痛苦来与“那善的”进行沟通，而这之中恰恰是有着“那魔性的”）。对这种罪犯，人们有着一种也许是很少使用的方法。这方法就是沉默和眼神的力量。如果一个审问者具备生理上的力量和精神上的伸缩性一直忍耐着不放松他的肌肉，如果他有力量这样忍耐16小时之久，那么他最后将会成功地使得那罪犯不自觉地突然认罪。没有一个受着天良压迫的人能够忍受沉默。如果我们把他放在孤独的监狱，那么他变得迟钝。但是这种沉默——法官在场而书记们等着书写口供——这种沉默是最深刻尖锐的问话，是最可怕的折磨，但这却是一种被许可的方式；然而这进程却也不是像人们所想象的那样容易。能够强制“内闭性”说话的只有两种：要么是一个更高的恶魔（因为每一个魔鬼在其时代内统治[80]），要么是“那善的”——能够绝对地沉默的善；并且，如果在这里有任何诡诈通过“沉默审讯”想要使得“内闭性”尴尬，那么那审讯者自己将会感到羞耻，并且将出现这样的情形：在最后他变得害怕自己并且不得不打破沉默。在直接面对低级的恶魔和低级的人品（其上帝意识尚未得到强有力的发展）的时候，“内闭性”无条件地取得胜利，因为前者无法忍耐而后者在所有的“无辜性”之中习惯于生活在那种“找到食物就吃”[81]的状态中并且“心里想什么就说出来”[82]。多么不可思议，“那内闭的”能够这么有力地控制这样的人们，他们最后是怎样地乞求又乞求，——只是为了乞求一句能够打破沉默的言辞；但是，以这样的方式践踏那些弱者，这做法也是令人厌恶的。也许人们以为，这样的事情只是在王公们和耶稣会教士们中间会发生；为了对此有一个清晰的观念，人们必须去想到多米提安[83]、克伦威尔[84]、阿尔巴[85]，乃至一个耶稣会的将军——他仿佛就是这一类的通称。但事实绝非如此，这样的事情发生得远远地更频繁。然而在对这现象进行评判时，人们必须小心：虽然这现象是同样的，但是导致这现象的原因这可能是完全相反的，因为那行使“内闭性”的暴政和酷刑的人，他自己会希望说话、会等待一个更高的恶魔——这恶魔能够导致“公开化”[86]。但是“内闭性”的执刑者也会自私地使自己去与他自己的内闭性发生关系。不过对此我可以单独写一整部著作，虽然我没有根据我们时代的观察家们之间的惯例和默契规则而去过巴黎或者伦敦，仿佛人们以这样的方式[87]能够学到某种伟大的、完全不同于空话和旅行推销员智慧的东西。只要一个人留心他自己，那么作为一个观察者，他只需要五个男人五个女人和十个小孩子就足以去发现所有不同的人类灵魂状态。我能够说出的东西当然也有着其意义，特别是对于每一个与小孩子们有着这样或者那样的关联的人有着意义。出于一种无限的重要性，我们应当通过那种关于“崇高的内闭性”的观念去提高孩子的修养，并且将他从被误解的东西中拯救出来。如果是外在地看，那么，我们很容易就知道，什么时候我们敢放手让孩子自己走路；但是从精神的方面考虑就不是那么容易了。从精神的方面考虑，这工作是非常艰巨的，我们不可能通过雇佣一个保姆和买一架幼儿学步车就能够脱身不管了。这之中的艺术在于我们要持恒地在场却同时又不在场；在于这孩子能够得到可能去发展自己，而同时我们又必须清楚了然地知道这孩子的发展过程。这之中的艺术在于：在最高的程度上依据于最大的可能的尺度让孩子随他自己去；我这样来表述这一表面的“放任”吧：在不着痕迹的同时对一切都了然于胸。人们完全能够找到时间去这样做，甚至即使一个人是皇家官员，只要他想这样做，就也不会有问题。只要一个人想要，那么他就能够达成一切[88]。父亲或者抚养者，他为自己所养的孩子做了一切，却不去阻止孩子变得内闭，那么他就总难免为自己招致了极大的责任。

“那魔性的”是“那内闭的”，“那魔性的”是对于“那善的”的恐惧。我们现在让“那内闭的”作为 x，并且它的内容为 x，这就是：作为“那最可怕的”和“那最不具重要性的”、充满恐怖的东西（它在生命中的在场可能不是很多人所能够梦想到的）以及没有人去注意的琐细事物①[89]，那么，作为 x，“那善的”又意味作什么呢？它意味了“公开化”②[90]。“公开化”又可以意味作“那最崇高的”（在显著意义上的“赎

---

① 如果要让“观察”在一种更深的意义上具备其重要性，那么，“能够使用其范畴”是一个不可缺少的条件。“现象”的在场达到了一定的程度，那么，大多数人变得对之有所留意，但是却没有能力给出说明，因为他们缺少“范畴”；而如果他们具备了这范畴，那么他们就重新有了一把钥匙，这钥匙在任何有着现象踪迹的地方打开门；因为在这范畴之下的各种现象听从这范畴，如同指环的精灵们听命于指环。

② 我勤奋地使用了“公开化”这个词，在这里我也能够把“那善的”叫作“透明性”。如果我不得不害怕有人会误解“公开化”这个词以及它对于“那魔性的”的关系之发展，就仿佛是不断地有着一种关于“外在的某种东西”的说法，一种可把握的公开忏悔，而作为“外在的”它却什么用处都没有，——如果是那样的话，那么我一定会选择另一个用词了。

救”）和“那最不重要的”（偶发的言辞）；这一点不可以打扰我们的理解，范畴还是同样的范畴；那些现象共同地具有这个性质：它们都是“那魔性的”，哪怕在其他方面的差异性足以使人眩晕。在这里“公开化”是“那善的”；因为“公开化”是“拯救”的最初表现。所以老古话说，如果人们敢提及那句话，那么巫术的魔力就会消失，并且，在人们提及了梦游者的名字时，他就醒过来了。

“内闭性”的许多冲突（考虑到“公开化”）又可以是无限地不同的，无以数计地斑驳多样；因为“精神性的生命”的生长元气并不比大自然弱，而各种“精神性的状态”在差异性上比各种花的差异性更繁复。“内闭性”会希望得到“公开化”：它可以是外来地生产出来的，可以是发生于“内闭性”的（这是一种误解，因为这是一种与“在公开化中被设定的”自由和“设定公开化”的自由的“女人性的关系”。所以，尽管“那内闭的”的状态变得更幸福，“不自由”完全可能继续被保留）。它会在某种程度上想要得到“公开化”，但是保留了一点不公开的剩余，以便重新开始“内闭性”（这是各种低级精神的情形，这低级的精神做不出任何大规模的[91]事情）。它会想要得到“公开化”，但是却又想匿名地[92]这样做（这是“内闭性”的最强词夺理的反驳）。然而，在“诗人—存在”中，我们却可以找到对之相关的例子。“公开性”本来会是已经得到了胜利，但是在同一时刻，“内闭性”冒险作最后的尝试并狡猾得足以去把“公开性”本身转化为一种“神秘化”，并且，“内闭性”获得了胜利。①[93]

然而我却不敢继续，——我又该怎样去完成？哪怕只是“代数化地提及一下”，我都无法完成，更不用说如果我是想要描述、想要去打破“内闭性”的沉默而使得它的独白变得能够让人听见了——因为独白恰恰是它的言谈（正因此在人们想要标示出一种“内闭性”的时候，人们会说“他在和他自己交谈”）。在这里，我只是努力给予“一切以一种理解，但是不给予舌头”[94]，正如内闭的哈姆雷特对他的两个朋友的告诫所说的。[95]

---

① 人们很容易看出：“内闭性”因为这个原因意味作谎言，或者（如果人们愿意这么说的话）意味作“不真实”。而“不真实”恰恰就是“不自由”，——对“公开化”感到恐惧的那种“不自由”。所以，魔鬼也被称作是“谎言之父”。这时在“谎言”和“不真实”之间、在“谎言”和“谎言”之间以及在“不真实”和“不真实”之间有着极大的区别，——这其实是我一向承认了的；但是范畴则是同一个范畴。

然而，我却想要提示一种碰撞，这种碰撞所给出的反驳是可怕的，正如“内闭性”本身是可怕的。“内闭的个体”在“内闭性”中所隐藏的东西可以是极其可怕的，以至于他不敢说出它来，甚至不敢对自己说出它来，因为，如果他说的话，那么他就仿佛是在通过“说出来”这一行为本身而又去行了新的罪，或者，就仿佛是它又在对他进行诱惑。要让这现象发生，在这“个体”身上就必须有着一种罕有的“纯粹性”和“不纯性”的混合。因此，最确切地说的话，如果“个体”在完成“那可怕的”的时候无法控制住他自己的话，那么这现象就会发生。这样，一个人在迷醉的状态[96]中会去做下他自己只能够依稀地记得的事情，但却知道这事情是如此过分，以至于连他自己都几乎无法接受干了这事的是他自己。同样，一个在沉醉状态中的人能够做出他只朦胧地记得的事情，但却知道这事情是如此狂乱，以至于他几乎就不可能承认自己会做出这样的事情。这样的事情也能够发生在一个曾经疯狂并且保留了一种对于自己从前状态的回忆的人身上。决定“这现象是否魔性现象”的，是“个体”对于“公开化”的态度，他是否想要带着“自由”去渗透进上面说及的事实，并且在“自由”中接手这事实。一旦他不想如此，那么，这现象就是魔性的。我们必须很清醒地坚持这一点；因为，甚至连那想要如此的人在本质上也还是魔性的。就是说，他有两种意志，一种是低级的、无力的、想要“公开化”的意志，一种是更强的、想要“内闭性”的意志；但是，“后一个意志是更强烈的”这一事实显示出：他在本质上是魔性的。

“那内闭的”是不自愿的“公开化”。个体人格在本原上越弱，或者说，“自由”的弹性在“内闭性”的运作中被消耗得越多，一个人的秘密就越是有可能在最后从他身上暴露出来。最无足轻重的接触，一道瞥过的目光，等等，足以使得那种可怕的东西，或者（相对于“内闭性”的内容而言）那可笑的腹语术，得以启动。这腹语术本身可以是直接地或者间接地宣告着，就好像一个疯狂者以这样一种方式泄露出他的精神失常，——他指着另一个人说：他让我觉得非常不舒服，他肯定是精神疯狂了。在这不幸的人终于把自己所隐藏的秘密强加到每一个人的身上时，“公开化”就能够在言辞之中宣告其自身。它能够在面部表情中、在眼神中宣告其自身；因为世上存在这样的目光，在这目光中一个人不自愿地公开那被隐瞒的东西。有一种责难问罪的目光，它公开那人们几乎是怕去理解的东西；一种令人心碎的、乞求的目光，并非全然是在诱惑“好奇心”去窥探进情不自禁的心意传播。相对于“内闭性”的内容，所有这一切又可以几乎是滑稽可笑的：诸如荒诞不经、小心眼、虚荣、幼稚、对“狭隘的嫉妒”的表达、医学上的小疯狂等等，这些东西以这种方式在“不自愿性”[97]的恐惧之中公开了自己。

“那魔性的”是“那突然的”[98]。“那突然的”是来自另一个方面的对于“那内闭的”的一个新的表达。在反思于“内容”或“价值”的时候，“那魔性的”被定性为“那内闭的”，而在反思于“时间”的时候，“那魔性的”被定性为“那突然的”。“那内闭的”是“个体人格”中的一种“对自身持拒绝性态度”的作用。相对于“沟通”，“那内闭性”不断地把自己越来越深地关闭隔绝起来。而“沟通”则又是对“连续性”的表达，并且，对于“连续性”的否定是“那突然的”。人们可以相信“内闭性”具有一种非凡的连续性，但其实却恰恰相反，尽管相比于那种乏味软弱而总是给人留下印象的“从自身之中堕落出来”，它有着一种连续性的表象。能够与“内闭性”所具的“连续性”作比较的最好对象也许是一种晕眩，一只不停地旋转于其尖端的陀螺必定具备这样的晕眩。如果这时“内闭性”没有把那内闭的人搞得彻底精神失常——一种单调性[99]的悲哀的永动机[100]，那么这“个体人格”还是会保留一种特定的、与“其余的人生”的连续性。相对于这种连续性，上面所提及的“内闭性”所具的那种“表面连续性”[101]在这时恰恰就会将自己显示为“那突然的”。在某一个瞬间它在那里，而下一个瞬间它又消失掉了；而正如它消失掉，这时它却又完完全全地在那里。它无法被合并在或者完成在任何连续性之中，而一种以这样的方式外化表现自己的东西正是“那突然的”。

现在，如果“那魔性的”是某种肉体的东西[102]，那么它就永远也不会是“那突然的”。如果高热或者精神失常等重新又来，那么人们最后就发现一种与之有关的规律，并且这种规律在某种程度上取消着“那突然的”。而“那突然的”不认任何规律。它不属于那些自然现象，而是一种心理现象，是“不自由”的外化表现。

“那突然的”作为“那魔性的”是对于“那善的”的恐惧。“那善的”在这里意味作连续性；因为“拯救”的最初表达是“连续性”。在个体人格的生命（在某种程度上与生活相连续地）向前发展的同时，“内闭性”在个体那里保存了自身，作为一种“连续性”的密咒式胡言乱语[103]（它只与它自己沟通），并且因此而一直是作为“那突然的”。

相对于“内闭性”的内容，“那突然的”可以意味作“那可怕的”，但是“那突然的”的作用对于观察者来说也可以显得很滑稽可笑。从这方面看，每一个“个体人格”都多少有着一点“那突然的”，正如每一个“个体人格”都多少有着一点古怪的顽固观念。

我不想再进一步深入这个主题；只是为了强调我的范畴，我要在这里提醒一下：“那突然的”总是来源于对于“那善的”的恐惧，因为有某种“自由”不愿渗透进去的东西存在着。在对于“那恶的”的恐惧之中的各种形式类型中，相应于“那突然的”的东西是“软弱”。

如果一个人想要以另一种方式来搞清楚，以怎样一种方式“那魔性的”就是“那突然的”，那么他可以纯粹审美地考虑这个问题：怎样才能使得“那魔性的”被最好地描述出来。假如人们要描述一个靡菲斯特[104]，这时，如果人们更多的是想要把他作为戏剧情节中的一种作用力，而不是要去从根本上解读出他，那么人们完全可以给他那台词。但如果有了这样的台词的话，那么，从根本上说，靡菲斯特本身并没有被描述出来，而是被淡化为了一个恶毒机智的阴谋脑瓜。这则只是一种淡化，相反一个民间传说已经看见过了那真正的靡菲斯特。它描述说，这魔鬼坐了 3000 年，思辨着要毁垮人类，最后他找到了办法[105]。这里，强调的重点是在于这 3000 年，而对于这个数字所引出的观念恰恰是对于“那魔性的”的郁闷地酝酿着的“内闭性”的想象。如果人们不想以上面所提示的这种方式来淡化靡菲斯特，那么就得选择另一种描述类型。这里，我们将看出，“靡菲斯特”本质上是哑剧式的。①[106]就算是那些从“恶毒”之深渊里传响出来的最可怕言辞，也无法生产出这种效果，这种与“处在‘那哑剧式的’的领域之内‘跳跃’的‘突然性’”一样的效果。虽然言词是可怕的，虽然打破沉默的是一个莎士比亚[107]、一个拜伦[108]、一个雪莱[109]，言辞总是保持了它的“赎救性的”力量；因为，哪怕是言辞中的所有绝望和

---

① 《非此即彼》的作者指出了：唐璜在本质上是音乐性的。恰恰在同一种意义上这也有效于靡菲斯特：他在本质上是哑剧式的。发生在“那哑剧式的”中的，也发生在“那音乐性的”中；人们相信了一切都能够成为哑剧式的，并且一切都能够成为音乐性的。人们创作了一台芭蕾舞叫作《浮士德》。如果它的作曲者确实懂得了在“把靡菲斯特理解为哑剧式的”之中有着怎样的意义，那么他就永远也不会想到要把《浮士德》弄成芭蕾舞。

所有“那恶的”的恐怖，也无法像“沉默”那样更使人惊恐。“那哑剧式的”在这时能够表达出“那突然的”，但是“那哑剧式的”就其本身而言却并不因此而就是“那突然的”。从这方面看，芭蕾大师布农维尔在他自己对靡菲斯特的再现[110]中所达到的成就是伟大的。那恐怖感，——在看见靡菲斯特跳进窗户并且继续站着保持那跳跃的姿势[111]时，那种攫人的恐怖！在跳跃中的这种蹦起，让我们想起食肉类的猛禽和猛兽的跃起，而由于这种动作在通常是从一种完全静止的姿势中爆发出来，所以它更加倍地使人惊骇，——这是一种无限震撼人的效果。因此，靡菲斯特必须尽可能少地走平常步子；因为步子本身是一种向“跃起”的过渡，它包含了一种预感的跳跃之可能。因此，靡菲斯特在芭蕾舞《浮士德》中的首次登场[112]不是一种戏剧性的爆场，而是一种极其深刻的思考。言辞和话语，不管它们是怎样简短，总是有着一定的连续性，——如果我们在一般的情况下[113]完全考虑这样一个理由：它们是在时间之中发出声音。但是，“那突然的”是从“连续性”之中、从“那先行的”和“那后续的”之中彻底抽象出来的，——它是这种完全的抽象。如此正是靡菲斯特的情形。人们还看不见他，这时，他站在那里，活生生地、完整地，他站在那里、在“跳跃”中，——我们不可能找到比这更强烈的方式来表达这种疾速了。如果“跳跃”过渡为“行走”，那么效果就被减弱了。这时，由于靡菲斯特是以这样的方式被再现出来，他的登场就引发出“那魔性的”的效果，它的到来比夜里的贼更突然，因为如果是贼，我们还是能够想象得到“他会蹑手蹑脚地溜进来”[114]。而同时靡菲斯特也自己公开了自己的本质，——作为“那魔性的”，它恰恰是“那突然的”。于是，“那魔性的”是“那突然的”，在运动中向前，于是，“那魔性的”在一个人身上开始起作用，于是，这个人自己就是如此，因为他是魔性的，不管“那魔性的”是完完全全地占据了他，还是仅仅无限小地在他身上分派了一小部分。“那魔性的”总是这样；并且，以这样的方式，“不自由”就变得恐惧；以这样的方式，它的恐惧开始蠢动起来。由此，我们看见“那魔性的”的趋向“那哑剧式的”的倾向，不是在“那美的”的意义上，而是在“那突然的”、“那疾发的”的意义上；——这是“生活”经常会让我们有机会观察到的某种东西。

“那魔性的”是“那无内容的”，“那无聊的”[115]。

由于我在对“那突然的”的讨论中曾经提请过大家注意美学上的问

题——“怎样才能再现出那魔性的”，那么，为了阐明这里所说及的东西，我想再次把这问题摆出来。一旦人们让一个魔鬼发言，并且在这时要把他再现出来，那么，那要去完成这项工作的艺术家就马上会搞明白各种范畴。他知道，“那魔性的”在本质上是哑剧式的；“那突然的”却是他所无法达到的，因为“那突然的”妨碍他的台词。他并不想欺骗，不想让人觉得他仿佛是通过“让不假思索的言语脱口而出”等方式而能够制造出某种真正的效果 。于是他正确地去选择那恰恰是反面的东西，——“那无聊的”。与“那突然的”相应的那种连续性，是那能够被人称作是“死不尽”[116]的东西。“无聊性”，“绝灭性”也就是一种在“乌有”之中的连续性。现在我们可以对前面所说的民间传说中的数字作出稍有不同的解读了。那3000年着重强调的不是定位于“那突然的”，而是在于：这种巨大的跨度引发出那关于“‘那恶的’的可怕的‘空虚’[117]和‘无内容’”的观念。“自由”在连续性中是平静的，与之相反的是“那突然的”；但是作为对立面的，除了“那突然的”之外，还有“平静”[118]（如果人们看见一个似乎已经死去并且被埋葬了很久的人，那么，这种“平静”就会浮现在人们的脑海里）。一个明白这一点的艺术家也会发现：在他知道了怎样再现“那魔性的”的同时，他也为“那喜剧的”找到了表达。喜剧的效果能够完全以同样的方式达到。就是说，如果人们不去考虑对于“那恶的”的所有伦理上的定性，并且只去使用对于“空虚”的各种形而上学的定性，那么他就得到了“那俗套的”[119]，而通过俗套人们很轻易地就能够达到喜剧的一面。①[120]

“那无内容的”、“那无聊的”则又标示“那内闭的”。相对于“那突然的”，“那内闭的”这个定性反思于“内容”。而如果我现在把“那无内容的”，“那无聊的”这个定性也考虑进来，那么，它就反思于“内容”，而那“那内闭的”则反思于“形式”，——这“形式”对应于“内

① 因此，小温斯吕夫在《那不可分的》之中对于克里斯特的再现是如此地深刻，因为他正确地把“那无聊的”理解作了“那喜剧的”。如果我们恰恰去着重强调“那无聊的”，那么，这样一种情况有着巨大的喜剧效果：一个恋爱过程（在它处在真实状态中的时候它拥有“连续性”的内容）正是相反的东西，一场无限的空虚，并非是因为克里斯特是一个邪恶的人或者没有信仰等等（恰恰相反，他是在真挚地恋爱着），而是因为在这里他是编外志愿者正如他在海关的情形。克里斯特在海关的职位只能通过一种不公正的方式来赢得喜剧的一面；因为，说到底，在他没有得到升职时，他又能做什么呢？但是考虑到他的爱情，那么他则是他自己的主人。

容”。这样一来，整个概念定性便完成了；因为“无内容性”的形式恰恰是“内闭性”。大家还一直记得，根据我的用语说法，人不可能内闭在上帝中，或者在“那善的”之中，因为这种“内闭”恰恰意味了最高的“扩展”。这样，在一个人身上，良心越是确定地得到了发展，这个人就越是得到了扩展，尽管从别的角度看，他是把自己关闭隔绝出整个世界。

现在，如果我打算让人去留意更新的哲学术语，那么我能够说，“那魔性的”是“那否定的”，并且是“乌有”[121]，如同精灵女孩从后面看是一个空窿[122]。然而我并不想这样做，因为这套术语在来来往往之中已经变得如此地可爱和可变通，以至于它可以意味任何你想让它意味的东西。“那否定的”（如果我要使用这个词的话）意味作“乌有”的形式，正如“那无内容的”对应于“那内闭的”。然而“那否定的”却有着这样一个错误：它更多的是向外地被定性，它决定对于“被否定的他者”的关系[123]；而“那内闭的”则恰恰决定上面所谈论的这种状态。

如果人们是这样地来理解“那否定的”，那么我绝不反对它被用来标示“那魔性的”，只要“那否定的”有能力去清除掉所有那最新的哲学在它头脑里所灌注的迷魂汤[124]（它本来是有这种能力的）。“那否定的”逐渐地变成了一个杂耍形象，并且这个词总是能够使我发笑，正如人们要是在生活中或者在贝尔曼的歌中遇到这样的有趣形象[125]之一，就难免会发笑，——这样一个形象，他首先是号手然后变成低级关税员然后变成酒馆老板然后又变成邮递员[126]，等等等等。以这样的方式，人们把“反讽”解释为“那否定的”。这种解释的第一个发明人是黑格尔[127]，但是奇怪得很，他对“反讽”所知并不多[128]。人们却并不关心这里的事实：那把“反讽”带进世界并且为这个孩子命名的人，是苏格拉底[129]。苏格拉底的“反讽”恰恰是这样一种“内闭性”，它的开始是关闭自己以隔绝于人众、把自己关闭进自身，以便在“那神圣的”之中得到扩展，它的开始是关起自己的门并嘲弄门外的人们，以便在暗中讲话[130]。出于一个机缘，由于某种偶然现象，人们提出这个词，然后它就是“反讽”。接着出现的是各种学舌的人们，这些学舌者，纵然他们有着自己的世界历史概观（当然，很不幸，这类概观缺少所有必要的自省），他们对于各种概念的所知却仍好像是那故事中高贵的年轻人对于葡萄干的所知[131]：这年轻人去食品店考执照，面对问题“葡萄干是从哪里来的”，他回答：我们是从岔街口[132]的教授那里得到我们的葡萄干[133]。

我们现在再重新回到“‘那魔性的’是对于‘那善的’的恐惧”这一定性。如果在一方面“不自由”能够完全地内闭自己、使自己起绝对作用并且使得自己进入一种基本统一体，如果在另一方面它并非持恒地想要如此①[134]（之中矛盾在于：“不自由”恰恰在它失去了意志的时候想要某种东西[135]），那么，“那魔性的”就不是对于“那善的”的恐惧。因此，“恐惧”也是在“接触的瞬间”[136]最清晰地显现出来。无论是“那魔性的”在单个的“个体人格”之中意味作“那可怕的”，还是它只是作为太阳中的黑点[137]或者皮肤鸡眼上的白点[138]而在场，“那完全魔性的”和“那部分地魔性的”具备同样的资格，而“那一小点魔性的”和“那完全被魔性环抱的”在同样的意义上都是对于“那善的”的恐惧。这时，“罪”的奴役无疑也是“不自由”，但是它的定位在于（正如前面所论述的）另一个方向，它是对于“那恶的”的恐惧。如果我们不坚持这一点，那么我们什么也解释不了。

因此，“不自由”，“那魔性的”是一种状态。心理学对之是这样看的。而伦理学则正相反，它所考虑的是：新的罪是怎样从这种状态之中不断地绽发出来的；因为，只有“那善的”是“状态”与“运动”的统一体。

然而，“自由”却能够以不同的方式迷失，并且，同样“那魔性的”可以是有所不同的。现在，我将在以下各小标题中观察这种差异性：在肉体—心理的意义上被失去的自由；在精神的意义上失去的自由[139]。读者一定已经从前面的文字中渐渐习惯于，我在一个相当广泛的范围里使用“那魔性的”这个概念；但也请注意，这范围之广没有超出概念本身所及的广度。把“那魔性的”搞成一种令人毛骨悚然的枭鸣鬼叫，只能起到很小的作用；对“枭鸣鬼叫”一类，人们在一开始厌恶然后忽略，因为，世界上有这一类东西，那是在好几百年前的事情了。而把“那魔性的”

① “那魔性的”和“语言用法”的幻觉使用这样的表达来描述这种状态，以至于我们几乎被诱惑得忘记了这个事实：“不自由”是“自由”的一种现象，并且我们无法用自然范畴来说明它；但是，我们必须一直坚持认定这一事实，哪怕我们面对“那魔性的”和“语言用法”的幻觉。甚至在“不自由”以最强烈的表达来说它不“想要”它自己的时候，这也只不过是一个非真相；在它之中持恒地有着一种意志，这意志比“愿望”更强有力。这状态可能是极具欺骗性的；通过去反抗和去坚持范畴来抵制一个人的诡辩，我们可能会把这个人带向绝望。我们无须对此感到害怕，但是却也不要年轻气盛地做着假想实验，在这些领域里拿自己做尝试。

当作“枭鸣鬼叫”，这样的假设是一种极大的愚蠢；因为，这样的假设也许从来就不曾像在我们的时代这样被广泛地散布过，只是在今天，它尤其在各个精神领域里显示出来。

一　在肉体—心理的意义上被失去的自由

我并不想要在这里卖弄一种对于“灵魂—肉体”关系的言过其实的哲学审思，在怎样的意义上灵魂自己生产出其肉体（这种说法被以希腊方式解读或者被以德国方式解读[140]），在怎样的意义上自由通过一种化身行动[141]（让我们回顾一下谢林的表达语）而自己设定它自己的“体”[142]。所有这些在这里都不是不可缺的，我能够根据我的需要，尽可能地以我有限的能力来表达出我的看法：“肉体”是“灵魂”的器官，并且，以这样的方式，也是“精神”的器官。一旦这一服务性的关系结束，一旦“肉体”造反，一旦“自由”和“肉体”同谋起来反对它自己，那么，“不自由”就马上作为“那魔性的”而在场。如果还有人仍然没有敏锐地搞明白“这个章节里所论述的东西”和“前面章节所论述的东西”之间的差异，那么我将在这里再次显示这差异。只要“自由”自身没有投奔那反抗的队列，那么“革命”的恐惧无疑就会在场，但那是作为对于“那恶的”的恐惧，而不是对于“那善的”的恐惧。

现在，我们将很容易看出，“那魔性的”在这个领域里包括了怎样的多样性，无数的细微差别，在这之中有一些是如此地微渺，以至于它们仿佛只能被放在显微镜下观察；有一些是如此辩证，以至于人们在使用其范畴的时候必须具备极大的适应性，才能够看出那各种微妙变化是属于这种范畴的。一种过分的敏感性，一种过分的易怒[143]，神经衰弱、歇斯底里、疑病症等都是，或者都能够是，这之中的各种微妙差别。这使得我们难以在一般的意义上[144]谈论这些，因为那样一来，这话题就变得完全代数化了。我在这里不能做更多的什么。

在这个领域，最极端的极端是那（人们通常也称作是）“动物性的迷失”[145]。在这种状态中，“那魔性的”显示为：它（就像《新约全书》的“那恶魔的”那样）在对于“拯救”的关系中说：我与你有什么关系[146]。因此它避开对于“那善的”的每一次接触，不管这接触在这时是确实地以“想要帮助它达到‘自由’”来进行威胁，还是完全只是偶然地接触到它。而这也已经是足够了；“恐惧”是非同寻常地迅速的。因此，从这样一个魔性者那里，我们很平常地听到这样一种答辞，它包含了这状态中的所有可怕的东西：就让我逗留在我的悲惨状态中吧！或者，在这样一个魔性者谈及了他过去的生命中的某个特定时刻时，我们听见他会说：从前我也许是可以被拯救的！这是人所能想象到的最可怕的答辞了。使得他感到恐惧的不是惩罚，不是痛责，而相反是每一个词——每一个要去与那种“在不自由之中被捣毁了的自由”发生关系的词。恐惧也以另一种方式在这一现象中外化表现出自己。我们在这样的一些魔性者之中能够发现一种凝聚力，在这种凝聚力的作用下魔性者们如此恐惧而不可拆解地依附在一起，以至于没有什么友谊在真挚性[147]上能够与之相比。法国医生杜夏特勒在他的著作中为之给出了例子[148]。在这个范围里，这一“恐惧之社会凝聚性”也会到处显现出来。光是这种社会凝聚性就包含了对于这一事实的确定：“那魔性的”是在场的；这是因为，只要我们发现一种类似于“罪的奴役”[149]之表现的状态，那么这社会凝聚性不会显示出来，因为这恐惧是对于“那恶的”的恐惧。

对此我不希望作出进一步继续论述。对于我来说，这里的首要事务只是保持我计划进程中的条理性。

二 在精神的意义上被失去的自由

甲）一般说明。“那魔性的”的这一形式类型是非常广泛地到处分布的，并且在这里我们将遇上各种不同的现象。“那魔性的”自然不是依据于不同的智能内容，而是依据于“自由”对于“内容”的关系——那已有的内容①[150]和那“就智能性而言是可能的”的内容[151]，因为“那魔性的”能够将自己表现为：“下一次[152]再考虑”的惰性、“除了是好奇之外再不会成为其他东西”的好奇、不诚实的自欺、“依赖他人”的女人气的软弱、自大的“目空一切”、“庸庸碌碌”，等等。

从智性的角度看，“自由”的内容是真相，而“真相”使人自由[153]。然而恰恰因此，“真相”是“自由”的作为，因为“自由”不断地招致真相。明显地，在这里我并不考虑“最新的哲学”的才华[154]，

① 在《新约》中有这样的名词：“魔鬼一样的智慧”（《雅各书》3：15）。像在这一段落中所描述的那样的话，范畴没有变得清晰。如果我们相反考虑这个段落（2：19）：“甚至那些魔鬼都相信并打颤”，那么我们恰恰看见（在魔性的所知中）“不自由”与已有知识的关系。

（“最新的哲学”的这种才华，它知道，“思”的必然也是“思”的自由，并且因此，在它谈论“思”的自由时，它只谈论“永恒的思”的内在运动[155]）。如此的才华只能用来迷惑并使得人际间的沟通变得艰难。相反，我所谈的是某种非常简单普通的东西：“真相”只是对于“单个的人”而言的真相，因为他自己在行动中得出“真相”。如果“真相”是以某种其他方式而对于“个体”是真相，并且如果他妨碍了“真相”以上述这种方式来“对于他而言是真相”，那么，我们就有了一种“魔性的现象”[156]。“真相”总是有着许多宣扬者，但是问题在于：一个人在最深刻的意义上是不是想要认识真相，是不是想要让它渗透进自己的本质、接受其一切后果而不在紧急时刻为自己留出后路并且为“后果”留出“犹大之吻”[157]。

现在，在我们这更新近的时代讨论了太多“真理”[158]，现在是强调“确定性”[159]和“真挚性”[160]时候了，——不是在抽象的意义上（费希特[161]正是在抽象的意义中使用这个词[162]），而是在一种完完全全具体的意义上强调。

确定性和真挚性只能通过行为而被达成并且只能在行为之中存在，它们决定那“个体”是不是魔性的。只要我们坚持这个范畴，一切就都会到位，并且这个问题也变得明了：诸如随意性[163]、不信[164]、对宗教的嘲笑，等等，并非如人们所想的那样是缺乏内容，而是缺乏“确定性”，在同样的意义上，迷信[165]、奴性[166]、伪虔信[167]也完全是如此。各种“否定的现象”所缺乏的恰恰是“确定性”，因为它们处在对于“内容”的恐惧之中。

我并没有这种兴趣去用伟大的词句来谈论整个时代；但是如果一个人观察了现今生存着的一代，那么他又怎么会去否认，这一代人中的错误关系及其恐惧与不安的根源是在于这样一种事实：“真相”在范围的大小、在量的多少乃至部分地在抽象的清晰度上单方面地增长，而与此同时“确定性”却是在不断地减少。在我们的时代，为了去给出一种新的、详尽的、“绝对正确地结合了从前的一切”的证据来佐证灵魂的不朽性[168]，又有什么异乎寻常的形而上学努力和逻辑努力不曾被作出，而奇怪的是，在人们作出这些努力的同时，确定性却在减少。“不朽性”的想法，就其自身而言，在它的结果中有着一种力量和精义，在它的假设之中有着一种责任性（这种责任性可能会以一种人们所畏惧的方式来改变整个生命）。

这时，人们就通过“绞尽脑汁地去给出一种新的证明”来拯救和抚慰自己的灵魂。但这样一种“证明”仅仅只是一种天主教意义上的善良作为[169]，如此而已！每一个这样的个体人格（让我们逗留在这个例子中），如果他知道去给出“灵魂不朽性证明”但却自己并不对之确信，他就会对每一个以这样一种方式触及他的现象都感到恐惧：只要这现象会促使他去进一步对关于“‘一个人是不朽的’到底意味了什么”的问题作出理解，那么，他就总是会对这现象感到恐惧。这会使得他烦乱；如果有一个完全普通的人以一种完全普通的方式谈及“不朽性”，那么，他会觉得浑身不舒服。

反过来，一个个体人格可能在相反的方向缺乏真挚性。一个追随那最严格的正统教义[170]的信徒可以是魔性的。他完全知道一切；他对“那神圣的”下拜[171]；对于他，真理是各种仪式的总和；他谈论“在上帝的座前会集”[172]并且知道要鞠躬多少次；他了知一切，如同那种“在使用字母ABC而不是在设定DEF的时候能够证明一条数学定理”的人。所以，一旦他听说某种不符合同样秩序的事物，他就变得恐惧。难道他不像一个现代的思辨哲学家么？一个“为灵魂的不朽性发现了新的证明但在遇到生命危险的时候却因为笔记本没有带在身上而无法展开证明”的现代思辨哲学家。这两种人所缺乏的是同一样东西，就是“确定性”。

不信和迷信都是“不自由”的形式。在“迷信”中，“客体性”被认作是一种像墨杜莎的头那样的力量，要去使得“主体性”成为石头[173]，并且，“不自由”不想要让这魔咒被解除。“不信”的最高的（看来也是最自由的）表达是“嘲弄”。但是“嘲弄”缺少的恰恰是“确定性”，所以才有嘲弄行为。并且有多少“嘲弄者之存在”（如果我们真正能够观照进这存在）会回想这种恐惧，——一个魔性者恰恰是带着这种恐惧喊出：我和你有什么关系[174]。因此，这是一个能够引起我们注意的现象：也许很少有人会像一个嘲弄者那样对于瞬间的欢呼感到如此自负而过敏。

我们时代的思辨哲学家们，带着怎样的进取热情、带着怎样的一种对时间、勤奋、书写材料的投入，下了工夫去推导出一个完全的上帝存在证明[175]？但是在“证明”演绎得越来越漂亮的同时，“确定性”看来却是在以同样的比率减少，越来越少。关于上帝存在的想法，一旦它在“个体”的自由面前被设定为如此，它就具备一种“无所不在性”，虽然人们并不希望行恶，但对于无动于衷的个体人格来说，这种“无所不在”带有一种令人不舒服的东西。要与这种观念美好而真挚地共处，就必须真正地拥有“真挚性”，这比起“做一个模范丈夫”是一种更大的壮举。因此，在听见一种关于“有上帝存在”的完全平凡的说法时，一个这样的个体人格会感觉到多么地不舒服。对于上帝存在的证明是一个人偶尔借助于自己学识在形而上学的意义上从事的一项活动，而关于上帝的想法则在每一时刻都会不自觉地在人的脑海中浮现。类似于上面所说的这样的一种个体人格，他所缺少的是什么？是真挚性。

反过来，一个个体人格也可能在相反的方向缺乏真挚性。那些所谓的“神圣者”[176]经常习惯于去作为世界上嘲笑的对象。他们自己对之的解释是“世界是邪恶的”。然而这却并非完全正确。当那“神圣者”不自由地处在与他的“虔诚”的关系之中时，也就是说在他缺少“真挚性”的时候，那么，纯粹从审美上看，他是滑稽可笑的。只要事情是如此，那么世界就有权去笑话他。如果一个罗圈腿的人没有作出任何一个舞姿的能力，却要作为舞蹈大师登场，那么他是滑稽可笑的。“那宗教的”的情形也是如此。人们听一个这样的“神圣者”仿佛是在为自己打拍子，完全地如同那个不会跳舞的人：他倒是知道那么多东西，以至于能够打拍子，尽管他自己从来没有幸运到能够进入那拍子的程度。于是，这“神圣者”知道，“那宗教的”是绝对可作理性比较的，“那宗教的”不是某种只属于一些特定场合和瞬间的东西，一个人一直可以把它带在身上。但是，在他要去使之成为“可作理性比较的东西”时，他自己不是自由的；并且，人们注意到，他是怎样轻轻地为自己打拍子的；人们看见（虽然他打着拍子），他又是怎样以他天堂般的目光和合拢的手掌等在错失和谬误之中跌撞的。因此，一个这样的个体人格对于每一个没有经过这种训练的人是如此恐惧，以至于他为了要使自己坚强起来而不得不抓住这伟大的看法：这个世界仇恨“虔诚者”[177]。

这样，“确定性”和“真挚性”无疑是“主体性”，但却不是在完全抽象的意义上所说的“主体性”[178]。一切都变得如此骇人地伟大，这从根本上说是“最新知识”的不幸。“抽象的主体性”恰恰是同“抽象的客体性”一样地不确定并且在同样的程度上缺少“真挚性”。如果一个人是对之进行一般意义上的[179]谈论，那么他就无法看到这一点，并且这样的一种说法于是也就是正确的：“抽象的主体性”缺少内容。如果一个人是在现实的特定情况下[180]谈论这问题，那么上面所说的这一点就被清楚地显示出来；因为那种“将自己搞成一种抽象”的个体人格恰恰缺少“真挚性”，正如那种“仅仅把自己弄成仪式大师”的个体人格的情形。

乙）对于“真挚性”的“被排除”[181]或者“不出现”的图式[182]。“真挚性”的“不出现”总是一种“反思的定性”[183]，所以每一种形式都是一种双重形式。既然人们习惯于完全抽象地谈论“精神”的各种定性，那么，人们就可能会少了一些“去认识这一点”的倾向。人们通常设定“直接性”，而在它的对面设定出“反思”（“真挚性”[184]），并在这基础上设定出“综合”（或者“实体性”、“主体性”、“同一”，在这种意义上人们另外也将这“同一”称作“理性”、“理念”、“精神”）。但是，在“现实”的领域里的情形并非如此。在这里“直接性”也是“真挚性”的直接性。因此，“真挚性”的“不出现”首先是在于“反思”之中。

这样，“真挚性”之“不出现”的每一种形式，要么是“主动－被动”，要么是“被动－主动”，并且不管它是两者中的哪一个，它都在于“自我反思”[185]之中。形式本身经历一系列相当可观的细微差别，完全根据“真挚性”的定性，变得越来越具体。老古话里有说“去理解”和“去理解”是两回事，这里也是如此。“真挚性”是一种理解，但是在现实的特定情况下[186]，问题的关键是在于：在怎样的意义上，这一“理解”是“去理解”。去理解一个讲演是一回事，去理解那讲演之中所指向者是另一回事；去理解“一个人自己所讲的东西”是一回事，而在那所讲的东西之中去理解自己是另一回事。意识的内容越具体，“理解”也就越具体；而一旦这理解在相对于意识的关系中不出现，我们就有了“不自由”的一种现象，这现象要对“自由”隔绝自己。这样，如果我们选取一种更为具体的宗教意识，并且这种宗教意识同时也包容有一个历史环节[187]，那么，“理解”就必定是处于对之的关系中。因此，在这里，我们在这方面就有了一个对于“那魔性的”的两个类似形式的例子。这样当一个严格的正统教义皈依者运用他的勤奋和博学去证明《新约》中的每一句话都是来自相应的使徒，那么。“真挚性”就渐渐地消失了，并且事情到最后变成：相比于那他所想要理解的东西，他是在理解某种完全不同的东西。如果一个自由思想者使用他的所有思想敏锐性去揭示，《新约全书》是在二世纪才被写成的[188]，那么在这里，他所畏惧的恰恰是“真挚性”，并且因此他不得不把《新约全书》和其他书籍安置在同一类别中。①189 “意识”所能够具备的最具体的内容，是关于其自身的意识，关于“个体”自身的意识，不是那“纯粹的自我意识”190，而是这样一种“自我意识”：它如此具体，以至于没有任何作家（哪怕是语言最丰富的、最具想象力的作家）曾有能力去描述出一个这样的“自我意识”，哪怕仅仅只是去描述一个；而同时，每一个人却都是一个这样的自我意识。这种自我意识不是“沉思”191；因为，如果一个人以为它是“沉思”，那么他就没有懂得他自己，既然他看着自己在同时处在“成为”192之中，并且因此而不可能去作为一种对于“沉思”来说是“完成了的”的东西。因此，这种自我意识是“作为”193，而这“作为”则又是“真挚性”；并且，每当“真挚性”没有去与这种意识相对应时，那么，一旦“真挚性”的“不出现”表现为对于“获取这真挚性”的恐惧，这时就有“那魔性的”的一种形式存在着。

如果“真挚性”的“不出现”是一种机械性的结果，那么，所有对之的讨论都是浪费的徒劳。然而事实也并非是如此，因此在它的每一个现象之中都有着一种主动性，尽管这种主动性是通过一种被动性而开始的。

---

① 另外，在各种宗教的领域中，“那魔性的”甚至能够具备一种这样的欺骗性：一种与“信心的犹疑”的相似。在一般意义上，我们永远也无法决定一种状态是“那魔性的”还是“信心的犹疑”。于是，一个虔诚信仰着的基督徒会陷入“恐惧”，会对“走上圣坛”感到恐惧。这是一种“信心的犹疑”吗？就是说，这是不是“信心的犹疑”，将在他与恐惧的关系中显示出来。一种有着“魔性的本性”的人则相反能够走得如此之远，他的宗教意识能够变得如此具体，以至于“真挚性”（这真挚性是他所恐惧的并且是他在自己的恐惧中努力要逃避开的）是对于“圣礼意义理解”的纯粹个人理解。他会这样走下去，但至多只是走到某一个特定的点上，而到了这一个点上，他就停下来不再继续，而仅仅只想让自己作为知情者，以某种方式想要让自己变得不仅仅只是一个经验的、历史地决定的、有限的个体人格。因此，如果一个人处在“信心的犹疑之中”，那么他就会想要去达到这内心冲突想要阻止他去达到的东西；而相反“那魔性的”则自己想要离开，他顺从于自己身上占优势意志（“不自由”的意志），虽然他身上的一种较弱的意志则想去达到这东西。我们必须坚持强调这种区分；因为，否则的话，我们继续走下去并且如此抽象地思考“那魔性的”，以至于它从来就不出现，仿佛“不自由”的意志原本就是如此构建的，仿佛“自由”的意志并非是在“自相矛盾”持恒地在场的（“自由”的意志可能是很虚弱，它在“自相矛盾”中的在场程度可以是微乎其微，但“虚弱地在场”毕竟不同于“不在场”）。

考虑到各种宗教性的内心冲突，如果有人想要这方面材料，那么他能够在格尔斯的《神秘》中找到很多各种各样的材料。然而，我坦白地承认，我自己从来没有勇气将这本书真正读完，就在这本书中有着一种这样的恐惧。但是根据我所阅读了的内容，我能够知道，他并非总是知道怎样在“那魔性的”和“信心的犹疑”之间作区分，所以在使用他的这部著作时，我们有必要谨慎。

那些“从主动性开始”的现象更引人注目，所以人们很容易解读它们；但是人们却因此忘记，在这主动性之中又出现一种被动性，并且，在人们谈论“那魔性的”的时候，人们从来没有把与之相反的现象考虑进去。

为了显示出这图式[194]的正确性，我将在这里对一些例子进行考察。

不信—迷信。它们完全地相互对应，两者都缺少“真挚性”，区别只在于“不信”是通过主动性而被动，“迷信”是通过被动性而主动；前一个是，如果我们愿意这么说，“那更为男性化的”，而后者则是更为女性的形式类型[195]，并且两种形式类型的内容都是“自我反思”[196]。本质地看，两者是完全同一的。“不信”与“迷信”都是对于信仰的恐惧；而“不信”从“不自由”的主动性开始，“迷信”从“不自由”的被动性开始。通常人们只考虑“迷信”的被动性，因而它看起来要么不是很突出，要么是更可原谅的，——是前者还是后者，要看人们是使用“审美—伦理的”范畴还是使用“伦理的”范畴。在“迷信”之中有着一种迷惑误导的弱点，然而在“迷信”之中还是必定总要有足够的主动性，它才能保持它的被动性。“迷信”对于其自身是不信的，而“不信”对于其自身是迷信的。两者的内容都是“自我反思”。“迷信”的惰性、怯懦、气馁沮丧觉得停留在“自我反思”之中要比放弃它更好；而“不信”的对抗、骄傲、自负则觉得待在“自我反思”之中要比放弃它更大胆。这样的“自我反思”，它的最精致的形式总是那种“通过‘想要出离这种状态’而使自己对自己感兴趣但同时却又舒服自得地继续‘停留在这种状态之中’”的反思形式[197]。

虚伪—愤慨[198]。它们相互对应。“虚伪”是通过主动性开始，“愤慨”是通过被动性开始。通常，人们对“愤慨”的评判比较温和，但是如果“个体”继续停留在“愤慨”之中，那么在它之中就必定是恰恰有着相当的主动性，以至于它维护着“愤慨”之“承受”[199]并且不想从之中摆脱出来。在“愤慨”中有着一种接受性（因为一棵树和一块石头不会愤慨），这种接受性在对“愤慨”的取消中也是一同起作用的。“愤慨”的被动性则相反觉得坐待（保持原状）更容易感到柔软，它简直就是在让“愤慨”的后果连本带利再加利地继续拖欠。因此“虚伪”是对自己的“愤慨”，而“愤慨”是对自己的“虚伪”。两者都是缺少真挚性而不敢走向自身。因此所有“虚伪”终结于对自己虚伪，因为“虚伪者”正是对自己愤慨或者自己使自己愤慨，所以所有“愤慨”，如果没有被取消的话，终结于对于他人的虚伪，因为“愤慨者”通过那种深刻的主动性（他借助于这种主动性而停留在“愤慨”之中）把上面所说的那种接受性改变为某种其他东西，所以他现在必须对他人虚伪。在生命中也会有这样的情形发生：一个愤慨的个体人格最后使用这种“愤慨”作为无花果树叶[200]去掩盖那本来可能是需要披上虚伪外衣的东西。

骄傲—怯懦。[201]“骄傲”是通过主动性开始，“怯懦”是通过被动性开始，在其他方面它们是同一的；因为在“怯懦”之中恰恰有着足够多的主动性而使得那种对于“那善的”的恐惧能够得以维持。“骄傲”是一种深奥的“怯懦”；因为它怯懦到足以不愿去理解“‘那骄傲的’其实到底是什么”；一旦这种理解渗透进它，它就怯懦，瓦解于一声爆响，破碎如一个气泡。“怯懦”是一种深奥的“骄傲”，因为它怯懦到足以不愿去理解——甚至不愿理解那被误解的“骄傲”的各种要求；但是通过这样地让自己畏缩，它恰恰是显示了自己的“骄傲”，并且也知道去考虑怎样让自己免遭任何挫折，所以它是在为“骄傲”的否定表达，“它从来不曾有过什么失败”，而骄傲。在生命中也会有这样的情形发生：一个非常骄傲的“个体人格”足够地怯懦以至于从来不敢去冒险做什么，足够地怯懦以至于尽可能地卑微，恰恰是为了拯救他的骄傲。如果我们去把一个“主动—骄傲的”个体人格和一个“被动—骄傲的”个体人格安排在一起，那么我们恰恰是在这样的瞬间（就在前者崩溃的时候）得到机会明确地看见这样的事实：这怯懦者在根本上是多么骄傲。①[202]

丙）什么是确定性和真挚性？要对之给出定义无疑是困难的。但是在这里我却要说：那是“严肃”[203]。现在无疑每个人都明白这个词，但是在另一方面却相当奇怪：能够比这个词更少地被作为考虑对象的词并不多[204]。在麦克白谋杀了国王之后，他呼喊道：

---

① 笛卡尔在他的《论情绪》中提请读者注意这个问题：对应于每一个激情，持恒地有着另一种激情，但是只有惊奇例外。具体的论证过程是相当薄弱的，但是让我的感兴趣的则是他把“惊奇”作为一个例外，恰恰因为它，如众所周知，根据柏拉图的概念和亚里士多德的概念构成了哲学之激情，以及启动所有哲学思考的激情。另外，与“敬佩”相应的是“嫉妒”，并且，现代哲学无疑也会谈论“怀疑”。但是此中恰恰是现代哲学的错误所在：它要以“那否定的”作为开始，而不是以“那正定的”——“那正定的”总是“那最初的”，正如在这样一种意义上人们说“每一个肯定都是一个否定”，在之中人们首先设定肯定的。这个关于“‘那最初的’究竟是‘那正定的’还是‘那否定的’”的问题有着非凡的意义，而唯一宣称自己是“那正定的”的现代哲学家看来就是赫尔巴特了。

从现在开始，生命中不再有什么东西是严肃的
一切都是不值钱的儿戏，死去了的荣誉和慈悲！
生命之酒已经斟完[205]

这时，麦克白确实是一个谋杀者，因此“言词”在他的口中具有一种可怕的震撼人的真相；但是，每一个丧失了“真挚性”的个体人格，他也可以说“生命之酒已经斟完”[206]，并且因此又能够说“现在生命中不再有什么东西是严肃的，一切都是不值钱的儿戏”[207]，因为“真挚性”恰恰是涌向一种永恒生命的源泉[208]，而从这种源泉之中产生出来的恰恰是“严肃”。传道者说：一切都是浮华无意义[209]，这时，他恰恰是有着“严肃”在心中[210]。而相反，在“严肃”失去了之后，这就是“一切都是浮华无意义”，这时，这里又只是有着一种“主动—被动的”表达（“沉郁性”之对抗），或者一种“被动—主动的”表达（“轻率性”与“风趣性”之对抗），这要么是“去哭”、要么是“去笑”的时机[211]，但是“严肃”则被丢失了的。

在我的知识所能达到的范围里，我并不知道存在有一种对于“什么是严肃”的定义。如果在事实上事情确是如此，那么，我将为此高兴，并不是因为我偏爱现代的流畅而融会的思想方式（这种思想方式废止了定义），而是因为相对于“存在”的各种概念，“避开各种定义”总是泄露出一种很确定的老练，因为，在“定义”的形式中，我们不可能倾向于去解读那“在本质上必须得到不同理解”的东西、那“我们自己已经对之有了不同理解”的东西，那“我们以完全另一种方式所喜爱”的东西，——而通过“定义”的形式，这东西对于我们很容易就成为陌生的、别的东西。那真正爱着的人，不会通过去忙碌于一种关于“到底什么是爱”的定义而找到欢喜或者满足，更不用说因此而使“爱”得以增长了。如果一个人有着这样的生活，他在日常生活中却是带着喜庆的心情接触着“有一个上帝存在”的观念，那么他基本上是不会去希望自己去通过让自己拼凑出一个对于“上帝是什么”的定义来败坏自己的这种观念或者看着它在自己身上被败坏。关于“严肃”也是如此，这是一件如此严肃的的事情，以至于“对之的定义”本身就是一种轻率性。但是我却不说这个，就仿佛我的思想不清晰，或者仿佛我害怕某个超级聪明的思辨家变得对我有怀疑（这样的思辨家在概念发展上的顽固就像一个数学家在定理证明过程中的那种顽固，因此，在与所有其他事物的关系中，他所说的东

西也像是一个数学家在说“这又证明什么”)，仿佛我并不是很清楚我在说什么；因为在我的思想中，我在这里所说的东西恰恰比任何“概念之发展”更好地证明了这个事实：我严肃地知道这里所谈论的是关于什么。

虽然我现在并不倾向于去给出一个定义或者以“抽象化”的逗笑去谈论“严肃”，我还是想要给出一些介绍性的说明。在罗森克兰兹的《心理学》①[212]中有着一个对于“性情”[213]的定义。他在第322页中说：“性情”是感情和自我意识的统一体[214]。在早期的论述中他很漂亮地解释道：“感情”应当对“自我意识”打开其自身，并且成为自我意识，反之亦然，“自我意识”的内容被“主体”感觉到是作为“它自己的”。只有这种“统一体”，我们才能够将之称作“性情”。这时，如果缺少“认识”的清晰性、对于“感情”的知识，那么，就只存在“自然精神”的“渴求”、“直接性”的内在膨胀。相反，如果缺少“感情”，那么，就只存在一个抽象的概念，这概念不曾达到“精神性的存在”的最后“真挚性”、也没有与“精神”的自我成为一体。(参看第320页和第321页)[215]如果现在我们回溯地追踪他对于感情[216]的定性——他将它定性为精神之“其灵魂性[217]和其意识的直接的统一体”(第242页)[218]，并且记住：在灵魂性[219]的定性中考虑到了与那直接的“自然定性”的统一体[220]，那么，通过把所有这一切都收集起来，我们就能得到一个关于一种具体的人格的观念。

现在，“严肃”和“性情”以这样一种方式相互对应：“严肃”是对于“什么是性情”的一种更高并且也是最深刻的表达。“性情”是“直接性”的一种定性，相反“严肃”是“性情”所获得的本原性，是“性情”在“自由”的责任性中所保存的本原性，是“性情”在“极乐至福”的享受中所确认的本原性。“性情”的本原性在其历史发展中恰恰显示出“严肃”之中的“那永恒的”，正因此，“严肃”永远也不会成为习

① 我很高兴地预设出这样的前提：我的读者们总是阅读与我一样多的东西。这个前提条件对于阅读者和写作者来说都是很节省工夫的。这样，我就设想我的读者是熟悉我所提及的那个文本的，而如果不是这样的话，那么我将忠告他去认识这文本；因为它确实是很有造诣的，并且如果作者(他本来恰恰是以他的常识和对人的生活的人文关注而使自己非同寻常)能够放弃他对于空洞图式的狂热迷信的话，那么他本来是应当能够避免在一些时候变得可笑的。他在这个章节中所论述的东西，就像他通常的文本一样，是非常好的，唯一使得人偶尔无法理解的是那种宏伟的图式，——并且人们也会难以明白，这完全具体的论述怎么才能够与此图式相对应。(作为例子，我在这里想提及第209－211页。自我——以及自我。1. 死亡。2. 主人地位和奴隶地位间的对立)。

惯。罗森克兰兹只在现象学、而不在灵物学[221]中论述“习惯”[222]；而其实习惯在灵物学之中也是有着其归属的，并且一旦“那永恒的”离开“重复”，“习惯”就出现了。当“本原性”在“严肃”之中被获取并得以保存时，这时马上就会有一种“延续”[223]和“重复”；而一旦“本原性”不出现在“重复”之中时，那么，“习惯”就会在那里。严肃的人是通过“本原性”而严肃，——他与这本原性一同回到“重复”之中。人们说，一种活生生并且真挚的感情保存着这种本原性，但是“感情”的真挚性是一把火，——一旦“严肃”不去关心它，它就会冷却；而在另一方面，“感情”的真挚性在心境中是不可靠的，就是说，这一时的它会比那一时的它更真挚。为了使得一切尽可能地具体，我要举一个例子。一个神职人员每个星期天都应当说出规定好的教堂祷告[224]，或者他每个星期天都要为不同的孩子施洗。现在，让他满怀热情，让他如此如此，火焰燃尽，他要去震撼，去感动，去如此如此，但是这一次更多而那一次更少。只有“严肃”能够有规律地在每个星期天带着同样的本原性回到同样的事情上。①[225]

但是这种“同样的事情”，——“严肃”带着同样的严肃所要重新回到的这种“同样的事情”，只能是“严肃”自己；因为否则就成为死板了。“严肃”在这种意义上意味作“人格”本身，并且只有一种严肃的人格才是一种现实的人格，并且只有一种严肃的人格才能够带着“严肃”去做某事，因为“带着严肃去做某事”所要求的最首要的一件事是去知道，“严肃”的对象是什么。

在生活中，关于“严肃”的谈论并不少；一个人变得对国家债务严肃[226]，另一个人对各种范畴严肃，第三个人对一场戏剧演出严肃，等等。“反讽”发现了这种情况就是如此地发生的，并且它在这个问题上可以做很多文章；因为每一个“在不适当的地方变得严肃”的人，他恰恰因为这个原因[227]是滑稽可笑的，虽然，甚至一个被同样滑稽可笑地图解出来的“同时代”以及“同时代的舆论观点”可能对之有着高度严肃的态度。所以决定“一个个体人格在其最深刻的根本上有什么用处”的最确定的衡

① 正是在这种意义上，那康斯坦丁·康斯坦丁努斯（在《重复》中）说：“重复是生存之严肃”（第6页）并且去作为皇家的骑师则不是那生命的严肃，虽然这样一个骑师在每次他登上他的马的时候带着所有可能的严肃去做他的工作。

量尺度是：我们通过这个人自己的直率或者通过诱骗他吐露出秘密而得知的这个问题——“那使得他在生活中变得严肃的东西是什么?”的答案。因为，固然一个人可以是生来具有“性情”[228]，但他不会天生就具备“严肃”。“那使得他在生活中变得严肃的东西”这一表述自然就必须在一种特别强调的意义上来得以领会：“个体人格”是从这一表述开始而最深刻地标明其“严肃”的；因为，在真正地对那作为“严肃之对象”的东西变得严肃了之后，一个人就完全能够（如果他想要这样的话）严肃地对待各种不同的事物；但这里的问题是：他是不是首先对“严肃之对象”有着严肃的态度。这对象是每一个人都具备的，因为它是这个人他自己；如果一个人不对自己变得严肃，而只是对某些别的东西——宏伟和喧嚣的东西——变得严肃，那么尽管他有着各种严肃，他仍不过是一个滑稽角色，——虽然他能够在一段时间里骗过“反讽”，他还是会按上帝所愿[229]而变得可笑，因为“反讽”对于“严肃”是猜疑警惕着的。相反，如果一个人在该严肃的地方变得严肃，他则恰恰将通过“以一种既动情又逗笑的态度来对待所有其他东西”来证明其“精神”的健康，尽管各种“严肃”的愚氓们在看见他以一种逗笑的态度来对待“使得他们变得可怕地严肃的东西”时，会觉得凉到脊椎中。但在对“严肃”的关系中，这个人就应当知道不去容忍任何玩笑，——如果他忘记这一点，那么，在他身上所将要发生的事情就会是像那发生在阿尔巴图斯·马格努斯身上的事情——在阿尔巴图斯·马格努斯自负地在其思辨上冒犯神圣的时候①[230]，他突然地变得愚蠢[231]；这时，在他身上将要发生的事情就会像是那发生在柏勒罗丰身上的事情：在理念的差使中，柏勒罗丰安稳地坐在其飞马柏加

---

① 参看马尔巴赫《哲学历史》第二卷第302页的注脚：阿尔巴图斯突然从一头驴被变成一个哲学家，并且从一个哲学家被变成一头驴。参看滕纳曼第八部第二卷第485页的注脚。人们有关于另一个经院哲学家的更确切的描述，西蒙·托尔纳森西斯，他认为上帝必定是有欠于他，因为他证明了“三位一体”；如果他愿意，那么……如果我恶意地说话并且带着敌意对待的话，那么我完全能够以更强有力的论证推理来使之无效并且通过推翻它来证明它的反面。因为这个原因，这个好人成为了一个使用两年时间来学会认识字母的傻瓜。参看滕纳曼《哲学历史》第八部第一卷第314页的注脚。现在，随便怎样，不管是他确实说过这话，还是他还说过那些人们认为他说过的话——在中世纪的关于三大欺骗者的著名亵渎之词；无疑，他在辩证中或者在思辨中并不缺少努力的严肃，但是他在“理解其自己”中缺少这严肃。类似于这个故事的事件有许多，在我们的时代里，“思辨”使用了这样的一种权威性以至于它几乎尝试了要让上帝对自己不确定：仿佛上帝成为了一个君主，焦虑地坐着，等待某一个各地各阶层代表会议决定是要让他做绝对君王还是让他做一个有限的君王。

索斯上，但是在他想要滥用飞马而骑着它去与一个世俗女人约会时，他就掉了下来[232]。

“真挚性”，“确定性”是“严肃”。这看上去有点贫乏；如果我甚至还说了，它是“主体性”、纯粹的主体性、无所不包的[233]主体性[234]，那么我就说出了某种东西，这“某种东西”无疑使得“更多东西”变得严肃了。然而，我也能够以另一种方式来表达“严肃”。一旦缺少了“真挚性”，“精神”就被有限化了。所以说“真挚性”是“永恒”，或者说，是“那永恒的”在一个人身上的定性。

现在，如果我们要真正研究“那魔性的”，那么，我们就只需去看“那永恒的”在个体人格之中是怎样被解读的，并且，我们马上就知道答案。在这一方面，新近的时代为“观察”提供了一个很广的视野。在我们的时代，“那永恒的”被人们谈论得够频繁的了；它被摒弃和被假设，而不管是对之作出摒弃还是对之进行假设（考虑到它发生的方式），都显示出了一种对“真挚性”的匮乏。而如果一个人没有正确地理解（总之是没有完全具体地理解）“那永恒的”①[235]，那么这个人就缺少“真挚性”和“严肃”。

我并不想在这里写得非常详细，但我还是将指出一些要点。

甲）人们否认人身上所具的“那永恒的”。在同一瞬间，生命之酒已经斟完[236]，并且每一个这样的个体人格都是魔性的。如果人们设定“那永恒的”，那么，“那现在的”就是一种“其他”——一种不同于“那人们所想要的”的“其他”。这是人们所畏惧的，人们便是以这样一种方式处在对于“那善的”的恐惧之中。一个人，如果他想要如此，他在这时可以继续拒绝“那永恒的”，但是他却并不因此而能完全地杀灭“那永恒的”。虽然人们在某种程度上并且在某种意义上想要认可“那永恒的”，然而在另一种意义上和在更高的程度上人们却畏惧去这样做；但是，不管人们在怎样广的范围里拒绝它，人们还是无法完全摆脱它。在我们的时代，人们只是太畏惧“那永恒的”了，甚至当人们在那种抽象的并恭维着“那永恒的”的措辞中认可它时，也是如此。现在，一些个政府生存在对诸多个不安定因素的畏惧之中[237]，而与此同时，则有太多个体人格生

① 无疑，正是在这种意义上，康斯坦丁·康斯坦丁努斯说过：“那永恒的”是真正的“重复”。

存在对一个不安定因素的畏惧之中，而这所谓的不安定因素恰恰是真正的安定性——“永恒”。于是人们宣告出“瞬间”；正如“那通往堕落之路是由好的意图铺成”[238]，这样，要消灭“永恒”最好就是通过纯粹的“瞬间”。但是，为什么人们如此可怕地要急急匆忙呢？如果没有任何“永恒”存在，那么“瞬间”还是会像“有着永恒存在”时一样地长久。但对“永恒”的恐惧把“瞬间”[239]弄成了一种抽象。——另外，对于“那永恒的”的这种否认能够直接和间接地以很多种方式表达出来：作为“讥嘲”、作为“在常识中的无趣陶醉”、作为“忙碌”、作为“对现世的热情”，等等。

乙）人们完全抽象地解读“那永恒的”。如同那些蓝色的山[240]，“那永恒的”是“现世”的界限，但是，那些精力充沛地生活在“现世”中的人们达不到这界限。那守望着的“单个的人”是一个站在“时间”之外的边界士兵。

丙）人们为幻想而把“永恒”折叠进“时间”之中。以这样的方式进行了解读之后，它产生出一种魔幻的效果；人们不知道那是梦还是现实；“永恒”忧郁地、梦想般地、恶作剧地窥入“瞬间”，如同月亮的光纤颤着步子进入一个被照亮的林子或者大厅。对于“那永恒的”的想法成为一种幻想性的忙碌，而心境则持恒的是这样一种心境：是我在做梦，还是“永恒”在梦见我？[241]

或者，人们纯粹地并且没有掺杂地为“幻想”而解读它，——丝毫不带有这种撒娇的双重性。这种解读在这句句子中找到了一种确定的表达：“艺术”是对“永恒的生命”的一种预期[242]；因为“诗”和“艺术”只是“幻想”的和解，并且，它固然有“直观”[243]的机智性[244]，但却毫无“严肃”的真挚性[245]。——人们用“幻想”的金箔来精心描绘“永恒”，——人们渴慕向往着这永恒。——人们预示般地窥想“永恒”[246]，扮演但丁的角色[247]，而但丁——不管他认可了怎么多的“幻想观”——却没有悬置过伦理的“判断行为”的作用[248]。

丁）人们形而上学地解读“永恒”。一个人说“我—我”[249]，一直到他自己成为一切之中最可笑的：纯粹的自我，永恒的自我意识。一个人谈论关于不朽性，一直到他自己——不是变得不朽而是——成为“不朽性”。尽管如此，他突然发现，他并没有使得“不朽性”进入他的体系，这时他就想着要在一个附录中为之找到位置[250]。考虑到这种可笑性，保罗·缪勒所说的话很对：“不朽性”必定是在所有地方都在场[251]。但如果是那样，那么“现世”就成为了某种别的东西，完全不同于人们所期待的东西。——或者，人们以这样一种方式形而上学地解读“永恒”：“现世”被喜剧性地保存在它之中[252]。纯粹审美—形而上学地看，“现世”是喜剧性的，因为它是“矛盾”，而“那喜剧的”总在这范畴之中。现在，如果人们纯粹形而上学地解读“永恒性”，并且因为某种不管是怎样的原因而想要让“现世”也进入之中，那么这无疑就变得足够地喜剧化，以至于“永恒的精神”保留了那关于“他曾经好几次处在经济窘况的境况中”等的回忆[253]。但是，这整个用来维护“永恒”的苦劳就是被浪费了的徒劳，就是伪警报；因为纯粹形而上学地看，没有人变得不朽，没有人得以肯定地明确其“不朽性”。然而，如果一个人以另一种方式达到这不朽性，那么“那喜剧的”也不会去不知趣地强行参与。虽然基督教教导一个人必须算清楚自己所说的每一句不恰当的话[254]，而我们则简单地理解这是关于“完全的回忆”，有时它在生活之中已经能够显示出不容误认的征兆；虽然基督教的教导只有通过其对立于希腊文化中的那种关于“不朽者们首先要喝遗忘之河里的水以便忘却”[255]的观念才能够最尖锐地被阐明，但是由此却绝不会导致出[256]，“回忆”以一种直接的或者间接的方式应当变得滑稽，——这里说“直接的方式”是指“人们回忆各种可笑的事情”，“间接的方式”是指“各种可笑的事情将被转化成为本质的决定”。恰恰因为“清算”和“审判”是“那本质的”，这种本质的东西相对于“那非本质的”就起着一种“遗忘之河”的作用，同时这也是确定无疑的事实：许多东西能够出乎人们的意料地显现为是本质的。在生活的滑稽事、偶然性和钩心斗角中，“灵魂”并不曾本质地在场，因此所有这一切都将消失，只对于这灵魂来说并不如此，——这灵魂在这“将消失的一切”之中曾经是本质的，但这对于他却并不具备喜剧的意味。如果一个人彻底地对“那喜剧的”进行了思考、对之进行了彻底的研究、持恒地清楚自己的范畴，那么他就很容易明白，“那喜剧的”恰恰是属于“现世”的，因为矛盾就是在这里。审美地和形而上学地看，人们无法使之停下，无法阻止它在最后吞咽下整个“现世”；如果一个人发展成长到足以使用到“这喜剧的”，但却又没有成熟到有能力在一个和另一个之间[257]作出区分，那么，这种情况就会在他身上发生。在“永恒”之中则相反：所有矛盾都被取消，“现世”被“永恒”渗透并且被保留在“永恒”之中；然而，在那之中却没有任何“那喜剧的”的痕迹。

但是人们不会去严肃地思考“永恒”，而是对之感到恐惧；恐惧想出上百种逃避借口。而这则恰恰就是“那魔性的”。

注释：

1　这里的这个“向自己显示自己”作为名词用。丹麦文原文 Frihedens Visen sig for sig selv i Muligheden 中，Visen sig for sig selv 就是一个名词化的反身动词加入了关系词而作为了哲学名词——“向自己显示自己”。并非因为这语言用法被翻译成中文才显得古怪，这在丹麦语里是绝对的“非日常用语”，——就是说，如果一个丹麦人不是在研究唯心主义哲学，他必定会认为这句话不符合丹麦语言的说法。

2　对克尔凯郭尔的注脚的注释：

仿宋体处在丹麦文版中是拉丁语：in abstracto（抽象普遍的），in concreto（具体实在的）。

［什么是“那善的”……有着决定性的意义］也许是指马腾森的《道德哲学体系的基本轮廓》：道德无法将自身仅仅限定在社会伦理性的各种宗教环节，而是必须也包括它的世界环节。比如说，家庭和国家无疑包括了一个宗教的环节。但它们的意义却绝不全是宗教的，更不仅仅是圣经的范畴。如果“宗教要被作为社会伦理性的基础和原则来认识”是神学的利益兴趣所在，那么，只有在社会伦理性的相对世界形式按照哲学必然性被发展为宗教的社会伦理性如同被发展为其最高真相时，这一宗教之中心意义才能够被科学地认识。道德哲学在善从可能通过意志之自由的自我定性而进入到现实的过渡中观察这善。人在伦理性的世界秩序中的入场是他在自然状态中的退场（在自然状态中善只是可能）。在人类学把人看成是自然的总体有机组织的一个环节的同时。伦理学则将之视作是一个精神自己建设出的总体有机组织（一个通过其不同环节来表述自由自己的体系的世界）的一个环节（家庭、国家、教会）。

［人们是在“那真的”之中（在认识之中）解读和描述出了三性：“那美的”、“那善的”和“那真的”］指海贝尔那里的“思辨性理念”的三个方面。他把这三个理念解读为一种逻辑三段论，之中“那美的”和“那善的”被理解为前提，而把“那真的”当作结论。

括号中的仿宋体处在丹麦文版中是拉丁语：sit venia verbo〈原谅我的这种说法〉。

［有限的目的论］就是说，其目的是由“那有限的”决定的。

仿宋体处在丹麦文版中是德语：das Aufzuhebende（那要被扬弃的）。

［“那恶的”只是“那否定的”，das Aufzuhebende（德语：那要被扬弃的）］指黑格尔的解读，“那恶的”处于相对于概念“那善的”的辩证关系中。按黑格尔的说法，“那恶的”只是一个处在一种更大的概念统一体中的有限环节，它将在这统一体

中被扬弃。

仿宋体处在丹麦文版中是希腊语：απο（从……远离）。

［απο］希腊语：（apó），从……远离。《帖撒罗尼迦后书》（1:9）

仿宋体处在丹麦文版中是希腊语：ο ἱ τινε ς διχην τισουσιν，ολεθφον αιωνιον，απο πφϱς ωπου τουχυϱιου，χαι απο της δοξης της ισχυος αυτου（他们要受刑罚，就是永远沉沦，离开主的面和他权能的荣光）。

［ο ἱ τινες διχην ... αυτου \ ］摘自《帖撒罗尼迦后书》（1:9）：他们要受刑罚，就是永远沉沦，离开［απο］主的面和他权能的荣光。

3　仿宋体处在丹麦文版中是拉丁语：in concreto（具体实在地）。

4　仿宋体处在丹麦文版中是拉丁语：liberum arbitrium（自由意志、自由选择、随机的自由）。

liberum arbitrium：一种随机意义上的自由意志、无限的选择自由。他是在克尔凯郭尔那里是一种“思想的妨碍”和“某种不属于任何地方的东西”（在前面的章节中我已经对此作过注脚）。

5　［莱布尼茨］Gottfried Wilhelm Leibniz（1646—1716），德国哲学家、数学家、自然科学家、法学和历史学家。

6　“这样一种处理方式”就是指把“罪”看成一种必然性。

7　仿宋体处在丹麦文版中是希腊语：λογος αϱγος（使人懒惰的论证法）。

8　仿宋体处在丹麦文版中是拉丁语：ignava ratio（使人懒惰的论证法）。

9　仿宋体处在丹麦文版中是拉丁语和法语：sophisma pigrum，la raison paresseuse（使人懒惰的论证法）。

10　所有这些λογος αϱγος（Chrysipp.）ignava ratio（Cicero），sophisma pigrum，la raison paresseuse（Leibnitz）都是说“使人懒惰的论证法”。克律西波斯（古希腊哲学家）用它来标示那宿命观，——“不管人怎样努力，事物发展的结果纯粹依据于那命运”。后来古罗马的西塞罗在他的论命运中也这样标示（de fato 12，28）。克尔凯郭尔是从莱布尼茨的《神正论》中得到这些说法的（Theodicee § 55）。

［λογος αϱγος……（莱布尼茨）］在1842年12月的日记中（journalen JJ）克尔凯郭尔写道：“莱布尼茨关于懒惰理性的说法太漂亮了。”

- λογος αϱγος：希腊语（lógos argós）无用懒惰的理性，就是说，那种推荐不活动（因为命运的定数是人所无法改变的，比如说，生病了按照这个理论不会因为一个医生的努力而有所改变）的理性论证法；参看滕纳曼的哲学史。

莱布尼茨在《神正论》（*Theodicee*）中讨论了“一切因必然而发生”这句话所蕴含的意义，我们是不是总是能够按我们的努力而有所得，提到了，“la raison paresseuse”总是让人忐忑不安。

克律西波斯（Chrysipp）：公元前281—前208年，斯多葛学派哲学家。

- ignava ratio：拉丁语：不活动的懒惰的理性。引自西塞罗《论命运（De fato）》12，28。滕纳曼在他描述克律西波斯的时候在一个注脚中引用了西塞罗的这句。

西塞罗：Marcus Tullius Cicero（公元前106—前43），罗马演说家、作家和政治家。

- sophisma pigrum：拉丁语：懒惰的谬误推论。在《神正论》的德语版翻译中用到这一拉丁语句，作为对莱布尼茨的法语“le sophisme paresseux”的再现。

- la raison paresseuse：法语：懒惰的理性。

11 后果（Consequents）。

12 ［它就必须又一次被否定］指黑格尔对辩证法的理解，一个立场首先被设定，然后否定，最后对这否定进行否定。最后一步常常被称作“否定之否定”。

13 ［司令官……握住“自由”的一只手］指莫扎特的歌剧《唐璜》的第二幕第二十场，之中那唐璜所杀害的司令官作为鬼魂以石像的形式回来惩罚唐璜，让他为自己有罪的生活而悔。

14 如果用对黑格尔术语的理解来说，这里说“在其自身”就是“自在地”。

15 仿宋体处在丹麦文版中是拉丁语：in succum et sanguinem（在盐和血中）。

这拉丁文字面上直接是说“在盐和血中”。因为无论丹麦语还是汉语“血肉”的意义更明确，所以写“在肉和血中”。

16 ［食蚁动物隐蔽在那用散沙做成的漏斗形沙堆里伺机等待着］更确切是：蚁狮的幼虫在散沙挖洞穴，形成一个由沙墙构成的漏斗。这虫等在漏斗底部，等别的昆虫滚落下来，这虫就进行袭击并吸食昆虫内脏。

17 谢林在《先验唯心主义体系》中谈及天才。

18 ［谢林在某一段落中以一种与音乐天才同样的意义来谈论行为之天才，等等］在草稿和誊清的文本中（Pap. V B 56，6 及 72，21），克尔凯郭尔都把《先验唯心主义体系》作为引用谢林文本的来源。这里所指的也许是谢林的文字。

19 ［那绝对的］康德之后的德国唯心主义哲学的一个关键概念。在谢林的同一性哲学中，“那绝对的”标示“那普遍的理性”，一种统一体，在之中主体和客体、精神和自然、自由和必然都失去它们的独立性而作为“同一的”而得以统一。在黑格尔那里，“那绝对的”则标示“理念”；他假设有一种纯粹概念型的绝对认识存在，只要理念按辩证的方式展开。由此，我们通过主观的和客观的精神而达到“绝对的精神”，这绝对精神是理念发展的最高最抽象阶段。

20 这个“去想要（at ville）”是动词，转型为作为名词的vilje，就是“意志”（或者“愿望”）。所谓的“意志”就是一种“使自己其实现自己之‘想要’的精神力量”；“我想要去完成它，——于是我去完成它，无论艰辛”，——是为意志。

21 仿宋体处在丹麦文版中是德语：O du zertrümmert Meisterstück der Schöpfung!〈啊，你这被毁的造物主之杰作!〉。

［李尔王……Schöpfung!)］德语：啊，你这被毁的造物主之杰作！《李尔王》第四幕第六场中葛洛斯特的台词。

有一次，丹麦哲学家哈斯（Jørgen Hass）曾经对我说：在克尔凯郭尔那时代，丹麦的高等教育中的外语主要是德语，而学人文和神学的人们也学拉丁文和希腊文；相比之下，英文是一种不很重要的外语。克尔凯郭尔读的莎士比亚是德译本的。“译文的文字比原文更漂亮。”哈斯评价说。

这里的《李尔王》引文是德文译本的，由施莱格尔（A. W. v. Schlegel）和蒂克（L. Tieck）翻译。

22 就是说“疯狂了的悔”。

23 “消遣”丹麦语 Adspredelse，有消遣、分散注意力、转移、注意力转向和散射的意思（中文相应的心理学词汇是“导离”）。这个词是克尔凯郭尔经常使用的。

24 在这里指的是前面分句中的反面，就是说，前面分句里被否定的东西。就是说：“‘悔’无法使他自由；他以为‘悔’可以使他自由，然而在这一点上他搞错了。”

25 在这里，一方面基尔克郭的原句结构几乎是无法被保留在汉语译文中，一方面这个段落差不多是修辞多于概念，所以我在逻辑上等同地把句子的结构改变掉了。如果按照原文结构翻译，那么应当是这样：“不管那‘罪’的后果是什么：‘这现象依据于一种有规则的尺度而显示出来’总会是一种‘更深刻的本性’的标志。”

26 “内心冲突”，就是说，“在宗教意义上的内心冲突”。丹麦语是 Anfægtelse。在通常的意义上是“考验”、“试探”、“诱惑”。但是，在克尔凯郭尔这里有着路德新教文本中的特别含义，就是指“新教意义上的内心冲突”。

27 ［斯基泰牧人］丹麦语 skythiske Horder。以前我曾以“锡西厄牧人”作为译名，但在这里决定译作“斯基泰人”。斯基泰人在古希腊是中亚细亚和南俄罗斯（尤其是在黑海以北地区）游牧民族的通称。在希罗多德的《历史》第四卷中有对斯基泰人的全面描述：一个在当年统治亚洲、征服米底、袭击波斯、威胁埃及的让人胆战的善战野蛮民族。波斯王大流士在公元前 515 年试图征战斯基泰人，但最终不得不放弃。

28 ［乘着火车去“完美性”旅行］铁路是当时的庞大建设项目。从大约 1830 年起，首先是在英格兰，然后遍及欧洲大陆。丹麦的第一条铁路是阿尔托纳到基尔（当时该地区尚属丹麦），1844 年启用。1847 年哥本哈根到罗斯基勒的铁路开通。

29 信仰（Tro）。

30 和解（Forsoningen）。

31 ［“悔”是最高的伦理矛盾……“和解”之中……清晰明确］在与“和解”和信仰的关系中，克尔凯郭尔把“悔”作为伦理意义上的矛盾来描述，写在 1843 年的日记中（journalen JJ）：“对生命的伦理思考所具的最高表达是‘去悔’，我一直应当悔，——但这恰恰是‘那伦理的’的自相矛盾，通过这‘自相矛盾’，‘那宗教的’的悖论绽发出来，就是说，‘和解’，与之相应的是‘信仰’。纯粹在伦理的意义上谈，我必须说，甚至我所做的最好的事情也只是罪，那么，我要对之悔，但这样一来我在根本上就无法去行动，因为我要悔。”

在《畏惧与颤栗》中一个注脚中有这样的说法：“一旦‘罪’出现，这时，恰恰就在‘悔’之上，伦理进入毁灭；因为悔是最高的伦理性的表达，而它就其本身恰恰就是那最深的伦理性的自相矛盾。”

32 作为（Gjerning）。

33 ［老费希特……没有时间去悔］这说法并非出自费希特，而是出自马滕森，他在《道德哲学体系的基本轮廓》中写道，费希特摒弃“悔”，“因为已行的作为无法改变，并且人不敢再有时间去悔”。

老费希特：Johann Gottlieb Fichte（1762—1814），区别于其子小费希特 I. H. Fichte（1796—1879）。

［老］费希特，德国哲学家。耶拿、厄尔林根、寇尼斯堡和柏林的教授。在极大程度上受康德影响，费希特发展了他自己的“主观唯心主义”，一种关于先验自我的绝对特征的理论，他想以此来解决康德哲学所无法解决的问题，比如说“物自身（Ding an sich）”与“现象（Erscheinungen）”间的二元论。

34 ［那魔性的（det Dæmoniske）］在古典希腊的关联上，一个魔是低级的神，一种介于人神之间的精灵。在新约中，魔是附人身的恶精灵，比如说，为人带来疾病、盲哑。

35 ［在《新约全书》……单个的故事］特别参看《马太福音》（8:28—34；9:32—34；12:22—32；17:14—18）；《马可福音》（1:23—28）；《约翰福音》（10:20—21）。

36 ［神学家们……某种不自然的“罪”］首先是指赫尔曼·欧尔豪森（Hermann Olshausen）对上注所提及的福音章节的注释。

37 ［占相术的表述，拉瓦塔］瑞士牧师和作家拉瓦塔（Johann Caspar Lavater，1741—1801）建立占相术学。但在他的书中关于“那动物的”在人面占相中赢得其形态的例子并不多。在当时，占相学被当作一种科学。

38 ［“罪”的奴役］也许是指《约翰福音》（8:34）：“所有犯罪的，就是罪的奴仆。”

39 ［前面的段落］就是说，第四章第一节“对于‘那恶的’的恐惧”。

40 ［“群鬼的”（参看《马太福音》8:28—34；《马可福音》5:1—20；《路加福音》8:26—39］原文中的《马太福音》8:28.34 想来是笔误。

《马太福音》（8:28—34）：“耶稣既渡到那边去，来到加大拉人的地方，就有两个被鬼附的人，从坟茔里出来迎着他，极其凶猛，甚至没有人能从那条路上经过。他们喊着说，神的儿子，我们与你有什么相干。时候还没有到，你就上这里来叫我们受苦么。离他们很远，有一大群猪吃食。鬼就央求耶稣说，若把我们赶出去，就打发我们进入猪群去吧。耶稣说，去吧。鬼就出来，进入猪群。全群忽然闯下山崖，投在海里淹死了。放猪的就逃跑进城，将这一切事，和被鬼附的人所遭遇的，都告诉人。合城的人，都出来迎见耶稣。既见了，就央求他礼开他们的境界。”

《马可福音》(5:1—20)：“他们来到海边，格拉森人的地方。耶稣一下船，就有一个被污鬼咐着的人，从坟茔里出来迎着他。那人常住在坟茔里，没有人能捆住他，就是用铁链也不能。因为人屡次用脚镣和铁链捆锁他，铁链竟被他挣断了，脚镣也被他弄碎了。总没有人能制伏他。他昼夜常在坟茔里和山中喊叫，又用石头砍自己。他远远地看见耶稣，就跑过去拜他。大声呼叫说，至高神的儿子耶稣，我与你有什么相干。我指着神恳求你，不要叫我受苦。是因耶稣曾吩咐他说，污鬼阿，从这人身上出来吧。耶稣问他说，你名叫什么。回答说，我名叫群，因为我们多的缘故。就再三的求耶稣，不要叫他们离开那地方。在那里山坡上，有一大群猪吃食。鬼就央求耶稣说，求你打发我们往猪群里附着猪去。耶稣准了他们。污鬼就出来，进入猪里去。于是那群猪闯下山崖，投在海里，淹死了。猪的数目，约有二千。放猪的就逃跑了，去告诉城里和乡下的人。众人就来要看是什么事。他们来到耶稣那里，看见那被鬼附着的人，就是从前被群鬼所附的，坐着，穿上衣服，心里明白过来。他们就害怕。看见这事的，便将鬼附之人所遇见的，和那群猪的事，都告诉了众人。众人就央求耶稣离开他们的境界。耶稣上船的时候，那从前被鬼附着的人，恳求和耶稣同在。耶稣不许，却对他说，你回家去，到你的亲属那里，将主为你所做的，是何等大的事，是怎样怜悯你，都告诉他们。那人就走了，在低加波利，传扬耶稣为他做了何等大的事，众人都稀奇。”

《路加福音》(8:26—39)：“看见这事的，便将被鬼附着的人怎么得救，告诉他们。格拉森周围的人，因为害怕得很，都求耶稣离开他们。耶稣就上船回去了。鬼所离开的那人，恳求和耶稣同在。耶稣却打发他回去，说，你回家去，传说神为你做了何等大的事。他就去满城传扬耶稣为他做了何等大的事。”

41　［一个哑鬼（参见《路加福音》11:14）］“耶稣赶出一个叫人哑吧的鬼。鬼出去了，哑吧就说出话来众人都稀奇。”

42　“去愿望（at ønske）”。

43　自我中心观（Egoisme）。

44　在大多数地方我将“无思想性”翻译为“思维匮乏”。但是在这里还是使用“无思想性”更合适。

45　重要性（Betydning）。

46　意义（Mening）。

47　内心冲突（Anfægtelse），见前面对 Anfægtelse 这个词的注脚。

48　痛苦（Lidelsen）。

49　［曾以怎样可怕的严厉去追踪、发现和惩罚“那魔性的”］在中世纪，一直到17世纪，各种被看成是“魔鬼附身者”的人们被解读为恶的，因为人们认为这是因为“附身者”与恶者达成交易；因此，他们遭受迫害、囚禁、酷刑（酷刑的目的是驱逐“那恶的”），有时候被活活烧死。在丹麦，最后一次处决巫师是在1800年。

50　原文之中没有“那时”，但是因为从那句“这行为在伦理上是那样严厉”开始，后面都是过去时，所以冠以“那时”。这里是指向前面所说的“人们曾经……”。

51　［那推荐使用惩罚、乃至用死刑来对待异端的人，难道不是奥古斯丁吗］从各种文字看起来奥古斯丁并没有推荐使用死刑来对付异端，相反在一些信件中他表达了对于“使用死刑来对付异端”的反对。他写过赞同使用强制来使人去信仰的文字。

也许奥古斯丁被混淆于德尔图良。后者好像是推荐了用死刑来对付异端。

52　［苏格拉底……被医生剖割和烧炙］指柏拉图对话录《高尔吉亚篇》中，苏格拉底把那些不公正的人们对于惩罚的畏惧和小孩子对于“被剖割和烧炙——因为痛”的害怕相比较。

“苏格拉底：犯下极大部错误和罪行，而又努力逃避告诫、矫正或惩罚，这不就是你所描述的阿凯劳斯和其他僭主、演说家、统治者的状况吗？

波卢斯：似乎如此。

苏格拉底：我亲爱的朋友，这些人的所作所为就像一名讳疾忌医的人，患了重病，却又像小孩那样害怕烧灼术或外科手术的痛苦，因此拒绝接受治疗，不愿向医生支付报酬。你同意吗？”（我在这里引用《柏拉图全集·第1卷》第364页中的文字。王晓朝译，北京：人民出版社，2001.1。）

53　仿宋体处在丹麦文版中是德语：mit Pulver und mit Pillen（以粉剂和片剂）。

54　仿宋体处在丹麦文版中是拉丁语：in specie（特别的是）。

55　［霍夫曼小说中的一个医生……一件值得深思的事情］指《夜景》（*Nachtstücke*）中的第一部分“那神圣的（Das Sanctus）”。这里所提及的是故事开头介于一个医生和一个乐队指挥关于女歌手白蒂娜的谈话。白蒂娜的声音变得沙哑，因为她太不小心，在天主教堂里唱完自己的独唱之后出门没有戴上围巾。指挥想知道她的黏膜炎有多严重。医生疑虑地摇头，拿出鼻烟盒，没有取鼻烟又放进口袋，凝视天花板，仿佛他是在数上面所刻的玫瑰形花样，不祥地微微咳嗽却不说话。这让那指挥简直快发疯了，因为他知道这医生的手势和面部表情意味了“ein böser, böser Fall（非常非常糟糕的情形）”；他想要得到说明并且大声叫喊道：“当然这不会让她失去生命！”“是的，绝对不会！”医生回答说，同时他再次拿出鼻烟盒，但这次取了鼻烟，“但很有可能她一生再也无法唱出一个音节！”

霍夫曼（Ernst Theodor Amadeus Hoffmann，1776—1822），德国作家、出版家、律师和音乐演奏家。

56　［那生理的、心理的和灵的］det Somatiske，Psychiske，Pneumatiske，就是“那肉体的、灵魂的、精神的”，相应于作为“一种由精神承担的灵魂与肉体的综合”的人。

57　“瓦解”：原文中所用的词是 Desorganisation。

［Desorganisation］在一个有机体或者有机体的一个部分中的这样的一种解体或者非正常变化，这有机体失去自己各种正常的生命表达。

58　就是说，想让它是什么它就是什么。

59　［早先时代那种严厉行为］见前面关于“以怎样可怕的严厉去追踪、发现和惩罚那魔性的”的注脚。

60　就是说假设人“完全是恶的”。

61　在原文中并没有“本来”，但这里的“在无辜性中，自由没有被设定为自由，而自由之可能在个体人格中是恐惧”是过去时，所以我加上“本来”，强调其过去时状态。并在后一句句子之前加上“现在”。

62　这里的这个“这”是指：“那魔性的”是一种“不自由”，这“不自由”要隔绝它自己。

63　“那内闭的（det Indesluttede）”，也可以说是“那自我隔绝的”。

64　“那非自愿地公开的（det ufrivilligt Aabenbare）”

65　［布鲁图斯］指莎士比亚戏剧《裘利乌斯·恺撒》（1623）中的人物布鲁图斯。布鲁图斯在第一幕中作为恺撒的亲近人物登场，带着昏暗的目光，没有欢乐，没有对戏剧与音乐的兴趣，内闭而焦虑。在第二幕，布鲁图斯决定了，认为恺撒必须死，因为他统治欲强烈、暴戾而没有天良；他与他的同谋计划了一场政变；第三幕，恺撒首先是被卡斯卡捅了一刀，然后被别的同谋捅刀，最后被布鲁图斯捅了。在恺撒死前，他说出了著名的那句话：“布鲁图斯，你也参与了？”后来，布鲁图斯在民众前登场并且作出他伟大的讲演，在这里他说了诸如：“要是在今天在场的群众中间，有什么人是恺撒的好朋友，我要对他说，布鲁图斯也同样地爱恺撒。要是那位朋友问我为什么布鲁图斯要起来反对恺撒，这就是我的回答：并不是我不爱恺撒，而是我更爱罗马。你们是愿让恺撒活在世上而大家做奴隶而死呢，还是愿让恺撒死去而大家做自由人而生？”

66　［作为王子的英国亨利五世］指王位继承人、威尔士亨利王子，后来的亨利五世王，莎士比亚戏剧《亨利五世》（1597—98）中的人物。在第一部分，一开始王子是作为纨绔儿登场的，不在乎自己的义务，把自己在议会中的事情都推给自己的弟弟，兰卡斯特的约翰；他有着能力很强并且有着强烈的激情，但将之隐藏在荒唐胡闹之中。但是在国家有叛乱的时候，他变成了一个为王权和国家而战的高贵骑士和有责任心的战士。在第二部分，他与他临终的父亲亨利四世和解。在亨利四世死后，他登基为王。

67 扩展性（Udvidethed）。

68 仿宋体处在丹麦文版中是希腊语：χατ' εξοχην（在一种显著的意义上）。

69 ［人们……形容关于“那恶的”……“那否定性的”］见前面的关于“那否定的就是那恶的”注脚。

70 存在（Tilværelsen）。

71 所谓“用辞中的宗教意义”是指“沟通（communicere）”这个词意味作“领受圣餐”。

72 疑病症（Hypochondrie）。

Hypochondrie：神经性的顽固信念，相信自己病了，或者可能要生病，在既没有生病也没有潜在病症的时候有着那病症的痛苦感觉。或译“忧郁症”，因为在希腊语中腹腔部（hypochondria）被认为是忧郁的源泉地。这里使用拉丁语，而其实后面那丹文化了的德语 Grillenfængerie，差不多同一个意思。

73 忧郁症（Grillenfængerie）。

74 丹文为 Tavsheds - systemet。是指监狱之中禁止犯人交谈的制度。

75 han vil ikke rykke ud med Sproget，如果字面直译，可以翻译为：他不愿意交出那语言。

76 直译就是：“它违背意愿地交出语言”。

77 仿宋体处在丹麦文版中是希腊语：τι εμοι χαι σοι（我与你有什么关系）。

78 ［一个魔性者在基督靠近时……败坏他（对“那善的”的恐惧）］部分的是指《马可福音》(5:6—7)，部分的是指《马可福音》(1:23—24)。前面的部分是关于格拉森人的地方的一个魔附身者：“他远远地看见耶稣，就跑过去拜他。大声呼叫说，至高神的儿子耶稣，我与你有什么相干（τί ἐμοὶ χαὶ σοί）。我指着神恳求你，不要叫我受苦。”后一部分是关于治愈一个污鬼附身者的：“在会堂里有一个人，被污鬼附着。他喊叫说，拿撒勒人耶稣，我们与你有什么相干（τί ἡ μῖν χαὶ σοί），你来灭我们么。我知道你是谁，乃是神的圣者。”

－ τι εμοι χαι σοι：希腊语（tí emoì kaì soí）：“我与你有什么相干。”一个常常在新约里出现的公式。

79 ［一个魔性者请求基督走另一条路］在新约中没有这故事，但是在耶稣在格拉森人的地方驱除魔鬼附身者的魔之中，在《马可福音》中有（5:17）：“众人就央求耶稣离开他们的境界。”

80 ［每一个魔鬼在自己的时代里统治］丹麦成语的前一半，全句为“每一个魔鬼在自己的时代里统治，但主永远统治”。

81 ［找到食物就吃］直译的话就是“依靠嘴中的手生活（at leve fra Haanden i Munden）”，是一句丹麦的表达语：马上就消费掉自己所赚的，直接的生活。

82 ［心里想什么就说出来］直译的话“在舌头上拥有自己的心（have Hjertet

paa Tungen)”。丹麦成语“愚人在舌头上拥有自己的心，而智者把舌头放在心中”出自彼特·秀夫（Peder Syv，1682）。

83　［多米提安］多米提安（Titus Flavius Domitianus ，51—96）：罗马皇帝（81—96），有着极强的统治欲，而猜疑使得他更残酷。他完成了对不列颠的征服。89年以后开始专制统治，后为暴君。在他的皇后和廷臣的安排下，他被刺杀了。

84　［克伦威尔］Oliver Cromwell（1599—1658）英国政治家，清教徒，极辣手的军事独裁者。

85　［阿尔巴］Fernando Alvarez de Toledo Alba（1508—1582）西班牙公爵，将领和政治家；狂热的天主教徒；荷兰的残酷总督（1567—1573）。歌德在悲剧《爱格蒙特》中的冯·阿尔巴公爵。

86　公开化（Aabenbarelsen）。

87　就是说通过“去过巴黎或者伦敦”这样的方式。

88　［只要一个人想要，那么他就能够达成一切］丹麦俗语。渊源于成语“如果一个人只想做他能做的，他就能够做到他想做的”。

89　仿宋体处在丹麦文版中是拉丁语：conditio sine qua non（不可缺少的条件）。

［指环的精灵们听命于指环］指《一千零一夜》中的阿拉丁和指环故事。如果阿拉丁擦一下他从一个非洲魔术师那里得到的指环，指环的精灵就会出现，并且与一切指环的精灵一起听命于他。比如说，在阿拉丁第一次被魔术师派到地洞里去找神灯的时候，这精灵就显现出来帮助阿拉丁离开地洞。

丹麦诗人欧伦施莱格尔写有喜剧诗歌剧《阿拉丁》(Adam Oehlenschläger：*Aladdin*，1805)。在之中地洞这一场的结束阿拉丁对着石壁碰了一下魔术师努拉丁给他戴上的指环，指环的精灵马上出现，并且说：“主人！你要什么，你看，我听从你的命令。指环在你手上，你指挥指环的精灵。不仅仅是我要听命于你，所有欢呼其神圣的奴隶，都跪向大地深处，听从权力的言辞。”

90　对克尔凯郭尔注脚的注释：

公开化（Aabenbarelsen）。

［公开忏悔］在《丹麦挪威教会仪式》中有着一种“关于公开忏悔和拯救”的特别仪式。克尔凯郭尔的时代所用的版本是1762年的版本。它规定了，一个违反了摩西十诫的人，可以祈求一个牧师让他进入从唱诗班的门中进入教堂，听从训诫讲演并且在教众面前跪下忏悔自己的罪，然后牧师可以说出一些相关的赎罪说法。

91　仿宋体处在丹麦文版中是法语：en gros〈大规模的〉。

92　仿宋体处在丹麦文版中是拉丁语：incognito（匿名地）。

93　对克尔凯郭尔注脚的注释：

仿宋体处在丹麦文版中是拉丁语：eo ipso（因为这个原因）。

［魔鬼也被称作是谎言之父］见《约翰福音》（8∶44）：“你们是出于你们的父魔

鬼，你们父的私欲，你们偏要行，他从起初是杀人的，不守真理。因他心里没有真理，他说谎是出于自己，因他本来是说谎的，也是说谎之人的父。”

94　仿宋体处在丹麦文版中是德语：allem einen Sinn, aber keine Zunge（一切以一种理解，但是不给予舌头）。

95　［allem einen Sinn……对他的两个朋友的告诫所说的］allem einen Sinn, aber keine Zunge（德语：一切以一种理解，但是不给予舌头）。克尔凯郭尔所读的莎士比亚是德文版，英文版的文字为：“And whatsoever else shall hap to—night, Give it an understanding, but tongue（不管今夜将发生什么事情，请给予它以理解但不给予以舌头。）”“哈姆雷特告诫他的两个朋友”是在《哈姆雷特》第一幕第二场。（中文版流畅的文学翻译为：“要是它借着我的父王的形貌出现，即使地狱张开嘴来，叫我不要作声，我也一定要对它说话。要是你们到现在还没有把你们所看见的告诉别人，那么就要请求你们大家继续保持沉默；无论今夜发生什么事情，都请放在心里，不要在口舌之间泄露出去。我一定会报答你们的忠诚。好，再会；今晚十一点钟到十二点钟之间，我要到露台上来看你们。”）

德文版是施莱格尔和蒂克的译本。

96　一些克尔凯郭尔研究者认为这里的段落牵涉克尔凯郭尔对自己年轻时代的回忆。许多地方暗示了一种个人的心灵经历。

97　“不自愿性（Ufrivilligheden）。”在丹麦语中有两个词表达了“不自愿”。一个是 uvilkårlig，一个是 ufrivillig。前者更多地强调“非有意识地”和“偶然自发地”而后者则更多地强调“有意识地不”和“不情愿地”。这里的这个“不自愿性”意味了“不情愿”和“对意志的违背”。

98　那突然的（det Pludselige）。

99　仿宋体处在丹麦文版中是德语：Einerlei（枯燥乏味，单调性）。

100　仿宋体处在丹麦文版中是拉丁语：perpetuum mobile（永动机）。

101　在英文版中，Hong 干脆就把“（Skin—Continuitet）”改译写为“伪连续性（pseudocontinuity）”，我觉得这改得很好。用“伪（pseudo）”字在英文中有助于理解。

102　肉体的东西（Somatisk）。

103　“的密咒式胡言乱语”在原文中是 Abracadabra。

［Abracadabra］本原为魔咒辞，由希伯来语“父”、“子”和“灵”的开首字母加上两个不带意义的字母构成，一般在特定场合说出，或者写在护身符上；转义为：无意义的言语、黑话、胡言乱语。

104　［靡菲斯特］浮士德传说的习俗中魔鬼的名字。在 1587 年的第一本关于浮士德的书中已经用到了这个名字。这个名字尤其是通过歌德的《浮士德》而为人们所熟知。

105 [一个民间传说……最后他找到了办法] 无法确认来源。

106 对克尔凯郭尔的注脚的注释:

[《非此即彼》的作者指出了:唐璜在本质上是音乐性的] 指《非此即彼》上卷中 A 的论文《那些直接的爱欲的阶段或者那音乐性的—爱欲的》。

[一台芭蕾舞叫作《浮士德》] 布农维尔的作品 (A. A. Bournonville Faust. Original romantisk Ballet i tre Akter, Kbh, 1832), 第一次上演是 1832 年。芭蕾剧是根据歌德的《浮士德》创作的 (此剧是为歌德而作, 歌德在 1832 年 2 月 25 日去世)。此剧也是欧洲芭蕾史上的第一部浮士德芭蕾剧, 1832 年 4 月 25 日上演于皇家剧院; 在 1832—1844 年间上演了 36 次。

[它的作曲者] 皇家小乐队双簧管吹奏者科克 (Philip Ludvig Keck, 1790—1848) 为布农维尔的芭蕾剧《浮士德》作曲并安排了音乐。之中有许多部分是借鉴了西班牙、法国、德国和意大利作曲家们 (诸如 F. Sor, J. Schneitzhoeffer, F. Hérold, G. Rossini og C. M. v. Weber) 的调子。

107 [莎士比亚] William Shakespeare (1564—1616), 英国剧作家和诗人。

108 [拜伦] George Gordon Byron, Lord Byron (1788—1824), 英国诗人。

109 [雪莱] Percy Bysshe Shelley (1792—1822), 英国诗人。

110 [芭蕾大师布农维尔在他自己对于靡菲斯特的再现] 布农维尔 Auguste Bournonville (1805 - 1879) 丹麦芭蕾学派的奠基人。丹麦独舞家、舞蹈设计、芭蕾大师和芭蕾舞剧作家, 从 1830 年固定任职于哥本哈根的皇家剧院。他是在舞蹈和哑剧方面都是当时有名的大师。从 1832 年 4 月 25 日起演浮士德的角色, 但从 1842 年 6 月 10 日起, 在他自己的芭蕾剧《浮士德》中演靡菲斯特的角色。

111 [靡菲斯特跳进窗户并且继续站着保持那跳跃的姿势] 在 1843 年 3—4 月的笔记中, 克尔凯郭尔写道:“布农维尔在他对靡菲斯特的表演中所达到的成就, 正是这一跳跃, 他总是以这跳跃登场并跳进一种雕塑的姿势。这跳跃是一个在对‘那魔性的’的解读中必须被注意的环节。”

112 [靡菲斯特在芭蕾舞《浮士德》中的首次登场] 在印出的剧本中, 布农维尔这样地描述靡菲斯特的入场:“人们无需长久地等待恶者, 雷声轰动, 闪电和红色的火焰照亮昏暗的房间, 从一个书架中, 靡菲斯特跳跃出来。” 按《概念“恐惧”》中的说法, 靡菲斯特是从窗户中跳进来的; 当然, 舞台上的实际情形被改变, 这并非不可能, 这样, 也许靡菲斯特就不是从书架而是从窗户中跳出。

113 仿宋体处在丹麦文版中是拉丁语: in abstracto。

114 [夜里的贼更突然……蹑手蹑脚地溜进来]《帖撒罗尼迦前书》(5:2):“因为你们自己明明晓得, 主的日子来到, 好像夜间的贼一样。”

115 那无聊的 (det Kedsommelige)。关于 det Kedsommelige: 这里的这个“无聊”绝对不可理解为那作为“低级趣味”的同义词的那种“无聊”, 也不是“穷极无聊”的“无聊”，而是一种“枯燥的、索然无味的”状态。我本来打算将之翻译为“那索然无味的”，但是如果我能够在避免误会的情况下使用“无聊”这个词，那么我觉得用“那无聊的”更好一些。

116 “死不尽（Udøethed）”。

在旧版本中是Uddøethed，就是说“绝灭性”。在新版中Uddøethed变成Udøethed“死不尽”，并且有注脚：

[Udøethed]在丹麦语里这个词是不明白的词，但也许是意味了某种无法死尽，永远无法被终止，得不到终结的东西。也许是udødthed的笔误，就是说，一种完全内空荒芜的状态，无所谓性。

117 空虚（Tomhed）。

118 平静（Ro）。

119 那俗套的（det Trivielle）。

120 对克尔凯郭尔的注脚的注释：

[小温斯吕夫……那喜剧的]在1843年3—4月的笔记中，克尔凯郭尔写道：“‘那魔性的’的另一面是‘那无聊的’，正如小温斯吕夫所漂亮地解读的，怎样进入‘那喜剧的’（……），参看他的《那不可分的》中的克里斯特。”

小温斯吕夫：Carl Winsløw（1796—1834），丹麦演员。从1819年起在哥本哈根的皇家剧院演戏，1827—1834年扮演J. L. 海贝尔《那不可分的》剧中的克里斯特（Klister，意味“胶黏”）。

[并非是因为克里斯特……在真挚地恋爱着]克里斯特对自己的女朋友阿玛丽叶有着怨气。

[在这里他是编外志愿者正如他在海关的情形]在人物简介中，克里斯特在《那不可分的》中是海关志愿者。

[得到升职……他的爱情]克里斯特有一句自白的台词：“现在我只需为爱情和为在海关的升职而活着。”

121 [新的哲学术语……那否定的……乌有]见前面的一些与黑格尔哲学有关的注脚。

122 [精灵女孩从后面看是一个空窿]关于精灵女孩的民谣及民间传说这样叙述：“精灵女看上去年轻并且有着诱惑感，但是从后面看这是一个空窿如同揉面槽。”

123 它决定对“他者”的关系，这个“他者”是被否定的。

124 只要“那否定的”有能力去清除掉头脑里的所有迷魂汤——那最新的哲学在它头脑里所灌注的迷魂汤。“最新的哲学”指黑格尔及后来的黑格尔主义的哲学。

125 [歌中……的有趣形象]一个随便地刻画出的带有喜剧（有时候是讽刺剧）特征的人物，因为混淆而常常以不同于自身事实上所是的角色出场，比如说，在《那不可分的》中的胡默尔，本来是一个法庭工作人员而已，但克里斯特强迫他作为来自罗兰的村庄牧师而登场。

126　[贝尔曼……又变成邮递员] Carl Michael Bellmann（1740—1795），著名瑞典诗人和作曲家，擅长描述瑞典民间生活。

127　[以这样的方式……把“反讽”解释为“那否定的”……发明人是黑格尔] 这里指向黑格尔有点误导；黑格尔有引用到索尔格尔关于“反讽作为那否定的”的理论。也参看《论概念反讽》中关于黑格尔和苏格拉底对于概念“反讽”在理解上的区别的讨论。另外黑格尔在《法哲学》中有谈及苏格拉底的反讽和罗曼蒂克的反讽之分。

128　[对“反讽”所知并不多] 也许是指《论概念反讽》中的一段霍托引文。

129　[把“反讽”带进世界并且为这个孩子命名的人，是苏格拉底] 在《论概念反讽》中，第十个论点是“苏格拉底是第一个引进反讽的人”。尽管苏格拉底使用反讽概念并且被同时代称作是 εἴρων（希腊语：反讽家），但他到底是否真的是“为孩子命名”的人，尚不确定。

130　[关起自己的门并嘲弄门外的人们，以便在暗中讲话] 见《马太福音》（6:6），之中耶稣说：“你祷告的时候，要进你的内屋，关上门，祷告你在暗中的父，你父在暗中察看，必然报答你。”

131　[反讽……学舌的人们……世界历史概观……各种概念的……所知] 也许是指向马滕森的论文“对浮士德理念的思考，考虑到列瑙的浮士德”。在论文中，马滕森给出了一种世界史的发展概观，在之中他把歌德的浮士德作为泛神论的世界观，并且把靡菲斯特归简为“反讽的代表”。

132　也许是指哥本哈根的女王岔街。

133　[高贵的年轻人……我们的葡萄干] 故事来源不明。

丹麦语“教授”是 Professor，而“供应商”是 Provisor。这位年轻人首先是对“葡萄干是从哪里来的”这个问题误解，所以想回答：“我们是从岔街口的那个供应商那里得到我们的葡萄干”；然后他又发不准音，把 Provisor 说成 Professor。

134　在克尔凯郭尔原注中的“意志”和“愿望”：

在它之中持恒地有着一种意志（Villie），这意志比“愿望（ønsket）”更强有力。

135　“不自由”恰恰在它失去了意志（Villien）的时候想要（vil）某种东西。

代词“想要”成为名词就是“意志”。

136　就是说，和“那善的”的接触瞬间。

137　[太阳中的黑点] 太阳黑子。很少单个地出现。一般是成群地出现。由一个更深的核（被称作“正影”）和环绕在周围的较浅的半影构成。在太阳黑子较大的时候，肉眼可以观察得到，有时候持续几天乃至半年，因为它们弧旋地移动越过太阳表面。在中国和日本，在公元前两百年前已经为人熟知，但是在 17 世纪初才被显现在望远镜之中。在 1843 年，德国业余天文学家施瓦布（S. H. Schwabe）指出，太阳黑子差不多每十一年出现一次。

138 ［皮肤鸡眼上的白点］在鸡眼周围鼓起的皮肤中央有一个“刺”或者“钉子”，向皮肤内部长，钻进皮下组织的神经，导致疼痛，常常造成发炎。

139 这里所说的三分法是一种类似诺斯替教义的分类法：

在诺斯替教的用语中，人被根据其在精神完美性的程度上分类：物的（hylisk）、魂的（psychiske）和灵的（pneumatisk）。克尔凯郭尔多少是受这种三分法的影响的。这里的所说是：“在肉体的意义上（somatisk）”、“在心理的意义上（psychisk）”、“在精神的意义上（pneumatisk）”。

140 ［以希腊方式解读或者被以德国方式解读］这思想的希腊版本是，灵魂生产出自己的身体，在把灵魂当作飞马的比喻。在柏拉图的《斐德罗篇》中有所描述（246a — 248e），特别是246c：“如果灵魂是完善的，羽翼丰满，它就在高天飞行，主宰全世界，但若有灵魂失去了羽翼，它就向下落、直到碰上坚硬的东西，然后他就附着于凡俗的肉体，也有灵魂拥有动力，這个被灵魂附着的肉体看上去就像能自动似的。”（我在这里引用《柏拉图全集·第二卷》第160页中的文字。王晓朝译，人民出版社，2001.1）。

以德国方式解读则是指谢林关于“化身Corporisation”的思想。

141 仿宋体处在丹麦文版中是德语：Corporisations—Akt（化身行动）。

142 ［Corporisations—Akt……自己设定它自己的“体”］Corporisation是一个技术性的哲学用语，有拉丁语的身体corpus延伸出来。Corporisations—Akt是这样一种行动，在这种行动中灵魂取得一种肉体的形式。我在这里使用“化身”这个词类似佛教用词，因为谢林所谈的这种“行动”类似于佛教中的那种倾向于“由‘意’而化‘形’”的世间诸相是心性“化身”的说法。当然佛教用语的“化身”不是Corporisations的一种准确的翻译，但是这里的句子本身是一笔带过地谈及，并且这个词的字面本身有着“身体化”或者“物体化”的意思，所以我在括号里用“化身”作为解释。

143 ［敏感性……易怒］瑞士自然科学家冯·哈勒（Albrecht von Haller）的生理学中的关键词。冯·哈勒区分了三种生理功能：敏感性（sensibilitet）、易怒（irritabilitet）和繁殖（reproduktion）。考虑到神经刺激，是敏感性；考虑到肌肉抽搐，是易怒。因为谢林对之的批判，这一学说在当时德国很有名。

144 仿宋体处在丹麦文版中是拉丁语：in abstracto（在一般的意义上）。

145 动物性的迷失（den dyriske Fortabthed）。

146 仿宋体处在丹麦文版中是希腊语：τ ί εμοι και σο ί（我与你有什么关系）。也见前面的注脚。

147 Inderlighed，在这里我译作真挚性，但是在一些地方我也将之译作内在性。

148 ［法国医生杜夏特勒（Duchatelet）……给出了例子］克尔凯郭尔在草稿中写道：“因此，介于这些魔性者之间的古怪凝聚，——杜夏特勒谈论关于那些交际女，尤其是那种作为非自然的情欲。”（Pap. V B 60，s. 134）同时他在誊写的时候加上了并且又划去了一个“les fils prostitues”引用（Pap. V B 72，26）。这里所指的是法国医生杜夏特勒（Alexandre Jean Baptiste Benjamin Parent—Duchatelet /1790—1836）及其著作 De la prostitution des filles publiques à la ville de Paris（1836）。罗森克兰兹在《心理学》中引用了他的文字。

149 ［罪的奴役］也许是指《约翰福音》（8：34）：“耶稣回答说，我实实在在的告诉你们。所有犯罪的，就是罪的奴仆。”

150 对克尔凯郭尔注脚的注释：

仿宋体处在丹麦文版中是希腊语：σοφ ία δαιμονι ώδης（魔鬼一样的智慧）。在《雅各书》（3：14—16）：“你们心里若怀着苦毒的嫉妒和分争，就不可自夸，也不可说谎话抵挡真道。这样的智慧，不是从上头来的，乃是属地的，属情欲的，属鬼魔的。在何处有嫉妒分争，就在何处有扰乱，和各样的坏事。”

仿宋体处在丹麦文版中是希腊语：και τα δαιμόνια πιστε ύουσι και φρ ίσσουσι（甚至那些魔鬼都相信并打颤）。《雅各书》（2：19）：“你信神只有一位，你信的不错。鬼魔也信，却是战兢。”

151 这里我不得不打破克尔凯郭尔原来的句子结构。按原句型直译是：

“而是依据于自由对于那已有的内容和那‘就智能性而言是可能的’的内容的关系。”

152 ［下一次］俗语的错误版本。俗语说：“现在不行，下一次吧”，或者“等下一次吧”。

153 ［“真相”使人自由］指耶稣对信仰他的人的许诺：“你们必晓得真理，真理必叫你们得以自由。”《约翰福音》（8：32）。

154 ［才华（Aandrighed）］这里的“才华”相对于“精神充满（åndfuldhed）”是表面的、急于求成的和做作的。

155 ［最新的哲学……才华……内在运动］也许是指斯蒂陵（P. M. Stilling）的论文《对思辨哲学对科学的意义的哲学思考》（哥本哈根 1842）中的“体系的必然行进步伐不具备强制的特征，而是出自最高的精神自由”。

156 ［魔性的现象］“那魔性的”的一个出场的形式；“那魔性的”用来显现自己的方式。

157 ［犹大之吻］叛卖。见《马太福音》（26：47—50）和《路加福音》（22：47—48）。

158 “真理”和“真相”是同一个词：Sandheden。

159 确定性（Visheden）。

160 Inderlighed，在这里我译作真挚性，但是在一些地方我也将之译作内在性。在这里，对“内在”、“内向”的意义也必须被考虑进去。

161　见费希特的Ueber den Begriff der Wissenschaftslehre (Werke I) s. 40。在之中强调了关于哲学第一基本定律的确定性。

162　［费希特正是在抽象的意义中使用这个词］也许是指费希特及其对“确定性”的解读，作为哲学基础的“我是我”。这一基础由关于“‘那绝对的、神圣的和普遍的自我’之创造活动”的原则（这种创造活动通过思自身而生产出自身，它既是“经验自我”又是“事物世界”的条件。而在康德那里，这条件则是“物自身/das Ding an sich”）。

在《论反讽概念》中克尔凯郭尔强调，费希特“在‘我—我’中使得‘自我’无限化。‘那生产着的自我’如同‘那被生产的自我’是同一样东西。‘我—我’是抽象的同一。这样他就解放出‘无限的思’。费希特这里的这一‘思之无限’是（……）否定的无限，一种在之中不具备任何‘有限’的无限，一种没有任何内容的无限”。

163　随意性（Vilkaarlighed）。

164　不信（Vantro）。

165　迷信（Overtro）。

166　奴性（Servilisme）。

167　伪虔信（Devotisme）。

168　［佐证灵魂的不朽性］见后面的注脚。

169　［天主教意义上的善良作为］也许是指天主教的关于“分外的善良作为”的学说。“分外功行”，意思是一个人要得救，尚需积分外的功德；圣徒的此功行还可转让给其他信徒。

170　［正统教义］见前面的关于“正统教义”的注脚。

171　［对“那神圣的”下拜］在《创世记》(24:26) 中有“向耶和华下拜”。

172　［他谈论“在上帝的座前会集”］《希伯来书》(4:16)：“所以我们只管坦然无惧的，来到施恩的宝座前，为要得怜恤，蒙恩惠作随时的帮助。”

173　［墨杜莎的头……使得……成为石头］墨杜莎是希腊神话中的蛇发女怪，她的目光使得每个看见这目光的人变成石头。甚至在珀修斯砍下她的头之后，它仍然有着它的魔力。

174　仿宋体处在丹麦文版中是希腊语：τί εμοι και σοί（我和你有什么关系）。

175　［思辨哲学家们……完全的上帝存在证明］也许是指马尔海尼克的《教理神学基本学说》之中的文字。

176　［那些所谓的“神圣者”］把那些民间的虔诚的“醒世运动”和哥本哈根的摩拉维亚弟兄会成员称作“神圣者”（有时是贬义的）在当时是很平常的。

177　［这个世界仇恨“虔诚者”］一种对于“神圣者们”的解读，建立在《约翰福音》(17:14) 上。耶稣对他们说：“我已将你的道赐给他们。世界又恨他们，因为他们不属世界，正如我不属世界一样。”

178　［在完全抽象的意义上所说的“主体性”］见前面关于费希特的注脚。

179　仿宋体处在丹麦文版中是拉丁语：in abstracto（一般意义上的）。

180　仿宋体处在丹麦文版中是拉丁语：in concreto（在现实中，在特定情况下）。

181　被排除（Udelukkelse）。

182　图式（Schema）。

“Schema”：在这里考虑到国内哲学界将康德的术语“Schema”翻译为“图型”或者“图式”，所以在这里翻译为“图式”。意思为：一种大纲或者概括或者样式，用来体现某些事物的特征，特别是用来表现抽象事物的特性。

183　［反思的定性（Reflexionsbestemmelse）］见前面的关于“反思的定性”的注脚。

184　Inderlighed，在这里我译作真挚性，但是在一些地方我也将之译作内在性。在这里，对“内在”、“内向”的意义也必须被考虑进去。

185　自我反思（Selvreflexionen）。

186　仿宋体处在丹麦文版中是拉丁语：in concreto（在现实中，在特定情况下）。

187　［更为具体的宗教意识……包容有一个历史环节］参看《哲学碎片》第四章第四节的附录“应用”。

188　［一个自由思想者……《新约全书》是在二世纪才被写成的］也许是指德国神学家和哲学家布鲁诺·鲍尔。他在自己的著作中提出，原始的福音作家马可的创造性自我意识才是诸福音书的真正来源，而以教会在一世纪的处境为背景，诸福音书则是基督教自我意识在2世纪所创作的产物。因为这种观点，鲍尔在1842年被迫放弃自己在波恩的讲师职务；然后他放弃了神学，离开了基督教，并且越来越多地在无神论的方向发展自己的哲学观。

189　仿宋体处在丹麦文版中是拉丁语：in abstracto（一般意义上的）。

信心的犹疑（Anfægtelsen）：Anfægtelse是一种内心剧烈冲突的感情。在此我译作“对信心的冲击”，有时我译作“在宗教意义上的内心冲突”或者“内心冲突”，有时候我译作“信心的犹疑”，也有时候译作“试探”。

Anfægtelse是在一个人获得一种颠覆着其人生观或者其对信仰的确定感的经验时袭向他的深刻的怀疑的感情；因此anfægtelse常常是属于宗教性的类型。这个概念也被用于个人情感，如果一个人对自己的生命意义或者说生活意义会感到有怀疑。在基督教的意义上，anfægtelse的出现是随着一个来自上帝的令人无法理解的行为而出现的后果，人因此认为“上帝离弃了自己”或者上帝不见了、发怒了或死了。诱惑/试探是anfægtelse又一个表述，比如说在，在“在天之父”的第六祈祷词中“不叫我们遇见试探”（马太福音6:13）。圣经中的关于“anfægtelse只能够借助于信仰来克服”的例子是《创世记》（22:1—19）中的亚伯拉罕和《马太福音》（26:36—46；27:46）

中的耶稣。对于比如说路德和克尔凯郭尔，anfægtelse 是中心的神学概念之一。

［一个虔诚信仰着的基督徒会陷入“恐惧”，会对“领圣餐”感到恐惧］对虔诚的基督徒，特别是虔诚教派的，“是否有资格上祭坛领圣餐”是一种内心冲突的思考。渊源于《歌林多前书》（11:27—29）中保罗所说：“所以无论何人，不按理吃主的饼，喝主的杯，就是干犯主的身主的血了。人应当自己省察，然后吃这饼，喝这杯。因为人吃喝，若不分辨是主的身体，就是吃喝自己的罪了。”

［圣礼意义理解］与圣礼（这里尤其是圣餐）有关的理解。也许是指对圣餐的两个建立在保罗语录上的首要视角的教理神学式的理解。一方面是正面的视角：我们用来祝福的杯子与基督的血是一体的，而面包与基督的肉是一体的（可参看《歌林多前书》10:16）；一方面是负面的视角：如果吃喝者不去考虑到基督的身体，那么这吃喝就导致一个判决（可参看《歌林多前书》11:29）。这一与基督的“一体”部分的意味了赎罪后的新生，部分的是神圣化力量使人坚强。

［格尔斯（Görres）的《神秘》］见前面关于“一些谢林学派的人们”的注脚。格尔斯在《基督教的神秘》一书中提及了修士多米尼库斯（Dominicus）和修女佛朗西斯卡（Francisca），两人都是格尔斯关于“宗教性的内心冲突”的典型例子。

190 ［纯粹的自我意识］指向费希特对“先验自我意识”的描述，作为“自我”概念的同义词。费希特区分了“经验自我”和“绝对自我”，后者相应于“纯粹自我意识”。

191 ［沉思（Contemplation）］内省、自我观照、无视外在现实的内向冥思。

192 成为（Vorden）。

193 作为（Gjerning）。

194 图式（Schema）。康德的术语，参看前面对这个词的注脚。

195 ［前一个……更为女性的形式类型］按草稿看，“男性的”代表主动性，“女性的”代表被动性。

196 自我反思（Selvreflexion）。

197 就是说，这种“自我反思”的最精致的形式，一方面通过“想要出离这种自我反思状态”而使自己对自己感兴趣，一方面又舒服自得地继续停留在这种自我反思状态之中。

198 ［虚伪（Hyklerie）—愤慨（Forargelse）］在草稿中，“虚伪”被定性为“主动性之形式（男性的）”而“愤慨”则被定性为“被动性之形式（女性的）”。

199 ［愤慨之承受］“承受”是被动的承受。这里的承受可以是对痛苦的承受。在《哲学碎片》中有说及“所有愤慨在其最深刻的根本上是承受着（痛苦）的”。布赖特施耐德也曾在他的拉丁语希腊语新约辞典中单方面地强调过希腊语动词σχανδαλίζω（skandalízō，愤慨、在道德感情上感到被冒犯）中的被动的一面。

200 ［无花果树叶］一种遮挡、一种隐藏；暗示罪的堕落的故事：在圣经中，亚当和夏娃用以遮羞的是无花果树叶。《创世记》(3:7)：“他们二人的眼睛就明亮了，才知道自己是赤身露体，便拿无花果树的叶子为自己编作裙子。”

201　骄傲（Stolthed）—怯懦（Feighed）。

202　对克尔凯郭尔注脚的注释：

仿宋体处在丹麦文版中是拉丁语：de affectionibus（论情绪）。

[笛卡尔在他的《de affectionibus（论情绪）》……惊奇例外。] 笛卡尔（Cartesius）René Descartes（1596—1650）法国哲学家、数学家、自然科学家。“de affectionibus”是指 Tractatus de passionibus animæ（Les Passions de l'âme, 1649），一部论述道德和心理学主题的著作。“惊奇”是指“admiratio”（拉丁语：敬佩、惊奇）按照笛卡尔文字中的关联是指“惊奇”。

克尔凯郭尔曾留意到这个词的双重意义；在 Johannes Climacus eller De omnibus dubitandum est 的草稿中，他写道：“笛卡尔的教导说‘惊奇（admiratio）是唯一的没有对立面的灵魂激情’，因此，我们可以看出，将这惊奇当成所有哲学的出发点是多么正确的事情。”

固然，按照笛卡尔的说法 admiratio 没有对应的对立面，但是它却并非“唯一”的没有对立面的灵魂激情，笛卡尔认为 cupiditas（欲望）也没有对应的对立激情。

有必要指出，克尔凯郭尔在 1842 年年底或者 1843 年初的一段笔记中写了：“笛卡尔……指出‘admiratio 是没有对立面的’，是对的。同样 cupiditas 也不应当在aversio（厌恶、不愿）中找到对应；它应当是没有对立。这样的对我很重要，尤其是对于我的恐惧理论很重要。”

[根据柏拉图的概念和亚里士多德的概念……启动所有哲学思考的激情] 在这里的这个“敬佩”应当是说“惊奇”；不管怎么说，克尔凯郭尔在1841 年1 月到2 月的笔记中写道：“在亚里士多德认为哲学从惊奇开始（而不像我们时代所认为的哲学从怀疑开始）的时候，这对于哲学就是一个正面的出发点。”

在一个对这笔记的注脚中，克尔凯郭尔引用了亚里士多德的《形而上学》中的文字：δια γαϱ το θαυμαζειν οι ανθϱωποι χαι νυν χαι το πϱωτον ηϱξαντο φιλοσοφειν（希腊语：恰恰因为人们惊叹，所以人们现在和从一开始起就开始了哲学思考），并且还引用了柏拉图对话录《泰阿泰德篇》中的文字：μαλα γαϱ φιλοσοφον τουτο το παθος, το θαυμαζειν. ου γαϱ αλλη αϱχη φιλοσοφιας η αυτη（希腊语：因为“去惊叹”对于一个有着哲学天性的人是一种极重要的形状特征；是的，这在事实上是哲学之开始的本身）。克尔凯郭尔所给出的引文来源是赫尔曼的《柏拉图主义哲学的历史和体系》，在书中赫尔曼引用了这两段文字。

[现代哲学……怀疑……正定的] 上面所谈及的 1841 年 1 月到 2 月的笔记是这样的：“在亚里士多德认为哲学从惊奇开始（而不像我们时代所认为的哲学从怀疑开始）的时候，这对于哲学就是一个正面的出发点。在总体上，世界无疑会学会：‘从

负面的东西开始'是不行的，迄今之所以有许多东西成功的原因是，人们到底还是没有完全投入进'那否定的'，并且以这样一种方式没有真正严肃地去做他们所说的。他们的怀疑是谄媚行为。"（Pap. III A 107［Not7：21］）

这里所指的想来首先是马滕森和海贝尔。马滕森在对海贝尔的《在皇家军事高校的哲学之哲学或者思辨逻辑讲演大纲》的书评（刊登于《文学月刊》16）中说："现在的选择语言是：怀疑是智慧的开始。"另外马滕森还强调了，作为"工具性科学（也就是黑格尔哲学）中的原则"的怀疑不能够与单纯的否定性怀疑混淆："de omnibus dubitandum es 这一要求不是那么容易像说出来那样地做成，因为这之中要求的不是什么有限的怀疑，不是对这个或者那个的通俗怀疑，在通俗怀疑之下人们总是会保留一些不去被置于怀疑之下的东西。（……）科学要求……那绝对的、那无限的怀疑。因此各种在这个方向上进行哲学思考的体系中的每一个，都必须从头开始整个哲学，因为人们总是看见以前的体系会允许一个前提条件不经受怀疑，这就是那作为一切的渊源的不合法初始。"

在《珀尔修斯》的第一期，海贝尔发表了一篇关于哲学与神学间关系的相当全面的论文，"对罗特博士先生的三位一体与和解赎救学说的修订"，之中有这样的说法："怀疑是哲学体系的开始，因此也同样是智慧的开始。"

教区牧师罗特在自己的《三位一体与和解赎救学说。一种思辨性的尝试》中强调，哲学体系应当是建立在古老的命题"对神的敬畏是通向智慧的开始"，而不是像现代哲学所说的那样立足于那选择语"怀疑是通向智慧的开始"。许多哲学家们以"怀疑"开始，常常是因为他们受到了笛卡尔的相应思考的影响（比如说笛卡尔在《哲学之原则》中所说的"如果一个人追求真理，那么他就应当在自己的生命之中有一次尽可能地怀疑一切"）。

黑格尔和笛卡尔的哲学中都有说及以怀疑作为哲学的开始。

仿宋体处在丹麦文版中是拉丁文：omnis affirmatio est negatio（每一个肯定都是一个否定）和 affirmatio（肯定的）。

［omnis affirmatio est negatio……首先设定 affirmatio］拉丁语的表述：每一个肯定都是一个否定。渊源于斯宾诺莎的一封信，原文中的 determinatio（决定）被 affirmatio（肯定）取代。

［赫尔巴特］Johann Friedrich Herbart（1776—1841），德国哲学家和教育家，哥廷根和寇尼斯堡的教授。赫尔巴特的无数著作对德国 19 世纪的精神生活，尤其是在心理学方面，意义重大。这里所引是指向赫尔巴特哲学的形而上学出发点和原则："在"是一种"绝对正定"。就康德和所有唯心主义哲学，赫尔巴特强调，事物的现实性和确定的"在"作为"绝对正定（absolute Position"排斥一切否定。（AllgemeineMetaphysik，I—II. / Königsberg 1828—1829/ II，§ § 201—4）。克尔凯郭尔没有赫尔巴特的著作，但估计是通过当时的哲学史介绍了解到他的基本思想。

203 严肃（Alvor）：“严肃”，有时我也将之翻译作“认真”。

204 就是说，“严肃”这个概念很少被人作为思考的对象。

205 仿宋体处在丹麦文版中是德语：

Von jezt giebt es nichts Ernstes mehr im Leben：

Alles ist Tand，gestorben Ruhm und Gnade！

Der Lebenswein ist ausgeschenkt.

（从现在开始，生命中不再有什么东西是严肃的

一切都是不值钱的儿戏，死去了的荣誉和慈悲！

生命之酒已经斟完）

《麦克白》，第二幕第三场。在谋杀被发现和明了化了之后。

（中文版流畅的文学翻译为：“要是我在这件变故发生以前一小时死去，我就可以说是活过了一段幸福的时间；因为从这一刻起，人生已经失去它的严肃的意义，一切都不过是儿戏；荣名和美德已经死了，生命的美酒已经喝完，剩下来的只是一些无味的渣滓，当作酒窖里的珍宝。”）

206 仿宋体处在丹麦文版中是德语：der Lebenswein ist ausgeschenkt（生命之酒已经斟完）。

207 仿宋体处在丹麦文版中是德语：jezt giebt es nichts Ernstes mehr im Leben，Alles ist Tand（德语：现在生命中不再有什么东西是严肃的，一切都是不值钱的儿戏。

208 ［涌向一种永恒生命的源泉］指《约翰福音》（4：14），耶稣说：“人若喝我所赐的水就永远不渴。我所赐的水，要在他里头成为泉源，直涌到永生。”

209 ［传道者说：一切都是浮华无意义］《传道书》（1：2）：“传道者说，虚空的虚空，虚空的虚空。凡事都是虚空。”

210 仿宋体处在丹麦文版中是拉丁语：in mente（在心中）。

211 ［要么是“去哭”、要么是“去笑”的时机］参看《传道书》（3：1、4）：“凡事都有定期，天下万务都有定时。……哭有时，笑有时。哀恸有时，跳舞有时。”

212 ［空洞图式］也许是指那种流行的、在黑格尔辩证法中为人所熟知的三性。这三性对罗森克兰兹的整本书的结构是有影响的。书是由三个部分构成（人类学、现象学和圣灵学），每部分又分三章，每章三节，每节三段。不过，现象学的第三章太短，因此没有被分成三节；另外，圣灵学则只有两章。

仿宋体处在丹麦文版中是德语：Das Selbst — und das Selbst. 1. Der Tod. 2. Der Gegensatz von Herrschaft und Knechtschaft（自我——以及自我。1. 死亡。2. 主人地位和奴隶地位间的对立）。

［第 209 – 211 页 ... Knechtschaft］指书第二部分的第二章第二节。第二章的标题为“自我与自我”，被分为“1. 死亡”、“2. 主人地位和奴隶地位间的对立”，并且，另外在“3. 对奴隶地位的扬弃”之中又被分为三点：“a. 主人的欲望”、“b. 奴隶的

欲望”和“c. 奴隶的工作及其解放”。罗森克兰兹的分析的背景是黑格尔《精神现象学》中的著名章节“自我意识的独立与不独立，主人地位与奴隶地位”。

213 性情（Gemyt）。

214 ［罗森克兰兹的心理学……感情和自我意识的统一体］在罗森克兰兹的《心理学或者主体精神之科学》中性情（das Gemüth）被定性为“感情与自我意识的统一体（die Einheit des Gefühls und des Selbstbewußtseins）”，这样看来，它就包括了 1. “欲望（Begierde）”，2. “倾向（die Neigung）”和 3. “激情（die Leidenschaft）”。

215 仿宋体处在丹麦文版中是德语：dass das Gefühl zum Selbstbewusstsein sich aufschliesse, und umgekehrt, dass der Inhalt des Selbstbewusstseins von dem Subject als der seinige gefühlt wird. Erst diese Einheit kann man Gemüth nennen. Denn fehlt die Klarheit der Erkenntniss, das Wissen vom Gefühl, so existirt nur der Drang des Naturgeistes, der Turgor der Unmittelbarkeit. Fehlt aber das Gefühl, so existirt nur ein abstracter Begriff, der nicht die letzte Innigkeit des geistigen Daseins erreicht hat, der nicht mit dem Selbst des Geistes Eines geworden ist.（cfr. p. 320 og 21）。

［daß das Gefühl……第 209 – 211 页］克尔凯郭尔所写与原文有出入。克尔凯郭尔写“gefühlt wird”（被感觉），而罗森克兰兹原文为“gefühlt werde”（会被感觉）；在罗森克兰兹的原文中，“Einheit”和“Gemüth”是以黑体字得以强调的。

216 仿宋体处在丹麦文版中是德语：Gefühl（感情）。

217 在这里 Hong 把德语 Seelenhaftigkeit（我译作“灵魂性”）译作英文 sentience（感知觉）。

218 仿宋体处在丹麦文版中是德语：unmittelbare Einheit seiner Seelenhaftigkeit und seines Bewusstseins（其灵魂性和其意识的直接的统一体）。

［对于 Gefühl（德语：感情）的定性……seines Bewußtseins（p. 242）］对于“把‘感情’当作‘精神’的‘由其灵魂性和其意识所达成的直接的统一体’”的定性。在罗森克兰兹的心理学中引文是如此：》Als unmittelbare Einheit seiner Seelenhaftigkeit und seines Bewußtseins ist er［der Geist］：1. Gefühl《, s. 242.

219 仿宋体处在丹麦文版中是德语：Seelenhaftigkeit（灵魂性）。

在这里 Hong 把德语 Seelenhaftigkeit（我译作“灵魂性”）译作英文 sentience（感知觉）。

220 ［在 Seelenhaftigkeit 的定性中考虑到了与那直接的“自然定性”的统一体］参看罗森克兰兹的心理学，在之中，罗森克兰兹强调了，“灵魂性”同义于“处于与其自然性的直接统一体中的精神”。

221 灵物学（Pneumatologien）。

222 ［罗森克兰兹只在现象学……不在灵物学中论述“习惯”］这说法其实是不对的。事实上罗森克兰兹既没有在现象学，也没有在灵物学中论述“习惯”，他是在

“人类学（Anthoropologie）”的第2部分、第3章中讨论了关于“习惯”问题。

223　延续（Succession）。

224　［规定好的教堂祷告］是指牧师在每一次早礼拜布道之后有义务要做的祷告。这在《丹麦挪威教会仪式》中规定的。

225　对克尔凯郭尔的注脚的注释：

［康斯坦丁·康斯坦丁努斯（在《重复》中）说：“重复是生存之严肃”（第6页）］见《重复》中文字：“重复，它是现实，并且是生存之严肃。”

［去作为皇家的骑师则不是那生命的严肃］对《重复》中文字“同样，去做一个皇家骑师也不是生活之严肃”的间接引用。

226　［一个人变得对国家债务严肃］丹麦在1840年1月有一万二千四百万国币（rigsdaler）的国家债务。这里也许是在说神学家林德贝尔格（Jacob Chr. Lindberg）和克尔凯郭尔的哥哥（P. C. Kierkegaard），他们参与去建立“1842年7月11日哥本哈根的志愿贡献帮助偿付国家债务协会”；P. C. Kierkegaard是协会的“临时中央委员会”委员并且印发了相关计划的简介。

227　仿宋体处在丹麦文版中是拉丁语：eo ipso（恰恰因为这个原因）。

228　性情（Gemyt）。

229　仿宋体处在丹麦文版中是拉丁语：volente deo（按上帝所愿）。

230　对克尔凯郭尔的注脚的注释：

［马尔巴赫《哲学历史》第二卷第302页的注脚］马尔巴赫（Gotthard Oswald Marbach，1810—1890）德国哲学家、自然科学家和作家，莱比锡大学哲学教授。这里所指是他的受黑格尔影响的哲学史教科书：Lehrbuch der Geschichte der Philosophie bd. 2，Geschichte der Philosophie des Mittelalters，s. 302，noten。

此书最终没有被完全写完。

仿宋体处在丹麦文版中是拉丁语：Albertus repente ex asino factus philosophus et ex philosopho asinus.（阿尔巴图斯突然从一头驴被变成一个哲学家，并且从一个哲学家被变成一头驴）。

［滕纳曼第八部第二卷第485页的注脚］腾纳曼（Wilhelm Gottlieb Tennemann，1761—1819）德国哲学史学家，马尔堡大学教授，受康德影响极大。这里所指是他的未完成的哲学史。在之中，他说，在阿尔巴特的年轻时代的故事中有着一系列阴暗点。

阿尔巴特，亦即，阿尔巴图斯·马格努斯（Albertus Magnus）：德国宗教哲学家，托马斯·阿奎那的老师。

［经院哲学家的更确切的描述，西蒙·托尔纳森西斯……因为，如果他愿意，那么］西蒙·托尔纳森西斯（Simon Tornacensis，1130—2101），法国经院神学家。留下了相当多的关于教理和伦理问题的著作，后期著作受亚里士多德影响极大。腾纳曼在

述及西蒙·托尔纳森西斯时写有接下来所引的拉丁文句子。

仿宋体处在丹麦文版中是拉丁语：profecto si malignando et adversando vellem, fortioribus argumentis scirem illam infirmare et deprimendo improbare.（如果我恶意地说话并且带着敌意对待的话，那么我完全能够以更强有力的论证推理来使之无效并且通过推翻它来证明它的反面）。

［profecto si ... improbare］拉丁语：如果我恶意地说话并且带着敌意对待的话，那么我完全能够以更强有力的论证推理来使之无效并且通过推翻它来证明它的反面。滕纳森书中所写的是“fortioribus et argumentis”，就是说“以更强有力的精神力量和论证推理”。

［人们认为他说过的话——在中世纪的关于三大欺骗者的著名亵渎之辞］腾纳曼在脚注中给出了关于“西蒙·托尔纳森西斯曾轻蔑地作出指定摩西、耶稣和穆罕默德是三大蒙蔽世界的骗子的断言”的各种证据。腾纳曼将这一说法以及其他关于西蒙·托尔纳森西斯的突发愚蠢的说法称作是传奇式的。

［一个君主，焦虑地坐着，……做一个有限的君王］指1849年宪法之前的丹麦的政治处境。1849年的宪法废除君王独断而改为君主立宪。当时的君王是克里斯蒂安八世（1786—1848，1839年即位）。

231　［发生在阿尔巴图斯·马格努斯身上的事情……突然地变得愚蠢］在马尔巴赫《哲学历史》中说到阿尔巴图斯。

阿尔巴图斯·马格努斯（Albertus Magnus）来自伯尔斯达特（Bollstädt）的有着别名马格努斯的阿尔巴特（1193—1280）德国神学家和哲学家，多米尼加教徒，巴黎和科隆的教授。尽管阿尔巴图斯·马格努斯首先是神学家，他在中世纪哲学中也是举足轻重的。他对亚里士多德作了繁复的批注，在这些批注中他发展出了一系列独立的哲学观，尤其是在形而上学和自然哲学的方面。

232　［柏勒罗丰……世俗女人约会时，他将就掉了下来］希腊抒情诗人品达叙述了关于希腊神话英雄柏勒罗丰的故事：在柏勒罗丰骑着飞马闯进天空的时候，宙斯让他的马将他甩开，于是他就坠落到地上。但是，看来克尔凯郭尔在这里把民间神话中的主题和欧里庇得斯（Euripides）的《斯忒涅玻亚》（*Stheneboia*）混在了一起。阿尔戈斯的王后斯忒涅柏亚爱上柏勒罗丰，但柏勒罗丰不可能回报以爱，她就让自己丈夫派他去她父亲（小亚细亚的吕西亚的国王）伊奥巴忒斯那里，送交一封请求杀死送信人的信。收信人阅信后命令他去杀三头喷火女怪喀迈拉，然后又让他去完成几项致死的任务。然而，柏勒罗丰在飞马的帮助下，完成了各项任务。他回到阿尔戈斯，为了报复他假装爱上斯忒涅玻亚，将之骗上飞马，但在回吕西亚的路上，他将她扔入海中。

233　仿宋体处在丹麦文版中是德语：übergreifende（无所不包的）。

234　［纯粹的……übergreifende 主体性］这里所指的是费希特的主体性理论。

235 对克尔凯郭尔的注脚的注释：

［康斯坦丁·康斯坦丁努斯说过：“那永恒的”是真正的“重复”。］在《重复》中，关于“精神之重复”有这样说：“在这里，只有精神之重复是可能的，尽管它在现世（Timeligheden）之中永远也无法像在永恒之中那么完美——永恒中的重复是真正的重复。”

236 仿宋体处在丹麦文版中是德语：der Lebenswein ausgeschenkt（生命之酒已经斟完）。

见前面的关于麦克白的注脚。

237 ［一些个政府生存在对诸多个不安定因素的畏惧之中］也许是暗示克里斯蒂安八世国王在位时（1839—1848）丹麦本身的政治处境。当时，鞋匠（后来的记者和政治家）严斯·安德森·汉森（1806—1877）就是那些可怕的“不安定因素”之一，他发起了同情自由运动的农民运动，试图在丹麦推行农业改革，并在1843年成为一份杂志的出版者。

238 ［那通往堕落之路是由好的意图铺成］丹麦俗语有“那通往地狱之路是由好的意图铺成”。

239 ［瞬间］参看前面关于柏拉图对“瞬间”的理解的讨论。

240 ［蓝色的山］遥远的、不确定的、童话般的山。

241 ［人们为幻想而把“永恒”折叠进“时间”之中……“永恒”在梦见我］在克尔凯郭尔的草稿中，克尔凯郭尔加上括弧增添了“白蒂娜的信”。在誊出的文稿中也有，但又被删掉了——“作为对此的例子，加上白蒂娜的信”（Pap. V B 72, 32）。“白蒂娜的信”是指安娜·伊丽莎白·冯·阿尔宁（Anna Elisabeth von Arnim, 1785—1859）以《歌德和一个小孩的通信》为题在1835年柏林出版的一系列虚构的通信。白蒂娜，也就是安娜·伊丽莎白，是Clemens Brentano的姐妹，与路德维希A.冯·阿尔宁(Ludwig A. v. Arnim)结婚，与歌德接近并与歌德的母亲有很长的对话。

另外也参看马滕森对海贝尔《祖国》杂志上的“新诗”的评论，在之中他引用了（白蒂娜书信中的）歌德的母亲的话：“那些天堂住宅里的墙会贴有幻想之墙纸。”

242 ［“艺术”是对“永恒的生命”的一种预期］见保罗·缪勒（Poul Møller）的《遗稿》（*Efterladte Skrifter*）第二版，第90页（“艺术是对那极乐生命的一种预期”）。

在草稿中（Pap. V B 60, s. 137）克尔凯郭尔说及，这里是针对马滕森，可能是马滕森的论文《对浮士德构想的思考》（之中马滕森谈及了作为一种“预期的审判日”及其“对‘那永恒的’的描述”的“预示性诗歌”。

243 直观（Intuition）。

244 仿宋体处在丹麦文版中是德语：Sinnigkeit（机智性）。

245 仿宋体处在丹麦文版中是德语：Innigkeit（真挚性）。

246 ［预示般地窥想“永恒”］马滕森在其论文《对浮士德构想的思考》中说到“预示性诗歌”，它“描述对那精神已经在实际上经历了的伟大日子的预期”，它“把天地解读为它们在它那魔镜中的全部无限内容，在之中它将千年视作一日，将一日视作千年”，并且他谈论了对“‘那无限的’的窥想”。

247 ［扮演但丁的角色］这是暗示海贝尔（J. L. Heiberg）的启示喜剧《一个死后的灵魂》（*En Sjæl efter Døden*）（1841）以及马滕森对之的剧评（以剧名为标题，并将之与但丁《神曲》作比较）。

248 ［但丁……却没有悬置过伦理的“判断行为”的作用］克尔凯郭尔在草稿中写道：“预示性的，在之中人们不是像但丁那样，在伦理上考虑，悬置审判。无论如何，只是幻想观。”（Pap. V B 60，s. 137）这是针对马滕森对海贝尔喜剧《一个死后的灵魂》的评论中的说法。马滕森在剧评中写道：“在带有幽默原则的《神曲》中，上帝不仅仅会被描述为公正的世界审判者，而且也被描述为绝对精神，这精神不仅仅通过伦理的范畴而且也通过形而上学的范畴、不仅仅通过悲剧的范畴而且也通过喜剧的范畴来洞察人类，并且，它最终把全部人类置于慈悲之下，因为人类不仅仅是有罪的并且也是有限的、不仅仅是恶的（onde）并且也是糟糕的（slette）、不仅仅是可谴责的并且也是可笑的、不仅仅是堕落的并且也是属于一个堕落的世界的。

249 ［一个人说“我－我”］指费希特的主体性理论。

费希特的哲学体系是从这样一个“我－我（Ich—Ich）”开始的，而谢林类似于此，都是绝对自我对于经验自我的设定。黑格尔从自然意识发展达到自我意识，自我对自我得以认识，因而也达到了一个“我－我”关系而自我之发展得以继续。

250 ［突然发现……一个附录中为之找到位置］可参看保罗·马丁·缪勒的关于不朽性的论文。关于黑格尔哲学，缪勒强调，它并没有一个事先给定的，而只是有一个在概率上可能的、与基督教传统之内容的一致性。对此的关键性的证据就是，它完全地缺乏一种真正的不朽性学说。“现在，这一点已经被该学派的独立追随者普遍地感觉到，他们试图为这一缺憾作出弥补，他们认识到因为这一缺憾黑格尔式的体系就无法达到他们所希望的那种广泛的主宰地位。但是如果要把这样的一个部分吸收进黑格尔的体系的话，后果就会是该体系的所有重要部分都经受一种彻底变动，以至于体系的追随者无法再使用黑格尔作为他们的口令，也就无法再具备在这个名字的外在权威之下的手令了。”另外在缪勒对右派黑格尔主义者格希尔（C. F. Göschel）的批判介绍中提及了格希尔书中的“小小的附录，带着标题‘黑格尔关于灵魂的不朽性所说的话’”。

251 ［保罗·缪勒……“不朽性”必定是在所有地方都在场］克尔凯郭尔在草稿中写道：因此保罗·缪勒是对的：“不朽性”必定是在所有地方都在场，而不是作为附录而被放进体系之中。

这里所指的是保罗·缪勒的论文“关于人的不朽性证明的可能性”。

252　［“现世”被喜剧性地保存在它之中］这是针对马滕森对海贝尔喜剧《一个死后的灵魂》的评论的第一部分中的说法。马滕森特别地把海贝尔喜剧《一个死后的灵魂》作为对“凡庸性之形而上学”的重要贡献，这种形而上学建立在这样的认识上：“‘那喜剧的’应当在新教的启示录之中扮演首要角色。”就是说，在对于天堂和地狱的观念上，海贝尔的剧作为喜剧可以成为但丁神曲的一个必然的抗衡者。作为天主教的诗人，但丁“通过宗教和道德的范畴”来看地狱中的个体们，而“不是通过形而上学的范畴”来看的。在相应于新教的“纯粹形而上学的自由”的对立视角下，受审判的则“不是非宗教和不道德的东西，而是平庸的无精神的东西”。因此“新教的诗人”把地狱中的个体们看成是“喜剧性的形象”。相应地，但丁对于永恒至福的解读缺乏真正的基督教的幽默；因为“至福的内在无限性总是保留着某种抽象的东西，因为它不在所有环节都包含有限性。人在自己的乐园里无法变得完全至福，如果他无法把自己的所有有限性中的世界一起携带着。但是通过‘那幽默的’这就变得可能：卑微的东西、无关紧要的东西、就其本身而言是平庸的东西就能够进入天堂”。因此，“‘那喜剧的’是一个在天堂里也有着其有效性的范畴”。

253　［足够地喜剧化……“永恒的精神”……处在经济窘况的境况中……回忆］估计是在调侃马滕森对海贝尔喜剧《一个死后的灵魂》的评论的第一部分中的说法。马滕森说，歌德的母亲说得很对，“她为另一个世界感到欣慰，因为她能够在那里重新获得在这个世界被偷走的珠宝”。

254　［一个人必须算清楚自己所说的每一句不恰当的话］《马太福音》（12：36）：“我又告诉你们，凡人所说的闲话，当审判的日子，必要句句供出来。”

255　［希腊……喝遗忘之河（Lethe）里的水以便忘却”］指毕达哥拉斯和柏拉图哲学中的一般观念。在进入新的身体之前，不朽灵魂必须喝上由净土世界流出的遗忘之河（相当于中国传说中的忘川）中的水，以便遗忘掉在尘世或者冥界里的前世生命。在柏拉图的《理想国》第十中有对于遗忘之河的描述。

256　换一种说法：

固然，基督教对于希腊文化中的那种关于“不朽者们首先要喝遗忘之河（Lethe）里的水以便忘却”963 的观念有着针锋相对的反驳，并且基督教的教导只有通过这种对希腊观念的鲜明反驳才能够最尖锐地被阐明，但，尽管如此，却绝不会导致出……

257　仿宋体处在丹麦文版中是拉丁语：inter et inter（在一个和另一个之间）。

第五章 “恐惧”作为“通过信仰来进行拯救的拯救者”

在格林童话中[1]有个关于一个年轻人的故事，他外出历险以求学会恐惧。我们让那历险记自身按其进程发展，而不去关注“在一路上他是怎样地遇上各种可怕的事情的”。相反我要说，这是每一个人都必须经受的一个历险过程：去学会恐惧，这样他就既不会因为“从来没有恐惧过”也不会因为“沉陷在恐惧之中”而迷失他自己；如果一个人学会了怎样正确地恐惧，那么他就学会了“那至高的”。

如果一个人是动物或者天使，那么他就无法恐惧。而既然他是一种综合，那么他就能够恐惧；并且恐惧得越深，这人就越伟大；然而这里所说却不是在这样一种意义上：人们在通常所认为的恐惧，对于“那外在的”、对于那在“这个人”之外的东西的恐惧；这里所说的是，他自己生产出“恐惧”。只有在这种意义上，我们才能够解读关于基督，他恐惧一直到死亡[2]，以及当他对犹大这样说的时候：你马上要做你所要做的事情[3]。甚至路德自己在布道时所恐惧的那可怕言辞——“我的上帝，我的上帝，为什么你背弃了我？”[4]甚至这言辞都不算怎么强烈地表达出那痛苦；因为在上面所提的两者中，后者被用于标示一种状态——基督所处的那状态，而前者则标示了对于一种并不存在的状态的关系。

“恐惧”是“自由”的可能性，只有这恐惧才是通过“信仰”绝对地起着教育作用的，因为它消蚀所有“有限性”，揭露它们的所有欺骗。没有什么审讯者能够像恐惧那样地准备好了如此可怕的折磨器具；没有什么谍探能够像恐惧那样地深知怎样去如此诡诈地在嫌疑人最弱的那一瞬间之中打击这嫌疑人，或者说，深知怎样去如此诡诈地设置捕获他的陷阱；没有任何敏锐的审判者能够象像恐惧那样地懂得怎样去审讯，——是的，去使得被告惊慌失措，——不管是在消遣之中、在喧嚣之中、在工作中、在白天还是在黑夜，恐惧绝不让被告得以逃脱。

如果一个人通过恐惧而受到教育，那么他就是通过“可能性”而受到教育；并且只有在一个人通过“可能性”而受到教育时，他才是依据于其无限性而受到教育。因此，“可能性”是所有范畴中最沉重的。当然我们常常听见反过来的说法，说“可能”是如此轻易而“现实”是如此沉重。但是我们是从什么人那里听见这种说法的呢？是从一些可悲的人那里，这些人从来就不曾知道什么是“可能性”，并且，在现实性向他们显示出他们做不了事情并且还将做不了任何事情的时候，他们就谎言一样地唤醒一种“可能性”，——这一“可能性”是那么美丽、那么迷人，而在这一“可能性”的根本上却至多只是一小点青春的胡闹，这种胡闹其实是一个人应当感到羞愧的东西。因此，这“可能性”（人们谈论它说“它是如此轻易”）通常被理解为幸福、幸运等的可能性。但是这完全不是“可能性”，这是一种谎言般的杜撰；人性上的堕落只是为了有理由去抱怨生活抱怨上帝对世界的管理、为了有机会去变得自大，才将它精心打扮出来。不，在可能性之中一切是同样地可能，而如果一个人真正是通过“可能性”而得到教养，那么他就像领会“那微笑的”一样地很好地领会了“那可怕的”。如果一个这样的人在这时走出“可能性”的学校并且比小孩子知道其 ABC 更好地知道：向生活他绝对没有什么可要求的并且“那可怕的”、“迷失”、“毁灭”都门对门地与每一个人相邻而居；并且如果他彻底地懂得了：让他感到恐惧的每一种恐惧将在下一个瞬间发生在他身上；那么，他将为“现实”给出另一种说明，他将赞美“现实”，并且，虽然这“现实”沉重地压在他身上，他将记住，比起“可能性”之沉重，这“现实性”还是远远地要轻易得多。“可能性”只能以这样的方式进行教育；因为“有限性”以及各种有限的关系（在这些关系之中一个“个体”被赋予其所在的位置），这些关系在这时可以是卑微而日常的或者世界历史性的，所有这些有限的东西都只能够有限地进行教育，并且人们总是能够说服它们、总是从它们之中得出一小点“其他”来、总是讨价还价、总是马马虎虎地从那之中逃避出来、总是稍稍地保持处于局外状态、总是阻碍人从中绝对地学到些什么，——而如果人们是想在绝对的意义上从中学到一些什么，那么，“个体”就必须重新在自己身上具备“可能性”并且自己去得出他所将去学的东西，虽然这东西在下一个瞬间绝不承认自己是由他得出的并且绝对地剥夺走他的权力。

但是如果一个“个体”想要以这样一种方式去借助于“可能性”而

绝对并且无限地得到教育，他就必须诚实地面对“可能性”并且具备“信仰”。在这里我将“信仰”理解为这样一种东西：黑格尔在某个地方以他的方式正确地将之称作“内在的确定性”——它预期“无限性”[5]。如果“可能性”的发现结果得到了应有的安排，那么“可能性”将发现所有“有限性”但却在“无限性”的形态之中使之理想化，并且在“恐惧”之中压倒这“个体”——直到他在“信仰”的预期之中重新战胜它们[6]。

也许很多人觉得我这里所说的东西是一种晦涩而糟糕的言辞，因为这些人为自己“从来没有恐惧过”而感到骄傲。对此我想回答说，一个人确实不应当为各种人、为各种“有限性”而感到恐惧，但只有当一个人彻底经受了“可能性”的恐惧之后，只有在这时，他才修炼成了不感到恐惧，并不是因为他逃避生命的各种恐怖，而是因为与“可能性”的恐怖相比，生命中的这些恐怖就总会变得微不足道了。相反，如果那说话的人认为他的伟大之处在于“他从来没有感到过恐惧”，那么我将很高兴地把他接受我的说明之中：这是因为他是非常地“无精神”[7]。

个体应当借助于可能性而得以修炼，如果一个个体欺骗这可能性，那么他永远也无法达到“信仰”，这样，他的信仰成为一种“有限性”的睿智，正如他的学校是“有限性”的学校。但是，人们以各种各样的方式来欺骗“可能性”；因为，否则的话每一个人，只要把头探出窗户，就必定能够看见足够多的东西来让可能性在之中开始其演练。我们有一幅考多维克基的版画描绘“加来斯的自首”[8]，以四个不同气质的人观察[9]，画家的任务是让不同的印象在不同气质的表达之中反映出来。最日常的生活无疑有着足够的事件，但问题是在于那对自己诚实的个体人格中所具的可能性。人们讲述关于一个印度的隐士两年中以饮露水为生；他有一次进城品尝了葡萄酒，于是就深陷在酒饮之中不能自拔[10]。正如每一个类似的故事，人们能够以许多方式去理解这个故事：人们能够使之喜剧化，人们能够使之悲剧化；但是对于那通过“可能性”而得以修炼的个体人格，他只需这样一个故事就已足够。在同一瞬间他已经绝对地同一于那个不幸者；他在“有限性”之中看不见任何可供他逃避的后路。这时，“可能性”的恐惧在他身上找到猎物，直到它可以安全地将他交付到“信仰”手中；他无法在别的地方找到其安宁，因为每一个别的歇脚点都只是清谈，虽然这在人们眼中是睿智。看，因此“可能性”这样看来是绝对地教化的。在“现实”中从来没有什么人变得如此地不幸，一般说来，一个人总还保存了一小点剩余，并且常识说得不错：如果一个人是见机行事的，那么他就知道怎样去找门路。但是，如果一个人完全经受了“可能性”的“不幸”课程，那么他失去了一切，——没有人曾在“现实”中这样地失去过一切。而如果他不去欺骗“可能性”（这“可能”将教他去学）、不去以花言巧语哄骗“恐惧”（这“恐惧”将拯救他），那么他也就又重新得到“一切”[11]，这“一切”是没有人在“现实”中能够得到的，哪怕另一个人在“现实”中得到了十倍于“一切”的东西，也无法得到这“一切”；因为“可能性”的信徒得到“无限性”，而另一个人的灵魂则已经在“有限性”中气绝了。在“现实”之中没有人会沉陷得如此之深，以至于他无法沉陷得更深、以至于无法有一个人或者许多人能够沉陷得更深。但是如果一个人在“可能”中沉陷，他的目光晕眩、他的眼神迷惘，这样他抓不住张三李四们递给沉陷者作为救命稻草的衡量尺度；他的耳朵被封闭，这样他就听不见在他的时代里“人”的集市标价是多少、听不见别人说：他和大多数人一样地有用。他绝对地沉陷，但这时，他重新从深渊的底部回升出来，比摆脱“生活中的任何麻烦和可怕的东西”更容易。只是我并不否认，如果一个人通过“可能性”来修炼，那么他就面临了，不是像那些通过“有限性”来修炼的人们那样面临“进入坏人圈子以不同的方式进入放荡的生活”的危险，而是面临了一种沉沦毁灭的危险，也就是自杀。如果他在他开始了修炼时候误解“恐惧”，那么“恐惧”就不是带领他走向“信仰”，而是带领他离开“信仰”，这时他就迷失了。相反，如果一个人得到修炼，他待在“恐惧”那里，他不让它无数的赝品伪造来欺骗自己，他准确无误地记得“那过去的”；那么在最后，“恐惧”的各种袭击来临，虽然可怕，但却不会可怕得使他要逃避它们。“恐惧”对于他成为一个服役的精灵，它违背它的意愿而将他领到他想要去的地方[12]。当它在这时报到它出场、当它狡猾地作出一种好像它发明了一种全新的恐怖手段——仿佛它在这时要比任何时候远远地更可怕，这时，他并不退缩，更不试图借助于喧嚣和紊乱来防范它，而是向它表示欢迎，他兴高采烈地向它问候，如同苏格拉底兴高采烈地摇动他的毒酒杯[13]，他关上门与它独处，就像一个病人在令人疼痛的手术要开始的时候对手术医师说：现在我已经就绪。这时，“恐惧”进入他的灵魂并搜查一切，并且使得“那有限的和狭隘的”感到恐惧而离开他；

这时，它就把他领到他想要去的地方。

当某种异乎寻常的事件进入生活时，当一个具有世界历史意义的英雄把诸多英雄召集到身边并且完成各种丰功伟绩时，当一个转折性的关键时刻出现并且一切都获得重大意义时，——这时，人们都希望加入；因为这让人得到教育。可能是这样吧。但是，现在我们有着远远比这更容易的方式来得到远远更深刻的教育。让我们设想一个“可能性”的门徒，让他处在日德兰[14]灌木丛生的荒野中——在那里什么事件都没有或者说在那里最大的事件是一只黑松鸡哗啦啦地飞起，但是他体验了一切，比起那在世界历史的剧场里被欢呼的人（如果这个人没有通过“可能性”而得到教育的话）所经历的，他对这一切的经历要更完美、更准确、更彻底。

在个体通过“恐惧”得到教育而走向“信仰”的时候，“恐惧”则恰恰要去消灭它自己所导致出的东西。“恐惧”发现“命运”，但是在“个体”想要去信托“命运”的时候，“恐惧”就反过来拿走“命运”；因为“命运”如同“恐惧”，而“恐惧”如同“可能”，是一封巫术变幻符简[15]。相对“命运”，如果个体人格在自己这里没有进行改造，那么他就总是会保留一种辩证的、任何“有限性”都无法肃清的残余，正如一个期待抽奖的人，如果他不是通过其自身而是通过“他持续不断地在这抽奖赌博中输掉”这一事实而失去信心，那么他就不会失去对于抽奖的信心。甚至相对于最微不足道的东西，一旦个体人格想要从什么事物中逃避或者想要在什么事物中碰运气，那么“恐惧”马上就迅速降临。就其本身而言它是一种“微不足道”，并且在外面从“有限性”的角度看，个体也无法从相关问题中学到些什么；但是这“恐惧”毫不犹豫，它马上把“无限性”的、“范畴”的胜利置于其中，而这是个体人格所无法以更大的牌面来压倒的。这样的一个个体人格不可能在外在的意义上去畏惧“命运”、不可能去畏惧命运的变幻莫测和挫败；因为他心中的“恐惧”本身已经造就了“命运”，并且绝对地从他那里剥夺去了一切“命运能够从他那里剥夺的东西”。苏格拉底在《克拉底鲁篇》中说，“被自己欺骗”是可怕的，因为人总是有“欺骗者”住在自己这里[16]；以这样的方式人们可以说，“有这样的一个欺骗者住在自己这里”是一种幸福，这欺骗者虔诚地进行着欺骗并且不断地——在“有限性”开始把事情搞糟之前——使孩子断奶。甚至，如果在我们的时代，一个个体人格没有以这样一种方式在“可能性”之中得到教育，那么对于每一个身具一种深刻的根本并且有要去学习“那善的”的欲望的人来说，这时代还是有着一种很好的品质的。一个时代，越是和平宁静，一切越是进行得有条理（这样“那善的”就有了回报），那么，个体人格就越容易在这样的问题上欺骗自己：在他的追求之中他是不是有一个（固然是）美丽的（但说到底仍还是）有限的目标？相反，在这种时代人们不用超过十六岁就能够看出：如果一个人马上要在生活的舞台上登场，那么他完全如同那个从耶利哥出发而陷入匪徒之手的人[17]。如果一个人不愿在“有限性”的悲惨之中沉陷，那么他就不得不在最深刻的意义上去与“无限性”搏斗。这样的一种暂时的定向是对于“可能性中的教育”的一种类似，并且，如果不是通过可能性，这样的一种定向就不可能产生。这样，在人的睿智头脑完成了它的无数精打细算的时候、在它玩赢了游戏的时候，——这时，“恐惧”就来临了，甚至先于游戏在现实中的胜利或者失败，并且“恐惧”在魔鬼面前竖立了一个十字架[18]；这样人的睿智头脑就什么都做不了，并且，对于“恐惧”通过“可能性”的全能来达成的这种情形，相比之下，那睿智头脑的最机敏组合就像幽灵一样地消失。甚至在“最微不足道的东西”之中，一旦个体人格想要作出一个狡智的转变（那只是狡智的而已）、想要从某种东西那里溜走，并且完全有着成功的概率（因为“现实”并非像“恐惧”那样是一个敏锐的考核者），——这时，“恐惧”就马上在那里了。如果它遭到了拒绝（因为这里所谈的是一种“微不足道”），那么，“恐惧”将使得这种“微不足道”变得意义显著，正如小城马伦戈在欧洲历史中变得显著，因为伟大的战役在马伦戈发生了[19]。如果一个个体人格不是这样地通过他自己而戒绝“睿智”，那么这种戒绝就永远也不会真正彻底地发生；因为“有限性”一直只在零敲碎打地作出说明，而从来不会是完全的说明，并且，如果一个人的“睿智”总是出错（并且这本身在“现实”之中是不可思议的），那么他能够在那睿智的头脑之中寻找原因并且去努力去变得更睿智。借助于“信仰”，“恐惧”教导个体人格去依靠“上帝的眷顾”[20]。对于“辜”的情形也是如此，它是“恐惧”所发现的“下一个”。如果一个人只是通过“有限性”而认识了他的“有辜性”，那么他就迷失在“有限性”之中；并且，如果不是以一种外在的、法律的、高度地不完美的方式，“一个人是不是有辜的”这个问题就无法被有限地决定。因此，如果一个人只去通过对警察判决和高级法庭判决的各种类比来认识自己的“辜”，那么他从根本上就永远也不会明白：他是有辜的；因为，如果一个人是有辜的，那么他就是无限地有辜的。于是，如果这样一个只是通过有限性而得到教育的个体人格没有得到一种警察判决[21]或者公意判决来说明他是有辜的，那么，他在这时就成为某种隶属于“那一切之中最可笑的和最可怜的”的东西、成为一个美德模范——比大多数人要稍稍善一点却又根本不如教士那么善。一个这样的人在生活中需要什么样的帮助呢？他能够差不多在他死去之前退隐到一个实例样板集[22]中去。从“有限性”中人们能够学到许多，但是学不到关于怎样去恐惧，——如果不是从一种非常平庸和堕落的意义上说的话。相反如果一个人在真正的意义上学会了去恐惧，那么，在“有限性”的各种恐惧开始演奏的时候、在“有限性”的学徒们失去了心智和勇气的时候，他就仿佛在舞步之中行走。在生活中经常有这样的迷惑。疑病症患者[23]对每一种“微不足道”都感到恐惧，但是当意义重大的东西来到时，他反而开始有了气息；为什么？因为那意义重大的“现实”还是不像他自己所造就并且是用自己的力量造就的“可能”那么可怕，而他反过来则能够使用他的所有力量去对抗那“现实”。然而，如果一个人通过“可能性”而得到教育，那么与之相比，疑病症患者只是一个不完美的自修者[24]，因为这“疑病症”部分的是依赖于“那肉体的”并因而是偶然的。①[25]那真正的自修者，他恰恰在同样的程度上是“得到了上帝教授的人”[26]，这正如另一个作家所曾经说过的[27]②，或者——如果不去使用一种让人觉得像是知识分子言辞的表达，他是哲学的自行耕作者[28]③并且在同样的程度上是为上帝耕作者[29]。如果一个人在与“辜”的关系上是通过“恐惧”而得到教育，那么因此他只有在“和解赎救”[30]之中才会得到安宁。

这个审思在它开始的地方结束。一旦心理学结束了对于“恐惧”的

---

① 所以哈曼使用“疑病症”这个词的时候是出于一种更高的意义，他说：世界中这种恐惧却是对于我们的（与世界相异的）异质性的唯一证明。因为，如果我们什么也不缺，那么我们不会将比那异教徒和先验哲学对之所做的做得更好——他们对上帝无知并且像一个傻瓜那样地爱上了亲爱的自然；不会有什么乡恋来袭上我们的心头。这种僭妄的不安，这种神圣的“疑病症”可能就是一种火焰，借助于这种火焰我们这些作为祭品的动物得以腌制并且被保护不沾染上现今奔逝的世纪所具的腐败（第六卷第194页）。

② 参见《非此即彼》。

③ 参见色诺芬的《会饮篇》。在之中苏格拉底使用这个词来描述他自己。

考察，那么它就会被交付给“教理神学”。

注释：

1　相应可看中文版格林童话中的《傻小子学害怕》。

一个年轻人想要学到毛骨悚然的感觉，但老是没有机会。他父亲烦了，给他钱让他自己出去历险学。他经历了各种让人害怕的事情，但是他一点也不觉得毛骨悚然。后来进入了有魔法的宫殿，战胜各种可怕的东西，找到宝藏，消除了宫殿的魔法，但是他仍然不觉得毛骨悚然。公主嫁给了他，他在幸福的同时仍然抱怨自己不知道毛骨悚然的感觉。公主烦了，就在半夜揭开他的被子，把凉水和活蹦乱跳的鱼灌进他的床。于是他跳起来叫道：“现在我知道了，这就是毛骨悚然！”

2　［关于基督，他恐惧一直到死亡］指《马太福音》（26:38）在耶稣在客西马尼被抓之前不多久，他说：“我心里甚是忧伤，几乎要死。”《马可福音》（14:33—34）：“对他们说，我心里甚是忧伤，几乎要死。”《约翰福音》（12:27）：“我现在心里忧愁，我说什么才好呢。父阿，救我脱离这时候。但我原是为这时候来的。”

3　［当他对犹大这样说……你马上要做你所要做的事情］《约翰福音》（13:27）耶稣在最后的晚餐上对犹大说：“你所作的快作吧。”

4　［那可怕言辞——“我的上帝，我的上帝，为什么你背弃了我？”］指《马可福音》（15:34），耶稣在十字架上所说的：“以罗伊，以罗伊，拉马撒巴各大尼。翻出来，就是，我的神，我的神，为什么离弃我。”

5　［黑格尔……将之称作“内在的确定性”……预期“无限性”］在黑格尔那里并不存在这样的一个说法，不过他对信仰的定义有点像这说法，在《宗教哲学讲演》中的信仰定性是“绝对精神之精神的证据，或者作为一种真相的确定性”。

6　这个“它们”就是“可能性所发现的、并在无限性之中被理想化了的各种有限性”。

7　无精神（aandløs）。

8　18世纪法国加尔文教徒让·卡拉斯的儿子安东尼打算改信天主教，后来自杀。一些天主教徒指控卡拉斯为阻止安东尼转信天主教而谋杀了他。法庭无法拿出证据证明安东尼是被谋杀，但是判卡拉斯轮刑。1762年，卡拉斯被处决。为求昭雪此案，伏尔泰四处奔走，最后得以申诉翻案。1766年，原判决被撤销。德国画家和版画家达尼尔·考多维克基（Daniel Chodowiecki）以卡拉斯告别家人为主题画出《卡拉斯的告别》。这里，克尔凯郭尔把《卡拉斯的告别》弄错为《加来斯的自首》。

9　［一幅考多维克基的版画……以四个不同气质的人观察］也许是指瑞士牧师和作家拉瓦塔的《占相术学碎片》（*Physiognomische Fragmente*）的第四卷的封面插画。由李普斯（Johann Heinrich Lips）根据考多维克基的画《卡拉斯的告别》而刻印的。考多维克基（Daniel Nikolaus Chodowiecki，1726—1801）德国画家，柏林艺术院院长。

10　［一个印度的隐士……深陷在酒饮之中不能自拔］也许是一个旅行故事。在1843年三四月的日记中克尔凯郭尔在一段笔记里写了同样的故事并且加上了："我们能够告诉多少人这个故事但却又使之对于他们不仅仅只是奇闻异事？多少人感觉到那包容有伦理问题的恐惧和震颤？"

11　［他也就又重新得到"一切"］见《约伯记》(42:10)："约伯为他的朋友祈祷。耶和华就使约伯从苦境（原文作掳掠）转回，并且耶和华赐给他的，比他从前所有的加倍。"

12　［将他领到他想要去的地方］耶稣对试图彼得说："你年少的时候，自己束上带子，随意往来，但年老的时候，你要伸手来，别人要把你束上，带你到不愿意去的地方。"《约翰福音》(21:18)

13　［苏格拉底兴高采烈地摇动他的毒酒杯］见柏拉图《斐多》117：监刑官手里拿着已经准备好的一杯毒药。苏格拉底看见他走进来，就说："噢，我的好同胞，你懂这些事。我该怎么做？""只要喝下去就行！"他说道，"然后站起来行走，直到你感到两腿发沉，这个时候就躺下。毒药自己就会起作用。"厄刻克拉底，那个监刑官说着话，把杯子递给苏格拉底。苏格拉底接了过来，看上去还挺高兴。用他惯常的眼神注视着毒药他不动声色地说："把这玩意儿作奠酒，你看怎么样？这样做是允许的，还是不允许的？""我们只准备了通常的剂量，苏格拉底，"他答道。"我明白了，"苏格拉底说，"但是我想应当允许我向诸神谢恩，我必须这样做，因为我将从这个世界移往另一个可能是昌盛的世界。这就是我的祈祷，我希望这一点能够得到保证。"说完这些话，苏格拉底镇静地、毫无畏惧地一口气喝下了那杯毒药。"（我在这里引用《柏拉图全集·第一卷》第132页中的文字。王晓朝译，北京：人民出版社，2001.1）

14　丹麦本土主要由三个部分组成：西兰岛、菲英岛和日德兰半岛。日德兰为最大部分，南面和德国接壤，北面和挪威瑞典隔海。

15　［巫术变幻符简（Hexebrev）］类似于万花筒、看起来好像有魔术效果的本子：在一个封套中有各种可组合的人和动物的碎片，每一次封套被打开和翻动，里面的碎片就被重新组合。

16　［苏格拉底在《克拉底鲁篇》中说……人总是有"欺骗者"住在自己这里］指柏拉图对话《克拉底鲁篇》428d。"杰出古吉克拉底鲁，我对自己的智慧一直感到恍惚，不敢相信自己，我想自己必须停下来向自己发问，我在说什么？因为没有比自我欺骗更糟糕的事了——这个骗子就在你家里，——一直和你在一起——自我欺骗非常可怕……"（我在这里引用《柏拉图全集·第二卷》第117页中的文字。王晓朝译，北京：人民出版社2001年）。

17　［如同那个从耶利哥出发而陷入匪徒之手的人］可能克尔凯郭尔将"去耶利

哥”误作为“从耶利哥出发”。见《路加福音》(10:30):“耶稣回答说，有一个人从耶路撒冷下耶利哥去，落在强盗手中，他们剥去他的衣裳，把他打个半死，就丢下他走了。”

18 ［在魔鬼面前竖立了一个十字架］用一个十字架或者画上一个十字来防范魔鬼或者“那恶的”。丹麦有许多这方面的俗语。有着一个十字架，魔鬼不敢逾越。也间接地有关于这样的说法：如果什么东西是理解力面前的十字架，那么理解力就无法理解。

19 ［小城马伦戈……伟大的战役在马伦戈发生了］见前面的关于拿破仑在马伦戈击败奥地利军队。

20 上帝的眷顾（Forsynet）。

21 ［警察判决］警察法院所作的判决。警察法院是哥本哈根的低级法院。

22 ［一个实例样板集］一个在物理或者语法学科中的实例样板集。

23 ［疑病症患者］病态地专注于自身健康、不断怀疑自己患了一忽儿这一种一忽儿那一种疾病的人，因其对自身感觉作出患有不切实际的病态解释，致使整个心身被由此产生的疑虑、烦恼和恐惧所占据的一种神经症。

24 自修者（Autodidakt）。

25 ［“疑病症（Hypochondrie）”……出于一种更高的意义］哈曼在 1781 年 6 月 3 日写给赫尔德尔（J. G. Herder）的信中说及他自己是一个不安而绝望的人（虽然他享有特权），因为对于工作和享受的最大依赖什么都做不了，但却像一个在方舟中蹒跚的诺亚。之后就是下面的德语引文。

仿宋体处在丹麦文版中是德语为：Diese Angst in der Welt ist aber der einzige Beweis unserer Heterogeneität. Denn fehlte uns nichts, so würden wir es nicht besser machen als die Heiden und Transcendental—Philosophen, die von Gott nichts wissen und in die liebe Natur sich wie die Narren vergaffen; kein Heimweh würde uns anwandeln. Diese impertinente Unruhe, diese heilige Hypochondrie ist vielleicht das Feuer, womit wir Opferthiere gesalzen und vor der Fäulniss des laufenden seculi bewahrt werden müssen. (6te B. p. 194.)

［Diese Angst ... werden müßen］关于这段引文，克尔凯郭尔在 1842 年的一段日记中写道：“哈曼在他的文稿的第六卷第 194 页中做了一个评注，这是我能够用上的，虽然他不是像我所想要理解的那样理解它，并且也不通过它而进一步想得更远。”之后就是这段引文。

这段笔记联系到对于在“传承之罪的本质”中关于恐惧作为首要范畴的那段笔记。

［6te B. p. 194］见哈曼文集第六卷第 194 页。

26 得到了上帝教授的人（Theodidakt）。这里与《非此即彼》第二卷有着文字上的关联。

《帖撒罗尼迦前书》(4:9)："论到弟兄们相爱，不用人写信给你们，因为你们自己蒙了神的教训，叫你们彼此相爱。"这里保罗说"你们自己蒙了神的教训"。

27 ［另一个作家所曾经说过的］就是说B，或者法官威尔海姆，其文字构成《非此即彼》第二部分。

28 仿宋体处在丹麦文版中是希腊语：αυτουργός τις της φιλοσοφ ίας（哲学的自行耕作者），即一个相对于哲学是独立的人（而不是从他人那里学哲学的人）。

29 仿宋体处在丹麦文版中是希腊语：θεουργός（为上帝耕作者）。在色诺芬那里没有用到这个词。

30 和解赎救（Forsoningen）。

致死的疾病

通向陶冶和觉醒的基督教的心理学阐述

安提－克利马库斯　著

S. 克尔凯郭尔出版

哥本哈根　1849 年

主！赋予我们虚弱的视力
去看各种无用的东西，
而让我们眼目彻底清明
来认识你的全部真理。

目　录

第一部分　“致死的病症”是绝望

第二部分　绝望是“罪”

前　言

这种“阐述”形式可能对于许多人来说很奇怪；对于他们来说，如果要把这种形式当作是陶冶性的，那么它过于严格；而如果将之视作是严格地科学性的，那么它又有着太多精神陶冶的倾向[1]。关于后者，我没有什么好说的。而关于前者，我则要说，那不是我对之的看法；如果真是那样，如果它真是过于严格而无法作为陶冶性的，那么，按照我的概念来看，这就是一个错误。当然，如果说它是由于“并非每一个人都有接受这种陶冶的前提条件”而无法对于每一个人都有陶冶性的意味，这是一回事；然而，它具备“那陶冶性的”[2]特质，这则是另一回事。在基督教的立场上看，就是说一切，一切都应当为“陶冶”服务[3]。这种类型的“科学性”，如果它最终不是陶冶性的，那么它恰恰就因此而不是基督教的。一切“基督教的东西”在其表现中必须有一种与“一个医生在病床前的说法方式”[4]的类似；虽然只有懂医的人能够明白病理，但是他绝对不应当忘记：这是在病床前。“那基督教的”的这种对于“生活”的关系（与一种对“生活”的“科学性的距离”相反），或者“那基督教的”的这种伦理的方面，恰恰是“那陶冶性的”；并且不管这种表现方式在别的方面是怎样地严格，它是完全地不同（在质的意义上不同）于这一类型的“科学性”；这“科学性”是漠不关心，从基督教的角度看，它的崇高的英雄主义远远地不是什么英雄主义，以至于它在基督教的视角之下只是一种不具人性的好奇心。从基督教的角度看，“敢于去完全地成为自己”才是英雄主义，这在事实上可能是很罕见的，敢于去完全地成为自己，一个单个的人，这个特定的单个的人，自己单独地直接面对上帝，自己单独地站立在这种巨大的努力和这种巨大的责任中；但是，去迷恋“纯粹的人”的概念[5]，或者去用世界历史来玩那种惊奇游戏[6]，这都不是基督教所认定的英雄主义。所有基督教的认识，不管它的形式在别的方面是怎样地严格，都应当是关怀的[7]；而这种“关怀”[8]正是“那陶冶性的”。“关怀”

是与“生活”的关系，是与“人格”之现实的关系，并且以这样的方式，在基督教的意义上，就是“严肃”；从基督教的立场看，“漠不关心的[9]知识”的崇高性，远远够不上是更严肃的，它只是基督教所认为的笑话和虚妄。而“严肃”则又是“那陶冶性的”。

因此，在一种意义上看，这个小小的文本有着这样的特性：一个师范生[10]能够写得出这书；在另一种意义上则却可能是如此：并非每一个教授都能够写得出这书。

但是，这论文的写作形式是它所是的这种形式，它至少是经过了反复斟酌的，并且在心理学的意义上无疑也是正确的。一种更庄重的文风是存在的，如此庄重以至于并不显得意义重大，并且只是因为人们对之太熟悉了而很容易变得不具有任何意义[11]。

另外，只有一个说明，无疑这是一种多余，但我还是想说出这多余的话：我想一了百了地提请读者注意；在这整个文本中，“绝望”——正如标题所说——被解读作“病症”，而不是作为良药。也就是说，绝望有着这样一种辩证意义。其实在基督教用语中也是如此，死亡是对于“最严重的精神上的糟糕状态”的表述[12]，而对之的医治则恰恰就是“去死”，“去弃世而死”[13]。

1848 年

题解

《致死的病症》这个标题来自《约翰福音》的第十一章节中所说的“这病不至于死”。

安提 - 克利马库斯（Anti - Climacus）这个笔名构成《哲学片断》（1844）和《最后的、非科学的附言》（1846）的作者约翰纳斯 · 克利马库斯的对比。拉丁语的别名“克利马库斯”是由希腊语“梯子或者台阶（klimaks）”衍生出来的。约翰纳斯 · 克利马库斯就是走上台阶或者沿梯子攀登的人，就是说，沿着他的（比如说关于“不同存在层面”的）概念发展，从一种不完美的梯级向更完美的梯级运动。在安提 - 克利马库斯关联中的前缀“安提（anti）”意味了“反对”或者“反”，用来标示出与约翰纳斯 · 克利马库斯的对立关系。正如一个克利马克斯（klimaks）也标示了一个修辞形象，各种词句思想以这样一种方式排列，使得其效果逐步上升，一个安提 - 克利马克斯（anti - klimaks）则标示了反过来的形象，比如说，在“梯子”上的位置越高，不完美性就越高。

封二引文在丹麦文版中是德文：

Herr! gieb uns blöde Augen
für Dinge, die nichts taugen,
und Augen voller Klarheit
in alle deine Wahrheit.

根据《德语修辞手册》第一卷，布道辞来自约翰·冯·阿尔贝提尼，但约翰·冯·阿尔贝提尼却没有说出这四句赞美诗句的出处。在1778年Johannes Plitt所写的关于歌本的论文中曾提及Nicolaus Ludwig von Zinzendorf（1700—1760）为这些诗句的作者。但克尔凯郭尔只知道它们是出自约翰·冯·阿尔贝提尼。

注释：

1 ［如果把它看成是严格地科学性的，那么它又过于教化］所谓“严格地科学的”首先是指思辨性的（尤其是黑格尔主义的）哲学和神学。在1840年的一段笔记中，克尔凯郭尔写道：“黑格尔所具的对‘那陶冶的’的根很奇怪，它在所有地方都冒出来；但是，‘那陶冶的’不是一种催人入眠的安眠药，它是有限的精神的‘阿门’，是认识的不应被忽视的一方面。”

2 那陶冶性的（det Opbyggelige）。

3 ［在基督教的立场上看，就是一切，——一切都应当为“陶冶”服务］见保罗在《哥林多前书》所说（14∶26）：“弟兄们，这却怎么样呢。你们聚会的时候，各人或有诗歌，或有教训，或有启示，或有方言，或有翻出来的话。凡事都当造就人。”

按丹麦语的《圣经》翻译过来，最后一句就是“一切为‘陶冶’而发生”。中文圣经中与“陶冶”相对应的是“造就人”。

4 ［一个医生在病床前的说法方式］欧鲁夫·邦对此有专门的描述。

5 ［迷恋于“纯粹的人”的概念］“纯粹的人”，就是说，作为纯粹抽象的人，这一表述是在影射黑格尔和黑格尔的“纯粹的在”的范畴：在所有现象的特殊特征和性质都被抽象掉之后，所剩下的就是“在”。

6 惊奇游戏：“惊奇游戏”是丹麦的一种集体游戏。一个人坐在中央而许多人围成圈子，另一个人沿圈子走动发问关于人们对中央所坐人的“惊奇”，而中央人则通过问题而猜测问题的来源。

在这里“那纯粹的人”和“世界历史”是针对黑格尔和黑格尔主义者。比如说黑格尔的《精神现象学》中意识（自我）以“纯粹的”自然意识开始而发展为“世界的精神”的发展史中的一个环节。而在《精神现象学》的序言结尾处，黑格尔写道：“此外，在我们现在生活着的这一个时代里，精神的普遍性已经大大地加强，个别性已理所当然地变得无关重要，而且普遍性还在坚持着并要求占有它的整个范围和既成财富，因而精神的全部事业中属于个人活动范围的那一部分，只能是微不足道的。因为这种情况，作者个人就必须如科学的性质所已表明的那样，更加忘我，从而成为他能够成的人，做出他能够做的事！但是，正如个人对自己不作奢望，为自己不多要求一样，人们对于作者个人也必须力避要求过多。”（中文贺麟、王玖兴译本《精神现象学》，商务印书馆 1997 年，北京。上卷第 50 页。）

同时“世界历史”也针对了格隆德维（N. F. S. Grundtvig）及其追随者的那种所谓的“世界视角”。

7　这里的“关怀”是有着“为……担忧”的意思的。

8　关怀（Bekymring）。这个“Bekymring”有着对人对事的“关心关怀”、对尚不知情的事物的“忧虑”的意思。因此有的地方我也将之翻译为“忧虑”，比如说“因为我事先已经用掉了我的所有忧虑，然而它们却仍然全都还留在那里”（参见《非此即彼》上）。

9　“漠不关心”，或者也可翻译成“无所谓”，与“关怀”（也就是和“严肃”）正相反。冷眼旁观所得的客观知识正是一种“漠不关心的”知识，而“关怀”和“严肃”则要求“单个的人”的意志的主观参与。

10　[师范生（Seminarist）] 在正常的意义上，Seminarist 是指师范学校学生或毕业后的教师；但用作贬义词的时候就是指“一个半瓶子水的小知识分子”或者“稍有学识的家伙”。在写给拉斯穆斯·尼尔森的信（1849 年 8 月 4 日）中，克尔凯郭尔说，安提—克里马库斯把自己看作是一个“稍有学识的家伙（Seminarist）”，而克尔凯郭尔将自己称作“一种稍有学识的家伙（Seminarist）的大师级学徒”，这种人“能够让教授们吓得跳起来”。

11　[更庄重的文风……很容易变得不具有任何意义] 看来克尔凯郭尔本来是想要使用宗教讲演或者布道的形式。见后面对“序言”的注脚。

12　[在基督教用语中也是如此，死亡是对于“最严重的精神上的糟糕状态”的表述] 可能是指保罗在《罗马书》（5∶12）中所写的“这就如罪是从一人入了世界，死又是从罪来的，于是死就临到众人，因为众人都犯了罪”。也参看《罗马书》（5∶21；6∶16 和 6∶23）。

13　[去弃世而死] 这是保罗那里的一个中心想法，人类通过基督而从“罪”中死脱出来。参看《罗马书》（6∶2—3）：“我们在罪上死了的人，岂可仍在罪中活着呢。岂不知我们这受洗归入基督耶稣的人，是受洗归入他的死么。”也参看《彼得前书》（2∶24）：“他被挂在木头上亲身担当了我们的罪，使我们既然在罪上死，就得以在义上活。”这一想法以这样一种方式在虔诚教派那里得到强化：人的生命是每天从“罪”、从现世性、从有限性以及从自我否定的世界中的死亡出离，这样着重点就从“人类通过基督而从‘罪’中死脱出来”转移到了“人也应当通过信仰而从‘罪’中死脱出来”。

序　言[1]

“这病症并非致死”（《约翰福音》11∶4）[2]。拉撒路的确是死了；门徒们误解了基督在后面所接着说的话，“拉撒路，我们的朋友，已经睡去；但是我去把他从睡中唤醒”（11∶11）[3]，这时，他明白地说出“拉撒路死了”（11∶14）[4]。这样，拉撒路是死了，但那时[5]这病症却并非是致死的；那时拉撒路是死了，但是这病症却并非是致死的。我们现在都清楚地知道，当时基督是想着这样一个奇迹：因为这奇迹，同时代的人，“只要他们能够信，那么就看见上帝的荣耀”（11∶40）[6]，他要用这奇迹来将拉撒路从死亡中唤醒，这样，“这病症”不仅仅不是致死的，而且也是如同基督所预言的“为上帝的荣耀，上帝的儿子将由此而得到荣耀”（11∶4）：啊，但是，如果基督没有将拉撒路唤醒的话，难道这一切就不再是完全同样地如此吗：“这种病症，也就是这死亡本身，并非是致死的”？在基督走向坟墓并且高声喊道“拉撒路，出来”（11∶40）[7]的时候，这就已经够明确了：“这种”病症不是致死的。但是，即使基督不曾这样说，而只须他，作为“复活与生命”（11∶25）[8]的他，走向那坟墓，难道这不已经是意味了“这种病症不是致死的”；“基督存在”这个事实难道这不已经是意味了“这种病症不是致死的”吗？如果这一切最终还是要终结于“拉撒路将死去”，那么“被从死亡之中唤醒”对拉撒路有什么用处？如果他不是那个“对于每一个信仰他的人来说都是‘复活和生命’”的他，那么这一切对拉撒路有什么用处？不，不是因为“拉撒路被从死亡中唤醒”，我们之所以能够说“这种病症不是致死的”，不是因为这个，而是因为他存在，所以这种病症不是致死的。因为，从人的角度说，“死亡”在一切之中是“那最终的”；并且，从人的角度说，只有当生命存在时才有希望[9]。但是从基督教的角度理解，则死亡绝不是一切之中的“那最终的”，并且在一种永恒的生命（这才是“一切”）之中，它也只是一个小小的事件；并且，从基督教的角度理解，与仅仅是“从人的角度说”

相比，在死亡中有着无限的更多的希望，因为在之中不仅仅是有着生命，而且这生命还是一种处在完完全全的健康和活力中的生命。

于是，从基督教的角度理解，甚至死亡都不是“致死的病症”，更不用说所有别的各种被称作是“尘俗的和现世的痛苦”的东西：灾难、疾病、悲惨、困境、逆运、折磨、心灵痛苦、悲伤和沮丧。甚至，即使这些痛苦是如此沉重和剧痛，以至于我们人类，或者至少痛苦的承受者，说“这比死亡更无法忍受”；——所有这些“不是病症却能够和病症相比”的东西，从基督教的角度理解，仍不是致死的病症。

基督教就是如此高尚地教会了基督徒去考虑一切尘俗的和现世的东西，也包括死亡。这看起来几乎就是如此：基督徒可以因为这种骄傲的高尚感而目中无人地藐视一切通常被人称为是“不幸”的东西，藐视通常被人称为是“恶中之首”的东西。然而，之后基督教又发现了一种悲惨，这“悲惨”的存在是“人”就其本身而言所不知道的；这种悲惨就是那致死的病症。如果一种东西被“自然的人”看作是“毛骨悚然的东西”（在他考虑了一切而无法找出别的东西来比拟时就这样说），那么这种东西对于基督徒来说只是一种笑料。“自然的人”与基督徒之间的关系就是如此；正如孩子与成年人之间的关系：那让小孩子觉得毛骨悚然的东西，在成年人看起来就什么也不是。小孩子不知道“那可怕的”是什么；但是成年人就知道，并且他为之而毛骨悚然。那孩子的不完美首先是这：不认识“那可怕的”；并且，在这种不完美里又蕴涵了另一种不完美：为“并不可怕的东西”感到毛骨悚然。“自然的人”的情形也是如此，对“什么才真正是‘那可怕的’”，他是无知的，然而他却又没有因此而得免于毛骨悚然，没有，他为某种东西而毛骨悚然——而这东西不是“那可怕的”[10]。这就类似于异教徒的“上帝关系”：他不认识真正的上帝，但这还不够，他把偶像当成上帝来崇拜。

只有基督徒知道，“致死的病症”意味着什么。作为基督徒他得到一种勇气，而这勇气是“自然的人”所不认识的；通过去学会对“那更可怕的”的畏惧，他得到了这种勇气。以这种方式，一个人总是得到勇气；如果我们畏惧一种更大的危险，那么就总是有勇气去进入一种较小的危险；如果我们无限地畏惧一种危险，那么，这情形就仿佛是其他的危险根本不存在。而基督徒所认识的“那可怕的”，它就是“致死的病症”。

第一部分
“致死的病症”是绝望

甲　绝望是“致死的病症”

A　绝望是“精神”中、“自我”中的疾病，以这样一种方式，可以是一种三重性：绝望地不自觉[11]到具有一个自我（不真正的绝望）；绝望地不想要“是自己”；绝望地想要“是自己”

人是精神。但是，什么是精神？精神是自我。[12]但什么是自我？自我是一个“使自己与自己发生关系”的关系[13]；或者，它处在“这关系使自己与自己发生关系”这个关系中[14]；自我不是这关系，而是“这关系使自己与自己发生关系”[15]。人是一个“无限性”和“有限性”、“那现世的”和“那永恒的”、“自由”和“必然”的综合[16]，简之，一个综合。一个综合是一个两者之间的关系[17]。以这样的方式考虑，人尚未是自我。

在介于两者的关系中，这“关系”是第三者[18]作为一种否定的[19]统一体[20]，而那两者使自己与这“关系”发生关系，并且处于“与这关系的关系”中；以这样的方式，在“灵魂”这个定性[21]之下，灵魂和肉体之间的这个关系是一个关系。相反，如果这关系使自己与自己发生关系，那么，这个关系就是“肯定的[22]第三者”，而这就是自我。

一个这样的“使自己与自己发生关系”的关系[23]，一个自我，必定是要么自己设定了自己，要么通过一个“第二者”[24]而被设定。

如果这“使自己与自己发生关系”的“关系”是通过一个“第二者”[25]而被设定，那么，固然这关系就是“第三者”[26]，但是这个“关系”，这“第三者”于是就又是一个“关系”并且使自己去与“那设定了这整个关系的东西”发生关系。[27]

一个这样的被衍生出来的、被设定的关系是“人”的自我，一个“使自己与自己发生关系，并且在‘使自己与自己发生关系’之中使自己去与一个‘其他’[28]发生关系”的关系[29]。由此得出：真正的“绝望”可以得到两种形式。如果“人”的自我已经设定了自身，那么，就只有一种形式可谈，就是“不想要是自己”、“想要抹煞掉自己”，而不可能去谈论“绝望地想要是自己”。这后一种形式的阐述[30]也就是对于那整个“关系”（“自我”）的依赖性的表达；它表达了“自我”无法通过自己而达到或处于平衡和安宁，并且只有通过“在‘使自己与自己发生关系’中而使自己与‘那设定了整个关系的东西’发生关系”才能达到或处于平衡和安宁。是的，这第二种形式的绝望（绝望地想要是自己）远不是仅仅只标示一种特殊的绝望；恰恰相反，所有绝望在最后能够被解析到或者还原为这一种。如果一个绝望的人（像他自己所认为的那样）留意到了自己的绝望，并且不去毫无意义地就好像是在谈论某种发生在他身上的事情那样地谈论它（差不多就类似于晕眩中的人由于一种神经性的欺骗[31]而谈论头部的重力或者谈论仿佛是某种东西掉在他的身上，等等，这重力和这压力其实却不是什么外在的东西，而是“那内在的”的一种逆向的反射），并且，他在这时尽其全力地想要通过自己并且只通过自己去消除这绝望；那么，他还是处在这绝望之中，并且以其所有表面上的辛劳他只是在越来越深地把自己埋进一种更深的绝望之中。“绝望”的错误关系不是一个简单的错误关系，而是一个处在一个“使自己与自己发生关系”的关系中的错误关系，并且是由一个“其他”[32]所设定的；所以，在前一个“为自己而在的[33]关系”中，这错误关系在与“那设定了它的力量”[34]的关系中也无限地反思[35]其自身。

在“绝望”完全地被根除了的时候，这也就是描述“自我”之状态的表述公式：在“使自己与自己发生关系”之中，并且在“想要是自己”之中，“自我”透明地依据于那个设定了它的力量[36]。

B “绝望”的可能性和现实性

绝望是一种好处还是一种缺陷？纯粹辩证地看，它两者俱是。如果一个人要紧握着“绝望”这个抽象的想法，而不去考虑任何“绝望的人”，那么他就必定会说：绝望是一种巨大的好处。这种病症的可能性是人优越于动物的地方，并且这种优越对“人”的标识完全不同于“直立行走”[37]，因为它直指那无限的直立性和崇高性：他是精神。这种病症的可能性是人优越于动物的地方；而“注意到了这病症”则是基督徒优越于“自然的人”的地方；从这种病症中的康复是那基督徒的极乐至福。

于是，“能够绝望”是一种无限的好处；然而绝望却不仅仅是最大的不幸和悲惨，而且它还是迷失。本来，可能性和现实性之间的关系并非是如此[38]；如果“能够是如此如此”是一种好处，那么“是如此如此”就是一种更大的好处了，就是说，这“是”相对于那“能够是”就好像是一种上升[39]。相反，牵涉到“绝望”，这“是”相对于那“能够是”就变成了是一种下沉；正如可能性的无限优越，这种“下沉”也是无限的。这样，那种“相对于绝望是上升着的”的东西就是“不是绝望”。然而这种定性却又是模棱两可的。“不是绝望的”不同于“不是瘸的、盲的等等诸如此类”。如果“不是绝望的”意味了比“不是绝望的”既不多也不少，那么，这恰恰就是“是绝望的”。“不是绝望的”必须是意味了“能够是绝望的”的被消灭了的可能性；如果“一个人不是绝望的”这事实是真的，那么他就必须在每一个瞬间消灭这可能性。按理说可能性和现实性之间的关系并非如此。因为，固然思想者们会说，现实性是被消灭了的可能性[40]，但这并不完全是真的，这现实性是那完成了的、起着作用的可能性。相反在这里，那现实性（“不是绝望的”）因此也是一种否定，它是那无能的、被消灭了的可能性；按理说现实性相对于可能性是一种肯定，但在这里是一种否定。

绝望是一个“使自己与自己发生关系”的综合之关系中的错误关系[41]。但是这综合不是那错误关系，它只是可能性，或者说，在这综合之中有着错误关系的可能性。如果这综合是那错误关系的话，那么绝望就根本不会存在，那么绝望就会是某种存在于“人的本性”本身之中的东西，这就是说：那么它就不是绝望；它会是某种发生在人身上的东西、他所承受的某种痛苦，像一种疾病（人会生病），或者像死亡（所有人难免一死）。不，绝望[42]在于人本身之中；但是，如果他不是综合，那么他就根本不能够绝望；并且如果这综合不是本原地在正确的关系中出自上帝之手，那么他也不能够绝望。

那么，绝望是从哪里来的呢？可以这样说吧，是来自那“综合因为‘那使人成为关系的上帝’在将之[43]从自己手中释放出来（也就是说因为这关系使自己与自己发生关系）而在之[44]中使自己与自己发生关系”的关系[45]。并且，在“这关系是精神、是自我”这个事实之中，在之中有着“责任”，所有的“绝望”正是存在于这“责任”之下，并且在“绝望”

存在的每一个的瞬间都是如此：它存在于这责任之下，不管绝望者对他的绝望谈论得有如何的多，不管他以一种如何狡猾的自欺欺人的方式来谈论他的绝望；[46]——绝望者谈论起他的绝望就好像是一种不幸，通过一种混淆，就像我们在上面所谈及的关于晕眩的情形[47]，而“绝望”与“晕眩”——虽然两者间有着质的区别——还是有着许多共同点：“晕眩”处于“灵魂”这一定性之下的情形正是“绝望”处于“精神”这一定性之下的情形，并且充满了与“绝望”各种类比。

这样，如果这错误关系，这绝望，出场了，那么，它是不是就自然而然地继续存在下去呢？不，不是自然而然；如果这错误关系继续存在，那么这不是由于“错误关系”，而是由于那关系，——那“使自己与自己发生关系”的关系。这就是说，每一次“错误关系”表现出自己[48]，在每一个它所存在的瞬间，我们都要回溯到这“关系”。看这样一个比方，我们讨论一个人由于不小心而染上疾病：这样“病症”出场了，并且从这一瞬间开始这病症就强调了自身，并且这时这疾病是一种“其本原在越来越大的程度上已成为了过去的”的现实[49]。如果我们喋喋不休地老是说，“你这个病人，这瞬间你正在让自己得这病”，那么这就会是既残酷又没有人情味；这就好像我们在每一个瞬间都要把疾病的现实性融化进它的可能性。他确实是使自己得了病，但那只是一次性的行为，病的继续是“得病”这一次性行为的后果，我们不能把它在每一瞬间中的进展归咎于他；他使自己得了病，但在这时我们不能说，他在使自己得病。[50]绝望[51]的情况就不同；“绝望”的每一个现实的瞬间是向“可能性”的回返，在“他是绝望的”的每一个瞬间，他都是在为自己招致绝望；这持恒地是现在的时间，——这“现在时”不会成为任何相对于现实而被流逝掉的“过去”；在“绝望”的每一个现实的瞬间里，绝望者把在可能性中所有“先前的”都作为一种“现在的”来承担。这是由于，绝望[52]是一种“精神”的定性，它使得自己去与人身上的“那永恒的”发生关系。但是“那永恒的”却是他所无法摆脱的，不，永远不；他无法将之一了百了地从自己身上抛弃，再也没有什么事情是比这更不可能的了；在每一个他不具备“那永恒的”的瞬间，他必定是已将它或者正将它从自己身上抛弃——但它又重新回来，这就是说，在每一个“他是绝望的”的瞬间，他把绝望[53]招致给自己。因为“绝望”不是尾随于“错误关系”，而是尾随于那“使自己与自己发生关系”的“关系”。并且，与自己的这关系是人所无法摆脱的，正如他无法摆脱他的自我，另外，这两者恰恰是完全一回事，既然“自我”其实就是这“与自己的关系”。

C　绝望是：致死的病症

然而，“致死的病症”这个概念必须被以一种特殊的方式来理解。从字面上直接看，它意味作一种病症，其终结、其出口处是“死亡”。这样，我们就是在把一种致命的疾病当作是同义于“一种致死的病症”来谈论。在这种意义上“绝望”不能被称作是“致死的病症”。从基督教的角度理解，“死亡”本身是一条通向“生命”的必经之路。因此，从基督教的角度看并没有什么尘俗的、肉体上的病是致死的。因为死亡固然是疾病的最终情形，但死亡不是“那最终的”。如果要在一种最严格的意义上讨论一种“致死的病症”，那么这就必须是一种这样的病症：在这病中“那最终的”是死亡，并且在这病中死亡是“那最终的”。而这正是绝望。

而在另一种意义上，绝望则更确定的是“致死的病症”。从字面上理解就是，如果说一个人因为一种病症而死，或者说一种病症以肉体的死亡而结束，那么这就是一种与我们所谈的“致死的病症”完全风马牛不相及的病症。相反，“绝望”的苦楚恰恰是无法死。这样，如果有一个垂死病人躺在床上被死亡拖累却无法死，那么我们所谈的病症和这个死亡病症者的状态有更多共同之处。这样，这“致死地病着”就是：无法死，但看起来却并没有什么生命的希望；不，没有，这“无希望性”在于：甚至那最后的希望，死亡，都不存在。如果死亡是最大的危险，那么人们寄希望于生命；但如果人们认识那更可怕的危险，那么人们就寄希望于死亡。而如果那危险是如此之大，以至于死亡成为了希望，那么绝望就是这种“无希望性”：甚至无法死去。

在这种最后的意义上，绝望就是“致死的病症”，这种充满痛楚的矛盾，这种“自我”之中的病症，永远地在死，死而却又不死，死于死亡[54]。因为“死”意味了一切都过去了，但是“死于死亡”意味了体验死[55]；而如果这“死”是被体验了，哪怕是只体验一瞬间，那么这体验就因此而是“永恒地体验着这死”。如果一个人要像人死于一种疾病那样地死于绝望，那么，在他身上的“那永恒的”，自我，就必须是能够在一种与“肉体因病而死”相同的意义上死去。但这是不可能的；“绝望”的

"死"持恒地把自己转化为一种"活"[56]。绝望的人无法死；"如同匕首无法杀死思想"[57]，绝望无法消蚀"那永恒的"，那"在绝望之根基中、其蠕虫不死并且其火焰不灭"[58]的自我。绝望却正是一种"自我消蚀"，但它是一种无能的自我消蚀，无法做它自己想做的事情。然而，它自己所想要的是"消蚀自己"，这是它所无法做到的；这种无能是一种新形式的自我消蚀，在这新形式的自我消蚀中，绝望又无法做到它想要做的——"消蚀自己"；这是一种强化，或者说，强化律。这是"那令人焦躁的"，或者说这是在绝望之中的冰炙，这种令人苦恼的东西，它的运动是持恒地向内、越来越深地陷进那无能的自我消蚀中。"绝望不消蚀他"，这绝不能说是对绝望者的某种安慰，恰恰相反，如果要说安慰，那么[59]这安慰则就是"痛楚"，是那把怨恨保存在生命中而把生命保存在怨恨中的东西；因为他正是为此而绝望——而不是"曾绝望"[60]：他无法消蚀他自己、无法摆脱自己[61]，无法去成为乌有。这是"绝望"的一种强化了的表述公式，它是在"自我"的这种病症中的高烧进一步升值。

一个绝望着的人为某物而绝望。在一个瞬间里这看起来是如此，但这仅仅是一个瞬间；而在同一瞬间，"那真正的绝望"显现出来，或者说"绝望"在其真正意义上显示出自己。在他为某物而绝望的时候，他根本地是在为他自己而绝望，想要摆脱自己。那个野心勃勃的人有他的格言，"要么皇帝要么什么也不是"[62]，这样，在他没有成为皇帝的时候，他就为此绝望。但这意味了某种其他东西：他，正因为他没有成为皇帝，所以现在不能够忍受"是他自己"。这就是说，他在真正的意义上不是为"他没有成为皇帝"而绝望，而是为他自己绝望：因为他没有成为皇帝。这个"自己"[63]（如果它成为了皇帝，那么它对于他就是他的全部喜乐）在另一种意义上说其实也是同样地绝望的，而现在，这个"自己"对于他就是一切之中最不堪忍受的东西。在一种更深的意义上，对于他，那不可忍受的东西不是"他没有成为皇帝"，而是这个没有成为皇帝的"自我"，——这个自我对于他来说才是不可忍受的，或者更确切地说，那对于他来说是"不堪忍受的"的东西是：他无法摆脱他自己。如果他成为了皇帝，那么他是绝望地摆脱了自己；但是他这时没有成为皇帝，并且绝望地无法摆脱自己。本质地看，他是同样地绝望，因为他不拥有他的自我，他不是他自己。通过"成为了皇帝"他并不就此成为了他自己，而是摆脱了他自己；而通过"没有成为皇帝"他为"不能够摆脱自己"而绝望。所以，如果有人这样说及一个绝望的人，说他消蚀他自己[64]，仿佛这是对他的惩罚，那么，这种说法就是出自一种肤浅的看法（有这种看法的人也许从来没有看见过一个绝望的人，更没有看见他自己）。因为，这“消蚀他自己”恰恰是他绝望地无法做到的、恰恰是他在万般苦恼中无法做到的：通过“绝望”，有什么东西在“自我”之中被点燃了，而偏偏这东西不能够燃烧或者燃烧不起来。

于是，“为某物而绝望”[65]从根本上说还不是真正的绝望。这是开始，或者就好像医生所谈论的一种病症，它还没有使自己明了化。那下一个是“明了的绝望”：为自己而绝望。一个年轻女孩为爱情而绝望，就是说，她为失去自己所爱的人而绝望，他死了，或者他对她不贞。这不是什么“明了的绝望”，不；她为她自己而绝望。这个“她的自我”，如果那时它已经成为了“他的”所爱，那么，她就是曾以最幸福的方式摆脱了或者失去了这个“她的自己”，而现在，如果这个自我将是一个没有“他”的自我，那么这个自我对于她就是一个烦恼；对于她来说，这个（在另一种意义上说其实也是同样地绝望的）自我曾经成为她的财富，现在则因为“他”死了而成为了一种使她憎恨的空虚，或者，现在则因为这自我使她总是想起“她受到了欺骗”而成为了一种厌恶。[66]试试看，在这时对这样的一个女孩说：你消蚀你自己；你将听她回答说：“哦，不，烦恼的事情恰恰是：我无法消蚀自己。”

“为自己而绝望”、“绝望地想要摆脱自己”是对于一切绝望的表述公式，所以绝望的第二种形式，“绝望地想要是自己”，能够被推究到第一种形式，“绝望地不想要是自己”，正如我们前文中把那“绝望地不想要是自己”的形式解析在了那“绝望地想要是自己”的形式中（参见 A）。一个绝望着的人绝望地想要是他自己。但是如果他绝望地想要是他自己，那么他无疑是不想摆脱他自己。是的，看起来是如此；但是如果我们更仔细地看一下的话，那么我们就会发现这矛盾是同样的。“他绝望地想要是”的那个“自我”，是一个他所不是的“自我”（因为，想要是“他真正地所是”的那个“自我”[67]，——这种“想要”则正是“绝望”的对立面），就是说，他想要把他的“自我”从那设定了它的力量中解脱出来。但是虽然他具备所有绝望，他无法做到这个；虽然他尽了所有“绝望”的努力搏斗，“那设定的力量”比他更强大并且强迫他去“是”那个他所不想要“是”的自我。但这样他无疑还是要摆脱自己，摆脱那个他所

“是”的自我，——为了去“是”那他自己苦想了的“自我”。去是他所想要的“自我”，虽然在另一种意义上是同样的绝望的，对于他来说是他的全部喜乐；而被强迫去是“他所不想要是”的自我，这是他的烦恼，——这种烦恼就是：他无法摆脱自己。

从“灵魂的病症（罪）不像肉体的病症消蚀肉体那样地消蚀灵魂”出发，苏格拉底证明了灵魂的不朽性[68]。而从“绝望无法消蚀一个人的自我——这恰恰是绝望中的矛盾之苦楚”出发，我们也能够这样地证明人身上的“那永恒的”。如果在一个人身上没有“那永恒的”，那么他就根本无法绝望；而如果绝望能够消蚀他的自我，那么就也还是不会有任何绝望存在。

这样，绝望，这种在“自我”中的病症，就是“致死的病症”。绝望者是不可救药地病着的。相比于一般的疾病情况，这是完全地在另一种意义上的情形：这病症所攻击的，是最高贵的部分[69]；但是他却无法死去。死亡不是病症的最终部分，但死亡持续不断地是“那最终的”。要从这一濒死的病症之中得到拯救是一种不可能，因为这病症及其烦恼——以及死亡，恰恰正是“无法死去”。

这是绝望之中的状态。固然绝望者足够尽力地避免它，固然他足够成功地完全失去了他的自我（这情形必定特别适合于这样一种绝望：“对自己是绝望的无知”），并且以这样一种“丝毫不被感觉到是失去”的方式失去；永恒还是会揭示出“他的状态是绝望”，并且逼着他不得不后退，这样，他的烦恼还是在那里——他无法摆脱他的自我，并且事情变得明了：他以为是“成功的”的那些东西只是一种幻觉。而这是永恒所必须做的，因为这“具有一个自我”、“是一个自我”是对“人”的最伟大的、最无限的认可，并且，这同时也是永恒对“人”的要求。

注释：

1 ［序言］克尔凯郭尔在一个对扉页设计的草稿中将此书称作“致死的病症。诸多讲演的形式下的基督教的陶冶性的阐述，S. 克尔凯郭尔所著”。并且把序言写成入场祷告，但是他放弃了，因为那样一来陶冶性质太强。

2 ［“这病症并非致死”（约 11∶4）］《约翰福音》（11∶4）。

关于唤醒拉撒路的故事，在《约翰福音》11：“1 有一个患病的人，名叫拉撒路，住在伯大尼，就是马利亚和他姐姐马大的村庄。2 这马利亚就是那用香膏抹主，又用头发擦他脚的。患病的拉撒路是他的兄弟。3 他姊妹两个就打发人去见耶稣说，主阿，你所爱的人病了。4 耶稣听见就说，这病不至于死，乃是为神的荣耀，叫神的儿子因此得荣耀。5 耶稣素来爱马大，和他妹子，并拉撒路。6 听见拉撒路病了，就在所居之地，仍住了两天。7 然后对门徒说，我们再往犹太去吧。8 门徒说，拉比，犹太人近来要拿石头打你，你还往那里去吗。9 耶稣回答说，白日不是有十二小时吗。人在白日走路，就不至跌倒，因为看见这世上的光。10 若在黑夜走路，就必跌倒，因为他没有光。11 耶稣说了这话，随后对他们说，我们的朋友拉撒路睡了，我去叫醒他。12 门徒说，主阿，他若睡了，就必好了。13 耶稣这话是指着他死说的。他们却以为是说照常睡了。14 耶稣就明明的告诉他们说，拉撒路死了。15 我没有在那里就欢喜，这是为你们的缘故，好叫你们相信。如今我们可以往他那里去吧。16 多马，又称为低土马，就对那同作门徒的说，我们也去和他同死吧。17 耶稣到了，就知道拉撒路在坟墓里，已经四天了。18 伯大尼离耶路撒冷不远，约有六里路。19 有些犹太人来看马大和马利亚，要为他们的兄弟安慰他们。20 马大听见耶稣来了，就出去迎接他。马利亚却仍然坐在家里。21 马大对耶稣说，主阿，你若早在这里，我兄弟必不死。22 就是现在，我也知道，你无论向神求什么，神也必赐给你。23 耶稣说，你兄弟必然复活。24 马大说，我知道在末世复活的时候，他必复活。25 耶稣对他说，复活在我，生命也在我。信我的人，虽然死了，也必复活。26 凡活着信我的人，必永远不死。你信这话吗。27 马大说，主阿，是的，我信你是基督，是神的儿子，就是那要临到世界的。28 马大说了这话，就回去暗暗的叫他妹子，马利亚说，夫子来了，叫你。29 马利亚听见了就急忙起来，到耶稣那里去。30 那时，耶稣还没有进村子，仍在马大迎接他的地方。31 那些同马利亚在家里安慰他的犹太人，见他急忙起来出去，就跟着他，以为他要往坟墓那里胎哭。32 马利亚到了耶稣那里，看见他，就俯伏在他脚前，说，主阿，你若早在这里，我兄弟必不死。33 耶稣看见他哭，并看见与他同来的犹太人也哭，就心里悲叹，又甚忧愁。34 便说，你们把他安放在哪里。他们回答说，请主来看。35 耶稣哭了。36 犹太人就说，你看他爱这人是何等恳切。37 其中有人说，他既然开了瞎子的眼睛，岂不能叫这人不死吗。38 耶稣又心里悲叹，来到坟墓前。那坟墓是个洞，有一块石头挡着。39 耶稣说，你们把石头挪开。那死人的姐姐马大对他说，主阿，他现在必是发臭了，因为他死了已经四天了。40 耶稣说，我不是对你说过，你若信，就必看见神的荣耀吗。41 他们就把石头挪开。耶稣举目望天说，父阿，我感谢你，因为你已经听我。42 我也知道你常听我，但我说这话，是为周围站着的众人，叫他们信是你差了我来。43 说了这话，就大声呼叫说，拉撒路出来。44 那死人就出来了，手脚裹着布，脸上包着手巾。耶稣对他们说，解开，叫他走。”

3　《约翰福音》11：11。

4　《约翰福音》11：14。

5　我在这里加上“那时”以表明句中动词是过去时，否则句子是这样：“拉撒路死了，但是这病症却并非是【过去时的“是”】致死的；拉撒路是死了【过去时的“是死”】，但是这病症却并非是致死的。”

6　《约翰福音》11∶40。如果不考虑对圣经的引用，改写一下句子：同时代的人，只要他们能够信，那么他们因为这奇迹就看见上帝的荣耀。

7　《约翰福音》11∶43。

8　《约翰福音》11∶25。

9　［从人的角度说，只有当生命存在时才有希望］丹麦有俗语：“有生命就有希望”，渊源于《传道书》（9∶4）：“与一切活人相连的，那人还有指望。”

10　当然，如果不保留克尔凯郭尔文风，这个句子可以用日常语言说为“他为并不可怕的东西而毛骨悚然”。

11　“自觉” = “自己意识到”。在下面的文字中，一般情况下，我使用“自觉”来翻译，但是如果是要强调意识的作用，我就会翻译为“自己意识到”。

12　“精神是自我”在《概念恐惧》已经谈及：

“人是‘那灵魂的’与‘那肉体的’的一个综合 。但是，如果两项没有统一在一个‘第三项’之中，那么，一种综合就是无法想象的。这个‘第三项’就是‘精神’”（《概念恐惧》第一章第五节）。

“人是灵魂与肉体的、由精神构建和承担的一种综合。”（《概念恐惧》，第三章）。

13　换一种翻译就是：自我是一个关系（这关系使自己与自己发生关系）。

“使自己与自己发生关系”，牵涉到动词“forholde sig til”，“涉入性地与……发生关系”或者说“使自己与……发生关系”。这是克尔凯郭尔经常使用的一个动词结构。这里面包含了“使得自己向……”的意向性，这样一种“参与性地持有一种态度”的投入倾向，一种主动式，一种主观上的行为。与之相反则是“冷漠而保持距离地观察”，被动而不作出主观上的行为。

14　换一种翻译就是：它处在这关系（这关系就是“这关系使自己与自己发生关系”）中。

15　换一种翻译就是：自我不是这关系，自我是“这关系使自己与自己发生关系”。

16　换一种翻译就是：人是一个无限性和有限性的综合、“那现世的”和“那永恒的”的综合、自由和必然的综合。

“无限性和有限性的综合”等，见《概念恐惧》：“人是灵魂与肉体的综合，并且同时也是‘那现世的’和‘那永恒的’的综合”（《概念恐惧》第三章）。

17　“关系”：包括有综合关系。

18　“正—反—合”是德国唯心主义，特别是黑格尔的辩证发展步骤。第三项为“合”，亦即“综合”。

19　这里的“否定的”，negativ，或者可以说“负的”。

20　如果把重点放在前两个环节而不是放在“关系”或“综合”上，那么这综合的定性就是抽象的，所以是“否定的”；而如果把重点放在“关系”或“综合”上，而不是放在前两个环节，那么这作为“关系”和“综合”的自我或者精神就主动了，所以这种综合的定性就是“肯定的”（或者说“正定的”）。

21　也就是意识，——也可以说，“灵魂的”是心理学的。

22　这里的“肯定的”，positiv，或者可以说“正的”。

23　换一种翻译就是：一个这样的关系（这关系使自己与自己发生关系），一个自我……

24　这里的这个“第二者”是指在“正—反—合”中的第二项。

25　这里的这个“第二者”暗示了上帝。

26　这里的这个“第三者”，由于那蕴涵有“上帝”意味的第二者的涉入，它就是无限性和有限性的综合、“那现世的”和“那永恒的”的综合、“自由”和“必然”的综合。

27　事实上在这里的这些段落里作者为他所理解的“自我”的实现过程给出了一个轮廓。如果“人”作为综合仅仅是“灵魂”和“肉体”的综合，那么他就无法与“那神圣的”有接触，那么他就无法达成“那有限的”和“那无限的”的综合，等等。如果那样他就无法完成他的“去成为人、去成为自己、其成为精神”的任务而实现其存在。所以现在在这里要有一个“灵魂和肉体的综合”之外的一个综合，所以无限性和有限性的综合是一个新的综合。但是无限性和有限性是有着质的区别的两种东西，我们无法通过理性、通过逻辑来理解这两者的综合，现在所牵涉到的事实上不是理论或者认识的对象，而是实践或者意志的对象了。通过那种被向人提出的伦理要求，这两种不同质的环节达成综合的可能的切点就出现了，对可能的实现就是意志的行为了。

28　“其他（Andet）”也可译作“他者”，如果翻译为“第二者”，那么它在“正—反—合”关系中的第二项。

29　换一种翻译就是：一个这样被衍生出来、被设定的关系是“人”的自我，一个关系（这关系使自己与自己发生关系，并且在“使自己与自己发生关系”之中使自己去与一个“其他”发生关系。

30　亦即：“绝望地想要是自己”。

31　［神经性的欺骗］这一表述平行于“光学欺骗”（视觉上的幻像）和“声学欺骗”（听觉上的幻音），它标示了一种内在的感觉欺骗，把内在的压力当成是外来的。

32　“其他/第二者/他者”。

33　“为自己而在的”，for sig værende。“为自己而在”，或说“自为”：就是说“作为自己的对象”。如果某物是一个纯粹的没有任何关系的东西，那么它就是“自在”的，它的存在是自在地存在，但是如果现在它是处在这样一种“使自己与自己发生关系”的关系中，那么它就是“被设定在自己使自己与自己发生的关系中”的存在，所以是“为自己”——“自为”的存在。个体人作为“灵魂—肉体”的个体，是一种“自在”，而当这种“灵魂—肉体”进入了“使自己与自己发生关系”的关系后，它就是“自为”的。

34 “那设定了它的力量”：这里所谈的这种错误关系是处在一个“使自己与自己发生关系”的关系中，并且是由一个“其他/第二者”所设定的。所以，这个“设定了它的力量”，就是前文中的那个“其他/第二者”。

35 这个“反思”也可以从物理的角度理解为“反射”、“反映”。

36 [依据于] 平行的表述出现在后面的文字中：“自我……透明地使得自己依据于上帝。”

37 [直立行走] 这是古典时代对人的解读。西塞罗在《论神性》中说到诸神分派给人类的各种礼物，其中就有让人从大地上升起。

38 在克尔凯郭尔笔名著作，克利马库斯的《哲学碎片》中的“间奏曲”中对现实性和可能性有过很深入的讨论。

39 “是”是现实的，而“能够是”是可能的。

[这“是”相对于那“能够是”就好像是一种上升] 在《约翰纳斯或者你应当怀疑一切》（1842—1843）的草稿中，克尔凯郭尔写道：“就像亚里士多德所说，‘那现实的’走在‘那可能的’之前，在时间上和在尊严上，它都是更高的，以这样的方式，确定性也是先于怀疑。” （Pap. Ⅳ B 2，15）。见亚里士多德的《形而上学》（1049b，10）。克尔凯郭尔的文本来源是腾纳曼的哲学史或者黑格尔的哲学史讲演。

40 [固然思想者们会说，现实性是被消灭了的可能性] 在《哲学碎片》（1844）中的“间奏曲”中的第一节，约翰纳斯·克里马库斯这样说：“‘那可能的’（不仅仅是‘被排除在外了的那可能的’，而且也是‘被推定的那可能的’）在它变得现实的这一瞬间显现为乌有；因为通过现世性，可能性被消灭。”

41 把句子肢解开，让分句成为独立句子，换一种写法就是：一个“综合”之关系使得自己与自己发生关系，绝望是在这样一种“综合”关系中的“错误关系”。

42 这里的这个“绝望”在丹麦文版的原文中是一个动词。它与后面句子中的“能够绝望”间的关系就像是“做”与“能够做”之间或者“是”与“能够是”之间的关系。

43 这个“之”就是那“人”，并且因为上帝使得人成为“关系”，所以也是那“关系”。

44 这个“之”就是那“绝望是来自那关系”所说的“关系”。

45 就是说，绝望可以说是来自那关系，——那“综合因为‘那使人成为关系的上帝’将之从自己手中释放出来——也就是说因为这关系使自己与自己发生关系而在之中使自己与自己发生关系”的关系。

把句子肢解开，让分句成为独立句子，换一种写法就是：可以说是来自这样一种“关系”；在这关系之中“综合”使自己与自己发生关系，因为上帝（上帝使得“人”成为那“关系”）在将这“人/关系”从自己手中释放出来，这也就是说，因为“关系”使自己与自己发生关系。

再换一种写法：可以说是来自那“关系”（在这关系之中的情形是这样：是上帝使得“人”成为“关系”，因为上帝在将这“人/关系”从自己手中释放出来，这也就是说，因为这“关系”使自己与自己发生关系，“综合”使自己与自己发生关系）。

本来综合是被综合的两项间的关系。这综合是人，上帝使得人成为这关系。上帝让人脱离他的手，人不在上帝手中，于是人与自己发生关系，就是说，这关系与自己发生关系，于是这就是，“综合”与自己发生关系，并且，它是在这关系之中与自己发生关系的。绝望就是来自这关系。

46　在这一段中，所有在这个分号之后的句子在丹麦文原文之中都是一些分句，用来解释“这绝望者怎样地谈论他的绝望”；这些分句太长，完全不符合汉语语法习惯，所以我不得不用分号将之分开；但是作者表达的关键在于：不管这绝望者怎样怎样……怎样地谈论他的绝望，这绝望仍然是处在一种责任之下，而这种责任是由“‘人/关系’是‘精神/自我’”这一事实所给定的。

47　在前面段落的括号中的文字，亦即：“差不多就类似于晕眩中的人由于一种神经性的欺骗而谈论头部的重力或者谈论仿佛是某种东西掉在他的身上，等等，这重力和这压力其实却不是什么外在的东西，而是‘那内在的’的一种逆向的反射”。

48　如果按中译本黑格尔《精神现象学》中的译词，可以说：每一次“错误关系”外化自身。

49　换一种写法就是：

这时这疾病是一种现实（这“现实”的本原变得在越来越大的程度上已成为过去的）。

50　这里“他使自己染上了疾病”是过去时，而“他在使自己染上疾病”是现在时。

51　这里的这个“绝望”在丹麦文版的原文中是一个动词不定式。

52　这里的这个“绝望”在丹麦文版的原文中是一个动词不定式。

53　这里的这个“绝望”在丹麦文版的原文中是一个动词不定式。

54　［死于死亡］“死于死亡（døe Døden）”这一叙述方式可能是出自丹文版《创世记》（2:17）。

（中文版为：只是分别善恶树上的果子，你不可吃，因为你吃的日子必定死。）

55　这里的这个“死”在丹麦文版的原文中是一个动词不定式。

56　这里“死”和“活”在丹麦文原文中都是动词被名词化地使用。换一种方式句子可以翻译为:“绝望”的“死去”持恒地把自己转化为一种“活着”

57 ［如同匕首无法杀死思想］诗句出自约翰纳斯·爱瓦尔德1779年因为当时流行自杀的风气而写的作为街头小调而出版的诗歌《一首精神的歌:带来救赎者耶稣·基督为那些受到邪恶不祥的思想诱惑而要缩短自己的生命的人们所给出的温馨的警告》。

58 ［其蠕虫不死并且其火焰不灭］见《马可福音》(9:43—48):“凡使这信我的一个小子跌倒的,倒不如把大磨石拴在这人的颈项上,扔在海里。倘若你一只手叫你跌倒,就把他砍下来。你缺了肢体进入永生,强如有两只手落到地狱,入那不灭的火里去。倘若你一只脚叫你跌倒,就把他砍下来。你瘸腿进入永生,强如有两只脚被丢在地狱里。倘若你一只眼叫你跌倒,就去掉他。你只有一只眼进入神的国,强如有两只眼被丢在地狱里。在那里虫是不死的,火是不灭的。”

59 考虑到中文中的连贯性。这里“如果说安慰,那么”是我加出来的。

60 在丹麦文原文中,这个“曾绝望”是过去时动词的“绝望”。

61 “摆脱自己”,在一些地方我翻译为“抹杀掉自己”。

62 ［要么皇帝要么什么也不是］译自恺撒·波尔加的拉丁语格言“Aut Caesar, aut nihil”,我将“恺撒(Caesar)”翻译为皇帝,因为“恺撒”是所有罗马皇帝和一些其他皇帝的尊号,并且是指罗马皇帝裘利亚·恺撒。恺撒·波尔加(Caesar Borgia, 1476—1507):教皇亚历山大六世的私生子,要成为皇帝支配欧洲,但失败。他把这句话刻在裘利亚·恺撒半身像之下,之后就成了他的座右铭。

63 自己(Selv)。因为考虑上下文连贯,我在这里暂时地使用“自己”来作为Selv的译词。在别的地方我一般翻译作“自我”。

64 销蚀自己,走向毁灭。

65 这里,“为某物而绝望”中的这个“绝望”在丹麦文版的原文中是一个动词。

66 2003年译本中的译句为:

这个“她的自我”(她曾以那最幸福的方式摆脱了或者失去了这个“她的自己”,如果那时它已经成为了“他的”所爱的话),而如果现在这个“她的自我”将是一个没有“他”的自我,那么这个“她的自我”对于她就是一个烦恼;对于她来说,这个自我曾经成为她的财富(这在另一种意义上说其实也是同样地绝望的),现在则成为了一种使她憎恨的空虚,既然“他”死了,或者,成为了一种厌恶,既然这自我使她总是想起“她受到了欺骗”。

67 就是说,这个自我就是他的真正意义上的自我。

68 ［从“灵魂的病症(罪)不像肉体的病症消蚀肉体那样地消蚀灵魂”出发,苏格拉底证明了灵魂的不朽性］见柏拉图的《理想国》的第十(608d—611a)中,苏格拉底论证了灵魂并不因为疾病和死亡而消失:“如果它不被什么恶的东西毁坏，既不会被那对于它自己是特殊的东西，也不会被那与别的东西相应的东西毁坏，那么很明显，它必定是一直在那里存在着；如果他一直是在那里，那么它就必定是不朽的。”

69　［最高贵的部分］有着重要生理功能的内脏，尤其是心和肺。

乙　这病症（绝望）的一般性

就好像医生必定会说的，也许没有一个活着的人是完全健康的；以同样的方式，如果我们真正对人有所认识，那么我们就可以说：没有一个活着的人不是多多少少地绝望着的，没有一个活着的人不是在内心深处有着一种不平静、一种不和平、一种不和谐、一种对于莫名的某样东西或者对于某种他不敢去认识的东西的恐惧、一种对“存在”的可能性的恐惧或者对自己的恐惧[1]；这样，一个人，就像医生所说的“身体上带有一种疾病”那样，带着一种病症，走来走去携带着一种“精神”的病症，这病症只偶尔在那他自己所无法解释的恐惧之中并且通过这种恐惧一闪而逝地被感觉到，于是他知道它是在这之中。在任何情况下不曾有过任何人，并且现在也没有任何人，生活在基督教世界[2]之外而不是绝望的，并且，在基督教世界之中，只要一个人不是真正的基督徒，也是如此；只要一个人不完全是真正的基督徒，那么他在某种程度上就是绝望的。

这种看法对于许多人说来无疑是一种悖论，一种夸张，并且另外还是一种阴暗而消沉的看法。然而它却完全不是像这许多人所认为的那样。它不是阴黯的，相反它寻求去为那通常是处在昏暗之中的东西带来光明；它不是消沉的，相反是令人振奋的，因为它以这样一种定性来看待每一个人：这种定性是出自对人的最高要求——要求人是精神；它也不是一种悖论，而相反是一种贯通地得到了发展的基本看法，因此它也不是什么夸张。

相反，对于绝望的一般看法只是停留在表象之中，并且是这样一种肤浅的看法，也就是说，不是什么看法。它假设了每一个人自己必定对于“自己是否绝望”认识得最清楚。如果一个人说自己是绝望的，那么他就被看成是绝望的，而如果一个人认为自己并非是绝望的，那么他就被看成不是绝望的。作为一种由此导出的结论，绝望就是一种罕见的现象，而不是非常一般的现象。“一个人是绝望的”，这不是罕见的事实；不，罕见的是“一个人真正地不是绝望的”，这，才是非常罕见的事情。

然而，习俗想法对“绝望”的理解是非常糟糕的。诸如这样的情形，（只须提一下这情形，如果对之有了正确的理解，那么，这情形会把千千万万种不同的情形置于“绝望”这个定性之下），它完全地忽略了：“不是绝望的”、“不自觉自己是绝望的”正是“绝望”的一种形式。在一种更为过分的意义上，习俗想法对“绝望”的解读类似于它对“一个人是否有病”的定性，——在一种更为过分的意义上；因为这习俗想法，比起它对疾病和健康的所知，它对“什么是精神”所知要远远地更少（而如果不知道关于精神，那么对绝望也就不会有所知）。通常，一般人都认为，如果一个人自己不说自己是有病的，那么他就是健康的，而如果一个人自己说自己是健康的，那就更不用说了。而医生则以另一种方式来看这疾病。为什么？因为医生对“什么是健康”有着一种确定而成熟的观念，并且他根据这观念来检测一个人的状态。医生知道，正如有着一种的疾病纯粹是幻觉，同样地也有着一种健康其实是幻觉；遇到后一种情形，他首先使用各种手段来揭示出病症。医生，恰恰是因为他是医生（有见识的医生），根本不会无条件地去相信人自己对于其健康状况的说法。如果每一个人自己对于其健康状况、关于他是健康还是有病、关于他哪里有痛等的说法都是无条件的可信的话，那么，“医生是医生”就是一个幻觉了。因为医生的工作不仅仅是开处方，而首先是诊断疾病，在诊断中则首先要去判断出：那估计是有病的人是不是真的有病，或者，那看起来是健康的人也许在事实上有病。同样，心理专家对于绝望的关系也是如此。他知道什么是绝望，他认识它并且因此而不仅仅满足于一个人的陈述，不管这个人是说自己没有绝望还是说自己绝望。就是说，有必要强调：在某种意义上，那些声称自己是绝望的人并非总都是绝望的。一个人能够假作绝望，并且一个人会弄错而把本是一种精神之定性的绝望混淆于各种各样瞬间即逝的情绪低沉、内心冲突，而这些状态会重新消失却不导致绝望。不过，心理专家也会恰当地把这看成是绝望的各种形式；他丝毫不会搞错地看出这是矫揉造作的病态，——但恰恰这种矫揉造作的病态就是绝望；他丝毫不会搞错地看出这“情绪低沉”等并没有什么大意味，——但恰恰这种“它不具备或者没有得到什么大意义”就是绝望。

而且那习俗思想还忽略了，与一种疾病相比较，绝望不同于那通常被人称作是病症的东西，它是辩证的，因为它是精神的一种病症。而这

“辩证的”，如果我们对之有正确的领会的话，它又将成千种不同的形式置于“绝望”这个定性之下。就是说，如果一个医生在一个特定的瞬间确定了某某人是健康的，而这个人在后一个瞬间病了；那么，医生是对的：这个人那时曾是健康的，而现在则倒是病了。“绝望”的情况则不一样。一旦绝望出现，那么这情形就会显示出来：这个人是绝望的。因此，如果一个人没有通过“曾绝望”而得到拯救，那么我们在任何瞬间都无法对他的情况作出任何决定性的判断。因为，如果那将他导入绝望的东西出现，那么它在同一瞬间就揭示出了：在这之前的整个生命中，他就一直是绝望的。而在一个人发高烧的时候，我们则绝对不可能说：现在这情况揭示出他在整个生命中就一直发着高烧。然而，绝望是精神的一种定性，它使得自己去和“那永恒的”发生关系，所以在它的辩证法中它具备了某种来自“那永恒的”的东西。

绝望不仅仅在“不同于一种疾病”的意义上是辩证的，并且相对于绝望一切特征性的标志都是辩证的，所以，在决定“绝望是否在场”的时候，肤浅的观察就很容易被迷惑。就是说，“不是绝望的”可以恰恰是意味了“是绝望的”，并且它可以意味作“是从‘是绝望的’之中被拯救了的”。安全和镇静可以是意味了“是绝望的”，——恰恰这种安全、这种镇静就能够是“绝望”；并且它可以意味作“克服了绝望并赢得了内心和平”。那“不是绝望的”的情形不同于那“不是患病的”的情形；因为不管怎样，“不是患病的”不可以是“是患病的”，但是，“不是绝望的”恰恰就可以是“是绝望的”。绝望的情形不同于一种病症的情形，感觉不舒适是病症。绝不。感觉不舒适又是辩证的。“从不曾感觉到这种不舒适”就正是“是绝望的”。

这说明，——并且这是由于：作为“精神”来看（并且，如果我们要谈论“绝望”，那么我们就不得不在“精神”这定性之下考虑“人”），“人”的状态总是危急的。我们就“疾病”谈论一种危机关头，而不是相对于“健康”谈危机关头。为什么不？因为肉体上的健康是一种直接的定性，只有到了“它处在疾病的状态中”（然后在这状态中出现“危机关头”的问题）的时候，它才会成为辩证的。但是在精神的意义上，或者在“人被看作是精神”的时候，健康和疾病就都是危急的；直接的“精神之健康”是没有的。

一旦我们不在“精神”这个定性之下考虑“人”（并且，如果不在这定性之下考虑，我们也就无法谈论“绝望”），但只是作为一种灵魂—肉体的综合，那么，“健康”就是一种直接的定性，而“灵魂”或者“肉体”的疾病才是辩证的定性。但是“绝望”恰恰正是：人自己没有意识到是被定性为“精神”的。甚至，那种人之常情说来是“一切之中最美和最可爱的”的东西、一种女性的青春性（那是纯粹的和平、谐和和喜悦），也仍然是绝望。这也就是幸福，但是“幸福”不是精神的定性；并且深深地在“幸福”所深藏的秘密中，在这种秘密的最深处，也居住着“恐惧”，这恐惧就是绝望；它非常想要得到许可居留在那里，因为对于绝望来说，它所最钟爱的、它所精心选择出的最理想居所就是幸福的最深处。一切“直接性”，尽管在它的幻觉中它感觉着安全和宁静，都是恐惧[3]，因而也就顺理成章地在最高的程度上对乌有感到恐惧[4]；如果我们通过“对某种最可怕的东西的最毛骨悚然的描述”而去使得“直接性”感到恐惧，那么，这恐惧的程度就比不上那通过另一种方式而达到的程度：去通过半句关于一种“不确定的东西”的话——半句巧妙的、几乎是漫不经心的然而却是在反思算计好了之后而扔出的[5]话，而使之感到恐惧；是的，通过以一种狡猾的方式来使得“直接性”以为“它自己无疑知道我们所谈的是什么”，我们能够使得“直接性”在最大的程度上感到恐惧。因为，毫无疑问，“直接性”并不知道这个；但是，在“反思”的狩猎中，再也找不到比这更稳当方式来捕获猎物了——它以“乌有”来构建它的陷阱，并且“反思”在任何时候都不会比这时更“是它自己”：这时它是“乌有”。要能够去忍受这“乌有”的反思，也就是，无限的反思，就必须存在有一种非同寻常的反思，或者更确切地说必须有一种伟大的信仰。这样，甚至那一切之中最美和最可爱的、一种女性的青春性也还是绝望，是幸福。因此，在这样的“直接性”之上我们无疑也无法成功地在生活中通行无阻。而如果这幸福得以成功的通过，那也只能起到一小点作用，因为这是绝望。正因为绝望是完全辩证的，因而，绝望就是这样一种病症：“从来不曾有过它[6]”就是最大的不幸，——“得到它”是一种真正的上帝所赐之福，尽管它在人不想从这病中被治愈的时候是一种最危险的病症。本来我们在通常只会说：“从一种病中被治愈”是一种幸福，而这病本身是不幸。

所以说，那种认为“绝望是罕见的东西”的习俗思想，根本就是完完全全地错的，但它却是非常普遍的想法。那认定“每一个不认为或者没有感觉到自己是绝望的人都不是绝望的”并且“只有那说自己绝望的人才是绝望的”的习俗想法，根本就是完完全全地错的。相反，如果一个人毫不做作地说出自己是绝望的，那么，与所有没有被认定或者不认定自己是绝望的人相比，他倒是稍稍更接近，在一种辩证意义上，更加接近于康复。但这正是（心理专家无疑会同意我的这种看法）一般的情形：大多数人活着而并不真正觉悟到自己是被定性为“精神”的，——并且因此，一切所谓的安全感、对生活的满足等等等等，这恰恰正是绝望。而相反那些说出自己是绝望的人们，通常说来，要么是一些有着这样一种更深刻的本性的人，因而他们必然意识到自己是作为精神，要么是一些得助于各种沉重事件和可怕决定而意识到自己是作为精神的人，——两者之中非此即彼；因为，在真正意义上“不是绝望的”的人无疑是极其罕见的。

哦，人们谈论这么多关于人的灾难和悲惨，——我试图对之有所理解，并且也从中深刻地认识到了各种东西；人们谈论这么多关于浪费生命，但是只有在这样的情况下一个人的生命才是被浪费了的：如果这人在生命的喜悦或者悲哀的欺骗之下就这样地生活着，从来没有永恒地作出决定让自己意识到自己是作为精神、作为自我或者那等同于此的东西，从来没有去留意并且在一种更深刻的意义上得到这印象：有一个上帝存在着，并且“他”、他自己、他的自我在这个上帝面前存在着，——这种无限性之福泽不通过“绝望”是永远也无法被达到的。呵，这种悲惨：那么多人就这么地活着，被骗走了一切想法之中“最极乐至福的东西”；这种悲惨，一个人专注于或者（相对于人众而言）人众专注于形形色色的其他事物，他们被用于去给出生活舞台中的各种力量，却从没有人提醒他们关于这种神圣祝福；他们凑集在一起并且受着欺骗，而不是被分散开让每一个“单个的人”都得以赢得“那至高的”、“那唯一的”——这是唯一值得人去为之而活着并且足以让一种永恒活在之中的东西；——我觉得，我会为这种悲惨的存在而永恒地痛哭！呵，在我的想法里，这是对于这“一切之中最可怕的病症和悲惨”的又一个恐怖的表达：它的隐蔽性，——不仅仅是那承受着这种悲惨的人会想要去隐藏并且会有能力去隐藏这悲惨，不仅仅是这种悲惨会如此地居留在一个人身上而根本没有谁发现它，不，不仅仅是如此，而且也是：它会这样地隐藏在一个人身上而这个人自己都根本不知道！呵，当那沙漏终于流空——“现世性”的沙漏；当“尘俗性”的喧嚣黯哑了下来，并且那碌碌的或者无为的[7]繁忙得到了一个终结；当一切就仿佛是在永恒中那样地在你周围宁静着的时候，——不管你是男人还是女人、是富人还是穷人、是独立者还是依赖者、是幸福者还是不幸者；不管你是在尊贵之中穿戴着冠冕的光辉，还是在卑微的无足轻重中只得以承受日间的劳作和暑热[8]；不管你的名字将流芳千古并且自从它的出现之后就一直是被人记住，还是你没有名字并且作为无名者在芸芸众生之中漂流；不管是那环绕着你的光辉超越一切人为的描述，还是那最严厉的和最羞辱的人为审判降临在你的头上；——“永恒”向你询问，并且询问在这千千万万中的每一个单个的人，只询问一个问题，问你是不是曾绝望地活着，是不是如此地绝望——“你不知道你是绝望的”，或者如此——“你隐蔽地承受着你内心深处的这种病症仿佛它是你啮心的秘密，或者就好像你心中一种有罪的爱所得出的果实[9]”，或者如此——“你，一个对他人而言的恐怖，在绝望之中暴怒”。并且，如果是这样，如果你曾绝望地活着，并且不管你是赢是输，那么对于你来说，一切就都迷失了，“永恒”不认可你，它永远也不认可你[10]，或者甚至更可怕的是，它把你作为“已被认识的你”来认识[11]，它把你与你在绝望中的自己牢牢地绑定在一起！

注释：

1　［不是在内心深处有着……对自己的恐惧］克尔凯郭尔以维吉利乌斯·豪夫尼恩希斯为笔名在《概念恐惧》（1844）之中对这些主题进行了论述。

2　［基督教世界（Christenheden）］基督徒的社会，所有基督教的国家。

3　［一切“直接性”……都是恐惧］可参看《概念恐惧》第三章第一节“‘无精神性’的恐惧”。

4　［对乌有感到恐惧］比如说可看《概念恐惧》第一章第五节：在这一状态之中有和平和宁静；而同时也有着某种他物，这他物不是“不和平”和“争执”，因为没有什么可去争执的。那么，这他物是什么呢？它是乌有。那么“乌有”具有怎样的作用呢？它生产恐惧。这是无辜性的深奥秘密：无辜性同时就是恐惧。精神梦着地投射其现实性，但是这一现实性是乌有，然而无辜性总是不断地在自身之外看见这乌有。

5　“在反思算计好了之后扔出的”：按丹麦文原文直译应当是“借助于‘反思’的准确算计的瞄准仪而投掷出的”，但是这样句子显得有点失去平衡，所以我在这里就作一个简化的意译。

6　“它”，是指“这病”，即“绝望”。

7　“碌碌的或者无为的”：按照原文翻译是“得不到停息的或者毫无效果的”，合起来恰恰对应中文成语“碌碌无为”，但是连接词是“或者”而不是“和”，所以翻作“碌碌的或者无为的”而不是“碌碌无为的”。

8　［日间的劳作和暑热］指耶稣关于葡萄园中的雇工的比喻。《马太福音》(20:1—16)：“因为天国好像家主，清早去雇人，进他的葡萄园作工。和工人讲定一天一银子，就打发他们进葡萄园去。约在巳初出去，看见市上还有闲站的人。就对他们说，你们也进葡萄园去，所当给的，我必给你们。他们也进去了。约在午正和申初又出去，也是这样行。约在酉初出去，看见还有人站在那里。就问他们说，你们为什么整天在这里闲站呢。他们说，因为没有人雇我们。他说，你们也进葡萄园去。到了晚上，园主对管事的说，叫工人都来，给他们工钱，从后来的起，到先来的为止。约在酉初雇来的人来了，各人得了一钱银子。及至那先雇的来了，他们以为必要多得。谁知也是各得一钱。他们得了，就埋怨家主说，我们整天劳苦受热，那后来的只做了一小时，你竟叫他们和我们一样么。家主回答其中的一人说，朋友，我不亏负你。你与我讲定的，不是一钱银子么。拿你的走吧。我给那后来的和给你一样，这是我愿意的。我的东西难道不可随我的意思用么。因为我作好人，你就红了眼么。这样，那在后的将要在前，在前的将要在后了（有古卷在此有因为被召的人多，选上的人少）。”

9　［有罪的爱所得出的果实］原本这表达是用来指私生儿的。

10　［“永恒”不认可你，它永远也不认可你］参看《马太福音》(7∶21—23)：“凡称呼我主阿，主阿的人，不能都进天国。惟独遵行我天父旨意的人，才能进去。当那日必有许多人对我说，主阿，主阿，我们不是奉你的名传道，奉你的名赶鬼，奉你的名行许多异能么。我就明明的告诉他们说，我从来不认识你们，你们这些作恶的人，离开我去吧。”也参看《马太福音》(25∶12)。

11　“已被认识的你”，亦即“他者所认识的你”，直译应当是“你所被认识的”。在这里的关联上，就是说“他人或上帝所认识的你”。

［把你作为“已被认识的你”来认识］参看《歌林多前书》(13∶12)“我们如今仿佛对着镜子观看，模糊不清。(模糊不清原文作如同谜）到那时，到那时，就要面对面了。我如今所知道的有限。到那时就全知道，如同主知道我一样。”

丙　这种病症（绝望）的各种形态

“绝望”的各种形态可以抽象地通过对构成“那‘作为综合’的自我”的各个环节的反思来确定[1]。自我是由“无限性”和“有限性”构成。但是这个综合是一个关系，并且是一个这样的关系：虽然它是推导衍生出来的东西，它使自己去与“自己”发生关系，而这[2]就是自由。“自我”是自由。而自由是在“可能”与“必然”这两个定性之中的“那辩证的”。

然而总的说来，绝望还是必须被放在“意识”这个定性之下来考虑；“绝望是不是被意识到”，这是绝望与绝望之间的“质的区别”。固然所有绝望从原则上说都是被意识到的；但这并不意味着：如果一个人有着这绝望，如果一个人从概念上看来确实可以被称作是绝望了的，他就必定自己会意识到了这绝望。这样看来，意识是起着决定作用的东西。总的说来，意识，就是说，自我意识，在对于“自我”的关系中是起决定作用的东西。意识越多，自我也就越多；意识越多，意志也就越多，而意志越多，自我越多。一个完全没有意志的人，不是自我；而他具备越多的意志，他也就具备越多的自我意识。

A　在以这样的方式考虑之下的绝望：不去反思它是否被意识到，从而，只对“综合”的诸环节进行反思

a）在“有限性—无限性”的定性之下看“绝望”

“自我”是有限性与无限性的被意识到的综合，——它使自己与自己发生关系，它的任务是成为自己，而这“成为自己”只有通过“与上帝的关系”才能达成。而“成为自己”就是“变成具体的”[3]。但是“变成具体的”既不是“变成有限的”也不是“变成无限的”，因为，如果一样东西要变成具体的，那么这东西则就是一个综合。这样，这发展过程就必定是由“在自我之无限化中无限地离开自己”构成，并且由“在有限

化中无限地回返向自己”构成。而如果自我不成为他自己，那么它就是绝望的，不管它对之有无所知。而在一个自我存在着的每一个瞬间里，它都仍处在“成为”[4]之中，因为自我根据可能[5]并不是现实地存在着的，而只是“将要去成为存在的东西”[6]。在这样的情况下，既然自我不成为它自己，它就不是它自己；而这“不是自己”则正是“绝望”。

壹）“无限性”的绝望是“缺少有限性”

之所以这是如此，原因是在于那辩证的事实[7]，“自我是一个综合”，为此两者中的“这一个”总持恒地是其自身的对立面。任何形式的绝望都无法直接简单地（就是说，非辩证地）得以定性，我们只能通过“对绝望之对立面进行反思”来为绝望定性。我们能够直接简单地在“绝望”中描述“绝望的人”的状态，正如一个诗人就是这样做的，通过赋予他台词来描述他的状态。但是要为绝望定性，我们则只能通过它的对立面；如果这台词在诗意上是有价值的，那么它就必定能够在表达词的色彩渲染中包容有对于那“辩证的对立面”的反思[8]。这样，每一个想来已经变得无限的“人的存在”[9]，或者，每一个哪怕只是想要是无限的“人的存在”，都是绝望；事实上甚至可以这样说，每一个“在之中‘人的存在’成了无限或者只是想要是无限”的瞬间，都是绝望。因为“自我”是综合，在这综合之中“那有限的”是限定者，而“那无限的”是扩展者[10]。因此，无限性之绝望是“那幻想的”，是“那无边界的”[11]；因为，只有在“自我”（恰恰是通过“曾绝望过”）透明地使得自己依据于上帝时，只有在这时，这自我才是健康的并且摆脱了绝望。

“那幻想的”[12]当然就去使自己最密切地与“幻想”[13]发生关系；但是“幻想”则又与“感情”、“认识”、“意志”发生着关系[14]，这样，一个人能够有一种幻想性的感情、认识、意志。总的说来，“幻想”就是“那实施无限化的”[15]的中介工具；它不是什么能力，不同于别的能力，——如果人们要让它是能力的话，那么它就是那对其他一切都有着作用的[16]能力。一个人有什么样的感情、认识、意志，说到底在最后是要看一个人有什么样的幻想，就是说，要看这个人是怎样反思他自己的，换一句话说也就是依据于幻想。幻想是“实施无限化的反思”，为此那老费希特非常正确地认定了，甚至相对于“认识”，他认定了“幻想”是范畴们的渊源[17]。“自我”是反思[18]；并且“幻想”是反思，是“自我”的再现——它是“自我”的可能性。“幻想”是所有反思的可能性；而这种中介工具的强度是“自我之强度”的可能性。

总的说来，“那幻想的”是这样一种东西，它以这样一种方式把一个人引进“那无限的”：它只是引导他出离自身并且以此来保持让他不回返到自身之中。

这样，在感情变得幻想化时，自我就被越来越多地蒸发掉，在最后它成为一种抽象的“善感性”[19]，——这种善感性非人地不属于任何某个人，而非人地，可以说，善感地去参与某种“抽象”的命运，比如说，抽象普遍的[20]人类。就像患风湿症的人在对其感官性的感觉是没有控制力的，相反这感觉倒是处在风和气候的控制下，所以在气候环境的变化以及诸如此类的情况下就情不自禁地在自己身上感觉到这变化；如果一个人的感情变得幻想化了，那么他的状况亦是如此，他在一种方式上是被无限化了，但不是那种“越来越成为他自己”的无限化，因为他越来越多地失去他自己。

在认识变得幻想化时，情况也是如此。考虑到“认识”，只要“自我成为自己”这个事实将成立，那么，“自我之发展”的法则就是：“认识”的上升程度和“自我认识”的上升程度成正比，“自我”认识得越多，它对自己的认识也越多。如果事情不是这样，那么，认识的程度越是高，它也就越是成为一种“非人地进行认识”，——随着这种“非人地进行认识”的出现，“人”的自我就被浪费掉了，大致地也就像人类被浪费在建造金字塔上，或者就像在那种俄罗斯号角音乐中，人因为只是被当作一个既不多也不少的小音节[21]而浪费掉了。

在意志变得幻想化时，自我于是也同样地被越来越多地蒸发掉。这时的意志仍然保持其抽象的一面，但是却不再持恒地在同样的程度上保持其具体的一面[22]。如果它能够持恒地在同样程度上具体而抽象的话，那么，在那能当即被完成的“一小部分任务”中，它越是在意图和决定中被高度地无限化，它对于它自己来说也就越高度地在场，既是在空间中也是在时间上，高度在场[23]；这样，在它“被无限化”的过程中，它就在一种最严格的意义上回到它自己[24]；这样，在与自身相距得最遥远（在它在意图和决定中被最高度地无限化了的时候）的同一瞬间，它是与它自身最接近着的：它正在完成那无限小的一部分工作，这工作尚能在今天、在这个小时中、在这个瞬间里被完成[25]。

这样，在“感情”或者“认识”或者“意志”变得幻想化的时候，整个自我到最后也能够变得幻想化，不管在这时是一种更主动的形式（这人投身到“那幻想的”之中），还是一种更被动的形式（他是被牵扯进去的）；但不管是哪一种形式，它在这两种情形中都是有责任的。这样，自我在抽象的“无限化”或者抽象的隔绝之中以一种幻想化的存在作为生活，持恒地缺乏着他的自我，并且离“自我”越来越远。这样，比如说在宗教性的领域：上帝关系是一种“无限化”；但是这种“无限化”能够如此富于幻想地吸引住一个人而致使这“无限化”只成为一种迷醉。这可以是一个这样的人，对于他，仿佛“相对于上帝而存在”是不可忍受的，就是说，因为这个人无法回到他自己、成为他自己。一个这样的幻想化的宗教者会说（这里借助于台词来表现其人格特征）：“一只麻雀能够活着，这是可以理解的，它对它的‘相对于上帝而存在’一无所知[26]。但是，知道‘人相对于上帝而存在’却不在同一瞬间里发疯或者成为乌有，——这才是不可理解的！”

但是因为一个人以这样的方式变得幻想化并因此绝望，他仍然能够（尽管他常常是很明显地处在幻想化并且绝望的状态中）很好地继续生活下去，做一个看上去就像他的外表那样的人：专注于现世的事物，结婚，养育孩子，受世人尊敬和瞩目；——并且人们可能不会留意，他在一种更深的意义上缺乏一个自我。这样的情况并没有为世界上带来什么大骚动[27]；因为一个“自我”是在世界上最少被问及的东西，并且，如果让人感觉到“一个人具有这样一个自我”的话，那么这就是最危险的事情。最大的危险，亦即“失去自己”[28]，能够非常宁静地在这个世界里发生，仿佛它什么也不是。没有什么失落能够如此宁静地发生；每一种其他的失落，失去手臂、失去腿、失去五块钱[29]、失去一个妻子等，都还是会被感觉到的。

贰）“有限性”的绝望是“缺少无限性”

之所以这是如此，正如在壹）之中所展示的，原因在于那辩证的事实[30]——自我是一个综合，为此“这一个”总持恒地是它自己的对立面[31]。

“缺少无限性”是绝望的“受限定性”[32]、“狭隘性”[33]。当然这里所谈的，从伦理的意义上看，只是关于狭隘性和局限性[34]。世界上人们其实只谈论理智上的或者审美上的“局限性”，或者只谈论无所谓的东西——关于无所谓的东西总是这个世界上谈论得最多的话题；因为“世俗性”恰恰就是“将无限的价值赋予无所谓的东西”。世俗的考虑总是牢牢地附着在人和人之间的“差异”上，就其本性而言，自然不懂那“不可少的一件”[35]（因为懂这个就是“精神性”），并且因此也就不懂“局限性”和“狭隘性”；这局限性和狭隘性就是：不是因“在‘那无限的’之中被蒸发”而失去了自己，而是因为“被完全有限化”、因为“不去是自己而去成为了一个数字、成为这种永恒的千篇一律[36]中的又一次重复、又一个人”[37]而失去自己。

绝望的狭隘性是缺乏本原性或者剥夺了自己的本原性，从精神的角度理解就是说阉割了自己。就是说，每一个人都是本原地有着“作为一个自我”的禀赋，被定性作“去成为自己”；无疑每个人就其本身而言都是有棱有角的，但是这只是意味了他应当去被按照原始形态打磨成型，而不应当去被打磨圆滑销去原始形态，不应当因为对于人众的畏惧而完全地放弃“是自己”，或者甚至仅仅因为对于人众的畏惧而不敢在他那更本质的偶然性中“是自己”——而在这种更本质的偶然性（它恰恰是不应当被打磨圆滑而销去的东西）中人自为地[38]是他自己。一类绝望在“那无限的”之中失控迷航并且失去自己，而另一类绝望则似乎是让“别人们”骗走了它的自我。通过“看齐自己周围的人众”、通过“忙碌于各式各样的世俗事务”、通过“去变得精通于混世之道”，一个这样的人忘记了他自己、忘记了他——神圣地理解——自己的名字是什么、不敢信赖自己、觉得“是自己”太冒险而“是如同他人”则远远地更容易和更保险，成为一种模仿，成为数字而混进人群之中[39]。

当今世上，人们根本就不去留意这种形式的绝望。一个这样的人，他正是通过以这样的方式失去自己而赢得了那种完美提高自己的能力，这使得他能够在日常生活中如鱼得水，是啊，使得他在这世界里取得成功。这里没有什么延迟、没有他的自我及其无限化的麻烦，他被打磨圆滑得如同一块圆石、像一枚流通的硬币那样随时可用。他根本不会被人们看作“是绝望的”，相反他是正派体面的人。就其本性而言，这世界总的说来自然是不懂那真正可怕的东西。这种绝望，它不仅仅没有在生活中为一个人带来麻烦，反而使得生活对于这人是怡心舒适，它当然是绝不会被看成是“绝望”的。上面的这些就是世界的看法，我们可以在几乎所有的俗语之中看到这一点，而俗语只不过是睿智律。人们这样说：在一个人因为自己说了话而后悔十次的同时，他只为自己保持了沉默而后悔一次，为什么？因为作为一种外在的事实，“说了话”能够把一个人卷进麻烦中去，既然这是一种现实。但是“保持了沉默”！然而这却是那最危险的。因为，通过沉默，人就完全被孤独地交付给了他自己[40]，在这样的情况下，现实不会通过惩罚他、通过把他所说的话的后果带给他而帮上他什么。不，不会有什么惩罚；从这个角度看我们可以很轻松地对待“沉默”。但是正因此，如果一个人知道“什么是那可怕的东西”，那么，在一切之中他最畏惧的恰恰是每一个内向而不在外表上留下任何痕迹的错失和“罪”[41]。以这样一种方式，在世界的眼里，敢冒险说话是危险的，为什么？因为一个人会因此而有失；而相反不冒这险则是聪明的。然而由于“不冒这险”，一个人恰恰是那么可怕地容易失去那难以失去的东西，不管他因冒这险而失去了多少东西他都难以失去的那东西，亦即，他自己；恰恰就因不冒这险而如此可怕地容易失去，在任何一种别的情形下从不曾这样，如此容易、如此完全就像什么也没有失去那样地失去。因为，如果我错误地冒了这险，那么生活以惩罚来帮助我。但是如果我根本没有冒这险，谁来帮助我？而另外，如果我根本不知道在最高的意义上去冒这险（而在最高的意义上冒这险正是“对自己留意关注”），那么我怯懦地赢得了一切尘世间的好处——而失去了我自己！[42]

“有限性”的绝望的情形就是这样的。因为一个人是以这样一种方式绝望的，所以他能够很好地，并且在根本上说恰恰是更好地在现世性中生活下去、做一个像他外表看上去所像的人、被他人赞美、受尊敬和瞩目、投身于一切现世性之目的。是的，恰恰这种被人称作“现世性”的东西，它纯粹是由这样的人构成，如果我们可以这样说，他们把自己典押给了这个世界[43]。他们使用他们的能力，聚集他们的钱财，达成世俗的丰功伟绩，聪明地算计，等等等等，也许还会在历史中被提及，但是，“他们自己”则是他们所不是的[44]；不管从别的角度看他们是多么的自私，但是在精神的意义上看，他们不具有自我、不具有“一个人能够为之敢冒一切险”的自我、不具有相对于上帝的自我。

b）在“可能性—必然性”的定性之下看“绝望”

对于“去成为”（“自我”将要去自由地成为自己），可能性和必然性是同样的本质的。正如无限性和有限性（那有限的/无限的）[45]属于“自我”所不可少的，可能性和必然性也是如此。一个不具有可能性的自我是绝望的，正如一个不具有必然性的自我。

壹）“可能性”的绝望是“缺乏必然性”

之所以这是如此，正如前面所展示的，原因是在于“那辩证的”。

正如有限性相对于无限性是“限制着的东西”，必然性相对于可能性也是如此，再一次保持这种情形。由于“自我”，作为有限性与无限性的综合，被设定了，是根据可能[46]；现在为了“去成为”[47]，它在“幻想”的中介工具中反思自身，由此无限的可能性就显现出来。根据可能[48]，“自我”既是必然的，又在同样的程度上是可能的；因为它就是它自己，但是它要去成为它自己。因为它是它自己，所以它是必然的东西；而因为它将要去成为它自己，所以它是一种可能。

如果现在可能性压倒了必然性，那么自我就在可能之中跑出自己，这样，它就没有任何必然的成分，而这必然的方面是它应当返回的地方；于是，这就是可能性之绝望。这个自我成为一种抽象的可能性，它在可能性之中挣扎得精疲力竭，但是它却走不出去并且也没有地方可去，因为“那必然的”正是这地方；“去成为自己”就正是在这地方的一种运动。“去成为”是出离这地方的运动，而“去成为自己”则是在这地方的运动。

这样一来，对于自我，可能性看起来是越来越大，越来越多的东西对于它成为可能的，因为没有什么东西成为现实的。在最后，对于它仿佛一切都是可能的，而这时恰恰正是深渊吞噬了“自我”的时刻。本来，每一个小小的可能，为了成为现实，就都会需要一些时间。但是在最后，这本应是用于“现实”的时间变得越来越短，一切变得越来越瞬间化。可能性变得越来越强烈，不过，是在“可能性”的意义上，而不是在“现实性”的意义上；因为在现实性的意义上，“那强烈的”意味了：在那“是可能的”的东西之中，有一些部分成为现实的。在“瞬间”中，某种东西显现为“可能的东西”，然后又有一种新的可能性显现出来，最后这些幻觉迷景[49]一个接着一个如此迅速地出现，以至于一切仿佛都是可能的，而正是在这最后的瞬间里，“个体”自身就完全地成为了海市蜃楼。

这时，自我所缺乏的当然是现实性；在一般情况下人们也会这样说，比如人们说：一个人变得不现实了。但是通过进一步考察，我们发现他在根本上所缺乏的是“必然性”。就是说，这并非是像哲学家们所解说的那样[50]，——“必然性是可能性和现实性的统一”[51]，不，不是这样；现实性是可能性和必然性的统一。在一个“自我”以这样的方式在“可能性”

之中走迷了路的时候，这也不是仅仅的“力”[52]的匮乏，至少这不应当被解读为像一般情况下人们所理解的那种。这被解读出的从根本上说是“用以去听从”的力、“用以去使得自己屈从于在一个人身上的‘那必然的’”的力；人身上的“那必然的”可以被称作是一个人的极限。因此，不幸也不是这样一个自我没有在这世界里成为什么东西，不，这不幸是他没有去留意到他自己，没有去留意到：自我（他所是的这自我）是一个完全确定的“某物”并且以这样一种方式是“那必然的”。相反，他之失去自己，是由于这个自我在“可能性”之中幻想地反思自身。甚至相对“在一面镜子里看见自己”这样一种行为而言，“认出自己”就已经是必要的了；因为，如果一个人认不出自己，那么他就在镜子里看不见他自己，而仅仅看见一个人。然而“可能性”的镜子不是什么普通的镜子，我们必须带着极端的谨慎来使用它；因为，在最高的意义上看，这面镜子是不真实的。“一个自我在其自身的可能性之中看来是如此如此”只是一半的真相；因为在其自身的可能性中，自我还远远地不是或者只一半地是它自己。于是关键在于，这个自我的必然性怎样进一步为这自我定性。“可能性”的这情形就好像是：如果我们邀请一个孩子来参与某件愉快的事情；这小孩子马上就会愿意，但是现在这关键就在于父母是否会允许他去，——“必然性”的情形就如同这孩子的父母。

然而在可能性之中一切都是可能的。所以在可能性之中人会以各种各样可能的方式迷路，但在本质上说有两种方式。一种形式是有着愿望的、渴盼着的，另一种是沉郁地幻想化的（希望；畏惧或者恐惧）。正如在童话和民间传说中经常讲述的，一个骑士突然看见一只罕见的异鸟[53]，他不停地追赶这鸟，因为在一开始看起来他很接近这鸟，然而它却又飞起来，一直到夜幕降临，他与他的同伴走散了而又无法在他所处的荒野中找到路；如此就是“愿望”之可能性的情形。不是把可能性送回到必然性之中，相反他追逐这可能性，最后他无法找到回归到他自己的路。在沉郁中，则是相反的情况以同样的方式发生。怀着沉郁的爱[54]，个体追逐一种恐惧之可能性，这可能性最终引导他离开他自己，这样，他就死在这恐惧之中，或者说，他为“自己可能会死在某样东西之中”而恐惧，然而他却恰恰死在这东西之中[55]。

贰）“必然性”的绝望是“缺少可能性”

如果人们要拿“在可能性之中迷路”与“孩子呀呀地用元音发声”

比较的话，那么，“缺乏可能性”则如同“根本发不出声音”。“那必然的”如同各种纯粹的辅音，但是要将之发出声来就必须有“可能性”的存在。如果缺乏这可能性、如果一种“人的[56]存在”被安置在这样一种“它缺乏可能性”的状态中，那么，它就是绝望的，并且在每一个“它缺乏可能性”的瞬间都是绝望的。

在这种情况下，人们一般会认为，人生中有某种特定的年龄是有着特别丰富的希望的，或者人们谈论，人到了一定的时候、在他生命中的一个单一的瞬间里会有或者会有过如此丰富的希望和可能性。所有这些都是人之常情的说法，这种说法达不到真相；所有这希望[57]和所有这绝望[58]都还不是真正的希望或者真正的绝望[59]。

那起着决定作用的是：对于上帝一切都是可能的[60]。这一点是永恒的真实的并且也因而在每一个瞬间都是真实的。固然人们在日常言谈中也会用到这种说法；在日常言谈中人们这样说，但是只有在人被推向了那最极端的地方——于是从人情上说什么可能性都没有了，只有在这种情况下，那“决定”才会出现。这里的关键在于：他是不是想要去相信“对于上帝一切都是可能的”，这就是，他是不是想要去信仰。然而这却是对于“丧失理智”的完全表述公式；“去信仰”就正是“为赢得上帝而丧失理智”。就让它这样地发生吧。设想如果有一个这样的人，他带着一种“惊恐下的想象力”的全部颤抖，想象出了某种无条件地不堪忍受的恐怖。现在这事情就发生在他身上，正是这恐怖发生在他身上。按人之常情来说，再也没有比他的崩溃更确定无疑的东西了；——并且他的灵魂的“绝望”[61]绝望地为得到“去绝望”的许可而挣扎，为得到（如果人们想这样说）“去绝望”的安宁[62]，为得到整个人格对“去绝望”的同意和参与而挣扎；这样，再也没有什么别的人或者东西比那试图想要阻碍他去绝望的人和这种试图本身更多地会遭受他诅咒的了，正如那位诗人中的诗人卓越无双地表现出这种情形（《理查二世》：该死你，表弟，你将我从那通向“绝望”的舒适道路上引了出来[63]）。这样看来，按人之常情来说，“拯救”就是一切之中“那最不可能的”；但是对于上帝一切都是可能的！这是信仰的搏斗，（如果人们想这样说）疯狂地为“可能性”而搏斗。因为可能性是唯一的拯救者。如果一个人昏倒，那么人们就呼叫拿水来，科隆水，霍夫曼乙醚嗅剂[64]；但是如果一个人将要绝望，那么所呼叫的就该是：去找出可能性、去找出可能性，可能性是唯一的拯救者；一种可能性，于是绝望者就又恢复了呼吸，他重新有了生机；因为没有可能性就如同一个人无法呼吸。有时候，一种“人的幻想”[65]所具的创造力能够达到生产出可能性的程度，但是最终，就是说，当问题的关键是去信仰的时候，能够起作用的只有这个：对于上帝一切都是可能的。

于是挣扎和搏斗。这搏斗者是否崩溃，这完全并且仅仅地在于他是否想要造就出“可能性”，这就是，他是不是想要信仰。而他还是知道，按人之常情来说，他的崩溃是一切之中最确定无疑的。这就是在“去信仰”之中的那种辩证的东西。在一般的情况下，一个人唯一知道的就是：这个或者那个……也许，说不定等等，不会在他身上发生。然后这事情发生在他身上，然后他就毁灭。愚勇的人冲进一种危险，这危险所具的可能性也是这个或者那个……然后它就在他身上发生了，然后他绝望并且崩溃。信仰者按人之常情来说（在那发生在他身上的事物中、在他所敢冒险去做的事物中）是看见并且明白他自己的毁灭，但是他信仰。所以他没有毁灭。关于他将如何得到帮助，他完全听由上帝，但是他相信，对于上帝一切都是可能的。去信仰他的毁灭是不可能的。明白按人之常情来说，那是他的毁灭，却仍然相信“可能性”，这就是“去信仰”。然后，上帝也帮助他，也许是通过让他避开那恐怖，也许是通过那恐怖本身；在这里，“帮助”出乎期待地、奇迹般地、神圣地显现出来。奇迹般地；因为，如果说一个人只能在一千八百年之前奇迹般地被救助，那么这就是一种古怪的装腔作势。一个人是不是奇迹般地得到了帮助，在本质上是看：他是以怎样的理智激情去理解了“这帮助是不可能的”；然后是看：他对于那“仍帮助了他”的力量有多么诚实。但是在通常人们既不会去做前者也不会去做后者；他们尖叫着“帮助是不可能的”却从不曾尽可能地用上他们的理解力去找到这帮助，并且在之后他们毫不感恩地撒谎。

信仰者拥有那对抗“绝望”的永恒安全的抗毒剂：可能性；因为对于上帝一切在每一瞬间都是可能的。这就是信仰之健康，它解决着各种矛盾。在这里，矛盾就是：一方面按人之常情来说毁灭是确定的，而另一方面则还是有着可能性。在总体上说，健康就是“能够解决矛盾”。这样，在身体或者物理的意义上看：气流风是一种矛盾，因为气流风是在完全不相混或者非辩证的情况下的冷和热；但是健康的身体解决这个矛盾并且不会感觉到气流风。信仰的情况也是如此。

“缺乏可能性”，要么是意味了“一切对于一个人都成为了必然的”，要么意味了“一切成为了无足轻重的东西”。

决定论者、宿命论者[66]是绝望的，并且，作为绝望者，失去了他的自我，因为一切对于他都是必然性。他的情形就像那个国王，死于饥饿，因为一切食物都变成了金子[67]。人格是一个可能性和必然性的综合。正因此它的情形就如同呼吸[68]，这是一种呼气和吸气。决定论者自己不能够呼吸，因为单单呼吸“那绝对的”是不可能的，这只会窒息一个人的自我。宿命论者是绝望的，失去了上帝并且因而也失去了自我；因为那不拥有一个上帝的人，也不会拥有自我。但是宿命论者没有上帝，或者另一种说法其实也没有什么两样，他的上帝是必然性；正如对于上帝来说一切都是可能的，那么上帝就是“一切都是可能的”。所以宿命论者的上帝崇拜至多只是一个感叹，而在本质上是那种哑然无声，哑然地屈从，他不能够祈祷。祈祷也是呼吸[69]，而可能性对于自我说来就是氧气对于呼吸。然而正如一个人无法仅仅呼吸氧气或者仅仅氮气，仅仅是可能性或者仅仅是必然性也无法单独地作为祈祷之呼吸的前提条件。为了能够祈祷必须有着一个上帝，一个自我——和可能性，或者一个自我和在一种最高的意义上的可能性，因为上帝是“一切都是可能的”，或者“一切都是可能的”是上帝；只有在一个人的本质受到了如此的震撼以至于他通过懂得“一切都是可能的”而成为“精神”的时候，只有在这种情况下他才是投身于上帝了的。上帝的意志是“那可能的”，——这使得我能够祈祷；如果他的意志只是“那必然的”，那么人从本质上说就会和动物一样的没有语言表达能力。

而尖矛市民性，轻浮琐屑性的情况则有所不同，尽管这在本质上也是缺乏可能性。“尖矛市民性”是“无精神性”，而决定论和宿命论则是精神之绝望；但是“无精神性”也是一种绝望。“尖矛市民性”缺乏“精神”的每一种定性而完全地痴迷于“那几率可能的”[70]，——在之中“那可能的”只有着其一小点的位置；这样，它缺乏“去留意于上帝”的可能性。没有幻想，正如尖矛市民一向是如此，他生活在一种对于各种经验的无足轻重的总和中：关于世事如何发生、什么是可能的、什么是通常所发生的；另外这尖矛市民可以是啤酒店老板或者首相。以这样的方式，尖矛市民失去了自己和上帝。因为要“去留意于自己和上帝”，幻想就必须像秋千一样地把一个人摇荡到比“几率性的不良氛围”更高的位置，它必须把一个人拉出这不良氛围；并且通过使得那“超越每一种经验的足够多[71]的东西”成为可能，而学会去希望和去畏惧，或者去畏惧和去希望。然而，幻想是尖矛市民所没有的，所不想要有的，所厌恶的。于是在这里没有什么助益。而如果生活在某一时刻用各种惊怖来作为一种帮助来刺激他，并且这些惊怖超越了琐碎经验的鹦鹉学舌之智，那么“尖矛市民性”就绝望起来，——这就是说，事情于是明了：那所发生了的事情就是绝望；对于“通过上帝能够将一个自我拯救出这种确定的毁灭”这一点，“尖矛市民性”缺少信仰的可能性[72]。

宿命论和决定论却具备足够的“幻想”去为求“可能性”而绝望[73]，具有足够的“可能性”去发现“不可能性”；“尖矛市民性”在无足轻重的琐碎事务中找到安宁，顺利或者坎坷，都一样地绝望。宿命论和决定论缺乏“去放松”和“去镇静缓解”的可能性，缺乏“去调剂安顿必然性”的可能性，也就是说，作为“缓解”的可能性；“尖矛市民性”缺少可能性，缺乏那作为“从无精神性之中觉醒”的可能性。因为“尖矛市民性”认为自己支配着可能性、把这种巨大的伸缩性骗入了“几率性”的圈套或者疯人院，认为自己已经将它抓了起来；它把“可能性”关在“几率性”的牢笼之中，带来带去地展览，自欺欺人地以为自己是主人，却毫不留意到：正是因此，它把它自己捕捉起来而使自己成为了“无精神性”的奴隶，一切之中最可悲的东西。因为这个：如果一个人在可能性中迷路，那么他是带着“绝望”的无畏在翩翩起舞；如果对于一个人，一切都变得必然，那么，他就是被挤压在绝望中，对“存在”感到力不从心；而尖矛市民性则是无精神地大获全胜。

B 在“意识”这个定性之下看绝望

意识的程度在上升之中，或者，意识的程度是相对于“绝望中持恒地上升的强度”的上升而上升；意识越多，绝望也就越强烈。我们在任何地方都能看见这种情况，最清晰是在“绝望”的最大值和最小值中。魔鬼的绝望是最强烈的绝望，因为魔鬼是纯粹的精神，并且因此也是绝对的意识和透明性；在魔鬼身上没有任何能够用来作为缓和借口的朦胧性，所以他的绝望是最绝对的对抗。这是绝望的最大值。绝望的最小值是一种状态，这种状态（在人之常情上人们可能会忍不住要说）在一种无辜性之中对于“这是绝望”根本一无所知。在

“无意识性”以这样的方式处于最大值时，绝望就最少；将这样一种状态称作“绝望”是否正确，这几乎就像是一个辩证的问题。

a)“对‘自己是绝望’一无所知”的绝望，或者对“拥有一个自我和一个永恒的自我”的“绝望的[74]无知”[75]

“这种状态仍还是绝望并且适合于被称作绝望”，这是对那种被人们在最佳意义上称作是“真理的固执性”的东西的一种表述。真理是自己的和谬误的标准[76]。但是这种真理的固执性无疑是没有得到注重，正如一般地说来人们也远远地不会把与“那真的”的关系、把“让自己去与‘那真的’发生关系”看作是最高的善，正如他们更远远地不会像苏格拉底那样地将“处于谬误？”视作是最大的不幸[77]；通常“那感官性的”在他们身上所占的比重远远要大于他们的理智性。这样，如果一个人看上去是幸福的、自欺欺人地以为自己是幸福的，然而如果在真相之光之下观察他却是不幸的，那么，在通常情况下，他根本不会愿意被从这种谬误之中被强拉出来。相反，他会感到恼恨，他把那拉他的人看作他仇恨最深的敌人，他把这拉他的行为看成是一种攻击，以这样一种方式看来甚至是某种接近于谋杀的行为，这叫作：谋杀他的幸福。为什么会如此？这是因为，“那感官性的”和“那感官性—灵魂性的”完全地支配了他；这是因为，他生活在“那感官性的”的各种范畴中，比如说“那令人舒服的”和“那令人不舒服的”，他向“精神”、“真相”等说再见一路顺风；这是因为，他感官性程度太高以致没有勇气去大胆作为精神并忍受坚持作为精神[78]。不管人们会是多么的虚荣和自欺欺人，但是关于他们自己，他们常常却只具备非常贫乏的观念，就是说，他们没有关于“去是精神”、“去是人所能够是的那绝对的”的观念；但由于他们相互间的比较，他们却是虚荣和自欺欺人的。如果我们设想一幢房子，由地下室、厅层和一楼[79]构成，居住者们以这样的方式居住进来或者被这样地安置：在每层的居民之间有着或者被考虑安排了一种层次区别；而如果我们把“是人”[80]与一幢这样的房子作比较的话，那么很抱歉，这样一种可悲而可笑的情形恰恰是大多数人的情形：他们在他们自己的房子里宁可住地下室。每一个人都是“灵魂—肉体的”综合并且天生有着“是精神”的禀赋，这是个建筑；但是他宁愿住地下室，这就是说，他宁愿处在“那感官性的”的各种定性之中。并且，他不仅仅是喜欢住地下室，而且他对于“住地下室”爱到这样的程度，以至于如果有人建议他去住那空关着可由他任意使用的上层好房间（因为他所住的是他自己的房子），他就会变得恼恨。

不，这“处在谬误之中”是人们所最不畏惧的；这完全不是苏格拉底的方式。对此，我们可以看一些这方面令人惊奇的例子，这些例子非常充分地说明了这种情况。一个思想家建立起一个巨大的建筑，一个体系，一整个包容了“存在”[81]和“世界历史”的体系；而如果我们去观察他的个人生活，那么我们就会惊奇地发现这种可怕而可笑的情形：他自己并不住在这个巨大的、穹窿的宫殿里，而是住在旁边的一个工棚里，或者一个狗窝里，或者至多是在一个门房里[82]。如果有人提醒他留意这种矛盾情况，哪怕只是说了一句话，他马上就会觉得是受到了侮辱。因为他不怕处在谬误之中，只要他能够完成他的体系就行，他宁可借助于“处在谬误之中”来完成这体系。

于是，“绝望了的人自己并不知道他的状态是绝望”也无所谓，这与事情本身没有什么关系，他还是一样地绝望。如果绝望是一种谵妄，那么，“一个人对此的不知”就只是更多的谵妄，他另外还在“谬误”之中。无知性对于“绝望”的关系如同对于“恐惧”的关系（参看维吉利乌斯·豪夫尼恩希斯所著《概念恐惧》），“无精神性”的恐惧恰恰是在这种无精神的“安全性”上被辨认出来的[83]。然而“恐惧”还是在根本之中，如此，“绝望”也在根本之中，并且，到了感性欺骗的魔法失效的时候，到了“存在”[84]开始蹒跚摇晃的时候，“绝望”也就马上作为根本之中的东西而显现出来。

如果绝望者对“他自己是绝望的”是无知的，那么，与那自觉意识到这绝望状态的人相比，他只是距离“真相”和“拯救”更遥远的一种否定性的东西[85]。绝望自身是一种否定性，对之的无知是一种新的否定性。但是为了达到真相，我们就必须走通每一个否定性；因为这里的情形正像民间传说之中所描述的“消除掉一种特定的魔法”：这出戏必须反溯地彻底向回演一遍，否则魔法就无法被消解[86]。然而这只是在一种意义上，在一种纯粹的辩证意义上说是如此：与那自知绝望却还是留在绝望中的人相比，那对其自身的绝望无知的人距离“真相”和“拯救”更远；因为在另一种意义上，在伦理—辩证的意义上，有意识地停留在绝望中的绝望者距离“拯救”更遥远，既然他的绝望更强烈。但是“无知性”，它距离“消除绝望”或者“使得绝望成为不绝望”实在太遥远，以至于它相反可以是“绝望”的最危险的形式。在“无知性”之中，绝望者（这对他自己是一种败坏）以一种方式确保了自己不去留意于绝望的情况，这就是说，他在绝望的势力之下是彻底安全的。

在对于“是绝望”的无知性中，这人距离“意识到自己是精神”是最远的。而这“没有意识到自己是精神”正是绝望，这绝望是“无精神性”；另外，这状态要么是一种完全的“死灭性”[87]，一种仅仅是呆板单调的生命；要么是一种强力的生命，但它的秘密却是绝望。在后一种情况中，绝望者的情形如同消耗类病症患者[88]：正是在病症最严重的时候，他感觉最佳，并且把自己看成最健康的，可能其他人也觉得他健康矍铄。

这种形式的绝望（对绝望的无知性）在这世界里是最普遍的了，是的，这被人们称为是“世界”的，或者更确切地定性的话，被基督教称为是“世界”的，亦即，“异教”和“在基督教中的那自然的人”，异教作为它在历史上所曾经是和正是的情形，以及那在基督教中的异教，所有这一切恰恰是这种类型的绝望，是绝望，但它对之却无所知。无疑，就是在异教中和自然的人那里也有着对“是绝望的”和“不是绝望的”的区分，这就是，他们谈论绝望，仿佛只是一些“单个的人”是绝望的。但是这一区分就像异教和自然的人对“爱”和“自爱”所做的那种区分一样地不可靠，——在后者的区分中仿佛并非所有他们的这种“爱”在本质上都是“自爱”[89]。然而，到这种不可靠的区分为止，进一步深入则是过去的和现在的异教和自然的人所无法达到的，因为这绝望的特征正是：对于“这是绝望”的无知。

由此我们很容易看出，审美意义所说的这个“无精神性”概念根本无法给出对于“什么是绝望什么不是绝望”的判断尺度，附带说一下，其实这也是理所当然；也就是说，既然我们在审美上无法决定“什么是真正意义上的精神”，那么，“那审美的”又怎么会有能力去回答这样一个对于它来说是根本不存在的问题呢！如果我们去否认，不管是各种异教文化全体[90]还是单个的异教徒，他们都曾完成过令人惊奇的伟业，这些伟业曾经并且还将激发诗人的灵感，如果我们去否认，异教世界展示了让我们在美学上惊叹不已的各种例子，那么，这种否认无疑就会是一种极大的愚蠢。如果我们去否认，在异教文化的世界里有着，并且自然的人也能够有，一种富于最高审美享受的生活，这种生活以最有品味的方式来使用每一种造化所赐的恩惠，甚至让艺术和科学去服务于“对享乐进行提高、美化和高尚化”，那么，这种否认同样也将是一种荒唐。不，对“无精神性”的审美定性是无法为“什么是绝望、什么不是绝望”给出衡量尺度的；我们所必须使用的定性是伦理—宗教的：“精神”，或者在否定的意义上：“对精神的缺乏”、“无精神性”。每一个“人的[91]存在”，如果它不是自觉地意识到自己是“精神”或者相对于上帝自己意识到自己是作为“精神”；每一个“人的存在”，如果它不是这样透明地依据于上帝，而只是朦胧地停留和沉迷在某种抽象普遍的东西中（国家、民族，等等），或者在对于它的“自我”的昏昧不解中把它的各种能力看成是作用力而不是从更深的意义上自觉意识到“他是从哪里得到这些能力的”、把他的“自我”看成是一种不可名状的“某物”（如果这“自我”要去被内在地理解的话）；——每一个这样的存在，哪怕它达到了最令人惊叹的奇迹，哪怕它解释了整个“存在”[92]，不管它在审美的意义上怎样强烈地享受着生活：每一个这样的存在仍还是绝望。在那些古代的教堂神甫们谈论到“异教文化的美德是灿烂的罪恶”[93]时，所说的就是这个；他们认为异教文化的内在是绝望，异教徒不自觉到自己面对上帝是“精神”。也正是因此（我将把这个作为一个例子来引用，而另外它与这里的整个考究还有着一种更深的关系），对于自杀行为，异教徒所作出的判定明显地是轻率的，是的，简直是在赞美自杀[94]；而对于“精神”来说，自杀——这样突然逃出“存在”[95]，这种对上帝的反叛，是一种最决定性的罪[96]。异教徒缺乏精神对自我的定性，所以这样判定自杀[97]；而一个这样做的异教徒，他却在道德上严厉地谴责偷盗、不贞，以及诸如此类。他缺乏对于自杀的观点，他缺少“上帝—关系”和“自我”；纯粹站在异教的立场上考虑，自杀是无关紧要的事情，是那种每一个人只要他愿意就能做的事情，因为这与任何别人都无关。如果是要从异教文化的立场来劝诫人不要自杀，那么这就必定是绕一个很大的圈子来显示自杀使得人破坏了他对于他人的义务关系[98]。异教徒完全地避开自杀中的关键：这自杀正是一种对于上帝的犯罪[99]。所以人们不能够说“自杀是绝望”，这说法是一种缺乏思想的倒置论证法[100]；人们可以说“异教徒如此地以他的这种方式判定自杀”是绝望。

然而，区别还是存在着并且会继续存在下去，在严格意义上的异教与基督教世界中的异教之间有着一种质的区别，对于这种区别，维吉利乌斯·豪夫尼恩希斯在“恐惧”的问题上提请过人们注意：异教固然缺乏“精神”，但是它被定性为向着“精神”的方向的，而那在基督教世界之中的异教缺乏“精神”并且向着一种背离着“精神”的方向，或者说是通过一种离弃而缺乏“精神”，所以它在最严格的意义上是一种“无精神性”[101]。

b）自己意识到“是绝望”、自己意识到“拥有一个在之中有着‘某种永恒的东西’的自我”，并且在这时要么绝望地不想要“是自己”要么绝望地想要“是自己”的绝望[102]

在这里我们当然要作出这样的区分：那自己意识到自己的绝望的人，对于“什么是绝望”是不是具有真正的观念。固然一个人能够根据他所具备的观念去说自己是绝望的——这没有错，并且在“他是绝望的”这个问题上他也可以是对的，但是他还是有一样东西没有说：他对绝望有着一种真实的观念；——在人们用那真实的观念观察了他的生命之后，有可能会说：在根本上你远远地比你自己所知更绝望，绝望在你内心中比你自己所知远远要更深地扎着根。如此（让我们回顾前面的文字）就是异教徒的情形，如果他与其他的异教徒作比较而把自己看成是绝望的，就“他是绝望的”而言，无疑他是对的，但是如果他认为其他那些人不是绝望的，那么他就是不对的，这就是说，关于绝望他没有真实的观念。

对于那被意识到的绝望，一方面要求有关于“什么是绝望”的真实观念。另一方面则要求对自身的明了性，就是说，明了性和绝望因此能够在一起被考虑。对于“一个人是绝望的”的自身明了性能够在怎样的程度上完美地与“是绝望的”结合为一体，就是说，这一“认识”和“自我认识”的明了性是否就这样地可以将一个人从绝望中拉出来，使得他自己对于自己是如此地可怕乃至他停止“是绝望的”；——这是我们在这里所不想要去决定的，我们甚至根本不想作出这方面的尝试，因为在以后[103]我们会安排出一整个这方面的考察。但是不去把思路进一步推到这种辩证的极端，在这里我们只是指出：正如意识对于“什么是绝望”的明了程度能够是非常不同的，意识对于它自己的状态——“它是绝望”的明了程度也是如此。现实之中的生命太复杂多样，所以无法去单纯地展示出这样的一些抽象的对立面，比如说那介于“完全无知于自己是绝望”的绝望和“完全意识到自己是绝望”的绝望之间的对立。在最通常的情况下，绝望者的状态可能会是一种对于他自己的状态的半蒙昧感，——当然这之中还是又有着复杂多样的细微差别的。他可能会这样地在一定的程度上知道自己——“他是绝望的”，他在自己身上感觉到这个，正如一个人在自己身上感觉到有一种疾病在自己体内，但是他不想去确实地承认这病症是怎样的一种。在一个瞬间里他几乎很清晰地看见，他是绝望的；但是在另一个瞬间他又觉得他的不舒服是有着别的原因，这原因是在于某种外在的东西、在他之外的“某物”，而如果这外在关系改变了，那么他就不是绝望的。或者，也许他可以通过消遣娱乐或者别的方式，比如说通过用工作和忙碌来作为分散注意力的手法来努力为自己保存一种对于他自己的状态的朦胧感，然而却又是以这样的方式，他如此如此地做他所做的事情，他并不完全清楚为什么他如此如此地做，——他这样做是为了得到朦胧感，而这却是他所不完全明了的。或者，也许他甚至自己意识到，他这样工作是为了让自己的灵魂沉浸到朦胧之中，他带着一种特定的敏锐和聪明的盘算、带着一种心理学意义上的洞察力去这样做，但是在更深刻的意义上却并非明确地自觉到“他在做什么”、“他的行为有多么绝望”等等。在所有的朦胧和无知之中有着一种认识和意志间辩证的相互影响，并且因为“单纯地强调认识”或者因为“单纯地强调意志”，人们都会在对一个人的解读中出错。

但是，正如我们在前面所指出的，意识的程度强化绝望。一个人在他仍停留在绝望中的情况下所具备的对于绝望的观念越是真实，在他仍停留在绝望中的情况下越是清楚地意识到自己是绝望的，那么，在同样的程度上，绝望也就越强烈。如果一个人认识到“自杀是绝望”，并且在相应的方面对“什么是绝望”有着真实的观念，如果一个这样的人自杀，那么他的绝望要比一个自杀而对“自杀是绝望”没有真实观念的人更强烈；但是相反如果他没有这真实的观念的话，那么他对“自杀”的不真实观念则是相对比较不强烈的绝望。在另一方面，如果一个人自杀，他对自己的意识（自我意识）越明确，那么，与另一个人相比，如果这另一个人的灵魂与他的灵魂相比是处在一种迷惑和朦胧状态中，他的绝望也就越强烈。

现在，在下面的文字之中我将对“被意识到的绝望”的两种形式作出这样的考察：我同时也将在关于“什么是绝望”的意识中和在关于“一个人的状态是绝望”的意识中，展示出一种上升，或者，换一个同样是有决定性意义的角度：我将在关于自我的意识中展示出一种上升。但是，“是绝望的”的对立面是“去信仰”，所以，在前面的文字中被作为表述公式而提出的那些东西也就完全是对的，这种表述公式描述了一种“在之中完全没有绝望”的状态，并且它也是对于“去信仰”的表述公式：在“使自己与自己发生关系”中，并且在“想要是自己”中，“自我”透明地依据于那设定了它的力量。（参见甲 A）

壹）绝望地不想要“是自己”，“软弱性”的绝望

这种形式的绝望被称作是软弱性的绝望，于是这之中已经包容了对于第二种形式（贰）——绝望地想要“是自己”——的反思。于是，这只是相对的对立面。如果完全没有对抗[104]，就不会有绝望；并且在“不想要是”这个表达词本身之中也有着对抗。在另一方面，甚至绝望之最高对抗也永远无法离开软弱性而存在。差异只是相对的。这一种形式可谓是“女人性”的绝望，那另一种则可谓是“男人性”的。①[105]

---

① 从心理学的角度，如果我们在现实之中看一下，那么我们有时候就会有机会确认：这种“思路正确并且因此是应当并且必须发生作用”的想法也确实是发生了作用，并且这种划分法包括了“绝望”的整个现实性；因为，牵涉到小孩子，人们无疑不谈论绝望，而只是谈论坏脾气，因为人们只有权去预设“那永恒的”根据可能在小孩子身上在场，并且人们也无权去向这小孩子提出人们向成年人所提出的要求，——在成年人身上，人们所要求的是他应当具备“那永恒的”。然而我却还是绝不会否认，在女人那里也能够出现各种男人性的绝望形式，并且反过来在男人那里也会出现女人性的绝望形式；但这是例外。很明显，“那理想的”也只是罕见的；并且只有在纯粹理想的意义上，这种介于男人性和女人性的绝望之间的区别才完全真实地成立。不管女人能够比男人在多么大的程度上更柔情善感，她既没有那种自私地发展出来的关于“自我”的观念，也没有决定性意义上的理智性。相反女人的本质是奉献性，是奉献；如果不是这样，那么它就是非女人性的。相当奇怪，没有人能够像一个女人那样地腼腆（而这个词正是出自针对女人的语言）、像一个女人那样地几乎是残酷地挑剔而难伺候，而女人的本质却是奉献性，所有这些却恰恰（这正是那奇妙的地方）从根本上说是“她的本质是奉献性”的表现。因为，恰恰是由于她在她的本质中携带有全部的女人性的奉献性，所以大自然慈爱地赋予她一种本能，与这种“本能”的精妙性相比，那最深入的、最显著地发展了的男人性的反思仿佛就是“乌有”。女人的这种奉献性，这种（如果我用希腊的方式来说）神圣的天赋和财富，实在是一种太伟大的“善的东西”而根本不应当被盲目地抛弃；然而却没有任何注目着的“人的反思”能够有能力足够敏锐地明察如何正确地使用它。所以大自然关心着她：出于本能，她能够盲目地比那最目光敏锐的反思看得更清楚；出于本能，她看出“她应当仰慕的东西”在哪里、“她应当献身于之中的东西”是什么。奉献性是女人所具备的“那唯一的”，所以大自然作为保护者看护着她。也是因

1）对于“那尘俗的”或者对于某种尘俗的东西的绝望

这是纯粹的直接性，或者包含有一种“量的自我反思”的直接性。——这里没有任何关于自我、关于“什么是绝望”或者关于“所处状态是绝望”的无限的意识；绝望是一种单纯的承受[106]，一种对于“外在性”之压力的屈服，它绝对不是作为行为而发自内在地出现的。之所以在“直接性”的语言中出现诸如“自我”、“绝望”这样的用词，那是由于一种对于语言的（如果人们愿意这样说）无辜的滥用，一种字词的游戏，就好像小孩子们玩打仗游戏。

直接的人（只要“直接性”能够完全没有任何反思地在现实中出现）只是在灵魂的意义上得以定性的，他的“自我”、他自己只是一种在现实性和尘俗性的范围里的伴随物，处在与“那其他的”[107]的直接关联之中，并且只具有一种“仿佛在之中有着某种永恒的东西”的幻觉表象。这样，“自我”直接地和“他者”联系在一起，有着愿望的、欲求着的、享受着的等，但是被动的状态；甚至有着“欲求着的状态”，这个自我也还是一个“与格”[108]，如同小孩子的“宾格我”[109]。它的辩证法是：“那令人舒服的”和“那令人不舒服的”；它的概念是：幸福、不幸、命运。

现在，有某事发生，有某事冲击（冲—向）这个直接的自我，这件“某事”把自我带进了绝望；换一种方式这情形不会出现，因为自我在其自身之中没有任何反思，那“带进绝望的东西”必须是外来的，并且这

（接上页）此，女人性在一种变形之中才进入存在；在无限的腼腆性将自己在光辉中化身为女人的奉献性时，它进入存在。但是，“奉献性是女人的本质”，这个事实又进入绝望，它又是绝望的外在方式。在“奉献性”中她失去了自己，并且只有这样她才是幸福的，只有这样她才是她自己；如果一个女人是幸福的而没有献身，就是说，没有奉献出她的自我——不管她是将之奉献给什么，那么，她就完全地是非女人性的。男人也奉献，如果不是这样，那么他就是一个糟糕的男人；但是他的自我不是“奉献”（这是对于女性的实质性的“奉献”的表达），他也不是通过“奉献”（像女人在另一种意义上所做的）而得到他的自我，他有着他自己；他奉献，但是他的自我还是留在他自己这里作为一种关于“奉献”的清醒意识，相反女人真正地将自己、将自己的自我投入到那她向之奉献的东西中去。如果现在这种接受她的奉献的东西被去掉了，那么她的自我也就消失了，并且她的绝望就是：不想要“是她自己”。——男人不是以这样的方式奉献的；而第二种形式的绝望也表达出“那男人的”：绝望地想要“是他自己”。

这是关于“男人性”和“女人性”的绝望间的关系。但是不要忘记：这里所谈不是关于向上帝的“奉献”，或者“上帝—关系”，——对之我们将在第二部分中才讨论。相对于上帝，像“男人—女人”这样的差异就消失了，这时，对于男人正如对于女人：“奉献”就是自我，并且通过“奉献”而得到自我。这种情况对于男人和对于女人都一样，尽管通常在现实中的情况很可能是：女人只有通过男人才使自己去和上帝发生关系。

绝望只是一种单纯的承受。如果某种东西是这“直接的人”的生命的源泉，或者（如果他还是有着一小点内在反思）在某种东西之中有着一部分是他所特别依附的，那么，因为“命运的一个打击”，这东西就被从他那里剥夺掉了[110]，简言之：他成为（他称此为）不幸的，就是说他身上的“直接性”受到这样一种挫折以至于无法对自己进行再生产：他绝望了。或者，虽然这是一种在现实中很罕见的情形，但是辩证地看则确实如此：通过那种被“直接的人”称作是“太大的幸福”的东西，这“直接性”的“变得绝望”[111]出现了；就是说，直接性就其自身而言是一种巨大的脆弱性，并且，每一个对它提出反思要求的过分[112]都将它带入绝望。

这样，他绝望，这就是说，通过一种奇怪的“逆转性”[113]并且在一种与自身有关的完全神秘化中，他将之称为“去绝望”。然而，“去绝望”是“去丧失那永恒的”，——这丧失是他所不谈及的，是他梦不见的。丧失“那尘俗的”，这就其本身而言不是“去绝望”，但是这却是他所谈论的，并且他将之称作“去绝望”。他所说的东西在一定的意义上是真实的，只是，这并非是在他所以为的那种意义上的“是真实的”；他处在一种逆转的状态中，并且他所说的东西必须被逆转地理解：他站在那里，一边解释着“他是绝望的”，一边却指着那不是“去绝望”的东西；然而事实上所发生也确是如此：“绝望”就在他的背后只是他对之一无所知。这就好像，如果一个人站在那里背对着市政楼和法庭，却指向自己所面对的地方说：前面就是市政楼和法庭；这人说对了，它是在前面，——如果他转过身来的话。他不是绝望的，他绝望这说法不是真实的，然而他还是说对了，因为他说他绝望。但是他称自己是绝望了的，他把自己看成是死了，看成是自己的一个影子。然而他却没有死，在这人身上（如果人们愿意这么说）还有着生命。如果一切如此地突然被改变，一切外在的都变了，并且愿望得到实现，那么，在他身上就又会有生命回来，于是直接性就又挺立起来，并且他又重新开始生活。但这是“直接性”所知道的唯一的挣扎方式，它唯一知道的：去绝望和昏倒，——然而一切之中它所知得最少的恰恰是关于“什么是绝望”。它绝望和昏倒，并且它一动不动地躺在那里仿佛它已经死去，一种如同“卧死伺机”的把戏；“直接性”的情况如同某些低级动物种类，它们除了静卧装死之外没有任何别的武器或者防卫手段。

然而时间流逝，如果在外在的世界里出现帮助，那么也有生命又重新来到这绝望者的身上，他在他停止的地方重新开始，在之前他不是[114]一个自我并且他也没有成为一个自我，而现在他继续生活，只是直接地被定性。如果“外在性”的帮助不出现，那么在现实之中常常发生着一些别的。那么，还是有生命又进入这个人，但是他说“他永远也不再会成为他自己”。他现在得到了一点对于生活的理解，他学着模仿那些其他人——学他们是以怎样方式生活的，并且现在他也如此地生活。在基督教世界中，他也是一个基督徒，每个星期天上教堂，聆听和理解牧师，甚至他们相互理解对方；他死去；以十块钱的价钱，牧师引导他进入永恒[115]——但是他不曾是一个“自我”，他没有成为自我。

这种形式的绝望是：绝望地不想要“是自己”；或者更低级的：绝望地不想要“是一个自我”；或者最低级的：绝望地想要“是一个别人而非自己”，希望一个新的自我。从根本上说，直接性不具备自我，它不认识自己，也同样地不能再重新认识它自己，所以通常就终结在童话般的东西之中。在直接性绝望的时候，它甚至没有足够的自我去愿望或者梦想“他终于还是成为了‘他所没有成为的东西’”。“直接的人”通过另一种方式来帮助自己，他愿“是一个别人”。通过观察各种直接的人，我们将很容易确定这一点；对于他们，在绝望的瞬间再也没有什么别的愿望能够比这个更强烈了：“成为了一个别人”或者“去成为别人”。每一次遇上这样的情况，我们都无法不为这样一个绝望者感到好笑，按人之常情来说，他虽然绝望，但却仍非常无辜。这样的一个绝望者在通常就是无限地滑稽可笑的[116]。我们设想一个自我（在上帝之下没有别的东西是能够像“自我”那样地永恒的），然后设想一个自我有了一个突发奇想而考虑“它成为一个其他而非自己”这种情况是不是可能。然而如果有一个这样的绝望者，如果他的唯一愿望是这种“一切疯狂的变化之中最疯狂的”，那么他就会爱上这种想象：这变化将能够像人换衣服套装那样轻易地达成。因为“直接的人”不认识自己，他只是完全细节性地以衣服来认识自己，他认识（并且在这里又是无限的可笑）这“自己”在外在性上具有一个自我。我们很难找到更可笑的混淆了；因为一个自我恰恰是无限地不同于“外在性”。现在，既然整个外在性对于“直接的人”来说是被改变了，并且在之前本来他是在绝望[117]，那么这时他向前走一步，他如此想——这成为他的愿望：如果我成为另一个人、让我自己得到一个新的自我，会怎么样。是啊，如果他成为另一个人——难道那样他还会重新认出他自己吗？人们讲关于一个农夫的故事[118]：这个农夫赤腿来到京城；并且他得到了很多钱，所以他能够为自己买一双长统袜和鞋子；尽管这样他还是剩下很多钱，所以他能够喝醉酒。人们说：在他喝醉了酒之后回家的路上，他躺倒在公路上睡着了。然后有马车经过，车夫向他喊着，他必须让开，否则的话马车会碾过他的腿。这个醉农夫醒过来并且朝他自己的腿看去，由于那长统袜和鞋子他无法认出它们是自己的腿，这时他说：车夫只管驾驶，那不是我的腿。在“直接的人”绝望的时候，他的情形就是如此，要不带喜剧性而又真实地描述他是不可能的，用这种难懂的语言来谈论自我和绝望（如果要我自己说的话）这已经是一种特别的技艺了。

在直接性被设想为拥有一种自我反思的时候，绝望就得到了某种修正；更大程度上的关于“自我”的意识出现了，并且由此也就有更大程度上的关于“绝望是什么”和关于“一个人的状态是绝望”的意识；这时，如果一个这样的人谈论“是绝望的”，那么在这种谈论中就出现了某种意义；但是这绝望在本质上是“软弱性”的绝望，是“承受”；它的形式是——绝望地不想要“是自己”。

与纯粹的“直接性”比较，这里我们就马上看出了进步：绝望并非总是通过一种冲击、通过“发生了什么”而出现，而是能够通过自我反思本身而被达成；这样如果有“绝望”在，那么它就不仅仅是“承受”或者俯伏于“外在性”之下，而是在一定的程度上的“自我活动性”，行为。我们知道，这里有着一定程度的自在反思，就是说一定程度的“对于其自我的深思默想”；从这种“一定程度的自在反思”出发，“区分之行动”[119]开始了，在这行动之中“自我”注意到自己是本质地不同于外部世界、外在性以及这外在性对自我的影响。但这只是在一定的程度上。在那带着“一定程度的自在反思”的自我这时想要去接管这“自我”时，它就可能会在“自我”的结构、在“自我”的必然性之中遭遇到某种麻烦。因为，正如没有任何“人的[120]肉身”是完美的肉身，也没有任何“自我”是完美的。不管这种麻烦是什么，他都会因为这种麻烦而瑟缩。或者，在他身上发生了什么，这发生的事情为他带来一种对“直接性”的更深刻的决裂——比起他通过他的反思而达到的那种脱离还要严重；或者他的幻想发现一种可能性，而一旦这可能性出场，它就成为与“直接性”的决裂。

于是他绝望。与“自恃独断”的绝望相反，他的绝望是“软弱性”的绝望、“自我”的承受；但是借助于他所具备的这种“一定程度的自在反思”，他尝试着捍卫他的“自我”——在这一点上他又是不同于纯粹的直接性的人。他明白，这种“放出自我”不过是一种亏盈的周转；他不像“直接性的人”在遇到这种情况时因为遇到打击而中风，相反，借助于“反思”，他明白，在不失去自我的前提下他会失去的东西有很多；他作出承认，他有能力这样做，为什么？因为他在一定的程度上将他的自我和“外在性”分离开了，因为他对“在自我之中还是必定会有某种永恒的东西”有着一种朦胧的观念。然而，他如此地挣扎却徒劳；他所遭遇到的麻烦要求一种对全部直接性的决裂，而对此他不具备自我反思或者伦理的反思；他不具备对一个“通过对一切外在事物的无限的抽象而赢得的自我”的意识；——这样的一个自我，与“直接性”的穿着外衣的自我正相反，这个赤裸裸的抽象自我是“无限的自我”的第一形式，并且，在一个“自我”接手它的现实自我及其麻烦和优势的过程中，它也是推动这整个过程向前发展的东西——，对这样一个自我的意识是他所不具备的。

这样，他绝望，而他的绝望是：不想要“是自己”。相反，那可笑的“想要是一个别人”无疑并没有在他身上发生；他维持着对他的“自我”的关系，相应地，“反思”将他和“自我”联系在了一起。不过这时，他相对于自我的情形就好像是一个人相对于其居所的情形（喜剧性的方面在于：自我对于它自己的关系却不是一个人对于其居所的那种松散随便的关系），这居所让人感到厌憎，因为在之中有着油烟，或者随便是因为什么原因；这样他就离弃它，但是他却不走出去，他不去一个新的居所定居，他继续把这旧的看作是他的居所；他盘算着这令他厌憎的情况会重新消失。绝望者的情形便是如此。只要他与他的自我间的关系还有着这种麻烦，他就（用特别精辟的话说）不敢回归他自己，他不想要“是他自己”；而想来这情况会过去，事情可能会变化，阴沉的可能性或许将被忘记。因此，只要这种情况还在持续，他有时偶尔也会（所谓是）拜访他自己，看看变化有没有发生。而一旦变化出现了，那么他就又搬回家，“重新是他自己”，他这么说；然而这只说明了他在他从前停止的地方重新开始，他曾经如此“在一定的程度上是一个自我”并且也并没有成为更多。

但是如果没有变化发生，那么他就以另一种方式来帮助自己。本来，他应当是沿着“向内心之路”向前去，在真正的意义上成为自己，但是现在他转向完全地离开这条通向内心的路。这整个关于自我的问题在更深刻的意义上成为他灵魂的背景上的一道作装饰的假门，这门里面是虚无。他接手了那些在他的语言中被他称作是“他的自我”的东西，就是说，他所得到的各种能力、各种技艺等；然而他却是以一种向外的意向来接手所有这一切，这时，他的意向是对着“那外在的”，对着那些被称作是生活、“现实的、忙碌活跃的生活”的东西；他非常谨慎地对待他自己所具有的那一点点的“自在反思”，他怕背景中的东西又会重新出现。然后他成功地将之一点一点地忘记；随着年华的流逝，他觉得这几乎是可笑的，特别是在他与一些其他“对现实生活有着鉴赏力和适应性”的有着才干而勤勉的人们有了很好的交往的时候。好极了！现在他，如同小说中所写的，已经幸福地结婚多年了，一个活跃而进取的丈夫、父亲和公民，甚至还可能是一个举足轻重的人物；在家里，在他的府邸，仆人们称他为“他自己”[121]；在城里他和显要头面人物们共处；他的行为外观是连带着他的个人社会地位，或者连带着他这种地位的人所具的体面，这就是说，这是一个根据其身份外观来看的一个人物。在基督教世界中他是一个基督徒（与“在异教文化中他将是异教徒”、“在荷兰他将是荷兰人”有着完全同一种意义），属于那些相当有修养的基督徒中的一个。关于“不朽性”的问题[122]常常使得他陷于深思，他也不止一次地去问了牧师：是不是存在这样一种不朽性，是不是人真的能够重新认出自己；这些问题，对于他来说必定是会引发出一种完全特殊的兴趣，既然他没有“自我”。

要真实地描述这一类绝望而不掺杂进一定的讽刺性的内容是不可能的。可笑的方面[123]是在于他想要谈论“已经绝望了”；可怕的方面则在于：在他自己认为“克服了绝望”之后，他的状态正是绝望。在理想的意义上理解的话，那得到了这世界里这么多的赞美的“生活之睿智”、所有那魔鬼的大量良言智语和“等待时机再看”和“随遇而安”和“忘记它吧”，都是以一种在“从根本上说危险在哪里、从根本上说危险是哪一个”问题上的彻底无知为基础的；——这是无限地可笑的[124]。而这一伦理上的无知则又是那可怕的东西。

对于“那尘俗的”或者对于某种尘俗的东西的绝望是绝望的普遍类

型，而特别是属于第二种形式，作为带有一种量的“自在反思”的直接性。这绝望被斟酌反思得越深刻，它就越是罕见或者罕发于这个世界。但是，这证明大多数人根本就还没有特别地深入到“去绝望”之中，而绝不是反过来证明他们不绝望。生活在“精神”这个定性之下的人非常少，哪怕只是勉强地算生活在精神这个定性之下；哪怕只是在这生命中作出尝试的，这样的人也并不多，而且在那些作尝试的人中又有许多半途而废。他们没有学会“去畏惧”，没有学会“去应当”——无所谓事情将会是怎样，无限地无所谓不管还会发生其他什么。所以他们不能忍受那对于他们自己来说已经是一种矛盾的事物，这矛盾在外部世界的反光中则显得远远地要更耀眼，以至于“关怀自己的灵魂”和“想要是精神”在这个外部世界里看起来好像是一种对时间的浪费，一种无法得到辩护的时间浪费，如果可能，应当以民法来对之进行惩罚，在每一次有这样的情况发生时都以鄙夷和蔑视来对之惩罚，作为一种对人们的背叛、作为一种“疯狂地以虚无来充填时间”的对抗性的精神错乱。然后，在他们的生命中有一个瞬间，呵，这是他们的最好时光，这时他们倒是开始向内心转向，朝着内心的方向。然后他们走向那最初的各种艰难，在那里他们离开了原定的道路；对于他们仿佛是这路引向一种无告无慰的荒漠——而四周环绕到处都是美丽的绿草坪[125]。于是他们在四周寻找开去，并且马上忘却他们那一段最美好的时光，呵，并且忘却了它，仿佛它是一种孩子气。同时他们还是基督徒——因牧师们担保了他们灵魂得救而得到了心灵安宁。正如前面所说，这种绝望是最普遍的，它普遍到了这样的程度，以至于人们仅仅由此可以为自己解说出那人际间相当普遍的看法来：“绝望”该是某种属于青春的东西，某种只在年轻时代出现的东西，而不属于这个成熟的人——他已经到了有审慎判断力的年龄。这是一种绝望的[126]谬误，或者更正确地说一种绝望的错误判断，这种错误判断忽略了（……忽略了，是这样的，而更糟糕的是，它忽略了这样一个事实：它所忽略的东西却几乎是那关于人类所能说及的东西中的最美好的；因为更经常有着比这远远还要更糟糕的事情发生）：从本质上看，大多数人事实上在他们的整个生命中从来就不曾发展得超出他们在童年和青少年时代所曾经是的那样一种“掺杂有一小份‘自在反思’的直接性”。不，绝望其实不是什么只出现在年轻人身上的东西，某种人们通过成长而自然而然地就摆脱的东西——“正如人们在成长中摆脱幻觉”。而人也并非是如此[127]，尽管有人愚蠢到了如此地步而去这样以为。相反，人们太频繁地能够遇到男人女人和老人们有着孩子气的幻觉，丝毫不逊色于任何年轻人。但是，人们忽略了，幻觉在本质上有着两种形式：“希望”的和“回忆”的幻觉。青春有着“希望”的幻觉；而年长者则有“回忆”的幻觉，但是正因为他是在幻觉之中，他对幻觉的观念也就是完全片面的，他以为幻觉只是“希望”的幻觉。自然，年长者不会被“希望”的幻觉骚扰，但是相反却会被各种——比如说这样一种古怪的幻觉骚扰：从一个仿佛是更高的立足点毫无幻觉地俯视年轻人的幻觉。年轻人处在幻觉之中，他对生活和对他自己希望着那非同寻常的东西；相应的我们经常在年长者那里发现关于“他如何回忆其青春”的幻觉。我们常常可以看到，一个看上去仿佛现在已经放弃了所有幻觉的老年女人，不逊色于任何年轻女孩，在幻觉之中狂想，这幻觉牵涉到她如何地追忆她自己作为一个年轻女孩，那时她是多么幸福，多么漂亮等等。这种“我们曾经是”[128]（这是我们那么频繁地从一个年长的人那里听见的）完全是一种与年轻人的未来幻觉一样大的幻觉；两者都在撒谎或者虚构。

但是，“绝望只属于青春”——这个错误判断则是以完全不同的方式绝望的。如果有人认为信仰和智慧的情形应当是相当轻而易举的，认为它们其实是这样自然而然地随着年龄生长正如牙齿、胡子以及诸如此类的东西，那么，这在根本上就是一种大愚大笨，并且这恰恰就是对于“什么是精神”的无知，另外也是一种对于“人是精神而不仅仅是一个动物”的认识错误。不，不管一个人自然而然地达到什么，并且不管自然而然有什么东西出现，有一样东西是确定地不会如此地被达到或者出现的：这东西就是信仰和智慧。但事实就是如此，人（从精神上说）并不随着岁月而自然而然地达到什么东西，“自然而然地达到”这种范畴恰恰是“精神”的最无法忍受的对立面；相反，随着岁月而自然而然地失去什么东西，这情形倒是很容易发生。随着年岁的增长，一个人可能失去那一点激情、情感、幻想，那一点他曾经有过的真挚，并且自然而然地走进那种在无足轻重的定性下对于生活的理解中（因为这种情形是自然而然的）。这种改善了的状态确实是随着岁月而出现的，——他现在绝望地把这种状态看成是一种善的东西，他轻易地向自己确定（并且在某种讽刺性的意义上说再没有什么东西是比这个更确定的了）：“去绝望”这样的事情现在是永远也不会落在他身上了，不会的，他为自己作了保险；他是绝望的，无精神地绝望[129]。正因此：如果不是因为苏格拉底对人有深刻的认识的话，他又为什么会去爱年轻人们呢[130]？

如果事情并非是如此自然而然地发生，如果一个人并不随着岁月而沉向那最无足轻重的一种绝望，那么，由此却并不得出，绝望就只应当属于"青春"。如果一个人真正地是随着岁月而发展自己，如果他在对"自我"的本质的意识中成熟，那么他可能会在一种更高的形式中绝望。如果他没有本质地随着岁月而发展自己，而同时他却又没有纯粹地沉向那无足轻重的东西，这就是说，他差不多就继续是一个青春的人，一个年轻人，虽然他是一个男人、父亲和头发花白的人，就是说，还是保存着年轻人身上的某种好的东西，那么他也还是将会面临这样的情形：像一个年轻人那样地去绝望，为"那尘俗的"或者为某种尘俗的东西而绝望。

以这样一种方式，在一个这样的年长者和一个年轻人的绝望之间就完全能够有一种差异，但这差异却不是本质性的而只是纯粹的偶然的。年轻人对"那将来的"绝望，"那将来的"作为一种在未来[131]的现在时；有某种将来的东西是他所不想要接手的，因此他不想要"是自己"。年长者对"那过去的"绝望，"那过去的"作为一种在过去[132]的现在时，这种过去的"现在时"不想要越来越成为过去的，因为他还没有绝望到这样的地步以至于成功地完全忘记这过去的东西。这种过去的东西甚至可能是某种"悔[133]的对象"，——在根本上说"悔"是应当将之抓住的。但是如果"悔"要出现的话，那么首先就必须有彻底地绝望、绝望到尽头，然后精神之生命必须从底层向上突破出来。但是绝望如他所绝望的程度，他不敢放手将事情推向这样的一种决定。他在那里继续驻留，时光流逝（除非是他能够成功地更绝望），他借助于遗忘来治疗，这样他将不是去成为一个悔者，而是去成为他自己的销赃者[134]。但是在本质上这样一个年轻人与这样一个年长者的绝望仍是同一种，它达不到什么质的变异；而对于自我中的"那永恒的"的意识则要在一种质的变异中突破出来，这样搏斗才能够开始，而这搏斗要么将"绝望"强化到一种更高的形式要么将之推向信仰。

但是，在这两种我们到现在为止一直同一地使用着的表达辞"去绝望于那尘俗的"（整体之定性）和"去绝望于某种尘俗的东西"（那单个的）之间到底有没有本质的差异呢？有，这差异是有的。在自我带着幻想中的无限激情"去绝望于某种尘俗的东西"的时候，无限的激情使得这个“单个的东西”[135]、这个“某物”成为全然的[136]“那尘俗的”，就是说“整体之定性”在绝望者身上并且属于绝望者。“那尘俗的”和“那现世的”就其本身而言恰恰是那崩溃的、分裂在“某物”中的、分裂在“那单个的”中的东西。要真正地去丧失或者被剥夺去所有尘俗的东西，是不可能的；因为“整体之定性”是一种“思之定性”。这样一来，自我首先无限地放大那“现实的[137]丧失”，而然后去对全然的[138]“那尘俗的”绝望[139]。然而，一旦这种差异（介于“去绝望于那尘俗的”和“去绝望于某种尘俗的东西”）要在本质上得到确定，那么，在对于自我的意识上也就达成了一种本质性的进展。这时，这种表述公式——“去绝望于那尘俗的”——就是对于“绝望”的下一种形式的一个辩证的最初表达。

2）关于“那永恒的”[140]或者对于其自身的绝望

对于“那尘俗的”或者对于某种尘俗的东西的绝望在根本上也还是一种关于“那永恒的”或者对于其自己的绝望[141]，只要它是绝望，因为我们知道，这关于“那永恒的”或者对于其自己的绝望是一切绝望的表述公式①。[142]但是这绝望者，如前面的文字中所描述的，并不留意到那所谓的“发生在他背后的东西”是什么；他认为是在对于“某种尘俗的东西”的绝望，并且不停地谈论“他所绝望的是对于什么”，而他却是在“关于那永恒的”而绝望；因为，他赋予“那尘俗的”如此之大的价值，或者更进一步说，他赋予某种尘俗的东西如此之大的价值，或者说，他首先把某种尘俗的东西弄成一切尘俗的东西而之后又赋予“那尘俗的”如

① 所以从语言上出发这样说是对的：对于“那尘俗的”的绝望（机缘）、关于“那永恒的”，但是对于其自己的绝望；因为这个又是对于绝望的机缘的另一种表达，——绝望在概念中总是关于“那永恒的”，而对于什么东西人感到绝望则可以是完全不同的。人们对于那将人困陷在绝望中的东西感到绝望：对于自己的不幸事故、对于“那尘俗的”、对于巨大价值的丧失，等等；但是人们感到绝望是关于那（正确地理解的话）将人从绝望中解放出来的东西：关于“那永恒的”、关于自己的拯救、关于自身力量，等等。在对自我的关系上，人们两者都说及：对于和关于其自己绝望，因为自我是双重辩证的。这就是朦胧性——特别是在所有低级形式的绝望中，并且几乎是在每一个绝望着的人那里：他是如此充满激情地明确看见和知道“对于什么东西他感到绝望”，但是对“这是关于什么”的考虑则避开了他。“痊愈”的前提条件一直就是这种回头皈依；而纯粹从哲学上看，这就成为一种非常微妙的问题：有没有这种可能——一个人能够“是绝望的”并且完完全全地意识到“他是在关于什么而绝望”。

此之大的价值，——这恰恰正是“关于那永恒的”而绝望。

现在，这种绝望是一种意义重大的进步。如果前面文字中所谈论的是软弱性的绝望，那么这一种就是：对于自己的软弱性的绝望，然而它却还仍旧是逗留在这个本质定性之中——“软弱性的绝望”，这定性区别于“贰”（对抗）。这样，这之中只有着一种相对的差异。这相对差异就是：前面所谈论的形式把“软弱性”的意识作为其最终意识，而在这里意识并不就此而停止，相反将自己强化为一种新的意识，关于其“软弱性”的意识。绝望者自己明白，“这样如此用心地去投入在‘那尘俗的’之中”是软弱，绝望[143]是软弱。但现在他却没有正确地从“绝望”转向“信仰”，去在自己的软弱性之下谦卑地面对上帝，反而更深入到绝望之中并且对于他自己的软弱性绝望。这样，整个视角就转向了，现在他更明确地意识到了自己绝望：他关于“那永恒的”而绝望[144]、他对于他自己绝望，对于“他曾会是如此软弱而去赋予‘那尘俗的’以如此大的意义”绝望，——现在这对于他就绝望地成为了“他失去了‘那永恒的’和他自己”的表达。

在这里，是渐渐地上升。首先是在对自我的意识中；因为，如果不具备一种关于“自我”的观念——“在自我之中有着或者曾经有过某种永恒的东西”，那么“关于‘那永恒的’而绝望”就是不可能的。如果一个人要对于他自己绝望，那么他就必须也是意识到自己“具有一个自我”；只不过他却是对于这个而绝望：不是对于“那尘俗的”或者对于某种尘俗的东西，而是对于他自己。进一步看，在这里关于“什么是绝望”的意识更强烈，因为确实，绝望是“失去了‘那永恒的’和一个人自己”。当然这里也有着关于“一个人所处的状态是绝望”的更强烈的意识。再进一步看，“绝望”在这里不仅仅是一种“承受”，而且也是一种“行为”。因为，如果“那尘俗的”被从自我中拿走，并且这人绝望，那么这时的情形就仿佛这绝望是来自外在的世界，尽管在事实上它总是来自“自我”；但是在自我对于“它的这个绝望”绝望时，这新的绝望于是就来自“自我”，间接而直接地来自“自我”，如同反压力（反作用），从而不同于“对抗”——“对抗”则是直接地来自“自我”。最后在这里还是（虽然是在另一种意义上说）有着又一个进展。因为，正因为这种绝望是更强烈的，在某种意义上它也就更靠近“拯救”。这样一种绝望是难以被忘却的，它太深刻了；而在这绝望保持开放的每一个瞬间，就也有着拯救的可能性。

然而这种绝望还是被归类于这一形式之下：绝望地不想要“是自己”。正如一个父亲剥夺儿子继承权的情形，自我在“它曾经是如此软弱的”之后不想要去认可它自己。它绝望地无法忘却这软弱性，以某种方式说，它憎恨自己，它不想要去在其软弱性之下信仰着地谦卑，以便通过这样的方式来重新赢得自己，不，他所想要的是（可谓是）：绝望地不去听见任何关于他自己的东西、不去知道自己是怎么一回事。而“借助于忘却”，同样也是毫无可能的；也不用说什么借助于忘却而去挤到“无精神性”这个定性之下，然后成为一个丈夫和基督徒——正如其他的丈夫和基督徒；不，对这一类，这“自我”是太过于自我而不可能加入的。这正如那经常发生在“剥夺儿子继承权的父亲”身上的情形：外在的事实起不了大作用，他并不因此而与他的儿子脱离了关系，至少在他的心里不是这样；这正如那经常发生在“恋爱者对那所恨的人（亦即，那所爱的人）作出诅咒”时的情形：这起不了大作用，这几乎使得这恋爱者沉迷得更深，——如此便是“绝望的自我”与它自己的关系。

这种绝望是一种“质”，比前面所谈讨论的那种更深刻，并且它属于一种更罕发于世界的绝望。我们在前面的文字中所谈到的那扇假门，在它的后面是虚无；而在这里，它是一道真实的但确实是被小心地关上了的门，并且在它的背后坐着自我，仿佛是坐着守望着自己，全神贯注地以“不想要是自己”来充填时间，然而却有足够的自我去爱自己。我们把这称作*内闭性*[145]。而从现在开始我们会论述“内闭性”，这内闭性正好是“直接性”的对立面，并且在（比如说）思想的方面，有着对于“直接性”的极度鄙视。

然而，这样一个自我，他到底是不是存在于现实世界，他是不是逃出了这个世界，逃到了荒漠、寺庙、疯人院；他是不是一个实在的人、和别人一样地穿着衣服或者和别人一样地穿着那普通的外衣？对啊，他当然是实在的人，为什么不？但是与自我有关的东西，他决不与他人共享，一个也不；他感觉不到有什么想要共处的愿望，或者他已学会了去克服这种愿望；只让我们去听一下他自己对此是怎么说的：“也只有那些纯粹地直接的人，这种人在‘精神’这个定性之下所处的水准如同一个孩子在他最初的童年阶段，在这种状态下这小孩子带着一种彻头彻尾可爱的烂漫而脱口说出一切[146]，只有这种纯粹地直接的人根本无法在心里藏住什么东西。

那常常带着极大的自负称自己是‘真理、是真实的、一个真实的人并且完完全全地表里一致的’，正是这一种类型的直接性，如果这类人说出的这话是真相的话，那么‘一个年长者在感受到一种身体上的需要的时候不会马上就顺从这需要’就是不真实了。每一个人，那怕只要有一丁点反思的自我，都会知道怎样去强制‘自我’。”我们的绝望者内闭得足以能够把每一个不相关的人，也就是说每一个人，都关在那牵涉到自我的问题之外，而作为外向的他则完全是“一个现实的人”。他是一个受过高等教育的人、丈夫、父亲，甚至是一个非同寻常的出色的政府官员，一个可尊敬的父亲，在社交圈里受欢迎，对妻子非常温柔，甚至对自己的孩子都小心翼翼。基督徒？——哦，是的，这样他也算是一个吧，然而他尽可能避免谈这个，尽管他非常愿意（带着一种忧伤的快乐）看见他的妻子作为身心陶冶专注于宗教性的东西。他很少去教堂，因为他发现那大多数牧师从根本上不知道他们自己在讲些什么。但是在一个完全单个的牧师那里是例外，他承认这个牧师知道自己在讲什么；但是出于另一个原因他不想听这个牧师讲，因为他有着一种畏惧，他怕听这牧师讲道将会把他带得太远。反过来他经常会感觉到对于孤独的渴望，这对于他来说是一种生命的必需，有时候这必需对于他如同对于呼吸的需要，而其他时候则如同对于睡眠的需要。他比大多数人更多地有着这种生命的需要，——这个事实也正是一个标志，表明了他有着一种更深刻的本性。总的说来，“对孤独的渴望”是对于“一个人身上还有着精神”的一种标志，并且也是衡量“有着怎样的精神的”的尺度。“那些纯粹地轻浮琐碎的‘无人格之人’和‘随波逐流之人’”，在这样一种程度上毫无“对孤独的渴望”，他们如同群居的鸟，只要有一个瞬间不得不独处，那么马上就在这瞬间死去；正如小孩子必须被哄着入睡，同样这些人需要有社会性生活的抚慰催眠才能够吃、喝、睡、祷告、恋爱等等。但是不管是在古典时代还是中世纪，人们都留意到了这种“对孤独的渴望”，并且尊敬它所意味的东西；在我们时代的“持恒的社会性交往”[147]中，人们在这样一种程度上对“孤独”感到心惊肉跳，以至于人们（哦，华丽的警言！）除了将之用来作为对于犯罪者的惩罚[148]之外不再知道它有什么别的用处了。不过这也对，我们知道，在我们的时代里，“具有精神”是一种犯罪，那么，这样的一类人，“孤独”的热爱者，就与犯罪分子们归于同一类，这也是有着它的道理的。

内闭的绝望者还是继续生活，一小时接着一小时地[149]，他在诸多的小时中（尽管这些小时不是作为永恒来生活[150]，但却还是与“那永恒的”有关）专注于他的“自我”与这“自我”自身间的关系；但是他其实却并没有走得更远。然后，这一专注的过程完成了，在这“对孤独的渴望”得到了满足之后，这时，他就马上又退出了，——甚至是在他进入到妻子和孩子身边或者与妻子和孩子共处的时候。之所以他作为丈夫是如此温柔而作为父亲是如此谨慎，除了他天性中的好脾气和他的义务感之外，也还是因为他在自己内闭的最深处向自己所做的关于他的“软弱性”的坦白。

如果有人得到可能在他的“内闭性”中成为他的秘密的同知者，并且然后有人要对他说，这是骄傲，你在根本上其实是在为自己骄傲；那么，他肯定是不会向别人作出这种坦白的。在他一个人和自身独处时，他无疑将坦白，那之中确实有着某种东西；但是“激情性”（他的自我曾经以这种激情性解读出了他的软弱性）则马上又会使他相信，这不可能是骄傲，既然他正是对于“他的软弱性”绝望，正仿佛那把巨大的砝码这样地压在了软弱性之上的不是骄傲，正仿佛不是因为他想要为自己骄傲所以他才不能够忍受这种关于软弱性的意识。

如果有人要对他说“这是一种奇怪的复杂纠缠、一类奇怪的结头[151]；因为全部的不幸根本地是在于思想自相缠绕的方式[152]；否则的话，这甚至是很正常的，你所应当走的方向恰恰正是沿着这条路，你应当通过那‘关于自我的绝望’[153]而走向‘自我’。‘软弱性’的这种情形，是完全正确的，但是它，你不应当对于它绝望；为了成为自己，自我首先必须受挫，只是不要再去对于它绝望。”——如果有人这样对他说，那么他将会在一种毫无激情的状态中领会它，但是激情马上就又会犯错，这样他也就再次作出错误的转向而进入绝望。

如我们前面所说，这样一种绝望在世界上是更罕见的。如果现在他不是保持停留在那里仅仅做原地踏步；并且，在另一方面，如果没有任何革命性的巨变在绝望者身上发生而使得他走上通向信仰的正途；那么，这样一种绝望，它要么对自身进行更进一步的强化而成为更高形式的绝望并且继续是内闭性，要么向外突破出去并且消灭外在的衣饰，在这种外在衣饰之下这样一个绝望者曾经过着一种匿名者的生活。在后一种情况下，这样一个绝望者将投身到生活中去，可能是投身在一种能够借助于大事业来转移内心注意力的生活消遣中；他将成为一个不安的精神，其存在留下足够的痕迹，一个不安的精神：它想要忘却，并且由于在内心中有着太强烈的喧嚣，它就必须使用更强烈的措施，虽然这些措施不同于理查三世为了避免听见母亲的诅咒时所使用的方式[154]。或者他将会在感官性之中寻求遗忘，可能是在各种放荡不羁的生活中；他会绝望地想要回到“直接性”中去，但却持恒地带着关于自我（他所“不想要是”的那个自我）的意识。在前一种情况，在“绝望”得以强化的时候，它就成为“对抗”；并且，在这时我们就明了地看出，在前面那种“软弱性”的情形中有着多少非真相，我们能够明了地看出，这在辩证的意义上是多么地正确：对抗的第一表达就是对于其软弱性的绝望。

最后，作为结论让我们再稍稍地看一下那“内闭的人”，他在内闭性中原地踏步。如果这种内闭性绝对地，在每一个方面完全无条件地[155]得到保留，那么，“自杀”就会成为距离他最近的危险。大多数人当然是不会感受到这样一个内闭的人所能够承受的是什么；如果他们知道了，他们将会大吃一惊。而这样，自杀就又成为了绝对的内闭者所面临的危险。相反，如果他与人交谈，向（哪怕只是唯一的一个）人开放自己，那么他很有可能就得到很大的放松或者让紧张的心情得以松弛缓和，这样一来，自杀就不至于成为内闭性的后果。这样的一种带着一个同知者的“内闭性”在整体色调上要比那绝对的“内闭性”更柔和一些。这样，他大概是会避免了自杀。然而也会有这样的情形发生：正因为他向另一个人开放了自己，他对于这“开放”绝望；对于他来说，仿佛他必须在沉默中忍受、仿佛这样还是要无限地远远好过有一个同知者。对此我们有各种例子，一个内闭者恰恰因“得到了一个知己”而被带入绝望。这样，自杀还是会成为这种情形的后果。从诗歌的意义上[156]看，这种灾难[157]（以虚构的方式[158]，比如说，假设那人物是国王或者皇帝）也可以是以这样的方式构成：他让人杀了知情者。我们可以想象一个这样的魔性的暴君，他感觉到有向人谈论他的痛苦的愿望，并且持续地消费了相当多的一批人，因为成为他的知己无疑就是意味了确定的死亡：一旦这暴君在一个人面前说出了自己所想的东西，这人就马上被杀死。——去描述一个魔性的人身上的这种痛苦不堪的自相矛盾，这是一个诗人的工作，而这工作是通过这样的方式来得以完成：他既不能没有一个知情者又不能有一个知情者。

贰）绝望地想要“是自己”的绝望，对抗。

正如前面所显示的，人们可以把“壹”称做“女人性”的绝望，如此我们能够将这一种绝望称做是“男人性”的。因此，与前面文字中所描述的相比，它就也是：在“精神”这个定性之下所看见的绝望。而这样看的话，“男人性”在本质上恰恰也是处于“精神”这个定性之下的，而“女人性”则是一个更低级的综合。

那在“壹，2”中所描述的绝望是对于其“软弱性”的绝望，绝望者不想要“是自己”。但是如果辩证地再向前走哪怕只是一步的话，如果那如此绝望的人意识到为什么他不想要“是自己”，那么转化[159]就出现了，于是就有了“对抗”，因为：这情形之所以如此，恰恰是由于他绝望地想要“是自己”。

首先出现的是对于“那尘俗的”或者对于某种尘俗的东西的绝望，然后出现关于“那永恒的”对于其自身的绝望[160]。然后“对抗”出现，——它其实是“借助于‘那永恒的’的绝望”、是对于自我中的“那永恒的”的“绝望的滥用”[161]——滥用于“绝望地想要是自己”。但是正因为它是“借助于‘那永恒的’的绝望”，在一定的意义上它就与“那真实的”非常接近；而正因为它与“那真实的”非常接近，它就是无限地遥远的。那“作为通向信仰的过程”的绝望，也是借助于“那永恒的”：自我借助于“那永恒的”而有勇气去失去自己以便赢得自己；而这里则相反，这自我不想要以“失去自己”开始，而想要“是自己”。

这时，在这种形式的绝望中，关于“自我”的意识有着升值，也就是，关于“绝望是什么”和“一个人所处的状态是绝望”的意识变得更强烈；在这里，绝望自觉意识到自己是一种“作为[162]”，它不是来自“那外在的”——作为一种“外在性”的压力之下的承受[163]，它是直接地来自“自我”。这样，与“对于其软弱性的绝望”相比，“对抗”就当然还有着一种新的质地。

要去“绝望地想要是自己”，就必须有着对一个“无限的自我”的意识。这个“无限的自我”其实却只是那最抽象的形式，“自我”的最抽象的可能性。而他所“绝望地想要是”的就是这个自我，——将“自我”从它与“设定了它的力量”的所有关系中割裂出来，或者将它从关于“这样一个力量是存在的”观念中割裂出来。借助于这永恒的形式，“自我”绝望地想要成为自己的主人或者创造出自己、使得“他的自我”成为“他所想要是的自我”、去在“他的具体的自我”中决定“什么是他所想要带上的”和“什么不是他所想要带上的”。我们知道，他的“具体的自我”或者他的“具体”有着必然性和极限、是这样一种完全被确定的东西：具备着这些能力、倾向，等等，并且处在这“各种关系的具体”之中，等等。但是借助于这种无限的形式、这种“否定的自我”[164]，他首先想要让自己去对这整个情形进行重新构建，以便在之后从这“重构建”中，借助于那“否定的自我”[165]的“无限的形式”，得出一个如他所想要的自我，——然后他想要“是他自己”。这就是说，他想要比其他人稍稍更早地开始，不是通过并借助于“开始”，而是“在开始之中”[166]；他不想起用他的自我、不想在这个“对于他已是给定了的”的自我中看见自己的任务，他想通过“去是‘无限的形式’”[167]自己来构建“自我”。

如果我们想为这种绝望给出一个通名，那么，我们可以将之称作“斯多葛主义”，但必须是以这样的方式：我们在使用这名词的时候不仅仅只是考虑到那个宗派[168]。而为了进一步阐明这种类型的绝望，我们最好是作出一种在一个“行为着的自我”和一个“承受着[169]的自我”之间的区分，并且指出：自我——在它是“行为着的”时——是怎样地使自己去与自己发生关系的；而自我——在它是“承受着的”时——是怎样地在“承受”[170]中使自己去与自己发生关系的；表述公式则始终是：绝望地想要“是自己”。

如果绝望的自我是一个行为着的自我，那么它其实就是持恒地“仅仅实验性地”使自己去与自己发生关系——不管它所作出的行为是什么、有多大、怎样地令人惊奇、带着多么牢固的持之以恒之心。它不认识任何在它自己之上的力量，所以它在最终的根本上缺乏“严肃”；甚至在它把它的最高注意力贯注在它的各种实验中的时候，它也只能够是戏法般地变出“严肃”的一个表象。这时，这是一种伪装出来的严肃；如同普罗米修斯从诸神那里所偷盗来的火[171]，同样，这就是从上帝那里偷盗这种思想——这思想是“严肃”：上帝注目着一个人；——作为对之的替代，“绝望的自我”则满足于注目着自己，——这“自己”现在要去把无限的兴趣和意义贯注给他的事业，而这却恰恰在使得这些事业成为各种实验。虽然这个自我还不至于在绝望中走得如此之远以至于要成为一个实验想象出的上帝：没有任何派生出的自我能够通过“注目于自己”而赋予自己比“它自己所是”更多的东西；它却从头到尾一直是这自我，在“自我两重化”[172]中它比起“自我”还是既没有成为更多也没有成为更少。在这样的情况下，自我——在它为“想要是自己”而作的绝望追求中——却把自己推向了反面，它其实是在成为“不是自我”。自我在辩证关系中行动，而在这整个辩证过程中没有什么固定不变的东西；自我的内容在任何一个瞬间都不是固定不变的[173]，就是说，永恒地固定不变。自我的否定形式在同样的程度上既作为一种解开的力量又作为一种捆绑的力量而起作用[174]；它能够完全任意地在任何一个瞬间从头开始，并且不管一种想法被追踪了多久，整个行为是在一种假设之中。自我远远不是成功地越来越成为它自己，相反它越来越明确地被显示出是一个假设的自我。自我是它自己的主人，所谓绝对地是它自己的主人；这正是绝望，然而也是那被它看作是“它的乐趣”、“它的享受”的东西。然而，通过更深入的考察我们很容易得到确定：这个绝对统治者是一个没有国土的国王，他在根本上只是统治着乌有；他的状态，他的统治权处在这样一种辩证法之下：造反在任何时刻都是合法的。就是说：这在最终是任意地依据于“自我”自身。

这样，这绝望的自我只是持恒地建造空中楼阁，并且只是持恒地与空气决斗[175]。所有这些实验想象出来的美德使得它看起来光辉夺目；它们魔术般地把一个瞬间变得像东方的诗篇；一种这样的自制、一种这样的沉着，一种这样的心灵宁静[176]等，几乎就直接与寓言神话的世界相接壤。是的，确是如此；而这全部所立足的基础则是乌有。自我想要绝望地享受对于“使得自己成为其自己”、“发展自己”、“是自己”的全部满足；它想要有幸得到这种诗人的、大师的天赋，就是说，它得用以懂得其自己的方式。然而在最终的根本上，“它自己对于它来说意味着什么”对于它却还是一个谜；正是在这样的一刻，整个建筑看起来几乎就要完成了，它能够任意地将这整个建筑瓦解消释为乌有。

如果这绝望的自我是一个*承受着*的自我，那么这绝望还是“绝望地想要是它自己”。这样一个实验想象着的自我，它绝望地想要“是它自己”，在它暂时地使自己去适应它自己的具体的自我时，它可能会遭遇到某种麻烦，某种会被基督徒称为是“苦难”[177]的东西、一种根本损害[178]，这时，这种麻烦可以是任何一种。这否定的自我[179]，自我的无限形式，可能会在一开始把它纯粹地抛弃掉、装作看不见它、彻底不去知道它。但是这做法并不成功，它在“实验想象[180]”中的技艺达不到这么远，而它在“抽象化”中的技艺更无法达到这么远；就像受折磨的普罗米修斯[181]，这无限的、否定的自我觉得自己是被钉在了这种劳役之中。于是它在这里是一个“承受着的自我”。那么这时，这“绝望地想要是它自己”的绝望，它又怎样显示出自己来呢？

看，在前面的文字里描述了这种形式的绝望：对于“那尘俗的”或者对于某种尘俗的东西绝望，以这样一种方式理解：它在根本上是，并且也显现出是关于“那永恒的”而绝望，就是说，不想要让自己通过“那永恒的”而得到安慰和治疗，把“那尘俗的”看得如此之高以至于“那永恒的”无法成为安慰。但这也是一种绝望形式：它并不想要寄希望于这样的可能性、寄希望于“一种尘俗的困顿、一种现世的苦难[182]是可能被消去的”。现在，这希望是这种“绝望地想要‘是它自己’”的绝望所不想要的。如果这绝望者使得自己确信，这肉体中的刺[183]侵蚀得如此之深（不管现在这里的情况是“这确实是如此”还是“他的激情使得这让他感觉是如此”），以至于他无法从这刺痛之中抽象出来①，那么，可以这样说，他就会觉得还不如去永恒地接受下它。他对这肉中刺愤慨，或者更确切地说，他抓住了这个机会去对整个存在[184]愤慨；他如此不顾一切地想要是他自己，不是“不顾这肉中刺而去不带有它地是自己”（这就变成了是从它之中抽象出来，并且他无法做到，或者这是朝着“放弃”的方向上的运动），不，他这是不顾或者对立于整个存在，想要带着这肉中刺地“是自己”，把它带着，几乎就是挑衅着他的所有剧痛。因为，去希望得到“帮助的可能性”，特别是依据于“那荒谬的”[185]：“对于上帝一切都是可能的”[186]；不，这不是他所想要的。而去在某个他人那里寻求帮助，不，这是他无论如何也不想要的，如果有这个必要，他宁可带着地狱里的全部剧痛地“是他自己”也不去寻求帮助。

在事实上，这样一种说法——“一个受苦的人当然会想要得到帮助，只要有人能够帮助他”恰恰并非是完全正确的，——完全不是这样，尽

---

① 另外，提醒一下，在这里，正是从这个观点上我们会看出，在世界上有许多在“放弃”的名下衣冠楚楚地出现的东西，而这其实是一种类型的绝望，这种绝望：“绝望地想要‘是其抽象的自我’、绝望地想要只满足于‘那永恒的’并且能够以此来对抗或者忽略在‘那尘俗的’和‘那现世的’之中的苦难”。“放弃”的辩证法其实是这个：想要“是其永恒的自我”，并且考虑到某种确定的“在之中自我承受着苦难”的东西而不想要“是自己”，而同时用“它还可以消失在永恒性之中”来安慰自己，并且因此而认为自己理所当然地可以不去接受下“现世性”中的自我。虽然自我在这种情形之下承受着痛苦，它却不想承认这是自我的一部分。就是说，不想信仰着地在这之下谦卑自己。这样，被看作是“绝望”的“放弃”在本质上是与“绝望地不想要是自己”不同的，因为它绝望地想要“是自己”，但却有着一个“单个情形”作为例外：考虑到这单个情形，它绝望地不想要“是自己”。

管反过来寻求帮助的人并非总是有上面所说的情形那么绝望。事情就是如此。一个受难者通常会有一种或者许多种方式——他愿意通过这样的方式来得到帮助。如果他这样地得到了帮助，那么他就很愿意想要得到帮助。但是，如果这“应当得到帮助”在更深的意义上成为了一种“严肃”，特别是从一种更高者，或者最高者那里得到帮助，那么这就意味了：“要去谦卑地必须无条件地以任何方式来接受这帮助、在帮助者[187]的手中成为一种乌有并且对于帮助者来说一切都是可能的”；或者，哪怕只是意味了：“只要一个人在寻求着帮助他就必须放弃‘是自己’、必须去屈从于另一个人。”哦，固然在无助之中有着极大的，甚至是持久的和剧烈折磨的苦难，但是在无助之中自我却不会如此地哀吟；所以这受难者在根本上宁可承受这苦难而保持着“是自己”。

但是，在一个这样的“绝望地想要是自己”的受难者身上，越是高度地有着意识，绝望就越是剧烈地强化自己而成为“那魔性的”[188]。通常它的本原是这个：一个“绝望地想要是自己”的自我苦于某种折磨，而这种折磨根本无法从他的具体自我中被拿走或者被割离开。正是在这种剧痛里，他投入了他的全部激情，这激情在最后成为了一种魔性的暴怒。而如果现在是这样，甚至天上的上帝和所有天使向他提供帮助去摆脱那折磨，不，这是他现在所不想要的，这帮助出现得太迟了；他曾经是很愿意放弃一切以求摆脱这折磨，但是我们让他等待；现在这时机已经错过了，现在他宁可想要发泄出对一切的愤怒、想要是那“受到了整个世界、受到了‘存在’的不公正对待”的人，而对于这样一个人来说，这恰恰就很重要，他必须在自己的把握中保持剧痛而不让任何人拿走它，因为否则他就无法证明并且让自己确信“他自己是对的”。在最后这就在他的头脑里这样地停滞着，以至于他由于一种完全特别的原因而惧怕“永恒”，也就是惧怕“永恒”会把他和他的（从魔性的意义上的理解）相对于他人的无限优越性、把他和他的（从魔性的意义上的理解）“是他所是”的合理性分离开。

他想要“是他自己”；他从对“自我”的无限抽象开始出发，而现在他终于变得如此具体，以至于不可能在这种意义上成为永恒的，但是他还是绝望地想要“是他自己”。哦，魔性的疯狂，在最大程度上引起他的暴怒的想法就是：这永恒居然会有“要从他这里夺去他的悲惨性”的念头。

这种类型的绝望在这个世界上是罕见的，从根本上说，这样的形态只会在那些诗人身上出现，——诗人，真的就是说，总把那“魔性的”理想性借给他们的作品；“魔性的”这个词在这里是以纯粹希腊意义来理解的[189]。然而这样的一种绝望也出现在现实之中。那么，相应的外在性又是什么呢？这个么，没有什么“相应的”，就一种相应的“外在性”而言是没有的，与“内闭性”相应是一种“自相矛盾”；因为如果它是相应的，那么它就是公开着的。但是在这里“外在性”是完完全全地无所谓的东西，——在这里我们必须着重地去注意的是内闭性，或者那被人们称作是一种“僵锁住的内在性[190]”的东西。在“绝望”的各种最低级形式中，其实没有什么内在性并且也没有什么是与内在性相关的东西；如果我们要刻画“绝望”的各种最低级形式，那么就可以通过“描述或者谈论与这种绝望的外在性相关的东西”来表现。但是，绝望变得越高度的精神性、内在性越大程度地在内闭性中成为一个自为的特殊世界，那么，外在性（在之下隐藏着绝望）也就越是无关紧要。但是恰恰是“绝望”变得越高度的精神性，它也就越高度地留意于以“魔性的睿智”去保持使“绝望”内闭在“内闭性”中，并且也因此就越高度地留意于把“那外在的”归入“无所谓”[191]之中，使之尽可能地变得无关紧要和无足轻重。正如迷信故事之中穴居巨人通过一个没有人能看得见的缝隙而消失[192]，绝望的情形也是如此，它越是高度地具有精神性，恰恰它就越是急迫地要去居住在一种外在性之中，在正常的情况下不会有人想到去这样一种“外在性”的背后找它。这种隐藏性正是某种精神的东西，是各种安全措施之一，仿佛就好像是要去确保自己在现实世界的背后拥有一个“内闭”[193]，一个“排外地”[194]为自己的世界，一个这样的世界，在之中“绝望的自我”忙碌不息地、坦塔罗斯[195]般地全神贯注于“想要是它自己”。

我们（在“壹，1”中）从绝望的最低级形式开始，这种形式的绝望，它绝望地不想要“是自己”。魔性的绝望是在那“绝望地想要是自己”的绝望中最强化了的一种。这种绝望甚至不想要在斯多葛主义的自我迷恋和自我崇拜的意义上“是自己”，不想要如同这种斯多葛主义式地、固然是不真实的，但在一种确定的意义上根据其完美性“是自己”；不，它想要在对“存在”[196]的仇恨中“是自己”、根据其悲惨性地“是自己”；它甚至不是因为不服气或者挑衅地，而是为了不顾后果地对抗而想要去“是自己”；它甚至不是因为不服气而想要将自己从那设定了自己的那种力量中摆脱出来，相反它是为了对抗而想要将自己强加给它[197]、强行使自己挑衅它，出于恶意而想要依附于它，——而当然我们知道，一种恶意的驳斥首先必须注意去保持与它所反对的东西相符合[198]。怀着对整个存在[199]的厌恶，它认为它得到了可以用来反对这存在、反对这“存在之中的善性”的证据。绝望者认为，他自己就是这证据，并且这就是那“他所想要是”的，所以他想要“是自己”，想要是在其剧痛中的自己，以便用这种剧痛来抗议整个存在。软弱的绝望者不想听任何有关于“永恒能够给予他什么安慰”的话题，而一个这样的绝望者也不想听到任何这方面的东西，但却是出自另一个原因：这安慰恰恰会是他的毁灭——作为对于整个存在的驳斥。更形象化地说的话，这就如同在一个作家的文稿中出现了一个写作错误，这写作错误意识到自身是如此，但可能这写作错误在根本上也不是写作错误，而在一种远远更高深的意义上是在整部作品中的一个本质的从属部分；现在，这就仿佛是这写作错误要对作家造反：出自对他的恨，它不准他作改正，并在疯狂的对抗中对他说：不，我不想被删去，我要站在这里作为一个针对你的见证，一个用来证明你是一个平庸作家的见证。

注释：

1　把句子肢解开，让分句成为独立句子，换一种写法就是：“绝望”的各种形态可以抽象地通过对构成自我的各个环节的反思来确定，而自我作为综合是由这些环节构成的。

2　这里的“这”就是指“一个使自己去与‘自己’发生关系的关系”。以及前面所说的“一个这样的关系：虽然它是推导衍生出的，它使自己去与‘自己’发生关系”。

3　“变成”就是“成为”，但是在作为形容词表语前的联系动词时，为了避免拗口，我时而将之翻译为“变成”或者“变得”（在“变得”后面的形容词可以省略去那“的”字）。

4　这个“成为（Vorden）”是一个名词化的动词。

5　仿宋体处在丹麦文版中是希腊语：κατα δ ύναμιν（根据可能）。

这是一个出自亚里士多德哲学的用词。

6　在一些地方我把“成为存在”翻译为“进入存在”。

7　“那辩证的事实”，直译应当是“那辩证的”。

8　［这台词……对于“那辩证的对立面”的反思（Reflexen）］克尔凯郭尔在一个誊清稿的注释（Pap. Ⅷ 2 B 171，17）里写有：“正确地写台词，各种有声有色地、带着想象力的真挚性从一种激情之中发出并且在之中有着对立面的回响的台词，写这样的台词的艺术，任何诗人都比不上那唯一的莎士比亚。”

9　在这个“人的存在”中，“人的”是一个形容词。“人的存在”，就是说，“人的意义上的存在”。

10　直译的话就是：在这综合之中“那有限的”是“那作出限定的”，而“那无限的”是“那作出扩展的”。

11　换一种直译的方式就是：“无限性”的绝望是幻想的东西，是没有边界的东西。

12　换一种直译的方式就是：幻想的东西。

13　幻想（Phantasie）。

14　［“幻想”则又与“感情”、“认识”、“意志”发生着关系］联系到所谓的“能力学说”，在心理学和尾随的德国哲学家康德的《实用人类学》（1799）的哲学学科中很普遍。意识生命分作三种能力：认识（表象能力）、意志（欲望能力）和感情（感觉能力），而幻想常常是在“认识之下得以论述”。而在西贝恩的《人的精神天性和本质》（§ 72）中则是被作为一种与其他能力发生关系的更高能力。

15　“那实施无限化的（det Uendeliggjørende）”。

16　仿宋体处在丹麦文版中是拉丁语：instar omnium（对其他一切都有效的）。

［instar omnium］拉丁语：对所有其他都有效的；最卓越的。

17　［那老费希特……“幻想”是范畴们的渊源］在费希特的“科学理论”中有着“生产性的想象力（produktive indbildningskraft）”这一概念。他寻求在这种“生产性的想象力”中为关于“非我（Nicht－Ich）”（亦即外在客体世界）的观念以及那各种必要的思维形式（诸范畴）找到根本来源。生产性的想象力是我们对于意识外世界（非我）的观念和支持意识的各种知性范畴的的渊源。可参看他的《全部知识学基础》。在康德、费希特和谢林的哲学中，“想象力（Einbildundskraft）”这个概念有着相当重要的地位。克尔凯郭尔对于费希特的直接参考出处可能是特伦德伦堡（A. Trendelenburg）在《范畴学说历史》中对费希特的范畴学说的阐述，之中强调了想象力的作用。

老费希特：Johann Gottlieb Fichte（1762—1814），区别于其子小费希特 I. H. Fichte（1796—1879），德国哲学家。耶拿、厄尔林根、哥尼斯堡和柏林的教授。在极大程度上受康德影响，费希特在《知识学》中以“自我”为出发点发展了他自己的“主观唯心主义”，一种关于先验自我的绝对特征的理论，他想以此来解决康德哲学所无法解决的问题，比如说“物自身（Ding an sich）”与“现象（Erscheinungen）”间的二元论。对于他，自我是认识的第一原则，不能够作为某种已有事实（Tatsache），而是一种主动性，一种行动（Tathandlung）。主动的自我（行动的主体）设定或者生产出“非我（客体）”，然后从“自我”与“非我”的对立演绎出认识的所有概念。

18　反思（Reflexion）。

19　善感性（Følsomhed）。

20　仿宋体处在丹麦文版中是拉丁语，并且是置于“人类”之后：人类 in abstracto（拉丁语：抽象普遍的）。

21　［俄罗斯号角音乐中，人……只是被当作一个……音节］所谓的俄罗斯号角或者狩猎音乐，出现在 18 世纪中期，由乐队或者猎人团队演奏。乐队由六十人组成，每一个人有一个单音的号，所以每个人只吹出一个音——自己号里的音，除了吹之外，还要留意吹的节奏。

22　直译的话就是：这时的意志就不会持恒地在同样的程度上像“继续是抽象的”那样地“继续是具体的”。

23　直译的话就是：……它对于它自己也就越高度地在场并且同时（这个“同时（samtidig）”是指：它与它自己“在同一时间中”）。

24　直译的话就是：这样它在“被无限化”中就——在一种最严格的意义上——回到它自己。

25　直译的话就是：在这“去完成那无限地小的一部分工作（这工作尚能在今天、在这个小时中、在这个瞬间里被完成）”之中，与自身相距得最遥远（在它在意图和决定中被最高度地无限化了的时候），而在同一瞬间，它是与它自身最接近的。

26　［一只麻雀能够活着……一无所知］见《马太福音》（10∶29）：“两个麻雀，不是卖一分银子么。若是你们的父不许，一个也不能掉在地上。”

27　［这样的情况并没有为世界上带来什么大骚动］就是说，世界并没有对之提出抗议。

28　［最大的危险，亦即“失去自己”］见《路加福音》（9∶25）：（耶稣说）“人若赚得全世界，却丧了自己，赔上自己，有什么益处呢。”

29　五块钱（Rbd）。

5［Rbd］五块国家银行币。国家银行币是丹麦在 1818 年发行的一种钱币；一国家银行币有六马克，一马克又有十六斯基令（skilling）。五块国家银行币相当于一个手工匠学徒一星期的工资。一双鞋三国家银行币，《致死的疾病》一块国家银行币。

30　“那辩证的事实”，直译应当是“那辩证的”。

31　“这一个是它自己的对立面。”在黑格尔的辩证法中，“这一个”总是走向其对立面。从辩证法角度看，黑格尔是通过连续的中介转换而达成正反合的内在性的辩证运动，而克尔凯郭尔则认为“人作为正定的综合”的达成在于那种超验的跳跃。而从对立面来讲，黑格尔往往是“相互在对方中拥有自己的”对立。但是对于克尔凯郭尔，对立是非此即彼的对立。

32　受限定性（Begrændsethed）。

33　狭隘性（Bornerethed）。

34　局限性（Indskrænkethed）。

35　［那不可少的一件］见《路加福音》（10∶38—42）：“耶稣进了一个村庄。有一个女人名叫马大，接他到自己家里。他有一个妹子名叫马利亚，在耶稣脚前坐着听他得道。马大伺候的事多，心里忙乱，就进前来说，主阿，我的妹子留下我一个人伺候，你不在意么。请吩咐他来帮助我。耶稣回答说，马大，马大，你为许多的事，思虑烦扰。但是不可少的只有一件。马利亚已经选择那上好的福分，是不能夺去的。”

36　仿宋体处在丹麦文版中是德语：Einerlei（千篇一律）。

37　“不去‘是自己’，而去成为了一个数字、成为这种‘永恒的千篇一律’的又一次重复、又一个人”。

38　“自为”：就是说“作为自己的对象”。详见前面的注脚。

39　［成为一种模仿、成为数字而混进人群之中］就是说，成为人群中的又一个模仿者，亦即，一个人云亦云者。

40　就是说，这时，人是一个自己决定自己的人。

41　罪（Synden）。

42　［我怯懦地赢得了一切尘世间的好处——而失去了我自己］见《马太福音》（16∶26）：“人若赚得全世界，赔上自己的生命，有什么益处呢。人还能拿什么换生命呢。”

43　［典押给世界］联系到成语“把自己典押给魔鬼”。出售了自己，与世界签下魔鬼契约。

参看草稿：Jf. Pap. Ⅷ 2 B 150，7.

44　“他们不是‘他们自己’”。

45　仿宋体处在丹麦文版中是希腊语：απειϱον – πεϱας〈那有限的/无限的〉。

在毕达哥拉斯的范畴版上作为第一对立的形而上学概念或原则。对此亚里士多德在《形而上学》（986a 22ff.）有描述。柏拉图曾经多次使用这概念。比如说在《斐利布斯篇》（26d）中。

46　仿宋体处在丹麦文版中是希腊语：κατα δ ύναμιν（根据可能）。

47　这里，“去成为”对于自我是可能性的运动，可以理解为一种“出离”，而在这种出离之后，如果自我没有失去必然性，那么“去成为自己”，就是必然性的运动，一种回归。失去了必然性，就意味了在可能性之中无家可归。

48　仿宋体处在丹麦文版中是希腊语：κατα δ ύναμιν（根据可能）。

49　幻觉迷景（Phantasmagorier）。

50　是指黑格尔的说法。

51　［哲学家们所解说的那样，——“必然性是可能性和现实性的统一”］在康德的首要著作《纯粹理性批判》中列出了四组知性概念，之中有一个是模态，被分为可能、存在、必然（克尔凯郭尔在笔记中提及）。在康德那里，一组中的第三个概念总是在前两个概念的关联上被构建的。这样，“必然”标示了那与自身的“可能”一天给定的“存在”。在《小逻辑》之中，黑格尔以康德的定性为出发点进行了深化：“必然性诚然可以正确地界说为可能性与现实性的统一。但单是这样空洞的说法，便会使必然性这一规定〔或范畴〕显得肤浅，因而不易了解。”（贺麟译《小逻辑》，商务印书馆 1980 年第 2 版，第 305 页）。而在《逻辑学》中的“现实”一章节中，黑格尔把实在的必然性定性为“现实在可能性中被扬弃之有，反之，[也是可能在现实中被扬弃之有]，当必然就是一个环节到另一环节的单纯转化时，它也是这两环节的单纯的、肯定的统一，……这时每一环节在另一环节中都只是与自己本身消融”。（杨一之译，《逻辑学》，商务印书馆 1980 年，第 205 页）。另外可以参看《哲学片断》中的“间奏曲”。

52　力（Kraft）。

53　[在童话和民间传说中经常讲述的，一个骑士突然看见一只罕见的异鸟] 这故事来源不详。在德国童话《僧侣与鸟》之中有类似的情节。

54　如果我直译原句，则应当是“个体沉郁地爱着地追逐恐惧之可能性……”。恐惧有着双重性，——“好感地反感和反感地好感”，所以“沉郁”和“爱着”这矛盾着的两个心境都必须被强调出来。但是，考虑到“沉郁地爱着地追逐”太拗口而不符合汉语习惯，所以我将之译写为“怀着沉郁的爱，个体追逐恐惧之可能性……”，虽然强调作用被减弱，但是大意不变。这里作出说明。

55　“或者说，他为‘自己可能会死在某样东西之中’而恐惧，然而他却恰恰死在这东西之中”这一句是译者的改写。直译就是“或者死在那他所恐惧的就是死于之中的东西之中”。

56　这个“人的”是形容词。

57　希望（Haaben），是动词名词化。

58　绝望（Fortvivlen）。

59　这个句子中的“希望”和“绝望”都是动词名词化。

60　[对于上帝一切都是可能的]《马太福音》（19∶26）：“耶稣看着他们说，在人这是不能的。在神凡事都能。”另见《马可福音》（10∶27）、（14∶36）《路加福音》（1∶37）。

61　这个“绝望”是名词，但是后面有动词“绝望”出现，为了避免混淆，我在句子中使用“去绝望”来译示动词“绝望”。

62　通常人们说“得到‘能够好好读一本书’的安宁”，而这里所说的是“得到‘能够好好绝望’的安宁”。

63　仿宋体处在丹麦文版中是德语：Verwünscht sei Vetter, der mich abgelenkt Von dem bequemen Wege zur Verzweiflung.〈该死你，表弟，你将我从那通向“绝望”的舒适道路上引了出来〉。

[Richard Ⅱ; Verwünscht sei … 3die Akt. 3die Scene] 在施莱格尔的德文莎士比亚翻译中是第三幕第三场，但是在英文原版（和中文版）中是第三幕第二场，原文为："Beshrew thee, sousin, which didst lead me forth / of that sweet way I was in to despair!"

64 [如果一个人昏倒，那么人们就呼叫拿水来，科隆水（Eau de Cologne），霍夫曼乙醚嗅剂] 当时弄醒昏晕的人的最佳方法就是往病人头上洒冷水、在鼻子下滴"嗅水"或者让他闻一勺子霍夫曼乙醚嗅剂或者一块糖。

霍夫曼乙醚嗅剂（Hoffmannsdraaber）：以德国医生霍夫曼（Friedrich Hoffmann 1660—1742）命名的混合剂，用来针对恶心、昏晕、乏力，等等。克尔凯郭尔在这里可能是指海贝尔的独白短剧《是》（1839 年），之中讲到船在风浪中，有人叫喊"霍夫曼滴剂，霍夫曼滴剂！"

65 在这里"人的"是形容词。

66 [决定论者、宿命论者] 决定论认为人生中的每一种发展都是严格的受着因果性的决定，因此没有自由意志的空间。宿命论则联系到对于命运的信仰，认为一切都是命运决定的后果，不管它是盲目的命运还是上帝的预先决定。

67 [死于饥饿……，因为一切食物都变成了金子] 根据希腊神话传说，福利吉恩的国王米达斯从巴库斯那里得到手指点金术，结果手到之处，一切变为黄金，包括食物，他不得不去帕克托罗斯的河中沐浴以消除这种法术。

68 呼吸（Respiration）。

[Respiration] 衍生自 respirare，呼气吸气。

69 [祈祷就是呼吸] 很普遍的基督教观念，比如说祈祷作为灵魂的呼吸，可以回溯到奥古斯丁。

70 "那几率可能的"，就是说那出自概率（"几率性"）来说是"有可能的"的东西。

71 仿宋体处在丹麦文版中是拉丁语：qvantum satis（足够多）。

[qvantum satis] 拉丁语：需要多少就有多少，足够多。

72 对于"通过上帝能够将一个自我拯救出这种确定的毁灭"这一点，"尖矛市民性"缺少信仰的可能性，因此这尖矛市民不会相信"通过上帝能够将一个自我拯救出这种确定的毁灭"。

73 这里的"为求"是丹麦语的介词 om，一般解释为"关于"。词义本身之中包含有"为了达到……"或者"……以求……"的意思，但是考虑到这种介词的多义性无法被转化到中文中，所以虽然在这里翻译为"为求"，但在后文中一般翻译为"关于"。

74 这个"绝望的"是一个形容词。

75 对"对自己是绝望一无所知的绝望，或者对拥有一个自我和一个永恒的自我的绝望的无知"这个标题的解说：

对自己是绝望一无所知的绝望：这种绝望对“自己是绝望”一无所知。

对拥有一个自我和一个永恒的自我的绝望的无知：对“拥有一个自我和一个永恒的自我”的无知，这种无知是“绝望的无知”。

76　仿宋体处在丹麦文版中是拉丁语：Veritas est index sui et falsi（真理是自己的和谬误的标准）。

[Veritas est index sui et falsi] 拉丁语：真理是自己的和谬误的标准。经常被认作是出自斯宾诺萨的《伦理学》。但是也有人认为这是哲学文献中的一般用语。

77　[像苏格拉底那样地将“处于谬误 ”视作是最大的不幸] 见柏拉图的《克拉底鲁篇》428d。

另外，第欧根尼·拉尔修（Diogenes Laertius）的哲学史。《Diogenes Laertius》Ⅱ，5，31。

78　就是说他不是精神，而让他“去是精神”对于他是不敢和无法忍受的。

79　按丹麦习惯所说的厅层就是中国习惯所说的一楼，而按丹麦习惯所说的一楼就是中国习惯所说的二楼。

80　虽然这里“是人”这说法很不符合汉语习惯，但因为这动词不定式“是”和名词“人”都是作者要强调的东西。为了理解上的方便，我在这里给出一个改写：“而如果我们把‘一个人是人’的情形和这房子的情形作比较，……。”

81　存在（Tilværelsen）。

82　[一个思想家建立起一个巨大的建筑……至多是在一个门房里] 针对黑格尔和黑格尔主义者们的体系建设，一种立足于特别的思辨逻辑方法而构建出的百科全书式的体系，并以同样的方法为基础来建立一种世界历史。这种体系建设使得个体的人消失在整体之中。相关的批判在《哲学片段》和《非科学后记》中有屡屡提及。

83　[参看维吉利乌斯·豪夫尼恩希斯所著《概念恐惧》……被认出来的] 参看《概念恐惧》（1844 年）第三章第一节（“无精神性的恐惧”）。维吉利乌斯·豪夫尼恩希斯，拉丁语：来自哥本哈根的醒觉者，或者，来自哥本哈根的巡夜人。

84　存在（Tilværelsen）。

85　“否定性的东西（Negativt）。”

86　[民间传说……魔法就无法被消解] 格林兄弟所译《爱尔兰精灵童话》（*Irische Elfenmärchen*）。西兰岛的音乐剧“精灵王剧”能够强迫所有人都跳舞不停，如果奏乐者不倒过来演奏的话，一切就不会停下。

87　[死灭性（Uddøethed）] 没有精神活动的状态。

88　[消耗类病症患者] 各种使得身体渐渐退化消蚀的慢性病，比如说肺病。

89　[异教和自然的人……这种“爱”在本质上都是“自爱”] 克尔凯郭尔在《爱的作为》（1847 年）中阐述了这一关系。

90　仿宋体处在丹麦文版中是法语：en masse（全体地）。

91　在这个段落中所出现的“人的”，都是形容词，而不是名词所有格。

92　存在（Tilværelsen）。

93　［古代的教堂神甫们谈论到“异教文化的美德是灿烂的罪恶”］再现中世纪神父们的说词，这一固定的说法可以回溯到奥古斯丁（《上帝之城》19∶25）。克尔凯郭尔经常用到这说法，比如说，在《哲学碎片》中。

94　［异教徒……在赞美自杀］主要是指斯多葛学派，赞美自杀。比如说在柏拉图那里则有所不同，——他在一些地方认为自杀是对上帝的反叛。见《斐多》等。

95　存在（Tilværelsen）。

96　罪（Synd）。

97　就是说，自己—谋杀—自己。

98　［如果是要从异教文化的立场来劝诫人不要自杀……使得人破坏了他对于他人的义务关系］亚里士多德在《尼各马可伦理学》第五书第十一章中提及了这一说法。

99　［自杀中的关键：这自杀正是一种对于上帝的犯罪］见柏拉图的《斐多篇》（61e—62c）中苏格拉底的论证。

100　［倒置论证法］希腊语 Hysteron—Proteron，倒置论证法，就是说，把通过需要证明的命题而推出的命题定为前提。是一种逻辑上的谬误推论。

101　［维吉利乌斯·豪夫尼恩希斯……“无精神性”］见《概念恐惧》（“无精神性的恐惧”）第三章第一节：

在“无精神性”之中没有恐惧，因为它太幸福满足太缺少精神了，所以无法具备恐惧。但这是一个令人伤心的原因，并且因为这个原因，“异教”不同于“无精神性”，因为就运动方向而言前者是向着“精神”，而后者则是背离着“精神”。因此，异教，如果我们想这样说的话，是一种精神的缺席，这样它就与“无精神性”有着极大的区别。因此，“异教”也比“无精神性”好得多。

102　换一种说法就是说：

这样一种绝望：它意识到自己“是绝望”、它意识到自己拥有一个在之中有着“某种永恒的东西”的自我，并且在这时要么绝望地不想要“是自己”要么绝望地想要“是自己”。

103　［在以后］这样一部分从来就没有被写出来过。在后面的一个注脚里谈及了这个主题。

104　对抗（Trods）。

105　对克尔凯郭尔的脚注的注脚：

仿宋体处在丹麦文版中是希腊语：κατα δ ύναμιν（根据可能）。

“人的反思”：这个“人的”是形容词。

［相对于上帝，像“男人—女人”这样的差异就消失了］参看《加拉太书》（3∶

28)，保罗描述受洗信基督说："并不分犹太人，希利尼人，自主的，为奴的，或男或女。因为你们在基督耶稣里都成为一了。"

［女人只有通过男人才使自己去和上帝发生关系］《歌林多前书》(11:3)："男人本不该蒙着头，因为他是神的形像和荣耀，但女人是男人的荣耀。起初，男人不是由女人而出。女人乃是由男人而出。并且男人不是为女人造的。女人乃是为男人造的。"

106　承受（Liden）。

107　在丹麦文版中，在"那其他的"后面跟有一个括号，括号中是希腊语：το ετερον（那其他的）。

108　［甚至有着"欲求着的状态"，这个自我也还是一个"与格（Dativ）"］就是说，在欲求的时候，这个自我不是独立的自我（主格），不是一个"想要什么"的行为者，而是一个带有儿童式的或者不反思的欲望的被动的接受者（与格）。

与格（dativ）：一些印欧语系语言的语法格，如拉丁语和俄语。在德语中"与格"是"第三格"。在现代丹麦语和英语中，并不明显地区分出与格和其他宾格，当然与格意义还是起着作用，在意义上相当于英语的 to 和 for 后面所跟的宾语。比如说，在"那木匠给他儿子做了一个玩具"这个句子中，"他儿子"是句子成分中的与格成分。

后面的"宾格我（mig）"：丹麦语 mig 相当于英语 me。

109　宾格我（mig）。

110　这里，在"这种东西就被从他那里剥夺掉了"中的"他"就是一个与格的"他"。

111　这里是一个动词名词化的"绝望"，为了不被误解为简单名词"绝望"，我用"变得绝望"来强调它的动词性。

112　仿宋体处在丹麦文版中是拉丁语：quid nimis（过分）。

113　逆转性（Bagvendthed）。

114　由于中文无法区分出过去时所以我在这里增加一个"在之前"。

115　［以十块钱的价钱，牧师引导他进入永恒］是指当时的这样一种关系：牧师接收特定的费用来为尸体做祷告。具体可参看《克里斯提安四世丹麦法律》。十块钱，是指十块丹麦国家银行币。十块钱足足可用来支付牧师做一次讲演。

116　作为"悲剧的—喜剧的"的关系中的一个面翻译的话，就是"无限地喜剧的"。

117　这里的"在绝望"过去时，由于中文无法区分出过去时所以我在这里增加一个"在之前本来"。

118　《摩尔居民故事》（Molbohistorier）里的故事有类似的情节，但是那个故事是农夫的新裤子被偷换了旧的所以认不出自己的腿。

119　参看克尔凯郭尔的日记 AA：12（1835）：正如孩子要花很长时间才学会将

自身与外在对象区分开，以这样的方式，孩子要花很多时间才稍稍将自己与外部世界区分开，……在更高的精神的层面里，同样的现象也以这样的方式重复。

120 这个“人的”是形容词。

121 ［他自己］对家庭中的一家之主的固定称呼；府邸的主人。

122 ［关于“不朽性”的问题］指过去的关于灵魂的不朽性的全面的辩论。比如说可以参看《终结中的非科学后记》（1846）和《基督教讲演》（1848）。

123 作为“可笑的—可怕的”对立，我翻译成“可笑的”。作为“悲剧的—喜剧的”的关系中的一个面翻译的话，就是“喜剧性的方面”。

124 作为“可笑的—可怕的”对立，我翻译成“可笑的”。作为“悲剧的—喜剧的”的关系中的一个面翻译的话，就是“无限地喜剧的”。

125 仿宋体处在丹麦文版中是德语：und rings umher liegt schöne grüne Weide（而四周环绕到处都是美丽的绿草坪）。

［und rings umher liegt schöne grüne Weide］引自歌德的《浮士德》第一部分。第1479行（研究室场景）。这里靡菲斯特想要说服浮士德离开研究和思辨，让他进入生活。

126 这个“绝望的”是形容词而不是所有格的名词。

127 就是说“人也并非在成长中摆脱幻觉”。

128 仿宋体处在丹麦文版中是拉丁语：fuimus（我们曾经是）。

相应用语来自维吉尔（Virgil）的《埃涅阿斯纪》（Aeneid）。

129 他是真正地绝望的。而他之所以是真正的“无精神地绝望”，——这恰恰是因为他以为自己不绝望并且永远也不会再绝望。他的“不绝望”幻觉正表明了他的绝望。

130 ［苏格拉底……爱年轻人们］在柏拉图的对话之中有许多处提到苏格拉底对年轻人的爱。克尔凯郭尔在《论概念反讽》（1841）以及《爱的作为》（1847）中谈及这个。

131 仿宋体处在丹麦文版中是拉丁语：in futuro（在未来）。

132 仿宋体处在丹麦文版中是拉丁语：in præterito（在过去）。

133 悔（Angeren）。

134 “销赃者”（Hæler）在丹麦语里和“治疗者（Heler）”同音，——与“治疗”（at hele）音近。

135 这里这个“单个的东西”就是指前面的这个“某种尘俗的东西”。

136 仿宋体处在丹麦文版中是拉丁语：in toto（全然的）。

137 这个“现实的”是一个形容词。

138 仿宋体处在丹麦文版中是拉丁语：in toto（全然的）。

139 这个“绝望”是动词。

140　丹麦语介词 Om 的词义本身之中包含有“为了达到……”或者“……以求……”的意思，但是考虑到这种介词的多义性无法被转化到中文中，所以在正文中的大多数地方我将之翻译为“关于”，而读者们可以将之同时理解为“为求”、“环绕着”。“为求（om）‘那永恒的’的绝望”和“为求（om）‘他自己/他的自我’的绝望”，等等。

141　［一种关于“那永恒的”或者对于其自己的绝望］就“关于……的绝望”和“对于……的绝望”的区别，可参看下面的对克尔凯郭尔脚注以及对其脚注的注脚。

142　［对于（over）“那尘俗的”的绝望（机缘）、关于（om）“那永恒的”］over 标示了绝望的原因或者机缘，而 om 则指向绝望所牵涉到的、所关心的。

over 和 om 都是丹麦语中的介词根据不同的上下文联系这 over 和 om 可以有不同的翻译解释，包括“对于”和“关于”。而克尔凯郭尔所想在这里强调的是，在他使用 over（“对于”）时，绝望是为“那将人困陷在那绝望中的东西”感到绝望，而在他使用 om（“关于”）的时候，绝望是为（无法达到）“将人从那绝望中解放出来的东西”而绝望。就是说，在他使用 over（“对于”）时，绝望包含有“不想要却无法避免”的意义；而在他使用 om（“关于”）时，绝望则包含有“想要却得不到”的意义。om 的词义本身之中包含有“为了达到……”或者“……以求……”、“为求”、“环绕”等意思。而 over 除了“对于”之外也有“在……之上”的意义。

143　这个“绝望”是动词不定式。

144　也可改写为：他为求“那永恒的”而绝望。

145　内闭性（Indesluttethed）。

146　“脱口说出一切”，如果按原文直译是：“让一切跑出来。”

［让一切跑出来］如同裹尿布的小孩大小便失禁。在草稿（Pap. Ⅷ 2 B 157，2）中，克尔凯郭尔这么写：“最初的童年阶段，在这种状态下这小孩子带着可爱的烂漫让一切跑出来，放在裤子里，一种常常带着自负自称是‘真相’或者‘是真实的’的直接性，这也确实是真实的，就像‘一个年长者不会在一有需要就马上放在裤子里而是稍稍等待’是一种不真实一样。”

147　［持恒的社会性交往］当时有一个哥本哈根的俱乐部，叫作“持恒公民社交”。1798 年成立，其宗旨是“共同的愉快和相互间好的交往”。该俱乐部安排舞会和晚餐，成员可以借用俱乐部的房间来比如说玩桌球之类。

148　［对于犯罪者的惩罚］关联到对丹麦监狱制度的改革，监狱委员会在 1841 年提出了关于丹麦监狱是否应当按美国宾夕法尼亚的监狱制度那样在丹麦推行隔离监狱。有的人提出孤独有益于罪犯进行深入的沉思，变得对于宗教易于接受。

149　仿宋体处在丹麦文版中是拉丁语：horis succesivis（一小时接着一小时地）。

150　［这些小时不是作为永恒来生活］暗指当时被翻译成丹麦语的德国神学家

欣滕尼斯的祈祷书《作为永恒来生活的小时》。

151 ［复杂纠缠……结头］剧作学中的用法：纠葛，伏线，勾心斗角的剧烈化。

152 “思想自相缠绕的方式”，就是说，这方式，——思想以这方式来自相缠绕。

153 “关于‘自我’的绝望”：亦即“为求‘自我’的绝望”。

154 ［理查三世为了避免听见母亲的诅咒时所使用的方式］指莎士比亚《理查三世》第四幕第四场。理查三世用鼓声来盖没他母亲的说话声。

155 仿宋体处在丹麦文版中是拉丁语：omnibus numeris absoluta（在每一个方面完全无条件地）。

156 也可以理解为：在虚构创作的意义上。

157 灾难（Katastrophen）。

［Katastrophen］灾难。这个词在剧作学中的用法：关键性的转折，通过这转折，纠葛的结头被解开。

158 仿宋体处在丹麦文版中是拉丁语：poetice〈以诗歌的方式，以虚构的方式〉。

159 ［转化］在黑格尔的辩证法之中常用到这个词，概念根据理性的辩证性质会转化为其对立面，于是真相就在一个更高的同一之中出现，这更高者保留了差异和同一。

160 “关于‘那永恒的’对于其自身的绝望”：“为求‘那永恒的’而对于其自身的绝望。”

161 “绝望的滥用”中的“绝望的”是形容词，而不是名称所有格。

162 这个“作为”是“有所作为”的“作为”而不是“作为某某东西”的“作为”。克尔凯郭尔著作《爱的作为》中的“作为”就是这个“作为”。

163 承受（Liden）。

164 “否定的自我”中的“否定的”是形容词，而不是名称所有格。

165 “否定的自我”中的“否定的”是形容词，而不是名称所有格。

166 ［在开始之中］指《创世记》（1∶1）“起初神创造天地”，以及《约翰福音》（1∶1）“太初有道，道与神同在，道就是神”。这里的“起初”和“太初”，在丹麦语中都是“I Begyndelsen”，字面直译就是“在开始中”。

167 如果稍作日常用语式的修改，或可将之改译为“作为无限的形式”，但是，必须强调出“是”和“成为”的区别，并且必须强调出他所借助的是一种行为——“是无限的形式”。

168 ［斯多葛主义……不仅仅只是考虑到那个宗派］就是说，不仅仅只是想着哲学学派斯多葛主义，而是想着所有这样一种类型“让信者首先是构建他们自己的生活、从头开始创造出自己”的人生哲学。

169　“承受着的”也就是“被动的”。比如说，在费希特的《科学理论》之中有着 Tuend 和 Leidend 的区别，一些中文译本将 Leidend 翻译为“被动的”。

170　这个“承受”是动词不定式。

171　［普罗米修斯从诸神那里所偷盗来的火］在希腊神话中，提坦普罗米修斯从诸神那里盗火给人类，为此他被钉在悬崖上，兀鹰每天啄食他的肝，而在夜晚肝又重新长好。

172　亦即那将自我其分为“行为着的自我”和“承受着的自我”的过程。

173　“自我的内容在任何一个瞬间都不是固定不变的”，严格意义上的翻译应当是：“那自我所是的东西，在任何一个瞬间都不是固定不变的。”因为考虑到不符合汉语习惯，所以改写。但是使用这个“内容”可以算是一种非法的概念使用。

174　［在同样的程度上既作为一种解开的力量又作为一种捆绑的力量而起作用］见《马太福音》（16：19）：“我要把天国的钥匙给你。凡你在地上所捆绑的，在天上也要捆绑。凡你在地上所释放的，在天上也要释放。”

175　［持恒地与空气决斗］见《歌林多前书》（9：26）保罗这样写关于他自己：“我斗拳，不像打空气的。”

176　［心灵宁静 Ataraxi］心念的无动于衷，这是希腊人生哲学，尤其是犬儒主义、斯多葛主义和怀疑主义的至高美德。

177　这里的这个“苦难（Kors）”在丹麦文或者其他西文中是“十字架”所转义出来的。原始意义是“十字架”、“叉”等和 X 形有关的东西。

178　［某种会被基督徒称为是“苦难”的东西、一种根本损害］一种关系、一种艰难、一种根本损害以及诸如此类，可以导致麻烦、苦难，但人却又不得不去耐心承受的东西。比如说，保罗所谈论的身上有刺或者肉体中刺。

179　“否定的自我”中的“否定的”是形容词，而不是名称所有格。

180　这里的这个“实验想象”是动词（不定式）。

181　普罗米修斯被钉在峭壁上。

182　这里的这个“苦难”又一次是“十字架”转义出来的。

183　［肉体中刺］“肉体中刺”是克尔凯郭尔常用的喻语。它刺激单个的人向那伦理的方向运动。在《歌林多后书》（12：7—9）中保罗说：“又恐怕我因所得的启示甚大，就过于自高，所以有一根刺加在我肉体上，就是撒但的差役，要攻击我，免得我过于自高。为这事，我三次求过主，叫这刺离开我。他对我说，我的恩典够你用的。因为我的能力，是在人的软弱上显得完全。所以我更喜欢夸自己的软弱，好叫基督的能力覆庇我。”

184　存在（Tilværelsen）。

185　［依据于那荒谬的］这一表述在《重复》（1843）和《概念恐惧》（1844）之中都被用到，但尤其是在《畏惧与颤栗》（1843）和《终结中的非科学后记》

(1846) 中得到展开。

186 ［对上帝一切都是可能的］见前面对这句话的注脚。

187 ［帮助者］《希伯来书》(13∶6)："所以我们可以放胆说，主是帮助我的，我必不惧怕。人能把我怎么样呢。"

188 见《概念恐惧》第四章第二节。"对'那善的'的恐惧。"

189 ［"魔性的"这个词在这里是以纯粹希腊意义来理解的］"魔性的(dæmoniske)"来自希腊语 daimon，意为一种超人的生灵。这里是指把"魔"解读为介于人与神之间的生灵。

190 "内在性"，有时候我也会将之译成"真挚性"。

191 无所谓 (Indifferents)。

192 ［迷信故事之中穴居巨人通过一个没有人能看得见的缝隙而消失］有可能是关于斯莱斯的山怪吕贝查尔 (Rübezahl) 的民间故事。在穆莎伊斯的《德国民间童话》中的第三个传说。

193 内闭 (Indelukke)。

194 排外地 (udelukkende)。如果是按平常意义来翻译这个词的话，就是"纯粹完全"或者"全然地"。

195 在希腊神话中，坦塔罗斯因泄露天机被罚永世站在上有果树的水中，想喝水时水就退走，想吃东西时那有着果子的树枝即升高而使他无法达到。

196 存在 (Tilværelsen)。

197 在这里——"将自己强加给它、强行使自己挑衅它，出于恶意而想要依附于它"中的三个"它"都是指那设定了自我的那种力量。

198 就是说，与批驳的对象对得上号，而不是离题而不对口的批判。

199 存在 (Tilværelsen)。

第二部分
绝望是“罪”

甲　绝望是“罪”

罪是：在上帝面前，或者带着关于上帝的观念绝望地不想要是自己，或者绝望地想要是自己。这样，“罪”是强化的软弱性或者强化的对抗：罪是绝望的强化。得到了强调的是：在上帝面前，或者带着关于上帝的观念；正是这上帝之观念，它辩证地、伦理地、宗教地使得“罪”成为了那“被法学家们称为‘情节严重的’”[1]的绝望的东西。

虽然在这个部分里，特别是在“甲”中，我们没有空间或者篇幅来作心理学的描述，然而在这里，作为“绝望”和“罪”之间最辩证的边缘区域[2]，我必须引进那被人称作是“在‘那宗教的’的方向上的诗人之存在”[3]的东西，一种与“放弃”[4]的绝望有着共同点的“存在”，唯一的不同点是这之中有着上帝的观念。这样的一种“诗人存在”——从诸范畴的会合和位置可以看出——会是最杰出的“诗人存在”。从基督教的角度理解（无视一切审美），每一个“诗人存在”都是罪，这罪是：以“作诗”[5]来代替“存在”，以“通过幻想去使得自己与‘那善的’和‘那真的’发生关系”来代替“去是‘那善的’和‘那真的’，亦即，在存在的意义上努力追求去是‘那善的’和‘那真的’”。我们在这里所谈论的这种“诗人存在”在这一点上与绝望有区别：他带着“上帝”观念，或者说是面对上帝的；但是它却是极其辩证的，并且就“它在怎样的程度上朦胧地意识到自己是罪”这个问题，它就像是一种不可参透的辩证的混沌。一个这样的诗人能够具有一种极深的宗教渴望，并且那关于上帝的观念也被一同添加在他的绝望之中。他爱上帝超过一切，——在他秘密的剧痛中上帝是他的唯一安慰，然而他热爱这剧痛，他不想放弃这剧痛。他也想要在上帝面前“是他自己”，但考虑到一个自我受煎熬的固定点就不行，在这固定点上他是绝望地不想要“是他自己”；他希望着“永恒”会来拿走它，但在现世之中，不管他在这之下怎样地饱受煎熬，他无法作出决定去把这个固定点接受过来，无法信仰着地在这个点之下谦卑自己。然而他还是继续保持着使自己去与上帝发生关系，并且这是他唯一的至福；“没有上帝”对于他是最大的恐怖，“这足以使人为之绝望”；然而他却在根本上允许自己，也许是无意识地，去将上帝诗化[6]为有一小点不同于上帝所是，更多地像一个温柔的父亲，一个过于迁就孩子每一个愿望的父亲。如同一个人曾在爱情之中变得不幸，并且因此成为了诗人，他欣悦地赞美爱情的幸福：以这种方式，他成为一个宗教性的诗人。他在宗教性之中曾变得不幸，他朦胧地理解那向他提出的要求是让他放手摆脱开这剧痛，就是说，让他信仰着地在这剧痛之下谦卑自己并且将之接受为属于自我的一部分；而因为他想要把这剧痛排斥在自身之外，偏就恰恰因此而将之紧紧抓住，尽管他确实是认为这[7]应当是意味了尽最大可能地“去使自己与之分离”、尽一个人所能达到的最大可能“去摆脱它”（正如一个绝望者的每一句话，这是“倒转过来地看就是对的”的东西，就是说，要反过来理解）。但是，“信仰着地去把它拿过来”却是他所无法做到的，就是说，他在最终的意义上不想要这样做，或者说，他的自我在这里终结于朦胧性。但是，正如诗人对爱情的描述，以这样一种方式，这个诗人对“那宗教的”的描述具备着一种魅力、一种抒情的意韵，这是任何丈夫以及任何神职人士[8]所不具备的。而且他所说的也没有什么不真实，绝对不，他的创作正是他的更幸福的、他的更好的自我。相对于“那宗教的”，他是一个不幸的恋人，就是说，他在一种严格的意义上不是一个信仰者；他只具备信仰的初步——“绝望”，并且处在对“那宗教的”的炽烈的渴望之中。他的冲突其实是这方面的问题：他是“那被呼唤了的人”么？那肉中的刺是“他应当被用于非凡的大业”的表达么？他所已经成为的这种非凡者在上帝面前是不是适宜得体？或者，那肉中的刺是不是他为了达到“那普遍人性的”而应当在之下谦卑自己的东西？然而，关于这方面的问题已经够了，我能够带着真理的强调语气问：我在对谁说话？这样的各种在极限幂上的心理学考究，有谁关心呢？人们更容易去领会牧师所画的纽伦堡图片[9]，它们极具迷惑性地肖似一切和每一个“作为大多数人”的人，并且，从精神上理解就是：虚无。

第一章　在关于“自我”的意识中的各种梯变（定性：在上帝面前）

在前一个章节中，在关于“自我”的意识中的一种梯变不断地得以展示；首先出现的是对于“有着一个永恒的自我”的不知（丙、B、a），然后是对于“有着一个在之中具有某种永恒的东西的自我”的知识（丙、B、b），而在这之下（壹、1、2、贰）又有各种梯变被指出。现在，这整个考虑必须辩证地以一种新的方式进行转向。事情如此：我们至此所关注考察的这种“在关于自我的意识中的梯变”一直是处在这样一个定性之中——“人的[10]自我”，或者“以人为衡量尺度的自我”。但是，通过“这是‘直接面对上帝的自我’”，这个自我得到了一种新的“质”和“量”。这个自我不再是单纯的“人的[11]自我”，而是（但愿不被误解，我将称之为）神学的自我，直接面对上帝的自我。通过自己意识到自己是“面对上帝地存在着”、通过成为一个以上帝为衡量尺度的“人的[12]自我”，又会有怎样无限的实在[13]是自我得不到的！如果一个牧牛人（假如这是可能的）直接在他的牛面前是一个自我，那么这只是一个非常低级的自我；如果一个主人直接在他的奴隶面前是一个自我，那么其实这同样也算不了什么自我，——因为在这两种情形中都缺少衡量尺度。如果那小孩子至今只具备他父母的衡量尺度，那么通过“得到国家为其衡量尺度”他就成为了成年人；但是通过“得到上帝为其衡量尺度”，那降落在自我之上的则是怎样一种无限的强调呵！对于自我的衡量尺度总是可以这样来描述：如果那直接面对某物的是自我，那么尺度就是这被面对的“某物”，而这则恰恰又是对于“什么是衡量尺度”的定义。正如人只能合计同类的东西，这样每一样东西从“质的”意义上讲是那要被用来衡量它的东西；而那在“质的”意义上是“它的衡量尺度”的东西，从伦理上说就是“它的目标”；并且衡量尺度和目标从“质的”意义上讲是“某物所是的东西”，但在“自由”的世界中的情形则是例外：在“自由”的世界，如果一个人在质的意义上不是那“是他的目标和他的衡量尺度”的东西，那么他的这种“质地上的不合格”就必定是他咎由自取造成的，这样，这目标和衡量尺度仍然还是判断标准，只是在揭示出那“他所不是”的东西，也就是说，那“是他的目标和衡量尺度”的东西[14]。

这是一种很正确的想法，一种更老的教理神学[15]如此频繁地寻求向这种想法回归，而一种后来的教理神学[16]则（因为对之缺乏理解和感觉）经常反对这种想法；这是一种很正确的想法，尽管人们有时错误地运用它：正是“罪是在上帝面前的”，这使得“罪”成为“那可怕的”。接着，人们用这种想法证明了地狱惩罚的永恒性[17]。后来人们变得更精明了，并说：罪是罪；罪不因为它是针对上帝或者面对上帝而变得更严重。奇怪！甚至连那些律师们都谈论各种情节严重的[18]犯罪行为，甚至连那些律师们都作出区分，比如说到底一桩犯罪行为是针对一个公共官员而作出的还是针对一个普通公民，在惩罚上对一个弑父谋杀和一个普通谋杀作出区分。

不。老式的教理神学在这一点上是对的：“罪是针对上帝”这个事实无限地强化罪。错误是在于人们把上帝看成是某种外在的东西，也在于人们似乎是在假设“人只是偶尔地针对上帝行罪”[19]。但是上帝不是什么外在的，就是说，在类似于“一个警察”的意义上的那种“外在的”。必须注意的是，自我有着关于上帝的观念，而却不想要他所想要的，那么这就是不顺从。并且也不是什么“看起来只是偶尔地面对上帝行罪”；因为，每一个罪都是面对上帝所行的罪，或者更准确地说，那真正使得“人的辜”成为“罪”的东西就是：有辜者有关于“在上帝面前存在着”的意识。

绝望相对于“关于自我的意识”被强化；但是自我相对于“用来衡量自我的尺度”被强化，而如果这衡量尺度是上帝，那么就无限地被强化。上帝观念越多，自我就越多；自我越多，上帝观念就越多。只有在一个“自我”作为“这一个单个的自我”自己意识到是“在上帝面前存在着”的时候，只有这时，它才是无限的自我；于是，这个自我在上帝面前行罪。因此，异教世界的自私性（不管人们能够对之说什么）远远地不及基督教世界的自私性那么情节严重，如果这里所谈的也是一种自私的话；因为异教徒不是直接在上帝的面前具备其自我。异教徒和自然的人是以那单纯的“人的[20]自我”来作为衡量尺度的。因此，“从一个更高的视角看异教世界是处在罪中”，这说法无疑是对的，但是异教世界的罪从根本上看是对于上帝、对于“在上帝面前存在着”的绝望的无知；它是“没有上帝地存在于世界”[21]。因此从另一方面看，说“异教徒在严格的意义上并没有在行罪”是对的，因为他没有在上帝面前行罪；并且一切罪都存在于上帝面前。进一步看，这在一种意义上无疑也是如此：经常会有一个异教徒得助去如此无可指责地通过这世界而得以脱身，正是因为他的那种“伯拉纠主义的[22]—轻率的观念”[23]拯救了他；但是这样一来，他的罪就是另一种，亦即，这“伯拉纠主义的—轻率的解读”。相反在另一方面也无疑很确定地有着这样的情况：经常会有一个人，正因为他在基督教中得到了严格的教育，在一种特定的意义上坠进了罪，因为整个基督教的观点对于他说来太严肃，特别是在他的生命的早期[24]；然而这样一来，在另一种意义上，这对于他来说则又是有着益助的，就是说，这种对于“什么是罪”的更深刻的观念。

罪是：在上帝面前绝望地不想要“是其自己”，或者在上帝面前绝望地想要“是其自己”。然而这种定义，尽管从另一些方面看，我们可能承认它是具有其长处的（并且在所有这一切之中最重要的是“它是唯一的圣经式的定义”；因为圣经总是将“罪”定义为“不顺从”[25]），它是不是太“精神化”了一点？对此首先必须要回答的是：一种对于罪的定义永远也不会是“太精神化的”（只要它没有精神的到了以至于它要取消罪的程度）；因为罪恰恰正是“精神”的一种定性。其次，为什么说它是“太精神化的”了？因为它不谈及谋杀、盗窃和通奸，等等[26]？但它不谈这些东西么？难道这不是一种与上帝作对的任性顽固，一种对抗他的诫训的不顺从？然而反过来，如果人们在对“罪”的谈论中只谈论这一类罪，那么就很容易忘记这样的事实，亦即，所有这些事情在一定的程度上（按人之常情看）确实也可以说是无可挑剔的，然而整个生命却可以是罪，众所周知的那一类罪，诸如灿烂的罪恶[27]、任性顽固，要么是无精神地，要么是无耻地继续不知道或者不想去知道这样的问题：在怎样一种无限地远为更深刻的意义上，一个“人的[28]自我”对上帝有着顺从义务？这种顺从义务关联到“他的每一个秘密的愿望和想法”；这种顺从义务关联到，对于上帝的每一个最小的关于“他的对于这个自我的意愿是什么”的暗示，他的想要去作出解读的反应和想要去追随的意愿。肉身的诸罪是“低级的自我”的任性顽固；但是，在人们驱赶走一个恶魔的时候，有几次不是借助于恶魔的力量[29]？这后者的情况比前者更糟[30]。因为如此正是那世事流转：首先一个人由于脆弱和软弱而行罪；然后（也许他就学会了逃向上帝而得助于信仰，这信仰将他从一切罪中拯救出来，但是现在我们在这里不谈这个），然后他对于他的软弱性绝望，并且要么去成为一个法利赛人[31]，绝望地把这一切推向一种特定的法律的公正性[32]，要么他就绝望地重新投入到罪中。

因此，这定义无疑包容了“罪”的每一种可想象的和每一种现实的形式；而它无疑正确地强调出了决定性的方面，即罪是绝望（因为罪不是肉和血的狂放不羁，而是精神对之的首肯）并且是：在上帝面前。作为定义，它是那种代数式；如果我想要开始描述那些单个的罪，那么这种描述在这本小小的文本中就是到错了地方，并且也是处在一种必定失败的尝试中。这里的首要事情只是在于：这定义作为一个网络去囊括所有形式。它确实这样做了，这我们也能够看出，如果我们通过树立出对立面来做测试它，这对立面就是对于“信仰”的定义，我在这整个文本中认准它向前行驶，如同认准那安全的航标。信仰是：自我在“是自己”和在“想要是自己”之中对自己透明地依据于上帝之中。

然而人们老是忽略这一点：“罪”的对立面绝不是“美德”。把罪的对立面看成美德，这部分地是一种异教的看法，它符合一种单纯的人的[33]衡量尺度，这尺度恰恰不知道什么是罪，不知道“所有罪都存在于上帝面前”。不，“罪”的对立面是“信仰”，正如《罗马书》（14∶23）因此这样说：一切不是出自信仰的东西是罪[34]。而这对于整个基督教是最决定性的定性之一：罪的对立面不是美德，而是信仰。

附录　对于“罪”的定义包含有“愤慨”的可能性；关于“愤慨”的一般看法

“罪—信仰”的对立面是基督教意义上的对立面，它按基督教的方式重构了所有伦理的概念定性并且为它们给出了又一个延伸出去的环节[35]。在这“对立”的根本上有着决定性的基督教元素：“在上帝面前”，这一定性则又具有“那基督教的”的决定性准绳：“那荒谬的”、悖论、“愤慨之可能性”。上面所说的这一点通过“那基督教的”的每一个定性都被展示出来；这一事实[36]的意义重大，因为“愤慨”是“那基督教的”用来针对一切“思辨”[37]的武器。那么这里，“愤慨”的可能性在哪里呢？它就是，人应当具有这实在性[38]：作为单个的人直接地在上帝面前存在；这样，由此又推导出：人的罪应当为上帝所关注。“思辨”在自己的头脑里从来就得不到这关于“那单个的人——在上帝面前”的考虑；这思辨只是幻想地把那些单个的人普遍化到“族类”中去[39]了。也正是因此，一种不信的[40]基督教想出这样一种说法来：罪是罪，不管它是不是直接面对上帝的，都不会使它有所增加或者减少。就是说，人们想要把“在上帝面前”这个定性去掉，为此人们发明了一种更高的智慧，而这种更高智慧则（够奇怪的）既不是更多于也不是更少于“更高智慧”在最通常的情形下所是的东西，亦即，“旧的异教”。

现在经常有人谈论说，人们对基督教感到愤慨，因为它是如此黑暗而晦涩的，人们对之感到愤慨，因为它是如此严厉，等等；这样看来，如此地做一次说明无疑是对的：人之所以对基督教愤慨，其实是因为它太高，因为它的目标不是人[41]的目标，因为它想把人弄成某种如此非凡的东西以至于他无法在头脑里接受它。对于“什么是愤慨”的非常简单的心理学论述也将阐明这个问题，并且还将显示出，人们在捍卫基督教时所曾经做的事情，就这样去掉了“愤慨”，是多么无限地痴愚；人们是多么愚蠢或者无耻地忽略了基督自己的教导，他也经常那么担忧地针对愤慨作出警示，就是说，他自己指出了愤慨的可能性是存在并且应当存在在那里的，因为，如果这愤慨没有在那里，那么它就不是一种永恒本质地属于基督教的东西，那么这基督所说的就是人的[42]废话了：他不是去将之去掉，而是为之担忧并且对之作出警示。

如果我设想一个贫困的雇工和有史以来最有权势的皇帝，这皇帝突然想到要让人去把雇工找来，而这是雇工做梦也想不到的，并且“在他的心中从来没有过这样的念头”[43]，皇帝居然会知道他的存在，对他来说，哪怕只是有过那么一次能够有幸见上皇帝一面他就会带着无法描述的幸福去感叹，这是他将作为生命中最重要的事情对他的孩子孙儿们讲述的。——假如皇帝让人给雇工消息让这雇工知道：他想让这雇工做他的女婿，那又会怎样？那么，从人之常情看，这雇工会变得有点或者非常尴尬疑惑、不舒服，并且为此而感到被骚扰，人之常情地看（并且这正是那人之常情的地方）这将让他觉得是某种非常古怪的、疯狂的事情，关于这事他是最不敢向其他人说及的了，因为他自己已经在自己平静的脑海中离这样一种解释不远了——这解释是他的邻居街坊们马上就会最喋喋不休地忙着当闲话来聊的：皇帝想要耍他；这样雇工就将会成为全城人的笑柄、他将被画在小报上[44]、关于他和皇帝女儿的婚礼的故事将被卖给市井歌谣兜售婆。然而，这“成为皇帝的女婿”的事件则必定将成为一个外在的现实，这样，这个雇工能够以一种感性的方式确定：皇帝在怎样的程度上对此是严肃的，或者说他是不是仅仅想愚弄这个可怜的人，使得他一辈子不幸并且帮助他最终走进疯人院；因为这过分[45]是在场的，它如此无限地容易转化为它的反面。一点小小的恩惠是能够让那雇工理解接受的；这是能够让商市[46]里的人们明白的，这些受尊敬的有教养的观众们、市井歌谣兜售婆们，简言之，住在这一商市的五倍的十万人众，是能够明白的；从人口的角度考虑，这个商市无疑还是一个很大的城市，而相反从“对‘那非凡的’的有理解力和感觉”的角度考虑，它则是一个很小的商市；而这“成为女婿”的事件，是的，这是实在太过分了。现在假定，这所谈的情形不是一个外在的现实，而是关于一种内在的现实，那样就是说，事实性无法帮助雇工达成其确定性，但是，信仰本身是唯一的事实性，并且一切也就都被留给了信仰；他是不是有足够谦卑的勇气去敢于相信这个（因为无耻的勇气无法帮助人去信仰）；而又有多少雇工是具有这样的勇气的呢？而那不具备这种勇气的人，他将愤慨；“那非凡的”在他听起来就好像是一种对他的讥嘲。可能他也会这样诚实而坦白地承认：这对于我来说太高了，我无法将它接受进我的头脑，这对于我（如果我要坦白地说）就是一种荒唐[47]。

而现在，基督教！基督教教导说：这一个单个的人，并且以这样方式，每一个单个的人，不管他的其他身份是什么，丈夫、妻子、女佣、部长、商人、理发师、大学生，等等，这一个单个的人是面对上帝而存在，这一个单个的人，他可能会为“在他的生命中曾经有一次与国王交谈”而感到骄傲，这个人，他丝毫不会自欺欺人地以为能够去生活在一种与这个或者那个人的密切关系中，这个人是面对上帝而存在、能够在任何他想要如此做的一刻与上帝交谈并且确定上帝听见他，简言之，这个人被邀请“去生活在一种与上帝的最密切关系中”！更进一步，为这个人，也是为了这个人的缘故，上帝进入这个世界，让自己被出生、受难、死去；而这个受难中的上帝，他几乎是恳求和祈请这个人接受他所提供的帮助！如果真正地存在有什么是能让人失去理智力的事情，那么就无疑是这件事了！每一个“没有足够谦卑的勇气去敢于相信这件事”的人，他会感到愤慨。但是他为什么愤慨？因为这对于他来说太高了，因为他无法将它接受进自己的头脑，因为他无法使得自己直接在之上变得率真坦白，并且因此他不得不将它去掉、使之成为乌有、使之成为精神错乱和胡言乱语，因为这就好像是：它要使他窒息。

因为，什么是愤慨？愤慨是不幸的惊羡。因此它是与“妒羡”有着亲缘关系，但这是一种反转过来针对一个人自己的“妒羡”，在一种更严格的意义上说，是最苛刻地针对一个人自己的。“自然的人”的狭窄心胸无法在自己身上允许（上帝打算了要赋予他的）“那非凡的”；于是他愤慨。

现在，愤慨的程度依据于：相对于惊羡，一个人具备怎样的激情。缺少想象力和激情的、更单调无趣的人们，他们也不会真正地去惊羡，他们无疑也会愤慨，但是他们只是限于说：我无法将这样的东西接受进我的头脑，我由它去。这是怀疑论者们的情形。但是，一个人所具的想象力和激情越多，在某种意义上（也就是在可能性上说）他越接近于能够去信仰，注意，是通过崇拜地在“那非凡的”之下谦卑自己，那么愤慨也就越是富于激情，到最后如果没有至少是将这东西肃清、消灭、践踏在污泥中的话，这愤慨就无法得到满足。

如果人们想要学会去理解“愤慨”，那么人们该就去研究人的[48]妒羡，一门我在定额的阅读量之外研学[49]并且自以为很深入地钻研了的学业。妒羡是一种隐藏的惊羡。如果一个惊羡者觉得他不可能通过献身投入而变得幸福，他就选择了去妒羡“他所惊羡的东西”。于是他以另一种语言说话；在他的语言中，那“在根本上是他所惊羡的东西”现在被称作“虚无”、被称作是某种愚蠢的并且不舒服的并且古怪的并且言过其实的“某物”。惊羡是一种幸福的“自我遗失”[50]，妒羡是一种不幸的“自我坚持”。

如此也是“愤慨”的情形；因为，在人与人的关系中是“惊羡—妒羡”的，到了人与上帝的关系中成为了“崇拜—愤慨”。全部人的智慧[51]的总结果[52]是这一“黄金的道理”[53]，或者可能更正确地说是，这一镀金的不过分[54]，“太多”和“太少”败坏一切[55]。这句话在人与人之间被作为智慧来听取和教导、被带着惊羡地赋予敬意；它的汇率从来不会有起伏，整个人类担保着它的价值。有时候会有一个天才对之有稍稍超越，他就被宣判为疯狂，那些聪明人们宣判他疯狂。但是基督教在这一“不过分”[56]之上跨出了巨大的一步而进入“那荒诞的”；在此基督教得以开始，还有愤慨。

现在我们看见：“去为基督教辩护”是多么非凡地愚蠢（为了还能够有某种非凡的东西剩下），这做法之中所流露出的“对人性的知识”是多么地少，这做法（虽然是无意识的）是怎样在“愤慨”的掩护之下通过把“那基督教的”弄成这样的一种“在最终[57]必须通过‘捍卫’而得救的可怜东西”来进行表演的。所以，这是确定而真实的：第一个发明了在基督教世界里捍卫辩护基督教的人事实上[58]是一个犹大第二号；同样他也通过一个吻来出卖[59]，只是他的出卖属于愚蠢。“为某物辩护”总是对这被辩护物的贬低。让我们设想一个人拥有着一个满是黄金的仓库，设想他是自愿地要把他的每一个杜卡特金币[60]分发给那些穷人，但是，我们另外再设想他会愚蠢到去以一种辩护辞来开始其慈善事业，在辩护辞中有三个理由来证明他的慈善事业是可辩护的；而这样一来差不多人们就几乎会觉得这很可疑，他到底是不是在做善事。然而现在，“那基督教的”！是呵，为之辩护的人，他从来也不曾信仰过它。如果他信仰，那么就应当是信仰的热情狂喜，而不是辩护[61]，不，那是进攻和胜利；一个信仰者是一个胜利者。

如此便是“那基督教的”和“愤慨”的情形。通过对于“罪”的基督教的定义，它的可能性是非常恰当地在场的。它是这个：在上帝面前。一个异教徒，自然的人非常愿意承认“罪是存在的”，但是这“在上帝面前”（这才是真正使得罪成为罪东西），这对于他来说是太过分了。对于他（虽然以一种不同于这里所展示出的方式）这在“去是人”上做得太过分了；如果稍许少一点，那么他很愿意参加进去，——“但是太过分就是太过分”[62]。

第二章　对“罪”的苏格拉底式的定义

罪是无知性。这是（正如众所周知的）苏格拉底的定义[63]，就与所有来自苏格拉底的东西一样，总是有着一种值得注目的权威性。然而，相对于这一来自苏格拉底的东西的情形正如相对于许多其他来自苏格拉底的东西的情形，人们学会了感觉到一种“要去继续向前”[64]的愿望。那么无数多的人感觉到要在“苏格拉底的无知性[65]”上“去继续向前”的愿望，——想来是因为他们感觉到“继续逗留在这苏格拉底的无知性之中”对于他们是一种不可能；因为在每一代人之中究竟有多少人是有能力，哪怕只是在一个月的时间里，忍受“去在存在的意义上表达出对于一切的无知”呢？

我绝对没有因为人们无法停留在这“苏格拉底的定义”之中而产生闲置它的打算；相反，在心中带着“那基督教的”[66]，我将使用这“苏格拉底的定义”去将“那基督教的”推向其极端，正因为苏格拉底的定义是如此纯正地希腊式的；于是，在这里一如既往，每一个其他的“在最严格的意义上不是严格地基督教的”的定义，就是说，每一个中介定义，都在自身的空虚之中显现出来。

现在，“苏格拉底的定义”中的麻烦是：这定义任由诸如“关于无知性本身应当被怎样去理解”、“它的本原”等问题处于不明确状态。这就是说，虽然罪是无知性（或者是那种“基督教可能更愿意将之称作是愚蠢”的东西），这在一种意义上是不容否定的：那么，这到底是一种本原的无知性，就是说这状态是这样的一个“不曾知并且迄今无法对真相有所知的人”的，抑或这是一种产物、一种后来的无知性？如果是后者，那么罪从根本上必定是渊源于无知性之外的某种东西之中，必定是渊源于人的这样一种“使得自己的认识变得朦胧”的活动之中。但是就算假定了这个，那顽固而且非常难以根除的麻烦又出现了，这时的问题是：如果一个人使得自己的认识变得朦胧，那么在他开始的这一瞬间，他是不是很明确地意识到这一点。如果他并不是很明确地意识到这一点，那么，在他开始其朦胧化活动之前，“认识”本来就是某种被朦胧化了的东西了；而这问题只不过是重新再次出现而已。相反如果我们假设，在他开始对认识进行朦胧化的时候，他很明确地意识到了这个，那么罪（尽管它是无知性，只要这是后果）就不在认识之中，而是在意志之中，而接着会出现的问题就是关于“认识和意志相互与对方所发生的关系”。所有这些（并且在这里人们能够继续好几天地问下去），其实是苏格拉底的定义所不去涉及的。无疑苏格拉底是一个伦理者（事实上就像古典时代所无条件地指称他的：伦理的发明者[67]），第一个，他是并且继续是他那一类中的第一个；但是他以无知性开始。在理智性的意义上，他所去留心的东西是无知性，那“一无所知”。在伦理的意义上，他对无知性的理解是完全另一种东西，然后从这无知性开始。而反过来苏格拉底自然不是本质上的宗教伦理者，更不是一个教理神学家，后者是“那基督教的”。所以他其实彻底没有进入那被基督教当作是起始的整个考究，没有进入那“之先”[68]，——在这“之先”之中罪预设其自身，并且这“之先”以基督教的方式在关于传承之罪的教义中得到了解释，而我们在这考究之中仅仅只是达到趋近于这一教义的边界[69]。

因此，苏格拉底没有真正地达到“罪”这个定性，这在一种对于“罪”的定义中无疑是一个麻烦。怎么会如此？就是说，如果罪是无知性，那么罪其实就不存在；因为我们知道，罪恰恰就是意识。如果罪就是“那无知于‘那正确的’的”，所以人们是因此而在做“那不正确的”，那么，罪就并不存在。如果这个是罪，那么，这就假定了那苏格拉底也假定了的东西，亦即假定这样的情况不出现：一个人知道“那正确的”却做“那不正确的”，或者知道这是不正确的却做这不正确的事情。这样，如果苏格拉底的定义是对的，那么罪就彻底不存在。但是看，这个，恰恰这个在基督教的角度上看是很恰当的，在一种更深刻的意义上是完全地正确的，按基督教的兴趣所在，它是那要去被证明展示的东西[70]。恰恰是这个概念，通过这个概念，基督教最决定性地在质定的意义上与异教区分开了，这概念是：罪，关于“罪”的学说；所以基督教也始终如一地认定，不管是异教徒还是自然的人都不知道什么是罪，是的，它认定必须有一种来自上帝的启示去揭示出“什么是罪”[71]。也就是说，不是像一种肤浅看法所假定的那样：关于“和解救赎”[72]的学说是异教和基督教之间的质定区分。不，“开始”必须被更深刻地发掘起，必须以罪、以关于罪的学说开始，——基督教也正是以此开始的。因此，如果异教有着一个对于“罪”的定义而基督教必须去认识这个定义为正确的话，这对于基督教将会是怎样的一种危险的反驳。

那么，苏格拉底在“为罪定性”中所缺乏的到底是怎样一种定性呢？它是：意志，对抗。古希腊的理智性太幸福了、太天真了、太审美了、太反讽了、太诙谐机智了，也就是说，太有罪了以至于无法将这一点接受进头脑：一个人带着其知识能够不去行“那善的”，或者带着其知识，对于“那正确的”的知识，去行“那不正确的”。希腊文化建立了一种“理智性的绝对命令”[73]。

这之中的“那真实的”是绝对不可忽略的，并且无疑是必须在我们这个时代中对之加以深入强调的；我们这个时代已经在这样的许许多多空虚的华而不实却没有结果的知识中迷失了，所以现在无疑是完完全全地如同苏格拉底的时代，或者只会是更多地，有这个需要去使得人们去稍稍体会一下苏格拉底式的饥饿战术[74]。不管是所有这些对于“理解和把握了‘那最高的’”的担保，还是那“许多人用来抽象地[75]知道怎样去描述

‘那最高的’”的艺术鉴赏力，这些都让人觉得同时是可笑而可悲的，在一种特定的意义上确实是这样：如果我们看见这种知识和理解对于人们的生活毫无影响力，生活根本不表达他们所理解的东西，更正确地说，生活是表达了那正相反的东西，那么，这就同时让人觉得可笑而可悲。看着这种既可悲又可笑的错误关系，人不禁要喊出来：但说到底怎么会可能，他们又怎么会明白这个，难道他们是真的理解了这个么？在这里，我们古老的反讽者和伦理家[76]回答说：呵，亲爱的，绝不要去信它；他们没有明白这个，因为，如果他们真的明白了这个，那么他们的生活就也会表达出这个，那么他们就会去做他们所明白的事。

就是说，去理解和去理解是两件事情么?[77]无疑是如此；那理解了这个的人（但是注意，不是在那第一种“理解”的意义上），他正是因为这个原因[78]正式地参与在了一切“反讽”的秘密之中。“反讽”所专注于的问题其实正是这个矛盾。以喜剧的方式解读“一个人对某种东西真正地无知”，是一类非常低级的喜剧性，并且是为“反讽”所不值的。某种更深刻的喜剧的东西，其实并不是“在生活中有人因为所知有限而认定地球是静止的”。相对于一个具备更多关于物理世界的知识的时代，我们的时代可能会是处于一种类似的情形[79]。如果一种矛盾是介于两个不同的时代之间，而这不同时代缺少一个更深刻的共同点，那么，这样的一种矛盾不是本质的，而因此在本质上也不是喜剧性的。不；但是，如果一个人站在那里说着“那正确的”，也就是说他理解了他所说的，而在他要行动的时候则行“那不正确的”，也就是说这显示出他没有理解他所说的，那么这才是无限地喜剧性的。这是无限地喜剧性的：一个人坐在那里阅读或者聆听对于自我否定的解说、对于“为真理而牺牲生命”中的崇高意义的解说，为之感动得流泪，乃至不仅仅是汗水而且也是泪水如同暴雨在他身上倾泻，然后在下一刻，一、二、三[80]，变，几乎是泪水还在眼中，他完完全全地，带着脸上的汗水[81]，以他这点可怜的力量去帮助“非真理”去得到胜利。这是无限地喜剧性的：一个讲演者在其声音和动作中带着真理，深切地被感动并且深切地去感动着，震撼人心地解说“那真的”，用目光践踏着“那恶的”、践踏着一切地狱的势力[82]，在其形象中带着一种泰然自若的平衡、在其眼神中带着一种不屈不挠，在其举手投足间值得钦佩地带着正确性，——这是无限地喜剧性的：他在几乎同一个瞬间、几乎还仍然“穿着长裙裾”[83]而会胆小而畏缩地在面对最小的麻烦时逃之夭夭。

这是无限地喜剧性的：一个人能够明白关于“世界是怎样地丑恶和渺小等等”的所有真理，他能够明白这个，然后他无法再认出他所明白的东西；因为几乎是在同一个瞬间他自己走向并加入到这同样的丑恶和渺小中去、从它之中获取荣誉并且受到它尊敬，就是说，去认可它。哦，如果人们看见这样一个人，他保证自己完全地明白了基督是怎样可怜地、被鄙视地、被嘲弄地、（如同圣经所说）被吐唾沫地[84]以一个渺小的仆人的形象到处走[85]，当我看见这同一个人如此谨慎小心地跑向那世俗意义上的“这里真好”的地方[86]、在那里以最安全的方式安居乐业，当我看见他是如此焦虑，仿佛生命就是在于逃避开每一道来自右边或者左边的不利的疾风，看见他由于无条件地被所有人尊敬和看重而那么幸福、那么极度欣悦、那么乐不可支，是的，完整地说是乐不可支，以至于他甚至为此深情[87]地感谢上帝；——在这种时候，我经常在我自己心中对我自己说：“苏格拉底，苏格拉底，苏格拉底，难道这个人会有可能是明白了他自己声称是明白了的东西么?”我如此说了，是的，并且我另外还希望了苏格拉底是对的。因为对于我仿佛就是基督教过分地严格了；如果我要与我的经验达成共鸣的话，那么我就也不可能把这样一个人搞成一个虚伪者。不，苏格拉底，你是我所理解的人；你把他当成一个搞笑的家伙，一种有趣的伙伴，你使得他成为一种笑的猎物；你不会反对，甚至这会得到你的赞同：我去准备好并且以喜剧性的方式来安顿他，当然这蕴含了一个前提，就是说：如果我把这件事做好了的话。

苏格拉底，苏格拉底，苏格拉底！是的，无疑人们可以三次提及你的名字；提及它十次也不算多，如果这能够起到帮助作用的话。人们认为在这个世界上需要一个共和政体的国家，并且人们认为需要一种新的社会秩序和一种新的宗教[88]；但是没有人想到，一个苏格拉底正是“这个恰恰由于许多知识而被搞迷惑了的世界”所需要的东西。当然，如果一些人这样想，更不用说如果有许多人这样想了，那么他就不是那么被需要了。一种谬误所最需要的东西总是它所想得最少的东西，是的，当然是如此，因为否则它就不是一种谬误了。

我们的时代很可能亟需一种这样在反讽—伦理意义上的纠正，这种纠正其实可能就是这时代所唯一需要的东西，因为它明显地就是这时代想得最少的东西；我们极度需要做的事情不是去走得比苏格拉底更远，而仅仅只是去返回到这苏格拉底所说的“去理解和去理解是两件事情”，——不是作为一种“在最深的悲惨之中最终帮助人类”的结论（既然这结论恰恰取消了“去理解和去理解之间的区别”），而是作为对生活日常的伦理解读。

苏格拉底的定义以这样一种方式来解决问题。如果一个人没有去做“那正确的”，那么他也就没有理解它；他的理解是一种自欺欺人；他对于“已经理解”所作的确定担保是一个错误的指向；他反复地保证“他已明白”的“否则便撞上鬼”的发誓赌咒，这做法其实就是在沿着那最大可能的弯路越跑越远。然而这时那个定义无疑是对的；如果一个人去做“那正确的”，那么他无疑就不会行罪；如果他不去做“那正确的”，那么他也就没有明白它；如果他是真正地明白了它，那么它就有时会触动他去做它，有时会使他去成为一个对于他的理解的共振声图[89]：所以[90]罪是无知性。

然而，这定义的不当之处又在哪里呢？其实对此“那苏格拉底的”（虽然只是在一定的程度上）本身也注意到了，并且想予以补救；这不当之处在于：在过渡方面，就是说从“明白了某物”到“去做某物”之间过渡，缺少一种辩证的定性。在这个过渡上，“那基督教的”开始了；它沿着这条路走下去，因而得以显示出“罪是在意志之中”，并且达到了“对抗”这个概念；然后，为了把终结的根端真正地固定下来，就增设了关于“传承之罪”的教理，——啊，因为“思辨”在“领会”[91]上的秘密正是“不带有固定的根端、不带有线结地进行缝纫”，所以它能够非常奇怪地继续不停地缝而又缝，就是说，把线穿来穿去地拉掉。相反基督教则借助于“悖论”而将根端固定住。

在那与“单个的现实的人”毫无关系的纯粹理想性之中，过渡[92]是必然的（在体系之中，一切对于其自身而言正是以必然性而展开的[93]），或者说，这种从“明白了某物”到“去做某物”之间过渡绝不会被任何麻烦拖累。这则是希腊文化的东西（但却不是“那苏格拉底的”，因为苏格拉底过多地是伦理家而无法是这一类）。从根本上说，现代哲学[94]的秘密其实就完全是这同样的东西；因为这就是那“我思故我在”[95]，“去思”就是“去在”（相反从基督教的角度则叫作：“降临于你如你所信”[96]，或者，“如你所信所以你存在”，“去信”是“去在”）。这样人们就会看见，现代哲学相比于异教文化是既不多也不少。这还不是最糟糕的事情；与苏格拉底有着渊源关系并不是什么最糟的情形。然而，在现代哲学中，那完全非苏格拉底的东西则是：它想要以“这是基督教”来自欺并欺人。

相反在那与“单个的现实的人”有关系的现实性的世界中，从“明白了”到“去做”之间的这个小小的过渡，它并非总是“迅速、非常迅速”[97]，不是所谓（我因缺少哲学语言而要用德语来说：）geschwind wie der Wind（德语：疾如风）。恰恰相反，在这里，一个非常冗长的故事开始了。

在精神之生命中没有“静态”[98]（根本地说也没有“状态”[99]，一切都是现实性[100]）；这样就是说，如果一个人没有在他“认识了那正确的”的同一秒中去做这正确的事，那么这时，首先认识就不再沸腾了。并且，之后就成为这问题：意志对那被认识的东西作何想？意志是一种辩证的东西，并且在它之下又有着人身上的一切更低级的本性。现在，如果这意志不喜欢那被认识的东西，那么无疑由此并不导致出意志就进一步向前去与认识所理解的东西作对，如此强烈的对立毕竟罕见；相反，意志让一定的时间继续流逝，这就形成一个间歇，叫作我们将在明天再去考虑它。在所有这一切之下，认识变得越来越朦胧，而那更低级的本性则赢得越来越多；唉，因为“那善的”必须马上被做出来，在它被认识了的时候马上去实践（并且因此，在“纯粹的理想性”中，从“去思”到“去在”的过渡发生得如此轻易，因为在之中一切都是“马上的”），而更低级的本性在“去拖延”上有着其力量。它如此细微地一点一点发生，这是意志所不反对的，意志几乎是默许地看着它发生。而在认识变得相当朦胧了之后，认识和意志于是就达成了相互间的理解；最后它们完全同意，因为这时认识走向了意志的立场并且理解“它想要如此是完全对的”。以这样一种方式生活的可能是大多数的人；他们潜移默化地致力于朦胧化他们的“伦理的和伦理—宗教的认识过程”，因为这种认识过程会将他们推向各种决定和后果，而这是他们身上的低级本性所不喜欢的；相反他们扩展他们的审美和形而上学的认识过程，而这在伦理上看是分散注意力。

然而，尽管有着这一切，我们还是没有比“那苏格拉底的”走得更远；因为，苏格拉底会说，如果这情形发生，那么这就显示出一个这样的人还是没有明白“那正确的”。这就是说，希腊文化的东西没有勇气去说出：一个人带着他的知识去做“那不正确的”、带着对于“那正确的”的知识去做“那不正确的”；然后它通过这样的说法来补救：如果一个人做“那不正确的”，那么他就是没有明白“那正确的”。

确实这样，也没有人能够走得更远；没有人能够就其自身并出于其自身地说出“什么是罪”，正因为他是在罪中；所有他的关于罪的谈论在根本上是对罪的减免、一种借口、一种有罪的说情。因此基督教也就以另一种方式开始，它是通过说出“必须有着一种来自上帝的启示来明示人什么是罪”来开始的，罪却不是在于“人没有明白那正确的”，而是在于“他不想要明白它”和“他不想要它”。

其实，对于区分“不能够理解”和“不想要理解”，苏格拉底就不曾在根本上给出任何阐明，而相反在“借助于‘去理解’和‘去理解’之间的区分来运作”这方面，他对于所有反讽者来说都是一个的大师[101]。苏格拉底说明了，那没有去做“那正确的”的人也没有明白“那正确的”；然而基督教则更向回退一步说，这是因为他不想要明白“那正确的”，而这则又是因为他不想要“那正确的”。而接下来它教导：一个人去做“那不正确的”（那真正的对抗）尽管他明白“那正确的”，或者不去做“那正确的”尽管他明白“那正确的”[102]；简言之，关于“罪”的基督教学说纯粹地是一种对人的攻势，指控之上的指控，它是“那神圣的”作为指控者允许自己用来对“人”所作的断言。

但是能够会有什么人理解了这基督教的断言吗？绝不，因为那引起“愤慨”的恰恰也是这基督教的说法。它必须被信仰。“去理解”是人相对“那人的”所能达到的范围；而“去信仰”则是人相对于“那神圣的”的关系。那么，基督教是怎样说明这种“不可理解的东西”的呢？它是非常连贯一致地，以一种同样不可理解的方式，来说明的，亦即，借助于“它是启示出来的”。

从基督教的角度理解，罪就是在意志之中，而不是在认识之中；而这意志的败坏作用于那“单个的人”的意识。这是完全一致连贯的；因为“罪是怎样开始的”这个问题本来就必须是相应于每一个“单个的人”而出现的。

这里再一次存在着“愤慨”的标记。“愤慨”的可能性在于：必须有着一种来自上帝的启示来明示人们“什么是罪”和“这罪扎根得多么深”[103]。自然的人、异教徒作如是想：“由它吧，我承认我并没有明白天上地上的所有东西，如果要有一种启示，那么让它来明示我们关于‘那天堂的’；但是‘要存在一种启示来明示什么是罪’，这实在是一切中最不合情理的事情了。我并不自称是什么完美的人，远远地不是，但是我还是知道这个的，并且我也确实愿意去承认我相距完美性有多么遥远；难道我还会不知道‘什么是罪’么?”然而基督教的回答是，是的，不会知道；“你相距完美性有多远”和“什么是罪”，这是你所最无知的东西。——看，在这种意义上是很正确的，从基督教的角度看，罪是无知性，它是对于“什么是罪”的无知性。

所以，在前面的哪些章节所给出的对罪的定义，还必须这样地得以完整化：罪就是，在通过一种来自上帝的启示而明示出“什么是罪”之后，在上帝面前绝望地不想要是自己或者绝望地想要是自己。

第三章　罪不是一个否定[104]，而是一个正定[105]

正统教义的教理神学和总体上的正统教义持恒地为强调“罪不是一个否定、而是一个正定”这一观点而斗争，并且把每一种把罪搞成某种否定的东西（诸如软弱性、感官性、有限性、无知性等等）的定义作为泛神论的而抵制掉[106]。正统教义非常正确地看到，斗争的战役应当是在这里，或者回顾我们在前面所讲到的——这里应当是固定住根端的地方，这里是要坚持住的地方；正统教义正确地看到，如果罪被否定地定性，那么整个基督教就失去了脊柱。所以正统教义深入强调，必须有一种来自上帝的启示来教导堕落的人[107]“什么是罪”，于是这非常前后一致：这一讯息必须被信仰，既然它是一个教理[108]。于是理所当然就可以理解：悖论、信仰、教理——这三种定性构成一种同盟和协定，这是抵抗那“异教的智慧”的最可靠的铜墙铁壁。

如此为正统教义。然后，通过一个奇怪的误解，一种所谓的“思辨性的教理神学”[109]，无疑是以一种令人费解的方式与哲学发生关系，它宣称能够理解[110]“罪是一种正定”这一定性[111]。然而如果这是真的话，那么罪就是一种否定了。全部“理解”[112]中的秘密就是，这“去理解”[113]本身要高于一切它所设定出的“正定”。概念设定出一个“正定”，但是这“它被理解”[114]恰恰就是“它被否定”。尽管这思辨性的教理神学在一定程度上是注意到了这个，然而它除了在那有运动被作出的地方投下一部分被分派出来的担保声明之外，却不曾知道有什么别的解救方法，这情形对于一种哲学性的科学来说，无疑很难说是得体的。一次比一次更庄严、越来越多地设誓赌咒，人们去担保断言“罪是一种正定”、担保断言“那关于

‘罪只是一种否定’说法是一种泛神论和理性论[115]并且……上帝知道那是怎么一回事……反正是所有一切‘思辨的教理神学’所发誓否认和鄙夷的东西”；——然后人们就走过去理解[116]这“罪是一种正定”。这就是说，它还只仅仅是在一定的程度上的“正定”，——其程度不高于“人还是能够理解它的”。

“思辨”的这种同样的口是心非也在另一个点上显示出来，所涉及的问题却还是同样的。“罪”这个定性或者“罪怎样被定性”，对于“悔”这个定性是有着决定性作用的。现在，既然这种否定之否定[117]的情形是如此思辨性的，那么别的选项就不存在，那么“悔”就必须是“否定之否定”，而那样，“罪”又就成为“否定”。

另外附带说一下，人们无疑会有这样的愿望，希望在某一个时刻，会有一个头脑清醒的思想者来解说：在怎样的程度上，这种纯粹逻辑的东西，它让人联想起逻辑对于“那语法的”（两个否认达成肯定）的最初关系并且联想起“那数学的”，在怎样的程度上这种逻辑的东西在现实性的世界、在各种“质”的世界里有着其有效性；是不是各种“质”的辩证法总的来说是另一回事；是不是“过渡”在这里扮演着另一种角色。在永恒的视角下看[118]，或者以诸如此类的方式看，那么，“那在空间里伸展的东西”当然就彻底不存在了，因此一切存在[119]，并且根本没有过渡。“去设定”在这种抽象介质之中因此正因为这个原因[120]就与“去取消”是同一样东西。但如果以这同样的方式去考虑“现实”的话，则无疑是接近于疯狂了。人们完全也可以抽象地[121]说：在未完成时[122]之后紧跟着完成时[123]。但是如果在现实的世界里一个人根据这个“它由自身紧跟并且马上紧跟”想要推导出“一件他没有完成的[124]作品就因此被完成了”，那么他无疑是出了毛病。然而“罪”的所谓“正定”的情形也是如此，如果罪被设定[125]在一个介质之中并且这介质是“纯粹的思”[126]的话；这介质实在太变幻莫测以至于它无法严肃地对待这正定。

然而，所有这些却并不是我在这里所关注的。我只是持恒地坚持把握住“那基督教的”，亦即，“罪是一种正定”，然而却并非“它似乎是能够被理解的”[127]，而是作为一种必须被信仰的悖论。这在我的思想中是正确的东西。如果人们能够使得所有“去理解”[128]的努力尝试作为自相矛盾而被揭示出来，那么这关系就到位了，于是这就变得很清楚，“一个人是不是想要去信仰”这个问题必须留给那信仰。——我倒是很能够理解[129]这一事实（这绝不是太神圣而无法被理解的[130]）：如果一个人现在终于可以去理解[131]了，并且只能够去喜欢那些声称是“去理解”[132]的行为，那么他会觉得这是很贫乏的。但是假如整个基督教依附于这一点——“它应当被信仰而不是被理解”、“要么它将被信仰要么人们将对它愤慨”，那么“想要去理解”的行为还会是那么值得称赞的么？“想要去理解那不想要被理解的东西”，到底这是值得称赞的，抑或还是更确切地说，这要么是傲慢无耻要么是思维匮乏？当一个国王有了一种想法想要去成为一个匿名者而完完全全地像一个普通人那样被对待时，那么，难道就因为在通常人们看来向他显示对王者的礼仪是一种更好的尊敬，因此在这时这样做也是正确的么？或者，如果去做一个人自己想要做的事情而不是去服从，那么这不恰恰正是让自己和自己的想法凌驾于国王的意志之上么？或者，在国王不想要被如此对待时，一个这样的人在向他显示臣民的恭敬的时候越是能够有独创性地想方设法，就是说，一个这样的人在忤悖国王的意志的时候越是能够有独创性地想方设法，难道这样真的就越是会使得国王高兴么？

那么让别人去仰慕和赞美那声称是能够理解[133]“那基督教的”的人吧；在如此思辨性的时代里、在所有“那些别人”都在忙碌于“去理解”[134]的时候，承认自己既不能够也不应当去理解[135]它，这之中所要求的可能不是一丁点的自我牺牲，这在我看来是一种直接的伦理任务。然而无疑，这恰恰正是这时代、这基督教世界所需要的东西：相对于“那基督教的”，一小点苏格拉底的无知性；但是注意：一小点“苏格拉底的”无知性。让我们永远也不要忘记，然而又有多少人曾经真正知道了这个或者想到过这个呢，让我们永远也不要忘记，苏格拉底的无知性是一种对神的敬畏和崇拜[136]，他的无知性是以希腊方式出现的“犹太教的东西”：对上帝的敬畏是智慧的开始[137]。让我们永远也不要忘记，正是出于对“那神圣的”恭敬，他才是无知的，他尽一个异教徒所能够做到的，作为审判者守望着上帝和人之间的边界线，警戒着保持巩固他们之间的“质之差异性”的深渊[138]，介于上帝和人之间，使得上帝和人不至于如此以哲学的方式、以诗歌的方式[139]等而融合为一体。看，为此苏格拉底是无知者，并且为此神圣将他认作是最有知者[140]。

但是基督教教导，所有基督教的一切只是为信仰而存在；因此，那通过“无知性”而保卫“信仰”以防范“思辨”的，恰恰就将是一种苏格拉底的、敬畏上帝的无知性，警戒着使得上帝和人之间的“质之差异性”

的深渊必须是如同它在悖论和信仰中那样被保持巩固着，警戒着不让上帝和人，比在异教世界中的任何时候都更可怕地，这样地以哲学的方式、以诗歌的方式[141]等等而融合为一体，——融合进那体系[142]之中。

在这里，只有从一个方面，我们能够谈论关于去阐明“罪是一种正定”的问题。在前一个部分，有一种“上升”，不断地在对“绝望”的描述中被展示出来。对于这种“上升”的表达，部分地是“关于‘自我’的意识”的强化过程，部分地是从“承受”到“有意识的行为”的强化过程。两种表达又统一地表达出：绝望不是外来的，而是来自内在。而在同样的程度上它也是越来越设定着的[143]。但是根据那列出的对“罪”的定义，那“通过对于上帝的观念而无限地强化了”的自我属于罪，并且，对于“作为一种‘作为’的罪”的最大可能的意识也是如此[144]。——这是对于“罪是一种正定”的表达，这“它是在上帝面前”正是它之中的“那正定的”[145]。

另外，“罪是一种正定”这一定性在一种完全不同的意义上也在自身之中具备“愤慨”的可能性，亦即“悖论”。也就是说，“那悖论的”是相对于“那关于赎救和解的学说”而言的结果。首先基督教向前行进并且以这样一种方式把罪作为“正定”稳固地设定下来，因而人的[146]理解力永远也无法理解[147]它；然后又是这同样的基督教的学说，它着手将这一“正定”以这样一种方式消除掉，人的理解力永远也无法理解它。思辨将自己劝阻在各种悖论之外，它在两边都进行削剪，这样就更方便一些：它不把罪弄得根本就是如此地“正定的”，但尽管如此他却无法在头脑里接受“罪将会被完全地忘记”。但是基督教是那些悖论的最初发明者，它在这里也尽可能地是悖论的；它仿佛是在与自己对着干，因为它把罪如此固定地设定为“正定”，乃至现在看起来“再要去掉这罪”就成为一种完全的不可能，——而然后，恰恰正是这基督教，它通过“赎救和解”又将彻底地消除掉罪，如此彻底，仿佛这罪被淹没在大海里[148]。

对于甲的附录
然而这样罪不是在一定的意义上成为
一种极大的罕发现象？（道德）

在第一个部分里指出了，绝望变得越强烈，那么它在这个世界里就越罕见。而现在我们知道，罪是那“又一次在质定上强化了的绝望”，那么这罪岂不就必定是完全地罕见的了么？令人惊奇的麻烦！基督教把一切安置在罪之下[149]；我们曾努力去尽可能严格地描述“那基督教的”，而然后就出现了这个奇怪的结果，这个奇怪的结果就是：罪恰恰在异教之中根本不存在，而只存在于犹太教和基督教之中，而在那之中则无疑又是非常罕见的。

然而这完全正确，事情就是如此，但只在一种意义上是如此。“在通过一种来自上帝的启示而明示出‘什么是罪’之后，在上帝面前绝望地不想要是自己或者绝望地想要是自己”就是行罪，并且，如果要让一个人得到了如此的发展、对自己变得如此透明而以至于这样的情形能够在他身上发生，那么这无疑是罕见的。但随之而来的是什么呢？是呵，我们必须高度留意，因为这里是一个特殊的辩证转折。“一个人不是绝望的”这样一个结论并不是由“他在更强化意义上不是绝望的”而得出的，由此得不出这样的结论。恰恰相反，我们所看见的是：大多数人，绝大绝大部分人是绝望的，但处在一种绝望的低级段位。而在一种更高段位上绝望也并不是什么值得赞美的事情。从审美的意义上看，这是一种优越，因为在审美的考虑之下人们只看着力[150]；但是在伦理上看，更强烈的绝望与更低级的相比，它距离拯救就更遥远。

“罪”的情形也是如此。被“无所谓—辩证地”定了性，大多数人的生活相距“那善的”（信仰）如此之远，以至于这种生活几乎就是太“无精神的”而不能被称作是罪，是的，几乎就是太“无精神的”而不能被称作是绝望。

现在，“在最严格的意义上是一种罪”确实远不是什么值得赞美的东西。但是在另一方面，如果一种生活如此地“沉陷在轻浮琐屑性、沉陷在浅薄愚蠢的对其他人们的模仿中”，以至于我们几乎就不能说这种生活是“太无精神的而不能被称作是绝望”，它只配像圣经中所说的“被吐出去”[151]，那么，在这样一种生活里，天知道我们应当在那里才能够找到一种本质的“罪的意识”（并且看：这种本质的罪的意识无疑是基督教所想要拥有的）。

然而在这里事情还没有结束，因为这样一来，罪的辩证法只是以另一种方式来诱人进圈套。那么，这情况是怎么发生的：一个人的生活变得如此无精神，就是说，仿佛基督教相对于这种生活就根本无法被用上，如同一台起重器（并且恰如起重器，基督教的高尚化过程便是如此）无法被运用，因为这地方没有坚实的地基而只是沼泽和泥塘；——这是怎么发生的？难道这是发生在一个人身上的事情么？不，这是人自己的错。没有什么人是生来就带有“无精神性”的；并且不管有多少人是在死亡中将之作为生命的唯一收获物而一同带走，这不是生命的错。

然而，这必须被说出来，并且尽可能地不做保留：那所谓的基督教世界（在之中所有人都如此成千上万地是这类理所当然的基督徒；于是在它之中有着多少人就有着多少基督徒，恰恰是同样多的数目）不仅仅是“那基督教的”的一个糟糕的版本，充满着导致歧义的印刷错误和思维匮乏的遗漏和补充，而且也是一种对之的滥用：它以虚妄之心滥用了基督教。在一个小小的国家里，一代人中至多也许能出现三个诗人，但是有着太多牧师，远远地供过于求。如果是相对于一个诗人，人们谈论关于“有某种呼唤”；那么相对于“去成为牧师”，这在人众的（也就是说基督教众的）观念中则肯定是“去参加考试”。然而，然而一个真正的牧师是某种比一个真正的诗人还要更罕见的东西，而“呼唤”这个词则本原地是属于“那有神圣感的”[152]。但是在“是诗人”的关系上，人们在基督教世界里却还保存了一种这样的观念：这“是诗人”是某种特定的东西并且在“有一种呼唤”中有着某种特定的东西。而“是牧师”则相反在人众的（也就是说基督教众的）眼中是被每一种崇高的观念遗弃了的、丝毫没有一点神秘的东西的、在纯粹的自然状态中的[153]一种职业行当。“呼唤”意味了一个教会的职位；人们谈论去得到一个“呼唤”；然而关于“有一个呼唤”，是的，这也是人们所谈及的：关于一个人，有一个“呼唤”要给掉[154]。

唉，这个词在基督教世界的命运仿佛是在整个“那基督教的”之上的一个格言。不幸，并不是“那基督教的”无法被说出来（于是不幸同样也不是“没有足够的牧师”）；而是它以这样一种方式被说出来，以至于最后在人众之中所想到的东西都与之无关（正如那“是牧师”的情形，人众对之的想法与那完全世俗的“是商人、事务代理人、订书匠、兽医等等”情形没有什么两样），这样，“那最高的”和“那最神圣的”根本就没有给人留下什么印象，而只是听起来像某种“这样现在已经（上帝知道为什么）成为了习俗”的东西，也正如诸多别的东西。于是，在人们丝毫不觉得自己的行为是无法辩护的同时，人们倒是觉得为基督教辩护是必要的，这又有什么可奇怪的呢？

我们知道，一个牧师无疑应当是一个信仰着的人。而一个信仰着的人！一个信仰着的人无疑是一个恋爱者；是的，所有恋爱者中的最深恋者，在心灵热情的方面看，如果与一个信仰着的人相比，他其实还只能是算一个小伙子。让我们设想一个恋爱者。不正是这样么，他想要能够去整天从早到晚地，只要天还亮着、乃至也带上夜晚，去谈论他的恋情。但是如果有人问，他是不是以三个理由来努力证明，在恋爱状态之中还是有着某种东西，那么，难道你会认为这样的情况会发生在他身上，难道你会认为他可能会去这样做，难道你不觉得这样的谈论对于他是一种最会引起嫌恶的东西；——这就差不多如同牧师以三个理由证明，祷告是有好处的[155]，这样的话也就意味了，这“去祷告”已经一落千丈地跌价了，以至于必须有三个理由来起到为之挽回一小点名誉的作用。或者——这其实性质一样，只不过更可笑而已：如同牧师以三个理由证明，祷告是一种超越所有理解力的极乐至福[156]。呵，无价的反高潮[157]，“某种东西超越所有理解力”要用三个理由来证明；这三个理由，如果它们还算是有用的话，那么无疑不是去超越一切理解力，而相反是必须去使得理解力明白这一点：这种极乐至福绝不超越所有理解力，因为“理由”恰恰是理解力领域里的东西。不，对于那超越一切理解力的东西来说，——并且对于相信这说法的人来说，三个理由并不比三只瓶子或者三头鹿[158]意味了更多！现在让我们继续，难道你认为会发生“恋爱者去为他的恋情辩护”这种事么，就是说，去承认，这爱情对于他并非是“那绝对的”，并非无条件地是“那绝对的”，让他去将它与各种反对它的说法归集在一起考虑并由此得出辩护词；就是说，难道你认为他能够或者想要承认他不是在热恋之中、表露出他不是在热恋之中吗？并且，如果有一人建议一个恋爱者去如此说，那么难道你不认为他就会把那个人看成脑子有病吗？而如果他在恋爱之前曾经也是多多少少的观察者，难道你不认为他将会怀疑那对他作出如此建议的人是不是从不曾知道过什么是恋爱或者想要让他通过“为他的恋情辩护”来背叛或者否定这恋情。难道这不是很明显：如果一个人真正地是在恋爱，那么他永远也不会去用三个理由来证明或者辩护；因为他所处的情形是一切理由和任何一个辩护都及不上的：他在恋爱中。而那去辩护的人则没有在恋爱状态中；他只是声称自己恋爱，并且不幸地，或者说幸运地，是如此愚蠢，以至于自己暴露出自己不是“没有在恋爱状态中”。

但是基督教恰恰是以这样的方式被人谈论的，被信仰着的牧师们这样谈论，要么人们“捍卫辩护”基督教，要么人们将它转置到各种“理由”之中，如果人们还算没有再进一步乱搞去思辨地“理解”[159]它的话；这被说成是“去布道”，并且在基督教世界里人们已经将“有人以这样的方式布道并且有人因此去听它”看成是一桩大事。这恰恰就是为什么基督教世界（这正是对之的证据）绝不是那“它所称谓自己的东西”，因为大多数人的生活，从基督教的角度看，还仍是太“无精神的”而在基督教的严格意义上甚至都无法被称作是“罪”。

注释：

1　［被法学家们称为“情节严重的”］指丹麦刑法中对“简单的”和“情节严重的”犯罪的区分。“情节严重（kvalificerede）”一词，通常译作“合格的、有资格的”。

2　仿宋体处在丹麦文版中是拉丁语：Confinium（边缘区域）。

3　这种“宗教方向上的诗人存在”理所当然地涉及到克尔凯郭尔自己的生活中的情形。另外在克尔凯郭尔的《原野里的百合和天空下的飞鸟》中也有谈及“诗人存在”的情形。

4　Resignation 是“放弃”的意思，原来我曾将之译作“听天由命”。

5　这里这个“作诗”——“at digte”在丹麦语中和“诗人（Digter）”这个词的关系正如中文中的“作诗”和“诗人”间的关系。但是它更有着一种泛指的意义：创作和虚构。这里我将之翻译为“作诗”是强调“诗人”，但是在理解上，有必要理解为“以虚构代替存在”。

6　就是说“虚构”。

7　“这”就是“把这剧痛排斥在自身之外”。

8　原文中所用的词是“尊者（Velærværdighed）”，在丹麦有着各种头衔的称呼，但 Velærværdighed 被用于不在等级之中的低级神职人员。

9　［纽伦堡图片］廉价画像、赝品画。那时纽伦堡是以其工业化生产的商品而出名的也包括玩具和艺术品。但这一类画有着强烈的色彩和粗旷的线条，容易使人展开想象。

10　这里的这个“人的”是形容词。

11　这里的这个“人的”是形容词。

12　这里的这个“人的”是形容词。

13　实在（Realitet）。

14　如果他没有“在质地上不合格”，那么“他所是的东西”就是那“是他的目标和是他的衡量尺度的东西”；但现在他失去了资格，那么他就不是那在他具有资格时所是的东西了。于是就反过来，“他所不是的东西”就是那“是他的目标和是他的衡量尺度的东西”。

15　这“更老的神学”是指那些宗教改革家们的神学（诸如路德派神学）。比如说《为奥斯堡信条的辩道》第二条款 §7。另外，克尔凯郭尔特别是考虑到那正统路德教理神学中的说法。

16　康德摒弃了“对上帝的罪”这个定性，因为康德认为那本体自我的自由意志是个人伦理的根本，而理性的绝对命令是道德立法者，因此一个人无需上帝概念来指导去认识其义务。

17　［一种很正确的想法……地狱惩罚的永恒性］比较克尔凯郭尔在一张可能是1848 年纸上所写的：“人们在老式的神学里谈很多关于如果罪是针对上帝的，那么这罪因此就严重，因此地狱的处罚就必定是永恒的。在后来的时代，人们觉得这观点在根本上是很蠢的；因为不管罪是不是针对上帝，都是同样严重。这在根本上是最无精神性和最物质性的考虑。难道罪是外在的事实，难道它就不也是一种观念，难道那有着深刻发展的观念的人不比那只有朦胧模糊的观念的人行罪更多，难道那有着深入发展的上帝观念但却在罪中直往前奔的人不是在最深刻地行罪吗。”克尔凯郭尔谈及 H. N. 克劳森的《教理神学讲演》（1833—1834）的章节“论永恒审判和地狱惩罚”。在书中谈及那些此前的路德教教理神学家们提出了地狱惩罚的永恒的最初依据：“上帝的全权，他必定要求无限惩罚。”

另外，在哈泽的《复活的胡特尔或路德教会神学教理》第 82 节“罪的概念”中，罪被定性为对神圣的和宗教的爱的侵犯（violatio amoris divini s. religionis），并且在一个脚注对路德正宗教理学家霍拉兹（D. Hollaz 1648—1713）的引用中，罪被定为：对理性生物有义务遵守的神圣法进行违犯的可责备的谬误，一种招致肉体和永恒的惩罚的谬误（Aberratio a lege divina，creaturas rationales obligante，culpabilis，et poenam corporalem atque aeternam inferens）。在注脚结尾处有“在现代的道德中罪通常被标示为：一种与道德伦理规则有冲突的向着违法行为或者懒散的意志的自我定性”。在第 87 节“对罪的不同分类”中作了对“传承之罪（peccatum habituale）”和“作为之罪（peccatum actuale）”的区分：前者是“人的天性中的一般而本原的同样大的罪”，而后者是“每一个人的人格中的特殊而不同的罪”。然后罗列了那些老教会教理学家们对于不同形式的“作为之罪”的分类，但是总的来说“间接地，一切罪都是针对上帝的罪”。然后又介绍了许多“新近的教会教理学家”和“理性主义的神学家”摒弃了“一般的概念，并且在个体的事实上停留着，不去考虑那辜的单位是无法以外在的关系来衡量的，而只能根据内在的动机来衡量”。

18　见前面注脚：律师所说的“情节严重（kvalificerede）”一词，通常译作“合格的、有资格的”。

19　［人只是偶尔地针对上帝行罪］在哈泽的《复活的胡特尔或路德教会神学教理》第 87 节“对罪的不同分类”中罗列了那些老教会教理学家们对于不同形式的“作为之罪”的分类．在最初的形式牵涉到罪的客体，有三种分类：对上帝的罪（peccatum in Deum）、对邻人的罪（peccatum in proximum）和对自己的罪 peccatum in nosmetipsos）。

20　这里的这个“人的”是形容词。

21　［“没有上帝地存在于世界”］见《以弗所书》（2：12）：“那时你们与基督无关，在以色列国民以外，在所应许的诸约上是局外人。并且活在世上没有指望，没有神。”

22　伯拉纠主义的（pelagianske）。

23　［伯拉纠主义的—轻率的观念］伯拉纠主义：英国修道士伯拉纠所创的一种神学学说，公元 416 年被罗马天主教会指责为异端。该学说否认“传承之罪”的说法，认为人被生出来时状态如同“罪的堕落”之前的亚当，并且确信人有能力通过其自由意志的实践而变得正直。因为奥古斯丁对“伯拉纠学说”的斗争，伯拉纠变得很有名。在路德派的忏悔录《奥斯堡信条》（*Confessio Augustana*）第二条“论原罪（或按丹麦文注脚翻译：传承之罪）”的后半部分这样说：“我们教会弃绝伯拉纠派（Pelagians）一类的异端，他们不认这原始的过犯实实在在是罪，又争辩说，人可以仗自己理智的能力在上帝面前称义，而贬抑基督的功劳和恩泽的荣耀。”

24　暗示了克尔凯郭尔与他父亲的关系和他自己的早年放荡不羁生活。

25　［圣经总是将“罪”定义为“不顺从”］克尔凯郭尔在草稿上加上了：“在罗马书 14：23 中，这定义已经给出了：凡不出于信心的都是罪。”（Pap. VIII 2 B 163，3）

26　［谋杀、盗窃和通奸，等等］见《加拉太书》（5：18—21）：“你们若被圣灵引导，就不在律法以下。情欲的事，都是显而易见的。就如奸淫，污秽，邪荡，拜偶像，邪术，仇恨，争竞，忌恨，恼怒，结党，纷争，异端，嫉妒，（有古卷在此有凶杀二字）醉酒，荒宴等类，我从前告诉你们，现在又告诉你们，行这样事的人，必不能承受神的国。”和《马太福音》（15：19）：“因为从心里发出来的，有恶念，凶杀，奸淫，苟合，偷盗，妄证……”

27　见前面的注脚。关于奥古斯丁在《上帝之城》中所谈。

28　这里的这个“人的”是形容词。

29　［驱赶走一个恶魔的时候，有几次不是借助于恶魔的力量］借助于更大的恶魔的力量来驱赶恶魔，见《路加福音》（11：14 – 26）：“耶稣赶出一个叫人哑吧的鬼。鬼出去了，哑吧就说出话来众人都希奇。内中却有人说，他是靠着鬼王别西卜赶鬼。又有人试探耶稣，向他求从天上来的神迹。他晓得他们的意念，便对他们说，凡一国自相纷争，就成为荒场。凡一家自相分争，就必败落。若撒旦自相分争，他的国怎能站得住呢。因为你们说我是靠着别西卜赶鬼。我若靠着别西卜赶鬼，你们的子弟赶鬼，又靠着谁呢。这样，他们就要断定你们的是非。我若靠着神的能力赶鬼，这就是神的国临到你们了。壮士披挂整齐，看守自己的住宅，他所有的都平安无事。但有一个比他更壮的来，胜过他，就夺去他所依靠的盔甲兵器，又分了他的赃。不与我相合的，就是敌我的。不同我收聚的，就是分散的。污鬼离了人身，就在无水之地，过来过去，寻求安歇之处。既寻不着，便说，我要回到我所出来的屋里去。到了，就看见里面打扫干净，修饰好了。便去另带了七个比自己更恶的鬼来，都进去住在那里。那人末后的景况，比先前更不好了。”又见《马太福音》(12:22－28)。

30 ［这后者的情况比前者更糟］《马太福音》(12:43—45)：“污鬼离了人身，就在无水之地，过来过去，寻求安歇之处，却寻不着。于是说，我要回到我所出来的屋里去。到了，就看见里面空闲，打扫乾净，修饰好了。便去另带了七个比自己更恶的鬼来，都进去住在那里。那人末后的景况，比先前更不好了。这邪恶的世代，也要如此。”

31 ［法利赛人］约公元前100年到公元70年，犹太教的那些最有影响的宗派之一的成员，特别强调摩西律法的细节。他们对摩西立法的特别敬重，要求人完全遵守，谴责对律法的任何违犯。在耶稣的时代有大约六千成员。

32 ［法律的公正性］与现行法律相一致。这里牵涉到康德对于合法律性(Legalität)和道德性(Moralität)的区分。前者意味了“行为是由要求行为与法律一致的要求启动而不是由道德天良中发起的”，后者则意味了“行为不仅仅是与道德要求一致，而且行为者的动机也是追随着这种要求”。

33 这里的这个“人的”是形容词。

34 《罗马书》(14:23)：“若有疑心而吃的，就必有罪。因为他吃，不是出于信心。凡不出于信心的都是罪。”

35 原文中所用的这个词udtræk是指航海望远镜上的一节一节的“伸缩镜筒”。如果把这个词直接翻译在句子里就是：“它按基督教的方式重构了所有伦理的概念定性并且为它们给出了伸缩镜筒向外伸展的又一节。”

36 “这一事实”就是“上面所说的这一点通过‘那基督教的’的每一个定性都被展示出来”。

37 指思辨哲学以及由之衍生出的思辨神学。尤其是黑格尔式的通过概念性的理性来扬弃掉矛盾对立面的思辨。

38 实在(Realitet)。

39 ［普遍化到“族类”中去］幻想地把“单个的人”普遍化进“人类”，让单个的人消失在“那普遍的”之中。

40 “不信的(vantro)”为形容词。

41 这里是名词“人”的所有格。

42　这里的这个“人的”是形容词。

43　［“在他的心中从来没有过这样的念头”］在《歌多林前书》（2∶9）中保罗引用了《以赛亚书》：“如经上所记，神为爱他的人所豫备的，是眼睛未曾看见，耳朵未曾听见，人心也未曾想到的。”《以赛亚书》（64∶4）：“从古以来人未曾听见，未曾耳闻，未曾眼见，在你以外有什么神为等候他的人行事。”

44　［被画在小报上］出现在小报的漫画中，比如说就像克尔凯郭尔自己被《海盗船》当笑料。

45　仿宋体处在丹麦文版中是拉丁语：quid nimis（过分）。

46　［商市］用来标示偏僻小城（与大城市相反），克尔凯郭尔反讽地以此来说哥本哈根。在1845年哥本哈根人口是126.787万。

哥本哈根在丹麦语的意义中是“商港”。

47　［就是一种荒唐］《歌林多前书》（1∶18—31）：“因为十字架的道理，在那灭亡的人为愚拙。在我们得救的人却为神的大能。就如经上所记，我要灭绝智慧人的智慧，废弃聪明人的聪明。智慧人在那里文士在那里。这世上的辩士在那里。神岂不是叫这世上的智慧变成愚拙么。世人凭自己的智慧，既不认识神，神就乐意用人所当作愚拙的道理，拯救那些信的人。这就是神的智慧了。犹太人是要神迹，希利尼人是求智慧。我们却是传钉十字架的基督，在犹太人为绊脚石，在外邦人为愚拙。但在那蒙召的无论是犹太人，希利尼人，基督总为神的能力，神的智慧。因神的愚拙总比人智慧。神的软弱总比人强壮。弟兄们哪，可见你们蒙召的，按着肉体有智慧的不多，有能力的不多，有尊贵的也不多。神却拣选了世上愚拙的，叫有智慧的羞愧。又拣选了世上软弱的，叫那强壮的羞愧。神也拣选了世上卑贱的，被人厌恶的，以及那无有的，为要废掉那有的。使一切有血气的，在神面前一个也不能自夸。但你们得在基督耶稣里，是本乎神，神又使他成为我们的智慧，公义，圣洁，救赎。如经上所记，夸口的当指着主夸口。”

48　这里的这个“人的”是形容词。

49　［在定额的阅读量之外研学］在高中和大学的每门学科的考试都要求有一定的阅读量，如果不是课程规定阅读的内容的话，考生将相应阅读量的书名和文章的标题列出来上交，经批准之后可以把考试的内容限定在这些书籍文章所覆盖的范围里。这里，所谓的“在定额的阅读量之外”就是说，这方面的内容不是阅读量覆盖的书籍文章中的，而是自己在“课外”阅读的。

50　“自我遗失”是忘我的，而“自我坚持”是自作主张、坚持己见、一意孤行的。

51　这里的这个“人的”是形容词。

52　仿宋体处在丹麦文版中是拉丁语：Summa summarum（总结果）。

53　［黄金的道理］所谓“黄金的中庸之道”的思想。常常被追溯到贺拉斯的

《抒情诗》“智者，黄金的中庸之道的朋友，得免于肮脏贫困的不安全、得免于宫廷生涯导致的妒羡。”

54 仿宋体处在丹麦文版中是拉丁语：ne quid nimis（不过分）。就是说，“中庸”。这句句子也可以说成：“这一镀金的中庸。”

[ne quid nimis] 拉丁语：“毫不过分。”特尔斐神殿铭文的拉丁语翻译。罗马诗人泰伦提乌斯在喜剧《来自安德罗丝的女孩》中让获自由的奴隶索西亚说：“我认为这在生活中是非常重要的：不过分。”

55 [太多和太少败坏一切] 丹麦成语。

56 仿宋体处在丹麦文版中是拉丁语：ne quid nimis（不过分）。

57 仿宋体处在丹麦文版中是德语：am Ende（在最终）。

58 仿宋体处在丹麦文版中是拉丁语：de facto（事实上）。

59 《路加福音》(22∶48)：“耶稣对他说，犹大，你用亲嘴的暗号卖人子么。”

60 Dukat：从前用于一些欧洲国家的各类金币。在克尔凯郭尔时代相当于两块国家银行币。

61 “辩护”意味了“捍卫”和“防守”。

62 [太过分就是太过分] 丹麦成语。

63 [罪是无知性……苏格拉底的定义] 指苏格拉底的著名句子“知识是美德”，在柏拉图的对话录里多次提及，比如说在《毕达哥拉斯》中，苏格拉底论述了：如果一个人有真正的认识，他就不会让比如说激情来使他放弃知识，如果一个人通过一个行为作出错误选择，那么这只是表达了他的无知。

克尔凯郭尔多次把苏格拉底的解读理解为“罪是无知”，比如说在《论概念反讽》、《哲学碎片》和《非科学后记》之中。

64 [继续向前] 继续向前是黑格尔主义的关于超越笛卡尔的怀疑的固定用词。在《哲学碎片》中，作者专门作为主题论述了“继续向前比苏格拉底更远”。

65 [苏格拉底的无知性] 在柏拉图的对话录中，苏格拉底常常强调自己的无知，比如说在《申辩篇》中，他说明了特尔斐的祭司恰恰拒绝了任何人比他更智慧，因为他知道他自己无知。在第欧根尼·拉尔修的哲学史中这样描述苏格拉底“除了‘他一无所知’这一点之外，他一无所知”。

66 在心中带着“那基督教的”。在原丹麦语版中的句子是：带着“那基督教的”in mente（拉丁语：在思绪中）。

67 [无疑苏格拉底是一个伦理者……伦理的发明者] 第欧根尼·拉尔修的哲学史称苏格拉底为伦理的建立者。克尔凯郭尔在《论概念反讽》中论述了这个主题。

68 之先（Prius）。

69 [之先……这一教义的边界] 克尔凯郭尔在草稿（Pap. VIII 2 B 166）中记录了：“最正确的做法是，取得那些指向尤其是出现在第二章（或者随便在什么地方出现）的关于传承之罪的教理的提示。它会把我推得太远，比所需的或者说有用的更远。那真正引进的关于罪的，正统教义（Orthodoxie）教导说，对于什么是罪，必定会有一个启示会公开出来，它也没有说及关于传承之罪的学说。”

关于传承之罪的教义：传承之罪作为原罪和根本的罪通过性行为繁殖并因此而被继承遗传，在它通过亚当的罪的堕落进入世界之后，这一教理的历史传统首先是建立在《创世记》关于人的“罪的堕落”基础上；然后比如说《诗篇》（51：5）：“我是在罪孽里生的。在我母胎的时候，就有了罪”；《罗马书》（5：12—14）之中保罗说：“这就如罪是从一人入了世界，死又是从罪来的，于是死就临到众人，因为众人都犯了罪。没有律法之先，罪已经在世上。但没有律法，罪也不算罪。然而从亚当到摩西，死就作了王，连那些不与亚当犯一样罪过的，也在他的权下。亚当乃是那以后要来之人的豫像。”然而，传承之罪的观念成为教条，就是说，成为一种认定了“罪是在性的交媾中起作用并且因此而在每一个人的形成之中”以及“每个人因为是生在罪中并带着罪出生所以失去了作善行的能力”的义务性的教规，则是从奥古斯丁开始的。这一教条通过在迦太基412、416和418以及在以弗所431的会议而被接收进整个教会。关于传承之罪的教条又被传给了路德教派的改革者们并在路德派的忏悔录《奥斯堡信条》（*Confessio Augustana*）第二条“论原罪（或按丹麦文注脚翻译：传承之罪）”中说：“我们教会又教导人：自亚当堕落之后，凡循自然公律而生的人，就生而有罪，就是说，不敬畏上帝，不信靠上帝，有属肉体的嗜欲；这疾病，或说这原始的过犯，是实实在在的罪，叫凡没有藉圣洗和圣灵重生的人都被定罪，永远死亡。”第二条的后半部分则强调了传承之罪的教义性问题：“我们教会弃绝伯拉纠派一类的异端，他们不认这原始的过犯实实在在是罪，又争辩说，人可以仗自己理智的能力在上帝面前称义，而贬抑基督的功劳和恩泽的荣耀。”（“伯拉纠派”见前面注释）。

70　仿宋体处在丹麦文版中是拉丁语：quod erat demonstrandum（那要去被证明展示的东西）。

71　［认定必须有一种……“什么是罪”］见后面关于“必须有着一种来自上帝的启示来明示人们‘什么是罪’和‘这罪扎根得多么深’”的注脚。

72　和解救赎（Forsoning）。

73　［理智性的绝对命令］我们在康德的道德哲学中看见这一表述，是绝对的道德准则。加上了“理智性的”，就是说，对“正确的行为”的理解要求对“正确的行为”的实现。

74　［苏格拉底式的饥饿战术］所谓饥饿战术，就是说，把对方饿得从隐藏处出来投降。这里是指苏格拉底式的接生妇方法：苏格拉底用对话把对方推向自己思想上的怪胎，然后自己一一认识到各种错误而被迫去走到正确的结论上。比如说在柏拉图的《泰阿泰德篇》中（150b—151c）。

75　仿宋体处在丹麦文版中是拉丁语：in abstracto（抽象地）。

76 ［古老的反讽者和伦理家］指苏格拉底。

77 ［去理解和去理解是两件事情么］在《概念恐惧》里有这句话："老古话里有说'去理解'和'去理解'是两回事，这里也是如此。"

78 仿宋体处在丹麦文版中是拉丁语：eo ipso（正是因为这个原因）。

79 这"类似"是指类似于"在生活中有人认定地球是静止的——因为他们并不知道更多"的情形。

80 仿宋体处在丹麦文版中是德语：ein，zwei，drei（一、二、三）。

81 ［带着脸上的汗水］上帝在罪的堕落之后对亚当说："你必终身劳苦，才能从地里得吃的。地必给你长出荆棘和蒺藜来，你也要吃田间的菜蔬。你必汗流满面才得糊口，直到你归了土，因为你是从土而出的。你本是尘土，仍要归于尘土。"《创世记》（3∶17—19）。

82 就是说：勇于直面"那恶的"、勇于直面一切地狱的势力。

83 ［"穿着长裙裾"］本来是戏剧女主角所穿的服装，这种 adrienne（长裙裾）是以罗马诗人泰伦提乌斯在喜剧《安德里娅》中女主人公的地名来命名的。是一种很精致的多褶的长女裙，在丹麦，人们是因为霍尔堡的喜剧而为人所知的。

84 ［如同圣经所说被吐唾沫地］《路加福音》（18∶32）："他将要被交给外邦人，他们要戏弄他，凌辱他，吐唾沫在他脸上。"

85 ［以一个渺小的仆人的形象到处走］见《腓力比书》（2∶6—11）："他本有神的行像，不以自己与神同等为强夺的。凡倒虚己，取了奴仆的形像，成为人的样式。既有人的样子，就自己卑微，存心顺服，以至于死，且死在十字架上。"

86 ［在这里真好］《马太福音》（17∶4）："彼得对耶稣说，主阿，我们在这里真好。"

87 原文直译的话"深情地"应当是"感动地（rørt）"，但是考虑到和"感谢"在一起拗口，所以改为"深情地"。

88 ［人们认为在这个世界上需要一个共和政体国家……一种新的宗教］指那些伴随了巴黎 1848 年二月革命的各种政治剧变，它们的影响也进入了丹麦。

89 ［K：共振声图］如果把细沙撒在平面的玻璃或者金属板上，然后用小提琴弦在板的边上擦动，细沙受振动之后构成对称的图形。这现象在 1787 年由德国物理学家齐拉德尼（E. F. F. Chladni）展示出来，后来奥斯特（H. C. Ørsted）等人对之进行了讨论。

克尔凯郭尔在转义上使用这个概念："理解"如同弦，擦动人，这样他就给出一个相谐的图案与这理解达成完全一致。

90 仿宋体处在丹麦文版中是拉丁语：ergo（所以）。

91 这个"领会"是动词不定式。

92 ［过渡］黑格尔式的思辨逻辑把一个范畴"转化"为另一个范畴的地方称作

“过渡”。

93　［在体系之中……以必然性而展开的］指黑格尔体系，在之中一切以所谓的思辨的“方法”达成秩序，这方法在不同的知识领域里展示概念的展开。按照思辨逻辑，辩证法的方法反映出概念本身之中的矛盾和不完美，这概念被迫走向其否定，而后再在更高的统一中达成扬弃，使得矛盾得以调和。

94　［现代哲学］从笛卡尔到黑格尔的哲学。

95　仿宋体处在丹麦文版中是拉丁语：cogito ergo sum（我思故我在）。

［cogito ergo sum］拉丁语：我思故我在。法国哲学家笛卡尔在盘问一种确定的“人的认识”的可能性的时候，与传统的形而上学决裂了。通过把自己的怀疑对准每一个可能的真相，他发现的可靠的事实“我思”，因为怀疑者是“我”，我在思，所以我存在。

96　［降临于你如你所信］《马太福音》（9∶29）：“耶稣就摸他们的眼睛，说，照着你们的信给你们成全了吧。”

97　仿宋体处在丹麦文版中是拉丁语：cito citissime（迅速、非常迅速）。

98　静态（Stilstand）。

99　状态（Tilstand）。

100　现实性（Actualitet）。

和这个现实性（Actualitet）对立的是潜能性。也就是说是一种“现实—可能”关系中的现实性。

101　［在借助于去理解和去理解之间的区分……大师］克尔凯郭尔在《论概念反讽》中论述了苏格拉底的卓越无比的反讽。在柏拉图的《申辩篇》（21d）中，苏格拉底说，他在智慧上有一小点领先，就是“我不自欺地以为拥有我事实上不具备的智慧”。在《概念恐惧》扉页引用了哈曼的话“苏格拉底之所以伟大是因为‘他区分开他所明白的东西和他所不明白的东西’”。

102　［基督教则更向回退一步说……尽管他明白“那正确的”］《罗马书》（7∶14—21）：“我们原晓得律法是属乎灵的，但我是属乎肉体的，是已经卖给罪了。因为我所作的，我自己不明白。我所愿意的，我并不作。我所恨恶的，我倒去作。若我所作的，是我所不愿意的，我就应承律法是善的。既是这样，就不是我作的，乃是住在我里头的罪作的。我也知道，在我里头，就是我肉体之中，没有良善。因为立志为善由得我，只是行出来由不得我。故此，我所愿意的善，我反不作。我所不愿意的恶，我倒去作。若我去作所不愿意作的，就不是我作的，乃是住在我里头的罪作的。我觉得有个律，就是我愿意为善的时候，便有恶与我同在。”

103　［必须有着一种来自上帝的启示来明示人们“什么是罪”和“这罪扎根得多么深”］在草稿中原有文字，克尔凯郭尔删去了：“《奥斯堡信条》和其他象征如此明确的强调”（Pap. VIII 2 B 165，2）。

《奥斯堡信条》（*Confessio Augustana*）第二条“论原罪（或按丹麦文注脚翻译：传承之罪）”中说：“我们教会又教导人：自亚当堕落之后，凡循自然公律而生的人，就生而有罪，就是说，不敬畏上帝，不信靠上帝，有属肉体的嗜欲；这疾病，或说这原始的过犯，是实实在在的罪，叫凡没有藉圣洗和圣灵重生的人都被定罪，永远死亡。”路德在另一部著作《基督教学说教条》（*Articuli Smalcaldici*）中第三部分的“论罪”中写道：“这一传承之罪就其本性是如此地深刻而丑恶，以至于它无法被人的理性认识出来，而必须通过圣经的启示来认识和信仰。”在《协和信条》中的“论原罪”中则说：“不管它有多邪恶，事实上是无法也言辞解说的，是无法以人的理性来敏锐地得以研究的，而只能通过上帝启示性的言辞来认识。”

104　否定（Negation）。

105　正定（Position）。

“正定”：名词 Position，是由动词 ponere（设定）衍生出来的名词。通常也可译作“肯定”，但是考虑到这个词在这里的意义关联中所指的“设定”的意义，所以译作“正定”。

106　［正统教义的教理神学……泛神论的而抵制掉］在哈泽的《复活的胡特尔或路德教会神学教理》的第 82 节“罪的概念”中说，罪既不能被描述作一种必然的假象，仅仅在世界发展中“那否定的”（泛神论者们被说服于这一点），也不能作为精神发展的必要过程中的点（新教会的教理神学家的看法），因为这两种情形都把罪看成是神圣世界秩序的必然基础，而不是看成是罪；相反罪必须被理解为一种对神的脱离……

在克尔凯郭尔对黑格尔主义的教理神学家比如说马尔海尼克（Philipp Marheineke）的讲演“基督教教理史”的引用中说及了以前的教理神学家们否定地把传承之罪定性为“本原的公正的丧失”，而正定的定性为“向罪的的倾向、向禁忌物的欲望，欲求，就是说，这种糟糕不仅仅是在身体之中、不仅仅在无知性与无理解力中、不仅仅在脆弱占上风，而且也有着各种通过极大的思量之中作出的恶行”（Not 9：1，i SKS 19，260，4—8）。

正统教义的教理神学和正统教义：这里的正统教义（Orthodoxien），部分地理解为老式新教的正教，教理神学中有一支（尤其是在 17 世纪）想要建立出对路德神学的系统性的描述来对抗天主教的攻击。部分地可以理解为 19 世纪的路德派正统教义的教理神学家。

泛神论：认为自然和世界在总体上就是神。尤其是指黑格尔的哲学一方面把上帝解读为同一于世界精神的历史性发展，一方面把“那恶的”解读为仅仅是表面上的恶，作为通向更高阶的路上的必要的否定性阶段。

107　［堕落的人］就是说，罪的堕落之后的人类。参看《创世记》3 中罪的堕落的故事。

108　教理（Dogma）。

109　思辨教理神学：这名称被用于以谢林和黑格尔的思辨哲学为前提基础并且建立在“在神学和哲学之间以及信仰和理性之间有着一种正定的定性”的基本设想上的思辨神学中的各种不同的立场。思辨教理神学试图以哲学和科学的方式来重新表述并且以一种方法论来发展各种基督教的教理，使之成为像一种有机的联系着的整体的概念体系。这里主要是指向马腾森（Martensen），其基督教神学在1849年出版。当然进一步也就指向右翼黑格尔学派的教理神学。

110　这里的这个所谓的“理解（begribe）”是黑格尔思辨哲学中的“将之置于概念”，或者“对之进行概念性理解”的意思。

111　［一种所谓的“思辨性的教理神学”……能够理解“罪是一种正定”这一定性］。

在克尔凯郭尔对马尔海尼克的讲演“基督教教理史”的引用中有：对于那认同恶的意志的考虑。这里，首先人处于与自己的矛盾之中。这成为现实，因为自由和必然、自由和法律被分割开并且相互对立，由此那对于不自由设定自身的自由。——因此那恶的不是现实的，但却在成为之中，在 Entstehen（出现）和 Vergehen（消失）之中，那“只是本质而就其自身是非本质”并且“不进一步走向概念”的本质；它把所有本质的东西、所有真正本质的转变为某种现世的和空间的，并因此变成非本质。……这就其自身而言不是什么现实的东西，它是 an sich das Nichtige（自在而言那乌有的），das Negative des Wirklichen（“那现实的”的否定的），这就是说，它是一个正定，因为它在“那善的”之上证明自身。“那恶的”是否定中的一个正定（Not9：1，i SKS 19，257f）。

112　理解（Begriben）。这个词在丹麦文原文中是动词的名词化。

113　去理解（begribe）。这个词在丹麦文原文中是动词不定式。

这里的这个所谓的“理解”是黑格尔思辨哲学中的“将之置于概念”，或者“对之进行概念性理解”的意思。

114　这里的这个所谓的“理解”是黑格尔思辨哲学中的“将之置于概念”，或者“对之进行概念性理解”的意思。

115　“一种泛神论和理性论”：根据 Hirsch 的注释，把否定性的概念诸如“软弱性”、“感官性”、“有限性”、“无知性”等作为泛神论来抨击的不属于老式路德正教，而是19世纪的虔诚主义正教。对于黑格尔的泛神论的抨击是由 August Tholuck 论证的：关于罪和救赎的教义（1832）第一部分第二章，——“Wiederlegung der pantheistischen Ansich wie der pelagianischen, dass das Böse Negation sei.”

116　这里的这个所谓的“理解”是黑格尔思辨哲学中的“将之置于概念”，或者“对之进行概念性理解”的意思。

117　［否定之否定］在黑格尔的语用中，否定之否定是一种在概念发展中的基本辩证三步运动。海贝尔在“逻辑体系”的第 15 节中写道：“第一环节标示那静止的，第二环节标示其出离自身的运动，第二环节为运动的结果；或者：第一环节标示那直接的正定的或者那抽象的，第二环节是那否定的或者辩证的；第三是否定之否定，亦即，那被中介后了的正定的或者那思辨的，那在自身中带有否定的；或者：第一标示了作为直接的无限性，第二标示了有限性，第三再造无限性，但却是在一种具体的定性中，就是说，包括了第二环节的有限性或者否定。总之第三环节是前两者的统一；整个发展是一种循环，之中第三环节在赢得了一个更高的意义之后叠合于第一环节。”

如果罪以这样的方式被解读为“那善的”的否定，那么，“悔”就必定是通过否定“罪”并由此建立更高的正定统一来调和这一对立。

118　仿宋体处在丹麦文版中是拉丁语：Sub specie æterni，æterno modo（在永恒的视角下看、以永恒的方式）。

［Sub specie æterni，æterno modo］拉丁语：在永恒的视角下看、以永恒的方式。出自斯宾诺莎的哲学。克尔凯郭尔常常使用这个表达语来描述思辨唯心主义，但是在这里它的包容更广：从最高的抽象视角出发。

119　“一切存在”：所有东西都是只是“存在”着，就是说没有什么东西是在“成为”。因而就有了下一句——“没有过渡”。

120　仿宋体处在丹麦文版中是拉丁语：eo ipso（正因为这个原因）。

121　仿宋体处在丹麦文版中是拉丁语：in abstracto（抽象地）。

122　仿宋体处在丹麦文版中是拉丁语：Imperfectum（未完成时）。

123　仿宋体处在丹麦文版中是拉丁语：Perfectum（完成时）。

124　没有完成的（imperfectum）。

125　这里克尔凯郭尔所用的动词是“poneres（被设定）”。

［ponere］设定。在逻辑学名词相应于丹麦语“设定（sætte）”。由 ponere 衍生出 positive（肯定的、积极的、正的）。黑格尔的思辨逻辑是以“设定”与“取消”的不断转换为其主要方法的。而与“设定”和“取消”相应的名词就是“正定（肯定）”和“否定”。

126　［纯粹的思］黑格尔式的抽象思辨逻辑。

127　被理解（begribes）。

128　去理解（begribe）。

129　理解（begribe）。

这里的这个所谓的“理解”是黑格尔思辨哲学中的“将之置于概念”，或者“对之进行概念性理解”的意思。但是，在这里，克尔凯郭尔又对之作了反讽的使用。

130　被理解（begribes）。

131　去理解（begribe）。

132　去理解（begribe）。

133　理解（begribe）。

134　去理解（begribe）。

135　去理解（begribe）。

136　［苏格拉底的无知性是一种对神的敬畏和崇拜］苏格拉底的申辩：“现在神也向我指示了一个岗位，我自己对此作出了这样的解读，因为他要求我用我的生命来寻找真相并且考问我自己和其他人。如果我在这场有着神作为我的上级的斗争中显示出怯懦并且逃离我的岗位，害怕死亡或者其他危险，那样的话岂不可鄙？是的，那真的是可鄙了！那样的话，人们就可以有权在法庭上以我否认神的存在的断言来指控我，因为我害怕死亡而违背神谕，那样我就是在自欺地以为自己知道自己所不知道的东西了。”《申辩篇》（28e—29a）。

克尔凯郭尔在《论概念反讽》中论述了“苏格拉底的无知性”中的神圣特征。

137　［“那犹太的”：对上帝的敬畏是智慧的开始］《诗篇》（111∶10）：“敬畏耶和华是智慧得开端。凡遵行。他命令的，便是聪明人。耶和华是永远当赞美的。”

138　［他们之间……的深渊］《路加福音》（16∶26）：“在你我之间，有深渊限定，以致人要从这边过到你们那边，是不能的，要从那边过到我们这边，也是不能的。”

139　仿宋体处在丹麦文版中是拉丁语：philosophice，poetice（以哲学的方式、以诗歌的方式）。

140　特尔斐的祭司宣布苏格拉底为最智慧的人。见柏拉图的《苏格拉底的申辩》。

141　仿宋体处在丹麦文版中是拉丁语：philosophice，poetice（以哲学的方式、以诗歌的方式）。

142　［那体系］指黑格尔式的思辨体系。

143　这里的“设定着的（ponerende）”是动词的现在分词。“设定（ponere）”是动词，但是作为名词就是“正定（position）”，正定是肯定和设定的。

144　“对于罪的最大可能的意识作为一种作为也是如此。”作为一种“作为”，这第二个“作为”，是“有所作为”的作为。

145　那正定的（Positive）。

146　这里的这个“人的”是形容词。

147　理解（begribe）。

148　［消除掉罪，如此彻底，仿佛这罪被淹没在大海里］见《弥迦书》（7∶19）：“必再怜悯我们，将我们的罪孽踏在脚下，又将我们的一切罪投于深海。”

149　［把一切安置在罪之下］见《加拉太书》（3∶22）：“但圣经把众人都圈在罪里，使所应许的福因信耶稣基督，归给那信的人。”

150　力（Kraft）。

151　［像圣经中所说的“被吐出去”］《启示录》（3∶15—16）：“我知道的行为，你也不冷也不热。我巴不得你或冷或热。你既如温水，也不冷也不热，所以我必从我口中把你吐出去。”

152　［“呼唤”这个词则本原地是属于“那有神圣感的”］就是说，“呼唤”这个词被理解为一种牵涉到与神的关系的或者来自神的呼唤。对于基督徒，每个人都应当把自己所在的位置看作是一个上帝的呼唤。见《歌林多前书》（7∶20）：“各人蒙召的时候是什么身分，仍要守住这身份。”《彼得后书》（1∶10—11）：“所以弟兄们，应当更加殷勤，使你们所蒙的恩召和拣选坚定不移。你们若行这几样，就永不失脚。这样，必叫你们丰丰富富的，得以进入我们主救主耶稣基督永远的国。”

153　仿宋体处在丹麦文版中是拉丁语：in puris naturalibus（在纯粹的自然状态中）。也就是说“赤裸裸的，毫无掩饰的”。

154　［一个人有一个“呼唤”要给掉］当一个牧师职位在《部门时报》被公布为空缺时，申请信必须在六个星期之内交付相应教区的主教，然后主角加上自己的评语送交教会教育部长，最后部长把应得职位的人名提交国王。在这样的意义上，主教和部长就是说“有一个呼唤要给掉”。

155　［牧师以三个理由证明，祷告是有好处的］这想法在克尔凯郭尔的日记中多次出现，但出来没有说是针对谁。但是比如说，在明斯特尔（J. P. Mynster）布道中有“祈祷对于唤醒我们的灵魂的好处”。

156　［超越所有理解力的极乐至福］《腓力比书》（4∶7）：“神所赐出人意外的平安，必在基督耶稣里，保守你们的心怀意念。”就是说：神所赐的平安超越所有“人的理解力”。

157　反高潮（Anticlimax）。

［Anticlimax］从希腊语 climax（上升）中衍生出来。就是说，反高潮：“从有重大意义的内容突然转入平淡内容。”在修辞学上，就是让相关的诸多环节以这样一种方式来相接，而使得概念被表达得越来越弱；在戏剧创作法上就是指构建出来的悬念不通过高潮而被消释掉。

158　［三只瓶子或者三头鹿］在哥本哈根之外有个小酒馆叫“三个瓶子”，而在哥本哈根里面有个老旅馆叫“三头鹿”，它们有着最多来自乡下的访客，完全就像霍尔堡喜剧《六月十一日》中所描述的。

159　理解（Begribe）。

乙　罪的继续

罪之中的每一个状态都是新的罪；或者，正如这必须被更确切地表达出并且将在后面的文字中被表达出的说法：罪之中的状态是新的罪，是罪。这在罪人看起来可能是一种夸张；他至多把每一个现实的[1]新罪认识为一种新的罪。但是，“永恒”管理着他的账户，它必定会把罪之中的状态作为新的罪来写进账目。它只有两个标题，并且“一切不是出自信仰的东西都是罪[2]”；每一个未悔过的罪是一个新的罪，并且每一个它未得以悔过的瞬间是一个新的罪。但是，相对于“自己的关于‘他自己’的意识”具备连续性的人是多么地罕见！通常人们只是一时一刻地意识到自己、在各种重大的决定上意识到自己，但是那日常的则完全没有被考虑在内；这样地一个星期一次一小时，他们是精神，——很明显，如此“去成为精神”，这实在是一种相当兽性的方式。然而永恒则是本质的连续性，它向人要求这种连续性，或者要求这个人应当意识到“作为‘精神’的自己”并且有信仰。相反罪人则以这样一种方式处在罪的力量之下，乃至他对它的整体定性[3]彻底没有概念，乃至他处在灭亡的歧路上[4]。他只是估计出每一个单个的新罪，而通过这新的罪他简直就是得到了沿着灭亡之路向前的新的速度，完全就好像他在之前的瞬间并没有带着从前的各种罪的速度在这条路上走。于是罪对于他就变成了很自然的，或者罪成为了他的第二本性[5]，这样他就会觉得“那日常的”是完全没有什么问题的，并且只有在他每次通过新的罪（可谓是）得到一种新的速度的时候，他才在一个瞬间之中自己停一下。在灭亡之中他是盲目的，他无法看出：他的生活没有去通过“在信仰之中面对于上帝”而具有“那永恒的”的本质的连续性，相反却拥有了罪的连续性。

然而，“罪的连续性”，——罪不恰恰是“那不连续的”么？看，在这里它又出现了，这种关于“罪仅仅是一种否定”的说法：一种否定，它永远也无法赢得其合法地位，正如人们无法使得贼赃合法化；一种否定，一种想要“去建构自身”的无力尝试，它在绝望的对抗中承受着无奈的所有剧痛[6]，然而它却没有能力去建构自己。是的，从思辨的立场看它便是如此；而从基督教的立场看，罪（它必须被信仰，因为它是“那悖论性的”，没有人能够理解的悖论性的东西）是一种正定，这正定从自身之中发展出一种越来越设定着的[7]的连续性。

这种连续性的增长规律也完全不同于一种“债务”的或者一种“否定”的增值。因为一种债务不会因为它没有被偿付而增长，它因为每一次欠更多而增长。而在人没有走出罪的每一瞬间，罪都在增长。罪人只把每一个新的罪看成是罪的增长，这是谬以千里了，其实从基督教的角度理解，在罪中的状态是更大的罪、是新的罪。甚至有一个谚语说，行罪是人的，但逗留在罪中是魔鬼的[8]；但是从基督教的角度看，这个谚语无疑必须以另一种方式来理解。那种单纯是断断续续的考虑，只看新的罪并且跳过位于之间的部分，跳过位于各单个的罪之间的部分，这同样是一种表面肤浅的考虑，正如一个人想要假设一列火车[9]只在每次蒸汽机头喷气的时候运动。不，这喷气和那随之而来的驱动从根本上说不是我们要考虑的东西，而这里重要的是平均速度，火车头以这速度运行并且这速度导致喷气。罪的情形也是如此。在最深刻的意义上，罪之中的状态是罪，那些单个的罪不是“罪的继续”而是对“罪的继续”的表达；只是在单个的新的罪中，罪的速度能够更感性地[10]被注意到。

罪之中的状态比起那些单个的罪是更恶化的罪，是罪。以这样的方式理解的话，罪之中的状态是罪的继续，是新的罪。在通常的情况下人们以另一种方式理解，人们将之理解为“一个罪从自身中生产出新的罪”。但是这种说法有着其更深远的根子，亦即：罪之中的状态是新的罪。莎士比亚让麦克白所说的（第三幕第二场），——这是一个心理学的杰作：从罪中萌发出来的作为只通过罪而获得力量。[11]这就是说，罪在其自身之中是一种连贯性，并且在“那恶的”的这种自身连贯性[12]之中，它有着其特定的力量。但是，如果我们只留意于那些单个的罪，那么我们永远也不可能达到这样的一种看法。

大多数生活着的人确实具备太少关于他们自己的意识，乃至他们不具备一种关于“什么是前后一致的连贯性”的观念；这就是说，他们不是按照精神存在的[13]。他们的生活，要么是在一种特定的孩子气的、可爱的天真性中，要么在琐碎无聊中，以这样的某种行动、某种事件、这个或者那个构成；这一时他们作出某种善的事情、下一时由作出某种荒唐的事情，然后他们又重新开始；这一时他们在一个下午是绝望的、可能是三个星期，而然后他们就又是快乐的家伙，而然后又是一天时间的绝望。可以这样说，他们在生活中参与地游戏着，但他们从来没有体会到这“把一切安置在一中”[14]、从来也没有达到关于“一种无限的自身连贯性”的观念。所以在他们之间总持恒地只是在谈论“那单个的”，各种单个的善的作为、单个的罪。

每一个在“精神”这定性之下的存在，虽然它也必须只由自己来承担责任，它在本质上有着在自身中的连贯性和在“那更高的”，至少是在一种理念之中的连贯性。但是这样的一个人又无限地畏惧每一种不连贯性，因为他对于“后果将会成为什么”有着一种无限的观念，他会被从“那整体的”之中割裂出来，而在这种整体的东西之中他有着他的生活。最小的不连贯性也是一个巨大的失落，因为他恰恰失去了连贯性；在同一瞬间，魔法也许是解除了，那把所有各种驱动力都捆绑在谐和之中的神秘力量消退了，弹簧松弛了，所有的一切也许是一种混沌，各种力量在之中相互斗争，为自我造成苦难，但在这混沌中丝毫没有任何与自身的一致性，没有速度，没有*驱动*[15]。巨大的机器，在它处在连贯性之中的时候，它在它的钢铁强度中是那么得心应手、在它的所有力中是那么有弹性，现在它不再正常运作；并且本来这机器越是精良、越是令人赞叹，那么现在大骚乱就越是可怕。信仰者依据于“那善的”的连贯性并且在之中拥有其生命，这样，他有着一种对于哪怕是最小的罪的无限的畏惧；因为他所面对的失落将是无限的。那些直接的、那些孩子气的或者孩童似的人们没有什么“整体的全部”可以失去，他们只是在“那单个的”之中持恒地失去和赢得，或者只是在持恒地失去和赢得“那单个的”。

但是相对于罪的自身连贯性，正如信仰者，其对立形象魔性者的情形也是如此。正如酗酒者日复一日不断地保持沉醉状态，那是出于对“中止”、对（如果他变得完全清醒的话）那即将出现的“迟钝”及其可能的后果的畏惧；魔性者的情形正是如此。是的，如同善者，如果一个人诱惑地走向他，以某种引诱的形态描述着“罪”，那么他就会请求这人“不要诱惑我”[16]；如此，我们在魔性者这里无疑也有着完全相同情形的例子。如果魔性者直接面对着一个人，这人在“那善的”上比他更强，那么在这人想要对他描述“那善的”的所有受祝福的崇高伟大时，他会为自己请求，他会带着眼泪请求这人不要对他说，不要（按他的说法）使得他变得软弱。这是因为这样一个魔性者在其自身和在“那恶的”的连贯性之中是连贯一致的，正是因此，他所面对的失落也将是一种整体。哪怕是一个唯一的“出离了他的连贯性”的瞬间、哪怕是一个唯一的饮食上的不小心、一个唯一的“向旁边一瞥”、一个在之中“整个”或者“整个中的部分”被以另一种方式看待或者领会了的瞬间，都能导致这失落；并且他可能就不再成为他自己，——他说。这就是说，“那善的”已经被他绝望地放弃了，这善的东西对他终究达不到什么帮助；但它却无疑可以骚扰他，使得他不再可能去让连贯性全速运行，使得他虚弱。只有在罪的继续之中他才是他自己，只有在那之中他才生活着并且有着对自己的印象。但是这说明了什么？这就是说：“罪之中的状态”就是“那深深地在他所沉陷的地方通过其连贯性维持着他并且亵渎神圣地为他提供力量的东西”；那帮助他的不是单个的新罪（是的这是可怕地使人发狂的！），而单个的新罪只不过是“罪之中的状态”的表达而“罪之中的状态”其实是罪。

“罪之中的状态”又成为罪在其自身之中的强化，一种对之有意识的在“罪之中的状态”之中的“继续驻留”，于是这强化过程中的运动规律在这里正如在一切别的地方是内向的，在越来越强烈的意识之中。而就我们现在要论述的“罪的继续”，我们并不像对“罪之中的状态”那样去对各种“单个的新罪”考虑很多。

A 罪：对于“自己的罪”绝望

罪是绝望；罪之强化是那新的罪，亦即，“对于自己的罪绝望”。这里也很容易看出：这是一个“强化”的定性；这不是一个新的罪，如同一个人一次偷了100块钱，另一次偷了1000块钱。不，这里我们不谈那些单个的罪；罪之中的状态是罪，并且这罪在一种新的意识之中被强化。

“对于自己的罪绝望”表达了：罪已经或者想要在其自我之中变得连贯。它不想要去与“那善的”发生什么关系，不想要是虚弱到偶尔去听从别人的说法的程度。不，它只想要听它自己，只想要与自己有关系，将自己关闭在自身之中，将自己关闭在又一个“内闭”之中，并且通过对于罪的绝望而保障自己去防范“那善的”的每一个袭击或者努力。它有意识地砍断它身后的桥，这样它对于“那善的”就是不可及的并且“那善的”对于它也是不可及的，这样，即使它会在一个软弱的瞬间自己想要“那善的”，“那善的”在那时则是不可能的了。罪本身是对于“那善的”的脱离，而对于罪的绝望则是再一次的脱离。自然，这种情形从罪之中拷逼出“那魔性的”的终极力量，赋予它亵渎神灵的坚韧或者刚愎：必须去一致连贯地把一切“叫作悔的东西”、“叫作慈悲的东西”不仅仅是看作空虚和废话，而是看作自己的敌人，看作在一切之中要被防范得最严的东西，完完全全地如同善者防范诱惑。以这样一种方式来理解的话，那就是靡菲斯特（在《浮士德》中）一句很到位的台词：没有什么东西比一个绝望的魔鬼更悲惨的了[17]；因为，这里的这个“去绝望”必须被理解为想要“是足够地虚弱”以至于去听某种关于“悔”和“慈悲”说法。要去标示“罪”和“对于罪的绝望”之间关系中的“强化”，我们可以这样说：首先是与“那善的”的决裂，其次是与“悔”的决裂。

对于“罪”的绝望是一种“通过沉陷得更深来维持自己”的尝试；正如那在浮空器中上升的人，他通过扔掉重量来上升，如此也是绝望者下沉的方式——他通过越来越确定地从自己身上扔掉所有“那善的”（因为“那善的”的分量是向上升的力），他沉陷，无疑他自己认为是在上升——他也确实变得更轻松了。罪本身是“绝望”的挣扎；但是之后，在各种力被耗尽了的时候，就必须再有一次新的强化，一次新的魔性的“在自身之中的关闭”，这就是“对于罪的绝望”。这是一种进展，一种在“那魔性的”之中的上升，自然也就是在罪之中的深化。这是一种努力的尝试：试图通过“永远地决定了‘一个人不愿再听见任何关于悔和关于慈悲的说法’”来把态度和兴趣作为一种权力赋予罪。然而“对于罪的绝望”却恰恰意识到自己的空虚，意识到它不具有任何值得去为之生活的东西，甚至他自己的自我在对此的观念之中[18]都根本无法作为值得去为之生活的东西。麦克白所说的（第二幕第二场）是一句心理学造诣极深的台词：（在他谋杀了国王之后——并且这时在为自己的罪而绝望）“从现在开始，生命中不再有什么东西是严肃的；一切都是不值钱的儿戏，死去了的荣誉和慈悲！”[19]造诣至深之处在于最后的词句中的那种双向回音（“荣誉和慈悲”[20]）。通过罪，就是说，通过对于罪绝望，他失去了与“慈悲”的每一个关系——并且也失去了与自己的关系。他自私的自我在野心之中达到顶峰。我们知道，这时他已经成为了国王，然而在他对于自己的罪、关于[21]“悔的实在”和关于“慈悲”而绝望时，他也失去了他自己，他甚至无法为自己而将这情形维持下去，并且他绝不可能去在野心之中享受其自我，恰如他绝不可能去抓住慈悲。

在生活中（这里所说的是“对于罪的绝望”在生活中出现时的情况；但是每一次在这样的情况下都有某种被人们如此称呼的东西出现）通常对于这种“对于罪的绝望”会有误解，想来是因为在这个世界上人们普遍地只与轻率、思维匮乏和纯粹的琐碎无聊有关，并且因此，面对每一个对某种“更深刻的东西”的表达，就简直变得完全庄重，并且恭敬地为之行脱帽礼。要么是在对自己和对“自己的意义”的困惑的不明确性中，要么是带有一种虚伪的气息，要么是借助于一切绝望所都随身具备的那种狡智和诡辩，“对于罪的绝望”并非是不倾向于去为自己给出一种“是某种善的东西”的表象。这样它就要表达出：这是一个有着深刻本性的人，所以他才如此在意自己的罪。我将举一个例子。如果一个人投身到了某种罪之中而然后在很长一段时间里抵抗了诱惑并且战胜了，——如果这个人走了一段回头路并且重新又沉陷在诱惑之中；那么，这时所出现的那种阴沉就绝非总是对于罪的悲哀。它可以是许多别的东西；就此而言，它可以是对管理[22]的怨恨，仿佛是这管理使得他陷于诱惑，仿佛这管理不应当对他这么苛刻，因为他现在已经是在很长的一段时间里胜利地抵制了诱惑。但是所有这样的情形完全都是女人式的娇气，想当然地把这种悲哀当成好事，根本不注意到在所有激情性之中的那种两面性；而这情形又是那种不祥的东西，它能够使得心灵激荡者（有时几乎是让人疯狂的）在事后明白：他所说出的东西与他所想要说的东西正相反。一个这样的人可能在越来越强的表达之中宣称，它是怎样地煎熬折磨他的，这种复发倒退的情况，它怎样将他带向绝望，“我为此永远也不会原谅自己”，他说。而这一切应当是表达出：有多么大量的善的成分驻留在他身上，他有着怎样深刻的本性。这是一种有意的神秘化。在这描述中我特意让“我为此永远也不会原谅自己”这个关键词出场，一个恰恰是人们在这样的关系中通常会听到的用辞。恰恰是在这个用辞上，一个人也就马上能够辩证地让自己适应而知道该怎么做。他为此永远也不会原谅自己，——但是如果现在上帝会就此原谅他，那么他岂不还是能够具备这种善良去原谅自己。不，他的“对于罪的绝望”根本不是“那善的”的定性；恰恰尤其是它在表达词的激情里越来越暴烈而在他为“他会如此去行罪”而“永远也不会原谅自己”的时候（因为相比于那种“请求上帝原谅”的悔过的痛心疾首，这种说法差不多就是恰恰相反的情况），他通过这种激情（这是他考虑得最少的）而暴露出他自己，他的“对于罪的绝望”不是“那善的”的定性；它是罪的一种更强化的定性，这罪的强化是在罪中的深化。[23]这里问题的是在于：在他成功地抵制了诱惑的时候，他在他自己的眼里变得比“他在事实上所是的”更好，他变得为自己骄傲。这时，这种骄傲的兴趣所在是，“那过去的”必须是某种完全地过去了的东西。但是，在复发倒退的情形中，“那过去的”突然又重新变得是彻底现在的了。这种回顾是他的骄傲所无法容忍的，而由此引出这种悲哀，等等。但是这种悲哀的方向是明显地背离上帝的，一种隐藏的自爱和骄傲，而不是那谦卑的方向：谦卑地以“谦卑地感谢上帝长久地帮助了他去抵制诱惑”作为开始，并在上帝和自己面前认可这已经是远远超过他所应得的了，然后在对于“他从前曾经是怎样的”的回忆中谦卑自己。[24]

在这里，正如在一切别的地方，各种古老的陶冶之书[25]所解说的东西是那么深刻、那么有经验、那么循循善诱。它们教导说：上帝有时候允许信仰者在某种诱惑中蹒跚跌绊，这是为了羞辱他而因此使得他更坚定地站立在“那善的”之中；在“复发倒退”和“在‘那善的’之中也许是明显的前进”之间的对立是如此地让人感到羞辱，与自身的认同是如此地痛楚。一个人越是善，那么他在单个的罪中所承受的痛苦自然也就越深刻，并且也就越危险，如果他没有作出正确的转向的话，那么，甚至连最细微的一丁点不耐烦都是危险的。他可能因为悲哀而沉陷在最阴暗的“沉郁”[26]之中，——并且，一个其实是混蛋的所谓牧师或者灵魂安慰者差不多就会惊羡他深刻的灵魂：“那善的”在他身上有着怎样的力量呵，——仿佛这种沉郁是出自“那善的”。而他的妻子，是的，与这样一个严肃而神圣并且能够以这样一种方式为罪而悲痛的人相比，她觉得自己深深地羞愧。也许他的言谈也更加迷惑人，也许他不说“我永远也不会为此原谅自己”（仿佛他也许在从前原谅过自己的诸罪；一种对上帝的亵渎），不，他说的是，“对此上帝永远也不会原谅他”。唉，而这只是一种神秘化。他的悲哀、他的忧虑、他的绝望是自私的（正如对罪的恐惧——它有时几乎使一个人恐惧得进入到罪中，因为它是“想要为自己骄傲”的自爱：想要为自己的“没有罪”而骄傲）——并且“安慰”是他所最不需要的，这也就是为什么那些所谓牧师或者灵魂安慰者们所指示出的大量安慰理由只是在使得这病症更恶化。

B 罪：关于①[27]诸罪之宽恕的绝望（愤慨）

这里，在关于“自我”的意识中的“强化”是对于基督的“知”，一个“直接面对基督”的自我。首先出现的（在前一个部分）是对于“有一个永恒的自我”的无知；然后是关于“有一个‘在之中有着某种永恒的东西’的自我”的知识。在这样的基础上（通过向第二个部分的过渡）显示出了这种区别是被包括在这样的一个自我之中：这个自我有着一种关于它自身的“人的[28]观念”，或者，人是这个自我的目的。它的对立面是：一个直接面对上帝的自我，而这个自我是对“罪”的定义的立足基础。

现在，一个自我直接地出现在基督面前，一个“仍绝望地不想要‘是它自己’或者绝望地想要‘是它自己’”的自我。因为，关于[29]诸罪的宽恕的绝望必定是可以归溯于要么这一个要么那一个“绝望”的表述公式，“软弱性”的或者“对抗”的；“软弱性”的，愤慨地不敢去信仰，“对抗”的，愤慨地不想要去信仰。只有在这里，软弱性和对抗的情形（既然这里所谈不是关于单纯的“是自己”而已，而是关于在“是罪人”的定性中去“是自己”，就是说去“是在其不完美性的定性中的自己”）是与通常的情形相反。本来软弱性是绝望地不想要“是它自己”。在这里，这则是“对抗”的情形；因为在这里这“不想要是它自己”恰恰是“对抗”，它不想要是那“一个人所是的”、不想要是罪人，并且以此为基础而想要去使得“诸罪的宽恕”成为不必要。本来对抗是绝望地想要“是它自己”。在这里，这是“软弱性”的情形，绝望地想要是它自己，罪人，以这样一种方式，没有任何宽宥原谅。

一个直接地在基督面前的自我是一个通过来自上帝的非凡承认而得以强化了的自我，一个通过一个非凡的强调而得以强化了的自我，这强调通过这一事实而落在自我身上：上帝也是为了这个自我的缘故而去让自己被出生、成为人、患难、死亡。正如前面的文字中所说：“上帝观念”越多，“自我”就越多，而在这里也同样如此：“关于基督的观念”

① 注意“对于诸罪的绝望”和“关于诸罪的宽恕的绝望”的区别。

越多，“自我”就越多。一个自我在质定上是它的衡量尺度所是。“基督是衡量尺度”，这是在上帝的见证下得到了的对于“一个自我有着怎样的巨大实在”的肯定的表达；因为，只有在基督身上这才成为真实：上帝是人的目的和衡量依据，或者衡量依据和目的。

但是，“自我”越多，“罪”就越强烈。

从另一方面我们也能够显示罪之中的强化。罪是绝望；这强化是对于罪的绝望。但是现在，在诸罪的宽恕之中，上帝提供了和解。然而这罪人绝望，并且绝望得到了一个更深的表达；现在它以一种方式使自己去与上帝发生关系，然而这却恰恰是因为它背离得更远、更强烈地在罪中深化。在罪人关于诸罪的宽恕而绝望时，这几乎就是他仿佛在直接地走近上帝，这听起来像对话一样，这个：“不，‘对诸罪的宽恕’是不存在的，这是一种不可能”；这看起来就像一场面对面的博斗。但是为了能够这样说、为了能够被听见，这个人却必须使自己保持一种对于上帝的“质定的更远距离”，并且为了能够这样贴身战地[30]斗争，他就必须是保持距离的[31]；精神的生存是如此奇怪地在一种声学的意义上构成的、如此奇怪地有着距离的比例关系。为了使得这个“不”能够被听见（这个“不”以一种方式要与上帝搏命），一个人必须尽可能远地保持对上帝的距离；对上帝的最大无礼冒犯[32]是最大距离地远离；为了能够对上帝冒犯，这人就必须远离；如果一个人更靠近他，那么这个人就无法有所冒犯，而如果一个人是冒犯性的，那么这就意味了，这个人正是因为这一个原因[33]而远远地拉开了距离。呵，直接面对着上帝的“人的[34]无奈”！如果一个人去冒犯一个高高在上的贵人，那么也许这个人会被扔得离他远远的作为惩罚；但是为了能够去冒犯上帝，那么这个人就必须跑得离他远远的。

在生活中我们通常误解这种罪（关于诸罪的宽恕的绝望），特别是在人们取消了“那伦理的”以来的时代里，我们就很少听见或者从来没有听见过一个健康有益的伦理词汇。从审美和形而上学的角度出发，这“关于诸罪的宽恕而去绝望”被人尊奉为一种深刻本性的标志，差不多就像人们会把“一个孩子是调皮的”看成是这个孩子有一种深刻本性的标志。总的说来，这样的事实让人无法相信：自从人们在人和上帝的关系中取消了那个“你应当”，这唯一的范导[35]，之后是怎样一种错乱进入了“那宗教的”[36]。在“那宗教的”的每一个定性中都应当带有这个“你应当”；在这“你应当”的位置上，人们异想天开地使用了

“上帝之观念”或者关于上帝的观念来作为在“人的重要性”中的一种成分，以便让自己直接在上帝面前变得重要[37]。正如在政治生活[38]中，一个人通过“去属于反对派”而变得重要[39]，并且也许会到了最后只是为了有某种可去反对的东西而希望有一个政府[40]；以这样的方式，他最终并不想要取消上帝——仅仅是为了通过作为对立面而变得重要[41]。并且所有那“在旧日里被带着恐怖地看作是‘亵渎上帝的放荡不羁’之言论”的东西，现在成为了天才的，成为了深刻本性的标志。在旧日里叫做“你应当信仰”，简洁明了，尽可能地头脑清醒；——现在，“不能够”则是天才的并且是一种深刻本性的标志。这文字叫作“你应当相信诸罪的宽恕”，并且那对之的唯一解说辞就是：“如果你不能够，那么你将发生不幸事故；因为如果一件事是一个人应当做的，那么这件事就是这个人能做的”；现在“不能够去信仰它”是天才的并且是深刻本性的标志。基督教世界所得出的多么漂亮的结果！如果人们听不见一个关于基督教的词，那么人们还不会，在异教世界中人们就从来不曾，是如此自欺欺人；但是，借助于“各种基督教的观念如此非基督教地被悬浮在空气之中”的事实，这些观念被用于那最强化了的厚颜无耻，如果它们还没有被以别的但同样是不检点的方式滥用的话。因为，赌咒在异教世界之中无疑不是一种习俗，而相反倒是真正地在基督教世界中有着其归宿，难道这还不够讽刺性么？异教世界带着一种某种惶恐、带着对于“那神秘的”的畏惧、通常是带着高度的庄重去提及神的名；而在基督教世界中，上帝的名无疑是在日常言谈中出现得最多的词，并且无条件地是被想得最少而被用得最随便的词，因为这可怜的公开的上帝（他真是够不小心和不聪明，以至于去成为公开的，而不是如同上层社会的人们一贯所做的，去保持使自己隐密）成了全部人民所太熟悉了的人物之一，人们通过偶尔地上几次教堂来帮他一个超级的大忙，因此人们在教堂里也得到牧师的称赞，牧师代表上帝为“有荣幸得到来访”而感谢来访的人、授予这个人“虔诚”的头衔，而反过来或多或少地讥刺一下那些从来不向上帝显示“去教堂”这种荣耀的人。

这罪，“关于诸罪的宽恕的绝望”，是愤慨。犹太人在这件事上完完全全是对的：他们对基督愤慨，因为他想要宽恕诸罪[42]。如果一个人不是信仰者（而如果是的话，那么他就自然会相信基督是上帝），然而他不去为“一个人想要宽恕诸罪”而感到愤慨的话，那么他的情形就包含了一种异乎寻常的高度的“无精神性”（这就是说，那种通常存在于基督教世界里的无精神性）。其次，如果他不去为“罪是能够被宽恕的”而感到愤慨的话，那么他的情形就包含了一种同样异乎寻常地高度的“无精神性”。这对于人的[43]理解力来说是一切之中最不可能的，但我并不因此就把“不能够去信这个”称赞为天才性；因为这个应当被信仰。

在异教世界中，这罪自然是无法存在的。如果异教徒能够具有关于罪的真实观念（这是他所不能够的因为他缺乏“上帝之观念”），那么他至多只会对于自己的罪绝望，而无法走得更远。是的，还有就是（并且，我们能够去对人的[44]理解力和思维去作出的所有认可都在这之中），我们必须赞美那真正达到了这一点的异教徒：他不是对于世界绝望，不是在通常的意义上对于自己绝望，而是对于他的罪绝望。① 按人之常情来说，这之中同时包含着“思想深刻”和“各种伦理上的定性”。没有什么人就其本身能够达到比这更远了，并且也很少有人达到像这一样远。但是从基督教的立场上看，一切都改变了[45]；因为你应当相信诸罪的宽恕。

那么，考虑到诸罪的宽恕，基督教世界又处在什么位置上呢？是的，基督教世界的状态从根本上说是“关于诸罪之赦免的绝望”；这说法却要如此地去理解：它是如此的落后，乃至这状态根本还没有公开地是这种绝望。人们还没有达到关于罪的意识，人们只认识那种也是异教世界所认识的罪，幸福美满地生活在异教的安全性之中。但是通过“生活在基督教世界中”，人们比在异教世界中走得更远，人们向前并且自欺地以为这种安全性（是的，在基督教世界中这不会是别的东西）是“关于诸罪之赦免的意识”，而牧师们正是在这方面激励着教区信众的。

基督教世界的根本不幸其实就是基督教，关于“上帝—人”的学说[46]（有必要注意，从基督教的角度理解，这是在“悖论”和“愤慨的可能性”中得到了保障的）通过“不断又不断地宣教”而被妄用[47]，以至于上

---

① 人们会注意到，在这里，“对于罪的绝望”被辩证地向着信仰的方向解读。这种辩证因素存在着（虽然这个文本只是把绝望作为病症来论述），这一点是我们绝对不可忘记的；它是在于：绝望也是信仰中的第一个环节。相反，如果这方向是背离着信仰、背离着“上帝之关系”，那么“对于罪的绝望”就是一种新的罪。在“精神之生活”中，一切都是辩证的。这样一来，愤慨作为被取消的可能性恰是信仰中的一个环节；但是愤慨，如果它在背离着信仰的方向上，是罪。人们可以为此而责备一个人有罪恶：他甚至不能够去对基督教感到愤慨。如果人们是这样谈论的话，那么人们恰恰是在把这“感到愤慨”作为某种善的行为来谈论的。相反，人们无疑就必须说：“感到愤慨”是罪。

帝和人之间的“质定差异”以泛神论的方式（首先是阳春白雪地思辨性的，而之后则是下里巴人地在大街小巷上[48]）被取消了。在大地上从来也没有什么别的学说曾经像基督教这样现实地把上帝和人安置得如此接近；也没有什么人能够，只有上帝能够这样做，而每一个“人的[49]构想”则是一个梦、一种不确定的想象。但是，也从来没有什么别的学说曾经如此谨慎地防范一切“对上帝的亵渎”之中最可怕的一种，它就是：在上帝走出这一步之后，这一步会被妄用，仿佛一切就进入了一体：上帝和人；——从来没有什么别的学说曾经像基督教这样地对此进行防范，基督教是借助于愤慨来对此进行防范的。哀哉那些散漫的宣讲者，哀哉那些随意的思想者，呜呼，哀哉所有那些师从于他们并且赞美他们的追随者们！

如果在“存在”之中应当维持有秩序（上帝是想要有秩序的[50]，因为他不是混乱之上帝[51]），那么首先就必须小心：每一个人都是一个单个的人，并且去自觉意识到“是一个单个的人”。如果人们首先是被允许去跑到一起去成为那被亚里士多德称做是“动物定性”的——“群众”[52]，那么这种抽象于是就（不是说它比“乌有”、比最卑微的单个的人更渺小，而是）被看作“是某物”；那么用不了多久这种抽象就会成为上帝[53]。而之后，之后以哲学的方式看[54]，这关于“上帝—人”的学说[55]就成功地登场了。正如人们在国家政治中懂得了“群众说服国王而舆论说服大臣”，以这样一种方式人们最后发现：以总数而计[56]，所有人说服上帝[57]。然后这被称作是关于“上帝—人”的学说，或者说，上帝和人是同样的东西的不同表述[58]。当然，在他们这种关于“整代压倒个体[59]”的学说向下沉陷得如此之深以至于成为了“庸众就是上帝”的时候，许多参与了散布这种学说的哲学家们带着厌恶转向离去了[60]。但是这些哲学家们倒忘记了这却正是他们的学说，他们忽略了这一点：并不因为那些高贵者认为是如此，并不因为有那些高贵者中的优秀选手或者一个从哲学家们中特选出的圈子作为这学说的化身，这学说就会是更真实的。

这就是说，这关于“上帝—人”的学说已经使基督教世界变得脸皮很厚。这看起来几乎就仿佛是上帝过于虚弱。仿佛他的情形就如同一个作出太多迁就、给出太多承认的好心人得到忘恩负义的酬报。建立出“上帝—人”的学说的是上帝，而现在基督教世界恬不知耻地把事实颠倒过来并且把一种亲缘关系强加给上帝，于是上帝给出承认所意味的东西差不多就等同于“一个国王给出一个更自由的宪法”[61]在目前所意味的东西，——并且人们无疑知道这意味了什么：“他肯定是不得不这样做”[62]。这就仿佛是上帝陷进了麻烦；这就仿佛是聪明人有着他的道理，如果他对上帝说：你咎由自取，为什么你去和“人”有这么多瓜葛呢？永远也不会有人在头脑中想到、永远也不会有人在心中呈现出这样的观念[63]：“在上帝和人之间的这种相似性是应当存在的”。是你自己让这观念得以宣示，而现在你收获这果实。

然而基督教从一开始就为自己作出了安全保障。它以关于罪的学说开始。“罪”的范畴是“单个性”[64]的范畴。罪是根本不能被思辨地考虑的。就是说单个的人是处在概念之外[65]；我们无法去思一个“单个的人”，而只能思“人”这概念。

正因此，“思辨”马上就进入那关于“代”[66]在“个体”[67]上的优势力[68]的学说；因为人们无法期待思辨会承认这概念相对于“现实”的无能力[69]。

但是正如人们不能去思一个“单个的人”，人们也无法思一个单个的罪人；人们能够思“罪”（这样它就成为否定[70]），但是无法思一个单个的罪人。然而正因此罪的情形也就无法成为严肃，如果这罪只应当去被思的话。因为“严肃”正是：你和我是罪人；严肃在根本上不是罪，而严肃之重音落在罪人身上，这罪人是单个的人。相对于“单个的人”，那思辨，如果它是一致连贯的，就必须从根本上非常蔑视这“去是一个单个的人”或者“去是那无法被思的东西”；如果它想在这方面做一些什么的话，它就必须对这单个的人说：这就是让你浪费时间的东西么，去设法忘记它吧，这“去是一个单个的人”就是“去是乌有”；去思，然后你就是全人类，“我思故我在”[71]。想来这可能是一个谎言，“单个的人”和“去是一个单个的人”是“那最高的”。然而现在就让它是如此吧。但是完全一致连贯地看，“思辨”也必定会说：这“去是一个单个的罪人”，这不是“去是什么”，这是低于概念的层次水准的东西，不要去把时间浪费在这上面，等等。下一步又会是什么呢，是不是一个人也许不应当“去是一个单个的罪人”（正如一个人被要求不要“去是一个单个的人”而“去思‘人’这概念”）而应当去思罪？而进一步又是什么呢，是不是一个人也许通过去思罪而成为“罪”——“我思故我在”[72]？一个绝妙的建议！然而一个人甚至根本不需要去害怕这样地成为那“罪”，那——纯粹的罪；因为这罪恰恰是不可思的。这一点连“思辨”自己都不得不承认，既然罪正是从概念[73]的“脱落”[74]。但是为了不再从已被承认的东西出发[75]辩论，从总体上说，麻烦是在另一方面。思辨并不去考虑：在罪的问题上，“那伦理的”是参与者，而“那伦理的”总是指向相反于“思辨”所指的方向并且有着相反的步骤；因为“那伦理的”不是从现实中抽象出来，而是在现实中深化下去，并且从本质上借助于那被思辨地忽略和鄙视了的范畴——“单个性”来运作。罪是“单个的人”的一种定性；把“去是一个单个的罪人”权当为仿佛什么也没有，这是道德上的散漫和新的罪，——如果一个人自己是这单个的罪人。在这里，基督教就登场了，它在“思辨”前打叉；要摆脱这个麻烦，对于“思辨”是不可能的，正如“正对着逆风向前航行”对于帆船是不可能的。在单个的人，“罪”的严肃是它的现实，不管这单个的人是你还是我；在思辨的立场上说，一个人应当不去考虑“单个的人”；这就是说，如果是在思辨的立场上谈论罪，那么一个人只能是轻率地去谈论。罪的辩证法与思辨的辩证法正相反。

在这里，基督教开始了，以关于罪的学说开始，并且由此而从“单个的人”开始。①[76]

因为，无疑那教导关于“上帝—人”的[77]、教导关于“上帝和人之间的相同性”的[78]，确实是基督教，但是它是一个仇恨“尖嘴利舌或者厚颜无耻的无礼冒犯”的极大仇恨者。借助于那关于罪以及“单个的罪人”

① 那关于“族类的罪”的学说被经常地滥用，因为人们不曾注意到：罪，不管它对于所有人是多么的共通，它并不在一个共有概念中、在一个集体或者团体中将人集聚起来（“正如在墓地之中死者的群众不会形成什么共同体”），而是把人分散为单个的人，并且坚持认为每一个“单个的人”都是罪人，这“分散”在另一种意义上既是一致于存在的完美性，又在目的论的意义上以存在的完美性为方向。这是人们不曾留意的，并且因而使得那堕落了的族类一了百了地通过基督而重新得以挽回。而这样一来，人们则又把一个抽象名词作为负担挂在上帝的脖子上，这抽象名词作为抽象想要达成与上帝的更近的亲缘关系。但这只不过是一个幌子，使得人们更无耻。就是说，如果“单个的人”要感觉到自己与上帝的亲缘关系（而这是基督教的学说），那么他会就在畏惧和颤栗之中感觉到来自这种亲缘关系的全部压力，他必须，如果这不是一个从前的发现的话，去发现“愤慨”的可能性。但是，如果“单个的人”要通过一个抽象名词来进入这种荣耀，那么这事情就变得非常容易并且在根本上是被妄用的。这样，单个的人就不会受到来自上帝的巨大压力（这压力在羞辱之中所压之深正如它所提升的程度），单个的人通过参与进这抽象而自欺欺人地把一切都当成是想当然的。这“是人”的情形不同于那“是动物”的情形，在“是动物”的情形中样本总是小于种类。人不仅仅是通过各种通常为我们所提及的优越性而标志了自己不同于其他动物种类，而更是质定地通过这一点来标志：这个体，“单个的人”比种类更重要。而这个定性又是辩证的，这意味了“单个的人”是罪人，然而再一次辩证：这“是单个的人”是完美性。

的学说，上帝和基督一了百了地，完全不同于任何国王，确保了自己去防范民族、人民和群众、观众等等等等，同样地[79]防范了每一种对“更自由的宪法”[80]的要求。所有那些抽象的名词对于上帝是根本不存在的；在化身于基督的上帝面前，只有纯粹的单个的人们（罪人们）生活着——然而上帝完全能够搞定这一切，并且他另外还能照顾到那些麻雀[81]。总的说来，上帝是“秩序”的朋友[82]；并且，为了这个目的，他自己在场于每一个点、每一个瞬间（这是在教科书中被作为上帝因此被提及的条目之一，并且也是人们有时候会稍稍念及但却绝不会尝试要在每一瞬间里都去想着的东西），他是在场于一切地方的[83]。他的概念不同于人[84]的概念：“那单个的”在人的概念之下是无法上升进概念的东西，他的概念则包容一切，而另一种意义上他没有概念。上帝不借助于简略，他把握（包容和理解[85]）现实本身，所有“那单个的”；对于他，单个的人不是处在概念之下。

关于“罪”的学说，关于“你和我是罪人”的学说，这学说无条件地将“群众”瓦解分别开，现在，它将上帝与人之间的“质之差异”从根本上奠定下来，这差异从来不曾被如此地奠定，因为只有上帝能够这样做；我们知道，罪正是：*在上帝面前*，等等。在任何别的问题上一个人都不会如此地差异于上帝，这差异在于：他，这个他是指每一个人，是一个罪人，并且这是“在上帝面前”，由此各个对立面在一种双重的意义上被保持在一起，它们被保持在一起[86]，它们得不到相互分离的许可，但是通过这样地被保持在一起差异就显得更强烈了，正如在我们谈及“把两种颜色保持在一起”时，通过同置，对立显得更明了[87]。在被用来述及人的东西中，罪是唯一决不能够被用来论及上帝的，不管是通过否认性的方式[88]还是通过卓越性的方式[89]。述及上帝（在同样的意义上，正如“他不是有限的”，就是说，通过否认性的方式[90]，他是无限的），说他不是一个罪人，这是对上帝的亵渎。

作为罪人，人被与上帝区分开，分界线是“质”张开大口的深渊[91]。而当然，在上帝赦免诸罪的时候，上帝又以同样的“质”的裂开豁口的深渊与人区分开。就是说，假如还会有可能通过一种颠倒型的“方便调节”[92]来将“那神圣的”传送到“那人的”上面，那么在一个点上他永远也不会达到与上帝相似，而这个点就是：宽恕诸罪。

于是，这里有着“愤慨”的最极端的具体化，而那种恰恰教导了“上帝和人的相似性”的学说，认为这是必不可少的东西。

但是愤慨是“主体性”（亦即单个的人）的最可能的关键定性。固然，去考虑“愤慨”而不去考虑一个“愤慨者”并非与“演奏笛子”却没有“演奏者”存在一样地不可能[93]；然而，甚至“思”都无疑不得不承认：“愤慨”比起“恋爱”更是一个非现实的概念，只有在每一次有着一个人、一个“是愤慨的”的“单个的人”的时候，它才变得现实。

这样，愤慨就使自己去和“单个的人”发生关系。并且基督教以此开始：去使得每一个人成为一个“单个的人”、一个单个的罪人；并且在这时，它集中起所有天上地下能够从“愤慨”的可能性之中获得的东西（只有上帝对此有控制）；而这就是基督教。于是它对每一个“单个的人”说：你应当信仰，就是说，你要么应当愤慨，要么应当信仰。更多一句话也没有；没有什么要补充的。“现在我已经说过话了”，上帝在九天之上说，“我们将在永恒之中再谈。在这之间的时间里你能够做你想做的事情，但审判就将来临。”

审判！是的，我们人类学会了，经验教会我们：在一艘船上或者在一支军队里有哗变，有罪责[94]的人如此之多以至于惩罚不得不被放弃；而如果这哗变的是观众、是最受尊敬的观众，或者是整个民族，那么这就不仅仅不是犯罪，那么这按照报纸的说法（人们可以像信任福音和启示那样信任它），就是上帝的意愿了。这凭什么？这是如此推断出来的：概念“审判”是对应于“单个的人”的，我们不全体地[95]审判；我们能够全体地[96]杀死人众，全体地[97]喷射向他们，全体地[98]奉承他们，简言之，以许多方式去把人众当作牲口来对待，但是我们却不能够把人众当作牲口来审判，因为人不可能审判牲口；哪怕有许多人被审判了，如果这“去审判”要具备严肃和真实的话，那么这就是每一个“单个的人”被审判。① 现在，如果有罪责的人[99]是如此之多，那么这审判从人的意义上看就不能被执行；所以我们就把这整个都放弃了，我们认识到这里是谈不上什么审判的，他们太多以致于不能被审判，我们不能单个地去搞定他们，或者说不能够设法单个地去搞定他们，那么我们就不得不放弃去审判。

现在，既然人们处在我们这启蒙了的时代，在这样的时代之中人们觉

---

① 看，所以上帝是那审判者，因为在他面前，“群众”是不存在的，而只有“单个的人”存在。

得所有关于上帝的神人同性论的和神人同感论的观念是不恰当的；但是，把上帝看成是法官，相似于普通的地区法官，或者军法署署长，无法完成一桩如此复杂的案子，人们却并不觉得这是不恰当的；然后人们就得出这样的结论：在永恒之中的情形将完完全全地如此。因此，只要让我们抱作一团，去确定牧师们以这样的方式布道。并且，如果有一个“单个的人”敢说不同的东西、一个“单个的人”痴愚得足以要在“畏惧与颤栗”[100]之中去为自己的生活担忧和负责并且还要去骚扰他人，那么就让我们通过“宣称他是疯子”来确保我们的安全，如果有必要这样做的话，甚至通过杀死他来确保安全。如果只是我们许多人想要这么做，那么这也就没有什么不对。“许多人能够做错事”这种说法是废话并且是过时了的；许多人所做的事情是上帝的意愿。这个智慧是我们从经验中知道的，——因为我们不是没有经验的少年、我们不随便乱说话[101]、我们作为有经验的人在发言——，迄今所有的人都在这个智慧面前低头，国王们、皇帝们、大人阁下们[102]都是如此；借助于这个智慧，迄今所有我们的创造物都得以改善；那么上帝也该学会低头了。关键只是在于：我们要成为许多，真正地抱作一团的许多，如果我们这样做了，那么针对“永恒”的审判我们就得到了保障。

是呵，无疑他们是得到了保障，如果他们要到“永恒”之中才会成为“单个的人”。但是，在上帝面前他们持恒地曾是并且正是“单个的人”；那坐在一个玻璃柜里的人也不会像每一个人在上帝面前处于透明性之中那样地局促不安。这是“良心之关系”。借助于良心，事情被安排成这样：随着每一个“辜”马上会有报告出来，并且“有辜者”是那自己必须写报告的人。但是这报告被以隐形墨水[103]写下，并且因此只有在永恒中，在永恒审核诸良心的同时，在它被举到光明之前的时候，它才真正清晰地显现出来。在根本上，每一个人是如此地进入“永恒”的：他自己携带着并且上交那关于每一个他所违犯的或者疏漏的“细微的琐事”的最准确报告。因此，一个小孩子都能够在永恒之中进行审判；从根本上说，对于第三者来说没有什么相干的事，一切，乃至那曾被说出的最微不足道的话，都是井井有条的。有辜者在通过生命而走向永恒的旅途中，他的情形就如同谋杀者：他坐火车以其疾速而逃离作案现场和他的犯罪行为；唉，恰恰是在他所坐的车厢底下，电磁的电报讯息，带着他的罪犯描述和“在下一个车站逮捕他”的命令，正在被发送出去。在他到达车站并且走出车厢的时候，他就是囚徒，——而他以一种方式自己携带了告发信[104]。

这样，关于诸罪的宽恕的绝望是愤慨。并且愤慨是罪的强化。通常人们根本不会想到这个；通常人们几乎不会把愤慨看成是罪，对此人们是不谈的，而是谈诸罪，而在诸罪中没有愤慨的位置。人们更不会去把愤慨理解为“罪”的强化。这种情况的根源是在于：人们没有去从基督教的意义上构建“罪—信仰”之间的对立，而只是在构建“罪—美德”之间的对立。

C　罪：以正定的形式[105]去放弃基督教，去宣称它为非真相

这是针对“圣灵”的罪[106]。在这里，自我是最绝望地强化了的；它不仅仅把整个基督教抛弃掉，而且还将它搞成谎言和非真相，——这个自我必定是有着怎样的一种关于自己的极大的绝望观念呵！

罪的强化清晰地显示出来，如果我们将之解读为人与上帝间的一场战术有所改变的战争的话；这强化从防守上升到进攻。罪是绝望；这里的斗争是逃避性的。于是，绝望自以为是克服了它的罪，在这里斗争还是逃避性的，或者在其退缩的位置之内是坚守性的，但持恒地退却着的[107]。接着战术改变了；虽然罪在自身之中越来越深化，并且以这样的方式远离着，然而在另一种意义上则靠得更近，越来越确定地成为自己。“关于诸罪之赦免的绝望”是直接面对着“上帝之慈悲所提供的机会”的一个特定位置；罪并不完全是逃避着的，并不仅仅是防守性的。但是，这罪——“把基督教作为非真相和谎言而放弃掉”则是进攻性的战争。所有前面谈及的还算是以一种方式向其对方承认它[108]是更强者。但是现在，这罪是袭击性的。

针对圣灵的罪是愤慨性的“正定的形式”。

基督教的学说是关于“上帝—人”[109]的学说，关于“上帝和人之间的亲缘关系”[110]的学说，但是，注意，是以这样一种方式：愤慨的可能性是（如果我敢这样说的话）上帝用来确保“人不能过分地向他靠近”的担保。愤慨的可能性是在所有“那基督教的”之中的辩证环节。如果它被去掉，那么“那基督教的”就不仅仅是异教，而是某种如此异想天开的，乃至连异教都不得不宣称它为胡说八道的东西。去如此近地接近上帝，如

基督教所教导的：在基督身上，人们能够走向他、敢于走向他并且应当走向他；这是从不曾有什么人想到的。现在，如果我们要去直接地理解这个的话，像这样完全没有丝毫的保留地、完全毫不做作和快乐自信地去理解：那么，基督教——如果人们要把异教关于诸神的诗歌称做是人的[111]疯狂——就是一个“疯狂的上帝”的发明；一个仍还保存了自己的理智的人一定会作如此判断：这样的一种学说只有一个丧失了理智的上帝才会想到。化身为人的上帝，如果人将与他这样直接地成为伙伴，就会成为莎士比亚剧中的亨利王子的对应人物。[112]

上帝和人是两种不同的质，在两者之间有着无限的“质之差异”。任何一种忽略这一差异的学说，从人的角度上说是疯狂的，而从神圣的角度理解则是对上帝的亵渎。在异教之中，人使得神成为人（人—神）；在基督教中上帝使得自己成为人（上帝—人），——但是在“他的这种仁慈”的无限的爱中，他给出了一个前提：他不能够不然[113]。这正是基督身上的悲哀，“他不能够不然”[114]；他能够贬低自己，承受一个仆人的形象，受难，为人类而死，邀请所有人走向他[115]，奉献出他生命中的每一天、一天的每个小时，奉献生命，——但是他不能够去掉“愤慨”的可能性。哦，独一无二的“爱的作为”，哦，深不可测的“爱的悲哀”：甚至上帝都不能，正如在另一种意义上他不想要、不能够想要，但甚至如果他想要，他也不能够使这情况成为不可能：这种“爱的作为”对于一个人能够成为那正好相反的东西，成为最极端的悲惨！因为可能中的最大的人的[116]悲惨，甚至比“罪”还要更大，就是“对基督愤慨并且继续停留在愤慨之中”。而这个是基督所不能够使之不可能的，“爱”无法使之不可能。看，所以他说：“有福了，不对我愤慨的人。”[117]他不能够做更多。所以他能够，这是可能的，他能够通过他的爱去使得一个人经受从来都不可能经受的悲惨。哦，爱之中高深莫测的矛盾！然而出自“爱”，他却不能够让自己的心灵去接受不去圆满“爱”的作为；唉，如果这爱还是去使得一个人如此地悲惨——如果没有这爱他永远也不会是如此地悲惨！

让我们按人之常情来谈论这个吧。哦，多么可怜的一个人，他从来没有感到有过“出自爱而为爱奉献一切”的需要，他也就不曾能够去这样做！但是[118]，如果他在之后发现，正是这一种在爱之中的牺牲，这是可能的，这牺牲能够成为另一个人、成为被爱者的最大不幸，这时怎么办？于是，要么在他身上的爱失去其弹性，这爱由“是一种强力的生命”崩溃沉陷成为一种忧郁感情的内了闭的冥想，他离开这爱，他不敢去达成这一“爱的作为”，他自暴自弃，不是在“作为”之下，而是在那种可能性的重量之下自暴自弃。因为，正如在我们把秤砣压在秤杆的一端而把支点放在秤杆的另一端的时候，它的重压就变得无限的大，同样，每一个“作为”，如果它变为“辩证的”，它就变得无限地更沉重，而如果它变为“同情地—辩证的”，那么这时它就最沉重，这样，那本来是“爱”催促他去为被爱者做的事情，在另一种意义上看起来则是那对被爱者的关怀所要劝阻的事情。要么爱战胜，他敢于去做那出自“爱”的事情。哦，但是在爱的喜悦中（作为爱总是欢喜的，特别是在它奉献了一切的时候）却有着一种深切的悲哀，——因为这真是可能的！看，因此他去圆满地完成了他的这种“爱的作为”，他作出了牺牲（就他而言，他是为之高兴的），并非是没有泪水：在这牺牲之上盘旋着那个阴森森的可能性，我应当称它为什么呢，这种真挚性[119]的历史场景油画。然而，如果这可能性没有在这牺牲之上盘旋的话，那么他的作为就不是真正的爱的作为。哦，我的朋友，你在生命中尝试了什么东西啊！努力运用你的大脑，把所有覆盖物扯到一边而裸露你胸中感情的内脏[120]，拆除那“将你与你所阅读的人物分隔开”的防护机制，去阅读莎士比亚，——并且，你将为各种冲击而颤抖。但是那些真正的宗教冲击看起来甚至会使莎士比亚颤抖地畏缩。也许这些也只能够以诸神的语言来表达。并且没有人能够说这种语言；因为，正如已经有一个希腊人如此美丽地说过：从人那里，人学会说话，而从诸神那里学会沉默。[121]

在上帝和人之间有着无限的“质之区别”，这是“愤慨”的可能性，无法被去除掉的可能性。出自“爱”上帝成为人[122]，他说：看这里，这就是“是人”，但是，他接着说，哦，注意，因为我也是上帝，——有福了，那不对我愤慨的人。他让自己去作为人承受一个卑微的仆人的形象[123]，他表达出这“是一个卑微的人”意味了什么，这样没有人应当认为自己是被排除在外的，或者认为这是人的[124]声望或者在人众中的声望使得一个人接近上帝[125]。不，他是那卑微的人。看这里，他说，并且让你自己确定什么是“是人”，哦，但注意，因为我也是上帝，——有福了，那不对我愤慨的人。或者反过来：天父与我是一体的[126]，而我则是这个单个的卑微的人，贫困、被离弃、被置于人类的暴力之下，——有福了，那不对我愤慨的人。我，这个卑微的人，就是那使得“聋子听见、盲人看见、瘸子走路、麻风病人痊愈、死者再生”[127]的人，——有福了，那不对我愤慨的人。[128]

因此，在最大程度的责任之下我才敢说出：“有福了，那不对我愤慨的人”这句话属于对基督的宣告，虽然不是以圣餐仪式的固定用词的方式[129]来宣告，然而却类似于这话：每一个人应当自己省察[130]。这是基督自己说的话[131]，并且，它们必须一再而一再地被强调、重复、个别地说给每个人听，特别是在基督教世界中。在这言辞没有与其他话语一同被说出的所有地方①[132]，或者在对于“那基督教的”的观念没有被这种想法渗透到每一个点上的任何一种情况下，这时，基督教就是亵渎上帝。因为，没有那些能够为他开路[133]并向人众就“来者是谁”广而告之的守卫者和仆人，在这里，基督以一个仆人的卑微形象行走在大地上。但是“愤慨”的可能性（哦，仿佛这在他的爱之中对于他是悲哀!）曾经守卫和正守卫着他、在他与那“对于他是最接近并且站得最接近他的人”之间固定起一道裂着口的深渊[134]。

就是说，那不愤慨的人，他信仰着地崇拜。但是，“去崇拜”（这“去崇拜”是“信仰”的表达），就是去表达：在他们之间的“质”的裂着无限之口的深渊是被固定下了的。因为在信仰中，“愤慨”的可能性又一次是辩证的环节。②[135]

然而，这一种愤慨，我们这里所谈的这种，是以正定的形式[136]，它就基督教所说的是：基督教是非真相和谎言，并由此又说基督也是如此。

---

① 这种情形现在在“基督教世界”中几乎到处都是，看起来就是：这“基督教世界”要么完全地忽略基督自己是那“如此反复地、如此真挚地警示‘愤慨’”的人，甚至在他生命走向结束的时候他还警告了那些从一开始就追随他的、为了他的缘故而放弃了一切的忠实信徒；要么甚至还沉默地将之视作是出自基督的一种因过敏而言过其实的焦虑心态，既然成千上万人的经验证明了：一个人完全可以有着对于基督的信仰而丝毫不感觉到“愤慨”的可能性。但是这可以说是一个错误，在愤慨的可能性出来审判“基督教世界”的时候，这错误就会明了化。

② 这里，对观察者们是一个小小的任务。如果人们设想是如此：在这里的和在国外的、所有这许许多多宣讲和写作布道词的牧师们都是“信仰着的基督徒”，那么又怎样去说明，我们从来没有听到或者读到过这样一个祷告（特别是在我们的时代它是很适合的）：在天上的神，我感谢你，你没有向一个人要求他应当去理解基督教；因为如果有这样的要求的话，那么我将是所有人中最悲惨的。我越是努力去理解它，它就越是让我感觉到不可理解，我就越只是发现“愤慨”的可能性。所以我感谢你，你只要求信仰，并且我祈求你，祈求你继续进一步为我增大信仰。从正统教义的角度上看，这个祈祷会是完全地正确的，并且如果这是祈祷者的真正祷告的话，那么它对于那整个“思辨”也将是准确的反讽。但是在大地上真的存在有这信仰么?!

为了阐明这一种愤慨，最好是考察一下所有不同形式的愤慨，它在原则上使得自己与悖论（基督）发生关系，并且以这种方式而又去牵涉到“那基督教的”的每一种定性，因为每一个这样的愤慨形式都使得自己与基督发生关系，在心思里[137]有着基督。

愤慨的最低形式，那按人之常情来说是最无辜的，是“让所有与基督有关的东西未定地留在那里”，以这样的方式来判断：对此我不允许自己作出任何判断；我不信，但是我不作判断。大多数人避免去把这个当作愤慨的一种形式。关键在于，人们纯粹地忘记了这基督教的“你应当”。由此而导致人们看不出：这“去置基督于无所谓”，这是愤慨。这“基督教已经被向你宣示了”意味了你应当对基督有一种看法；他存在，或者这“他存在着”和“他曾经存在”，这是整个存在的决定性关键。如果基督教已经被向你宣示了，那么这样的说法就是愤慨：对此我不想有任何看法。

在这样的时代里，基督教被如此漫不经心地以它被宣示的方式来被宣示，上面所说的这些东西必须带着一种特定的限定去理解。无疑成千上万生活着的人曾经听见了基督教宣示而从来没有听见过有什么东西是关于这个“应当”的。但是，那听见了这东西的人，如果他说：对此我不想有任何看法，那么他就是愤慨的。也就是说，他拒绝基督的神圣，拒绝认为它有权向一个人要求这个：他应当有一种看法。这是无济于事的，如果一个这样的人说：“我什么也没有说呀，关于基督，我既没有说是也没有说不”；因为这时人们只要再问他：对于你到底是不是应当对基督有某种看法，难道你对这个也没有任何看法么？如果他对之回答：是，那么他就自己困住了自己；而如果他回答：不，那么基督教就为他作出判断：他应当对基督有一种看法；而这样就又重新是关于基督：没有人应当擅自让基督的生命处于未定状态如同一种希奇物。“上帝让自己出生并且成为人”，这不是毫无意义的突发奇想，不是因为他百无聊赖时心血来潮突然想要去为了做一点什么以结束无聊，人们曾放肆地说这无聊应当是和“是上帝”联系在一起的[138]，——这不是为了去经历奇遇。不，既然上帝这样做，那么这个事实就是存在之严肃。而这严肃之中的又一个严肃则是：每一个人都应当对之有一种看法。如果一个国王到访一个省城，而一个官员，如果他缺乏正当的理由[139]，不去礼候国王，那么国王会把这看成是一种不敬；但是如果一个人想要彻底地无视这整个“国王在城里”的事实，如果他想要扮在这方面是“滚他陛下和王法[140]的蛋”的平民，那么国王又会作出怎样的判断呢？同样也是如此，在“成为人”使得上帝高兴的时候，那使得一个人（官员面对国王的情形正是每一个人面对上帝的情形）高兴的事情则是，他对此说：啊，这事情么，对此我不愿意有什么看法。以这种方式，一个人傲慢地谈论他在根本上不屑一顾的东西：就是说他在自命不凡地忽视上帝。

“愤慨”的下一个形式是否定而承受的愤慨。它很明白地感觉到了它不能够无视基督，它没有能力去“让那与基督有关的东西未定地留在那里并且自己另外去在生活中忙碌”。但是“去信仰”也是它所不能够的；它于是就保持注目于那同一个点、注目于“悖论”。它还是尊敬着基督教的，只是它表达出：这个问题，“你对基督作何想”[141]，真的是最决定性的问题。一个这样的愤慨者像一个影子一个地继续其生活，他的生命被消蚀，因为他在他的内心深处持恒地全神贯注于这个决定。并且，以这样的方式（就像“不幸的爱情之痛苦”相对于爱情的关系）他表达出：基督教有着怎样的实在性[142]。

愤慨的最后一种形式是我们在这里所谈论的，“那正定的”。它宣称基督教为非真相和谎言，它要么是以幻影论的[143]方式要么是以理性论的[144]方式拒绝基督（他曾经存在和他是那“他说他所是”的人），这样，要么基督并不成为一个单个的人而只是在表面上仿佛成为单个的人，要么他仅仅只成为一个单个的人，这样一来，他要么在幻影论的意义上成为不要求“现实”的诗意构思和神话、要么在理性论的意义上成为一种不要求“是神圣的”的现实。在这种对于“作为悖论的基督”的拒绝之中自然地又有着对于一切“那基督教的”的拒绝：罪、“对诸罪的宽恕”等等。

这种形式的愤慨是针对圣灵的罪[145]。如同那些犹太人就基督所说的，说他是通过魔鬼的帮助而驱散魔鬼[146]，这愤慨以这样的方式来使得基督成为魔鬼的一个发明。

这种愤慨是罪的最高强化，人们通常忽视这情形，因为，从基督教的角度看，人们没有构建出介于“罪—信仰”的对立。

相反贯串于这整个文本，我们一直在强调这一对立：这文本在第一部分的甲 A 中马上就列出了对于那“在之中毫无绝望”的状态的表述公式：在“使自己与自己发生关系”之中，并且在“想要是自己”之中，“自我”透明地依据于那个设定了它的力量。而这一表述公式则又是（对此我们一再回顾的）对于“信仰”的定义。

注释：

1 ［现实的新罪］这里的这个“现实的（aktuel）”是“现实—潜能”关系中的“现实”。

现实的新罪，就是说“现实的罪”或者“作为之罪”，是一个固定的神学概念。见前面对“一种很正确的想法……地狱惩罚的永恒性”的注脚。并参考《概念恐惧》第一章第一节以及此节中对于“现实的罪”的注脚。

2 《罗马书》（14∶23）：“若有疑心而吃的，就必有罪。因为他吃，不是出于信心。凡不出于信心的都是罪。”

3 就是说，“罪”的整体定性。

4 ［灭亡的歧路上］在《马太福音》（7∶13）中，耶稣说：“你们要进窄门。因为引到灭亡，那门是宽的，路是大的，进去的人也多。”

5 “本性（Natur）”也就是自然。Natur 这个词，一般来说，如果是外在的，就翻译为“自然”而内在的则翻为“本性”。

6 “在绝望的对抗中承受着无奈的所有剧痛”，这里：“绝望的”是形容词，“对抗”是名词；“无奈”是名词。当然，这句话是对“思辨的立场”的描述中的一部分。这个“对抗”并不完全等同于作者在前面所谈及的关于“对抗”的概念（见前面的第一部分：丙、这种疾病（绝望）的各种形态：B 在意识这个定性之下看绝望：b）自己意识到“是绝望”、自己意识到“拥有一个在之中有着‘某种永恒的东西’的自我”，并且在这时要么绝望地不想要“是自己”要么绝望地想要“是自己”的绝望：贰）绝望地想要“是自己”的绝望，对抗之中对于“对抗”的阐述）。

7 前面有过注脚。这“设定着的（ponerende）”是动词的现在分词。“设定（ponere）”是动词，作为名词就是“正定（position）”。

8 ［一个谚语说，行罪是人的，但逗留在罪中是魔鬼的］完全形式的说法是：“一个谚语说，行罪是人的，但逗留在罪中是魔鬼的。”

9 ［火车］最初的丹麦铁路修建于阿尔托纳到基尔的诸公国之间，启用于 1844 年。从哥本哈根到罗斯基勒的这一段从 1847 年开始启用。

10 就是说，更明显外在地。

11 仿宋体处在丹麦文版中是德语：Sündentsprossne Werke erlangen nur durch Sünde Kraft und Stärke.（从罪中萌发出来的作为只通过罪而获得力量）。

［莎士比亚让麦克白所说的……Kraft und Stärke］克尔凯郭尔读的莎士比亚是德译本的。引文是德文译本的，由施莱格尔和蒂克翻译。但是在通常的版本里应当是第三幕第三场。英文版原文为：“Things bad begun make strong themselves by ill.”

绝望的麦克白对妻子说，他认为对邓肯的谋杀被新的对班库的谋杀强化，这就相应于“从罪中萌发出来的作为只通过罪而获得力量”。

12　“Conseqvents i sig”。

13　就是说“他们不是依据于‘精神’的特质而存在”或者“他们不是作为‘精神’而存在”。

14　“把‘一切’安置在‘一’中”。

15　仿宋体处在丹麦文版中是拉丁语：impetus（驱动）。

16　［“不要诱惑我”］《马太福音》（4：1—11）。另可对比《爱的作为》(1847)。

17　［靡菲斯特……一个绝望的魔鬼更悲惨的了］在森林和洞的场景中靡菲斯特的终结台词。歌德《浮士德》第一部分，第3372句。

见歌德《浮士德》第3116行诗句。

18　就是说，他自己的自我在对“他自己的自我”的观念之中。

19　仿宋体处在丹麦文版中是德语：von jetzt giebt es nichts Ernstes mehr im Leben; Alles ist Tand, gestorben Ruhm und Gnade（从现在开始，生命中不再有什么东西是严肃的；一切都是不值钱的儿戏，死去了的荣誉和慈悲！）。

［麦克白所说的…… Ruhm und Gnade］引文是出自施莱格尔和蒂克的德文译本第二幕第二场。在英文原版《麦克白》中是第二幕第三场。在谋杀被发现和公开了之后。（我所找得到中文版为：“要是我在这件变故发生以前一小时死去，我就可以说是活过了一段幸福的时间；因为从这一刻起，人生已经失去它的严肃的意义，一切都不过是儿戏；荣名和美德已经死了，生命的美酒已经喝完，剩下来的只是一些无味的渣滓，当作酒窖里的珍宝。”）

20　仿宋体处在丹麦文版中是德语：Ruhm und Gnade（荣誉和慈悲）。

21　这里句子中的两个“关于”是 om（关于/为求）。

22　上帝作为世事的管理者。

23　由于原来的句子结构中的插入部分过长使得句子会给人错觉，所以我把句子结构改了，句子的原本结构为（楷体部分是原句中的插入部分）：

不，他的“对于罪的绝望”，——恰恰尤其是它在表达词的激情中越来越暴怒，在他为“他会如此去行罪”而“永远也不会原谅自己”的时候（因为相比于那种“请求上帝原谅”的悔过的痛心疾首，这种说法差不多就是恰恰相反的情况），他通过这种激情（这是他考虑得最少的）暴露出他自己——，根本不是“那善的”的定性；它是罪的一种更强化的定性，这罪的强化是在罪中的深化。

24　在这里，我自己加上了“那谦卑的方向”，否则的话，原句应当翻译成：

但是这种悲哀的定向是明显地背离上帝的，一种隐藏的自爱和骄傲，而不是谦卑地以“谦卑地感谢上帝长久地帮助了他去抵制诱惑”作为开始并在上帝和自己面前认可“这已经是远远超过他所应得的”而然后在对于“他从前曾经是怎样的”的回忆中谦卑自己。

25 ［各种古老的陶冶之书］指约翰·陶乐（Johann Tauler，约1300—1361）、肯彭的托马斯（Thomas a Kempis，约1380—1471）、约翰·阿恩特（Johann Arndt，1555—1621）等所写的各种陶冶著作。

26 沉郁（Tungsind）。

27 这里的“关于”是om（关于/为求）。

关于 诸罪之宽恕的绝望：为求“诸罪之宽恕”的绝望。

28 这里的这个“人的”是形容词，就是说，“从人的立场上看的观念”。

29 这里的“关于”是om（关于/为求）。

30 仿宋体处在丹麦文版中是拉丁语：cominus（贴身战地）。

31 仿宋体处在丹麦文版中是拉丁语：eminus（保持距离的）。

32 丹麦语的这个“无礼冒犯（Nærgaaenhed）”这个词是由三个部分Nær（接近）、gaaen（走）和名词性后缀hed。同样，后面的这个形容词（也可为副词）“无礼冒犯（nærgaaende）”，则是由三个部分Nær（接近）、gaa（走）和现在分词性后缀ende。

在后面，我只写成“冒犯”，并且不再强调这个词在丹麦语中的这种“接近”的成分。

33 仿宋体处在丹麦文版中是拉丁语：eo ipso（正是因为这一个原因）。

34 “人的”在这里是形容词。

35 范导（Regulativ），可回溯到康德哲学中的“范导性的理念（regulative Idee）”，另外这“应当”也可以联系到康德的绝对命令中的“应当”。

36 ［自从人们在人和上帝的关系中取消了那个“你应当”，这唯一的范导］可比较日记（journaloptegnelsen NB3：32 /1847）：“整个现代时期在总体上失去了关于有一个‘应当’存在的观念，尤其是在政治中。借助于正统教义（Orthodoxie），基督教也失去了它的‘应当’。看，不幸隐藏在这里。人无需作为一个先知就能够看出，要重新搞定这个关系是有相当的代价的，对于公正的传教士来说，这代价不亚于当时把基督教传进异教世界。”在这里的这个“正统教义（Orthodoxie）”是指格隆德维及其支持者。

37 直译的话是：“以便让自己直接地在上帝面前变得对自己重要。”

38 对丹麦文进行直译的话为“国家生活”。

39 “变得对自己重要。”

40 就是说，为了让自己做反对党就必须有一个可反对的对象——政府，为了有这个反对对象，所以就希望有一个政府来供自己反对。

41 “变得对自己重要。”

42 ［犹太人在这件事上完完全全是对的 ：他们对基督愤慨，因为他想要宽恕诸罪］《马太福音》（9，1—8）：“耶稣上了船，渡过海，来到自己的城里。有人用褥子抬着一个瘫子，到耶稣跟前来。耶稣见他们的信心，就对瘫子说，小子，放心吧。你的罪赦了。有几个文士心里说，这个人说僭妄的话了。耶稣知道他们的心意，就说，你为什么心里怀着恶念呢。或说，你的罪赦了。或说，你起来行走。那一样容易呢。但要叫你们知道人子在地上有赦罪的权柄，就对瘫子说，起来，拿你的褥子回家去吧。那人就起来，回家去了。众人看见都惊奇，就归荣耀与神。因为他将这样的权柄赐给人。”

43　这里的这个“人的”是形容词。

44　这里的这个“人的”是形容词。

45　［从基督教的立场上看，一切都改变了］《歌林多后书》（5∶17）：“若有人在基督里，他就是新造的人。旧事已过，都变成新的了。”

46　［关于“上帝—人”的学说］就是说关于基督的两个性质的教理神学学说：作为人的基督，上帝在这人身中公开出自己，在自身中统一了神圣的和人的本性。在巴勒的教科书中第四章第三节中：“上帝之子，耶稣基督，作为人通过处女生产来到世界。他将神圣的本性与人的本性统一起来，通过圣灵的力量以对我们来说是无法理解的方式在母亲的生命中被构成，因而他是上帝也是人，不断地同时以两种本性起作用。”

巴勒的教科书是对《福音基督教中的教学书，专用于丹麦学校》（*Lærebog i den Evangelisk—christelige Religion*，*indrettet til Brugide danske Skoler*）的常用称呼。由1783—1808年间的西兰岛主教巴勒（Nicolaj Edinger Balle，1744—1816）编写。《巴勒的教学书》在1791年被官方认定，并且，直到1856年一直是学校的基督教教学和教堂的再受洗预备的官方正式课本，并且传播和影响都是很大的。

47　［被妄用］以这样一种方式来使用，以至于这关于“上帝—人的学说”被滥用、被亵渎、被弄成乌有。

48　［首先是阳春白雪地思辨性的，而之后则是下里巴人地在大街小巷上］“阳春白雪”可能是暗示黑格尔的客观唯心主义泛神论，尤其是右派黑格尔主义的神学家们，包括丹麦的；而“下里巴人”可能是暗示左派黑格尔主义，从黑格尔哲学中发展出来的唯物主义，尤其是路德维希·费尔巴哈的《基督教的本质》（1841）中的人类学（根据此书，上帝是人类的需要和愿望的投射）。

49　这里的这个“人的”是形容词。

50　［如果在“存在”之中应当维持有秩序——上帝是想要有秩序］也许是指巴勒的教科书第一章“论上帝和他的性质”第一部分第三节：“自永恒必定有一个最高者，创造了世界或者给予它其本原和安顿。此最高者被称作上帝，这上帝必定拥有最高的智慧权柄和善，因为在构成世界的诸多事物中有一种秩序，所有这些东西都有用。”

51 ［他不是混乱之上帝］《歌林多前书》（14:33）：“因为神不是叫人混乱，乃是叫人安静。”

52 ［那被亚里士多德称做是“动物定性”的——“群众”］亚里士多德在《尼各马可伦理学》中区分了各种生活的方式，对于“群众和最低层的”，最高的幸福就是“使自己快乐，他们为感官的享受而满足。……群众奴性地选择了像动物一样生活”。他在他的《政治学》中（第三卷第二章）说，被用来证明群众都要好过那些有才能者的证据可以被用在动物上。

53 有可能是指大卫·斯特劳斯（David F. Strauss）的《耶稣生平》（1836）。斯特劳斯认为“上帝—人”是人类。

54 仿宋体处在丹麦文版中是拉丁语：philosophice（以哲学的方式看）。

55 ［关于“上帝—人”的学说］这里就不是上面所说的教理神学学说了，而是指关于全人类作为“上帝—人”的（黑格尔式的）思辨学说。大卫·斯特劳斯首先在他的《耶稣生平》中提出，然后在他的教理学中又提出这种思辨的“上帝—人”的学说。

56 仿宋体处在丹麦文版中是拉丁语：summa summarum（以总数而计）。

57 ［正如人们在国家政治中懂得了……所有人说服上帝］一方面是指当时丹麦的实际状况，导致了君主独断制在1848年的终结；一方面是指思辨的尤其是左派黑格尔主义的神学。

大臣，原文中是Conferentsraad：丹麦衔位之一。这样一个位置是处于第二等类的第十二级，根据1746年和1808年的法令以及后来的附加规定，丹麦衔位包括有九个等类，以数字区分。在衔位的顺序中同时有公务员和贵族，贵族的衔位单单凭他们的出生就可以被决定下来。

58 仿宋体处在丹麦文版中是拉丁语：idem per idem（同样的于同样的；就是说：同样的东西的另一种表述）。

59 就是说：一代人盖掉一个人。

60 ［当然，在他们这种关于“整代压倒个体”……带着厌恶转向离去了］在丹麦的右派黑格尔主义或受黑格尔影响的哲学家和神学家针对1848年的政治事件“带着厌恶转向离去”的有海贝尔和马腾森。

61 ［一个国王给出一个更自由的宪法］指弗雷德里克七世，1848年1月份即位，在3月21日把君主独断制改为君主立宪制。他在政治压力之下许诺了丹麦新宪法。在1849年6月公布了丹麦基本宪法。

62 这是基于当是丹麦的君主政治的历史背景。

63 见前面“在他的心中从来没有过这样的念头”的注脚。

64 单个性（Enkelthed）。

65 ［如果按照克尔凯郭尔研究中心的注释是如此：“ligger（...）under］ligger

uden for, går ikke op i el. opfanges ikke af; sml. NB14: 150. a（1849—50）, i SKS 22, 435m. "；那么 Hong 版本中的译文 "The individual human being lies beneath the concept" 就是不对的了，就是说，至少要改成 "The individual human being lies beyond the concept"。

66　代（Generation）。

67　个体（Individ）。

68　优势力（Overmagt）。

69　无能力（Afmagt）。

70　见前面关于"罪不是一个否定"的文字。

71　仿宋体处在丹麦文版中是拉丁语：cogito ergo sum（我思故我在）。见前面的注脚。

72　仿宋体处在丹麦文版中是拉丁语：cogito ergo sum（我思故我在）。

73　将前面关于"在体系之中……以必然性而展开的"的注脚。

74　这个"脱落（Affald）"在丹麦语里也是"垃圾"的意思，所以在另一个意义上可以联想这个句子为：罪是概念的垃圾，

75　仿宋体处在丹麦文版中是拉丁语：e concessis（从已承认的东西出发）。

[e concessis] 拉丁语：从已承认的东西出发，就是说，在对方所承认的观点上进行论证。

76　对克尔凯郭尔的脚注的注脚：

[关于"族类的罪"的学说] 或者关于"人类的罪"的学说，就是说，关于"所有人都是罪人"的基督教的教理神学学说。

[正如在墓地之中死者的群众不会形成什么共同体] 这句话引自克尔凯郭尔的一个陶冶讲演。《不同精神中的陶冶讲演》（1847）以及《三个想象场合的讲演》（"在一座墓前"）。

[那堕落了的族类] 在罪的堕落之后的人类，参看《创世记》3。

[被妄用] 以这样一种方式来使用，以至于这关于"上帝—人的学说"被滥用、被亵渎、被弄成乌有。

77　[教导关于"上帝—人"的] 见前面的注脚——就是说关于基督的两个性质的教理神学学说：作为人的基督，上帝在这人身中公开出自己，在自身中统一了神圣的和人的本性。

78　[关于"上帝和人之间的相同性"的]《创世记》（1∶26）："神说，我们要照着我们的形像，按着我们的样式造人，使他们管理海里的鱼，空中的鸟，地上的牲畜，和全地，并地上所爬的一切昆虫。"

79　仿宋体处在丹麦文版中是拉丁语：item（同样地）。

80　[更重要的宪法] 见前面的关于丹麦当时的政治的注脚。

81　参见《马太福音》（10∶29）：“两个麻雀，不是卖一分银子么。若是你们的父不许，一个也不能掉在地上。”

82　见前面的注脚。

83　［为了这个目的……在场于一切地方的］在巴勒的教科书第一章“论上帝和他的性质”第三部分第六节：“上帝是在一切地方全在的，带着自己的力量在一切东西上起作用。他不会在任何地方不关注自己的造物”。另见《诗篇》（139∶7—8）。

84　这里是名词“人”。

85　括号中仿宋体处在丹麦文版中是拉丁语：Comprehendit（包容和理解）。

86　在丹麦文版中“保持在一起”后面有括号，在括号中是拉丁语：continentur（保持在一起）。

87　仿宋体处在丹麦文版中是拉丁语：opposita juxta se posita magis illucescunt（通过同置，对立显得更明了）。

88　仿宋体处在丹麦文版中是拉丁语：via negationis（通过否认性的方式）。

89　仿宋体处在丹麦文版中是拉丁语：via eminentiæ（通过卓越性的方式）。

［via negationis（...）via eminentiæ］拉丁语：通过否定的路……通过卓越性的路。指经院哲学家以及古老的教理神学家们所提出的“通向对上帝的性质的认识”的两条互补的道路。通过否定的路，人们借助于拒绝并且以这样的方式去掉一切不完美的达到对上帝的认识，通过卓越性的道路，人们借助于他的创造物的理性特征而认识上帝的卓越特性。

90　仿宋体处在丹麦文版中是拉丁语：via negationis（通过否认性的方式）。

91　［深渊］《路加福音》（16∶26）：“在你我之间，有深渊限定，以致人要从这边过到你们那边，是不能的，要从那边过到我们这边，也是不能的。”

92　方便调节（Accomodation）。

［Accomodation］在启蒙时代的神学中，这是一个中心概念：人们把那神圣启示相对于人的局限、偏见和谬误的调节称为Accomodation。

93　参见柏拉图《苏格拉底的申辩》：“还有不相信笛子演奏者却相信‘笛子演奏者的作为’的人么”。

94　在这里我按照日常用语把Skyld译成“罪责”，把skyldig译成“有罪责的”，因为这是世俗意义上的“罪责”。但是，在宗教性的意义上，我将之分别翻译为“辜”和“有辜的”。

95　仿宋体处在丹麦文版中是拉丁语：en masse（成群地，全体地）。

96　仿宋体处在丹麦文版中是拉丁语：en masse（成群地，全体地）。

97　仿宋体处在丹麦文版中是拉丁语：en masse（成群地，全体地）。

98　仿宋体处在丹麦文版中是拉丁语：en masse（成群地，全体地）。

99　在这里我按照日常用语把Skyldig译成“有罪责的人”，因为这是世俗意义上的“罪责”。但是，在宗教性的意义上，我将之翻译为“有辜者”。

100 ［畏惧与颤栗］参看《腓利比书》（2∶12）：“这样看来，我亲爱的弟兄你们既是常顺服的，不但我在你们那里，就是我如今不在你们那里，更是顺服的，就当恐惧战兢，作成你们得救的工夫。”

101 ［随便乱说话］《路加福音》（24∶11）：“他们这些话，使徒以为是胡言，就不相信。”

102 ［大人阁下们］原文中是 Excellenser，指有着第一等级的人。

103 ［隐形墨水］“同情的墨水”，只有在受到热或者化学品以及类似东西的影响是才会显示出来。

104 ［谋杀者……自己携带了告发信］来源不详。这想来是一个国外的故事，在丹麦，1855 年才开始使用这种电报通信。

105 仿宋体处在丹麦文版中是拉丁语：modo ponendo（以设定的形式）。

［modo ponendo］拉丁语：以设定着的形式，正定的形式，就是说，通过从“基督教是‘非真相’”出发并且这样地将之设定为给定的东西。这表述出自经典逻辑学的假设推断。

106 ［针对“圣灵”的罪］《马太福音》（12∶31—32）：“所以我告诉你们，人一切的罪，和亵渎的话，都可得赦免。惟独亵渎圣灵，总不得赦免。凡说话干犯人子的，还可得赦免。惟独说话干犯圣灵的，今世来世总不得赦免。”克尔凯郭尔在后来的文字中又回到这一段。另参看《马可福音》（3∶28—29）：“我实在告诉你们，世人一切的罪，和一切亵渎的话，都可得赦免。凡亵渎圣灵的，却永不得赦免，乃要担当永远的罪。”

在哈泽的《复活的胡特尔或路德教会神学教理》第 87 节“对罪的不同分类”中罗列了那些老教会教理学家们对于不同形式的“作为之罪”的分类，之中说到，根据上面所引的圣经段落，所有罪都是可宽恕的，唯独对圣灵犯罪是例外。

107 仿宋体处在丹麦文版中是拉丁语：pedem referens（退却着的）。

108 它，就是说“对方”。

109 ［上帝—人］就是说，耶稣基督。

110 ［上帝和人之间的亲缘关系］参看《使徒行传》（17∶29），之中保罗说“我们是神所生”。

111 这个“人的”是形容词。

112 莎士比亚《亨利四世》中威尔士王子，后为亨利五世。王子总是与不可救药的酒鬼法尔斯塔夫及其伙伴们在一起。

113 就是说，“他只能这样”、“他无法做别的”、“他不能有所不同”等等。

114 ［“他不能够不然”］也许是指路德在 1521 年在沃尔姆斯的议会里被要求给出明确声明收回他那遭教会谴责的学说时的回答。

115　［邀请所有人走向他］见《马太福音》(11∶28)：“凡劳苦担重担的人，可以到我这里来，我就使你们得安息。”

116　这里“人的”是形容词。

117　见《马太福音》(11∶6)：“凡不因我跌倒的，就有福了。”

118　在这里，意义似乎是有了跳跃：从来不曾有，但现在突然有了这种牺牲的愿望？他有没有做出牺牲呢？就是说，这里蕴含了一个“如果现在有了这种牺牲的愿望”的意义。

119　Hong&Hong 的英文译本把这里的这个 Inderligheden 翻译为“内心世界”，但是我考虑到这个 Inderligheden 是克尔凯郭尔的常用概念之一，并且通常在别的地方作为概念名词翻译作“真挚性”是最恰当的，而在这里这个词似乎是既可以作为“内在生命”又可以作为“真挚性”，所以我保留使用“真挚性”但是做一个注脚。

120　仿宋体处在丹麦文版中是拉丁语：viscera（内脏）。

121　［有一个希腊人如此美丽地说……从诸神那里学会沉默］普鲁塔克在他的《论饶舌》(*de garrulitate*) 8（《道德集》(*Moralia*)）中说：在“去说”上，我们以人为师，在“去沉默”上，以诸神为师，——在神圣行为和神话中我们观察沉默。

122　［出自“爱”上帝成为人］也许是指《约翰福音》(3∶16)：“神爱世人，甚至将他的独生子赐给他们，叫一切信他的，不至灭亡，反得永生。”另见《约翰一书》(4∶10)：“不是我们爱神，乃是神爱我们，差他的儿子，为我们的罪作了挽回祭，这就是爱了。”

123　见前面注脚。

124　这个“人的”是形容词。

125　［认为这是人的声望或者在人众中声望使得一个人接近上帝］在新旧约之中有许多地方都说及上帝不对人作区分（比如说《申命记》(10∶17)、《历代志下》(19∶7)、《约伯记》(34∶19)、《使徒行传》(10∶34)、《罗马书》(2∶11)、《加拉太书》(2∶6)、《彼得前书》(1∶17)。

126　见《约翰福音》(10∶30)：“我与父原为一。”

127　见《马太福音》(11∶5)：“就是瞎子看见，瘸子行走，长大麻疯的洁净，聋子听见。死人复活，穷人有福音传给他们。”

128　因为原文中没有引号，为了方便理解在这里加上引号：

“看这里，”他说，“并且使你自己确定什么是‘是人’，哦，但是注意，因为我同时也是上帝，——有福了，那不对我愤慨的人。”或者反过来：“那天父和我是一体的，然而我则是这个单个的、卑微的人，贫困、被离弃、被置于人的势力之下，——有福了，那不对我愤慨的人。我，这个卑微的人就是那个使得‘聋子听见、盲人看见、瘸子走路、麻风病人痊愈、死者再生’的人，——有福了，那不对我愤慨的人。”

129　［圣餐仪式的固定用辞］圣餐仪式的固定说词是：“主耶稣基督在他被出卖

的夜晚，拿起面包，感谢并掰开分给自己的门徒并说拿着并吃下它！这是我的身体，我给你们！以此作为对我的纪念！/同样他也在晚餐之后拿起杯子，感谢了并递给他们并说：喝下它！这是以我的血为新约的杯子，这血为你们诸罪的宽恕而流淌！这使得如你们常常喝它作为对我的纪念。”参《丹麦颁行圣坛书》。

130　［每一个人应当自己省察］保罗引基督所说的话。见《歌林多前书》（11：27—28）：“所以无论何人，不按理吃主的饼，喝主的杯，就是干犯主的身主的血了。人应当自己省察，然后吃这饼，喝这杯。因为人吃喝，若不分辨是主的身体，就是吃喝自己的罪了。”

131　［这是基督自己说的话］“有福了，那不对我愤慨的人。”

132　［甚至在他生命走向结束的时候］见《马太福音》（26：31）：“那时，耶稣对他们说，今夜你们为我的缘故，都要跌倒。因为经上记着说，我要击打牧人，羊就分散了。”

为了他的缘故而放弃了一切的忠实信徒：见《马太福音》（19：27）：“彼得就对他说，看哪，我们已经撇下所有的跟从你，将来我们要得什么呢。”

133　［为他开路］《马可福音》（1：2—3）：“正如先知以赛亚书上记着说，（有古卷无以赛亚三字）看哪，我要差遣我的使者在你面前，豫备道路。在旷野有人声喊着说，预备主的道，修直他的路。”

134　［固定一道裂着口的深渊］《路加福音》（16：26）。

135　［所有人中最悲惨的］《歌林多前书》（15：19）：“我们若靠基督，只在今生有指望，就算比众人更可怜。”

［继续进一步为我增大信仰］《路加福音》（17：5）“使徒对主说，求主加增我们的信心。”

［思辨］指思辨神学 。

但是在大地上真的存在有这信仰么］《路加福音》（18：8）：“我告诉你们，要快快的给他们伸冤了，然而人子来的时候，遇得见世上有信德么。”

136　仿宋体处在丹麦文版中是拉丁语：modo ponendo（以设定着的形式，正定的形式）。

137　仿宋体处在丹麦文版中是拉丁语：in mente（在心思里）。

138　［结束无聊……“是上帝”联系在一起的］见海涅的诗歌《回家》。“我梦见：我做了天主，/高坐在天国之上。/大使们坐在我的周围，/盛赞着我的诗章。//我吃了糕饼和糖果，/算算要值很多钱财，/我还喝了卡地那尔，/却一点没有负债。//可是我觉得无聊不堪。/我情愿：我还置身人世，/要不是我自己就是天主，/我也许会变成疯子”（译文出自网上所下载的《海涅诗集》）。

139　［正当的理由］法律表述，就是说因为诸如疾病等原因而无法到场。对此在《克里斯蒂安五世丹麦法律》（1683）中第一书第十章文 1—2 有专门规定。

140　［王法］君主独断制（1665—1849）作为丹麦宪法的基础的法律，其中的40条赋予国王无限权力。1849年6月宪法出台后，大部分的王法被取消。

141　［你对基督作何想］《马太福音》（22∶42）：耶稣问法利赛人，“论到基督，你们的意见如何。他是谁的子孙呢他们回答说，是大卫的子孙。”

142　实在性（Realitet）。

143　［幻影论的］幻影论：一种早期基督教非正统学说，与诺斯替派有关。它被称作是一种异端。认为基督不具人身，其死于十字架上只是幻影。因为它认为物质上“那恶的”。这里所说的把耶稣弄成诗歌神话，估计是针对斯特劳斯和费尔巴哈。

144　［理性论的］哲学神学的一个方向，尤其是在18世纪得到很好的辩护，它要求所有所有信仰的陈述必须在理性上给出依据，并且摒弃对任何对无法为人的知性理解的东西的信仰。这样，理性论拒绝承认耶稣是上帝，而相反认为他是一个伟大的人。

145　［针对圣灵的罪］见前面同名的注脚。也参看下面的注脚。

146　［犹太人就基督……通过魔鬼的帮助而驱散魔鬼］参看《马太福音》（12∶22—32）关于耶稣和别西卜阿以及关于亵渎圣灵的阐述。《马太福音》（12∶24）：“但法利赛人听见，就说，这个人赶鬼，无非是靠着鬼王别西卜阿。”而相应的基督这样谈及关于这个，见（12∶31—32）：“所以我告诉你们，人一切的罪，和亵渎的话，都可得赦免。惟独亵渎圣灵，总不得赦免。凡说话干犯人子的，还可得赦免。惟独说话干犯圣灵的，今世来世总不得赦免。”

术语对照

A

阿基米得点 archimediske Punkt
爱的作为 KjerlighedensGjerning
爱欲 Erotik
(那)爱欲的（det)Erotiske
埃利亚派 Eleater

B

悲惨 Elendighed
悲剧 Tragedie
(那)悲剧的（det)Tragiske
悲剧英雄 tragiskeHelt
悖论 Paradox
(那)悖论的（det) Paradoxe
悲伤 Sorg
被排除 Udelukkelse
本原性 Primitivitet
必然 Nødvendighed
(那)必然的（det)Nødvendige
必然的他物 det nødvendige Andet
必然性 Nødvendighed
辩道(为奥斯堡信条的辩道)ApologiaAugustanaeConfessionis/ Apologia-ConfessionisAugustanae

变化 Metamorphose
变形 Metamorphose
边界范畴 Grændsekategori
辩证的环节 det dialektiske Moment
辩证法 Dialektik
禀赋预设 Prædisponeren
病症 Sygdom
博爱论的 philanthropiske
伯拉纠派 Pelagianisme
伯拉纠派的 pelagianske
不安 Uro
不安宁 Beængstelse
(那)不存在的/不存在着的(det) Ikke – Værende
(那)不合情理的 (det)Urimelige
不可比性 Incommensurabilitet
不可能性 Umulighed
不可通约性 Incommensurabilitet
不连贯性 Inconseqvents
不完美/不完美性 Ufuldkommenhed
不信 Vantro
不幸 ulykkelig
不朽性 Udødelighed
不一致性 Inconsequents
(那)不怎么可能的 Usandsynlige
不自愿性 Ufrivillighed
不自由 Ufrihed

C

才华 Aandrighed
才能 Talent
差异 Differents

差异性 Forskjellighed
超越 Transcendents
尘俗的 Jordisk
承受 Liden
沉思 Meditation
沉思/沉思内省 Contemplation
沉郁 Tungsind
惩罚 Straf
成为 Vorden
成为 Tilblivelse
持存 Bestaaen
重复 Gjentagelse
充实的 Fyldige
抽象 Abstraktum
抽象化 Abstraktion
处境 Situation
传承之罪 Arvesynd
纯粹的人 detreneMenneske
纯粹的思 den reneTænkning
纯粹的自我 detreneJeg
慈悲 Naaden
错误关系 Misforhold
存在 Tilværelsen
存在 Existents

D

(那)单个的 (det)Enkelte
单个的人 den Enkelte
单个性 Enkelthed
道德 Moralitet
倒置论证法 Hysteron – Proteron

德拉古法典 drachontiske Love
第二者/它者 Andet
第二自身 Dobbeltgænger
定性 Bestemmelse
动因 agentia
对抗 Trods
对"那伦理的"的目的论的悬置 en teleologisk Suspension af det Ethiske
对上帝的敬畏 Gudsfrygt
对上帝的绝对义务 en absolut PligtmodGud
对上帝的亵渎 Guds – Bespottelse
对信心的冲击 anfægtelse
对置 Contra – Position
多性 Fleerhed

E

(那)恶的（det）Onde

F

法利赛人 Pharisæer
范畴 Kategori
反悖论 Modparadox
反讽 Ironi
反讽者 Ironiker
反感的 antipathetisk
反感的同感 en antipathetisk Sympathie
反高潮 Anticlimax
反思的定性 Reflexionsbestemmelse
反题 Antithesis
方便调节 Accomodation
方法 Methode

放弃 opgive
放弃 Resignation
非真相 Usandhed
(那)非自愿地公开的（det）ufrivilligtAabenbare
愤慨 Forargelse
"愤慨"的可能性 Forargelsens Mulighed
愤怒 Vred
奉献性 Hengivenhed
否定 Benegtelse
否定 Negation
(那)否定的（det）Negative
否定性 Negativitet
复活 Opstandelse
福音 Evangeliet

G

感官性 Sandselighed
感情 Følelse
个体 Individ
个体人格 Individualitet
公开/公开化 Aabenbarelse
(那)公开的 Aabenbare
公正/公正性 Retfærdighed
沟通 Communication
观察 Iagttagelsen
过渡 Overgang
国家理念 Statens Idee
过去的 forbigangen
辜 Skyld
古典主义时期 Classicitet
观念 Forestilling

关系 Forhold
皈依 Omvendelse

H

和解(动词)forsone
和解/和解救赎 Forsoning
衡量尺度 Maalestok
后果 Consequents
怀疑一切 tvivle om Alt
环节 Moment
幻觉/自欺的幻觉 Indbildning
幻想 Phantasie
幻影论的 doketisk
(那)荒诞的/荒谬的 (det) Absurde
悔 atangre/Anger
回忆 Erindren/Erindring

J

激情 Lidenskab
疾病 Sygdom
基底 Substratet
基督教的认识 christeligErkjenden
基督教世界 Christenhed
基督徒 den Christne
嫉妒 Misundelse
(那)几率可能的 (det) Sandsynlige
激情 Lidenskab
继续向前 gaaer videre
间接性 Middelbarhed
尖矛市民性 Spidsborgerlighed

将来的 tilkommende
(那)将来的 (det) Tilkommende
骄傲 Stolthed
任性顽固 Selvraadighed
教理 Dogma
教理的 dogmatisk
教理/教理神学 Dogmatik
焦虑 Ængstelighed/Ængstelse
矫情 Affectation
教义上的问题 detdogmatiske Problem
禁令 Forbud
敬佩 Beundring
精神 Aand
经院哲学家 Skolastiker
沮丧 Græmmelse
(那)具体的 (det) Concrete
决定论者 Determinist
绝对命令 kategorisk Imperativ
绝灭性/死不尽 Udøethed
绝望 Fortvivlelse
均匀性 Ligelighed

K

卡珀克拉田学派的观点 den carpokratianske Anskuelse
考验 Prøvelse
客观的恐惧 Objektiv Angest
渴慕 Længsel
可能/可能性 Mulighed
科学 Videnskab
科学性 Videnskabelighed
肯定 Bekræftelse

肯定的第三者/正定的第三者 det positive Tredje
恐惧 Angst/Angest
空虚 Tomhed
苦恼 Qual
困境 Trængsel
扩展性 Udvidethed

L

雷电 Tordenveir
力 Kraft
力量 Magt
理论化 Theoretiseren
理性论的 rationalistisk
理念 Ideen
理想性 Idealitet
例外 Undtagelse
理智性 Intellectualitet
连贯性 Conseqvents
(可)连续性 Continuerlighed
连续性 Continuitet
炼狱 Skærsild
量的定性 quantitativ Bestemmen
量化 Quantiteren
良心 Samvittigheder
灵魂 Sjæl/Sjel
(那)灵魂的(det) Sjelelige
灵物学 Pneumatologien
(那)令人感兴趣的(det) Interessante
伦理 Ethik
伦理观念 Sædelighed
伦理性的东西 detSædelige

(那)伦理的 (det)Ethiske
逻辑学 Logik
罗曼蒂克 Romantik

M

矛盾 Modsigelse
冒犯 Forargelse
美德 Dyd
(那)美的 (det)Skjønne
朦胧性 Dunkelhed
梦着的精神 den drømmendeAand
迷信 Overtro
命数注定 Prædestination
命运 Skjebne
模棱两可性 Tvetydighed
某物 Noget
漠然性 Ligegyldighed
末世启示作家 Apokalyptiker
(那)魔性的 (det) Dæmoniske

N

男人性 Mandlighed
闹剧 Posse
(那)内闭的 (det) Indesluttede
内闭性 Indesluttethed
内视 Indadskuen
内在 Immanents
内在的 immanent
内在确定性 den indreVished
内在性/内在真挚性 Inderlighed

逆运 Gjenvordigheder
逆转性 Bagvendthed
奴性 Servilisme
女人性 Qvindelighed

O

（那）偶然的（det）Tilfældige
偶然性 Tilfældighed
偶像 Afgud

P

（那）派生的（det）Deriverede
批评家 Kritiker
平静 Ro
（那）普遍的（det）Almene

Q

欺骗者 Bedrager
启示 Aabenbaringen
强度 Potentsation
怯懦 Feighed
情节 Handling
情欲 Lyst
情欲之爱 Elskov
区分 Distinction
趋近 Approximation
去弃世而死 atafdøe
确实性 Sikkerhed
确定性 Visheden

群众 Mængden

R

人格 Personlighed
人身攻击式的辩论 argumentum ad hominem
人的本性 Menneskenatur
(那)人的(det) Menneskelige
认识 Erkjenden/Erkjendelse
任务 Opgave
肉体 Legeme
(那)肉体的(det) Legemlige
肉体的东西 Somatisk
肉体中的刺 PæliKjødet
软弱 Svaghed

S

(那)善的(det) Gode
上帝的意愿 GudsVillie
上帝观念 Guds – Forestilling
上帝 – 人 Gud – Mennesket
上帝之关系/上帝关系 Guds – Forholdet
身份不明者 Incognito
身份不明状态 Incognito
审美 Æsthetik
审美者 Æsthetiker
审判 Dom
神秘化 Mystification
(那)神奇的(det) Vidunderlige
(那)神圣的(det) Guddommelige
神人同感论的 anthropopathisk

神人同性论 Antropomorphisme
神人同性论的 anthropomorphistisk
神性的疯狂 detguddommeligeVanvid
神谕 Oraklet
深渊 Afgrund
圣灵 den Hellig – Aand
生命/生活/生存 Livet/Tilværelsen
圣约神学 den foederale Dogmatik
世界历史 Verdenshistorie
时间 Tid
时间之充实 TidensFylde
施马加登条款 De SchmalkaldiskeArtikler
诗人 Digter
诗人存在 Digterexistents / Digter – Existents
事实性 Facticitet
试探 Fristelse
实现 Realisation
诗意品质/那诗意的 detPoetiske
实在性 Realitet
受造万物 Skabningen
瞬间 φieblik
思 Tænkning
思辨 Speculation
思辨的 Speculative
思辨性的教理神学 spekulativ Dogmatik
斯多葛主义 Stoicisme
斯多葛主义的 stoisk
死灭性 Uddøethed
苏西尼派的 socinianske
宿命论者 Fatalist
(那)俗套的 (det) Trivielle
诉诸人身的辩论 argumentum ad hominem

随意性 Vilkaarlighed

T

他物 Andet
台词 Replik
陶冶 Opbyggelse
陶冶性的 Opbyggelige
体系 Systemet
天才 Geni
天才性 Genialitet
天意 Forsynet
天主教 Katholicisme
跳跃 Spring
同感/同情/同情心 Sympathi
同感的反感 en sympathetisk Antipathie
透明性 Gjennemsigtighed
(那)突然的（det）Pludselige
图式 Schema

W

外在性 Udvorteshed
畏惧 Frygt
伪虔信 Devotisme
涡 Hvirvel
我思故我在 cogito ergo sum
我－我 Ich－Ich
(那)无差异的（det）Indifferente
无法共通的东西 Incommensurabelt
无辜 Uskyld
无辜的 uskyldig

无辜性 Uskyldighed
无关紧要 Indifferents
无精神性 Aandløshed
(那)无聊的（det）Kedsommelige
无聊性 Keedsommelighed
(那)无内容的（det）Indholdsløse
无偏倚性 Uinteresserethed
物神崇拜 Fetischisme
无希望性 Haabløshed
无限/无限性 Uendelighed
(那)无限的（det)Uendelige
无限放弃 den uendelige Resignation
无限放弃之运动 den uendeligeResignationsBevægelse
无限性之骑士 Uendelighedens Ridder
(那)无形的（det）Usynlige
乌有 Intet
无忧无虑 Sorgløshed
无知/无知性 Uvidenhed

X

喜剧 Lystspil
喜剧 Comedie
(那)喜剧的（det）Comiske
希腊式的天真 græsk Naivetet
牺牲 Offeret
希望 Haab
先存 Præexistents
先定的和谐 harmoniapræstabilita
显现 Manifestation
现实/现实性 Virkelighed
现世/现世性 Timelighed

（那）现世的（det）Timelige
现象学 Phænomenologien
现在的 nærværende
（那）现在的（det）Nærværende
笑话 Spøg
消遣 Adspredelse
消失 Forsvinden
协和信条 FormulaConcordiae
心境 Stemning
心灵宁静 Ataraxi
心灵痛苦 Sjelslidelser
信心的犹疑 Anfægtelse
信仰 Tro
信仰的运动 Troens Bevægelser
信仰的骑士 Troens Ridder
信仰之悖论性运动 Troens paradoxe Bevægelse
信仰之父 Troens Fader
信仰着的人 Troende
性别性 Sexualitet
（那）性别的（det）Sexuelle
性情 Gemyt
兴趣 Interesse
性驱力 Drift
形成 Tilblivelse
形成 Vordelse
形而上学 Metaphysik
幸福 Lykke
羞耻性 Skamfuldhed
羞怯性 Blufærdighed
虚荣 Forfængelighed
虚弱 Afmagt
虚伪 Hyklerie

悬置 suspendere/Suspension

Y

严肃 Alvor
延续 Succession
扬而弃之/扬弃 Ophævelse
要求 Fordring
野心 Ærgjerrighed
已定性 Bestemmethed
异教徒 Hedningen
异教文化/异教世界 Hedenskab
依据于信仰去抓住生存 i Kraft af Troen at gribe Tilværelsen
意识 Bevidsthed
一式性 Uniformitet
义务 Pligt
义务责任 Forpligtelse
遗忘之河 Lethe
意向 Forsæt
一性 Eenhed
意志 Villie
一致性 Consequents
隐秘的人 den Skjulte
隐约感觉 Ahnelse
影子存在 Skygge－Existents
永恒/永恒性 Evighed
（那）永恒的（det）Evige
永恒的自我意识 den evige Selvbevidsthed
有辜的 skyldig
诱惑者 Forfører
忧惧者 den Ængstede
幽默 Humor

幽默者 Humorist
忧伤 Vemod
犹太教 Jødedom
有效性 Gyldighed
忧郁 Melancholi
有限/有限性 Endelighed
(那)有限的 (det)Endelige
有罪性 Syndighed
预感/隐约预感/隐约的感觉 Ahnelse
与“那绝对的”的绝对关系 et absolut Forhold til det Absolute
预设前提条件/预设前提 Forudsætning
预示 Varsel
欲望 Attraa
欲望性 Begjerlighed
宇宙论的关系 de kosmiskeForhold
原创性 Oprindelighed
愿望 ϕnsket
(那)原型的 Oprindelige
原因 Aarsag
原子 Atom
运动 Bevægelse
晕眩 Svimmelhed/Svimlen

Z

在/存在 Væren
灾难 Nød
在那宗教的的方向上的诗人之存在 Digter – Existents i Retning af det Religieuse
在宗教意义上的内心冲突 Anfægtelse
责任 Ansvar
占据 Besidden

折磨 Piinsler
(那)真的 (det) Sande
真相 Sandhed
真挚性 Inderlighed
拯救 Frelsen
正定 Position
(那)正定的 (det) Positive
(那)整体的 (det) Totale
正题 Thesis
正统教义 Orthodoxie
正宗 Orthodoxie
至福/永生至福/极乐至福 Salighed
直观 Intuition
(那)直接的 (det) Umiddelbare
直接性 Umiddelbarhed
质 Qualitet
质的跳跃 det qualitative Spring
知人 Menneskekundskab
知识 Viden
致死的病症 SygdommentilDøden
智性直观 den intellectuelleAnskuelse
智者 Sophist
质之区别 Qvalitets - Forskjel
中间定性/中介定性 Mellembestemmelse
中间物 Melleminstantser
中介 Mediation
主观的恐惧 Subjektiv Angest
主观摄取 Tilegnelse
主体性 Subjectivitet
诸罪之宽恕 SyndernesForladelse
状态 Tilstand
自然的人 det naturlige Menneske

自然性 Naturlighed
自杀 Selvmord
自身作用 Selvvirksomhed
(那)自私的 (det) Selviske
自我 Selv
自我反思 Selvreflexion/ Selv – Reflexion
自我观照 Selvanskuelse
自我认识 Selverkjendelse
自我中心观 Egoisme
自由 Frihed
自在 Ansich
自知 Selverkjendelse
综合 Synthese
综合题 Synthesis
宗教的个体 religieustIndivid
(那)宗教的 (det)Religieuse
宗教性 Religieusitet
宗教性的运动 religiøsBevægelse
族类 Slægt
罪 Synd
最初的罪 den første Synd
罪的堕落 Syndefaldet
罪的奴役 Syndens Trældom
罪的学说 Læren om Synden
罪的意识 Syndsbevidsthed
作为 Gjerning

人名对照

A

阿波罗 Apollo
阿尔巴 Alba
阿尔巴图斯·马格努斯 Albertus Magnus
阿伽门农 Agamemnon
阿格妮特 Agnete
阿克塞尔 Axel
阿拉丁 Aladdin
阿里斯托芬 Aristophanes
阿斯帕齐娅 Aspasia
阿特拉斯 Atlas
阿特纳奥斯 Athenæus
爱德华四世 Kong Edvard d. 4.
爱尔薇拉 Elvire
埃莫 Amor
埃塞克斯 Essex
艾申迈尔 Eschenmayer
安提－克利马库斯 Anti－Climacus
奥古斯丁 Augustin

B

巴格森 Baggesen
巴库斯 Bacchus
拜伦 Byron

保罗·缪勒 PoulMøller
保罗 o 马丁 o 缪勒 Poul Martin Møller
贝尔曼 Bellmann
贝克曼 Beckmann
毕达哥拉斯 Pythagoras
彼拉多 Pilatus
柏拉图 Plato
柏勒罗丰 Bellerophon
布鲁图斯 Brutus
布农维尔 Bournonville
布瓦鲁 Boileau

C

D

黛安娜 Diana
但丁 Dante
道布 Daub
德尔图良 Tertullian
德谟纳克斯 Demonax
笛卡儿 Cartesius
第欧根尼 Diogenes
狄德罗 Diderot
多俾亚 Tobias
多米提安 Domitian
杜夏特勒 Duchatelet

E

俄耳甫斯 Orpheus

F

G

H

霍尔堡 Holberg
霍夫曼 Hoffmann

J

基督 Christus
吉勒瓦勒 Kildevalle
伽倪墨得斯 Ganymed

K

恺撒 Cæsar
坎伯兰 Cumberland
康德 Kant
康斯坦丁 o 康斯坦丁努斯 Constantin Constantius
考多维克基 Chodowiecki
克拉伦斯 Clarence
克利斯腾・马岑 Christen Madsen
克伦威尔 Cromwell
克吕泰涅斯特拉 Klytaimnestra
克律西波斯 Chrysipp.

L

拉班 Laban
辣古耳 Raguel
拉撒路 Lazarus
拉瓦塔 Lavater
莱布尼兹/莱布尼茨 Leibnitz
莱辛 Lessing
理查二世 Richard II
理查三世 Richard den Tredje/ Richard III

Q

邱多维基 Chodowiecki

P

普罗米修斯 Prometheus
普帖努斯 Puteanus

S

撒拉 Sara
撒辣 Sara
色诺芬 Xenophon
莎士比亚 Shakespeare
施莱尔马赫 Schleiermacher
斯戴尔·霍尔斯坦 Staël – Holstein
所罗门 Salomon
苏格拉底 Socrates

T

塔克文 o 苏佩布 TarquiniusSuperbus
塔列朗 Talleyrand
唐璜 Don Juan
滕纳曼 Tennemann
帖木儿 Tamerlan
图密善皇帝 Keiser Domitian

W

瓦尔堡 Valborg
维吉利乌斯 o 豪夫尼恩希斯 VigiliusHaufniensis
维纳斯 Venus
温斯吕夫 Winsløv
乌斯特里 Leonhard Usteri

X

希律王 Herodes
西蒙 o 托尔纳森西斯 Simon Tornacensis
西塞罗 Cicero
夏甲 Hagar
夏娃 Eva
谢林 Schelling
星期五 Fredag
雪莱 Shelley

Y

亚伯拉罕 Abraham
亚当 Adam
亚里士多德 Aristoteles
亚历山大的克莱门 Clemens Alexandrinus
扬 Young
耶弗他 Jephtah
伊菲革涅亚 Iphigenia
伊丽莎白女王 Dronning Elisabeth
以利以谢 Elieser
以撒 Isaak

英戈波尔 Ingeborg
犹大 Judas
尤斯蒂努斯·科尔纳尔 Justinus Kerner
约伯 Job
约翰·巴普提斯塔·撒库姆 Joh. Bapt. Saccum
约翰纳斯 o 德 o 希伦提欧(沉默之约翰纳斯)Johannes de silentio
约翰那斯 o 冯 o 缪勒 Johannes von Müller
约拿 Jonas

Z

粘西比 Xantippe
宙斯 Zeus
朱庇特 Jupiter